Le guide de l'adolescent

Dr Alain Braconnier

Le guide de l'adolescent

De 10 ans à 25 ans

Nouvelle édition
Revue et augmentée

EDITIONS
ODILE JACOB

Ont participé à la conception et à la réalisation de ce guide
Le pédiatre, Yves Jacquet

L'équipe de psychologie composée de :
Nathalie Barbereau, Laurent Bourdon, Audrey Gomez Attie, Bérengère Hubbard, Christelle Huet, Pauline Hervey Lepeu, Violaine Lepine, Thomas Mollet, Hélène Morellon, Laurent Pierquin, Bettina Prud'hon, Emmanuelle Rey, Roubina Tahmazian, Marine Tourniol, Sarah Trad, Jacques Vargioni

Je voudrais ici remercier chaleureusement et exprimer également toute ma gratitude à Catherine Meyer pour la gentillesse et la rigueur avec lesquelles elle m'a permis de présenter cet ouvrage.

15, RUE SOUFFLOT, 75005 PARIS
www.odilejacob.fr

ISBN 978-2-7381-1883-7

Chers parents,

Voici venir le printemps de vos enfants. Comme les arbres, ils commencent à bourgeonner ; bientôt, ils vont s'ouvrir, s'épanouir. Leur sensibilité devient plus riche, leur caractère aussi. Leurs paradoxes sont parfois amusants, parfois épuisants. Tantôt ils s'enthousiasment, tantôt ils s'angoissent voire dépriment. N'oubliez pas que la sève qui courent dans leurs veines est la vôtre. Parfois, ils peuvent aller jusqu'à vous faire honte ; mais au fond, vous êtes souvent très fiers d'être leurs parents.

Pour les convaincre, il vous faudra désormais discuter, réfléchir, négocier, trouver du sens à ce que vous dites. Il est révolu le temps où ils finissaient toujours par vous obéir. Trop près d'eux, ils vous rejetteront, trop loin, ils vous haïront. La « bonne distance », voilà ce qu'il vous faudra souvent rechercher. Sachez vous souvenir de votre propre adolescence : même s'il s'agissait d'une autre génération, vos relations d'alors avec vos propres parents n'étaient pas toujours simples.

Au quotidien, jour après jour, trois qualités vous seront indispensables : ne pas perdre votre calme, donner un sens à ce que vous demandez ou exigez, et surtout aimer toute votre vie ceux que vous avez mis au monde.

Alain Braconnier

Sommaire

Les années collège

Les années lycée

Les années d'étudiant

Quand vous ne pouvez plus faire face tout seul

Introduction

Ils sont là, devant nous, avec leurs yeux pétillants, implorants, méprisants, interrogateurs, mais de plus en plus à la hauteur des nôtres, envahis parfois d'une armée de boutons, comme autant de signes indiquant que l'être en dessous est en chantier. Le terrain est difficile à cerner, tantôt affectueux et accueillant, tantôt hostile ou excédé, tantôt apathique ou barricadé. Nous les aimons, et en même temps ils nous insupportent. Le miroir fonctionne : eux aussi nous aiment mais nous-mêmes les insupportons.

Des années durant, nous les avons connus petits, spontanés, souriants, nous sautant au cou à la sortie de l'école. Nous les avons couvés, nous nous sommes inquiétés, et ils nous affichent maintenant un effronté : « Prière de ne pas déranger. » Devons-nous quand même nous y risquer ? Quel enjeu, quelle passion, quelle douleur occupent à présent leur vie ? Cela semble dépendre des moments ! C'est l'heure des « crises », celles des désirs, des séparations, des affirmations, c'est l 'heure de la « crise d'indépendance », mais aussi de la « crise parentale ». C'est l'âge du bruit, mais aussi celui du silence.

En France, ils sont cinq millions huit cent mille collégiens et lycéens entre 11 et 19 ans, cinq millions huit cent mille adolescents qui confrontent leurs parents à cette relation nouvelle.

Il est important que vous, leurs parents, soyez le plus clair possible dans votre esprit, tant ces « extra terrestres » que sont les adolescents peuvent parfois vous rendre confus.

L'amour parental n'est pas un simple sentiment, c'est un lien inconditionnel. La responsabilité vis-à-vis d'un enfant est un engagement à vie ; c'est à ce moment-là qu'il faut se souvenir que la mission fondamentale dont on s'investit en mettant au monde un enfant, c'est de l'amener, le mieux possible, à avoir confiance en lui et à être autonome. Françoise Dolto écrivait : « Il faut accepter d'être déboulonné par ses propres enfants, de se résorber, presque de se mettre en veilleuse, tout en restant en même temps complètement présent dès que les jeunes en ont besoin. »

Aujourd'hui, bien éduquer son enfant est difficile et personne ne vous donne la formation nécessaire à cette tâche. D'autant que vos questions sont nombreuses.

Elles portent aussi bien sur la vie au quotidien que sur la compréhension de la personnalité en formation de votre adolescent. Comment l'aider dans son travail scolaire ? Faut-il lui parler de sa tenue vestimentaire ? Comment le rendre moins dépendant aux jeux vidéo ? À quel moment lui parler de sexualité et de contraception ? Quand le laisser partir seul avec un ami en vacances ? Comment interpréter ses sautes d'humeur, ses silences, ses provocations ? Comment lui parler lorsqu'il ne veut pas entendre ? Comment gérer ses colères ? Les inquiétudes sur les comportements à risque, les signes de mal-être sont fortes. Comment savoir s'il fume trop, s'il s'alcoolise ou s'il se drogue ? Quelle attitude adopter face aux troubles alimentaires ? Que faire s'il est déprimé, s'il ne parle plus ou s'il parle de suicide à un ami ? Ces questions sont multiples et elles concernent tout autant les filles que les garçons. Vous, parents, cherchez à trouver la bonne distance dont votre enfant a besoin, être présent sans être envahissant, savoir accorder progressivement la liberté nécessaire pour lui permettre d'être heureux et de préparer son avenir. Le monde change, c'est une évidence : vous, parents, devez proposer une nouvelle forme d'éducation, entre écoute et autorité. Il faut savoir être ferme, contrairement à ce que prétendait le credo des années 1970 qui refusait l'interdit, mais il faut en même temps rester responsable, compréhensif et inventif. Ceci est vrai à l'heure de l'enfance, mais encore plus important pour l'adolescence, qui débute de plus en plus tôt et finit de plus en plus tard.

Certes, tout n'a pas changé et l'adolescence est toujours ce moment particulier et unique du premier amour, de la première interrogation sur le sens de la vie, de la première décision à prendre seul, du premier voyage initiatique sans les parents. Nous sommes encore à l'âge de l'émergence de la sexualité, de l'affleurement des doutes existentiels, des paradoxes de l'amour et de la haine, en un mot du « fondamental » (mot du reste souvent utilisé à cet âge), qui n'est ni le commencement puisqu'il y a eu un avant (l'enfance), ni la clôture puisque tout devient du registre du possible. Mais si la source de la vie jaillit parfois avec débordements, le vase pour la contenir est encore incertain, fragile ; il doit être conforté, consolidé par le contexte, c'est-à-dire par l'entourage et tout particulièrement par la famille.

Oui, me direz-vous, mais comment réaliser cette éducation adaptée aux évolutions de notre temps ? Ce guide souhaite répondre concrètement – mais en gardant toujours une part de réflexion – aux questions quotidiennes et moins quotidiennes auxquelles les parents d'aujourd'hui sont confrontés. En effet, nous sommes persuadés que ce que chaque parent doit dire ou faire, a besoin, avec les adolescents d'aujourd'hui, d'être commenté, expliqué, mis en mots et en représentations. La fonction d'initiateur reste la notion clé pour être un bon parent des adolescents d'aujourd'hui. Vos actions éducatives doivent toujours avoir une signification, être investies et sous-tendues par le sens que vous voulez leur donner.

Partager avec son adolescent des goûts, des projets d'avenir, une affection, une estime et une confiance réciproques correspond aux désirs les plus fréquemment exprimés par les parents d'adolescent. Vous devez savoir aussi que de leur côté, les adolescents sont beaucoup plus satisfaits de leurs parents qu'ils ne le montrent ou ne le manifestent de façon souvent provocatrice.

Quatre-vingts pour cent d'entre eux déclarent pouvoir parler à leurs parents, soixante-dix pour cent des adolescents se disent même satisfaits de l'autorité parentale. Soixante-dix pour cent d'entre eux jouent régulièrement à l'ordinateur et une très grande majorité demande que leurs parents soient moins polarisés sur la scolarité et se montrent plus disponibles et à l'écoute de leurs préoccupations ou de leurs revendications. Bien entendu, tous, parents et adolescents, souhaitent partager un même intérêt, une même passion, un même objectif, quelle que soit la nature de cet intérêt commun. Mais cela n'est pas toujours possible, soit que les racines des projets n'ont pas été ancrées dans l'enfance (il est alors toujours plus difficile de les faire naître au moment de l'adolescence), soit que l'adolescent refuse ou interrompt les projets jusqu'alors partagés en famille.

Ces trente dernières années, les modèles éducatifs ont beaucoup évolué, la question de la parentalité lors de la période de l'adolescence, ce qu'elle représente, ce qui peut la définir, ce qui la sous-tend, soulève toujours de vives questions.

Un dialogue vrai respectant les rôles et les statuts de chacun est nécessaire, il n'est pas pour autant facile à établir. Chaque parent a pu en faire l'expérience. L'absence de dialogue, un dialogue par moments nécessairement conflictuel, ou bien la dérobade incessante sont le plus souvent vécus par l'adolescent comme une marque d'indifférence, voire dans certains cas comme un signe d'abandon. Entre les deux extrêmes, d'un côté la figure du parent trop « copain » de l'autre celle du trop « rigide », vous, parents, devez accepter l'idée d'un dialogue qui se déroulera souvent dans le cadre de négociations patientes et répétées. Ces échanges ne seront pas d'emblée satisfaisants. Il vous faudra accepter cette difficulté, tout en maintenant ce désir de ne pas vous couper de votre enfant. Il est souhaitable néanmoins que vous ne renonciez pas à vos idées, à vos croyances, à vos convictions. Il est même important que vous n'abandonniez pas votre désir de les partager avec lui ; tout en sachant qu'à cette période de la vie, il ne pourra les accepter sans les discuter ou les contredire... du moins en apparence. C'est dans la prise de distance vis-à-vis de ses parents que l'adolescent se construit, qu'il grandit.

Une règle générale parcourt ce guide : lorsqu'on devient parent d'adolescent, il s'agit non de regretter le temps de l'enfance mais de s'en souvenir, non d'espérer l'avenir mais de le préparer dès à présent, non de s'apitoyer sur le mal-être de l'adolescent, mais de se poser la question : « Où est sa flamme ? ».

Questions
d'adolescence

Questions d'adolescence

Questions
d'adolescence

Questions d'adolescence

Questions d'adolescence

Questions d'adolescence

Questions d'adolescence

Qu'est-ce qui fait un bon adolescent ?

■

Qu'est-ce qui fait un bon parent ?

■

Qu'est-ce qui fait un bon dialogue adolescents-parents ?

■

La famille d'aujourd'hui

Qu'est-ce qui fait un bon adolescent[1] ?

« *D'où venons-nous, qui sommes-nous, où allons-nous ?* », ce titre donné par le peintre Paul Gauguin à l'une de ses toiles ensoleillées reflète assez justement l'état d'esprit et les préoccupations des adolescents pendant la traversée tumultueuse de leur jeunesse. Et comme pour la peinture de ce même Gauguin, dans l'éducation contemporaine, primitivisme et modernisme, symbolisme et réalisme ne s'excluent pas...

L'adolescence est ce passage du monde de l'enfance à celui des adultes que la majorité des sujets est en mesure de franchir sans rupture et sans déséquilibre grave. Cependant, cette période de la vie, aussi riche soit-elle en nouveaux besoins, en explosions de désirs, en expériences exaltantes, s'accompagne inexorablement de doutes, d'incertitudes et de risques inhérents à ce flot de nouveautés. En effet, sous l'émergence des pulsions et des désirs suscités par les multiples transformations physiques et psychiques, la relative quiétude de l'enfance s'estompe ; elle laisse place à toute une série de changements dont le déroulement et l'issue permettront à l'adolescent de mener à bien ses recherches sur lui-même et sur ses relations avec les autres. Lorsqu'il aura trouvé ce nouvel équilibre, il sera capable de maîtriser au mieux et au plus près de ses souhaits sa vie de futur adulte.

Les parents ne sont pas épargnés et passent par des moments de perplexité, d'inquiétude et même d'énervement. Ils ont un rôle de guide protecteur, compréhensif et attentif, présent mais à bonne distance, respectueux et non envahissant ; ils font confiance à leur jeune en lui accordant un minimum de cette liberté tant désirée mais ils savent aussi fermement et, ce qui est plus difficile, de façon répétée, rappeler les limites quand c'est nécessaire. Les interdits et les limites même s'ils sont apparemment rejetés, n'en demeurent pas moins profondément rassurants pour l'adolescent. Durant cette période de la vie, les parents représentent un véritable port d'attache. De ce port d'attache, l'adolescent s'éloigne, imaginant toujours que la navigation au large est pleine d'aventures agréables, mais au fond de lui toujours inquiet de ses audaces. Il

1. Tout au long de cet ouvrage, nous parlerons de « l'adolescent », au sens générique, désignant ainsi aussi bien les jeunes garçons que les jeunes filles.

effectue des allers-retours, afin de mieux rejoindre, plus tard, ce havre de soutien et d'amour, nourri des expériences nécessaires à sa maturité et à la connaissance de lui-même. Tout commence par un changement...

Il change

L'adolescent est l'objet de nombreuses transformations physiques, psychologiques et sociales.

La puberté

L'entrée dans l'adolescence commence par la puberté dont le début, plus précoce qu'avant, se situe de nos jours autour de 10-13 ans. La puberté est limitée dans le temps et se définit comme l'ensemble des changements biologiques et anatomiques qui aboutissent au corps d'adulte et à la capacité de reproduction. Les informations concernant la puberté, son apparition ainsi que les modifications qu'elle entraîne dans et sur le corps, sont davantage connues par les adolescents contemporains. Par le biais de l'enseignement scolaire, des médias, ou de discussions avec leurs parents, la plupart d'entre eux sont au courant de ces changements.

Les filles, chez qui la puberté intervient souvent plus tôt que chez les garçons, sont informées de l'apparition des premières règles et du développement de leurs seins (voir aussi pages 93 à 98 pour plus de détails sur le développement pubertaire féminin). Quant aux garçons, ils se soucient en général des poils qui vont pousser, de la mue de leur voix ou de la taille de leur sexe (reportez-vous pages 98 à 102 pour la puberté chez le garçon). La sexualisation imprègne tous les changements puisque le jeune se voit doté d'une nouvelle fonction, celle d'avoir des relations sexuelles et de procréer.

Cependant, même si on en est informé, renoncer à son corps d'enfant n'est pas si facile et cette attente suivie de la métamorphose corporelle inéluctable, se fait à la fois dans un climat de désir et de crainte, dont on ne parle pas. Pourtant telle une mini tornade, la puberté remet tout en cause, modifiant profondément les repères concernant soi-même et les autres. Ces changements entraînent un remaniement nécessaire quant à la relation avec son corps sexué, son identité psychique, et son environnement.

Construire son identité

Attenant à ces transformations corporelles, le changement est aussi psychologique. D'une part, le jeune adolescent n'est pas tout à fait rassuré parce qu'il s'éloigne de ses repères quant à sa façon d'être, de ressentir et de penser — il n'est plus un enfant vivant dans le cocon sécurisant de l'univers parental, avec la protection, l'affection et l'éducation bienveillantes dont il était l'objet — et d'autre part, il ressent le besoin de s'en détacher. Il rompt avec les désirs, les idéaux, les modèles d'identification, les intérêts de son enfance. Il se met en quête de nouvelles sources d'intérêt et de plaisir, en tâtonnant. Il lui faut donc effectuer des choix, et tout choix implique une certaine liberté, des conquêtes, mais aussi des incertitudes et des renoncements. Des choix qui ne renvoient pas qu'à son libre arbitre et qui dépendent aussi, plus ou moins, de son héritage culturel, social et familial ainsi que de l'état de la société et de la conjoncture économique : on n'est pas adolescent de la même façon en mai 1940, en mai 1968 ou en mai 2000.

La construction de son identité, la reconnaissance de celle-ci par soi-même et par les autres constituent un enjeu majeur à l'adolescence. Pour un jeune, construire son identité, c'est découvrir ce qu'il aime, ce qu'il désire, ce qu'il envisage affectivement et professionnellement, bref, ce qu'il attend de la vie. Un adolescent me confiait un jour : « J'ai peur de manquer d'être moi-même », mais comment connaître ce « moi-même » ? Ce qui est encore plus intéressant, c'est que cette question peut se poser tout autant dans l'esprit d'un ou des deux parents, lorsqu'il atteint un âge de remise en question ou lorsqu'il fait le bilan de sa vie.

De nouvelles relations avec la famille et la société

Le changement est enfin familial et social. L'adolescent a besoin de s'éloigner de ses parents, de prendre de la distance, une distance physique et symbolique.

Pour commencer, on remarque une distance entre les corps sexués face à la résurgence de désirs anciens, qui ont une dimension d'autant plus dangereuse que les transformations pubertaires ont eu lieu, et que l'adolescent est maintenant sur le même plan que ses parents quant à sa capacité d'avoir des désirs, des relations sexuelles et quant à son pouvoir de procréer. C'est pourquoi on ne verra plus une adolescente sauter au cou de son père lorsqu'il rentre à la maison après une journée de travail, comme elle avait l'habitude de le faire quand elle était petite.

La distance est également psychique dans la mesure où l'adolescent souhaite se dégager des modèles et des idéaux, des satisfactions et des plaisirs que ses parents lui fournissaient dans son enfance, à l'époque où il ne voyait le monde que par leurs yeux.

Le jeune est obligé de ressentir une certaine déception à l'égard de ses parents et il éprouve le besoin de se mettre en quête de nouvelles références et satisfactions, ailleurs, parmi ceux de son âge, ou auprès d'adultes autres que ses parents. Cependant, cette déception est beaucoup plus douloureuse que l'adolescent n'en donne parfois l'impression et que les parents ne l'imaginent. Une des missions de l'adolescent va être de se forger et de s'approprier un nouvel idéal.

Il a des hauts et des bas

Tous ces changements activent nombre d'affects et d'émotions chez l'adolescent et donnent naissance à de nouveaux sentiments. Aussi, ses humeurs fluctuent : « Il a des hauts et des bas », « Elle a sa tête des bons jours ou des mauvais jours » disent souvent les parents.

Le passage d'un affect à l'autre, d'une émotion à une autre, peut se faire rapidement. En effet, le plaisir, l'exaltation, la joie, un sentiment de toute puissance alternent avec l'ennui, la morosité, l'anxiété, l'angoisse, la peur, le cafard, la tristesse, la dépression, la honte voire le dégoût. Ces fluctuations de l'état affectif et des intérêts sont caractéristiques du comportement normal d'un adolescent.

À certains moments, il arrive que des adolescents expriment des sentiments d'ennui et de cafard qu'ils ne savent pas toujours expliquer. Le jeune peut ne pas savoir que faire : il se plaint et/ou déambule dans la maison. Par exemple, il reste cinq minutes devant le poste de télévision en zappant continuellement, puis va ouvrir le réfrigérateur pour voir s'il y a quelque chose de tentant à se mettre sous la dent, enfin retourne dans sa chambre et s'allonge sur son lit. À chaque étape de ce parcours sans conviction ni motivation, il aura émis deux ou trois soupirs qui en disent long. Cet ennui peut générer des attitudes de repli, de malaise, de passivité, de mauvaise humeur et parfois d'agressivité. Rien de grave cependant, tous les adolescents sont passés par là et tous les parents d'adolescents y ont été confrontés.

En revanche, il convient de s'inquiéter et d'intervenir lorsqu'une humeur, en particulier dépressive, une perte d'intérêt pour tout, dure continuellement plusieurs semaines de suite, car cela peut signifier un mal-être important qui, s'il est pris en compte à temps, peut se guérir.

Tous ces changements auxquels l'adolescent est confronté nécessitent d'être explorés, apprivoisés pour devenir familiers ; ils font naître en lui un sentiment de nouveauté et d'étrangeté qu'il lui est difficile d'exprimer. En effet, ce corps qui se féminise ou se masculinise réveille des sensations refoulées jusque-là et qui imposent d'apprendre à devenir adulte. Les repères corporels, identitaires, psychologiques et sociaux de l'enfance sont bouleversés et doivent être redéfinis, menant à la création d'autres balises, plus appropriées à sa future vie d'adulte. À cet âge de la vie, Je est parfois un Autre.

Il est distant

L'adolescent va devoir redéfinir sa relation à l'entourage et notamment vis-à-vis de ses parents et de ses pairs. En effet, la famille qui était le centre de la vie émotionnelle de l'enfant se voit reléguée au second plan par l'adolescent. Maintenant, l'attraction privilégiée de ses sentiments et de ses émois, ce sont ses pairs – ses amis, ses relations de son âge – mais aussi d'autres adultes.

Autre manifestation de ce besoin de distance, les adolescents repoussent souvent les efforts de leurs parents pour les aider, les rassurer, et acceptent de plus en plus difficilement leurs marques d'affection. En revanche, ils pourront parfois spontanément être affectueux ou prévenants. De même, ils ne voudront plus sortir ou être vus avec leurs parents, non parce qu'ils ont honte ou sont gênés par eux, mais simplement parce qu'ils veulent donner l'impression qu'ils sont plus vieux et plus indépendants.

Les adolescents ont besoin d'intimité. Enfants, ils racontaient volontiers tout ce qui se passait dans la journée, les histoires avec la maîtresse, les copains et les copines, la nouvelle amoureuse, ou encore les bêtises du petit frère. Dorénavant, ils refusent de se livrer et veillent farouchement à leur vie privée. Leurs pensées et sentiments sont tenus secrets et l'une de leurs activités favorites consiste à s'enfermer dans leur chambre pour mieux se retrouver, se ressourcer... et refaire le monde.

Enfin, dernier et non le moindre, le sentiment amoureux prend, à l'adolescence, un nouvel élan, une nouvelle dimension, et l'état de désirs vis-à-vis des autres ouvre sur l'ambivalence des sentiments et des émotions. L'attirance pour l'autre sexe devient plus ardente sous l'effet des pulsions sexuelles qui se réveillent et ce corps devenu mature sexuellement ouvre la voie vers de nouvelles sensations à découvrir... à deux. Nous aborderons les questions de la vie amoureuse plus en détails pages 142 à 147.

Il veut faire comme...

Les adolescents, pour la plupart, passent une grande partie de leur journée au collège puis au lycée ou dans d'autres structures éducatives ; le reste du temps est occupé par la vie familiale et leurs propres loisirs ou activités. À cet âge de la vie, les jeunes préfèrent se retrouver entre eux, en particulier à partir de 14-15 ans. Ils aiment être entre copains, sortir en bande, pratiquer un sport d'équipe, faire de la musique dans un groupe ou encore aller au cinéma ou écouter un concert à deux ou à plusieurs. Mais ils peuvent également, de façon plus individuelle, regarder la télévision dont ils font souvent une grande consommation, lire un livre, une revue, ou s'atteler – chose fréquente de nos jours – à un jeu vidéo, un CD-rom ou encore, surfer sur Internet...

Les relations affectives, imaginaires ou réelles, occupent une bonne partie de leur temps, de leur énergie et de leurs pensées. Ils flirtent, tombent amoureux, connaissent leurs premières expériences sexuelles... et passent des heures au téléphone à en parler avec leurs meilleurs amis.

De manière générale, ce qui compte à l'adolescence, ce sont « les amis d'abord ». Ils savent faire la différence entre leur(s) ami(s) et leurs copains. Ils cherchent à se retrouver dans un groupe de jeunes du même âge où ils peuvent échanger des expériences personnelles concernant leurs goûts et leurs intérêts, leurs activités de loisirs et même la vie familiale. Faire partie d'un groupe, c'est aussi se sentir intégré, partager un idéal commun. C'est un moyen d'atteindre ce que l'on rêve de devenir. Le groupe des pairs est nécessaire et même indispensable à l'adolescent, à la fois pour prendre de la distance vis-à-vis de ses parents et pour mieux appréhender les relations personnelles et sociales de l'adulte qu'il deviendra.

Prenons l'exemple de Guillaume, un adolescent de 15 ans, qui va tous les mercredis et les samedis dans son club de sport. Guillaume pratique le volley-ball. L'entraînement a lieu le mercredi, les matchs le samedi après-midi : une semaine au gymnase de son club, la semaine d'après dans le gymnase de l'équipe qui reçoit la sienne. Guillaume est bien content de pratiquer ce sport : il y a d'abord l'équipe, les copains, les copines aussi, et encore la liberté loin de la maison. Cette liberté, il la préfère encore quand les matchs sont à l'extérieur de son club dans des quartiers ou des villes où personne ne le connaît : il peut dire et faire ce qu'il veut. L'entraîneur ne voit pas tout ! Il l'a dit d'ailleurs une fois à ses parents alors qu'il était en colère : « Au moins, quand je joue au volley, je suis tranquille. » Une semaine après, il a décidé qu'il irait seul et en bus au volley. Il n'aime pas que ses parents le « collent » a-t-il dit à sa mère.

Cependant, appartenir à un groupe, c'est aussi, parfois, courir le risque de se laisser entraîner à des conduites déviantes ou à consommer des produits non autorisés souvent « pour faire comme », afin d'être un membre à part entière du groupe. Si cela arrive à votre adolescent (parce qu'il voulait simplement essayer par curiosité ou braver le danger pour « faire comme ») et que vous en soyez informés, vous devez en discuter avec lui, sans dramatiser la situation, en tentant de comprendre ce qui a motivé ses actes. Il est important de lui dire d'une part qu'il ne doit pas se mettre en danger (en lui expliquant pourquoi) et d'autre part, qu'il n'est pas nécessaire de « faire comme » pour devenir quelqu'un et se faire accepter des autres. Le problème est évidemment tout autre si ces conduites s'installent ou sont déjà installées. Nous renvoyons le lecteur aux chapitres correspondants (voir pages 268 à 278).

Dans cette logique de groupe, les rendez-vous dans un café sont souvent de mise ; puis viennent les sorties en boîte de nuit, qu'on observe aujourd'hui chez des adolescents de plus en plus jeunes. Parfois, ils traînent dans la rue, inoccupés : il s'agit simplement de s'ennuyer ensemble ou de discuter. Les discussions entre copains concernent le plus souvent des problèmes sentimentaux ou sexuels, les activités de loisirs mais aussi la consommation de tabac, d'alcool, de drogue. En revanche, des thèmes comme les problèmes du corps et de la santé ou les difficultés scolaires sont plus souvent abordés avec les parents. Ceux-ci doivent être bien informés, les réponses toutes faites, évasives ou inexactes sont rapidement repérées par les jeunes d'aujourd'hui, disqualifiant ceux qui les tiennent ; être parent est devenu un véritable métier qu'hélas personne ne vous apprend. Ce guide essaie de le faire le mieux possible.

Il veut être comme...

Il ne s'agit plus ici de « faire comme » mais d'« être comme » ; tout dépend comme qui ? Les parents n'étant plus les modèles d'identification privilégiés, comme ils le furent tout au long de l'enfance, l'adolescent va chercher à l'extérieur du cercle familial proche ses références identitaires. Bien ou mal dans sa peau, il est en quête d'une image de lui-même plus acceptable et qui lui corresponde. Il se cherche.

S'il tapisse les murs de sa chambre de posters à l'effigie de ses idoles (champion de basket, top model, héros mythique, vedette de cinéma ou star de la musique du moment ou du passé), c'est parce qu'il voit en eux un modèle auquel il a envie de ressembler. Au début des années 1990, on a parlé de la génération « Grand Bleu », en référence au film de Luc Besson qui a été vu par près de la moitié des adolescents en France ; ceux-ci trouvaient dans l'histoire de ce plongeur un écho aux préoccupations et aux aspirations qui les animent. Le thème de la quête du père, le thème de la plongée dans la mer comme immersion en soi et refus du monde et de ses compromis, le thème du suicide (on ne sait pas en fait si le héros se suicide ou meurt), autant de motifs qui concernent les adolescents ; certains ont même vu le film quarante fois ! Ne sachant pas encore qui il est véritablement, l'adolescent va se projeter dans les images idéalisées que constituent sa chanteuse ou son chanteur préféré, ou d'autres célébrités en vue. Il s'identifie à des personnages dont il adopte parfois la façon d'être, de penser et jusqu'à l'apparence physique.

Lors d'une émission télévisée consacrée à un groupe de chanteuses qui revendiquaient haut et fort « le pouvoir aux filles », des adolescentes étaient interviewées. Elles s'habillaient comme leurs idoles, avec une légère touche de provocation sexy, se coiffaient comme elles, adoptaient leur façon de se comporter et de penser, tout finissait par se modeler sur leur image. L'une d'elles, âgée d'environ 14 ans, prit la parole et dit avec une relative conviction : « Mon caractère a durci ; on a compris grâce à elles qu'il ne fallait pas se laisser faire. » Autre exemple, ce peut être aussi ce garçon qui se laisse pousser les cheveux jusqu'à la moitié du dos, ayant pris soin au préalable de les teindre en « noir encre de Chine », qui ne s'habille que de couleurs sombres, devient adepte du *piercing* et écoute une musique punk rock ou hard rock qui dérange ses parents.

« Comment réagir devant un adolescent qui adopte un look provocant dans ses habits ou sa coupe de cheveux ? »

Si le regard des parents s'arrête sur l'image parfois provocante ou irritante que leur enfant revendique à travers son style, son *look*, mais qui est dans la plupart des cas provisoire, si les parents manifestent une réaction agressive ou d'opposition marquée, l'adolescent risque d'adopter cette identité de façon plus durable, à la mesure de l'effet qu'elle a sur l'autre.

En revanche, si cette apparence ou ces attitudes ne provoquent pas de réaction particulière chez l'entourage, on s'aperçoit que les modèles identificatoires ne sont pas fixes, mais qu'ils changent fréquemment, comme si le jeune cherchait à tâtons une référence qui se rapproche le plus possible de celle, à la fois définie et confuse, qu'il porte en lui, sans jamais vraiment la trouver. Rien n'empêche les parents de discuter avec leur adolescent de son choix, avec une oreille attentive et compréhensive.

Loin du monde du spectacle, du sport, de l'imaginaire ou des légendes (les jeux de rôles sont souvent très appréciés à cet âge, et l'identification à certaines qualités des personnages mis en scène peut être déterminante dans cette quête identitaire), l'adolescent peut aussi trouver des modèles auprès d'adultes autres que ses parents. Il peut ressentir certaines affinités pour des membres de sa famille, une tante ou un oncle par exemple ; un grand-père qui retrace ses aventures de jeunesse peut aussi devenir un modèle de courage et de dextérité ou à l'opposé une image d'esprit rebelle. Il peut encore s'agir d'un ami de la famille ou bien d'un professeur dont le charisme impressionne l'adolescent et auquel il aimerait ressembler plus tard. *Le Cercle des poètes disparus*, film sorti il y a une dizaine d'années mais toujours revu avec plaisir par les adolescents d'aujourd'hui, et qui relate l'histoire d'un professeur de collège, a touché de nombreux adolescents dans le monde ; ils voyaient, dans cet homme à l'écoute de ses élèves, soucieux de préserver et de faire grandir la flamme qui brûle en eux, l'image idéalisée d'un adulte auquel ils aimeraient que les autres adultes ressemblent, et auquel ils voudraient un jour ressembler.

Il est paradoxal

Tous les parents d'adolescents ont au moins une fois énoncé cette phrase, mêlée d'étonnement et d'exaspération : « Il ne sait pas ce qu'il veut ! » ou encore : « Elle dit une chose et elle fait le contraire. » Sachez que ce n'est pas si facile de partir à la recherche de soi-même et d'être soumis aux multiples changements que nous avons évoqués plus haut. Il est absolument fatal que, pendant un certain temps, l'adolescent ou l'adolescente navigue entre deux eaux, avant de devenir adulte.

Pas toujours évident à cerner, l'adolescent peut se révéler à la fois égoïste et extrêmement généreux ; avoir des réponses catégoriques à tout et douter profondément de lui-même, de son corps, et des autres ; revendiquer son autonomie et solliciter ses parents pour des actes banals de la vie quotidienne ; mettre en avant son originalité et se fondre dans une mode ou dans un groupe où un certain conformisme implicite est de règle ; désirer de tout son être une relation charnelle et en avoir une peur bleue... Bref, l'adolescent est un être de contradictions et de paradoxes. Dans son comportement, ses pensées, ses sentiments, ses émotions, il oscille entre un besoin de séparation et un besoin de dépendance qui se contredisent réciproquement, et dont il peut parfois souffrir. Une véritable dialectique s'engage entre ces deux besoins, non seulement entre les personnes réelles qui constituent le proche entourage de l'adolescent, mais également au niveau des images internes qu'il s'en est faites. Et ce n'est pas forcément celui qui affiche un besoin de séparation très prononcé qui ressent le moins le besoin de dépendance, bien au contraire.

Le besoin de séparation et de distance qui caractérise l'adolescence commence par un sentiment de déception de l'adolescent vis-à-vis de ses parents : il les « désidéalise ». Il lui faut alors trouver un autre idéal qu'il cherchera à l'extérieur du cercle familial comme nous l'avons précédemment évoqué. Intervient aussi cette proximité avec les parents, êtres sexués, qui devient physiquement et psychiquement dérangeante. Ainsi, la communication avec les parents devient plus difficile et nécessairement conflictuelle. D'autant plus que le besoin non dit de dépendance est présent et complique les choses, poussant quelquefois l'adolescent à des conduites d'opposition, de colère ou de risque, qui doivent être comprises comme des tentatives de lutte contre ce besoin de dépendance.

C'est pourquoi, si au terme d'une discussion houleuse et après vous avoir attribué tous les défauts de la terre parce que vous avez refusé une demande ou une sortie, votre adolescent finit par crier qu'il n'a pas besoin de vous et qu'il peut se débrouiller tout seul, essayez de ne pas céder à la colère. Évitez les : « Eh bien, puisque c'est ça, pars, quitte la maison et trouve-toi un travail ! » Ces mots qui souvent dépassent la pensée peuvent parfois avoir des répercussions inattendues et non désirées. Il suffit quelquefois de laisser passer la tempête, tout en essayant le plus calmement possible d'expliquer le fondement de votre avis et d'exprimer ce que vous ressentez par rapport à ce qu'il vient de vous dire ; car il est tout à fait normal que vous soyez blessé et en parler est sans doute la meilleure façon de ne pas envenimer les relations.

Être adolescent n'est pas toujours facile mais être parents d'adolescent ne l'est pas toujours non plus : c'est pourquoi il est important de rester à l'écoute et de maintenir le dialogue entre vous et votre adolescent, et de ne pas hésiter à faire appel à quelqu'un d'extérieur au cercle familial (grands-parents, oncles et tantes, amis, professionnels...) pour une aide ou un conseil.

Bonnes nouvelles !

Il n'est pas à « problèmes multiples »

D'après une série d'enquêtes réalisées en France par l'Institut national de la santé et de la recherche médicale sur une période allant de 1988 à 1994, auprès d'adolescents de 16 à 18 ans, 26 % des jeunes de cette tranche d'âge n'ont présenté aucun trouble majeur. Ils se sentent plutôt bien dans leur peau, aiment sortir et font peu d'excès. Les relations avec leurs parents sont bonnes. La survenue d'événements tels que le chômage, la maladie ou la séparation des parents peuvent néanmoins venir altérer ce bel équilibre. Une fatigue excessive ou des difficultés à organiser sa vie peuvent également favoriser l'apparition de problèmes chez ces adolescents. Toujours selon cette étude, 63 % de jeunes connaissent une adolescence plus tumultueuse et suscitent chez les parents davantage de tolérance et d'attention. Des problèmes essentiellement liés à la vulnérabilité individuelle issue du temps de l'adolescence sont ici en jeu.

Seulement 10 % environ des jeunes présentent de sérieux problèmes de comportements qui sont répétitifs et/ou s'associent comme, une importante consommation d'alcool et/ou de tabac, la prise de drogue, des violences physiques sur autrui ou sur soi-même, des troubles de l'humeur, des troubles du sommeil, des idées dépressives et suicidaires (chez les 12-19 ans un jeune sur dix a pensé au suicide), une grande nervosité, ou des troubles psychosomatiques. Ces adolescents font souvent des excès en tout genre et sont du reste eux-mêmes d'un caractère excessif. Leur vie familiale est vécue comme tendue et pénible, se déroulant dans un climat d'incompréhension. Ils se plaignent que leurs parents sont indifférents ou au contraire trop envahissants. Ces adolescents mal dans leur peau, fuyant leur vie familiale qu'ils vivent comme trop pesante, surinvestissent la vie relationnelle extrafamiliale et se réfugient souvent au sein d'un groupe, composé généralement de jeunes ressentant les mêmes difficultés.

Deux facteurs de risques et de fragilisation sont donc à prendre en compte. Le premier est le cumul des conduites à problèmes et le second est la répétition de celles-ci car elles risquent d'inscrire le jeune dans une fixation pathologique de ces conduites et par là même d'entraver le développement et le travail psychique de l'adolescence.

Il aime sa famille

Dans une enquête réalisée en France, 70,5 % des jeunes de 11 à 19 ans déclaraient que leur famille était un lieu d'accueil, de dialogue et de communication, que la vie familiale était agréable, détendue, et « à rechercher »[2].

Ce qui surprendra sans doute bien des parents, 71,3 % de ces adolescents déclarent ressentir l'intérêt de leur mère pour ce qu'ils font, et 67,2 % celui de leur père : avis donc à la gente paternelle qui peut mieux faire. Nous pouvons comparer ces chiffres avec ceux cités ci-dessus : une petite partie seulement des adolescents « tumultueux » ont sans doute des difficultés de communication, du moins dans leur esprit, avec leurs parents.

Plus encore, les parents sont généralement désignés comme les premiers interlocuteurs pour les difficultés scolaires ou de santé. Mais il est vrai qu'ils passent après les amis du même âge pour les problèmes sentimentaux et pour les questions touchant à la sexualité. Mais pour pouvoir communiquer et si besoin s'opposer à ses parents, un adolescent doit les percevoir comme des êtres solides. S'il les vit comme fragiles, hésitants, meurtris, il risque de retourner son agressivité et sa violence contre lui-même, dans la mesure où dans le fond, il les aime beaucoup plus qu'il ne le dit et veut donc les préserver. Autrement dit, les adolescents ne doivent pas se sentir dans une situation telle qu'ils sont contraints de consoler ou d'apporter un support à leurs parents : ils ne doivent pas être les parents de leurs parents. Clara, une jeune fille de 14 ans, disait avec un mélange de colère et de tristesse devant sa mère qui se plaignait d'être toujours seule, son mari étant trop souvent absent : « C'est dur d'avoir des copines et de laisser maman toute seule comme ça. »

2. M. Choquet et S. Ledoux, 1994, INSERM.

Qu'est-ce qui fait un bon parent ?

Après avoir été parent d'un enfant, vous voilà parent d'un adolescent : vous vous rendez compte que vous ne pouvez plus exercer votre tâche de la même façon. N'oubliez pas que vous conservez vos droits de parent mais que de nouveaux devoirs vous incombent lorsque surgit l'adolescence. Il y a de multiples manières d'être parent mais il existe des devoirs communs à tous les parents d'adolescents.

- Le premier devoir est imposé par les adolescents eux-mêmes : nous avons vu qu'ils étaient « paradoxaux ». Leurs comportements entraînent parfois chez les adultes, a fortiori pour les adultes qui leur sont proches, des sentiments d'épuisement, de ras-le-bol ou de colère. Les adultes doivent surmonter ces sentiments, et ainsi permettre aux adolescents de continuer leur recherche d'eux-mêmes.
- Le deuxième devoir est lié au temps : temps de l'enfance, puis temps de l'adolescence. Les parents ont parfois l'impression d'être pressés par le temps : ils souhaitent « au plus vite » aider l'adolescent, aller au bout de ce temps qui passe, pour qu'il puisse au mieux affronter la vie. L'idée que ces parents se font de leur « travail » de parent, du temps qu'il prend et de ce qu'ils doivent faire pour le mener à bien fait partie des idéaux parentaux.
- Le troisième devoir est justement celui de ces idéaux parentaux, des images que chaque parent se fait de la fonction parentale. Ne la bafouez pas. Lorsque vous confrontez ces images à la réalité quotidienne, vous vous sentez à la hauteur, satisfait, ou au contraire insatisfait. Cette évaluation de soi est particulièrement mise à l'épreuve par les adolescents qui révèlent souvent à leurs parents leurs contradictions.

Ainsi, les parents d'adolescents ont comme leurs enfants un « travail » personnel à effectuer : accepter de se confronter à leur déception par rapport à des idéaux construits au cours de l'enfance, mettre parfois de côté leur impatience vis-à-vis de la réalisation de leur rêve d'avenir pour leur adolescent, enfin accepter de ne pas être toujours des parents parfaits, sans pour autant se laisser disqualifier.

Comment s'en sortir, comment mener de front ces trois tâches et tenir au mieux son rôle de parent ?

À quoi servent les parents ?

Répétons-le, malgré les revendications d'indépendance des adolescents, les parents ont encore un rôle à jouer auprès d'eux : un rôle de protection bien différent de celui qu'ils ont tenu jusque-là avec l'enfant.

Le rôle des parents auprès d'un enfant est évident : l'enfant est dépendant, pour les actes de la vie quotidienne, des adultes en général, et plus précisément de ses parents. Les choses sont différentes pour un adolescent, qui s'éloigne physiquement de ses parents et revendique bien souvent son indépendance morale. Un adolescent reste bien évidemment dépendant matériellement de ses parents qui lui assurent la sécurité matérielle et un toit. Cette dépendance a tendance de nos jours à s'étendre au-delà de l'adolescence jusqu'à l'âge adulte, du fait notamment de la difficulté d'insertion sociale que constitue l'emploi, mais encore de bien d'autres facteurs (prolongement des études, mode de vie actuel, aspects matériels, etc.).

Les parents restent en outre un refuge affectif pour l'adolescent, même s'il peut lui arriver de s'en défendre, voire de se l'interdire, même s'il affirme parfois verbalement son indépendance.

Je vous conseille

— Vous êtes en première ligne de l'agressivité éprouvée et extériorisée par l'adolescent, agressivité qui est parfois très importante et qui peut vous déstabiliser. Votre rôle est alors de pouvoir accueillir le mieux possible cette agressivité : en acceptant d'être la cible de l'adolescent, sans se laisser transpercer. Vous devez pouvoir « survivre » à cette violence, qui est d'ailleurs généralement suivie ou précédée par un temps de tendresse et de sérénité.

— C'est à vous de poser des balises, des jalons dans les nouvelles expériences de vie qu'explorent les adolescents. Un adolescent recherche souvent activement ses limites, qui ne sont plus celles d'un enfant : son corps a changé, ses idées ne sont plus les mêmes, son environnement aussi. Il éprouve – au sens fort du terme – ce monde nouveau, désormais à sa portée. C'est en se référant à ses nouvelles idées, mais aussi à ses parents qu'il va petit à petit construire de nouvelles limites : car ses parents font encore partie de ses références même s'ils ne sont plus *la* référence exclusive de l'enfance.

— Vous avez encore un rôle de protection à jouer, mais d'« un peu plus loin », et surtout de manière différente. Un adolescent est certes un adulte en devenir, mais il n'est pas encore adulte : il ne sait pas encore se protéger des expériences traumatisantes.

Reparlons de Guillaume. Depuis qu'il va en bus au volley, Guillaume arrive toujours une heure au moins avant l'entraînement : il peut alors discuter, avant de courir dans tous les sens, prendre des nouvelles de chacun de ceux qui comptent pour lui, au club. Et puis, une heure avant lui, c'est l'équipe des cadettes qui s'entraîne... Après la douche, Guillaume aime bien aller boire un verre, histoire de reconstituer son « stock de sels minéraux, de sucre » dit-il ; alors il boit une « bonne bière » avec les copains. Il en a parlé avec ses parents, qui n'appréciaient pas du tout de le voir rentrer à 18 h 30 à la maison. Il leur a expliqué l'ambiance dans le bar, le plaisir qu'il a à discuter, et le besoin qu'il ressent dans son corps de boire quelque chose, comme les autres. D'ailleurs, il leur a dit aussi que dans L'Hebdo du volley, il avait lu que la bière après l'entraînement, c'était recommandé par des médecins du sport. Plutôt dubitatifs, ses parents ont fait la moue ! En fait, ils en ont discuté pendant tout le repas. Après une vraie lutte par raisonnements interposés, les esprits se sont échauffés, et tout le monde s'est mis à crier. Bref, pour finir, le lendemain les parents de Guillaume ont dit qu'ils étaient d'accord, à la condition sine qua non, a ajouté son père (qui aime bien montrer qu'il a fait du latin, lui !) que cette bière soit l'unique de la semaine. « Plutôt secs les parents ! Mais au moins, se dit Guillaume, j'ai échappé à l'interdiction. »

D'une part, les parents doivent rester sensibles, touchés, émus, par ce que l'adolescent vit et ressent, mais d'autre part, ils doivent être capables de poser des interdits quand le besoin s'en fait sentir : c'est là toute la difficulté de leur fonction parentale.

Le rôle des parents d'un adolescent est donc lui aussi fait de paradoxes et de contradictions : il consiste à lui poser des limites, mais aussi et simultanément à lui permettre de vivre des expériences. C'est dans cette subtile alchimie que l'adolescent peut trouver la voie de son épanouissement.

Je vous déconseille

Nous disions que les parents ont à « survivre » aux attaques agressives des adolescents : le mot n'est pas choisi au hasard et veut rendre compte de la réaction normale d'un adulte soumis à des tensions intenses et répétées.
— Vous ne devez pas être débordés et encore moins déprimés par cette agressivité ; il ne faut pas vous sentir atteints en profondeur par cette violence, car cela vous amènerait à renoncer à votre fonction parentale.

M. et Mme C., qui viennent me voir, n'en peuvent plus avec leurs deux garçons âgés de 15 et 12 ans. Dès qu'ils sont tous les quatre, la vie devient un « enfer ». La maman pleure en évoquant cette vie familiale : « J'aurais tant voulu que ça ne se passe pas comme cela. » Elle reproche à son mari de n'avoir jamais eu d'autorité. Il est à bout et se met maintenant tout le temps en colère. Que doivent-ils faire ? D'abord s'unir à nouveau et non pas se désunir. Ensuite penser à eux deux comme un couple qui a besoin de se soutenir mais aussi de se détendre. Ils sont en fait trop « gentils » avec leurs deux fils. Ils ont au fond peur de leur culpabilité de se sentir agressés et donc agressifs à l'égard de leurs enfants qu'ils aiment incontestablement... trop !

Je vous déconseille

— Cependant, les parents ne peuvent pas non plus se réfugier dans une indifférence protectrice, ce qui équivaudrait à démissionner, et donc, à renoncer aussi à leur fonction parentale.
— Il faut, dans les moments de tension, éviter la rupture du dialogue avec l'adolescent, qui serait ressentie comme une cassure vis-à-vis de ses parents perçus comme indifférents. Le maintien d'un dialogue, aussi insatisfaisant et limité soit-il, est préférable pour les deux parties.

Revenons à Guillaume et à ses parents. Ils n'aiment pas que leur fils boive de la bière alors qu'ils ne sont pas là et qu'ils ne sont même pas à l'origine de cette nouvelle « lubie » ; ils lui ont bien proposé un peu de vin lors des repas de famille, mais ils n'avaient jamais pensé que leur fils pouvait boire de l'alcool. Sous le choc de la nouvelle, ils ont quand même réussi à le questionner un peu, avant de lui dire qu'il fallait qu'ils réfléchissent à cette question de la consommation de bière. Ils ont préféré ne pas réagir quand Guillaume a crié que : « c'était tout réfléchi ! » ; ils ont juste précisé que pour eux, ça ne l'était pas, et qu'ils en reparleraient ensemble. Tout arrivait si vite ces derniers temps : Guillaume devenait très agressif, hurlait pour un oui ou pour un non, les fuyait souvent, allait s'enfermer dans sa chambre ou ne répondait pas à leurs questions, faisant mine de ne rien avoir entendu. Ils étaient bien contents d'avoir mis fin à l'accrochage de ce repas, même s'ils ne savaient pas exactement ce qu'ils allaient dire à Guillaume le lendemain.

L'autorité parentale

La notion d'autorité parentale est indissociable du contexte historique dans lequel elle s'inscrit, des conceptions sociales et éducatives ainsi que des idéologies dominantes. Elle semble aujourd'hui retrouver une place dans les conceptions éducatives après avoir été largement décriée dans les années 1970. Le célèbre slogan de mai 1968 « Il est interdit d'interdire », les interprétations souvent rapides et erronées d'une théorie psychanalytique, mal digérée, et la volonté de ne plus brider ni brimer les enfants avaient sérieusement ébranlé l'édifice multiséculaire de la toute-puissance parentale... et enseignante. Trente ans après, les défenseurs du tout permis semblent eux-mêmes reconnaître la faillite de leur système. Cependant, comme toujours dans l'histoire de la pensée et des mœurs, on ne peut pas parler d'un pur et simple retour en arrière, et nous en sommes aujourd'hui à des réajustements, des rééquilibrages plus qu'à une restauration anachronique de la toute puissante autorité parentale. Résultats, chacun cherche, à tâtons, la bonne voie, le juste point de vue.

Il est vrai qu'il devient de plus en plus difficile aujourd'hui, dans nos sociétés occidentales, de s'appuyer sur des règles sociales univoques et uniformes, partagées par toute la population. Chaque groupe social possède ses propres règles qui ne sont pas tout à fait les mêmes que celles d'un autre groupe. Ces changements de société compliquent encore la tâche des parents qui doivent se débrouiller avec les « moyens du bord » pour se faire leur propre idée de l'autorité parentale.

Ceci est d'autant plus difficile que les adolescents contestent l'autorité des parents (mais cela n'est pas nouveau). Voulant supprimer les interdits, ils ont toujours, par moments, vécu cette autorité comme arbitraire, inutile, voire comme une brimade gratuite dépourvue de sens. Le problème actuel est que ce ne sont pas les exemples discursifs qui manquent aux adolescents d'aujourd'hui : untel a le droit de faire ceci chez lui, tel autre est autorisé à sortir, lui !

Les conflits d'autorité portent sur de nombreuses questions ; ils concernent souvent le corps que l'adolescent va petit à petit s'approprier : le jeune s'habille, se coiffe ou se maquille d'une manière qui ne plaît pas toujours aux parents, qui n'est pas conforme à leurs attentes. Autres terrains de conflit : la chambre de l'adolescent et son rangement, la porte continuellement fermée ou à l'opposé toujours ouverte, la musique trop forte, l'heure des sorties et des rentrées, le nombre de coups de téléphone, le temps passé devant la télévision, etc.

Les deux autorités

Pour nous aider à parler plus précisément de l'autorité parentale, il est utile d'établir une distinction entre l'autorité formelle et l'autorité morale.

- L'autorité formelle concerne un parent qui pose une limite, en formulant un interdit : il édicte une règle que l'adolescent devra respecter, il donne un ordre à exécuter. C'est donc l'autorité que l'adolescent conteste en premier lieu, à cause de cette part d'arbitraire qu'il dénonce.
- L'autorité morale, de façon plus profonde, unit les parents et l'adolescent. Elle s'est forgée pendant l'enfance autour des liens d'affection et de respect, qui se sont noués entre les parents et l'enfant. L'enfant en a fabriqué des représentations mentales correspondant à sa manière de vivre chacun des moments de sa vie. Ces représentations définissent, pour chaque famille, un ensemble de valeurs, de règles et de rituels familiaux qui vont déterminer les actions et les réactions de chacun des membres de la famille. L'autorité morale s'exerce de manière quasi inconsciente. Cette autorité suscite aussi les conflits : lorsqu'il s'agit par exemple, pour l'adolescent et ses parents de s'entendre sur un horaire de retour à la maison après une fête entre amis, ces liens d'affection et de respect qui sous-tendent cette autorité morale, sont remis en jeu, parfois ébranlés par la question présente.
- Ces deux autorités – formelle, et morale – peuvent s'équilibrer : un horaire de retour après sortie peut s'apparenter à une autorité formelle, mais la soumission à cet horaire peut réveiller aussi les questions que se pose l'adolescent sur le lien moral qui l'unit à ses parents, et le remaniement de ce lien qu'il est en train d'effectuer.

Guillaume, toujours lui, se dit qu'ils sont « bien gentils » ses parents, mais qu'ils en boivent eux aussi de la bière, et pas que de la bière, du vin, des apéritifs, et j'en passe. Alors deux ou trois bières pas semaine, ils vont pas en faire un flan, il faut bien commencer un jour… C'est comme pour les filles, ils se sont bien connus quelque part, eux, non ? Mais ça, Guillaume le garde pour lui et pour les copains à la rigueur, c'est trop compliqué d'en parler avec les parents… Il est quand même bien content de pouvoir boire de la bière. Enfin, la première ça va. Les autres, à chaque fois, il se dit qu'il n'a pas le droit, et il se met à réfléchir. Après tout il est grand maintenant, il fait ce qu'il veut, conclut-il. Enfin, si quelqu'un allait le dire à ses parents… et voilà notre Guillaume qui se remet à réfléchir.

Le problème est que de nos jours « la faillite des humanités » comme le dit George Steiner, la dégradation des sentiments moraux des jeunes, est incontestable. Entre la sixième et la terminale va se manifester une inquiétante corruption des règles morales. Par exemple à la question : « Est-il inacceptable de copier lors d'un contrôle ? », en sixième, 93,5 % pensent que oui et seulement 51,8 % en terminale. Beaucoup d'autres réponses vont dans le même sens. Le directeur de la revue *Commentaire*, Jean-Claude Casanova, cite à propos de cette étude une anecdote hautement significative : « Un professeur de khâgne racontait récemment qu'à son grand étonnement, alors qu'il avait annoncé un programme de cours sur les moralistes français, de Montaigne à Vauvenargues, un groupe d'élèves lui proposa d'ajouter Sade à Rousseau. Quand on confond tout, il ne faut pas s'étonner de ne rien retrouver. Pourquoi l'école serait-elle civique quand la société ne l'est pas ? »

Comment exercer son autorité ?

« L'autorité c'est de la loi en sympathie[1]. » Elle doit être négociée. Dans le mot autorité, issu d'autorictas, il y a auteur, c'est-à-dire créateur. Il nous faut insister sur la nécessité d'un dialogue créatif. C'est en effet entre deux écueils que vous allez devoir naviguer pour exercer votre autorité parentale : d'une part l'absence d'autorité, d'autre part une autorité « toute faite ». Entre les deux : un dialogue créatif clair et ferme. Faire l'expérience du dialogue est primordial pour un adolescent dans sa quête des limites. Par le dialogue, il peut comprendre le danger de certaines expériences sans avoir à les vivre : il en prend conscience par lui-même, au travers des discussions, sans sentir se soumettre aux idées parentales et sans renoncer à ses propres idées. Le couple parental est aussi mis à l'épreuve par la question de l'autorité : deux points de vue trop éloignés sur une question éducative risquent d'entraîner le couple dans une dévalorisation mutuelle aux yeux de l'adolescent. À l'opposé, des idées et des comportements trop identiques empêchent l'adolescent de faire l'expérience de la différence, pourtant très importante, entre son père et sa mère. Mais il ne faut pas oublier que pour 62 % des adolescents leur famille est un exemple qu'ils aimeraient suivre plus tard.

1. Jacques Pain et Alain Vulbeau dans *Quelle autorité ?*, Paris, Éd. Autrement, 2000.

Je vous conseille

— Il y a au moins trois préalables à l'exercice d'une autorité parentale :

• Premier point important et vieux principe toujours valable : vous devez montrer l'exemple.

• Second point : vous devez *a priori* avoir confiance en votre adolescent, ne pas sans arrêt remettre en doute ce qu'il dit.

• Troisième point : il faut vous faire respecter et donc vous appuyer sur le « miroir », c'est-à-dire : respecter votre adolescent, et en particulier ses points de vue, ses opinions, et le considérer comme une personne à part entière, sauf s'il fait tout pour se disqualifier ou vous provoquer.
C'est la suite logique de la confiance qu'on lui accorde.

Il s'agira par exemple de ne pas minimiser les problèmes qu'un adolescent dit vivre : certains parents pourraient être tentés d'exposer à leur enfant leurs problèmes d'adultes pour lui faire comprendre que ses problèmes ne sont pas très importants au regard des leurs. N'est-ce pas nier en quelque sorte sa condition d'adolescent ? N'est-ce pas lui interdire de ressentir ou du moins d'exposer ses sentiments ? N'est-ce pas l'empêcher d'être adolescent ?

— Vous comprendrez que l'autorité parentale s'exerce différemment avec un adolescent de 14 ans et un adolescent de 17 ans. Un adolescent doit vivre à son rythme, et au fur et à mesure de ses découvertes et de ses expériences, il va avancer vers l'âge adulte. Les parents ne doivent pas permettre les mêmes choses à ces deux âges de la vie : ce qui est permis à 17 ans ne l'était pas encore à 14 ans. Il est ici surtout question de l'autorité dite « formelle » (voir plus haut) qui va peu à peu s'assouplir au profit de l'autorité dite « morale ».

Ce soir-là, avant de se coucher, les parents de Guillaume se demandent ce qu'ils vont pouvoir lui dire. Son père n'est pas d'accord pour qu'il boive de l'alcool en dehors de la maison, si jeune. Il se dit aussi que son fils fait de nouvelles expériences, et que la bière n'est pas très alcoolisée. « Mais peut-être nous cache-t-il qu'il boit quelque chose de plus alcoolisé ou qu'il fume », dit la mère. Il faudrait le mettre en garde, propose-t-elle. « Ou le lui interdire », ajoute le père. Puis, après un temps de silence : « Il le fera quand même s'il le veut. » La mère : « Tu ne m'avais pas dit que tu avais commencé à fumer à 15 ans, toi ? » Le père, à la fois gêné et content de la remarque, laisse comprendre à sa femme que c'est vrai. « Nous allons lui interdire d'en boire plus d'une par semaine », finit-il par dire. « Et nous lui expliquerons quand même qu'il n'est pas bon de boire beaucoup d'alcool, et que boire de l'alcool se réfléchit », complète la mère.

Car c'est aussi la relation parents-adolescent qui change, et avec elle l'autorité morale. C'est-à-dire qu'en remettant en cause cette autorité, l'adolescent pose la question de son autonomisation, de son devenir vers et à l'âge adulte. Laissant de côté la logique de l'interdiction de l'enfance, les parents vont petit à petit négocier avec l'adolescent certaines règles de vie, de conduite. L'adolescent va participer à certaines décisions le concernant, touchant à sa vie. Les parents ne deviennent pas pour autant de simples « consultants » qui ne feraient que donner leurs points de vue : ils expliquent leurs positions, font entendre à l'adolescent le bien-fondé de celles-ci mais savent rester à son écoute, tout en faisant en sorte que l'adolescent, lui aussi, soit à leur écoute. C'est, comme nous l'avons déjà dit, une question de confiance.

Quand faut-il être autoritaire ?

Il faut savoir discerner la gravité des situations et des enjeux, c'est pourquoi nous distinguerons deux cas de figures dans l'exercice de l'autorité parentale.

— Il va de soi que lorsque la sécurité physique ou affective de l'adolescent est en jeu, les parents doivent savoir et pouvoir être stricts dans leurs décisions, par exemple, quand il s'agit pour l'adolescent de faire un trajet en voiture avec un chauffeur qui aura bu ou risque de boire de l'alcool avant de prendre le volant. Les adolescents comprennent le danger d'une telle expédition si l'on a pris le temps de le leur expliquer. De plus, si sur le moment ils sont en colère parce que leur projet est remis en cause, ils se montrent quelque temps après et au fond reconnaissants à leurs parents de les avoir préservés du danger.

— En revanche, quand il n'est pas « question de vie ou de mort », dans le domaine des devoirs scolaires ou dans le vaste champ des règles de vie, du partage des tâches quotidiennes (chambre bien rangée, utilisation du téléphone, etc.), l'autorité doit s'exercer dans et par le dialogue. L'adolescent comprendra ainsi que l'autorité parentale n'est pas un point de vue obtus et borné, mais qu'elle peut évoluer en partie dans le sens qui lui convient, chaque fois qu'il peut faire entendre la nécessité d'un changement.

Les adolescents ont autant besoin de « directives » qui les rassurent, que de liberté pour se forger leur propre expérience de vie.

« Si un adolescent ne respecte pas les règles posées par les parents ou mises en place d'un commun accord entre les parents et lui, quelles réactions devons-nous avoir ? »

Vous devez, avant toute interdiction abusive ou permissivité trop grande, apprendre à écouter votre adolescent en lui permettant d'avancer les raisons de sa conduite. Resituer la règle suffit parfois à l'adolescent pour l'intégrer. Questionner l'adolescent sur ce qu'il pense de ses actes ou de sa conduite va l'aider non seulement à comprendre pourquoi vous n'êtes pas d'accord avec de tels comportements, mais aussi à se poser lui-même la question du pourquoi, c'est-à-dire réfléchir à ses comportements et donc, petit à petit, à se responsabiliser. On peut aller jusqu'à dire : « Imagine que tu es ton père, qu'est-ce que tu te dirais ? »

Autorité parentale et dialogue

L'autorité parentale sans dialogue clair et ferme est une impasse. Pourquoi ? Parce que le dialogue définit, pour les parents, un espace qui leur permet d'expliquer le pourquoi de telle ou telle décision, et pour l'adolescent, l'occasion de légitimer sa demande, son désir ou son envie de changement . C'est grâce au dialogue que chacun ne se sentira pas rejeté ou bafoué. Ainsi, les parents peuvent prendre des décisions en connaissance de cause, et l'adolescent avancer progressivement dans son autonomisation, dans sa responsabilisation, dans sa maturité.

Je vous déconseille

— Nous avons déjà assez largement évoqué ce qu'il ne fallait pas faire mais nous voudrions encore parler d'un principe essentiel qui vous permettra d'éviter bien des faux pas. Imaginons une situation, dans laquelle vous prenez conscience que votre adolescent fait ou va faire une erreur. Votre première réaction consiste à penser : il faut que je lui interdise pour qu'il ne fasse pas cette erreur. Ne vaudrait-il pas mieux que vous vous interrogiez d'abord sur les conséquences de cette erreur ? Il va sans dire que si les conséquences peuvent être graves pour la vie et le psychisme de l'adolescent, vous ne devez pas hésiter à intervenir. Mais si les conséquences sont sans risque vital, ne vaudrait-il pas mieux que l'adolescent fasse lui-même son expérience ? N'est-ce pas aussi cela l'autonomie : le droit de faire parfois des erreurs ?

— Il nous faut encore parler des sanctions physiques qui pourraient être infligées à un adolescent. Il ne faut jamais frapper un adolescent. Nous comprenons les paroles lancées à la cantonade : « Oh celui-là, il aurait mérité un bon coup de pied au derrière » bien plus comme une métaphore que comme une remarque à prendre au pied de la lettre : cet adolescent aurait peut-être en effet mérité (au sens fort du terme) d'être secoué, mais toujours par le dialogue.

Réfléchir avant d'intervenir et ne pas intervenir sans réfléchir

Dans tous les cas, vous devez vous poser la question de l'enjeu de votre intervention : pour qui intervenez-vous ? Ou pour qui n'intervenez-vous pas ? Est-ce pour le bien de l'adolescent ou pour vous-même ? Comment l'adolescent va-t-il vivre cette intervention ? Votre intervention doit avoir un sens.

Faut-il avoir peur de la discipline ?

Le mot discipline dérive du mot latin « disciplina » qui signifie « enseignement, instruction ». N'oublions pas que le disciple est la personne qui reçoit l'enseignement d'un maître. La discipline n'est donc pas un mot à rejeter, dont il faut avoir peur, si l'on considère la signification plus éducative que carcérale qu'il contient. À mesure que l'enfant grandit, les parents doivent lui apprendre à s'autodiscipliner, sans quoi il ne sera jamais capable de s'autonomiser ni de devenir un adulte utilisant l'ensemble de ses potentialités.

Tous les parents anticipent l'adolescence comme une période au cours de laquelle ils vont se trouver confrontés à la question des limites qu'il leur faudra poser aux demandes d'indépendance de leur adolescent.

Certains adolescents seront beaucoup plus indisciplinés que d'autres, certains parents plus sourcilleux sur la discipline. Quelle que soit l'évolution de notre société, en particulier vers une plus grande égalité entre les hommes et les femmes, l'importance du père dans l'exercice de l'autorité reste fondamentale. Je vois souvent dans mon bureau des mères, et même des jeunes mères modernes, se plaindre de l'absence d'autorité du père sur leur enfant.

Quoi qu'il en soit, la discipline que tout parent exerce à l'égard de son enfant devenant adolescent, pour ne pas être trop ambivalente ni source de fatigue si ce n'est d'épuisement, doit suivre un chemin dans lequel la punition constitue la dernière étape, précédée d'autres étapes. Ceci est capital pour qu'une discipline, preuve de l'autorité parentale, nécessaire et suffisamment harmonieuse puisse favorablement s'exercer.

Je vous conseille

— Favorisez la fierté au détriment de la honte : ne manquez aucune occasion pour féliciter votre jeune adolescent quand il fait quelque chose de bien. N'hésitez pas à le récompenser si cela vous fait plaisir, bien entendu sans avoir comme arrière-pensée le désir d'acheter son amitié, ce qu'il décèlera très rapidement.

— Donnez l'exemple de la rigueur et non de la rigidité : le moyen le plus efficace d'être écouté est évidemment de donner l'exemple de ce que l'on cherche à transmettre. Je ne veux pas dire par là qu'il faut être parfait, personne d'entre nous ne peut l'être, mais cela signifie qu'à cet âge, comme depuis de nombreux siècles, l'initiation n'est recherchée et acceptée que si les initiateurs sont estimés et respectés.

— Laissez une marge aux essais et aux erreurs : en ce début d'adolescence, puis plus fréquemment à mesure que les années avancent, votre enfant doit apprendre par lui-même les conséquences de ses erreurs. Il ne faut bien évidemment pas laisser votre fille ou votre fils mettre en jeu sa santé ou sa sécurité mais avoir suffisamment de contrôle pour accepter qu'il puisse franchir les épreuves que toute initiation suppose. Sachez qu'il ne doit pas y avoir une solution parentale à chaque problème.

— Ignorez la provocation : la plupart des attitudes d'indiscipline ou parfois même d'insolence peuvent être habilement ignorées. Quand un comportement négatif est ignoré par le parent, il meurt souvent de sa belle mort. L'hostilité méprisante que manifestent souvent les jeunes adolescents à l'égard de leur environnement ne trouve sa raison de se poursuivre ou de s'accentuer que s'il y a une réponse excitant cette attitude naturelle à cet âge de la vie. Évidemment, là aussi, c'est à chacun de trouver le bon ton entre cette superbe ignorance et des limites qui apparaissent alors, par rapport à certains comportements, comme protectrices pour la santé, la sécurité ou les liens familiaux fondamentaux.

— La négociation : si vous avez identifié un comportement spécifique d'indiscipline, parlez-en avec votre enfant. Expliquez-lui votre point de vue le plus calmement possible et surtout demandez-lui ce qu'il en pense. Essayez de le rendre actif dans la recherche de solutions, comme cet adolescent indiscipliné et insolent que sa mère amenait en consultation et qui me disait, une fois seul avec moi : « En fait, il faudrait que l'on recherche une solution à l'amiable. » Je lui demandai alors dans quelle situation on recherche une solution à l'amiable et il me parla de la situation de combat, ce qui permit de préciser combien il organisait, à l'égard de ses parents, un combat destructeur qui, au fond, ne le satisfaisait pas car il se sentait culpabilisé et éprouvait plus d'amour à l'égard de ses parents que ses comportements ne le laissaient paraître. Les parents doivent être très clairs sur ce qu'ils attendent si le comportement, pour lequel cet échange a lieu, continue. Les limites doivent être clairement déterminées en commun, et si l'adolescent ne veut pas changer, il doit connaître la perte d'avantages ou la sanction qui en découleront. Celles-ci doivent être réellement appliquées si le contrat est rompu. C'est pourquoi il faut trouver une perte d'avantages ou un type de sanctions que vous pouvez raisonnablement mettre en œuvre. Il n'y a rien de pire, face à un adolescent qui vous provoque ou qui est agressif avec vous, de vous disqualifier dans la fermeté que vous pouvez et devez exercer.
— La punition : il y a place pour la punition mais celle-ci doit intervenir en dernier lieu, tout simplement parce qu'elle n'est pas aussi efficace que les cinq attitudes précédentes. La sanction doit être explicite et à la hauteur du comportement en cause. Vous devez également avoir en réserve un plan de réponses graduées allant de la froideur à la perte d'avantages, puis à la sanction qui est clairement une punition, comme ne pas regarder la télévision pendant un temps déterminé, ne plus voir une amie ou un ami, ne pas payer le voyage ou les vacances que votre adolescent souhaitait.

Je vous déconseille

— Ne prêtez pas attention aux paroles insolentes ou aux comportements d'indiscipline excessifs : ignorer la provocation ne veut pas dire être indifférent à ce qui se passe.
— Récompenser et donner une parole ou un geste d'encouragement ou une manifestation de fierté ne veut pas dire acheter la bonne conduite de sa fille ou de son fils.
— Ne donnez pas à l'obéissance une valeur excessive : certains enfants élevés dans une autorité trop stricte peuvent être obéissants mais

ultérieurement payer un prix sous la forme d'une passivité, d'une apathie qui ne favorisent pas la préparation à la vie ultérieure d'adulte.

— Ne vous disputez pas, entre parents, sur l'attitude à avoir à l'égard d'un jeune adolescent ébauchant des mouvements de révolte ou d'indiscipline. Réfléchissez-y ensemble avant d'avoir une attitude commune qui ne permettra pas à votre fille ou votre fils de trouver la faille qu'il aura tendance, volontairement ou involontairement, à rechercher.

— Frapper un jeune adolescent n'est pas la réponse au problème, même si celui-ci semble parfois rechercher ce type de sanction. Ce comportement signifie une régression dans la relation entre votre fille ou votre fils et vous-même à une étape de l'enfance qui doit être dépassée. De plus, frapper physiquement évite, de manière inadaptée, la confrontation verbale qui en fait est celle que l'adolescent recherche car il a, à cet âge, souvent des difficultés à mettre en mots ce qu'il ressent. Ne lui renvoyez pas en miroir la même difficulté. Une sanction physique de votre part à l'égard de votre propre adolescent ne doit être qu'un ultime recours qui peut certes parfois être la seule solution pour dépasser la crise mais qui doit alors être impérativement suivie d'un ou de plusieurs échanges permettant de s'expliquer sur ce qui s'est passé.

Frédéric se situe entre la désobéissance et la provocation. Âgé de 13 ans, il ne parle plus à table depuis quelques mois, boude, paraît absent et même souvent, manifeste par son attitude, sans dire quoi que ce soit, un certain mécontentement d'être avec ses frères et sœurs et ses parents. Il a adopté plus récemment un comportement de mépris particulièrement à l'égard de sa jeune sœur, ce qui a notamment pour effet d'agacer son père. Dès lors, l'atmosphère est devenue détestable à la maison, à cause des réflexions communes de ses parents. Il est maintenant franchement insolent, ne fait aucun effort pour participer à la vie familiale et désobéit ostensiblement aux règles qui étaient jusque-là respectées.

L'inquiétude des parents est devenue à son comble lorsque, rencontrant l'un de ses enseignants, ils apprennent que depuis quelques mois, Frédéric avait eu plusieurs absences en cours et qu'il était particulièrement indiscipliné. Il nie toute difficulté et a une forte propension à rejeter sur son entourage les raisons du malaise et de l'atmosphère familiale. Sa scolarité qui, jusque-là, était satisfaisante commence à décliner et il affirme haut et fort qu'il n'aime pas travailler. La mère de Frédéric, qui s'est beaucoup occupée de lui et de ses autres enfants, demande à son mari

d'intervenir parce qu'à ses yeux, il ne le fait pas assez ou le fait trop brutalement.
Seul avec moi, Frédéric exprime peu à peu toute son ambivalence et la tension qu'il ressent ainsi que les contradictions qui l'habitent. Il aime ses parents mais il les trouve insuffisamment détendus, pas assez « cool », estimant les parents de ses amis plus tolérants à l'égard de leurs demandes que ses parents. Sa mère considère qu'elle a tout essayé, la gentillesse, la tolérance, l'indifférence, la punition.

En fait, comme la grande majorité des adolescents de cet âge, Frédéric se cherche et derrière des attitudes provocatrices, exubérantes et hostiles se cachent une profonde incertitude et un manque d'assurance en lui et de contentement sur sa vie qu'il exprime sous la forme la plus maladroite car incompréhensible pour son entourage.

Ici, comme c'est souvent le cas, le père et la mère de Frédéric doivent comprendre le paradoxe de cette période de l'adolescence et être convaincus que c'est en insistant sur les aspects positifs que par moments leur fils manifeste qu'ils sortiront de cette situation pénible.

➤ *Le manque de discipline à l'école*

Un comportement récent d'agitation, de provocation, amenant l'adolescent à faire le pitre, à se faire remarquer et même à être insolent à l'égard d'un ou de plusieurs de ses enseignants cache souvent un sentiment profond de mal-être, de manque de confiance en soi, de peur de ne pas se faire des amis, parfois même de véritables « cafards » dont l'adolescent se défend par cette excitation apparemment joyeuse.

Ne tombez pas dans le piège de la sanction immédiate qui ne fera que renforcer une image négative de lui à ses propres yeux, mais au contraire, essayez d'avoir un échange suffisamment prolongé et répété pour lui permettre d'exprimer, lorsqu'il s'en sentira capable et se dégagera de cet aspect apparent d'affirmation, son malaise profond.

➤ *Questions parentales*

« Il est ingérable. Dois-je laisser son père intervenir ? »

Souvent les mères me posent cette question. Ma réponse est évidemment : « oui ». Qu'on le veuille ou non, notre société est culturellement patrilinéaire, ce qui signifie que symboliquement, le père a une place centrale dans l'exercice de la loi au sens social du terme. La famille est une mini-société qui doit favoriser l'intégration dans la société en général. Cela ne veut pas dire pour autant que le respect des valeurs familiales et une discipline suffisante ne doivent être demandés que par le père.

« Je baisse les bras. C'est à son père maintenant d'agir »

Il ne faut pas tomber dans l'excès inverse, surtout en total retournement par rapport aux attitudes antérieures, ce qui conduirait l'adolescent à avoir le sentiment qu'il a épuisé sa mère ou que celle-ci n'a dorénavant aucun rôle dans l'éducation qu'il peut recevoir. La valeur protectrice et nourricière qu'a initialement représenté la mère est indissociable de cette éducation et se poursuit à l'adolescence par une attitude protectrice qu'un abandon de responsabilité remettrait tout à fait en question dans l'esprit de l'adolescent.

« Nous ne sommes pas d'accord sur ce que nous devons faire. Est-ce mauvais pour notre enfant ? »

Il est important que face à un problème d'indiscipline de la part de leur adolescent, les parents s'accordent sur l'attitude éducative. Ils peuvent avoir des points de vue différents mais doivent trouver un consensus qui permet d'énoncer clairement ce que, en tant que parents, ils demandent à leur enfant. L'adolescent poussé par ses pulsions a une forte tendance à se faufiler entre les mailles du filet qui, trop lâche ou déchiré, lui faciliterait excessivement la tâche.

« Doit-on punir ? »

Oui, mais sans oublier les attitudes décrites précédemment (voir page 52) et surtout après avoir tenté de les appliquer efficacement. Ce n'est que si le problème d'indiscipline s'intensifie ou se poursuit que la punition, graduellement envisagée, de toute façon énoncée et discutée avec l'adolescent, sera mise en œuvre.

« Y a-t-il des enfants plus rebelles que d'autres ? »

Oui, il existe des enfants plus indisciplinés que d'autres. Sans faire de sexisme excessif, il est incontestable que les garçons sont plus indisciplinés, ou du moins expriment plus leurs tensions intérieures par des paroles agressives, si ce n'est explosives ou par leurs comportements physiques. Il faut se rappeler que l'expression n'est pas la photographie fidèle des sentiments intérieurs. Un enfant extraverti exprimera sûrement plus facilement ses joies, ses peines et ses tensions qu'un enfant introverti. Chez ce dernier, à l'adolescence, les tensions sont identiques que chez le précédent, mais elles se manifesteront plus volontiers sous la forme d'une résistance passive que d'une véritable révolte.

« Doit-on le séparer de nous ? »

Contrairement à ce que l'on a parfois dit, la séparation du milieu familial, sous une forme ou une autre, n'est pas forcément un mauvais choix. Là aussi, dans des sociétés dites plus primitives, l'entrée et le passage de l'état d'enfant à l'état d'adulte sont marqués par une mise à l'écart de l'adolescent du milieu familial antérieur. Les vacances chez un oncle ou chez une tante, chez les grands-parents ou même une période plus prolongée dans la famille proche ou chez des amis peuvent être une solution qui nécessite certes le maintien d'un lien réel avec les parents, permettant ainsi de ne pas être l'équivalent ou de donner naissance à un sentiment d'abandon, mais constitue parfois une alternative utile.

Plus encore, l'internat peut être une solution adéquate que certains adolescents, du reste, réclament intelligemment, au sens affectif du terme : ils sentent que la tension est devenue insupportable pour chacun et ils ont l'intuition qu'ils arriveront peut-être mieux à se contrôler, par une mise à distance et grâce à une discipline exercée par des tiers.

« Un moment de contestation et d'indiscipline est-il normal à cet âge ? »

Oui, il peut survenir dans cette première partie de l'adolescence ou ultérieurement. Il faut néanmoins souligner que plus il surviendra dans un contexte où parallèlement on sent une véritable responsabilité et autonomie chez l'adolescent, plus ce mouvement sera envisagé de façon positive malgré ses aspects désagréables et parfois exaspérants pour les parents.

Accepter son adolescent comme un adolescent

Le piège est grand pour les parents d'attendre que leur enfant, devenu adolescent, soit l'adolescent stéréotypé, désagréable, violent, mauvais élève, décrit par certaines personnes se réclamant d'un savoir qui, dans le domaine des sciences humaines, pose plus de questions qu'il n'en résout (poser les bonnes questions relève déjà d'un grand art). Ce serait oublier bien vite que chaque personne a sa propre personnalité, et confondre la réalité avec une description « générale » de l'adolescence qui, aussi exhaustive soit-elle ne rendra jamais compte de l'infinie diversité et de l'infinie richesse des adolescents. Vous l'aurez, nous l'espérons, déjà compris, le but de cet écrit, même s'il contient des « conseils », n'est pas de cet ordre mais bel et bien d'ouvrir des voies d'accès et de compréhension à l'adolescence pour revivifier le dialogue et apporter un éclairage nouveau aux éventuels problèmes et questionnements.

Cette attente parentale d'un adolescent stéréotypé « en crise » risque de pousser l'adolescent à se comporter comme ses parents l'attendent, et en particulier en ce qui concerne des comportements colériques voire violents. Il faut savoir que la personnalité ne change pas avec l'adolescence, même si elle prend des expressions ou des voies légèrement différentes que pendant l'enfance. Les parents n'ont donc pas à *prévenir* l'arrivée de tel ou tel comportement dit d'adolescent, en abordant le sujet avant même d'avoir ressenti un questionnement s'y rapportant chez l'adolescent. Quel sens cela aurait-il de se dire : « C'est un garçon, il faut se méfier de ses fréquentations », ou : « C'est une fille, il lui faut plus de liberté. »

Il vaut mieux permettre à l'adolescent d'être l'adolescent qu'il veut être, en étant attentif à ses désirs, ses besoins, mais pas en lui préparant un chemin négativement tracé d'avance.

Permettre à l'adolescent d'être lui-même, c'est aussi ne pas l'obliger à faire comme ses parents ni, à l'inverse, tout mettre en œuvre pour qu'il fasse ce que son père ou sa mère n'a pas pu faire. Attention, nous ne sommes pas en train de dire que les parents ne doivent pas avoir de projet pour leur adolescent, ni de désir ! Non, nous pensons que tout cela est nécessaire, mais que l'adolescent les réalise ensuite, c'est une autre affaire. Un adolescent, comme un enfant, a besoin d'avoir l'avis de ses parents, de savoir ce que ses parents attendent de lui, mais il ne doit pas être obligé ni se sentir obligé de réaliser leurs aspirations. Il faut lui laisser le temps de s'approprier ses projets d'avenir. Les parents ont un « travail de deuil » à effectuer : leur enfant n'est plus, voici qu'il est devenu adolescent. Il est le sujet des multiples métamorphoses que l'on a vues (page 31) et ne peut plus être considéré de la même façon.

Dans le même état d'esprit, il n'est pas judicieux de comparer une sœur ou un frère aîné à son cadet : ils ne sont pas semblables, n'ont pas les mêmes personnalités, les mêmes désirs ni les mêmes projets, ne portent pas le même regard sur le monde. Un adolescent qui n'arrive pas à faire « aussi bien que », ou encore « mieux que », a toutes les chances de perdre confiance en lui.

Les conflits sont nécessaires

Dans ce cadre de développement affectif, les conflits de l'adolescent sont le reflet du travail psychique de séparation et de la difficulté à effectuer ce travail, à cause de la dépendance affective qu'il ressent.

Un adolescent doit éprouver les conflits et les vivre, avant d'y trouver une solution. Trop prévoir à l'avance, c'est aussi, en quelque sorte, tout faire pour éviter les conflits. Or, nous pensons que les conflits sont nécessaires, et ce pour deux raisons.

- Avec l'adolescence, l'individu entre dans un processus de différenciation : il n'est pas le même que ses parents, ni que ses frères et sœurs.
- Il s'inscrit dans une dialectique de séparation-symbiose : séparation psychique d'abord, dans la mesure où, comme nous l'avons déjà vu, il est déçu par ses parents qui ne sont pas infaillibles comme il le pensait, et séparation physique ensuite puisqu'il doit sexuellement se tourner vers d'autres personnes. Mais dans le même temps, et ce de manière moins consciente, son comportement laisse parfois voir qu'il est encore dépendant affectivement de ses parents, même si cela est non dit, et doit d'ailleurs le rester.

Ces conflits, lorsqu'ils sont parlés, éprouvés, et trouvent une issue ponctuelle dans le dialogue, sont un mal nécessaire : ils permettent d'éviter une véritable rupture entre parents et adolescent, comme par exemple l'expulsion du foyer familial, ou toute autre rupture bien souvent définitive, qui serait le fruit de comportements rigides et d'incompréhensions mutuelles non résolues dans le dialogue.

Il ne s'entend pas avec l'un de ses parents

Il arrive parfois que le dialogue soit rompu avec un des parents ou, plus généralement, que l'adolescent ne s'entende pas avec l'un de ses deux parents (au cours de l'adolescence, les choses pourront à ce niveau s'inverser).

Souvent, lorsque les enfants deviennent des adolescents, les parents entrent eux-mêmes dans ce que nous appelons la « crise de la maturité », ou « crise du milieu de la vie ». C'est une période où les adultes réfléchissent et parfois remettent en cause ce qu'a été la première partie de leur vie : c'est le temps des bilans et des nouvelles orientations de vie. Vivre personnellement ce réaménagement psychique ne permet parfois pas de supporter les tumultes et les errements psychiques de son fils ou sa fille adolescent, ni de vivre sereinement les conflits et autres remises en cause de l'autorité parentale.

La maturité sexuelle nouvelle des adolescents peut aussi poser problème au parent du sexe opposé. On rencontre ainsi des parents qui tout à coup mettent une grande distance physique et même parfois affective, entre leurs enfants et eux-mêmes, du fait de la maturité sexuelle à laquelle les adolescents accèdent. C'est là aussi une source de tension et de conflit car l'adolescent ne peut pas comprendre ce qui se passe : il a encore souvent besoin de l'affection de ses parents.

Ce qui se joue à l'adolescence, c'est en fait toute la question de la reviviscence du complexe d'Œdipe : vous allez peut-être sentir que votre adolescent rejette dans un premier temps le parent du même sexe que lui. Il doit en passer par là pour comprendre préconsciemment ou inconsciemment que l'inceste, s'il est possible physiquement du fait de sa nouvelle maturité sexuelle, est en réalité absolument interdit. Plus tard, il pourra se tourner à nouveau vers le parent du même sexe, quand il aura trouvé en dehors du foyer familial un modèle et des idéaux qui lui seront propres.

Lorsque Guillaume avait 14 ans, pendant presque un an, il ne s'est pas entendu avec son père. Ils ne se parlaient presque pas sauf pour les : « Passe-moi le sel », « Tu pourrais dire s'il te plaît et merci. » Il faisait comme s'ils s'ignoraient, mais ne manquaient presque aucune occasion pour élever la voix. Tous deux vivaient très mal cette situation. Guillaume prenait souvent sa mère à témoin en espérant qu'elle le consolerait, lui accorderait un peu de son temps pour prendre soin de lui. Le père reprochait parfois à son épouse ces consolations, mais ne savait pas comment considérer le lien intime qui unissait tout particulièrement Guillaume et sa mère dans ces moments-là. Il n'appréciait pas du tout d'être exclu de ces situations. Il ne sait pas pourquoi, mais petit à petit, Guillaume et lui se sont parlés à nouveau, ils ont fait du bricolage ensemble, sont allés voir des matchs de tennis. Ils ont retrouvé un peu de confiance en eux. « À bien y réfléchir, se dit le père, ce n'est pas à ce moment-là que Jacqueline (son épouse, ndlr) s'est mise à aller aux cours d'anglais, le mercredi soir, et aux cafés-philosophiques du dimanche matin ? Enfin, elle était moins collée à son fils, non ? »...

C'est le rôle du couple parental que de permettre à l'adolescent de comprendre l'impossibilité d'un trop grand rapproché et de se tourner vers le monde extérieur à la famille pour y chercher ses idéaux et être en mesure d'établir, à l'âge adulte, une relation amoureuse pleine et satisfaisante. Individuellement, le parent de même sexe que l'adolescent, doit permettre à ce dernier d'entrer en conflit avec lui, tout en veillant à ce que ce conflit ne dégénère pas et trouve une porte de sortie. Il lui faudra aussi accepter que cet adolescent s'éloigne de lui physiquement et moralement, et renoncer, avec l'autre membre du couple, à maîtriser la vie de celui-ci : ne plus savoir exactement ce qu'il fait sur le chemin entre le collège ou le lycée et la maison, ne pas savoir ce qu'il a fait chez tel ami(e), etc.

Il est aussi important de s'interroger honnêtement, en tant que parent, sur les raisons plus inconscientes au niveau du couple des difficultés de l'adolescent avec l'un de ses parents. Les parents peuvent à leur insu régler des différends, si ce n'est des désaccords profonds entre eux à propos de la manière d'éduquer leur fils ou leur fille. Chacun est lui-même infiltré par sa propre éducation qu'il souhaite reproduire ou au contraire surtout ne pas reproduire. C'est aux deux parents d'éviter de mettre l'adolescent au centre de leurs questions conjugales.

L'amour, c'est aussi prendre, perdre et donner de son temps

L'amour, cela signifie parfois prendre son temps : ne pas être rigide, ne pas penser qu'il n'y a qu'une solution, être ouvert à d'autres possibles. Prendre son temps, c'est aussi ne pas chercher à tout prix une solution à un conflit, une solution immédiate (attitude volontiers masculine) : parfois, les protagonistes d'un conflit ne sont, en fait, pas encore prêts à le résoudre, et il est plus sage d'attendre.

L'amour, c'est souvent perdre son temps dans des discussions qui n'aboutiront apparemment à rien, c'est perdre son temps à écouter un adolescent qui a beaucoup à dire sans vraiment savoir ce qu'il veut dire, c'est perdre son temps en apparence à réfléchir aux tenants et aboutissants d'une situation.

L'amour, c'est donc aussi donner de son temps. Donner du temps à un adolescent, c'est lui donner de l'amour, lui permettre de faire des erreurs et lui permettre de les corriger.

Faut-il préciser que donner du temps à une personne, c'est aussi, souvent, faire attention à elle ?

Comment fait-on attention à un adolescent ? À la fois en s'identifiant à lui et en se différenciant de lui. En s'identifiant suffisamment pour saisir un petit peu de ce qui le touche ou le bouleverse. En se différenciant de lui pour rester à sa place de parent et pouvoir lui apporter une réponse ou le temps dont il a besoin.

Le père pense parfois à ces moments si difficiles avec Guillaume. Oh, non pas qu'il n'y en ait plus, mais le gros de l'orage semble passé... Enfin, on verra bien. Il se souvient qu'avec son propre père, ce n'était pas simple non plus. Plusieurs fois, il s'était dit qu'il avait bien envie de lui casser la figure. Il se rappelle son attitude autoritaire, son regard noir quand il ne marchait pas dans le « droit chemin » (c'étaient les mots de son père). Il se demandait à l'époque ce qu'il pouvait bien en savoir du « droit chemin », lui ? Comprenait-il mieux aujourd'hui ? « En tout cas, ce n'est pas facile d'être père avec un fils adolescent », pensait-il. « Je dois être patient avec toi », lui disait souvent son père, « Tu comprendras ça, plus tard. » Il avait souvent ressenti l'envie d'embrasser son père, dans ces moments-là, peut-être parce que son père aussi avait envie de l'embrasser, et que ses paroles étaient dites presque comme on donne un baiser.

Le « défaut d'attention parentale »

Ce que l'on appelle le « défaut d'attention parentale » n'est que très rarement une absence totale d'attention des parents qui laisseraient l'adolescent dans une errance éducative et qui seraient incapables de lui apporter ce dont il a besoin. C'est bien plus souvent une erreur partielle d'attention, soit par excès, soit par défaut, comme une sorte de mauvais réglage dont les conséquences, dans un sens comme dans l'autre, sont assez similaires.

— Un excès d'attention consisterait à ne jamais tenir compte de l'adolescent, à appliquer un plan éducatif préétabli, ou à maîtriser totalement la vie de l'adolescent, à penser qu'on sait tout de lui.

— Un défaut, à proprement parler, d'attention, cela signifierait ne pas être suffisamment à l'écoute de l'adolescent, ne pas être disponible pour lui.

Il serait abusif et erroné de penser que s'il y a défaut d'attention des parents, cela veut dire qu'ils n'aiment pas leur adolescent. Un défaut d'attention n'est pas un défaut d'amour. Les origines de ce mauvais dosage de l'attention peuvent être multiples et ne pas remettre en cause les liens affectifs des parents.

Filles et garçons : ce qu'ils attendent en priorité de leurs parents

- Qu'ils soient moins polarisés sur leurs résultats scolaires sans s'en désintéresser pour autant.
- Qu'ils manifestent de l'intérêt pour leurs loisirs.
- Qu'ils leur laissent acquérir leur autonomie, notamment en ne cherchant pas à savoir tout ce qu'ils font heure par heure.
- Qu'ils ne les surprotègent pas.
- Qu'ils se montrent disponibles.
- Qu'ils fassent preuve de patience.
- Qu'ils sachent poser des limites claires.
- Qu'ils leur donnent confiance en eux.
- Qu'ils aient meilleur moral de façon générale.

Un « travail de transformation »

On peut dire que l'adolescence est en elle-même un « travail de transformation » : l'enfance s'achève, pour laisser la place à un nouveau moment de la vie. Victor Hugo parlait de cette adolescence comme « les deux crépuscules mêlés, le commencement d'une femme dans la fin d'un enfant »[2]. L'adolescent doit abandonner ce que la psychanalyse appelle ses « objets infantiles », qui ont jusque-là façonné son rapport à ses parents et au monde en général. Nous avons vu que ce travail entraînait des conflits – conflits qui ont besoin de temps pour qu'une prise de conscience puisse conduire à les résoudre. Cette « perte d'objets pour en trouver de nouveaux » est naturellement accompagnée d'un temps de tension et d'angoisse que l'on pourrait qualifier de normal tant qu'il ne prend pas des proportions excessives (à ce propos voir pages 278 à 297).

Or, lorsque survient le décès d'un parent, celui-ci entre en résonance avec le travail psychique de l'adolescence et peut compliquer ce travail jusqu'à le bloquer. C'est un événement dont les conséquences traumatiques peuvent être impor-

2. Il s'agit du personnage de Déruchette dans *Les Travailleurs de la mer*.

tantes, en particulier avec un risque de dépression : la psychopathologie décrit ces situations dans lesquelles l'adolescent intègre une culpabilité dangereuse pour son équilibre et son épanouissement psychique. Il se reproche par exemple de n'avoir pas suffisamment écouté ce parent, de ne pas lui avoir obéi, etc.

« Que faut-il faire pour aider un adolescent à vivre le deuil d'un de ses parents ? Comment en parler ? »

Parler de ce deuil avec l'adolescent permet souvent de l'aider à élaborer psychiquement l'événement et parfois, à exprimer ses pensées culpabilisantes. Dans tous les cas, parler permettra de mieux comprendre comment il vit cette perte.

Les protagonistes de la discussion bénéficieront ensemble de ce partage, éprouveront ensemble la difficulté d'acceptation de cette perte, et chemineront ensemble dans ce travail de deuil. Les sentiments se communiquent : savoir être tristes ensemble ne déprime pas, au contraire, cela rassure sur la possibilité de partager une même souffrance et donc de ne pas se sentir seul au monde. Dans une période de deuil, c'est ce qui fait le plus de bien. Si l'adolescent se mure dans le silence, rapprochez-vous de lui physiquement et respectez son silence, ce mouvement de votre part l'amènera à parler. Vous pouvez aussi lui conseiller d 'écrire ce qu'il ressent. Si vous le sentez, non pas triste, mais réellement déprimé, c'est-à-dire physiquement et continuellement figé, parlez-en entre vous, et si vous êtes inquiet, demandez conseil à votre médecin.

Qu'est-ce qui fait un bon dialogue adolescents-parents ?

« Parlez-vous avec votre adolescent ? » « C'est difficile », répondent certains parents, « c'est impossible » disent parfois même d'autres parents. Pourtant 41 % des jeunes déclarent très bien s'entendre avec leur père, 52 % très bien avec leur mère. Obtiendrait-on ces résultats si le dialogue était aussi compliqué ?

Que ceux qui trouvent le dialogue bien difficile se disent : « Essayons tout de même puisque pour beaucoup, c'est possible. »

Les obstacles à la communication

« Il ne nous parle pas »

Une plainte souvent formulée par les parents est que leur enfant ne veut plus leur parler à l'adolescence. Les adolescents ont en effet un besoin plus grand d'intimité que des enfants.

> *Aurélien ne parle plus à ses parents depuis quelques mois. Il se fiche apparemment de ce qu'ils lui disent. Il est en échec scolaire tel qu'il va droit vers le redoublement. En fait, il n'a jamais été un bon élève, c'était un rêveur, tous ses enseignants l'ont relevé.*
>
> *Seul avec moi, il parle difficilement, semblant souvent en effet être ailleurs. Ce n'est que progressivement sans le brusquer, en l'écoutant avec intérêt parler de sa passion pour la musique, pour ses montages avec ses platines que je comprends peu à peu qu'il souhaite se sentir valorisé. Son manque de confiance en lui est patent. Il en souffre et a choisi de « fuir », c'est-à-dire de ne plus*

parler de ce qui le fait souffrir : ses échecs. Il faut bien reconnaître que la majeure partie des discussions familiales tournent autour de ses résultats scolaires. Comme je le disais précédemment : cherchez sa flamme. Quand un adolescent ne parle plus, c'est qu'il est profondément blessé dans sa chair et dans son être. Cherchez ce qui lui fait mal.

Je vous conseille

— Soyez attentif à ce que vous dites et à la façon dont vous le dites. Comment engagez-vous le dialogue ? N'êtes-vous pas trop rapide pour donner des conseils ? Savez-vous ne pas être trop critique (« Qu'est-ce que tu as encore fait cette fois ? »).

— Vous pouvez ouvrir le dialogue en faisant des remarques concrètes et quotidiennes (« Tu sembles dans un mauvais jour » ou « Ton visage est rayonnant ») ; vous l'invitez ainsi à en dire plus. Vous montrez que vous êtes intéressé et vous laissez un moment de silence pour lui donner le temps de décider s'il veut parler ou non.

— S'il semble hésitant, dites-lui que vous comprenez sa gêne : « Ce doit être assez difficile de parler de... », « Tu sais que tu peux toujours me parler. » L'adolescent a le droit de garder ses pensées et ses problèmes pour un temps. Contraindre quelqu'un à parler, c'est une ingérence dans sa vie privée, un démenti de son individualité. Faites-lui savoir que vous êtes là s'il a besoin de vous. Il prendra quelque temps pour reconstruire la confiance mutuelle de l'enfance.

— Dans certains cas, le problème n'est pas que les membres de la famille n'ont pas confiance l'un en l'autre, mais qu'ils sont si occupés qu'ils n'ont jamais le temps de parler. Si c'est votre cas, il vous faut préserver des moments où vous êtes disponibles : le petit déjeuner si vous êtes des lève-tôt, l'heure du dîner, qui est souvent le moment de la journée où toute la famille se retrouve ou encore le coucher qui reste à l'adolescence un moment propice. Aller le voir dans sa chambre avant qu'il s'endorme n'est pas aussi interdit que certains le pensent, à condition de frapper à sa porte !

Quand les conflits surviennent

Cette communication est révélatrice de la manière dont les paradoxes et les conflits internes de l'adolescent évoqués tout au long de cet ouvrage sont gérés par l'adolescent et son entourage. « Communiquer » ne se décrète pas soudainement ! La communication et ses obstacles expriment, au premier plan, les contradictions dont l'adolescent est l'objet, génératrices de tensions dans les liens familiaux : devenir autonome et maintenir, voire renforcer les liens avec ses parents, et ceci d'autant plus qu'il s'en éloigne.

Ce paradoxe (« ce dont j'ai besoin est ce qui me menace ») n'est pas directement identifiable par l'adolescent. Il ne peut formuler cette vérité qu'il ignore : elle se situe à un niveau inconscient. Il ressent la pression de ses exigences contradictoires : il change, il quitte l'enfance, il devient autre. Cette mutation met en péril l'amour qu'il porte et que lui portent ses parents. Certes, il ressent le besoin d'être écouté, entendu et compris, en profondeur, mais comment doit-il exprimer ce qu'il a à dire ? Il ne le sait pas lui-même. Peu importe qu'il s'agisse du corps, de la sexualité, de la scolarité ou du cinéma, ces thèmes constituent des supports qui permettent à l'adolescent de s'assurer qu'il conserve un lien avec son entourage, alors que de nombreuses raisons mettent en cause ce lien. Le dialogue lui prouve qu'il peut garder sa place tout en étant différent de ce qu'il était, enfant. Qu'il s'agisse de paroles brèves ou d'un déluge de paroles, c'est le climat dans lequel elles vont être prononcées qui l'emporte sur la quantité.

> *Les parents de Virginie me racontent que leur fille a participé aux manifestations de son collège. Elle s'est mise au premier rang quand le cordon de CRS les a stoppés et a fait semblant de lancer une pierre. Elle s'est fait arrêter, ce qui a obligé ses parents à aller la chercher au commissariat. Les conflits entre elle et ses parents s'accentuaient depuis un certain temps. Ils ne savaient comment l'aborder. Virginie leur reprochait leur indifférence. Elle est allée loin pour qu'ils s'intéressent, comme elle me le dira seule, à son sort.*

Ce dont l'adolescent a besoin, c'est de sentir que sa nécessaire évolution ne rompt pas la confiance et la sécurité, que cet implicite du climat familial peut être sauvegardé. On le constate, la peur de perdre l'amour de ses parents renvoie bien au-delà de ce que l'on dit ou de ce que l'on tait.

Les bons messages

Comme dans toute négociation, chacun des partenaires doit sortir gagnant. Plusieurs messages doivent à un moment ou à un autre être clairement formulés. L'idéal serait qu'ils le soient dans l'ordre :

- Établir les règles du jeu. Chacun joue la partie en traitant l'autre avec respect : pas de sarcasme, pas de mépris, pas de mots violents et blessants. Chacun s'engage à écouter le point de vue de l'autre.
- Chercher ensemble à penser à toutes les questions et aux solutions envisageables quand un problème surgit : une sortie le soir dans la semaine soulève des problèmes, plusieurs formules peuvent être envisagées : par exemple, proposer à l'adolescent de commencer à sortir le soir pendant des vacances et constater ensemble les conséquences que cela aurait en pleine période scolaire, avant de refuser sans discuter.
- Rechercher une compréhension mutuelle. Cela signifie que chacun doit avoir l'opportunité de dire ce qu'il pense du problème et ce qu'il ressent. Mais il faut aussi éviter les mots ou les phrases qui blessent.

Julien reproche à son père qu'il le traite tout le temps de « nul ». Sa mère confirme ce propos. Le père de Julien ne le fait pas méchamment : « C'est pour le stimuler », me dit-il. Je lui dis qu'il fait fausse route étant donné la façon dont son garçon vit actuellement les choses. La motivation est une composante psychologique complexe. Le premier facteur est de prendre du plaisir. Le père de Julien avait sauté une étape.

Le bon équilibre à maintenir

La relation s'établira d'autant plus facilement que la communication restera modulable et souple : il faut qu'il soit possible de parler ou de se taire si l'on souhaite que la relation de fond ne soit pas compromise. La recherche de la bonne distance relationnelle entre un flot de paroles – qui masquerait l'essentiel – et un silence lourd – qui ne tiendrait pas compte de l'autre – concerne autant les adolescents que leurs parents. Le maintien d'un silence pesant ou à l'inverse une communication incessante expriment l'angoisse, comme si un seul mode de communication devait être maintenu quoi qu'il arrive, au prix de cette contrainte pour les deux interlocuteurs.

Quelques exemples issus d'expériences quotidiennes illustreront ce propos.

L'adolescent : « Vous ne me comprenez pas ! »

Quel parent n'a pas entendu, au cours d'un échange, ce reproche lancé en général violemment par l'adolescent, avant de le voir disparaître dans sa chambre ?

Dans ces mots, l'adolescent montre son besoin de s'affirmer, de devenir autonome ; la constatation de n'être pas compris permet d'échapper, pense-t-il, au pouvoir des parents. En rompant ainsi le dialogue, il manifeste son désir de gérer la distance relationnelle sans compromettre exagérément la fiabilité de fond et la complicité qui le relie à son entourage.

N'en restez pas là. Reprenez à un autre moment cet échange interrompu. Ce que l'adolescent supporte le moins bien, même si c'est lui qui rend le dialogue impossible, c'est l'absence de discussion avec ses parents.

En même temps que l'adolescent demande à être entendu, compris, il craint tout aussi souvent d'être dévoilé, percé à jour ; d'où ces oscillations rapides, parfois incompréhensibles des adolescents et des opinions qu'ils défendent. Cela peut plonger les adultes dans l'embarras, voire susciter en eux la plus extrême perplexité.

D'autres fois en effet, l'adolescent passe de longues heures, parfois même des soirées entières, à essayer de convaincre son ou ses parents, à reprendre éternellement le débat sur un même thème : discussion philosophique, religieuse, politique, musicale, sportive... À travers la poursuite de cet impossible dialogue, deux besoins sous-jacents et contradictoires se trouvent satisfaits : d'un côté le besoin de provoquer ses parents, de leur « rentrer dedans », d'affirmer sa différence, besoin dont l'adolescent a plus ou moins clairement conscience ; d'un autre côté, ce besoin de continuer à dépendre d'eux, de maintenir le lien comme en témoigne la perpétuation de ce dialogue, même s'il s'agit en apparence d'un dialogue de sourds, d'une incompréhension mutuelle.

Le besoin d'être incompris

Les parents et les adultes en général doivent savoir que d'une part le dialogue est nécessaire à l'adolescent et que d'autre part malgré ce qu'il réclame en apparence, il a un besoin fondamental et inconscient sinon d'être « incompris », du moins de marquer sa nouvelle identité.
Bien que ce paradoxe soit difficile à accepter et à gérer, il ne faut jamais que cette situation entraîne une rupture du dialogue.

Les parents : « Mais qu'est-ce qu'il veut ? »

Certes, il s'agit d'abord de comprendre le sens des mots, la signification du message et/ou du discours. C'est le niveau explicite de la communication. Mais comprendre implique aussi de percevoir la disposition affective et morale sous-jacente. C'est le niveau en quelque sorte implicite de la communication, zone de non-dit qui ne véhicule pas nécessairement le même type de message. Dans l'exemple où l'adolescent affirme bien haut l'impossibilité de parler et d'être compris, on discerne aisément les deux niveaux de compréhension :

— premier niveau de sens explicite : l'adolescent « ne veut rien entendre », il s'oppose aux arguments avancés par les parents,

— second niveau de sens implicite : la poursuite de ce difficile dialogue témoigne du besoin encore persistant de lien affectif qu'éprouve l'adolescent.

Ces niveaux hétérogènes de compréhension s'observent aussi dans la qualité variable du dialogue. Certains psychologues distinguent trois types de dialogue : informatif, interactif, et d'*insight* :

- Le dialogue informatif consiste à échanger des informations, c'est le dialogue neutre qui serait plutôt celui de l'éducation au sens restrictif de l'enseignement.
- Le dialogue interactif a pour but essentiel d'échanger des sentiments, des émotions, des affects ; c'est un dialogue vivant qui serait plutôt le style idéal du dialogue éducatif.
- Enfin le dialogue d'*insight* pourrait être défini comme un dialogue informatif sur un dialogue interactif, c'est-à-dire un dialogue qui a la capacité de saisir les affects et de s'en informer soi-même au moment où ils s'échangent.

La difficulté avec l'adolescent est que ces divers niveaux sont constamment emmêlés, brouillés, intriqués. Demandant une information, l'adolescent, au moment où il la reçoit, la ressent souvent comme un échange affectif et vice versa d'ailleurs. Le paradigme de ce type de décalage est illustré par la fréquente ponctuation (venant soit de l'adolescent, soit du parent) : « De toute manière, tu veux toujours avoir raison ».

Pourquoi le dialogue parents-adolescents est difficile

La fonction et le fonctionnement du dialogue parents-adolescents sont complexes. On pourrait les résumer de la manière suivante : grâce au dialogue, l'adolescent peut affirmer sa différence sans céder à la violence, de même qu'il peut reconnaître sa ressemblance sans céder à la confusion. La difficulté pour l'adolescent est bien celle-ci : comment se différencier d'autrui, en particulier de sa famille, sans aboutir à un rejet plus ou moins violent de ce qui provient précisément de cette famille ; et d'autre part comment, une fois cette différenciation opérée, se reconnaître dans une lignée, une histoire, sans courir le risque de voir sa personnalité se dissoudre, se confondre dans un magma familial indifférencié.

La tonalité du dialogue

La « tonalité » du dialogue entre parents et adolescents est elle aussi déterminante dans le bon fonctionnement de la communication. Certes, la qualité affective de ce dialogue ne s'invente pas à un moment précis, mais découle d'une histoire : celle de l'adolescent, mais aussi et surtout, celle des parents et de leurs propres relations avec leurs parents, c'est-à-dire les grands-parents. Quoi qu'il en soit, le ton de ce dialogue détermine en grande partie la distance qui pourra s'instaurer entre l'adolescent et son ou ses parents. Le copinage, la rigidité, ou l'hostilité peuvent être les tonalités dominantes du dialogue parents-adolescents. Il faut les éviter.

Le copinage : « On se dit tout »

De nos jours, dans nos sociétés sans modèle éducatif clairement énoncé, ce sont souvent les adultes qui cherchent une proximité avec leur adolescent. Ils imaginent être davantage compris de leur adolescent s'ils adoptent une attitude de parents « modernes » calquée sur celle de leur adolescent. Ainsi, le parent copain qui désire gommer une génération peut se voir reprocher par son conjoint de maintenir la nostalgie d'une adolescence attardée ou de conserver l'illusion de sa jeunesse. Certaines mères reprochent cela à leur conjoint. Ailleurs, le parent copain cherche à séduire l'adolescent, comme pour mieux se faire aimer ou mieux s'identifier à lui et retrouver le bonheur des années passées. Certains pères reprochent cette attitude à leur femme.

L'adolescent risque alors de ne pas trouver les limites que précisément il recherche ; d'autre part, quand le parent veut ressembler à l'adolescent, il lui complique en quelque sorte la tâche parce qu'il entrave sa possibilité de différenciation et d'autonomisation. De même lorsque, complice, le parent adopte consciemment ou inconsciemment une attitude de séduction, cela aboutit à une excitation intolérable chez l'adolescent, excitation qui devra être évacuée de différentes manières, mais au pire de manière pathologique : fugues, passages à l'acte, utilisation de produits toxicomaniaques, etc.

La rigidité : « Il doit m'écouter »

À l'opposé, la rigidité (et au fond l'hostilité) systématique ne permet pas à l'adolescent de faire l'expérience de ce dialogue, car le conflit devient vite d'une intensité telle que cela contraint l'adolescent soit à renoncer, soit à fuir.

> *Stéphanie trouve son père trop rigide. Il l'est et le sait, mais ne peut s'empêcher de reprendre toutes les défaillances ou les oublis de sa fille : l'électricité laissée allumée, la valise pas prête à temps, la brosse à dents pas rangée, etc. Les plus petits détails sont repérés et reprochés. Le père de Stéphanie souffre lui-même de ses exigences. « Je suis un obsessionnel » diagnostique-t-il. Il n'a pas tort. Il pense néanmoins qu'il a souvent raison et que même s'il n'est pas facile, sa fille sera bien élevée. Le risque est la cassure.*

Entre ces deux extrêmes, le copinage et la rigidité, les parents devront accepter l'idée d'un dialogue, que ce dialogue sera rarement satisfaisant, tout en le poursuivant. Il est souhaitable qu'ils ne renoncent pas à leurs idées, leurs convictions ; il est même souhaitable qu'ils ne renoncent pas à les faire partager à leur adolescent, tout en sachant qu'à une certaine période de l'adolescence, leur enfant ne peut accepter ces idées. L'adolescent a cependant besoin de connaître les pensées, les opinions, les théories que soutiennent ses parents et auxquelles ils adhèrent, comme pour mieux définir sa propre pensée.

La famille d'aujourd'hui

Un sondage d'août 1998 (Ipsos pour le magazine *Ça m'intéresse*) révélait qu'une personne interrogée sur deux estimait que le couple servait à faire des enfants ; loin derrière, on trouvait d'autres motivations comme la passion ou la peur de la solitude. Par ailleurs, près de neuf personnes sur dix pensaient que ce couple devait durer toute la vie. L'écart entre les souhaits exprimés et les réalités aujourd'hui est évident.

La famille contemporaine connaît une triple mutation :

- La première concerne les redistributions des rôles et des fonctions au sein de la famille elle-même : les relations affectives priment sur l'obligation et la contrainte, même parfois au détriment des enfants ; les solidarités au sein des familles se réorganisent en particulier entre les mères et les pères mais le partage des tâches s'est moins modifié qu'on ne le pense : les femmes d'aujourd'hui consacrent toujours deux fois plus de temps que les hommes à leurs enfants. Le pouvoir se veut plus négocié mais les styles éducatifs des pères et des mères varient encore toujours selon leur propre milieu éducatif d'origine.
- Une deuxième mutation, la plus évidente, concerne l'évolution des formes familiales. L'augmentation du nombre de couples vivant en union libre ou en concubinage, du nombre de divorces, de familles monoparentales, est une tendance qui se confirme et s'accentue depuis vingt ans. Le nombre de familles recomposées est croissant. Les remariages et cohabitations nouvelles obligent à de sérieux réaménagements : circuler entre deux foyers différents, vivre au côté d'un « père ou d'une mère de substitution », ou avec les enfants issus d'un premier mariage, ou avec des demi-frères et/ou sœurs nouvellement arrivés, être accueillis (ou recueillis) momentanément par les grands-parents. La société n'était pas préparée à penser ces bouleversements : ni dans les principes éducatifs, ni dans le droit, ni même dans le vocabulaire. Les références nous manquent. Ces bouleversements des liens de parenté ont de forts impacts psychologiques. L'histoire et le regard vers les autres sociétés montrent cependant que ces configurations qui nous apparaissent comme nouvelles ne sont pas forcément inédites. Dans le passé, par exemple, il était fréquent hélas que la femme meure en couches et que le père se remarie : les familles recomposées étaient donc courantes.

■ Une dernière mutation concerne les relations que la famille entretient avec la société, l'école, l'entreprise : l'extension de l'âge de la scolarité, de l'activité féminine, du mode de vie urbain et du chômage agit sur la famille. De même, les relations avec l'État se modifient : face à la multiplication des unions libres, des structures monoparentales ou recomposées, l'État doit redéployer ses politiques familiales. Il le fait dans tous les pays d'Europe en suivant des logiques pour le moment nationales.

Les mères qui travaillent

Les adolescents, surtout les plus jeunes, ont besoin de savoir, psychologiquement, que quelqu'un est là pour eux, mais il n'est pas nécessaire que l'adulte soit physiquement présent. Rentrer dans une maison vide après l'école n'a aucun effet nocif sur l'ajustement émotionnel, social ou universitaire à partir du moment où l'adolescent sent que ses parents se soucient de lui et savent où il est, ce qu'il fait. Les enfants qui ont tendance à vivre difficilement cette situation sont soit ceux à qui l'on permet d'errer librement après l'école et qui ont le sentiment que personne ne pense à eux, soit ceux pour lesquels le travail scolaire est difficile sans un soutien quasi constant.

Mais d'un point de vue plus général, le travail de la mère pose quelques problèmes organisationnels particuliers dans la vie de la famille ; nous les avons rencontrés et nous allons rapidement les évoquer.

La surveillance après l'école

Un premier problème, pour des parents travaillant tous les deux, est la surveillance au retour du collège, particulièrement pour les jeunes adolescents. En effet, peu de collèges proposent des activités périscolaires (des études pour travailler, des réunions sportives d'équipe, des groupes de théâtre, etc.).

Les adolescents plus âgés peuvent s'occuper d'eux-mêmes sans encadrement, mais il ne faut pas laisser de jeunes adolescents décider tout seuls de leur organisation. Les parents doivent au préalable mettre au point un plan avec leur enfant. Spécifiquement, l'adolescent de 10 à 15 ans doit :

■ Aller directement de l'école à la maison ou se rendre à une activité supervisée par un adulte. De jeunes adolescents sont plus à l'aise à la maison seuls qu'avec des groupes non surveillés de pairs. Vous pouvez néanmoins permettre à l'adolescent d'inviter un ami pendant la fin de l'après-midi de temps en temps, si c'est planifié à l'avance. Mais s'il veut être avec des amis chaque jour, vous devez surveiller le groupe qu'il fréquente.

- Téléphoner à un parent ou à un autre adulte à son retour de l'école. Bien que ce ne soit pas nécessaire pour tous, vous pouvez exiger qu'un jeune adolescent appelle un parent, le voisin, ou un autre adulte quand il arrive seul à la maison. Non seulement cela montre qu'il est arrivé sans problème, mais cela renforce dans son esprit l'idée que vous le protégez toujours, même si c'est à distance.
- Avoir un plan pour les activités après l'école. Vous devez convenir avec votre enfant d'un programme : les devoirs, le goûter, les passe-temps, la TV, etc.

Apprenez-lui à se débrouiller dans un cas d'urgence

Assurez-vous que votre adolescent sait quoi faire en cas de feu, de blessure, s'il y a des étrangers suspects, ou dans d'autres cas d'urgence. Sans dramatiser, laissez-lui bien en vue, les numéros de téléphone de la police, des pompiers et des urgences médicales (médecin de famille, SAMU, hôpital), celui de deux ou trois voisins, aussi bien que les vôtres (le téléphone portable pour ceux qui en disposent a modifié les mœurs à ce niveau, chacun étant plus facilement joignable).
Parfois, des gens habitant le même quartier désignent « des parents d'accueil » qui sont d'habitude à la maison l'après-midi et disponibles pour aider un adolescent confronté à un problème.

Mettre la main à la pâte

Lorsque les deux parents travaillent, aucun ne dispose de beaucoup de temps libre ; il paraît donc logique que dans ces conditions, des adolescents participent plus aux tâches ménagères ; il faut apprendre à ranger ses affaires, à donner un coup de main pour le ménage ou pour les courses. Les adolescentes prennent généralement cela dans le bon sens. Mais les adolescents, qui tiennent beaucoup à démontrer leur masculinité, résistent parfois. N'oubliez pas de les remercier de temps en temps.

Le divorce

Le divorce n'est évidemment plus aujourd'hui un sujet tabou : nombreux sont les films, les documentaires, et les émissions de télévision qui en parlent. En 1975, un mariage sur six se terminait par un divorce ; depuis les années 1980, un sur trois. En France, on compte un peu plus d'un million de familles monoparentales, soit 13 % du nombre total de familles. Ces chiffres évoluent régulièrement toujours dans le même sens. Après quelques années, le parent seul avec son ou ses enfants vit souvent avec quelqu'un, se remariant ou pas. Vous-même êtes peut-être divorcé, ou vous avez sans doute des amis qui sont divorcés et vos enfants ont sûrement des camarades de classe dont les parents sont divorcés.

Cependant, même si le divorce se banalise, même s'il n'est plus l'objet d'une réprobation sociale et morale, il n'en devient pas pour autant bénin. Le divorce est une rupture, une séparation et un choc émotionnel important, aussi bien pour les parents que pour les enfants. La plupart des enfants estiment qu'un « bon » divorce n'est pas l'affaire de la justice mais bien celle des parents. Il est illusoire de croire qu'on puisse éviter tout traumatisme affectif chez l'adolescent lorsqu'on divorce. Une position doit être assurée à l'adolescent : le droit d'aimer les deux parents.

Deux positions menacent l'adolescent : la parentalisation (« Depuis que mon père est parti, je suis devenue la mère de ma mère ») et le messager (« Je suis le postier, ils ne s'adressent plus la parole »).

Éviter la guerre du divorce

Un couple peut avoir de très nombreuses raisons de divorcer. Ces raisons sont souvent complexes et il ne s'agit pas ici de les analyser. Seulement, elles peuvent entraîner des parents pacifiques à entrer dans un conflit qui peut se révéler très douloureux pour les enfants : il s'agit donc d'éviter « la guerre du divorce ».

Depuis des semaines, des mois, des années, vous souffrez dans votre vie de couple. Il se peut aussi qu'il y ait des conflits violents ou au contraire des conflits souterrains et non dits. Parfois encore, la situation se dégrade petit à petit et vous vous réveillez un matin en n'éprouvant plus aucun sentiment pour votre conjoint. Si chaque divorce est différent, il n'est pourtant jamais vraiment une surprise pour les enfants : en effet, beaucoup pressentent assez justement la qualité des relations qui existent entre leurs parents. C'est pourquoi, si vous vous sentez soulagé par une séparation, votre enfant aura tendance à se sentir mieux lui aussi. Le conflit qui, avant le divorce, était étouffé, caché, devient un conflit assumé dont on peut parler, et qui, par conséquent, fait moins souffrir.

Je vous conseille

Vous avez donc décidé d'entamer une procédure de divorce, vous avez prévenu un avocat et il s'agit maintenant de l'annoncer à vos enfants.
Ce qui paraît difficile dans le divorce c'est que, pour faire le mieux possible, il faut faire ensemble, et faire ensemble, c'est justement ce que l'on n'arrive plus à faire... Alors que faire ?
— Il faut, si possible, annoncer ensemble la décision à vos enfants, en étant sincère et ouvert à un vrai échange. Cette annonce doit avoir lieu quelques semaines avant le départ de l'un des parents, afin de préparer le mieux possible vos enfants à une nouvelle forcément choquante et déstabilisante.
— Contrairement à ce que certains pourraient croire, ce qui est choquant et déstabilisant à six ans l'est tout autant à treize ans : l'adolescent vit une période troublée et troublante pendant laquelle il est confronté à ses désirs, à une vie affective et amoureuse qui le désarçonne à tout moment. Au cours de cette phase difficile et complexe, il renégocie, comme on l'a décrit précédemment (voir page 59) ses rapports avec ses parents. Il est évident que dans cette période de fragilisation, le divorce représente pour l'adolescent une épreuve.
Vous ne devez donc jamais perdre de vue que même si l'adolescent est capable de comprendre certaines choses inaccessibles pour un enfant, il n'en reste pas moins un adolescent et non un adulte, impliqué dans un faisceau relationnel complexe avec vous, ses parents, et fragilisé par les tumultes physiques et psychiques qui le secouent. C'est pourquoi il faut, tout en étant franc et direct, faire preuve d'une grande délicatesse, d'une attention sans faille et de soins toujours renouvelés.

Je vous déconseille

— Se rapprocher de son enfant *contre* l'autre parent, à l'occasion d'un divorce, est bien évidemment une erreur. Pourtant, cela n'est pas toujours possible de l'éviter et c'est souvent ce qui arrive en cas de « guerre du divorce » : on forme les équipes, les armées, et on entre littéralement en conflit, dévastant famille, fratries et enfants dans le même temps.

— Le divorce peut être un accord parental sur un désaccord parental. Les enfants ne sont pas forcément directement concernés par cette décision. Leur rôle n'est pas de prendre parti, ils doivent le plus possible rester en dehors du conflit. Ils disent tous ou presque tous qu'ils le souhaitent. Leur faire état objectivement des problèmes, les tenir au courant des décisions ne signifie pas les faire participer au conflit. Ce n'est ni leur place ni leur fonction. Ce n'est pas la séparation en soi qui est cause des troubles, mais la mésentente.

« Mon fils m'a demandé d'aller vivre chez son père. J'ai l'impression qu'il ne m'aime plus, que je ne suis pas à la hauteur et que je ne suis pas payée de retour. Que faire ? »

La mère se sent directement attaquée et remise en question par une telle demande. Celle-ci est souvent assortie par l'adolescent d'un : « De toute façon, on ne s'entend plus tous les deux, et je m'ennuie à la maison... » ou de : « Si j'étais avec mon père, je travaillerais mieux, je ferais moins de bêtises », ce qui souligne le manque d'une autorité paternelle et protectrice. La maman a beau savoir que l'opposition est un mouvement psychologique normal que chaque adolescent ressent à l'égard de ses parents, c'est difficile à supporter. Elle en sera d'autant plus affectée que cette requête réactive l'ancien conflit entre elle et son ex-époux. Elle éprouve sans doute des sentiments ambivalents, voire négatifs à l'égard du père et imagine mal lui confier l'enfant qu'elle a élevé, surtout si elle vit la démarche de son fils comme un deuxième abandon, après celui du père quelques années auparavant.

Dans ces moments de souffrance et de tension, il faut prendre garde à ne pas réagir trop vite comme on a naturellement tendance à le faire. Évitez par exemple de répondre sous le coup de l'émotion : « Tu veux aller chez ton père ? Eh bien, vas-y ! » ; cela court-circuiterait la démarche engagée par l'adolescent. Une première question, de bon sens, est à poser : le père est-il prêt à recevoir son enfant ? On voit parfois des jeunes revenir au bout de quinze jours, dépités et déçus...

Donnez-vous aussi le temps d'élaborer les choses, d'en parler avec l'adolescent et de dégager ce que la situation pourrait avoir de positif. Et réfléchissez à la nécessité dans laquelle l'adolescent se trouve non seulement de recréer des liens avec son autre parent mais aussi de remettre ses deux parents... en contact. Car au fond de lui, il le sait, sa demande va induire des discussions, des explications, des négociations, bref des relations plus étroites entre ses parents. Ils vont se parler, se réunir autour de lui, se penchant sur lui, s'intéressant ensemble à lui....

C'est justement ce qu'il recherche généralement à un niveau inconscient, sans du tout d'ailleurs qu'il puisse l'exprimer de cette façon-là. Et heureusement, quelquefois, grâce à leur adolescent, un père et une mère séparés retrouvent une forme d'échange.
Parfois, l'adolescent n'arrive pas à parler. Dire « J'ai envie d'aller vivre chez mon père », c'est très dur. L'adolescent sait bien que cette demande va faire souffrir sa mère. Il en ressent parfois une telle culpabilité que, n'arrivant pas à le verbaliser, il devient infernal, insupportable. Comme s'il faisait tout pour se faire mettre dehors, pour que sa mère finisse par lui dire d'elle-même : « Puisque c'est comme ça, il faudrait envisager que ton père te prenne, je n'y arrive plus. » Mieux vaudrait que la mère essaye d'engager avec lui une discussion sur la situation et ses issues possibles, cela éviterait des souffrances de part et d'autre.
Parfois la situation est inverse, l'adolescent vivant avec son père et le plus souvent sa belle-mère souhaite aller revivre chez sa mère.

Être beau-parent

Le risque pour un futur beau-parent est de faire ou de refaire une union avec des attentes manquant de réalisme et de se confronter alors à des déconvenues douloureuses ou irritantes. Les adolescents encore plus que les enfants vont vous tester, vous comparer et parfois vous rejeter. Les enfants ne sont pas destinés à aimer, à honorer, à obéir à un couple parental constitué d'un nouveau conjoint. La belle-mère peut se sentir comme la mauvaise marâtre de Cendrillon et il arrive que le beau-père se demande si son beau-fils, adolescent, n'est pas en train de faire une répétition pour l'*Hamlet* de Shakespeare.

Pour un adolescent, le remariage peut être ressenti comme une prise de contrôle hostile de la part du nouvel arrivant. Le fait que les adolescents luttent pour affirmer leur propre identité et changent leur rapport vis-à-vis de l'autorité de l'adulte fait du beau-parent une cible naturelle. Envers le parent naturel, l'expression de la colère est toujours potentielle car sous-tendue par la pensée suivante : « Il (elle) a déjà abandonné celui (celle) qu'il (elle) a aimé(e), il (elle) pourrait aussi m'abandonner. »

Nous n'avons pas l'intention de suggérer que tous les adolescents souhaitent systématiquement contrarier leurs beaux-parents : beaucoup accueillent la présence d'un autre comme un adulte plus neutre dans leur vie. Mais les couples recomposés ne doivent pas être étonnés si l'adolescent est difficile, et ils ne doivent pas prendre les éventuelles remarques désagréables comme « argent comptant ».

Les filles adolescentes qui ont des rapports très proches avec leur mère vivent assez souvent mal son remariage ; elles se sentent remplacées dans le rôle de confidente de leur mère.

Peu importe si l'adolescent aime sa nouvelle belle-mère ou son nouveau beau-père, sachez que sa question est : « Que va-t-il me dire ou me faire ? », « Commencera-t-elle à faire des remarques sur mes vêtements, mes amis, ma chambre ? »

Construire la confiance

Pendant les premiers temps d'un remariage, les adolescents ont besoin d'être rassurés et de sentir que rien ne peut leur enlever l'amour de leurs parents. Remariés, les parents doivent faire un effort supplémentaire pour passer du temps seul avec l'adolescent, entreprendre des choses qu'ils avaient l'habitude de faire avant leur remariage ; et de temps en temps, il leur faut engager l'adolescent dans des discussions avec le beau-parent. Les adolescents sont souvent lents à s'acclimater à un nouveau conjoint ; les parents doivent s'armer de patience, faire preuve de tolérance. Essayer de précipiter les choses créera plus de problèmes que cela n'en résoudra.

Les bons rapports mettent souvent du temps pour se développer. La confiance doit être gagnée, l'affection partagée, les différends résolus.

Je vous conseille

— Si vous êtes beau-parent, vous ne pouvez pas et ne devez pas essayer de remplacer le parent naturel ; il ne faut pas non plus entrer en concurrence avec lui mais tenter de développer votre propre rapport avec l'enfant ; si le parent naturel a tendance à être autoritaire, par exemple, n'essayez pas de vous montrer également autoritaire. Si le parent naturel possède une sensibilité artistique, n'estimez pas que vous devez développer le même intérêt. Soyez vous-même.

— La deuxième règle consiste à ne pas se forcer à être gentil ou à séduire. Les adolescents ne répondent pas bien aux gens qui feignent une intimité, ils ressentent mal ceux qui essaient de se procurer leurs bonnes grâces. Soyez amical et disponible. Comme dans n'importe quelle amitié, les rapports prospèrent sur des intérêts communs. Si vous et votre beau-fils aimez les westerns (et pas le conjoint), regardez ensemble un film de John Ford ; si un soir votre conjoint doit travailler tard, invitez votre beau-fils ou belle-fille à dîner au restaurant. Plus vous ferez de choses ensemble naturellement, mieux vous en viendrez à vous connaître. Votre conjoint peut aider en ne vous « collant » pas chaque fois vous et votre beau-fils (ou belle-fille) allez quelque part. Que tout cela ne soit pas forcé ni artificiel.

— Chaque fois que vous avez un désaccord, apprenez à mettre au point des choses ensemble.

— Ne vous sentez pas coupable si vous n'aimez pas immédiatement votre beau-fils ou votre belle-fille, chacun a besoin de temps pour s'ajuster à la nouvelle famille, adultes inclus. Un beau-parent instantané n'existe pas et même si vos sentiments d'emblée sont très positifs, laissez le temps à l'adolescent de les recevoir.

Apprendre à gérer l'autorité

En participant à l'éducation, comme tout adulte, il peut être naturel pour le beau-parent de donner à l'enfant ou aux enfants de son conjoint des conseils. Les adolescents, cependant, peuvent vivre les propos du beau-parent comme des affirmations arbitraires de pouvoir : « Tu n'es pas mon père (ma mère) ; quel droit as-tu de me dire ce que je dois faire ? »

Dans une certaine mesure, ils ont raison : le rapport affectif est une chose préalable à l'autorité. Un rapport naturel parent-enfant commence, dans la petite enfance, avec l'amour de base, la confiance et les souvenirs heureux en commun, présents à la mémoire ou refoulés dans l'inconscient. Ce n'est que sur ces fondations que des parents naturels peuvent représenter le contrôle et la discipline. Ils ont toute l'enfance pour cela.

Le beau-parent et le beau-fils (la belle-fille) n'ont pas d'histoire d'amour ni d'intimité de ce type. Le premier travail d'un beau-parent est d'établir un rapport affectif favorable. Dans les questions de discipline et d'autorité, le beau-parent doit avancer doucement.

La discipline et l'autorité peuvent devenir très probablement un problème quand le parent naturel et le beau-parent ont des styles différents, des conceptions de l'éducation opposées (c'est déjà vrai entre les parents naturels). L'un peut avoir des tendances très permissives ; l'autre peut être plus « vieux jeu » et penser que les enfants doivent être respectueux et obéissants. Quelques psychologues conseillent un front uni. Nous croyons que dans les premières étapes d'un deuxième mariage, et particulièrement avec des enfants adolescents, les beaux-parents doivent adopter les mêmes règles éducatives que le parent naturel.

Changer les règles juste parce qu'un nouvel adulte vient d'entrer dans la vie familiale serait arbitraire. Il y a un monde entre ces deux phrases qui semblent signifier la même chose ou du moins exprimer le même agacement de la part d'un beau-père par exemple : « David, tu sais que ta mère s'attend à ce que tu nettoies ta chambre aujourd'hui » et « Je ne peux pas vivre dans ce désordre, tu ne fais rien de ce que ta mère dit ! » Dans l'une, le tiers est mis en scène comme le porteur de la demande, dans la seconde, le nouveau couple est présenté comme uni et faisant front contre l'adolescent.

Familles recomposées

Toutes ces questions sont plus compliquées quand le nouveau ménage inclut de part et d'autre des enfants. Chaque dyade parent-enfant a sa propre histoire et ses propres règles ; et celles-ci peuvent être, toutes proportions gardées, aussi différentes que celles du football et du basket. Vous aimez regarder la télé sur votre lit avec vos enfants ou parler le soir ; votre conjoint décrète que la chambre des parents est un territoire privé interdit aux enfants. Vous aimez que vos enfants viennent dîner dès que c'est prêt ; votre conjoint juge qu'à leur âge, il n'y a aucune raison pour qu'ils ne lambinent pas pour se mettre à table : « ils ont beaucoup de travail, ils s'opposent comme tous les adolescents, etc. ». Vous surveillez très attentivement le travail scolaire à la maison, votre conjoint ne le fait pas. Vous avez un chien, votre conjoint a deux chats, représentation humoristique des difficultés des familles recomposées.

La première étape est, pour vous et votre conjoint, de discuter des choses, d'abord entre adultes. Vous déciderez des règles familiales négociables et de celles qui ne le sont pas : votre nouveau conjoint insiste sur son espace privé concernant par exemple les loisirs et vous estimez qu'ils doivent être pratiqués en famille.

L'étape suivante consiste à discuter des problèmes avec l'adolescent : il demande d'aménager sa chambre de telle ou telle façon, vous devez en parler tous ensemble.

Dans certains secteurs, la négociation peut ne pas être possible ou n'est pas recommandée. Les enfants de chacun des nouveaux parents n'ont pas les mêmes besoins ni les mêmes exigences ou les mêmes âges. Certains adolescents sont capables de manipuler un vêtement avec attention, par exemple, tandis que d'autres pas. Les adolescents plus âgés, qui ont une vie amoureuse et sexuelle, ont probablement besoin de plus de liberté que des enfants plus jeunes. Chaque membre d'une famille recomposée a encore plus besoin que dans une famille naturelle de respecter et tolérer les différences individuelles. Votre femme et ses enfants vont à la messe chaque dimanche, vous n'êtes pas obligé de les rejoindre, mais de temps en temps vous pouvez les accompagner, c'est à vous de décider. Elle a investi beaucoup d'efforts dans la décoration de sa maison et ses enfants sont aussi sensibles qu'elle au cadre dans lequel ils vivent, ils ne doivent pas vous demander d'avoir exactement les mêmes goûts, mais seulement que vous respectiez les leurs.

« Ne risque-t-il pas d'y avoir des problèmes d'inégalité et de jalousie dans une famille recomposée ? »

Il est évident que chaque enfant de la famille recomposée doit être traité également. Cela ne signifie pas que chaque fois que vous achetez à un enfant une paire de tennis ou un pantalon, chaque autre enfant doit obtenir la même chose le même jour. Mais tous doivent avoir un budget équivalent, en particulier pour les vêtements, car à cet âge, ce qui se voit et ce qui touche à l'apparence est très important.

Il en est de même pour les permissions de sortie : aux mêmes âges, les mêmes autorisations, en tenant compte du respect du contrat et du sens des responsabilités de chaque enfant, mais tout ceci doit être clairement expliqué. Si Matthieu, âgé de 15 ans, peut sortir jusqu'à minuit, Nicolas le fils de l'autre conjoint devra bénéficier de la même autorisation au même âge. Les enfants de familles recomposées sont encore plus sensibles aux inégalités que les autres (qui le sont déjà pas mal !).

« J'ai peur que mes enfants ne s'entendent pas bien avec les enfants de mon nouveau compagnon. Que faire ? »

Les parents disent souvent que leur plus grande inquiétude est que leurs enfants se détestent. Quelques-uns ne peuvent effectivement pas se supporter, d'autres deviennent des amis fidèles ; d'autres encore coexistent simplement plus ou moins paisiblement. Les parents, comme dans une famille naturelle, doivent tout mettre en œuvre pour créer une ambiance favorable et même si possible de l'amour familial.

« Ma fille n'aime pas son beau-père. Mon mari fait pourtant tout ce qu'il peut pour que tout se passe au mieux, mais elle le rembarre chaque fois qu'il vient vers elle, c'est épuisant pour nous tous. »

La relation décrite ici se joue à plusieurs personnages : non seulement la jeune fille et son beau-père, mais aussi la mère, le père et éventuellement une belle-mère, si le père a reconstitué un couple. Ceci devient complexe.

Au fond, l'adolescente ne s'adresse pas directement, ni en personne, à son beau-père. Implicitement, elle parle aussi aux autres, en particulier à sa mère. Lorsqu'elle le « rembarre » ou qu'elle manifeste de l'agressivité à l'égard de son beau-père, elle dit des choses à sa mère qu'elle n'arrive pas à exprimer autrement. Elle peut inconsciemment lui reprocher de vivre avec cet homme, elle provoque et attaque le couple qu'ils sont en train de construire. Peut-être la jeune fille s'adresse-t-elle aussi de façon détournée à son père dont elle regrette ou reproche l'absence. Il y a alors un déplacement à l'égard du beau-père d'une agressivité dirigée à l'origine contre le père, tout cela se situant, bien sûr, à un niveau inconscient ou préconscient.

Quel est le danger ? Le nouveau couple de la mère étant mis en question, les conduites provocatrices de la jeune fille risquent de déclencher, aux yeux de sa mère, le surgissement soudain de l'image de son ex-conjoint, de renforcer ses craintes d'une « hérédité » ou d'une ressemblance entre père et fille et de l'amener à penser que celle-ci devrait plutôt aller vivre chez son père.

Pour qu'il n'y ait pas de rupture, il faut essayer de ne pas prendre l'agressivité de l'adolescente au pied de la lettre, mais plutôt tenter de la décoder, compte tenu des enjeux affectifs et psychologiques et des mécanismes de déplacement qu'elle met en œuvre. Cela passe par un dialogue le plus calme et le plus détendu possible. La mère, puisqu'en fait c'est à elle que s'adresse l'essentiel des messages, peut essayer de comprendre précisément ce que sa fille veut lui dire et l'amener à exprimer plus clairement ses reproches. En revanche, il n'est pas utile que le beau-père soit associé aux échanges entre mère et fille, quitte à en reparler après avec lui. Mais il peut profiter d'une occasion pour lui dire tout simplement quelque chose comme : « Tu es en train de m'agresser, mais ai-je vraiment mérité tout cela ? », sans risquer de la brusquer par un trop brutal : « Je ne suis pas ton père… tu m'agresses en me prenant pour ton père. » La mère peut également en parler avec son ex-mari en évoquant l'idée qu'un message lui est sans doute également adressé :

« Écoute, il y a là quelque chose, notre fille exprime quelque chose et cela te concerne autant que moi. »
Dans cette « pièce » à plusieurs personnages, le grand écueil serait de penser que la jeune fille en veut tout simplement à son beau-père et de rechercher seulement dans leurs personnalités et leurs conduites respectives des raisons de ce ressentiment. En réalité, tous les « partenaires » sont concernés. L'entrée côté cour peut cacher une sortie côté jardin.

Ne pas se tromper de personne

À l'âge de l'adolescence, ce que le jeune exprime à quelqu'un ne le concerne pas toujours directement. Ce mouvement, bien repéré par les spécialistes de l'esprit humain, s'appelle le « déplacement des identifications ». Si les proches, les parents prennent au pied de la lettre ce qu'ils entendent comme étant un reproche qui leur est destiné, ils risquent, d'une part, de prendre mal ce qui n'a pas à l'être et, d'autre part, de « coincer » l'adolescent dans un propos en fait « déplacé » et, du coup, de ne pas lui permettre de s'adresser à la bonne personne. Mieux vaut donc qu'ils ne prennent pas le message de l'adolescent au premier degré.

Les parents seuls

La France compte aujourd'hui 1,3 million de familles monoparentales, soit 13 % du nombre total des familles, et 23 % à Paris. En Île-de-France, 43 % des familles monoparentales ont un seul enfant. Si c'est votre cas, il faut être particulièrement vigilant pour éviter un trop grand rapproché que tout naturellement la solitude entraîne.

Les parents seuls mènent des vies complexes et souvent difficiles. En jonglant avec les rôles de salarié, de femme ou d'homme au foyer et de parent, il n'est pas toujours facile de trouver du temps pour mener une vie personnelle. Souvent mariés antérieurement, beaucoup ajoutent à la conséquence émotionnelle d'un divorce le problème social que constitue le fait d'être seul à nouveau.

Comment maintenir une autorité ?

La question la plus importante pour des parents vivant seuls avec des adolescents est le maintien de l'autorité. Les parents seuls ont tendance à accorder moins d'indépendance à leurs enfants que les autres parents. Cela peut être bon pour les adolescents jusqu'à un certain point. Ceux-ci ont besoin de fermeté aussi bien que de liberté. L'éducation réussie prend du temps et de l'énergie. L'établissement de règles et le contrôle des activités de l'adolescent sont beaucoup plus faciles quand il y a deux adultes dans la maison.

En partie pour compenser leurs sentiments de culpabilité, les parents seuls peuvent être trop facilement d'accord avec leurs enfants afin de se sentir acceptés par eux. Les adolescents, pour leur part, peuvent essayer de « marcher dans les chaussures » du parent absent et ainsi, se présenter comme plus mûrs qu'ils ne le sont vraiment. Le parent seul, surchargé par les tâches de la vie quotidienne, la gestion de sa propre vie affective, parfois confronté à des problèmes matériels importants, a besoin d'être soutenu dans l'éducation de ses enfants, par tous ceux à qui il ose s'adresser ou par tous ceux qui souhaitent être concernés.

Jérôme est élevé seul par sa mère. Son père est un homme très fragile, alcoolique, que son épouse a soutenu longtemps mais dont elle a été obligée, en fin de compte, de se séparer. Jérôme est souvent triste ; il pense souvent, sans oser le dire, à son père. Sa mère s'en doute. Elle se sent elle-même culpabilisée d'avoir laissé son ex-mari. Elle craint au fond d'elle-même que son fils ne ressemble à son père qui était dépressif. Une aide psychologique, pour cette mère d'une part, et son fils d'autre part, s'avérera très utile.

La vie personnelle du parent seul

Il est naturel, pour un parent divorcé, de vouloir avoir une vie personnelle, une vie sentimentale et sexuelle. Jusqu'où les parents seuls doivent-ils révéler à leur adolescent leur vie privée ? Nous pensons qu'ils doivent être à ce sujet très discrets. Les adolescents commencent seulement à se formuler des idées sur la vie amoureuse à deux et l'intimité. Ils trouvent difficile de gérer à la fois leur propre sexualité et celle de leur parent. Les adolescents disent, en apparence, que la vie intime de leur parent ne les regarde pas ; le seul problème, c'est qu'en réalité, ils se sentent concernés. La seule solution à mon avis est de répondre à leurs questions lorsqu'elles surgissent, implicitement ou explicitement.

On a adopté un enfant

Si vous avez adopté un enfant, voici quelques conseils pour l'aider le mieux possible à traverser son adolescence :

- Parlez ouvertement à votre enfant de son adoption. Faire de cette question un sujet tabou rendra votre enfant plus inquiet. Les enfants ont peur de bloquer vos sentiments s'ils soulèvent la question. Assurez-vous que votre enfant sait qu'il est sûr de pouvoir parler de son adoption avec vous. Reconnaissez qu'étant adopté, il peut être différent. Il est normal qu'il soit fâché ou embarrassé de temps en temps : c'est un adolescent qui interprétera plus que d'autres tous les signes de rejet ou de différence de ses pairs comme particulièrement agressifs ou douloureux.
- Attendez-vous à quelques conflits avec votre enfant pendant l'adolescence. Les adolescents adoptés disent parfois des choses comme : « Je n'ai pas à t'écouter. Vous n'êtes pas mes parents réels. » L'enfant est, dans un second temps, profondément culpabilisé d'avoir dit cela, mais il a du mal à vous l'avouer.
- Gardez à l'esprit que des adolescents non adoptés disent des choses équivalentes à leurs parents. C'est plus une parole d'adolescence et qui trahit le besoin de se séparer que quelque chose qui serait dû à l'adoption.
- À l'extrême, quelques adolescents adoptés se comporteront comme s'ils voulaient que vous les rejetiez. C'est une voie leur permettant d'évaluer si leur maison est vraiment une base sûre pour eux. Cependant, n'hésitez pas à demander conseil à un spécialiste si le comportement de votre adolescent va dans ce sens.

Comment l'enfant adopté éprouve ses parents

La question qui soucie le plus un enfant adopté est de savoir si un jour, vous le rejetterez ou ne l'aimerez plus, même s'il ne le dit pas. Dites-lui que votre maison est la sienne, qu'il y sera toujours chez lui même si parfois, il fait tout pour être rejeté.

Les années collège

Les années collège

Les années collège

Les années collège

Les années collège

Les années collège

ONE

Les années collège

Le corps qui s'éveille

■

L'esprit qui s'ouvre

■

La vie amoureuse et sexuelle

■

La vie familiale

■

Le collège

Les loisirs

Les problèmes

Le corps qui s'éveille

L'adolescence est une phase de mutation pendant laquelle l'enfant devient un adulte. C'est le moment de la puberté qui marque un point de repère important dans la mise en place de cet ensemble de bouleversements physiques, psychiques et comportementaux. Le corps se transforme, la croissance s'accélère, les poils apparaissent, la voix devient plus grave, autant de signes qui vous indiquent que votre enfant entre dans l'adolescence.

Ce qu'ils ont besoin de savoir et doivent savoir

Les adolescents connaissent de leurs aînés les transformations physiologiques qui surviennent à la puberté. Mais ils sont encore suffisamment pudiques pour être informés de celles-ci au-delà de ce qu'ils disent ou veulent apparemment savoir. Laisser un livre comme celui-ci à leur portée est recommandé ; ils le regarderont, ouvertement ou clandestinement, mais ils le regarderont. Les pages qui suivent peuvent les éclairer s'ils s'intéressent à leur corps et veulent en savoir plus sur eux-mêmes.

Selon les sujets, la puberté commence entre 10 et 17 ans. On considère qu'elle prend fin avec l'acquisition de la fonction de reproduction. La puberté dure donc environ cinq années. C'est pourquoi il n'y pas d'équivalence absolue entre l'adolescence proprement dite – qui excède le strict cadre des transformations corporelles – et la puberté.

Les modifications hormonales sont à l'origine du changement dans le rythme de la croissance, du développement des caractères sexuels « secondaires » et de l'appareil génital : elles ont pour but de transformer le corps de l'enfant en un corps adulte, capable de procréer.

Devenir une femme

Chez la jeune fille, ce sont les premières règles qui marquent le début de la puberté, car elles en sont le signe le plus visible et montrent que la maturation utérine est en cours. Les premières règles symbolisent la fin de l'enfance et le début de la vie de femme, mais elles ne signifient pas la fin de l'adolescence ni l'acquisition de la fonction de reproduction. « (Elles sont) un signe indicateur du stade de maturation de la puberté, mais elle ne la résume pas et ne marque ni son commencement ni sa fin. Pour se préparer à la maternité, le corps de la jeune fille doit subir de profondes transformations, plus ou moins perceptibles, qui s'amorcent bien avant les premières règles et qui se poursuivent au-delà[1] » (la survenue d'une grossesse est possible, mais elle est exceptionnelle la première année).

Les facteurs qui déterminent l'âge de la puberté sont nombreux :

- D'abord d'ordre génétique et familial : les filles ont leurs premières règles à peu près au même âge que leur mère.
- D'autres facteurs entrent en jeu, en particulier nutritionnels. On pense du reste que c'est sous l'effet de l'amélioration des conditions de vie, de la santé et de la qualité de la nutrition que l'âge de la puberté a baissé significativement en cent ans. L'âge de l'apparition des premières règles n'a en effet cessé de baisser depuis un siècle. À la fin du XIXe siècle en Europe, la puberté survenait vers 16-17 ans, alors qu'aujourd'hui, l'âge moyen est de 13 ans.
- Le poids intervient aussi : les filles un peu « rondes » sont un peu en avance sur celles qui sont maigres.

Le démarrage, comme la vitesse de déroulement de la puberté, sont extrêmement variables d'une adolescente à une autre. Une chose est sûre : aujourd'hui, 99 % des jeunes filles voient apparaître les premiers signes pubertaires entre 9 et 14 ans.

➤ *Les principales transformations à la puberté*

L'apparition des caractères sexuels dits secondaires

« Certaines transformations sont visibles et même spectaculaires, comme l'apparition des caractères sexuels secondaires (sein, pilosité) et la poussée de croissance ; d'autres sont silencieuses comme le développement des organes génitaux.

1. In *Questions de femmes*, Dr Anne de Kervasdoué, Odile Jacob, 1996, p. 122.

La toute première manifestation de la puberté survient presque toujours au niveau des seins qui commencent à "pousser" : à partir de ces petits "bourgeons mammaires", leur croissance évolue par étapes (cotées SI à S5, dans la classification de Tanner) en quatre à cinq ans, et parfois de façon asymétrique, mais il n'y a pas lieu de s'inquiéter de ne voir qu'un sein "pousser" au début, surtout le gauche, c'est un phénomène banal [...].

La pilosité pubienne débute environ un an après le bourgeon mammaire. Elle met trois ans à se développer (son évolution est cotée de PP1 à PP5), et sa répartition demeure triangulaire (alors qu'elle est losangique chez l'homme). Le développement des poils des aisselles est plus tardif, à un stade déjà avancé de la puberté.

Les autres modifications sont plus discrètes et ne sont pas à proprement parler des caractères sexuels secondaires : le duvet qui recouvrait le corps de la fillette fait place à des poils adultes plus longs sur les membres, l'acné fait son apparition, la voix devient plus grave ; sous l'effet des sécrétions des glandes sudoripares, l'odeur du corps se modifie, le bassin s'élargit et les graisses ont plutôt tendance à s'accumuler au niveau des hanches, du bassin et des cuisses[2]. »

LES ÉTAPES DU DÉVELOPPEMENT PUBERTAIRE FÉMININ
(d'après la classification de Tanner)

	Âge moyen
Pour les seins	
S1 – Prépuberté : simple surélévation du mamelon	11 ans
S2 – Début pubertaire : bourgeon mammaire, le sein et le mamelon se soulèvent légèrement, le diamètre de l'aréole s'élargit.	
S3 – Pigmentation du mamelon et de l'aréole. La saillie du sein et de l'aréole s'accentue.	13 ans
S4 – Élargissement du sein et de l'aréole qui forme une saillie individualisée se projetant en avant de la glande mammaire.	
S5 – Sein adulte. Seul le mamelon fait saillie. L'aréole se confond avec le contour général du sein.	15 ans
Pour la pilosité pubienne	
PP1 – Simple duvet prépubertaire. Absence de poils.	12 ans
PP2 – Quelques poils épars, légèrement pigmentés et frisés sur le mont de Vénus.	
PP3 – Poils plus fournis, plus foncés, plus frisés.	
PP4 – Poils de type adulte ne couvrant pas toute la surface pubienne. Pas d'extension sur les cuisses.	13 ans
PP5 – Poils de type adulte couvrant tout le triangle pubien et s'étendant vers les cuisses.	

2. *Ibid.*, p. 122-123.

Les organes génitaux se transforment

La transformation des organes génitaux est moins visible chez la fille que chez le garçon. « C'est au cours de la puberté qu'ils acquièrent leur caractère définitif : la vulve, verticale pendant l'enfance, suit le mouvement de bascule du bassin et devient horizontale, les grandes lèvres s'épaississent, les petites lèvres prennent un aspect irrégulier et pigmenté, le clitoris grossit et devient sensible et excitable. L'utérus augmente en longueur et en largeur (à 17 ans, il mesure 5-6 cm de long). Le col sécrète de la glaire, visible sous la forme d'une substance blanche. Les ovaires gardent à peu près leur taille, mais ils mûrissent et s'organisent pour favoriser la croissance folliculaire. La muqueuse vaginale se colore en rose, s'épaissit et devient plus humide[3]. »

L'arrivée des premières règles

Les premières règles surviennent en moyenne deux ans après les premiers signes pubertaire, c'est-à-dire l'apparition du bourgeon mammaire, mais ce laps de temps peut être beaucoup plus court (un an) ou beaucoup plus long (quatre ans). Elles correspondent donc à un stade déjà avancé de la puberté ; l'analyse des statistiques a permis de préciser que, dans trois quarts des cas, elles arrivent juste après le « pic » de croissance, au moment où la courbe commence à se stabiliser en plateau.

Quant aux signes annonciateurs des premières règles, ils ne sont pas constants : une grande majorité de jeunes filles constatent, dans l'année qui précède, des pertes blanches qu'elles prennent à tort pour une infection.

« Les premières règles sont-elles douloureuses ? »

Les premières règles sont irrégulières et espacées, parfois même de plusieurs mois, parce que les cycles sont anovulatoires, c'est-à-dire qu'il ne se produit pas d'ovulation. Quand elles deviennent douloureuses, c'est vraisemblablement parce qu'une ovulation a eu lieu. Attention ! Tout risque de grossesse ne peut pas être écarté systématiquement. Même si les chances sont minimes, vous pouvez être enceinte trois mois après vos premières règles.

Le mécanisme de la puberté

« De multiples facteurs interviennent dans le déclenchement de la puberté, mais son mécanisme reste encore mystérieux ! La puberté ne se met pas en route subitement à la suite d'un signal unique, mais lentement sous l'effet

3. *Ibid.*, p. 124.

d'une modification subtile de la sensibilité de l'axe cérébral hypothalamo-hypophysaire. À un certain degré de maturation psychosomatique, le système nerveux central – qui est à la fois le grand initiateur et le coordinateur de l'ensemble de ces événements – libère l'hypothalamus de l'état d'inertie dans lequel il était depuis l'enfance. Désinhibé, ce dernier s'active et stimule l'hypophyse qui, à son tour, encourage les ovaires à produire des œstrogènes et à développer des follicules qui se rompront chaque mois pour libérer un ovule.

Les facteurs qui influencent l'apparition de la puberté ne sont pas tous de nature hormonale. L'âge des premiers signes pubertaires dépend essentiellement de facteurs génétiques (on l'a dit, les filles ont leurs premières règles à peu près au même âge que leurs mères), mais aussi des conditions socio-économiques, de l'alimentation, des maladies chroniques survenues pendant l'enfance, de l'état psychologique, du poids et de la taille. Contrairement à ce qu'il était classique de penser, le climat et l'origine ethnique n'auraient que peu d'influence[4]. »

Le rôle des différentes hormones dans la puberté

Chez la femme les œstrogènes – dont le taux augmente progressivement au long de la puberté – ont un rôle capital. Ils déterminent l'installation des cycles menstruels, le développement des seins et de la pilosité en présence des hormones mâles (qui existent chez la femme), et la transformation des organes génitaux. Avec l'hormone de croissance et l'insuline, les œstrogènes ont aussi un rôle important dans l'accélération puis l'arrêt de la croissance des os longs. Enfin, les œstrogènes sont responsables de la répartition des graisses dans la partie inférieure du corps : c'est donc grâce à eux que la silhouette de la petite fille se féminise.

La progestérone n'intervient qu'après les premières règles, à doses très faibles. C'est seulement deux années environ après qu'elle est plus régulièrement sécrétée par les ovaires.

Chez la jeune fille, les hormones mâles sont à la fois sécrétées par les glandes surrénales et les ovaires, et sont responsables en particulier de la pilosité.

Je vous conseille

La jeune fille doit être informée et préparée très tôt de l'arrivée des premières règles qui n'est ni un drame ni une fatalité, mais au contraire un événement naturel et heureux, un signe de maturation psychosomatique, un gage de féminité et de fécondité, la preuve d'une bonne fonction

4. *Ibid.*, p. 125

ovarienne, hypophysaire et hypothalamique. Vous devez transformer ce jour en jour de confiance et de féminité pour aider votre fille à en supporter les inconvénients et lui faire envisager sa future vie de femme sous un jour attrayant. Votre attitude a une réelle importance sur l'acceptation de sa féminité et sur son épanouissement physique et psychologique ultérieur.

« À quel âge parle-t-on de puberté précoce ? »

On parle de puberté précoce « quand les premiers signes pubertaires surviennent avant 8 ans (développement des seins, de la pilosité, accélération de la croissance). Dans 80 % des cas, il ne s'agit pas d'une anomalie, mais d'une activation prématurée des fonctions ovariennes et hypothalamo-hypophysaires ; l'apparition de ces signes doit toujours vous faire consulter un médecin spécialisé, car ils peuvent néanmoins traduire l'existence d'un trouble organique[5]. »

« A partir de quand existe-t-il un retard pubertaire ? »

On parle de retard pubertaire « lorsqu'il n'existe aucun développement des seins à l'âge de 15 ans et une absence de règles à 17 ans. Là encore, une consultation médicale et au besoin des explorations complémentaires permettront de savoir s'il s'agit d'un simple retard lié à un rythme plus lent du développement endocrinien, ou d'une absence de puberté due à un trouble organique[6]. »

Devenir un homme

➤ *Le premier signe annonciateur de la puberté*

C'est à peu près vers l'âge de 11 ans que le taux de testostérone, principale hormone mâle, s'élève dans le sang du garçon, d'abord lentement, puis plus rapidement. En l'espace de deux à quatre ans environ, la concentration de la testostérone dans le plasma sanguin devient égale à celle de l'adulte.

Le premier signe annonciateur de la puberté est l'augmentation du volume des testicules qui passent en moyenne de 1,2 ou 1,8 cm^3 à 10 ou 11 ans, pour atteindre 4 cm^3 à douze ans. Puis, vers 12 ans, les bourses se modifient, le pénis s'allonge et les poils se mettent à pousser.

5. *Ibid.*, p. 121.
6. *Ibid.*, p. 121.

« La croissance et l'activité testiculaires sont provoquées par la mise en route d'un appareil de commande nerveux et hypophysaire. Ce système de commande des testicules est disposé en deux étages :

- L'étage supérieur est situé dans le cerveau.
- l'étage inférieur est formé par l'ensemble hypothalamo-hypophysaire. L'hypothalamus fait également partie du cerveau, mais il appartient à sa partie la plus ancienne et il est placé dans sa région la plus basse, en surplomb de l'hypophyse, une petite glande enchâssée dans une loge osseuse en forme de selle. Malgré sa petite taille, l'hypophyse est considérée comme le chef d'orchestre de l'ensemble des glandes endocrines chez le garçon (et chez la fille), tant ses fonctions sont multiples et importantes.

Au moment de la puberté, les centres nerveux supérieurs reçoivent de tout l'organisme un ensemble de messages qui annoncent que l'organisme est parvenu à un certain degré de maturité. Le cerveau [...] active le couple hypothalamo-hypophysaire qui, libéré, se met à stimuler les testicules. Ainsi aiguillonnés à toutes les heures de la journée, les testicules répondent par les divisions de leurs cellules germinales, l'expansion de leurs tubes séminifères et le redémarrage de leur activité de sécrétion des hormones mâles[7]. »

Ce qu'il faut savoir

La puberté ne suit pas toujours le même processus chez tous les garçons. Les mécanismes physiologiques sont toujours identiques, mais il existe d'innombrables variations.
La puberté ne se déclenche pas chez tous les garçons au même âge. Ses manifestations sont variables également dans la rapidité de leur évolution : ni les enfants ni leurs parents ne doivent s'angoisser sans raison lorsqu'ils craignent un retard par rapport aux camarades de classe. À 12 ans, certains garçons sont déjà presque des adultes, d'autres ont encore un aspect tout à fait juvénile avec des testicules analogues à ceux d'un enfant de 4 ans. Pourtant, à l'âge adulte, ce volume deviendra parfaitement normal, et, fait plus important, la fonction de ces testicules sera tout à fait satisfaisante.

➤ *Les transformations corporelles*

Le corps du garçon est l'objet d'une véritable métamorphose due à cet afflux d'hormones mâles.

7. In *Questions d'hommes*, Dr Jean Belaïsch, Dr Anne de Kervasdoué, Odile Jacob, 1996, p. 172-173.

La silhouette s'affirme

Les os s'étirent et subissent une maturation que les médecins, les pédiatres et les radiologues connaissent bien. Des points d'ossification apparaissent en particulier dans les cartilages situés aux extrémités des os longs. Un de ces points d'ossification a une grande valeur pour les pédiatres, indicatrice du stade de puberté atteint par l'adolescent : celui du petit os sésamoïde du pouce. C'est le signe des changements en cours et de la nouvelle solidité acquise par son squelette.

Avec l'allongement des clavicules, les épaules s'élargissent et la carrure se forme. Les muscles se sculptent progressivement, notamment autour des épaules.

Le développement de la pilosité

Rappelons-le, le mot « puberté » vient du latin « pubis » qui signifie « poil ». C'est dire si la pousse des poils est indissociable de ce moment particulier de la vie. Les poils apparaissent au niveau du pubis et des aisselles. Ils durcissent et s'épaississent sur le visage. Bientôt, c'est le premier rasoir.

Comme pour les filles, Tanner, a observé les différences chronologiques dans la maturation pubertaire des adolescents, et en a codifié les stades évolutifs en cinq temps, le sixième étant le stade adulte. À chacun de ces stades, le taux de testostérone augmente.

La mue

Dernière manifestation de la puberté : la voix qui change. C'est ce qu'on appelle la mue parfois mal vécue par les jeunes garçons qui ne se reconnaissent pas dans cette nouvelle identité vocale, et parfois au contraire attendue par ceux qui trouvaient leur voix trop juvénile et qui ont le sentiment de s'affirmer avec les sonorités plus graves qu'ils sont en train d'acquérir.

➤ *Les premières érections*

La « sécrétion de testostérone imprégnant tout l'organisme y compris le système nerveux ne provoque pas seulement la croissance rapide de la verge, elle multiplie les érections [...]. Ces érections s'étaient toujours produites – on en a observé des centaines chez le fœtus grâce à l'échographie –, mais elles deviennent alors franches, fréquentes, inopinées, et parfois bien embarrassantes. Elles sont également nocturnes et ne seront jamais aussi fréquentes au cours de la vie puisqu'elles ont lieu pendant le tiers des heures de sommeil, 32 % exactement entre 13 et 15 ans

Les testicules aussi ont continué à se développer, de même que la prostate et les vésicules séminales. Ensemble, ils se mettent à élaborer le sperme, ce qui

DESCRIPTION DES STADES PUBERTAIRES DU GARÇON
AVEC CORRESPONDANCE HORMONALE

Organes génitaux externes	Pilosité pubienne	Testostérone (ngiml)
G1 Testicule, scrotum et pénis de la taille d'un enfant prépubère.	PP1 Absence de pilosité, ou pilosité semblable à celle du reste de l'abdomen.	0,10 (ND-1)
G2 Croissance du scrotum et des testicules. Peau scrotale plus rouge, mince et rugueuse. Le pénis n'a pratiquement pas grandi.	PP2 Quelques poils légèrement pigmentés, droits, allongés en général à la base du pénis, quelquefois sur le scrotum.	1 (0,2-2)
G3 Croissance du pénis en longueur. Allongement du scrotum et augmentation du volume testiculaire.	PP3 Poils pubiens bien visibles, pigmentés, bouclés, limités à une petite zone autour de la base du pénis.	2 (0,8-4)
G4 Le pénis continue de grandir, le contour du gland est visible. Pigmentation plus marquée au niveau du scrotum.	PP4 Pilosité de type adulte, mais peu fournie, ne s'étendant pas au-delà des plis inguinaux.	3 (1-6)
G5 Organes génitaux adultes, le pénis arrive au niveau inférieur du scrotum.	PP5 Pilosité adulte s'étendant sur les cuisses, mais peu sur l'abdomen.	5 (1,5-9)
	PP6 La pilosité s'étend sur la ligne médiane de l'abdomen (80 % des hommes).	

conduira immanquablement à la première éjaculation. Dès le moment où il a pris conscience de sa première forte érection et surtout de sa première éjaculation, l'adolescent ne sera plus le jeune garçon qu'il était auparavant.

Ces phénomènes apparents que chacun constate s'accompagnent de bouleversements internes. Dans les tubes séminifères, qui ne contenaient que des grandes cellules plus ou moins rondes, apparaissent les spermatozoïdes. La moitié du code génétique commandant la fabrication d'un nouvel être humain est enfermée dans ces petites cellules mobiles et performantes. Leur apparition dans les urines de l'adolescent (apparition qui précède la première éjaculation) est également un des grands signes de la puberté. On admet que c'est vers 13 ou 14 ans, en moyenne, que débute cette "spermaturie"[8]. »

8. *Ibid.*, p. 176-177.

➤ *Les transformations neuropsychologiques*

Quant au cerveau dans son ensemble, son imprégnation par la testostérone conduit à une transformation psychique du sujet mettant au premier rang de ses préoccupations la rencontre avec une personne du sexe opposé. La puberté, caractérisée par l'apparition de la capacité orgastique et l'avènement de la capacité reproductrice entraîne l'excitation sexuelle.

L'accroissement marqué de la sécrétion de testostérone dans le sang du jeune homme est aussi vraisemblablement l'une des causes de l'agressivité masculine et de la décharge, par des comportements physiques parfois violents, des angoisses et des tensions. La question des nouvelles aptitudes intellectuelles (réflexion, concentration, pensée abstraite) reste ouverte en ce qui concerne le rôle de ces transformations hormonales, ces aptitudes étant tout aussi développées chez les filles, évidemment.

Ce qui les inquiète

La majorité des jeunes se déclarent en bonne santé (87,8 %), mais 43,2 % ont eu un accident durant l'année, 72 % ont des problèmes dentaires et 37,8 % ont des problèmes de vue. Surtout la moitié des 11-19 ans déclarent présenter fréquemment un ou deux des symptômes suivants : fatigue, problème de sommeil, dorsalgies, céphalées, gastralgies, nausées ; symptômes par excellence psychosomatiques. Qui peut douter qu'à cet âge, l'angoisse est à fleur de peau ? N'oublions pas qu'on retrouve, au cours de l'année qui précède les enquêtes, qu'un cinquième des adolescents ont présenté ou présentent des signes dépressifs et qu'environ 7 % manifestent un véritable syndrome dépressif.

Mais qu'est-ce qui manifestement les inquiète le plus ? Commençons par un problème bien « adolescent » : l'acné, 80 % en souffrent.

L'acné

L'acné n'est pas une maladie contagieuse ni même infectieuse, mais une affection cutanée qui apparaît à la puberté et qui guérit habituellement au bout de quelques années. Un grand nombre d'adolescents (environ 80 %) en souffrent, ce qui ne fait qu'aggraver leurs inquiétudes sur eux-mêmes à un moment où ils ont plutôt besoin d'avoir confiance en eux et d'être rassurés par leur propre image dans le miroir. L'acné apparaît chez la fille vers 13-14 ans, un peu plus tard chez le garçon, vers 15-16 ans. Elle persiste très rarement à l'âge adulte sous sa forme sévère, mais peut parfois faire des réapparitions fugaces en période prémenstruelle.

L'acné siège aux endroits où les glandes sébacées sont les plus nombreuses, sur le front, les ailes du nez et le menton, mais peut envahir aussi la poitrine et le dos.

➤ *Comment se manifeste l'acné ?*

Dans un premier temps, un pore de la peau s'obstrue : un petit bouchon (le « point noir » ou comédon) s'est formé à l'orifice de la glande sébacée. Il provient du sébum produit en excès, mais aussi des cellules mortes de l'épiderme qui, au lieu de desquamer naturellement s'y accumulent, gênant son évacuation.

Au stade suivant, si le canal de la glande se bouche, on voit apparaître un microkyste. Il peut être le siège d'une inflammation ou même d'une infection à partir des microbes présents sur la peau, formant un bouton rouge, voire une pustule (bouton rouge à tête blanche) qui, non traitée peut se transformer en nodule plus gros, particulièrement disgracieux et difficile à guérir, mais cela est rare.

➤ *Quelle est l'origine de l'acné ?*

Que ce soit chez l'homme ou chez la femme, on ne connaît pas l'origine exacte de l'acné. Ce que l'on sait, c'est que trois facteurs sont responsables de son apparition :

- Une sécrétion excessive de sébum appelée hyperséborrhée. Sécrétées chez la femme par les ovaires et les glandes surrénales, les hormones mâles stimulent les glandes sébacées de la peau qui s'emballent et sécrètent du sébum qui maintient un film gras sur l'épiderme pour le protéger contre les agressions extérieures. À l'origine de ce phénomène on ne retrouve pas forcément – c'est même d'ailleurs exceptionnel – une augmentation de la production des hormones mâles, mais parfois seulement une hypersensibilité du follicule pilo-sébacé à ces hormones. Cependant, cet excès de sébum n'explique pas tout et tous les adolescents qui ont la peau grasse n'ont pas forcément de l'acné. D'autres facteurs doivent intervenir.
- Une hyperkératinisation ou épaississement de la couche cornée. D'habitude, lorsque les cellules du follicule pilo-sébacé qui se présente comme une sorte de petit tuyau contenant le poil et où est sécrété le sébum, se renouvellent, elles s'éliminent en surface. Dans le cas d'une peau acnéique, pour une raison encore

mal connue, ces cellules se renouvellent trop vite, de telle sorte qu'elles ne peuvent pas s'éliminer et forment, comme on l'a vu, un véritable bouchon : le sébum ne peut plus s'évacuer, les points noirs apparaissent.

- Le développement d'une bactérie sur la peau. Dans le follicule pilo-sébacé, on trouve habituellement une bactérie, la *Propionebacterium Acnes*. Au moment de la puberté, cette bactérie se met à proliférer et, à cause de l'excès de sébum, à grossir. Elle libère alors des substances irritantes qui enflamment les points noirs, ces boutons disgracieux que l'on nomme papules ou pustules.

➤ *Quels sont les facteurs qui aggravent l'acné ?*

- Certains progestatifs de synthèse donnés dans un but contraceptif ou thérapeutique pour calmer une « poussée mammaire » douloureuse ou faire régresser des kystes ovariens, ou encore une tumeur bénigne du sein. Ils peuvent avoir, à la longue, un effet légèrement androgénique.
- Certains cosmétiques ou produits qui favorisent l'obstruction des pores ; mais aussi le nettoyage insuffisant de la peau du visage qu'il est indispensable de démaquiller soigneusement tous les soirs. À l'inverse, les savons trop agressifs qui décapent, sont tout autant néfastes.

Conseils de toilette pour les peaux acnéiques [9]

Le soir :

— nettoyez votre visage avec un gel moussant ou un lait démaquillant adaptés aux peaux acnéiques ou aux peaux à problèmes,
— rincez-les bien à l'eau ou avec une lotion astringente sans alcool,
— appliquez votre traitement sur une peau bien sèche en petite quantité. S'il y a des jours où vous n'avez pas de traitement, appliquez une crème hydratante.

Le matin :

— nettoyez votre visage de la même façon ou tout simplement avec de l'eau ou encore un tonique sans alcool,
— appliquez votre traitement si vous en avez un, sinon protégez votre peau avec une crème hydratante légère,
— maquillez-vous éventuellement,
— mais vérifiez que les cosmétiques que vous utilisez sont bien testés non comédogènes.

9. Ce tableau est extrait du *Guide santé et beauté de la peau*, Dr Fléchet et Dr André, Odile Jacob, 1995.

■ Le stress, l'anxiété, un état dépressif, toutes les situations conflictuelles peuvent aggraver l'acné ou déclencher une poussée d'acné. À l'inverse, l'acné peut avoir un retentissement psychologique, dans la mesure où elle gêne et parfois complexe l'adolescent.

■ Le soleil a, dans un premier temps, un effet bénéfique sur l'acné qu'il assèche en quelques jours. Mais attention, c'est un faux ami et au retour des vacances, l'acné repart de plus belle. C'est pourquoi il faut protéger les peaux acnéiques avec un écran total non gras.

« L'alimentation joue-t-elle un rôle dans l'aggravation de l'acné ? »
Contrairement à ce qu'on a prétendu pendant longtemps, l'acné n'est pas aggravée par la consommation de chocolat ou de charcuterie et il ne sert à rien de suivre un régime particulier quand on a de l'acné. Il reste cependant clair qu'une bonne hygiène de vie et un équilibre alimentaire sont importants si l'on veut garder une belle peau.

« L'acné est-elle héréditaire ? »
Comme on l'a vu, la cause exacte de l'acné n'est pas clairement établie. Néanmoins, l'expérience prouve qu'il y a très souvent un facteur familial dans l'apparition de l'acné. Sa durée et son intensité sont très probablement génétiquement programmées.

➤ *Quel est le traitement de l'acné ?*

La plupart des traitements sont longs et n'ont, le plus souvent qu'un rôle suspensif, c'est-à-dire que l'acné réapparaît dès qu'on arrête le traitement. Le seul qui guérisse l'acné est le RoAccutane ; toutefois, comme nous le verrons plus bas, il est réservé aux acnés graves et obéit à des règles de prescriptions très strictes.

■ Le nettoyage de peau dermatologique consiste à vider le contenu des comédons et microkystes. C'est la première intervention possible, avant le traitement proprement dit. Il s'agit d'un acte médical qui doit être réalisé par un dermatologue et peut être remboursé par la Sécurité sociale après demande d'entente préalable.

■ Les traitements locaux. Ce sont des produits prescrits isolément ou en association avec d'autres traitements. Ils visent à éliminer les boutons et à agir sur la réapparition des microkystes et comédons. Attention, ils sont irritants et assèchent la peau. Ces traitements locaux sont principalement : les acides de fruits, les rétinoïdes, dérivés de la vitamine A, le péroxyde de benzoyle et des antibiotiques locaux.

■ La pilule. Il existe une pilule contenant de l'acétate de cyprotérone, qui peut agir sur l'acné. Cependant, elle peut occasionner des effets secondaires gênants (trouble veineux, prise de poids, etc.).

■ L'isotrétinoïne (RoAccutane). Elle guérit l'acné, en quelques mois, dans plus de 80 % des cas, et ce de façon définitive. Le traitement dure environ six mois et est réservé aux acnés graves ou résistantes à cause de ses effets secondaires : dessèchement de la peau et des muqueuses, photosensibilisation, migraines, augmentation des graisses dans le sang. Mais surtout, l'inconvénient et le risque du RoAccutane, sont qu'il est absolument contre-indiqué en cas de grossesse car il provoque des malformations du fœtus. C'est pourquoi l'adolescente qui suit ce traitement doit absolument avoir une contraception sûre et efficace pendant la durée du traitement et le mois qui suit l'arrêt de celui-ci. De plus chez les sujets sensibles, il est dépressiogène.

« Comment choisit-on le traitement le mieux adapté ? »

C'est avec l'aide de votre dermatologue ou de votre médecin que vous choisirez le traitement le mieux adapté à votre adolescent. Selon l'âge, la qualité de la peau, la gravité de l'acné et le retentissement psychologique sur l'adolescent, il choisira un traitement qu'il faudra suivre à la lettre. Pour une adolescente, c'est conjointement avec le gynécologue qu'il conviendra de déterminer le mode d'action car il pourra vous conseiller sur la pilule la mieux adaptée.

« Quels sont les risques si l'on ne traite pas l'acné ? »

Outre le préjudice esthétique et psychologique que l'on a déjà évoqué, une acné non traitée peut générer des cicatrices qui deviendront à leur tour un préjudice esthétique, mais cette fois durable. En effet, la plupart du temps, les adolescents « tripotent » leurs boutons et points noirs.

Le poids : les filles : « je suis trop grosse ! », les garçons : « je suis trop maigre ! »

L'adolescence est une période de déséquilibre naturel pendant laquelle, surtout pour les filles, la peur de grossir tourne souvent à l'obsession. Mais c'est aussi le moment où les besoins nutritionnels sont fortement augmentés ; en effet, il se produit une nouvelle accélération de croissance, qui n'est pas sans rappeler celle qui a eu lieu pendant la première année de vie de l'enfant. De nouveaux tissus doivent être construits : les organes sexuels ainsi que les autres organes atteignent leur taille définitive, les muscles et les graisses de l'adulte se mettent en place. En quelques années, un adolescent acquiert 50 % de son poids définitif. Il a donc besoin d'énergie, et ce d'autant plus qu'il a souvent une vie active : sports, jeux, danse, etc.

Manger plus parce que la croissance le commande, mais ne pas trop manger pour ne pas grossir... le conflit corps-esprit trouve ici l'une de ses plus belles illustrations. N'oublions pas que dans le cerveau, le centre de la faim est sous l'influence de l'émotion et de la pensée.

L'enquête de l'INSERM déjà citée [10] montre que les préoccupations pour le poids et le corps sont majeures pour les filles dont environ la moitié disent avoir peur de grossir (49 % contre 9 % des garçons) ou lutter pour maintenir ou retrouver le poids idéal (43 % contre 14 %). Effectivement, un certain nombre d'adolescents s'engagent dans des stratégies de contrôle pondéral plus ou moins draconiennes : 15 % des filles (17 % après 15 ans) et 4 % des garçons suivent souvent un régime, respectivement 5 % et 2 % prennent des médicaments pour maigrir.

Ces insatisfactions quant au poids et/ou au corps sont plus marquées chez les filles à partir de 14 ans, alors qu'elles ont plutôt tendance à diminuer avec l'âge pour les garçons.

Il est intéressantr d'étudier ces attitudes concernant le corps en fonction d'un indice de corpulence calculé à partir du poids et de la taille (Body Mass Index = poids/taille^2). Sur la base de cet indice et en fonction du sexe et de l'âge, trois groupes ont été constitués :

— les 5 % qui, dans l'échantillon sont les plus maigres, ont les indices de corpulence les plus faibles = groupe A,

— les 5 % qui ont les indices les plus élevés = groupe C,

— les 90 % qui se situent entre ces deux extrêmes = groupe B.

1. Dans le groupe A, 40 % se perçoivent effectivement comme plutôt maigres, mais 57 % sont satisfaits de leur silhouette.

2. Dans le groupe B, la majorité (71 %) est effectivement satisfaite de sa corpulence, mais 19 % s'estiment plutôt gros.

3. Dans le groupe C, 72 % jugent avoir effectivement une surcharge pondérale et 25 % sont satisfaits de leur corpulence. C'est aussi dans ce groupe que les fluctuations récentes de poids sont les plus importantes et que les souhaits de changement sont plus marqués (84 % veulent maigrir). Enfin, les préoccupations pondérales sont aussi notables dans ce groupe : plus de 50 % ont peur de grossir, luttent pour maintenir ou retrouver le poids idéal. En fait, 28 % font fréquemment des régimes et 15 % font usage de médicaments pour maigrir.

Fréquentes à l'adolescence, les préoccupations corporelles sont assez similaires pour les collégiens et les lycéens. Néanmoins, les lycéennes ont tendance à être plus insatisfaites de leur poids que les collégiennes (34 % contre 28 % pensent avoir un surpoids) et veulent en changer (67 % contre 56 % souhaitent maigrir).

10. M. Choquet et S . Ledoux, 1994, INSERM.

➤ Comment savoir si un(e) adolescent(e) n'est pas trop gros(se) ?

Répétons-le, prendre du poids est normal en période pubertaire. La question est de savoir à partir de quel moment un adolescent prend trop de poids. Pour avoir un moyen objectif d'évaluation, les médecins définissent le poids normal par un indice : l'Indice de Masse Corporel (IMC) que l'on calcule quel que soit l'âge du sujet, en divisant le poids en kilo, par le carré de la taille en mètres. Un IMC normal est compris entre 20 et 25. Pour calculer l'IMC de votre adolescent, vous pouvez vous aider du graphique ci-dessous.

Comment calculer l'indice de masse corporelle[11]

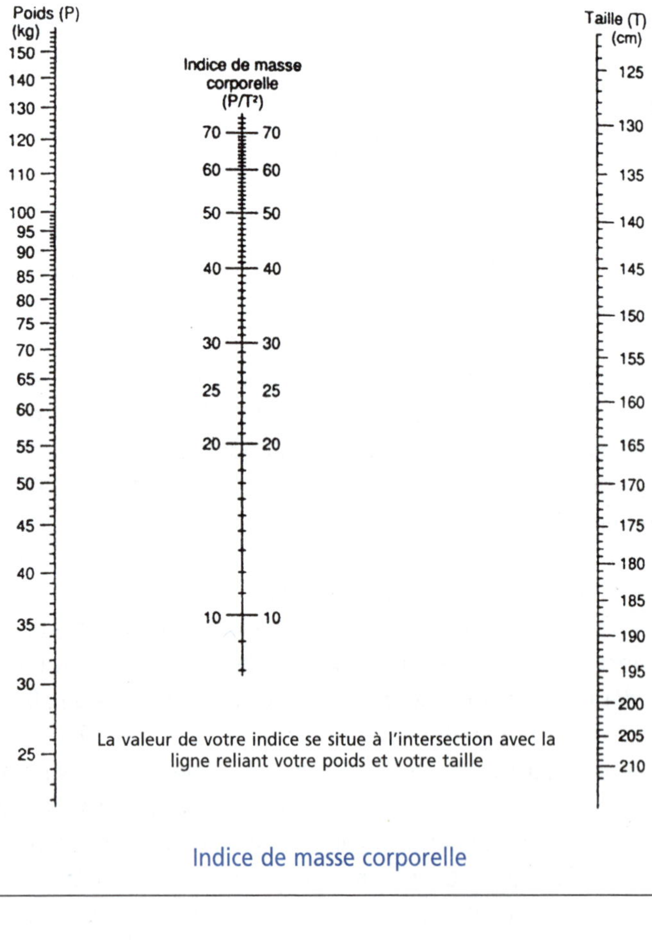

Indice de masse corporelle

11. Cet encadré est extrait du *Guide de l'alimentation de l'enfant,* Dr J. Fricker, A.-M. Dartois et M. du Fraysseix, Odile Jacob, 1998.

Lorsque l'IMC oscille entre 25 et 30, on parle d'un simple surpoids qui peut à la puberté être passager. On ne parle d'obésité que lorsqu'il dépasse les 30 (par exemple 77 kilos pour une taille de 1,60 m).

INDICE DE MASSE CORPORELLE MOYEN PARMI LES ADOLESCENT(E)S [12]

	14 ans	15 ans	16 ans	17 ans
Chez les filles	19	20	20 à 21	20 à 21
Chez les garçons	18	19	20	20 à 21

POIDS MOYEN DES ADOLESCENTES EN FONCTION DE L'ÂGE ET DE LA TAILLE [12]

Elle mesure	Son âge		
	14 ans	15 ans	16-20 ans
1,50 m	43	45	45-48
1,55 m	45,5	48	48-51
1,60 m	48,5	51	51-54
1,65 m	51,5	54	54-57
1,70 m	55	58	58-61
1,75 m	58	61	61-64
1,80 m	61	64-65	64-68

POIDS MOYEN DES ADOLESCENTS EN FONCTION DE L'ÂGE ET DE LA TAILLE [12]

Il mesure	Son âge			
	14 ans	15 ans	16 ans	17-20 ans
1,50 m	40	43	45	45-48
1,55 m	43	45-46	48	48-51
1,60 m	46	48-49	51	51-54
1,65 m	49	51-52	54	54-57
1,70 m	52	55	58	58-61
1,75 m	55	58	61	61-64
1,80 m	58	61	64-65	64-68

12. *Ibid.*

➤ *L'obsession des régimes*

En cinq ans, la petite fille qui devient une belle adolescente grandit en moyenne de 21 cm et grossit de 21 kg. On comprend mieux que 60 % des adolescentes se trouvent « grosses » et 5 % « obèses ». À 14 ans, 33 % ont déjà fait un régime (89 % des garçons n'ont jamais fait de régime).

Il faut savoir que bien souvent, ces régimes ont des effets pervers, et que, plus encore qu'à l'âge adulte, les erreurs diététiques sont préjudiciables :

- Premier risque : l'effet yo-yo (qui n'est pas spécifique des adolescentes). C'est-à-dire qu'on perd du poids, mais que dès qu'on arrête le régime, on reprend tout le poids perdu et parfois plus encore. À terme, au bout de quelques années, une réelle obésité peut s'ensuivre.
- Un autre risque est représenté par les régimes sélectifs : régime lacto-végétarien (c'est-à-dire excluant seulement la viande), avec son risque de déficit énergétique et particulièrement en sels minéraux (fer, magnésium, calcium), régime végétarien (sans viande et sans lait) qui séduit beaucoup d'adolescentes, avec là aussi les déficits en fer et en folates qui s'ensuivent rapidement, régime végétalien (qui exclut tout produit d'origine animale) avec les risques en déficit en calcium, en protéines et en vitamines B12. Tous ces régimes menés de façon excessive ont des retentissements sur le cycle menstruel pouvant aller jusqu'à l'aménorrhée et sur le devenir osseux. Un effet pervers de ces régimes est la supplémentation en vitamines, autoentretenue par les sujets eux-mêmes, à l'origine de véritable survitaminose, source possible de trouble urinaire ou d'hypertension intracrânienne.
- De façon générale, tout régime trop sévère risque d'entraîner une fatigue physique et intellectuelle qui peut avoir un retentissement sur les résultats scolaires mais aussi la vie de tous les jours.
- Enfin dernier risque : les habitudes de restrictions alimentaires génèrent des frustrations qui peuvent être source de boulimie ou d'anorexie mentale par la suite.

Je vous conseille

— Si tout se passe normalement, c'est-à-dire si votre fille ou votre fils a une corpulence qui se situe dans la moyenne (voir IMC, plus haut), vous pouvez l'aider à passer ce cap en expliquant que cette prise de poids est passagère, normale et sans danger sur le poids à venir. Des repas mieux équilibrés que d'habitude, à la maison (les trois quarts des adolescents actuels déjeunent à la cantine), sans qu'ils soient présentés comme un régime particulier seront utiles.

— En cas de surpoids, le recours à un tiers extérieur - votre médecin, s'il connaît bien les problèmes de poids ou un médecin nutritionniste - évitera les conflits intrafamiliaux. En outre, il pourra s'assurer que cette prise de poids n'a pas de cause médicale, et pourra mettre au point une alimentation équilibrée et adaptée aux problèmes de votre enfant.
— En cas d'obésité, il faut déculpabiliser l'adolescent(e) qui en souffre tout autant que vous. L'origine génétique de l'obésité est de plus en plus probable. Un suivi médical est nécessaire, amenant l'adolescent(e) à se responsabiliser vis-à-vis de la marche à suivre, toujours source d'important effort et de volonté.
De façon générale, pour les adolescents qui ont des problèmes de poids, réels ou fantasmés, il est vivement conseillé d'être plus actif physiquement (marche, vélo, sport, etc.) et de passer moins d'heures devant la télévision ou l'ordinateur. Car les heures passées devant la télévision, outre qu'elles ne mettent pas en jeu d'activité physique, sont souvent une incitation au grignotage.

Les recommandations des nutritionnistes américains

Pour remédier à cette situation (trop de calories, trop de graisses, trop de protéines), les nutritionnistes américains émettent plusieurs recommandations :
— augmenter les portions d'aliments riches en amidon tels que les pâtes, le riz, le pain ou les légumes secs,
— consommer plus souvent des légumes verts et des fruits,
— réduire la part des aliments gras comme les hot-dogs, cheese-burgers, beurre de cacahuète ou pizzas (à la différence des pizzas traditionnelles italiennes, les pizzas à l'américaine comportent trop de viande et de fromage),
— diminuer les portions de viande ou de poisson d'un quart ou de moitié,
— réduire les matières grasses ajoutées dans la cuisine,
— remplacer les fromages gras par les laitages (tels que les yaourts), le lait entier par du lait partiellement écrémé, les pâtisseries par des desserts aux fruits ou des puddings allégés.

Conseils aux adolescents qui veulent éviter les problèmes de poids

— Évitez les boissons sucrées pendant et entre les repas
— Évitez les grignotages
— Mangez à table et pas devant la télévision
— Mangez lentement
— Prenez un bon petit déjeuner
— Faites plus d'activité physique
— Limitez l'apport en corps gras
— Privilégiez les féculents

Je vous déconseille

— Vous ne devez en aucun cas dramatiser la situation, en l'occurrence en projetant vos propres problèmes de minceur (l'adolescence peut survenir au moment où pour les mères se posent les problèmes de la préménopause ou de la ménopause). N'ajoutez donc pas une pression supplémentaire en faisant de la question du poids une obsession et une angoisse, la société actuelle s'en charge suffisamment.
— À l'inverse, il ne faut pas se moquer d'une adolescente qui s'inquiète de son poids ou qui souhaite maigrir, même si cela vous paraît excessif au vu des critères médicaux. Vous devez respecter ses angoisses et lui expliquer que les transformations de son corps sont une étape normale de son évolution vers l'état d'adulte. Ce sont les signes de sa féminité naissante ; une femme trop maigre, par exemple, n'a plus de règles et ne peut pas avoir d'enfant. Si elle persiste à vouloir maigrir alors que rien ne le justifie, il est préférable d'en parler à un médecin.
— Il faut enfin citer un trouble alimentaire relativement banal, fréquemment retrouvé chez les filles qui font un régime : le craving ou « besoin urgent de manger ». Ce trouble est plus fréquemment retrouvé chez les filles dont les mères font elles-mêmes un régime. Le conseil est ici évident : sauf en cas de réelle obésité, ne faites pas un régime au moment où votre fille est particulièrement sensible à ses problèmes de poids.

La taille

Après un ralentissement vers l'âge de 10 ans, l'augmentation de taille va brusquement accélérer son rythme pour atteindre un pic maximal qui précède toujours chez la fille l'arrivée des règles ; celles-ci ne surviennent qu'au moment où la taille est presque stabilisée (mais non définitive).

Pour avoir une idée plus précise du stade pubertaire ou de la taille définitive (quand la fillette ou le garçon paraît trop petit ou, à l'inverse, trop grand), on peut pratiquer des radiographies de la main, du poignet et du coude qui permettent d'évaluer l'âge osseux.

La taille, comme la couleur des yeux, est un caractère héréditaire ; elle est conditionnée génétiquement. Cependant, elle semble s'élever avec le temps : depuis 1880, on a noté une augmentation de 3 cm tous les dix ans.

Le jeune garçon suit avec espoir et anxiété la transformation de son galbe et sa montée en puissance ; il ne cesse de se comparer à ses amis. Il arrive néanmoins que la croissance soit en avance sur le développement musculaire ; la silhouette de l'adolescent prend alors cet aspect filiforme – en « asperge » – si typique et heureusement transitoire.

Les troubles des règles

On peut distinguer trois types de troubles des règles.

➤ *Les troubles du cycle*

Les cycles irréguliers

Ils font partie de la puberté normale. Plusieurs mois peuvent séparer les premières menstruations des deuxièmes. On peut observer ces troubles jusqu'à cinq ans après l'apparition des premières règles, sans que cela soit inquiétant pour l'avenir. Ils ne nécessitent aucun traitement s'ils sont bien tolérés et ne s'accompagnent d'aucune anomalie à l'examen médical. Les premiers cycles sont anovulatoires (c'est-à-dire qu'ils ne comportent pas d'ovulation) et il faut du temps pour que s'achève la maturation de l'axe hypothalamo-hypophysaire.

L'absence de règles ou aménorrhée

On parle d'une aménorrhée primaire quand l'adolescente, en âge d'être réglée, n'a jamais eu de règles ; la présence d'un syndrome douloureux inaugural ou périodique évoque une rétention menstruelle par malformation vulvovaginale. Il est alors urgent de poser un diagnostic pour lever l'obstacle.

L'aménorrhée secondaire doit d'abord faire suspecter, même si cela est dénié par l'adolescente, une grossesse. Mais il peut aussi s'agir d'un symptôme psychosomatique, témoin d'une difficulté psychologique momentanée ou plus gravement de l'entrée dans un tableau plus ou moins complet d'anorexie mentale. Le poids, les conduites alimentaires, l'hyperactivité sportive ou le perfectionnisme scolaire doivent être explorés méticuleusement pour infirmer ou confirmer ce diagnostic.

Enfin, l'aménorrhée peut s'intégrer dans le cadre d'une spanioménorrhée (c'est-à-dire de règles trop espacées) qu'elle inaugure ou qui la précède.

➤ *Les règles trop abondantes ou ménorragies*

Les ménorragies pubertaires sont le plus souvent d'origine fonctionnelle, mais peuvent aussi répondre à une cause organique ou à une anomalie de l'hémostase. Les règles peuvent être très abondantes, prolongées ou traînantes. Des saignements anarchiques peuvent survenir en dehors des périodes menstruelles, variables en abondance et en durée.

Dans la majeure partie des cas, le mécanisme est fonctionnel. Il s'agit d'une dysharmonie de l'endomètre, témoin d'une stimulation hormonale œstroprogestative déséquilibrée, elle-même reliée à une certaine immaturité de la commande hypothalamo-hypophysaire. Mais il peut aussi s'agir d'une anomalie de l'hémostase, constitutionnelle ou acquise, que des premières règles très abondantes viennent révéler.

« Que faut-il faire ? »

Selon l'âge et l'éventuelle activité sexuelle, on envisagera de principe toujours les complications d'une grossesse (extra ou intra-utérine) et une annexite, c'est-à-dire une infection. Les examens ne sont pas « obligatoires » et dans les cas simples, un examen clinique suffit le plus souvent. En tout état de cause, il faut consulter votre médecin car les objectifs thérapeutiques sont au nombre de trois :

— arrêter le saignement,

— pallier l'éventuelle anémie,

— rééquilibrer la situation hormonale – prescription de progestatifs en deuxième partie de cycle, ou dans les cas plus sévères, « blocage » du cycle par la prescription d'œstroprogestatifs ou de progestatifs purs en continu ou en séquentiel.

➤ *Les règles douloureuses ou dysménorrhée*

Une dysménorrhée, ou règles douloureuses, est rare dès les premiers cycles. Si votre fille se plaint à ce moment-là, cela doit faire évoquer une malformation, surtout si la douleur s'accroît au fil des cycles. Son début est généralement décalé de quelques mois à quelques années après les premières règles, les premiers cycles étant le plus souvent sans ovulation.

Le plus souvent, il s'agit d'une dysménorrhée essentielle que l'interrogatoire suffit à définir. Dans de tels cas, les plus fréquents, ni l'examen gynécologique ni d'éventuels tests complémentaires ne s'imposent. Seules l'aggravation progressive ou la résistance aux thérapeutiques habituelles doivent faire penser à une malformation ou à une endométriose, pas si exceptionnelle à cet âge.

« Quelles sont les caractéristiques d'une dysménorrhée ? »

Du point de vue de la douleur, elle apparaît avec les règles ou les précède de quelques heures. Elle dure vingt-quatre à trente-six heures. Elle peut être accompagnée d'un cortège symptomatique plus ou moins riche (céphalées, nausées, vomissements, diarrhée, malaises) et se répète presque à l'identique chaque mois, sans tendance à l'aggravation. Elle est plus ou moins bien tolérée sur le plan psychologique et de moins en moins souvent acceptée comme une fatalité.

« Quels sont les traitements ? »

Les petits moyens thérapeutiques simples sont transmis de mère en fille et le médecin n'est pas sollicité. Ce n'est qu'en cas d'échec ou de grand inconfort que la jeune fille viendra consulter. Les progestatifs comme la contraception orale ont eux une bonne efficacité, surtout lorsque leur action contraceptive est requise par la même occasion. La prescription majeure est soit les antiprostaglandines, soit les anti-inflammatoires non stéroïdiens (AINS) qui donnent presque toujours un bon résultat pourvu qu'on respecte la posologie, et qu'on les administre dès le début des symptômes.

Les infections génitales et urinaires

Les infections génitales basses sont fréquentes, surtout dès l'existence de rapports sexuels.

- En période d'activité génitale, les mycoses sont fréquentes. Elles se manifestent par une démangeaison de la vulve et de l'entrée du vagin ainsi que par des pertes blanches. C'est une affection bénigne mais très gênante due à un champignon, le *Candida Albicans*. Le traitement est local et bref, à base d'ovules vaginaux.
- La cystite aiguë est encore plus fréquente. Elle se manifeste par une douleur et une brûlure à la miction. La cystite doit être soulagée et donc traitée rapidement par votre médecin.

Le problème du sida

Le sida a introduit dans l'apprentissage des jeunes à la sexualité une dimension nouvelle et difficile à gérer, tout à fait paradoxale. Les adolescents doivent en effet conjuguer des termes aussi antinomiques que l'amour et la mort, la prévision et la spontanéité, la confiance et la méfiance... Si cette crainte du sida existe bien à un niveau rationnel, elle peut disparaître parfois dans l'urgence du moment.

Fait exceptionnel concernant les campagnes de prévention auprès des adolescents, il semble que celles concernant le sida aient eu un véritable impact sur les comportements en matière de sexualité : l'usage du préservatif semble se répandre de plus en plus, surtout parmi les jeunes adolescents. Par contre l'usage de la pilule semble diminuer, surtout chez les plus jeunes et on peut même se demander si la promotion du préservatif ne risque pas d'entraîner une augmentation des grossesses non planifiées.

Les professionnels de la santé et de la planification familiale sont ainsi confrontés à un double enjeu : d'une part, éviter la transmission des MST et du virus VIH en recommandant avant tout l'utilisation du préservatif et d'autre part, prévenir l'apparition de grossesses non planifiées, traditionnellement évitées grâce à l'utilisation de la pilule (à cet égard plus efficace que le préservatif). Dans cette perspective, de plus en plus d'intervenants proposent actuellement une double contraception qui associe l'usage du préservatif à celui de contraceptifs oraux. Cette approche a aussi l'avantage de donner aux deux partenaires du couple un rôle actif dans la contraception.

Le sommeil

Les troubles du sommeil sont extrêmement fréquents à l'adolescence. Citons ici une enquête qui porte plus sur les lycéens que sur les collégiens mais qui probablement ne donnerait pas des résultats très différents chez les plus jeunes. Sur 627 adolescents de 15 à 18 ans, cette enquête donnait les résultats suivants :

- 12,6 % sont des « mauvais dormeurs chroniques », c'est-à-dire qu'ils présentent des insomnies d'endormissement et/ou des insomnies nocturnes. Les filles sont plus fréquemment concernées que les garçons ;
- 37,6 % sont des « mauvais dormeurs occasionnels » c'est-à-dire qu'ils présentent des insomnies passagères. On considère qu'en moyenne 10 % des lycéens entre 15 et 20 ans prennent des médicaments pour mieux dormir.

Ces difficultés de sommeil et surtout d'endormissement sont à mettre sur le compte de plusieurs facteurs.

- Tout d'abord, il existe des facteurs culturels et scolaires : beaucoup d'adolescents ont soit du travail tard le soir, soit des distractions, en particulier la télévision.
- Mais il y a aussi des facteurs individuels : un grand nombre d'adolescents aiment traîner le soir, écouter de la musique jusqu'à des heures avancées de la nuit, parfois en fumant et même en buvant (bière). Cela traduit fréquemment l'émergence d'une angoisse ou du moins d'un certain malaise, à cette heure de la journée.
- Il existe enfin des facteurs familiaux : comme dans les autres secteurs de la vie, l'adolescent doit devenir peu à peu autonome pour l'heure du coucher. Cela peut se faire dans un contexte d'opposition ou inversement de soumission à l'égard des habitudes familiales. Certains parents, surtout les mères, continuent d'insister auprès de leurs adolescents pour qu'ils se couchent à « une heure raisonnable » et qu'ils aient leur « compte de sommeil », d'autres vont jusqu'à donner des somnifères que parfois ils consomment eux-mêmes.

Au plan physiologique, le besoin de sommeil est très variable selon les individus, oscillant autour de huit heures par nuit à 16 ans, avec des extrêmes pouvant aller de six à neuf heures ou plus. La puberté n'est pas sans influence sur l'aspect du sommeil tel qu'on peut le repérer à l'aide de l'électro-encéphalogramme de nuit (enregistrement de l'activité électrique du système nerveux central pendant le sommeil). On s'aperçoit alors que l'organisation électro-encéphalographique de ce sommeil subit des changements : le nombre de cycles de sommeil diminue. De même, le sommeil paradoxal – dont on peut dire qu'il correspond au rêve – et le sommeil lent profond diminuent en pourcentage par rapport au sommeil total.

Il n'est pas rare que les adolescents souffrent d'un manque de sommeil, en particulier pendant la semaine : en effet, ils s'endorment tard et sont obligés de se réveiller assez tôt pour aller au collège ou au lycée. Cela explique les récupérations hebdomadaires au cours du week-end, l'adolescent se réveillant à midi, voire plus tard. Cependant, à l'inverse, certains adolescents utilisent le week-end pour des sorties nocturnes avec des amis et dorment encore moins que la semaine. On comprend, dans ces conditions, l'importance d'un manque chronique de sommeil que l'adolescent tente parfois de récupérer en dormant dans la matinée ou l'après-midi pendant certains cours. Si ces difficultés de sommeil sont liées au mode de vie de l'adolescent et ne concernent pas directement la qualité du sommeil, il arrive, à l'inverse, que des difficultés spécifiques de sommeil ou d'endormissement apparaissent.

➤ *L'insomnie d'endormissement*

Cette insomnie révèle une certaine anxiété du soir, en général liée à l'émergence des fantaisies ou des fantasmes à contenu érotique ou agressif (voir le chapitre sur la vie amoureuse et sexuelle de l'adolescent, pages 135 à 147).

Dans d'autres cas, l'adolescent lutte contre l'installation de la régression, de la passivité nécessaire à l'endormissement, parce que cette passivité le renvoie à des craintes ou des fantaisies qu'il redoute (par exemple, fantaisies d'allure homosexuelle). Pour contrôler cette anxiété, diverses habitudes peuvent être adoptées comme autant de « rituels » d'endormissement : lire, écouter de la musique, fumer (attitude paradoxale dans la mesure où la nicotine induit une certaine excitation), boire de l'alcool, du café (là aussi excitant), ou même prendre un somnifère.

La mise en place de ces rituels semble importante car elle risque de déterminer pour longtemps le type de rapport que l'individu aura avec son sommeil. Les troubles du sommeil sont une des plaintes les plus fréquentes alléguées par les adultes ; dans un nombre non négligeable de cas, il semble que ces difficultés d'endormissement aient commencé quand la personne était jeune, souvent au moment de l'adolescence.

« Comment peuvent évoluer ces difficultés d'endormissement et comment y remédier ? »

Si la plupart du temps ces difficultés sont bénignes, il est néanmoins nécessaire que l'adolescent découvre le moyen satisfaisant de s'endormir sans avoir recours à des produits (médicaments, alcool, cigarettes, etc.) dont l'utilisation prolongée n'est certainement pas bénéfique. Les mêmes remarques que celles concernant les produits anorexigènes s'appliquent ici pour les « somnifères » (voir le paragraphe correspondant). Au pire, ces insomnies d'endormissement peuvent aboutir à un « décalage de phases », c'est-à-dire que le rythme naturel du sommeil ne survient plus aux heures habituelles pendant la soirée, mais survient au contraire à des heures variables, en fin de nuit, pendant la journée, le matin ou l'après-midi. Lorsque ce décalage de phases est installé, l'adolescent est dans l'incapacité de s'endormir, même s'il le désire. Les médicaments sont plus souvent néfastes que bénéfiques dans cette situation et seule une « chronothérapie », c'est-à-dire un traitement basé sur un « recalage » du sommeil, peut permettre à l'adolescent de retrouver un rythme veille-sommeil satisfaisant et en concordance avec le rythme jour-nuit.

➤ *Les insomnies, symptômes d'une pathologie organisée*

Certaines insomnies peuvent témoigner de difficultés psychopathologiques plus notables, au premier rang desquelles la dépression. Dans certains cas, il peut s'agir aussi d'angoisses massives face à la régression induite par le sommeil ou d'angoisses face à la vie onirique. Ainsi, des insomnies sévères s'observent fréquemment comme premier signe d'un épisode délirant aigu.

En conclusion

Les difficultés passagères d'endormissement sont fréquentes et banales à l'adolescence. Cependant, des troubles plus importants peuvent se constituer à cet âge, sous forme d'insomnies rebelles ou de difficultés majeures à l'endormissement. Il est alors important que l'adolescent ne s'enferme pas dans des comportements stéréotypés, en particulier de dépendance à l'égard d'un produit, car c'est souvent à cet âge que s'organise, chez l'individu, l'ensemble des conditions qui présideront à son endormissement, moment psychologique fragile, mais que chaque personne doit apprendre à assumer.

« Je suis fatigué »

On retrouve régulièrement deux images d'Épinal, au sujet de l'adolescence deux clichés viennent ordinairement à l'esprit : l'adolescent qui se plaint d'être tout le temps fatigué et l'adolescent actif, débordant d'énergie, tel un jeune champion sportif. Ces deux clichés ne sont évidemment que deux caricatures. Cela dit, la fatigue ou les problèmes de sommeil sont des sujets de plaintes fréquents, qu'ils soient évoqués par l'adolescent lui-même ou par ses parents.

➤ *Il y a fatigue et fatigue*

Dans le langage courant, et en particulier celui des adolescents, le mot « fatigue » est un terme passe-partout qui peut définir des états très différents. Par ailleurs, une authentique perception de fatigue peut être exprimée avec d'autres mots que celui-là. Ainsi, « je suis fatigué » peut être un substitut pour « j'en ai assez », « je m'ennuie », « je ne me sens pas assez bien », « je suis énervé » ou « je suis triste », etc. Et à l'opposé, une fatigue authentique est volontiers exprimée par des affirmations comme « j'en ai marre », « ça ne va pas », « j'ai mal à la tête », « je n'ai pas faim », « je n'arrive pas à m'endormir », etc.

« La fatigue résulte d'une intégration de perceptions dont l'interprétation varie selon les individus et selon les circonstances. C'est une impression souvent relative et sujette à de multiples influences : une sensation de fatigue peut tout à coup disparaître à l'occasion d'une motivation, d'un intérêt nouveau ou d'une forte émotion, la monotonie, l'ennui ou les contrariétés peuvent au contraire l'induire ou la renforcer[13]. »

➤ *Pourquoi la fatigue à l'adolescence est fréquente ?*

Les enquêtes effectuées auprès d'adolescents scolarisés montrent généralement qu'une forte proportion d'entre eux, principalement des filles, se sentaient fatigués ; ce phénomène apparaît en relation avec les problèmes de sommeil. Une enquête nationale « Adolescents »[14], menée à large échelle, souligne que plus de 40 % des adolescents scolarisés ont souvent l'impression d'être fatigués.

13. *La Santé des adolescents*, sous la direction de P.A. Michaud et P. Alain, éditions Payot-Lausanne-Doin et Presses Universitaires de Montréal.
14. M. Choquet et S. Ledoux , 1994, INSERM.

« La fatigue possède un ensemble de causes, isolées ou simultanées, susceptibles de produire le même effet. En situation clinique, ce symptôme nous place à un véritable carrefour, où il importe de savoir distinguer :

— la physiologie de la fatigue : ses rapports avec le sommeil, la poussée de croissance et la balance énergétique,

— la pathologie de la fatigue : sa valeur d'appel dans certaines somatopathologies, et surtout ses liens avec le psychisme de l'adolescent en crise.

Il importe de savoir distinguer deux situations très différentes.

- La fatigue dite « naturelle » est un signal nécessaire et sain, consécutif et proportionnel à l'effort. Le handicap qu'elle entraîne est momentané et disparaît avec le repos. C'est en quelque sorte une fatigue « agréable » et réversible.
- La fatigue dite morbide ou « pathologique » est une souffrance itérative, non liée à l'effort ou en tout cas disproportionnée par rapport à lui. Le repos ne l'améliore qu'incomplètement et peut même parfois l'accentuer. C'est une fatigue moralement pénible dont on se plaint, contre laquelle on cherche parfois en vain à lutter et qui peut s'accompagner de signes très variés : somnolence diurne, insomnie et irritabilité, courbatures, céphalées, lourdeur du corps, diminution de l'appétit, etc. Les facultés d'attention et les capacités de perception diminuent, les performances physiques et mentales sont altérées et les erreurs, les incidents, voire les accidents surviennent plus facilement. Les termes « fatigue générale » ou « asthénie » correspondraient mieux à ce deuxième type de fatigue, surtout lorsqu'elle se prolonge dans le temps. Qu'elle soit objectivable ou seulement exprimée de façon subjective, elle mérite toute notre attention car elle possède toujours une signification[15]. »

La puberté mal vécue

La puberté peut en définitive être très mal vécue. Pour le corps de l'adolescent, la transformation pubertaire suscite un double enjeu :

— la nécessité de maintenir un sentiment de continuité d'existence dans un corps en changement ;

— la nécessité d'intégrer cette transformation pubertaire dans le fonctionnement psychique.

15. *Ibid.*

➤ Comment changer en restant le même

On pourrait énoncer le premier enjeu sous la forme d'un paradoxe : comment l'individu pourrait-il avoir un sentiment continu d'existence alors même qu'il est confronté à d'incessants changements ? Les changements se traduisent bien entendu par des sentiments de doute sur le plan physique comme sur le plan psychique. L'adolescent, rêvant et fantasmant, reste souvent de longues heures dans la salle de bains : ce n'est pas tant pour se laver que pour effectuer un travail de reconnaissance, de réappropriation quotidienne de son corps. Au plan psychique le doute se traduit bien entendu par des questions existentielles : « Qui suis-je ? », « Que deviendrai-je ? », etc. L'attention portée au corps, les inquiétudes sur les différentes parties de ce corps, les éventuelles craintes d'allure dysmorphophobique (phobie d'une partie de son corps) témoignent toutes de ce doute au plan physique. Les demandes de chirurgie esthétique ne doivent être acceptées que devant des déformations réelles, qui peuvent être améliorées par des actes bien codifiés, courants, habituels (rhinomégalie, obésité, hypotrophie ou hypertrophie mammaire, gynécomastie).

L'émergence de ce doute, de ces questionnements sur le corps et l'identité suscite bien évidemment de l'angoisse. Le plan identitaire narcissique est sollicité, réveillant directement le vécu de la petite enfance lié en particulier à la stabilité des premières relations ou à leur défaillance. Les défaillances, les carences graves, les manques dans ces relations mais aussi les relations trop symbiotiques représentent autant de menaces réactualisées. En revanche, l'existence de bonnes relations précoces, d'une image interne de relation rassurante et apaisante (en termes de psychanalyse : un bon objet interne) développe chez l'adolescent une capacité de rêverie, de rêves, de dialogues internes et surtout une certaine tolérance à la solitude, à la souffrance et à la conflictualité.

➤ L'identité sexuée

Intégrer la transformation pubertaire est le deuxième enjeu. Il soulève toute la problématique de l'identité sexuée. Avec l'émergence pubertaire, l'enfant doit renoncer à l'omnipotence infantile, c'est-à-dire à la possibilité d'imaginer inconsciemment qu'il disposait d'une bisexualité potentielle. L'émergence pubertaire impose à l'adolescent un choix, le choix fait par son corps qui n'est pas nécessairement le choix fait par son fonctionnement psychique.

Certes, dans la majorité des cas, le « sexe de l'âme » et le « sexe du corps » s'accordent et se renforcent. En revanche, dans quelques cas, la vie est là pour nous montrer combien les distorsions peuvent être source de souffrance et/ou de psychopathologie : c'est le cas de façon caricaturale chez les adolescents transsexuels qui se veulent de l'autre sexe ou, à un moindre degré, chez les adolescentes anorexiques mentales dont le rejet si ce n'est le refus du corps sexué est parfois très fort.

Je vous conseille

Conseillez avec délicatesse à votre adolescent et surtout à votre adolescente de se regarder dans une glace pour découvrir toutes les parties de son corps, même les plus intimes. Ils souhaitent savoir comment ils sont faits, mais ont peur de cette découverte. Aidez-les à la dédramatiser, à lever l'interdit que cette découverte contient toujours. Ils auront ainsi sûrement moins peur de leur corps.

La masturbation, est-ce normal ?

Il faut dire que si la masturbation est considérée aujourd'hui comme une activité naturelle, la question reste difficile à aborder simplement. Cette difficulté d'en parler est plus marquée encore chez les filles pour qui la masturbation reste quelque chose de secret. Pour les garçons, c'est un peu différent. Ceux-ci peuvent trouver dans l'activité masturbatoire une manière de s'affirmer. Il n'empêche que cette activité reste pour les deux sexes une activité chargée de culpabilité si ce n'est de honte alors qu'elle doit être considérée comme normale.

L'absence de relations sexuelles

L'adolescent qui n'a pas de relations sexuelles est-il anormal ? À l'âge du collège, on peut répondre clairement : non. Plus encore, tout au long de l'adolescence, il est nécessaire de ne pas se limiter aux seules relations sexuelles et d'envisager la vie sexuelle de l'adolescent dans son ensemble. Il faut en particulier distinguer les fantaisies et fantasmes liés à la sexualité, les pratiques masturbatoires et la relation sexuelle elle-même.

L’esprit qui s’ouvre

De la rédaction à la dissertation

On oublie souvent de parler du bouleversement des capacités intellectuelles des adolescents, qui, à l’instar des transformations du corps, est très important. On peut d’ailleurs penser que c’est grâce à ce changement dans ses structures cognitives que l’adolescent peut assumer et gérer sa transformation corporelle. L’adolescence est aussi un temps d’apprentissage des relations sociales.

De la rédaction dans laquelle on lui demandait de faire parler la réalité, le concret, il va pouvoir passer à la dissertation où il va plutôt être question d’évoquer le possible, l’abstrait, et ses relations avec le réel. L’adolescent acquiert le raisonnement par hypothèses, appelé raisonnement hypothético-déductif, c’est-à-dire la nécessité de s’appuyer sur la notion de probabilité. Il a même tendance, et c’est ce qui le différencie de l’adulte dans son mode de raisonnement, à privilégier le possible sur le réel.

Ainsi, par exemple, les mots « justice », « honnêteté », prennent un sens nouveau pour l’adolescent, qui entre alors dans le monde des idées abstraites et des formes logiques de pensée, qu’il va se mettre à utiliser.

Cette nouvelle capacité de raisonnement ouvre la voie au doute et au questionnement identitaire, mais aussi au débat que l’adolescent va parfois s’empresser d’avoir avec ses parents. S’attendant souvent à la réponse qui lui sera faite, il aura pu se préparer à contrer celle-ci. Cela peut être à la fois un plaisir pour des parents qui peuvent alors avoir des conversations, des échanges d’idées avec leurs enfants, et une nouvelle raison d’accrochage pour d’autres parents. Il faut savoir qu’un adolescent débat plus pour le plaisir de raisonner, nouvellement acquis, pour être reconnu dans ses nouvelles capacités intellectuelles et surtout sa nouvelle identité, que pour le « plaisir » d’entrer en conflit avec ses parents.

L’autre grand changement cognitif de l’adolescence est l’apprentissage des relations sociales et des questions culturelles. L’adolescent va établir son propre système de valeurs sociales, différent de celui de ses parents, même s’il en est inspiré. Cet intérêt pour les questions éthiques, culturelles ou professionnelles va de pair avec son sentiment d'individuation mais aussi d'intégration sociale – sentiments qui sont atteints à l'adolescence.

C'est à travers les réponses que ses parents, mais aussi son environnement ou encore la société vont apporter à ses conduites et à ses actions qu'un adolescent va apprendre progressivement ses limites.

Argumenter c'est vital

Ces changements cognitifs ne rendent pas un adolescent mature, ni émotionnellement ni socialement. Il manque en particulier des expériences issues de la pratique quotidienne des réalités de la vie. Comme nous le soulignions précédemment, il est plus intéressé par le maniement de l'abstrait, nouveau pour lui, que par le concret.

Ainsi, il lui arrivera d'être en décalage avec ses paroles, et peut-être suscitera-t-il chez ses parents beaucoup d'énervement, sans toutefois chercher à le faire. Il pourra aussi entrer volontairement en conflit avec ses parents.

Ce décalage peut être à l'origine de bien des malentendus. Souvent, il semble incohérent, égoïste ou hypocrite. En fait, il serait plus judicieux de parler d'immaturité. Lorsqu'on dit d'un adolescent qu'il n'est pas mature, cela recouvre plusieurs attitudes.

- D'abord, il donne souvent le sentiment d'être au centre du monde : il croit que les personnes qui constituent son environnement pensent à lui tout le temps, qu'elles vont remarquer qu'il n'est pas bien coiffé par exemple ou qu'il a tel défaut sur le visage. L'adolescent craint par-dessus tout le jugement des autres qui sera nécessairement suivi de rires et de railleries. Si l'adolescent est capable de penser d'une nouvelle façon, il n'imagine pas encore que l'on peut avoir d'autres préoccupations que les siennes.
- Ensuite, il peut sembler parfois hypocrite : par exemple, il va reprocher à ses parents un certain fonctionnement et reproduire ce même fonctionnement dans les minutes qui suivent, ou énoncer des principes de vie commune sans jamais les respecter. Cette hypocrisie n'est qu'apparente : elle est le résultat de son immaturité intellectuelle, de sa difficulté à faire la connexion entre l'idéal, l'abstrait et la réalité.
- Enfin, toujours dans cette même logique qui le conduit à s'accorder, en toute bonne foi, une importance quelque peu mégalomaniaque, il pense que les règles sociales – qu'il connaît très bien – ne sont pas pour lui. Il sait *de manière abstraite* que, par exemple, la consommation abusive de tabac, d'alcool ou de

drogue comporte des risques vitaux pour la santé, ou que, sans utilisation d'un contraceptif, un enfant peut naître d'une relation sexuelle, mais il ne peut pas appliquer ces « concepts » à la vie de tous les jours, et pense que « ces choses-là » ne peuvent pas lui arriver, pas à lui.

Tout ceci concerne en particulier ce qu'en psychanalyse on appelle le narcissisme : la nouvelle image en miroir de soi oblige votre enfant à réaménager son rapport à lui-même et son rapport au monde environnant. On reproche souvent aux adolescents leur égoïsme et leur mégalomanie. Mais ceux-ci sont bien souvent passagers : ils correspondent à une période de transition difficile entre un narcissisme d'enfant et un nouveau narcissisme d'adulte, source de l'estime de soi, à atteindre.

Sa nouvelle façon de penser, ses nouvelles capacités cognitives, le rendent à la fois plus fort et plus fragile : ainsi il pense trop, c'est-à-dire qu'il est capable d'imaginer, sinon toutes, du moins beaucoup des solutions qu'il peut apporter à un problème le concernant, mais il n'arrivera pas à en choisir une. Il hésitera entre plusieurs d'entre elles, et sera débordé par ce choix qui se présente à lui, sans pouvoir trancher. Il pourra alors impulsivement agir par crainte de ne pouvoir décider.

Je vous conseille

Qu'est-ce que tout cela nous apprend ? Un adolescent est à la fois très sûr et très peu sûr de lui, il oscille entre ces deux extrêmes dans ses choix. Le meilleur service que vous puissiez lui rendre, c'est de l'aider à structurer et à planifier sa pensée (reproche souvent de la part de ses enseignants : « ne sait pas faire de plan »). Cette aide passe par l'argumentation : vous ne pouvez plus imposer votre façon de penser sans risquer qu'il ne vous écoute plus et que le conflit dégénère ; vous ne pouvez pas non plus faire comme s'il était autonome et le laisser tomber dans l'impasse et l'erreur. En argumentant vos propos, en faisant des suggestions concrètes, vous allez, tout en l'aidant à raisonner sur lui-même ou à prendre une décision, lui apprendre à argumenter. Alors progressivement, l'adolescent, se sentant considéré, va apprendre, à son tour, à argumenter ses propos, ses choix, et ainsi, se forger une nouvelle manière de pouvoir penser.

Je vous déconseille

Il n'est plus possible pour des parents d'imposer à un adolescent une façon de penser, ni de croire encore que celui-ci est autonome, comme nous venons de le dire, cela a des retentissements y compris sur son intelligence.
Il vous faudra encore, entre ces deux écueils, essayer de ne pas vous mettre en colère contre l'égocentrisme de l'adolescent, mais supporter cet état qui est nécessaire, passager, avec patience et sérénité. L'adolescent a besoin de temps.
Cela ne vous empêchera pas de faire remarquer à votre enfant ses contradictions, mais vos remarques n'auront jamais lieu en public, pour éviter à l'adolescent des humiliations, même involontaires.
Il ne faudra pas non plus que vous sous-estimiez l'importance de cette période : si vous vous sentez dépassés, sachez toujours que des professionnels, psychopédagogues, psychologues ou psychiatres, peuvent vous aider.

Affirmer ses points de vue moraux

Nous avons besoin, pour vivre en société, d'avoir des règles de conduite collectivement partagées. L'ensemble de ces règles constitue la morale ou l'éthique, qui est en usage dans une société donnée. Poursuivant son autonomisation, l'adolescent va développer ses points de vue moraux, s'appuyant sur ses identifications aux points de vue de ses parents, de ses amis personnels et de la société dans son ensemble. Il peut à ce niveau être pris par des conflits de « loyauté », de dépendance et de révolte. Par exemple, le vol est moralement réprouvé par la société : l'adolescent décide que, de son point de vue moral, voler dans une grande surface qui fait de nombreux bénéfices, n'est pas mal ; il peut donc être tenté de voler, le plus souvent dans le cadre d'un « essai initiatique » (petit chapardage chez un commerçant, dans un supermarché, etc.). Nous avons vu précédemment que les points de vue moraux ne sont pas très brillants chez les adolescents contemporains à mesure qu'ils avancent en âge.

Mais tout n'arrive pas brusquement à l'adolescence : l'enfant déjà, accomplit un parcours en plusieurs étapes. Vers 7-8 ans, sa « morale » le pousse à agir de manière à avoir sa « part du gâteau », égale à celle du voisin ; il est surtout intéressé par les choses concrètes de la vie et leurs conséquences immédiates. À 9 ans, il commence à considérer le point de vue des autres, mais là encore il s'intéresse surtout aux conséquences immédiates, et en particulier au plaisir qu'il fait à ses parents. À l'adolescence, s'éloignant des parents, c'est à ses pairs que l'adolescent veut faire plaisir. Il devient influençable et rapporte les idées de ses amis chez ses parents. Armé de sa nouvelle capacité d'abstraction, il se met en quête de limites, cherchant à repousser celles qui sont imposées par ses parents. Il peut avoir des idées saugrenues et même les mettre en application. Ce sont les réactions parentales et celles de la société qui vont l'aider à se situer, et petit à petit à fabriquer ses propres points de vue moraux.

Un père, voulant bien faire, interdit à ses enfants, quel que soit leur âge, de sortir après 22 heures, heure à laquelle toute la famille doit être à la maison. Il espère ainsi éviter que ses enfants ne « tournent mal » et ne fassent des « bêtises » à l'extérieur avec leurs amis. Certains penseront que ce père dispense de bons principes moraux à ses enfants. D'autres se demanderont à qui profitent ces principes. Au père ou à l'adolescent ? Il semble que ce soit au père, comment savoir en effet si les adolescents adhèrent aux mêmes principes si on ne les laisse pas exprimer leur point de vue. La morale personnelle de chacun est le plus souvent un compromis entre plusieurs influences, éducatives, personnelles, sociales. Elle se détermine à l'adolescence, d'où l'intérêt d'être attentif à cet aspect que de nos jours on oublie trop. Félicitons à ce niveau le renouveau de l'intérêt du public en général pour la philosophie.

Je vous conseille

— Vous devez considérer votre adolescent comme une personne responsable, capable d'avoir un point de vue, mais n'oubliant pas qu'il n'y a pas de droit sans devoir.
— Il faut également aider votre adolescent à développer ses points de vue, en n'hésitant pas à lui dire que vous n'êtes pas d'accord, en argumentant vos idées, mais aussi en le respectant pour qu'il fasse le pas nécessaire à l'approfondissement de son propre jugement.

Devenir acteur de sa vie

Du passif à l'actif

On oppose parfois les « conduites mentalisées » et les « comportements agis » :

— les « conduites mentalisées » sont le fruit d'une réflexion psychique pour faire face à une situation ou à un conflit, représentées concrètement par les idées ou les pensées de chacun ;

— les « comportements agis » sont des passages à l'acte qui ne résultent pas d'une élaboration mentale, mais qui sont l'expression mise en acte d'une idée, conflictuelle ou non.

Par exemple, on peut distinguer le désir de boire de l'alcool sans passage à l'acte, et le fait de boire sans retenue.

Cette opposition est tout à fait pertinente chez les adolescents. Il ne faut pas pour autant établir une analogie entre passage à l'acte et actif d'une part, mentalisé et passif d'autre part : les « conduites mentalisées » ne sont pas toujours de l'ordre du passif – on peut avoir une pensée personnelle qui ne suit pas les influences d'un autre –, comme celles qui sont « agies » ne sont pas toujours de l'ordre de l'actif – on peut par exemple faire quelque chose sous le poids de la suggestion d'un autre ; « je suis trop influençable » dit ou se dit alors le sujet. Nous verrons dans la section suivante (page 132) que les adolescents peuvent passer à l'acte pour mieux rester passifs, et être en apparence passifs alors qu'ils sont bel et bien actifs psychiquement (par exemple en s'opposant). Il ne faut donc pas opposer systématiquement être passif et passer à l'acte.

On peut dire que ce qui est qualifié de passif concerne le « subi » mais aussi le non-changement, le *statu quo*, quand ce qui est qualifié d'actif concerne l'engagement personnel, le mouvement, le changement de rapport à soi et au monde. Les adolescents sont confrontés à la prise en main de leur vie par leurs changements corporels et le regard nouveau des autres sur eux. Leurs capacités à se confronter à leur corps et aux autres vont orienter leurs conduites, envers eux-mêmes et envers les autres.

Un enfant attend que l'on satisfasse son désir et cela passe souvent par « faire plaisir à papa ou à maman ». Un adolescent, en s'éloignant de ses parents et des images parentales qui ne satisfont plus ses besoins, se tourne vers les autres. Il déplace ses besoins vers les relations aux autres. Il est introduit de fait à l'altérité du désir, qui peut prendre plus ou moins consciemment cette forme : que désire l'autre pour moi ? C'est une question nouvelle pour lui, qui va le pousser à se comporter autrement.

D'une position passive face à son désir d'enfant, il va découvrir et devoir prendre une position active face à son désir d'adulte en devenir. Cette position active se traduit bien souvent chez les adolescents par l'agir. Plusieurs raisons expliquent ce passage à l'agir (à ne pas confondre avec le « passage à l'acte » dont nous venons de parler et dont nous reparlerons plus loin) à l'adolescence. Cela est un peu compliqué mais doit être bien compris afin de distinguer ce qu'il faut respecter ou même favoriser, la position active (par exemple une activité sportive) ou au contraire limiter ou interdire, le passage à l'acte (par exemple s'alcooliser).

- Les premières raisons ont un rapport avec l'environnement de l'adolescent : on sait que les changements profonds favorisent l'expérimentation, l'initiation, la mise en acte de ses nouvelles potentialités par opposition à la « mentalisation », surtout à l'adolescence où de nouvelles capacités corporelles et langagières se lient dans l' « acte de parole ». Les nouvelles libertés, l'autonomie, de l'adolescence renforcent ce trait. Les attentes des adultes, par exemple : « un adolescent est plein de vigueur », favorisent des attitudes attendues.
- Les deuxièmes raisons sont d'ordre psychique, internes. En effet, c'est surtout en lui-même que l'adolescent puise les conditions de passage du passif à l'actif. La passivité renvoie inconsciemment l'adolescent à la soumission infantile et/ou à des pulsions homosexuelles (soumission excessive pour le garçon au père, pour la fille à la mère), présentes en chacun de nous de manière inconsciente ; l'adolescent se sert alors de l'action pour nier toute passivité. L'angoisse, importante à l'adolescence et qui naît des changements profonds à la fois corporels et identitaires, le pousse à avoir recours à des actes cathartiques, c'est-à-dire à des actes visant à décharger cette angoisse, à l'évacuer.
- Enfin, ce que les psychanalystes appellent l'équilibre pulsion/défense joue un rôle prépondérant. Il s'agit de la question sexuelle, au sens large du terme : l'adolescent doit changer « d'objets » sexuels du fait de l'interdit des fantasmes incestueux inconscients ou préconscients et doit en trouver de nouveaux. L'adolescent est pris entre des nécessités pulsionnelles nouvelles et ses idéaux moraux : il a de grandes difficultés à intérioriser ce conflit, et l'une des solutions ponctuelles et partielles est le recours à l'expérimentation par l'agir. Ainsi par exemple, il va transformer cette énergie sexuelle en investissant fortement le sport qu'il pratique, ou il va la sublimer en investissant le monde culturel, ou encore le monde artistique ou le désir d'apprendre.

On peut dire, d'une manière générale, que toute tension va pousser l'adolescent à l'acte.

Du trop passif au trop actif

Face aux changements du corps, du langage et du raisonnement à l'adolescence, il y a plusieurs façons de réagir dans le « trop ». Il ne s'agit pas pour nous de dresser la liste des réactions problématiques possibles : n'y en a-t-il pas autant que de personnes ? Cependant, nous pouvons mettre en avant des modes de fonctionnement.

L'une des formes de conflits psychiques que vit l'adolescent est celle de la nécessité de faire des choix, pour entrer dans le monde adulte et acquérir une identité d'adulte. Le prototype inconscient de cette nécessité est la question du choix sexuel. Si physiquement, l'adolescent ne peut guère changer les choses, psychiquement, il doit choisir d'être une femme ou un homme, en devenir. Ce n'est pas choisir *en soi* qui représente une véritable difficulté, mais renoncer, aussi étonnant cela soit-il, à l'autre possibilité. Dans tous les domaines où un choix est nécessaire, ce renoncement est inconsciemment compliqué pour un adolescent.

- Le premier mode de réaction, face aux conflits psychiques nouveaux générés par l'adolescence, et pour échapper à l'obligation du choix, consiste à prolonger l'enfance. Certains diront que c'est déjà un choix : celui de ne pas se confronter au monde des adultes. Mais peut-on encore parler de choix dans ce type de situation ? Ce qui est sûr, c'est qu'un tel refus, lorsqu'il est radical et définitif, coûte très cher, psychiquement, à l'individu qui nie tout changement. Le prix à payer se résume souvent à ce que l'on appelle communément la « folie ». Mais bien sûr, dans une certaine mesure, tout le monde peut traverser un temps de refus des changements, une période de régression : on remarque alors que l'adolescent a un comportement infantile, cherchant à redevenir temporairement l'enfant qu'il a été, pour retrouver un peu de l'insouciance de ce temps où les parents s'occupaient entièrement de sa vie.
- Le deuxième mode de réaction, fréquent, est celui qui transforme le trop passif profond en une apparence de trop grand activisme. Le trop passif concerne l'acceptation en profondeur du conflit : la prise en charge psychique de celui-ci au détriment de la liberté d'agir et de penser. L'adolescent n'arrivant pas à maîtriser les énergies opposées formant la pulsion (son désir) et la défense (l'interdit), il évite le conflit psychique en donnant une réponse agie pour se soulager des tensions internes. Il va, par son comportement, exprimer la violence de cette tension : il se conduira alors de manière impulsive, imprévisible, souvent violente, c'est-à-dire de manière trop active. Cette réponse au conflit reste inadéquate à sa résolution. Il s'agit de ce qu'on a appelé le « passage à l'acte », ce qui signifie que la conduite de l'adolescent va à

l'encontre des règles de vie commune. On peut comprendre ainsi un certain nombre de propos violents ou de comportements toxicomaniaques. Ce type de réaction devient préoccupant quand il se répète ou met en danger la vie du sujet comme les conduites suicidaires : il devient alors nécessaire pour vous, parents, de demander un soutien extérieur et de faire aider l'adolescent par un professionnel de la psychologie (voir page 559).

Les engagements

Le temps de l'adolescence est aussi celui de la volonté de s'engager dans la vie, de prendre part, de manière active, à la société. Cela peut paraître paradoxal car en contradiction avec l'égocentrisme dont témoignent un certain nombre de comportements, à ce moment de la vie.

L'engagement de l'adolescent est avant tout une question d'idéal : c'est-à-dire qu'il privilégie la pensée sur la conduite. Ce qui est en jeu, c'est la question de l'identité de l'adolescent, et par extension, son groupe d'appartenance, tout à la fois social, culturel, et même politique. C'est l'âge des grandes idées humanistes qui, si elles semblent bien souvent superficielles, n'en sont pas pour autant méprisables. Ne viennent-elles pas témoigner d'une grande capacité d'accueil de la nouveauté, de l'étrangeté, de la différence, spécifique et nécessaire à l'adolescence ?

Les engagements des adolescents varient selon le contexte socioculturel ; ils peuvent même parfois anticiper les grands mouvements d'idées à venir. La jeunesse des années 1990 s'est montrée plus engagée dans des causes communautaires, écologiques ou humanitaires que celle des années 1970, davantage mobilisée par des causes plus strictement politiques.

Ces engagements sont liés au fait que les adolescents se mettent à avoir des idées. Et comme « ils ne font rien à moitié », leurs idées peuvent apparaître excessives aux adultes. Le souci des adolescents est d'ailleurs souvent de se démarquer des autres, toujours pour des raisons inconscientes d'identité. Ainsi, ils vont prendre pour modèles, comme on l'a vu page 36, des symboles de ce qu'ils aimeraient être : pour certaines ce sera un mannequin, pour d'autres un guerillero, un meneur de révolution, ou encore un chanteur représentant un mouvement contestataire...

Prendre confiance en soi

Parfois, l'adolescent a l'impression qu'il n'a pas d'idées ou qu'il n'en a qu'une dont il ne veut pas démordre et quand il en prend conscience, il pense qu'il n'est pas assez intelligent, pas assez sensible.

Du côté du corps, on retrouve les mêmes angoisses : il n'est pas beau, elle est trop grosse, il ou elle a tel autre défaut que tout le monde remarque, bien sûr ! Ces mouvements ne facilitent pas la prise de confiance nécessaire à l'épanouissement, tout comme les conflits psychiques.

L'esprit qui s'ouvre est le terreau de ce déficit de confiance chez les adolescents, mais c'est aussi là qu'ils vont trouver les instruments pour recouvrer la confiance. Par les connaissances qu'ils vont acquérir, par les nouvelles expériences qu'ils vont faire, ils vont petit à petit reprendre confiance en eux, à condition qu'un regard adulte vienne reconnaître leurs qualités. Le rôle des parents est là primordial.

Je vous conseille

Il faut mettre en avant ce que l'adolescent réussit et ne pas insister sur ses échecs. Cela paraît évident, mais au quotidien, c'est souvent loin d'être le cas, surtout dans l'esprit éducatif français. Rappelez-vous votre premier regard sur le carnet de notes. Depuis la petite enfance et, au-delà, depuis votre propre éducation par vos parents, le « peut mieux faire » est la loi essentielle.

Je vous déconseille

C'est tout simple, en théorie : l'inverse. Léonard de Vinci écrivait : « Et si quelqu'une des choses ci-dessus énumérées vous semblait impossible ou impraticable, je vous offre d'en faire l'essai dans votre parc ou en toute autre place qu'il plaira à votre Excellence, à laquelle je me recommande en toute humilité. » Cette phrase pourrait être la maxime de ce guide.

La vie amoureuse et sexuelle

L'éveil sexuel

L'entrée dans l'adolescence pourrait être assimilée à une période de mutation ; elle correspond, nous l'avons vu dans les chapitres précédents, à un véritable bouleversement, aussi bien à un niveau physiologique que psychologique. Mais c'est sur le plan de l'éveil de la sexualité que cette mutation est particulièrement visible. Le développement corporel, la poussée sexuelle qui y est liée, les répercussions sur l'identité, les émotions suscitées par l'autre, apparaissent comme autant de remaniements, à la fois personnels et relationnels, caractéristiques de l'adolescence.

Dans un premier temps, le jeune adolescent va assister aux transformations spectaculaires de son corps (apparition des seins, des poils, des premières règles, des premières éjaculations...), il va également être confronté à l'émergence de sensations, de sentiments, de désirs nouveaux. Durant cette étape fondamentale où se mêlent parfois angoisse et fierté, curiosité et culpabilité, il va s'agir pour lui d'opérer une sorte de réajustement. Réajustement par rapport à soi-même, à ce corps qui prend des allures « d 'inquiétant étranger », réajustement à l'entourage aussi. Il n'est d'ailleurs pas rare, comme nous l'avons évoqué, que les parents, de leur côté, face à cette nouvelle image que leur renvoie leur enfant, aient du mal à se positionner, à trouver leurs marques. Le fait que la sexualité, d'une manière ou d'une autre, y tienne une place privilégiée peut également être source de gêne ou d'embarras. Sans compter que si cette période ramène plus ou moins consciemment les parents aux troubles de leur propre adolescence, elle marque surtout un point de rupture. Les relations parents-enfant vont devoir être progressivement abandonnées et céder leur place à des relations d'adulte à jeune adulte. Au cours de cette période de transit, l'adolescent va être particulièrement sensible à l'attitude et au jugement de ses parents, parce qu'il entame un travail de reconstruction et qu'il lui arrive d'être fragilisé.

Sur ce chemin qui mène à l'indépendance, à la première expérience amoureuse, et qui passe par l'établissement d'une sexualité personnelle souhaitée harmonieuse, la tâche des parents ne va pas toujours être simple. Les meilleures armes pour accompagner son enfant pendant son adolescence, sans focaliser toute son attention sur la question de sa sexualité, sans en faire abstraction non plus, sont sans doute l'information, la tolérance, la compréhension et l'humour.

Du fantasme à la réalisation

Lorsqu'on parle de fantasme et de sexualité à l'adolescence, on fait référence aux scénarios imaginaires, aux idées et aux images qui accompagnent en particulier la masturbation. L'adolescent va s'imaginer dans une situation érotique particulière, accompagné d'un partenaire sexuel qu'il aura choisi. Mais au début de l'adolescence, il arrive que certains fantasmes au contenu sexuel troublant, confus, embarrassant, s'imposent à la conscience de l'adolescent. Ces expériences solitaires où l'imaginaire se mêle à la sexualité d'une manière incongrue et anarchique sont parfois difficiles à assumer pour l'enfant. Il peut en effet se sentir coupable d'éprouver du plaisir tout en étant envahi par des scènes de violence, d'homosexualité ou par des scènes qui renvoient à des souvenirs sensuels de l'enfance et donc à ses parents.

Pourtant ces étapes « remuantes » de la sexualité sont essentielles à la consolidation et à l'épanouissement de la personnalité. Elles permettent de clore le chapitre de l'enfance en donnant la possibilité à l'adolescent de se dégager du couple parents-enfant et de se tourner définitivement vers d'autres partenaires. Il passe ainsi à une sexualité d'adulte. La masturbation joue ici un rôle important parce qu'elle permet à l'adolescent de canaliser et d'extérioriser ces impulsions violentes, ces sentiments ambigus.

L'endormissement est le moment privilégié au cours duquel l'adolescent se construit un tel scénario. Progressivement, essentiellement chez le garçon, la masturbation accompagne et conforte ces rêveries qui se déroulent dans un climat affectif propre à chaque individu. Pour certains, la qualité ludique et hédoniste prédomine. D'autres vivent leurs rêveries et masturbation avec anxiété, d'autres encore avec honte. Certains y incluent des événements ou des personnes de leur vie quotidienne, transformant régulièrement leurs fantaisies ; d'autres au contraire s'attachent à un déroulement plutôt fixe, voire figé et immuable pendant de longues périodes. Ainsi, l'ensemble des traits de la personnalité se trouvent à la fois représentés et mobilisés à travers ce « scénario ».

Une fois ce cap franchi, les fantasmes de l'adolescent se socialisent. Il se crée, avant de vivre sa première expérience amoureuse, une sexualité virtuelle. À travers les images qu'il y associe, l'adolescent va pouvoir choisir à son gré des partenaires imaginaires en fonction de son histoire et de sa sensibilité.

Pourtant, si ces rencontres imaginaires permettent d'expérimenter sans engagement l'éveil sexuel, elles ne doivent pas devenir systématiques et freiner l'adolescent dans sa recherche d'un plaisir sexuel partagé. Se réfugier dans un monde qui n'appartient qu'à soi permet au jeune de se protéger, d'apprendre à se connaître. Mais la sexualité avec des personnages fictifs ne doit pas empêcher la relation avec l'autre. Le fantasme ou la masturbation associée doivent rester un mode de satisfaction sexuelle transitoire ou secondaire qui va permettre à l'adolescent de s'engager sur la voie de la rencontre amoureuse et de la première expérience sexuelle.

Une fois de plus, le rôle des parents en ce domaine est difficile à délimiter. Parler en détail de sa sexualité avec les parents est une chose impossible lorsqu'on est adolescent. Se confier à ce sujet, raconter ses moments intimes, ses fantasmes sexuels, c'est faire participer implicitement ses parents à sa sexualité, ce qui est absolument inconcevable.

Les parents face à la sexualité des adolescents

Trop en dire, vouloir trop en savoir, s'impliquer dans la vie sexuelle de ses enfants ne peut pas les aider à s'épanouir.
À l'inverse, ne rien dire ou faire comme si la sexualité n'existait pas, alors qu'elle occupe une place essentielle, ne rend pas les choses plus faciles. L'idée est donc de trouver un juste milieu en accompagnant de loin son enfant, en restant à son écoute sans être trop intrusif, en étant attentif aux éventuels signes de « désordre amoureux » (repli sur soi, agitation, tristesse inhabituelle, comportements excessifs…). On peut aborder la question de la sexualité mais sous un angle « panoramique », en partant des sujets qui concernent l'information sexuelle comme la contraception, la prévention, l'anatomie… Pour ce qui est des informations plus personnelles, les adolescents savent très bien en parler entre eux.

La masturbation

Les premiers émois sexuels ne débutent donc pas avec l'adolescence mais la sexualité prend ici une autre dimension : la capacité physiologique, la possibilité pour l'enfant d'accéder au plaisir, d'envisager une réalisation sexuelle en constituent la toile de fond.

Si la sexualité commence avec le début de la vie pour chacun de nous, parce que le corps occupe d'emblée une place centrale en tant que lieu d'échange privilégié entre le bébé et son environnement, si elle poursuit son développement pendant l'enfance, l'adolescence marque à ce niveau un tournant.

Avant d'aboutir à la rencontre amoureuse, la sexualité de l'adolescent passe par un apprentissage du corps – relation de soi à soi dans un premier temps. Souvent, au début de l'adolescence, la découverte de son propre sexe par la masturbation éveille des sentiments contradictoires. Nous venons déjà d'évoquer la masturbation à propos des fantasmes qui peuvent y être associés. Il arrive en effet que ces « expérimentations sur soi » soient vécues dans la honte ou dans la culpabilité. Cette différence tient davantage à un problème de société et de mentalité qu'à un véritable état de fait. Dans nos sociétés, assumer, revendiquer la sexualité de son corps a toujours été plus facile, plus évident pour les garçons que pour les filles – ne serait-ce qu'au niveau de la physiologie. Quoi qu'il en soit, les garçons se sentent plus libres d'en parler, même entre copains. La masturbation peut devenir un moyen de s'affirmer, de se mesurer les uns aux autres.

En fait, la masturbation ne se découvre pas à l'adolescence. Les enfants tout petits déjà commencent à se masturber, à être curieux des « choses du sexe » (différence des sexes, naissance des bébés...) et cela de manière naturelle. Ensuite, lorsque l'enfant grandit, la sexualité prend de moins en moins de place dans sa vie. D'autres activités, d'autres centres d'intérêts occupent le devant de la scène (l'école, le sport, les jeux...). L'enfant qui entre dans l'adolescence va redécouvrir la masturbation parce qu'il ressent des émotions sexuelles, des impulsions. Tout ce remue-ménage du corps crée des tensions : se masturber donne la possibilité de les apaiser. La masturbation permet également de porter un intérêt particulier à son corps, elle devient un moyen de se découvrir, d'explorer, d'expérimenter son sexe et sa sexualité débutante.

La masturbation ou l'apprentissage du corps

Ce moment est important dans la vie d'un jeune ; il lui offre la possibilité d'intégrer, de contrôler les modifications de son corps. L'adolescent change et cet éveil de la sexualité qui passe par la masturbation fait partie de son évolution au même titre que le développement de sa personnalité ou de sa pensée.
Si la masturbation est une étape et doit rester un passage, un « avant » de la rencontre amoureuse, elle relève surtout de la seule intimité de l'enfant. Il est difficile pour vous, parents, d'intervenir à ce sujet. L'essentiel, comme pour ce qui concerne une grande partie de la vie sexuelle des ados, est de ne pas trop s'en occuper, de respecter leur intimité, d'accepter simplement qu'il y ait des événements qui ne soient pas de votre ressort.

L'homosexualité

Moins de 5 % des adolescents se disent concernés par l'homosexualité. L'homosexualité à l'adolescence traduit en réalité des motivations psychologiques complexes et parfois fort différentes les unes des autres. Il faut distinguer :

— le fantasme ou la crainte d'être homosexuel ;

— les pratiques d'allure homosexuelle (attouchements), voire une véritable relation homosexuelle mais passagère ;

— les relations subies de la part d'un adulte demandeur ;

— la prostitution vénale ;

— enfin l'homosexualité comme pratique régulière et exclusive de toute autre relation.

Nous aborderons brièvement ces différentes questions car, si les pratiques homosexuelles et le choix homosexuel rigoureux ne concernent effectivement qu'un nombre limité d'adolescents, il n'en va pas de même des fantasmes d'homosexualité et parfois des expériences de type homosexuel dans cette première partie de l'adolescence.

➤ La crainte de l'homosexualité, l'homosexualité fantasmée

Certains jeunes adolescents se sentent parfois plus attirés par des adolescents de même sexe et ressentent une crainte d'être homosexuels. Beaucoup de spécialistes considèrent que cette crainte est relativement normale au début de l'adolescence et fait en quelque sorte partie du développement. En effet, dans le cours du processus identificatoire, l'adolescent a besoin de mettre à distance le parent du même sexe, ce qu'il fait souvent dans un contexte agressif. Toutefois, certains adolescents, pour contrôler cette agressivité, ou pour la dénier, adoptent une position inverse de relative soumission inconsciente envers le parent du même sexe, donc vers un autre soi-même. Ce choix transitoire ne fait que traduire le travail psychique résultant du lien œdipien au parent du même sexe. D'autres, au contraire, se sentent attirés par l'image narcissique qu'ils souhaiteraient avoir.

Qu'il s'agisse inconsciemment d'une soumission à l'égard du parent du même sexe pour dénier toute tendance agressive envers celui-ci, ou qu'il s'agisse de la recherche d'une image idéale du sexe auquel ils appartiennent, dans les deux cas, le « choix d'objet » peut s'apparenter à un choix homosexuel.

Dans certains cas, ces pensées, ces craintes, ces fantasmes peuvent connaître un début de mise en acte avec la pratique d'attouchements ou de quelques ébauches de relation.

➤ Attouchements homosexuels, relations homosexuelles ponctuelles

Lorsqu'ils se pratiquent entre adolescents du même âge, les attouchements ont plus souvent pour rôle de susciter un certain éveil à la sensualité que de confirmer ou de provoquer le destin homosexuel de l'individu. Dans les internats accueillant des adolescents ou des adolescentes, ces jeux de rapprochement corporel sont bien connus des pédagogues, des éducateurs.

Ces moments suscitent à la fois une attirance excitante et inquiète, un rejet honteux ou une dévalorisation méprisante. Les masturbations mutuelles, les jeux sexuels entre adolescents du même sexe traduisent en général un mouvement de régression face à la crainte hétérosexuelle plutôt qu'un réel choix homosexuel.

Il faut savoir que de telles pratiques homosexuelles intermittentes n'inscrivent pas nécessairement l'adolescent dans un destin homosexuel durable et exclusif. Elles doivent d'abord être dédramatisées, de façon à ce que le vécu de honte, très fréquent, ne conduise pas l'adolescent à une répétition de ces comportements.

En revanche, la réaction des adultes peut être déterminante lorsqu'elle donne le sens d'un choix homosexuel délibéré à de telles conduites. L'adolescent peut se sentir identifié comme homosexuel par l'adulte et dans un second temps, utiliser agressivement cette identification contre son corps et son choix d'identité sexuée.

➤ *Le traumatisme homosexuel subi par l'adolescent*

Il est quelques cas où l'adolescent, surtout le garçon, est victime de véritables violences homosexuelles. Dans ces situations, il semblerait que l'attitude intempestive de l'entourage, les mesures judiciaires associées – certes justifiées – puissent parfois avoir plus de conséquences néfastes que les faits eux-mêmes, du moins dans le cas de certains adolescents. Des enquêtes auraient montré que, passée la période du traumatisme, ceux-ci ne présentent pas, par la suite, de déséquilibre psychique majeur qui les conduise à modifier ultérieurement leurs comportements sexuels. Laissons cependant chacun juger.

➤ *L'homosexualité vénale*

Elle concerne surtout les garçons. L'homosexualité vénale implique deux séries de facteurs.

- On trouve d'une part des facteurs liés à l'environnement : l'adolescent est en général pris dans un réseau où il se trouve exploité par des adultes.
- S'ajoutent d'autre part des facteurs psychologiques : des carences affectives, des carences éducatives voire un état d'abandon sont souvent au premier plan chez ces adolescents et jeunes adultes.

Le lien avec la toxicomanie est souvent rencontré. Le problème est ici plus typiquement médico-légal.

➤ *L'homosexualité exclusive et persistante*

Seul un petit nombre d'adolescents, rarement dans la première partie de l'adolescence, semble s'organiser définitivement dans un « choix d'objet » homosexuel qui exclut tout objet hétérosexuel. Ce choix traduit en général une orientation définitive dans l'identité sexuée déjà plus ou moins apparente au cours de l'enfance. La pratique régulière de relations homosexuelles confirmera peu à peu l'adolescent, puis le jeune adulte dans cette identité sexuée.

En conclusion

Le terme d'homosexualité regroupe en réalité des dimensions psychologiques et des comportements extrêmement variables.
Les parents doivent savoir que l'existence de fantasmes homosexuels ou même de jeux homosexuels en début d'adolescence n'inscrit pas nécessairement l'individu dans un choix homosexuel ultérieur. En revanche, il s'avère que la répétition des expériences homosexuelles, et surtout l'exclusivité de ce type de relation sexuelle, aboutiront sans doute à la constitution d'une identité durablement installée.

La vie amoureuse

Si l'amour n'a pas d'âge, l'adolescence est bien l'âge de l'amour. Dans son livre, *L'État amoureux*, le psychanalyste C. David introduit le sujet en soulignant son extrême complexité et pose la question clé : « Comment passer d'une expérience sensible à la théorie d'un état ? » Deux écueils guettent celui qui évoque la vie amoureuse, à tous les âges de la vie et en particulier à l'adolescence : celui d'un point de vue théorique froid, aseptique, affadi sur un état à la fois universel et insaisissable (« Il appartient à l'essence d'un sentiment d'être perçu » disait Freud), et celui qui consisterait à s'engager dans le « monstre hybride de la phénoménologie », tant l'état amoureux se réfère au registre de l'expérience.

Sans prétendre les éviter totalement, je proposerai deux réflexions que la vie amoureuse des adolescents m'inspire.

Première réflexion : comment passer du bonheur de vivre la naissance de l'amour, à l'expression de son dessaisissement, reprenant en cela la formule de *L'Éducation sentimentale* de Flaubert : « Ce fut comme une apparition, et ce fut » ? Si l'amour passion est attention suprême portée à un être, comment se présente la perte de ce miroir qui faisait vivre sous le regard de l'autre ? Quelles figures prendront les larmes d'Éros, quelles scènes représentera ce drame du détournement ? Doit-on accepter ce décret de Shakespeare : « [...] Cet amour n'est pas l'amour – qui change quand il trouve ailleurs un changement – ou se détourne dès que l'autre se détourne. » (Sonnet 116, traduction H. Thomas) ?

L'amour à l'adolescence est pris dans un double mouvement : comme relation à autrui, il oscille entre la contingence et la nécessité, comme relation à soi-même, il ne peut se concevoir sans la dimension de « folie » qu'il évoque, sans cette grande « fête maniaque », et donc sans son opposé, une mélancolie inconsolable. Éros qui rit ne peut se concevoir sans Éros qui pleure. Les amours de l'adolescence et leur devenir nous en donnent les images les plus spectaculaires. Cet état amoureux peut se définir superbement à la manière de Baudelaire : « Sous le fouet du plaisir, ce bourreau sans merci. »

Ainsi les parents d'adolescents sont confrontés indirectement à ce jeu des passions humaines, même s'ils veulent décliner toute participation réelle à leur élan.

Mais une autre réflexion me semble alors à soulever : quelle place les parents peuvent-ils prendre dans ce qui les concerne et ce qui leur échappe ?

Élodie, âgée de 17 ans, commence sa séance de psychothérapie en disant que cette semaine, elle a fait deux rêves : dans l'un, sa mère mourait, dans l'autre, son petit ami Nicolas aussi. Dans le premier rêve, sa mère était dangereusement accrochée à une balustrade du balcon de leur appartement et, elle, Élodie, la poussait dans le vide. Non seulement sa mère mourait mais c'était elle l'agent de sa mort. Dans le second rêve, elle poursuivait son petit ami avec un autre garçon qu'elle ne connaissait pas, et à nouveau, elle était l'agent d'un meurtre, celui de Nicolas.
Élodie s'interroge d'autant plus sur ces deux rêves que sa mère et son petit ami sont les deux personnes au monde qui en ce moment comptent le plus pour elle. Elle aime autant sa mère qu'elle hait son père. Elle se sent totalement amoureuse de Nicolas, son petit ami qu'elle connaît depuis la rentrée scolaire. Ils sont l'un et l'autre en troisième. Sa relation à sa mère est marquée à la fois par l'impression que celle-ci l'étouffe et par un sentiment d'abandon dès que sa mère prend de la distance – quand elle lui demande de se débrouiller seule ou lui répond qu'elle est occupée. Élodie « l'asticote », dit-elle, jusqu'à ce que sa mère s'intéresse à elle ou la rejette violemment. Cette jeune fille a tout à fait conscience de ses mouvements contradictoires mais ne peut y échapper. Elle se sent d'autant plus gênée par cette relation et par ses reproches à l'égard de sa mère que celle-ci connaît en ce moment des problèmes professionnels importants. Mais : « Elle garde toujours ses soucis pour elle ! dit Élodie, surtout ceux pour lesquels mon beau-père est directement concerné » (sa mère et son beau-père travaillent ensemble).

Le récit d'Élodie et ses rêves montrent que la vie amoureuse à l'adolescence et le couple réel ou imaginaire qu'elle soude se nourrissent de mythes, comme celui de « Roméo et Juliette », et de dictons populaires tels que : « Les amoureux sont seuls au monde ».

Les parents se trouvent donc confrontés à ce sentiment étrange : ils ont conscience que leur enfant vit un moment très important et en même temps, ils ne peuvent pas dire ni faire grand-chose.

L'amour n'est pas le sexe

Si de nombreux écrits ont pour rôle bénéfique de faire connaître la sexualité et les pratiques sexuelles, ils risquent aussi, derrière l'avalanche de chiffres, de faire oublier le vécu sensible de chaque individu et sa réalité psychique. Il est d'autant plus difficile de parler d'amour et de sexualité à propos des adolescents, que la société et l'évolution des mœurs jouent un rôle considérable. Jadis, l'œil collé au trou de la serrure, les enfants cherchaient à savoir ce que leurs parents faisaient dans la chambre conjugale. De nos jours, les adultes aimeraient bien savoir ce que leurs adolescents font dans leurs chambres. Inversion des rapports de génération, puisque maintenant, même très jeune, l'enfant sait que pour faire un bébé on met « le zizi dans la fente », tandis que les adultes s'interrogent sur la sexualité de leurs adolescents. Les nombreux sondages, articles, enquêtes qui, presque chaque semaine ou chaque mois, ont pour thème la sexualité de l'adolescence, l'âge des premiers rapports, la masturbation témoignent de cette singulière curiosité, mais beaucoup moins portent sur l'état amoureux. En effet, ce n'est pas en une ou deux pages que l'on peut en parler, chacun sait qu'il faut plutôt un roman entier.

➤ *Le besoin d'un scénario amoureux*

La mise en acte de la vie amoureuse mobilise chez l'adolescent sa vie imaginaire et fantasmatique. Bien des rêveries à l'adolescence tournent autour de la conquête amoureuse. Ce qui implique non seulement le choix de l'autre avec la reconnaissance de ses « qualités » (sexuelles, esthétiques, intellectuelles, morales, physiques...), mais aussi l'élaboration progressive d'un « scénario » amoureux. C'est ainsi que s'intègrent les pulsions libidinales ou agressives sous forme de diverses fantaisies (jeux de caresses et baisers, fantaisies sexuelles, etc.).

Le temps de la « vie sexuelle » va s'opérer peu à peu grâce au travail psychique de conjonction entre ce scénario imaginaire et la réalité de la relation amoureuse : le partage à deux puis l'échange de ces scénarios amoureux fonderont la relation d'amour entre les deux personnes. Mais dans quelques cas, au contraire, les peurs profondes auront pour but de maintenir une disjonction entre un scénario imaginaire gardé secret et une relation limitée à sa « fonction » sexuelle : le but de l'individu sera alors d'« exploiter » son partenaire pour alimenter en secret son scénario sexuel. La sexualité d'un couple s'organise autour de cette double acceptation et reconnaissance – de soi-même et de l'autre –, ou au contraire de ce double refus et méconnaissance de soi-même et de l'autre.

➤ *Le poids de la pression culturelle*

En matière de sexualité, la pression culturelle, quelle qu'en soit la nature, est considérable. Jadis, la force des interdits et les menaces liées à la réalisation sexuelle étaient source d'une angoisse relativement vive. Ainsi la crainte de la grossesse envahissait souvent les pensées de la fille ; chez le garçon, la peur que sa partenaire ne tombe enceinte et, à un moindre degré la peur de la syphilis, ont aussi suscité bien des inhibitions.

De nos jours, les appréhensions évoquées ci-dessus paraissent dépassées. Mais d'un point de vue collectif et culturel, l'adolescent est désormais confronté, non plus à des interdits, mais à des exigences. En témoignent les questions répétitives que se posent les adolescents et qu'ils osent parfois formuler auprès du gynécologue, du psychologue, du psychiatre : « Est-ce que je suis normal ? » ; « Est-ce que c'est normal ? » Ce besoin de normalité, toujours énoncé avec anxiété, représente probablement le tribut que chaque adolescent paie à la libération des mœurs. N'ayant pas d'interdits à respecter ni de menaces à redouter, en contrepartie, la société exige de lui qu'il se plie à une norme, celle d'une sexualité qualifiée de « normale », sexualité heureuse, libérée, orgastique, dans laquelle l'individu doit trouver son bonheur.

➤ *Le temps du désir*

Enfin dernière remarque, il est évident qu'aujourd'hui les adolescents accèdent plus facilement aux relations sexuelles que la majorité de ceux des années 1960-1970. La virginité a perdu de sa valeur. Or, parvenir au plaisir implique la reconnaissance en soi de ce vécu sensible, de cette mise en représentation mentale dont il a été question précédemment. Cela demande du temps dont on pourrait dire qu'il est le temps du désir.

Malheureusement, certains adolescents s'ouvrent à la sexualité sans avoir véritablement éprouvé ce temps du désir. Il faut cependant ici introduire une différence entre les filles et les garçons.

Dans une enquête réalisée en 1992, sur une population de 10 600 filles de 13 à 25 ans, 79 % d'entre elles disent être amoureuses lors du premier rapport sexuel (laboratoires Organon). Les sentiments qui poussent à l'acte sexuel sont différents chez les filles et les garçons. Majoritairement, les filles font l'amour par amour (60 %). Près de la moitié des garçons le font par attirance ou par désir physique, l'amour ne concerne que 38 % d'entre eux. Il y a un décalage entre le motif invoqué pour la première relation sexuelle et le sentiment déclaré pour son partenaire ; dire qu'on est amoureux rend légitime le premier rapport sexuel. 93 % des garçons disent avoir eu du plaisir contre 65 % des filles. Ces différences n'empêchent pas que 87 % des filles et 70 % des garçons disent être amoureux de leur partenaire. Les sentiments et les désirs autres que physiques sont l'élément sur lequel les filles se démarquent toujours nettement des garçons.

Notre expérience nous montre que la sexualité qui engage l'individu dans sa globalité ne saurait être aussi facile, aussi immédiatement évidente et satisfaisante pour l'adolescent, qu'un certain discours médiatique se plaît à le laisser entendre. La libéralisation des mœurs, la pression des normes sociales, la courbe du temps dans notre société ne respectent pas nécessairement le besoin de tolérance de l'individu envers son monde de fantasmes et de fantaisies et l'indispensable durée pour que s'organisent le désir et le plaisir.

Le choix amoureux

Il y a dans le choix amoureux un jeu de conquête de l'autre. Celle-ci, contrairement à ce que les adolescents souhaitent ou croient (surtout les garçons), ne se fait pas en un jour ni en une fois. Il y aura des périodes de doute, de certitude et d'enthousiasme, des avancées, des retours en arrière, des découvertes soudaines avec le sentiment d'avoir obtenu la totalité des réponses, des désillusions, etc. Ce sont toutes ces incertitudes, tous ces flottements, ces va-et-vient, que les parents connaissent bien et qui font la spécificité de la vie « amoureuse » de leurs adolescents, surtout au début de l'adolescence.

➤ *Le premier amour*

Le paradoxe est que cette conquête doit commencer par un éloignement, celui des parents et des imagos parentales intériorisées. Ce paradoxe explique que le choix de l'autre peut se faire malgré tout inconsciemment en fonction de ces imagos œdipiennes : l'adolescent peut choisir inconsciemment un « objet » qui présente des caractéristiques similaires à celles de ses imagos œdipiennes, pour la fille par exemple, son père. Pour les psychanalystes, le choix inverse, c'est-à-dire le fait de choisir une personne qui a les caractéristiques opposées à celles des imagos œdipiennes, présente la même signification. Ainsi la fille choisira soit un garçon qui « ressemble » à son père, soit qui en est l'image opposée. Inversement, le garçon sera attiré par une petite amie qui ressemble à sa mère, ou qui en est l'image inverse. Cette ressemblance ou cette opposition n'est pas nécessairement globale et peut ne concerner qu'un domaine de la personnalité : type de caractère, intérêt dans la vie, allure physique, etc.

Mais l'adolescent peut aussi aimer celui ou celle qu'il considère comme le propre reflet de lui-même, celui ou celle qu'il aimerait être. Aimer celui ou celle qu'on croit être est le type même du « choix narcissique ». Aimer celui ou celle qui ressemble à son idéal est un autre choix, moins directement narcissique, mais cependant déterminé par l'image idéale de soi-même que chacun se construit, précisément, au cours de l'adolescence. L'adolescent peut encore choisir celui ou celle dont il est aimé pour étayer la propre estime qu'il se porte ou pour combler les craintes et les incertitudes sur cette estime : se sentir aimé de quelqu'un apporte bien la confirmation que l'on a une certaine valeur, au moins pour cette personne. Beaucoup d'adolescents, on le sait, doutent intensément de leur valeur.

Parler à un adolescent de la vie amoureuse et sexuelle

Le premier vrai baiser, le flirt

Aujourd'hui, le premier vrai baiser se situe aux alentours de 13 ans. Une évidence ? Pas tant que cela. Si ce sont les adolescents qui décident eux-mêmes et si les parents sont généralement hors jeu, ce n'est pas une raison pour ne pas parler de cette première vraie étape.

Ce premier baiser garde pour le jeune adolescent tout son parfum de surprise, de plaisir et d'interdit. Il est sûrement vécu avec moins d'appréhension qu'auparavant mais il reste un véritable rite d'initiation. Il ne s'associe néanmoins pas généralement à la première relation sexuelle qui survient *en moyenne* trois ans plus tard. L'éveil de la sensualité continue de nos jours à se savourer progressivement. Tout ne se joue pas en une seule nuit, contrairement à ce que certains pourraient croire (et à ce qui se passait, certes à un âge plus avancé, il y a un siècle ; le flirt est une invention de la seconde moitié du XXe siècle). Ce temps est propice aux confidences avec le parent le moins « inhibant » pour l'adolescent. À ce parent de répondre à ce souhait dès que l'adolescent « tend la perche ».

À l'adolescence, le flirt prend beaucoup d'importance. Le mot vient de l'anglais *to flirt* qui vient lui-même du français « conter fleurette ». Conter fleurette, cela signifiait parler des fleurs et il existait d'ailleurs tout un langage symbolique des fleurs, que l'on retrouve par exemple dans *La Guirlande de Julie*, recueil de madrigaux à l'intérieur duquel des fleurs peintes viennent dire à Julie d'Angennes tout l'amour que lui porte le duc de Montausier : c'était en 1634... Aujourd'hui, sous le terme de flirter, on désigne une activité préliminaire, un préalable, un prélude à l'amour plus sur le plan physique qu'intellectuel. Il s'agit essentiellement de l'échange de baisers sur la bouche ou des moments préliminaires de ce que sera plus tard l'acte sexuel. Il peut donc pendant plus ou moins longtemps résumer l'échange sexuel entre les deux adolescents qui ne veulent ou ne peuvent pousser plus loin leur relation.

Qu'il s'agisse de la muqueuse des lèvres et de la langue ou d'autres stimulations cutanées (caresses diverses), le flirt suscite un plaisir au niveau de l'enveloppe corporelle. Il n'y a donc pas d'intrusion ni d'effraction de l'organisme de l'autre mais plutôt exploration et reconnaissance des limites mutuelles avec excitation de zones sexuelles.

Qu'est-ce qui se joue dans ce premier baiser ? À quoi correspond-il ?

- Le premier baiser, c'est tout d'abord le symbole de l'accession à la sexualité adulte. L'enfant en a souvent été le témoin oculaire, que ce soit dans la réalité ou au cinéma. Embrasser l'autre sur la bouche, c'est donc faire comme les adultes et s'avancer confusément vers tout ce que le flirt annonce.
- Compte tenu de l'activation des zones « sexuelles » à cet âge, le baiser sur la bouche entre en résonance avec toute la problématique orale que revit l'adolescent. Il retrouve inconsciemment les premiers moments de plaisir intense que lui procuraient les tétées au sein maternel ou au biberon.
- La symétrie du baiser abolit la différence des sexes : la relation entre adolescents est souvent une relation en miroir où chacun cherche à se trouver dans l'autre. Le flirt incarne donc cet échange imaginaire particulier.

La première relation sexuelle

Elle a généralement lieu (il s'agit d'une moyenne) autour de la dix-septième année. Le premier rapport sexuel n'est pas une chose dont les adolescents parlent volontiers avec leurs parents ; seuls 16 % des garçons et 26 % des filles disent l'avoir fait, mais ils sont sans doute dans un climat de confiance puisque pour près de 90 % d'entre eux, les parents ont bien réagi.

On peut comprendre de différentes façons les pré-adolescents qui dès 11-13 ans se lancent de façon précoce dans l'exercice de leur sexualité. Ces expériences sexuelles prématurées peuvent être entendues comme :

- L'espoir que leur partenaire leur apportera une possibilité de se sentir moins seul(e). Ils espèrent que ce dernier leur accordera une affection et une attention que leurs parents, de leur point de vue, ne leur ont pas accordées.
- Un problème d'identité sexuelle ou plus profond. Certains adolescents essaient ainsi de résoudre leur difficulté de construction et d'achèvement de leur identité sexuelle ou de leur personnalité en commençant très tôt les expériences sexuelles. Ils espèrent ainsi que l'exercice de leur sexualité les établira une fois pour toutes dans une identité stable. Au contraire, ces expériences précoces, en se répétant, les installent dans une image extrêmement négative d'eux-mêmes allant à l'encontre de leur sens moral. Ce cercle vicieux finit par les convaincre que personne ne peut les respecter tout comme eux-mêmes ne se respectent pas.
- Se prouver et prouver aux autres l'absence de problème sexuel. L'adolescent se lance dans l'activité sexuelle non par plaisir mais pour montrer qu'il n'a pas de problème sexuel. Il est évident que ce genre de démarche ne fait qu'accentuer les difficultés sexuelles dont l'adolescent se sentait déjà confusément porteur.
- Ces expériences sexuelles, lorsqu'elles sont trop précoces, en se révélant aussi insatisfaisantes les unes que les autres, peuvent entraîner chez l'adolescent un certain dégoût de la sexualité ou du moins la croyance qu'il ne pourra jamais la vivre dans le plaisir. Et effectivement, sa vie sexuelle sera rarement satisfaisante.

« En général, combien de temps dure une première relation ? »

La durée d'une relation peut se définir comme le nombre de mois durant lesquels les partenaires ont des relations sexuelles. Il y a des cas où la relation est interrompue puis reprise. Cette première relation est pour la majorité quelque chose qui se conjugue au passé. En effet, 82 % des garçons et 59 % des filles ne « sortent plus avec » leur premier partenaire. La moitié des jeunes ont eu une première relation dont la durée varie d'un jour à un mois. Il y a proportionnellement plus de garçons que de filles à avoir une première relation sexuelle courte (un mois ou moins). Inversement, les filles sont plus nombreuses à avoir une première relation longue de six mois ou plus.

« En quoi filles et garçons vivent-ils différemment cette première relation ? »

Il faut distinguer le vécu des adolescentes de celui des garçons. Rappelons que les filles font l'amour par amour (60 %). Près de la moitié des garçons le font par attirance ou par désir physique, l'amour ne concerne que 38 % d'entre eux, 93 % des garçons disent avoir eu du plaisir contre 65 % des filles. Mais à 15 ans pour une fille, c'est quand elle veut, quand elle se sent prête ; pour un garçon, c'est quand il peut. Ce sont les filles qui continuent à dominer clairement le jeu ; les garçons et les filles le savent. Cela n'est pas forcément plus facile pour un sexe que pour l'autre, mais pour des raisons différentes : pour les filles, parce qu'elles savent qu'il s'agit d'un engagement de leur part, pour les garçons parce qu'ils ne savent jamais s'ils ne vont pas trop vite, trop tôt, trop loin et qu'ils risquent de perdre la face.

Ensuite, filles et garçons n'ont pas toujours la même expérience : en effet, 70 % des filles ont eu leur premier rapport avec un partenaire qui n'était pas vierge, ce n'est le cas que de 47 % des garçons. Les garçons interrogés entrent plus souvent dans la vie sexuelle à parité d'expérience avec leur partenaire, alors que les filles sont majoritairement initiées par un partenaire plus expérimenté, ce qui est bien sûr lié au fait que les filles ont plus souvent que les garçons un partenaire plus âgé qu'elles d'au moins deux ans.

Les difficultés

Si les sondages sont prolixes sur l'acte sexuel, sur l'âge des premiers rapports, leur fréquence, le nombre de partenaires, ils sont en revanche beaucoup plus discrets, voire quasi muets sur les sensations éprouvées, le plaisir retiré, l'impression de satisfaction. Au sujet du plaisir ou de la satisfaction, un sondage SOFRES, déjà ancien (février 1984), montrait que 59 % des personnes, tous âges et sexes confondus, gardaient un souvenir agréable de la première expérience sexuelle, et 32 % se disaient déçues.

Beaucoup d'adolescents se trouvent rassurés par une expérience sexuelle satisfaisante, par l'établissement d'une relation amoureuse qui permet la découverte de l'autre, l'ouverture partagée à des intérêts nouveaux. Les satisfactions retirées compensent largement et au-delà les pertes par rapport à l'enfance ou les craintes initiales. L'adolescent peut alors « se laisser aller » dans cette relation amoureuse dont l'acte sexuel sera l'heureux et satisfaisant paradigme. Il faut préciser que ce type de relation s'observe plus souvent chez le « grand » adolescent, vers 17-18 ans, que chez le jeune adolescent. Mais il y a les 32 % de déçus...

En dehors de toute enquête générale, notre expérience de clinicien nous conduit à la constatation suivante : lorsque l'adolescent a des relations sexuelles pour satisfaire un certain besoin de normalité (pour faire comme tout le monde en quelque sorte), et ce d'autant plus qu'il est relativement jeune, le plaisir retiré de la relation sexuelle est souvent minime. S'il ressent une satisfaction, c'est « celle de l'avoir fait » plus que des sensations réellement éprouvées au moment de l'acte amoureux.

L'opinion de cette adolescente est certes caricaturale mais elle ne constitue pas une exception : « En deux minutes, tout était terminé. Je n'avais pas la moindre sensation agréable mais j'étais soulagée de pouvoir me rhabiller en vitesse. Nous descendîmes boire un café. Là seulement je me suis sentie heureuse que ça ait eu lieu... » Cette absence de plaisir ou ce plaisir mécanique qui ne répond pas aux attentes parfois imaginées peut conduire certains adolescents à se vivre comme « anormaux » ou du moins à s'interroger sur leur normalité.

➤ *Les difficultés transitoires*

Entre les premières masturbations du jeune adolescent et la découverte du partenaire avec lequel l'individu établit une relation pleine et entière à l'orée de l'âge adulte, il s'écoule une période assez longue. Il n'est pas exceptionnel que pendant cette période, l'adolescent vive diverses expériences allant de l'auto à l'hétéroérotisme, pouvant éventuellement changer de partenaire. Les difficultés dans la réalisation sexuelle sont sinon constantes au début, du moins extrêmement fréquentes.

■ Chez le garçon, on peut citer la relative fréquence de l'éjaculation précoce, plus rarement l'impuissance (ou absence d'érection), ou encore l'anorgasmie (ou absence d'éjaculation). Ces deux dernières difficultés sont moins fréquentes que la première, mais elles peuvent survenir au cours des premiers rapports sexuels.

■ Chez la fille, on peut évoquer la douleur à l'intromission (dyspareunie), la douleur vaginale (vaginisme), l'absence de sensation éprouvée, l'absence d'orgasme.

Si les premières relations sexuelles sont effectuées dans un climat de confiance avec un partenaire envers lequel l'adolescent éprouve tendresse et affection, ces difficultés ne surviendront pas ou s'atténueront et disparaîtront ; le couple d'adolescents accédera progressivement à des relations de plus en plus satisfaisantes.

En revanche, ces premières expériences peuvent être source de traumatismes psychiques, surtout si elles ont été accomplies « pour voir comment c'était », avec le besoin de normalité comme guide essentiel ou pour tenter d'échapper inconsciemment à un lien œdipien trop contraignant. Dans ces conditions, l'adolescent peut se vivre comme porteur d'une sexualité anormale ou d'un appareil génital lésé, tous fantasmes qui vont dans le sens d'une « angoisse de castration » autour de laquelle risquent ensuite de se pérenniser et de se figer les diverses difficultés énoncées. Bien entendu lorsque l'entourage, c'est-à-dire le ou la partenaire, mais aussi les amis et surtout les parents, entendent eux aussi avec anxiété les doutes et inquiétudes de l'adolescent, toutes les conditions sont réunies pour que l'acte sexuel s'accompagne d'une angoisse importante. Des troubles névrotiques ultérieurs peuvent ainsi se constituer.

➤ *La multiplication des partenaires*

Certains adolescents cherchent, à travers la multiplication des partenaires et des aventures, une solution à des relations sexuelles vécues comme insatisfaisantes. Ces adolescents sont relativement peu nombreux, puisqu'à peine 7 % des garçons reconnaissent avoir eu six partenaires au moins ou plus, chiffre qui pour les filles est de 2 %. Néanmoins, il faut savoir que la multiplication des expériences sexuelles et des partenaires représente souvent pour l'adolescent, surtout s'il est jeune, une sorte de fuite dans le passage à l'acte qui risque, peu à peu, de dévitaliser la conduite amoureuse, réduisant celle-ci au simple « coït ».

Certains adolescents cherchent ainsi à soigner leurs déceptions, voire même leur dépression ou encore leur maltraitance quand ils étaient enfants. La relation amoureuse risque alors de ne plus être vécue comme une occasion d'établir des liens et des échanges affectifs avec une personne. Souvent, ces relations sexuelles multiples s'inscrivent dans un vécu basé uniquement sur une dimension utilitaire, d'exploitation de l'autre ou par l'autre. L'abord psychologique en profondeur de ces adolescents montre qu'ils souffrent souvent d'un doute intense sur leur sentiment d'identité, ou d'un lien extrêmement fort, serré et excessivement ambivalent à des images parentales dont ils n'ont pas pu se dégager suffisamment. Ainsi, en apparence ils cherchent de multiples partenaires, mais c'est parfois pour mieux conserver dans le secret de leurs fantasmes un lien privilégié avec l'un de leurs parents, même si, mystère de la psychologie humaine, il a été maltraitant.

Bien entendu, la multiplication de ces expériences sexuelles ouvre la porte aux risques liés à ce type de pratique : survenue de grossesse, maladies sexuellement transmissibles dont la menace du sida.

La contraception

L'utilisation de la contraception orale s'est étendue aux adolescentes à partir des années 1970, et s'est ensuite largement diffusée. En parallèle, les autres méthodes contraceptives, et notamment l'utilisation du préservatif, ont été passablement délaissées. À partir des années 1980, l'augmentation du taux de MST dans la population adolescente, avec leurs risques de séquelles sur la vie reproductive (stérilité tubaire, grossesse extra-utérine) et la fréquence des formes asymptomatiques des infections à *Chlamydia Trachomatis* (CT) ont conduit à proposer un dépistage systématique de ce germe chez les adolescents. À partir de 1983, l'épidémie de sida a incité à promouvoir la prévention primaire des MST par l'utilisation du préservatif (ou condom), et les campagnes d'information sur le risque de transmission sexuelle du virus VIH ont entraîné une modification importante des pratiques contraceptives dans les pays développés. On observe une diffusion récente mais tout à fait réussie du préservatif, et cela essentiellement chez les adolescents et les jeunes adultes.

On ne doit plus aborder aujourd'hui de façon séparée prescription contraceptive et prévention des MST, et il importe d'évaluer les risques liés à la vie sexuelle des adolescents dans leur globalité. Une telle évaluation, qui impose la mise à distance d'a priori moralisateurs, doit se fonder sur une réflexion éthique qui intègre toutes les spécificités propres à l'adolescence.

➤ Les moyens contraceptifs des adolescents d'aujourd'hui

Un sondage réalisé pour le magazine *ELLE* par l'IFOP en 1997 montre que 58 % des jeunes utilisent la pilule, 38 % la pilule seule et 20 % la pilule plus le préservatif. Comme le soulignent les deux journalistes, Marie Renaudin et Marie-Pierre Lannelongue : « On aurait pu croire que la pilule ne symbolisait plus, pour les jeunes, cette immense révolution qu'elle a été pour leurs mères. Et donc, qu'elle allait subir une baisse d'utilisation, notamment chez les 17-24 ans, au profit du préservatif. Il n'en est rien. Près de 60 % des jeunes qui ont recours à la contraception utilisent la pilule et, selon des études de l'INED (Institut national d'Études démographiques), celle-ci progresse depuis 1988, et dans tous les milieux sociaux. L'une des raisons serait que les pilules les plus modernes ont moins d'inconvénients pour la santé et donc suscitent moins de réticence chez les médecins. La pilule est parfois prescrite aux ados en dehors de tout rapport sexuel, par exemple pour régulariser le cycle. L'arrivée du préservatif ne lui a donc pas nui. Il a cependant pris une place importante lors des premiers rapports sexuels. Les 13 % de jeunes qui disent l'utiliser comme unique moyen de contraception n'ont pas d'une façon générale une vie sexuelle régulière et stable, et emploient le préservatif à la fois comme contraceptif et comme protection contre les MST. Dès qu'une relation stable s'installe, la fille passe à la pilule, voire à la pilule plus préservatif, celui-ci étant utilisé dans le cas d'une nouvelle rencontre, ou, si elle continue à vivre en célibataire, avec des partenaires multiples. »

➤ L'efficacité des méthodes contraceptives

Il est important de savoir à l'adolescence quel est le moyen le plus efficace. Une étude américaine a recherché le taux d'échec au contraceptif dans les douze premiers mois d'utilisation chez les jeunes de moins de 20 ans en distinguant ceux qui utilisaient parfaitement leur méthode des autres. Le tableau suivant donne la réponse.

LE TAUX D'ÉCHEC DES DIFFÉRENTES MÉTHODES CONTRACEPTIVES

Méthode contraceptive	Utilisation parfaite	Autres utilisations
Pilule	0,1 %	8 à 18 %
Préservatif	2 %	11,4 à 22,3 %
Spermicides	3 %	29,7 à 35 %
Diaphragme	6 %	10,6 % à 35,5 %

Rappelons enfin que pour la pilule à l'adolescence, les gynécologues recommandent en première intention, sans indication particulière, une pilule dosée à 30µg d'éthinylestradiol.

➤ *La contraception d'urgence ou « pilule du lendemain »*

La contraception d'urgence sert à la prévention des grossesses en cas de rapports non protégés. Les mères de famille et leurs jeunes filles devraient mieux la connaître : des progrès sont régulièrement faits. On peut recevoir maintenant un seul type d'hormone et non deux comme précédemment, le levonorgestrel, un progestatif de synthèse : à douze heures d'intervalle deux fois 750 microgrammes. L'efficacité est améliorée et la tolérance augmentée.

Rappelons que la contraception d'urgence doit correspondre aux critères d'urgence et de détresse et qu'elle est d'autant plus efficace qu'elle est mise en œuvre précocement, c'est-à-dire dans les vingt-quatre heures suivant la relation sexuelle. Mais le taux d'échec reste acceptable, même lorsque la méthode est appliquée entre les quarante-huitième et soixante-douzième heures (27 %).

Il faut bien informer l'adolescente que la méthode de contraception d'urgence protège pour une relation sexuelle et non pour les suivantes.

Chez une adolescente qui prend une pilule œstrogéno-progestative, la contraception d'urgence n'est utile que pour un oubli de trois à quatre pilules dans la deuxième semaine de la plaquette ou pour un oubli d'une pilule ou plus dans la première semaine.

Les abus sexuels

Il s'agit d'une des pires violences qui existent. Rappelons qu'environ 70 % des abus sexuels chez les jeunes sont commis par des personnes qu'ils connaissent. Rappelons aussi que cela peut constituer un secret terrible pour l'adolescent, et que plus il est jeune, plus ce secret pèsera lourdement.

Le viol est un crime, quelles que soient les circonstances de cette agression. La personne violée n'est pas coupable de ce qui a pu arriver. « Tout acte de pénétration sexuelle, de quelque nature qu'il soit, commis sur la personne d'autrui, par violence, contrainte, menace ou surprise est un viol. » (Article 222-23 du Code pénal.)

Les autres agressions sexuelles, commises avec violence, sous la contrainte, la menace ou par surprise, sont considérées comme des délits : ce sont les tentatives de viol (sans pénétration), les attouchements, la masturbation, les prises de photos ou visionnages pornographiques sous contrainte, qu'il s'agisse d'actes que l'agresseur pratique sur sa victime ou qu'il contraigne celle-ci à les pratiquer sur lui.

Je vous conseille

Tout d'abord prévenir, c'est-à-dire apprendre dès l'enfance aux enfants qu'ils doivent se protéger de ce risque. Quelques conseils pratiques ne sont pas superflus :
— ne jamais ouvrir à un étranger quand on est seul à la maison,
— ne jamais accepter une promenade de la part d'un étranger,
— toujours éviter les endroits sombres ou les endroits qu'on ne connaît pas,
— sans se méfier exagérément, si on se sent suivi, se rapprocher de quelqu'un en qui on a confiance ou rester au milieu d'autres personnes.
Ensuite, si un abus est constaté, toujours consulter dans les plus brefs délais.

La première visite chez le gynécologue

Il s'agit surtout ici de rassurer l'adolescente. Le docteur Lucien Chaby, dans son livre *L'Adolescent et son corps*, indique les questions qu'un gynécologue, toujours avec nuance et prise en compte de la sensibilité à cet âge, est amené à poser à une adolescente qui consulte. Préparez votre fille en lui parlant de ces questions.

Les principales questions que peut poser le gynécologue :

— À quel âge avez-vous eu vos premières règles ?

— Quand avez-vous eu vos dernières règles ?

— Avez-vous des cycles (période entre deux menstruations) réguliers ?

— Avez-vous subi des interventions chirurgicales ? Avez-vous eu des maladies importantes ?

— Vos règles sont-elles douloureuses ?

— Ressentez-vous des douleurs en dehors des règles ?

— Avez-vous remarqué des pertes vaginales inhabituelles ?

— Existe-t-il dans votre famille des maladies importantes ?

Préparer l'adolescente à ces questions l'aidera et aidera le médecin, permettant ainsi d'établir un contrat de confiance nécessaire encore plus qu'à tous les autres âges de la vie.

La vie familiale

Je ne reprendrai pas ici les questions sur la communication avec un adolescent, sur l'autorité, ni sur les problèmes posés par les configurations familiales actuelles, toutes ces questions ayant été traitées précédemment. J'aborderai dans cette partie les principaux sujets de conflits ainsi que les comportements de consommation tabagique et de drogue qui inquiètent tout particulièrement les parents.

Frères et sœurs

Tout d'abord une remarque : ce que j'évoque sur ce sujet dans « Les années collège » est globalement valable pour « Les années lycée » que je décrirai plus loin. Il n'y a pas de différences fondamentales, à ce propos, entre les adolescents les plus jeunes et les plus âgés.

Les relations entre frères et sœurs se modifient sensiblement à l'adolescence. Pendant l'enfance, on peut observer tous les registres allant de la complicité à l'agressivité en passant par le maternage et la rivalité, d'un couple à l'autre de frères et de sœurs. À l'adolescence, s'ajoute le mode de relation que les parents ont avec chacun de leurs enfants. Celui-ci peut changer la tonalité affective de la relation à l'intérieur de la fratrie. On peut assister ainsi à des basculements dans les systèmes relationnels, en sachant aussi que les puînés peuvent définir leur place et leur relation suivant celles occupées par l'aîné. Ainsi, après un aîné très rebelle, il est plus facile d'exprimer sa différence en étant particulièrement soumis aux désirs de ses parents. Et vice versa. S'affranchir et accentuer ses différences avec ses frères et sœurs est une autre façon pour un adolescent de s'affranchir et de se différencier de vous.

Les relations avec les frères et sœurs peuvent de fait prendre une tonalité agressive. Il est important de s'en rendre compte ; les ruptures entre vos enfants peuvent intervenir à ce moment de leur vie. Mais à l'inverse, de bien meilleures relations entre l'un ou l'autre peuvent alors apparaître, avec une connivence qu'ils n'avaient pas manifestée de cette façon au cours de l'enfance.

L'aîné occupe parfois une place particulière. Tout en critiquant fortement les exigences parentales le concernant, il en intègre implicitement les aspects maturatifs, il peut alors veiller de son propre chef, plus scrupuleusement et rigidement encore que ses parents ne l'ont fait à son égard, à ce que ses cadets suivent des préceptes parentaux en fait dictés par lui. C'est à vous dans tous les cas d'exercer l'autorité parentale ; vous ne devez pas la déléguer à l'un de vos enfants. Elle n'en sera que plus juste. Ces attitudes sont d'autant plus sujettes à se manifester que cet aîné vit dans une famille monoparentale.

Les problèmes rencontrés sont souvent liés à l'exemple que devrait ou ne devrait pas donner le nouveau promu au statut d'adolescent à ses plus jeunes frères ou sœurs. La présence d'un aîné permet à toute la famille d'assister à son accès plus ou moins conflictuel à l'autonomie. Cela doit être une expérience utile pour vos autres enfants. Comme vous, ils doivent en tirer certains enseignements. Les problèmes non suffisamment résolus avec un aîné risquent de retentir sur les suivants. Le caractère de chacun intervient néanmoins beaucoup.

Je vous conseille

— Vous devez respecter la singularité de la personnalité et la vitesse de développement de chacun de vos enfants.

— À l'adolescence, les tensions familiales s'exacerbant, il est conseillé de ne pas prendre ouvertement parti dans les conflits pouvant exister entre vos enfants, les plus petits n'ont pas toujours raison. Il suffit d'essayer d'être juste, c'est-à-dire, de trouver ensemble des compromis, un contrat. Mieux, vous pouvez ordonner à vos enfants de trouver ensemble un arrangement, avant que vous en trouviez un pour eux.

— Vous devez aussi donner à votre jeune adolescent, surtout si c'est l'aîné, le sentiment que vous lui reconnaissez un nouveau statut ; vous pouvez par exemple, en tant que père, l'emmener seul à un match que l'un et l'autre avez envie de voir. En même temps, vous devez rappeler, si besoin est, à votre adolescent qu'il a de nouveaux droits mais que ces droits entraînent de nouveaux devoirs (d'exemple, de responsabilité, etc.).

Je vous déconseille

— Il est important d'éviter toute comparaison entre vos enfants, même si vous les gardez pour vous. Il faut apprendre à raisonner autrement. Vos enfants sont différents, différents les uns des autres, et différents de vous. Ils sont incomparables : chacun doit avoir une place particulière auprès de vous.

— Il faut savoir écarter toute relation de rivalité ou de maternage entre eux. Évitez notamment de leur dire continuellement que vous ne faites aucune différence entre eux et que ce que vous donnez à l'un, vous le donnez également à l'autre. Le répéter sonne faux et vos enfants le percevront très rapidement. Vos gestes perdront toute valeur : vos enfants ne sauront plus s'ils leur sont vraiment adressés ou si c'est seulement pour compenser ce que vous avez accordé à l'un en particulier. Au lieu de vous le reprocher, c'est à leurs frères et sœurs qu'ils en voudront. Montrez leur concrètement ce souci d'égalité, cela aura un poids beaucoup plus important.

Les principaux sujets de conflits

Le téléphone

Les conversations téléphoniques constituent le centre de la vie sociale des jeunes adolescents et plus spécialement des adolescentes. C'est une manière pour eux de garder le contact avec le monde extérieur. Mais les lignes téléphoniques longuement occupées, les factures élevées ne sont pas sans conséquences sur l'harmonie familiale.

Je vous conseille

— Pour éviter les conflits qui peuvent naître autour du téléphone, les deux « parties », parents et adolescents, peuvent se mettre d'accord sur plusieurs points :

• Tout d'abord, il est important d'expliquer à l'adolescent les raisons pour lesquelles vous désirez qu'il limite ses conversations. Il faut qu'il apprenne à avoir un peu plus de considération pour le reste de la famille ; il doit comprendre que vous, ses parents, avez également une vie sociale, bien qu'elle puisse paraître moins « urgente » que la sienne.

• Il serait également pratique d'établir des horaires d'appels pour chaque membre de la famille. Chacun possédera ainsi un temps libre, n'appartenant qu'à lui, et pendant lequel il pourra se livrer à ses conversations. Ce système ne résout pas le problème des appels reçus de l'extérieur ; néanmoins, géré correctement, il peut être efficace.

— Il existe également une autre solution : celle d'une seconde ligne téléphonique. Dans ce cas, l'adolescent doit accepter de payer lui-même une partie de la facture avec son argent de poche. Mais cela ne doit pas empêcher de dresser des limites concernant les heures passées au téléphone. Le téléphone portable ne facilite qu'en apparence les problèmes, car le coût excessif de son utilisation peut être prohibitif.

Je vous déconseille

— Il ne faut pas que le téléphone constitue un sujet de conflit au sein de la famille. C'est un problème facilement gérable qui ne mérite pas des conflits perpétuels.
— Bien sûr, si l'adolescent passe tout son temps au téléphone et néglige ainsi ses autres activités ainsi que son travail scolaire ou encore si l'utilisation intempestive du téléphone constitue un obstacle pour la vie sociale des autres membres de la famille, le problème est plus grave. Mais la source et les solutions se trouvent alors ailleurs.

Les sorties et les permissions

À partir d'un certain âge (généralement vers 12-13 ans), les soirées et les sorties en famille, ou les jeux à la maison avec les copains deviennent de moins en moins intéressants pour un adolescent et cèdent la place à des soirées entre amis, à des sorties au café ou au cinéma puis, un peu plus âgé, aux sorties en boîte de nuit, aux concerts, etc. La vie sociale de l'adolescent change.

Pour certains parents, la période de transition est parfois longue car ils ne sont pas encore prêts à accepter l'idée que leur enfant est en train de grandir. Pour d'autres, ce changement est tout à fait naturel et ils le gèrent bien. Néanmoins, l'idée que l'adolescent puisse faire de mauvaises rencontres, fréquente des milieux « à risque » ou parfois même tout simplement perde son temps hante l'esprit de la plupart des parents. Ils n'ont pas tort. La fréquentation de certains milieux peut mettre en péril la vie de l'adolescent en le conduisant à la drogue ou à des comportements déviants, et les sectes, pour leur part, préfèrent choisir leur proie parmi les plus jeunes et les plus vulnérables. Les parents doivent donc être vigilants mais cette vigilance ne doit pas devenir pour autant un obstacle à toute vie sociale pour l'adolescent.

Le plus important, c'est que vous appreniez à avoir confiance en votre adolescent. Pour y parvenir, il faut imposer des règles et les faire respecter. Ces règles doivent être fermes mais en même temps, rester ouvertes à des négociations selon les circonstances.

Sorties et soirées : ce que les parents doivent savoir

Avant de donner la permission de sortir, il faut que vous ayez un certain nombre d'informations, surtout quand il s'agit d'un jeune adolescent. Demandez donc :
— où et avec qui il passera la soirée,
— si des adultes y seront présents, et lesquels (parents du camarade ou autres),
— ce qui se passera pendant la soirée (musique, danse, jeux, etc.),
— à quelle heure elle débutera et combien de temps elle durera,
— et enfin par quel moyen il envisage d'y aller et de rentrer.

Il est toujours préférable que les parents accompagnent leurs adolescents et les ramènent eux-mêmes à la maison. Dans le cas de certains concerts par exemple, qui ont parfois lieu en dehors des villes et dans des endroits isolés, les parents doivent à tout prix envisager de conduire eux-mêmes leurs enfants au lieu de les laisser se débrouiller tout seuls pour le transport.

Certains adolescents peuvent protester contre ce genre de questionnement et en critiquer le caractère inquisitoire. Cette protestation peut donner lieu à des conflits parfois violents.

Je vous conseille

— *Il s'agit d'expliquer à l'adolescent les motifs d'une telle démarche et de les justifier.* Dire par exemple que les règles sont là pour le protéger et non pour le punir. Contrairement à ce que l'on pense, les adolescents ne sont pas toujours en opposition aux règlements. Les recommandations des parents sont souvent prises en considération, même si apparemment ils semblent s'en moquer. Les enfants qui connaissent bien la position des parents vis-à-vis des drogues, des cigarettes et de l'alcool sont moins enclins à en consommer que les autres.

Il ne faut donc jamais être découragé par l'opposition ou l'indifférence apparente des adolescents. Ce n'est qu'une façade et la plupart d'entre eux restent cependant réceptifs, dans le fond, aux recommandations parentales. Malgré leurs aspirations à une certaine autonomie, ils se sentent en réalité rassurés quand ils voient que leurs parents s'inquiètent pour eux ou sont là

dès que les choses vont mal. C'est pourquoi ceux-ci doivent toujours rester disponibles quoi qu'il arrive.
Dans cette logique, la transgression des règles peut parfois avoir pour objectif d'attirer l'attention des parents pour que ceux-ci s'intéressent mieux à eux.
— *Il est également important de manifester un certain intérêt* pour les sorties de l'adolescent. Demandez-lui par exemple, si ses amis et lui-même ont bien aimé le concert ou la soirée. Cela lui donnera l'impression que vous valorisez son opinion ainsi que celle de ses camarades et ouvrira une possibilité de dialogue. Cela dit, à l'inverse, il faut respecter le désir de l'adolescent de garder pour lui certains moments de sa vie, ce qui signifie que s'il n'a pas envie de répondre à vos questions et que votre intérêt l'agace plus qu'il ne le valorise, pour le moment n'insistez pas.
— *En ce qui concerne les sorties en couple,* elles débutent généralement vers la mi-adolescence, c'est-à-dire vers 15-16 ans. Il existe néanmoins des cas, surtout chez les filles, où l'intérêt de sortir seule avec un garçon commence très tôt. Le problème est que ces filles sont souvent attirées par des garçons plus âgés qu'elles et que ces derniers peuvent avoir des exigences sexuelles qu'elles ne sont pas encore prêtes à assumer. Par ailleurs, ces mêmes adolescentes peuvent négliger leur vie sociale, leurs études, et adopter des comportements qui dépassent leur âge (comme être obligée de fumer pour être acceptée par le groupe de son ami, etc.). Tout cela requiert donc une vigilance extrême de la part des parents.

Je vous déconseille

— Il ne faut pas opter pour « la manière forte » et empêcher l'adolescent de sortir uniquement pour avoir la conscience tranquille ou par souci de contrôle absolu de sa vie sociale. Cette attitude rigide montre souvent l'incapacité des parents à gérer certaines situations.
— Empêcher l'adolescent de sortir signifie aussi refuser le fait qu'il est en train de grandir. En revanche, accepter l'autonomisation de son enfant, avoir confiance en lui et gagner son respect, c'est lui laisser une certaine liberté tout en gardant un œil bienveillant sur lui. Il faut, comme on l'a dit, parvenir à lui monter votre intérêt pour sa vie sociale tout en respectant son espace intime.

Les vêtements

Par son apparence excentrique, jugée souvent ridicule par les parents, l'adolescent ne cherche pas seulement à être à la mode. Derrière ces bizarreries, se cache toute une manière d'être, un désir de grandir et d'être reconnu par ses pairs.

- La recherche d'une identité : quand un adolescent choisit un look qui ne correspond pas nécessairement aux critères de « présentation correcte » des parents, il ne s'agit pas là d'une simple provocation à leur égard. C'est plutôt une façon de montrer qu'il est en train de grandir et de construire sa propre personnalité.
- La communication : pour les adolescents, le look est un moyen privilégié de communication avec les autres. Ainsi, en optant pour le look « rappeur » ou le look « rocker », certains adolescents désirent communiquer leur goût pour ce genre de musique et pensent s'intégrer plus facilement dans un groupe qui partage les mêmes goûts que lui.
- L'envie de plaire : l'adolescent recherche l'originalité par rapport aux parents mais quand il s'agit d'être accepté par un ami ou par un groupe, son souci serait plutôt de lui ressembler, même si cela doit le conduire à entrer en conflit avec ses parents.
- La lutte contre les changements : l'adolescence est une période d'extrême fragilité. Les émotions fortes que l'adolescent ressent et les transformations corporelles qu'il subit lui donnent l'impression qu'il ne contrôle plus son corps. Le look qu'il choisit et qu'il contrôle lui permet de mieux s'adapter à sa nouvelle situation et de mieux accepter son corps qui change malgré lui.

Je vous conseille

— Vous avez tout intérêt à laisser l'adolescent faire face à sa nouvelle situation et s'adapter à son entourage comme il l'entend, autrement dit, à laisser votre enfant choisir son apparence. Mais cela ne signifie pas que vous ne devez pas intervenir du tout. Parfois, le jeune adolescent n'est pas tout à fait conscient des problèmes d'hygiène ou de santé et des conséquences de ses provocations.

Pour les tendances actuelles comme le *piercing* ou le tatouage, vous devez veiller à donner votre point de vue et exiger qu'ils se déroulent dans des conditions d'hygiène convenables. Aujourd'hui, dans certaines régions, ils sont pratiqués sans garantie médicale, avec des risques de transmissions de maladies et des risques d'infections. Ainsi, au lieu d'interdire à une adolescente de se faire percer le nombril (tendance très à la mode en ce moment), il serait peut-être préférable de lui faire prendre conscience du côté imitation qu'elle manifeste par ce geste et en cas d'échec de votre autorité de l'aider à choisir un endroit où ce *piercing* pourra s'effectuer dans de bonnes conditions.

— Vous devez intervenir également quand l'adolescent devient littéralement obsédé par les vêtements et les marques. Il faut essayer de lui expliquer que donner une bonne image de soi ne se limite pas aux vêtements qu'il porte, mais qu'au contraire, il possède bien d'autres qualités en lui que les autres peuvent également apprécier comme la générosité, l'humour, etc.

— Enfin, soyez vigilant à ce que l'adolescent et plus spécialement l'adolescente ne choisisse pas de porter des vêtements trop provocants, à l'école comme ailleurs. Cela peut la mettre dans des situations embarrassantes qu'elle n'a pas encore la maturité nécessaire pour gérer. Comme diraient les adolescents : « trop c'est trop ».

Je vous déconseille

— Il ne faut pas imposer à l'adolescent ses propres goûts concernant les vêtements, par souci de « bonne présentation », mais lui faire des suggestions est fortement recommandé. Il faut comprendre aussi que le « public » auquel un adolescent s'adresse n'est pas forcément celui des adultes, encore moins des parents.

— Il ne faut pas non plus diaboliser les nouvelles tendances. Si les vêtements que porte l'adolescent semblent bizarres et incompréhensibles pour les parents, cela ne veut pas dire qu'ils le conduisent nécessairement à tomber dans la marginalité ni à consommer des drogues.

— Certains parents pensent faire plaisir à leurs enfants en répondant à leurs exigences excessives concernant les marques. En réalité, ils risquent de les rendre esclaves de ces marques. Il faut pouvoir expliquer que plus qu'autre chose, le choix des marques doit avoir un rapport avec la qualité et non répondre à une sorte d'exhibitionnisme publicitaire du nom du fabricant.

— Enfin, il ne faut pas penser que par ses vêtements, l'adolescent cherche à tout prix à provoquer ses parents. Cela créerait des tensions là où il n'y en a pas. Un look ne répondant pas aux critères des parents n'est pas nécessairement une déclaration de guerre mais peut constituer une étape importante qui aidera l'adolescent à développer sa propre personnalité.

La chambre

Une chambre d'adolescent sens dessus dessous est un phénomène tellement banal que l'on se demande parfois si le contraire n'est pas inquiétant...

Cependant, malgré la banalité de la situation, le désordre n'est souvent pas toléré à la maison. Des déclarations telles que : « Tant que tu es chez nous, tu feras ce qu'on te demande de faire, plus tard dans ta maison, tu verras... » n'aident pas vraiment à résoudre les conflits.

Si l'adolescent ne partage pas la chambre avec un autre membre de la famille, il est essentiel que les parents respectent cet espace personnel. L'adolescent doit être libre d'aménager et de décorer sa chambre comme il l'entend. Car après tout, étant donné tous les changements qu'il subit par ailleurs, il est important qu'il possède un cadre sécurisant, qu'il gère et contrôle à sa guise et sur lequel il peut compter.

Je vous conseille

À force de laisser « traîner » toutes sortes de choses (restes de nourriture, vêtements sales...), les conditions hygiéniques d'une chambre peuvent se dégrader. À ce moment-là, vous pouvez intervenir pour expliquer à l'adolescent les inconvénients d'une telle situation, sans pour autant mettre vos propres sentiments en avant.

Il faut également que l'adolescent sente l'obligation d'entretenir sa chambre pour lui, sans qu'il y ait toujours quelqu'un pour le faire à sa place.

La propreté

De nombreux parents sont irrités par les soins négligés, les tenues vestimentaires laissant à désirer et le désintérêt apparent qu'un jeune homme ou une jeune fille porte à sa chambre. L'adolescence à ce niveau rappelle parfois la toute petite enfance, pendant laquelle les parents devaient assumer les soins élémentaires et en particulier la propreté.

Le problème, à l'adolescence, c'est que puisque l'adolescent passe son temps à réclamer son autonomie et à vouloir être reconnu comme responsable, il devrait être capable d'assumer seul tout ce qui concerne les soins de sa personne et de sa chambre. Or c'est souvent l'attitude inverse qui prévaut. Il y a certes un certain laisser-aller mais aussi le plus souvent, une sorte de provocation.

Comment réagir ? L'attitude reste ici celle du bon sens et de l'attention affectueuse : trop de saleté doit être considéré comme une attaque à l'égard de soi-même ou de ceux qui la subissent. Mais si cette négligence reste dans des limites raisonnables, il n'y a pas de raison d'en faire une une raison supplémentaire de conflit.

Un cas particulier est l'attitude inverse de certains adolescents – plus généralement des filles – pour lesquels ce sont surtout les excès de préoccupation concernant la propreté qui inquiètent. Ici, le risque de véritables attitudes obsessionnelles doit être considéré et au moindre doute, il vaut mieux en parler discrètement à son médecin pour avoir un conseil ; ces comportements peuvent en effet révéler un état d'esprit favorisant l'anorexie mentale ou une véritable névrose obsessionnelle.

La musique

Aujourd'hui, il est pratiquement impossible de concevoir une adolescence sans musique. Comment expliquer ce phénomène qui semble subjuguer tous les adolescents de la planète sinon par le fait que la musique a toujours été et reste toujours un mode d'expression privilégié de la solidarité qui unit toute une génération ?

Le monde de la musique est en perpétuel mouvement. Chaque génération a sa musique. Aujourd'hui, à la place du *rock'n' roll* des années 1950, il y a la *techno*, le *rap*, le *hip hop*. Chaque fois, la génération qui précède a un peu de mal à comprendre ou à aimer la musique de la nouvelle génération.

L'adolescent n'écoute pas la musique de la même façon qu'un adulte. Pour lui, la musique dépasse le simple loisir pour devenir un moyen de se calmer ou au contraire d'exprimer ses émotions fortes et même parfois sa révolte contre le monde des adultes. Elle lui procure également un sentiment d'appartenance à un monde différent. Si la musique devient de plus en plus forte de nos jours au point de poser un problème médical pour certains adolescents, c'est peut-être parce que dans le monde d'aujourd'hui, tout évolue avec violence, à une vitesse incroyable et que la musique suit ce rythme.

Musique : ce qui inquiète les parents

Depuis plusieurs décennies déjà, le monde des musiques contemporaines reste très lié à la drogue. Par ailleurs, les paroles sont de plus en plus extrêmes et provocatrices. Les parents se posent alors des questions concernant l'influence de la musique sur leurs adolescents. Écouter ce genre de musique les incitera-t-il à prendre de la drogue ? Risquent-ils de succomber plus facilement à la violence que ces styles musicaux semblent véhiculer ?
Il n'existe aucune preuve tangible jusqu'à présent de l'influence directe de la musique sur les comportements déviants. Parfois, ce qui intéresse les ados, c'est le rythme, plus que les paroles. La criminalité et la prise de drogue chez les adolescents ne peuvent pas être les conséquences directes d'un genre de musique. Les choses sont beaucoup plus complexes. Certains parlent d'exacerbation des comportements, mais cette réponse excessive peut être évitée si les parents restent accessibles, disponibles et ne laissent pas leurs adolescents se cloîtrer dans leur monde. Quand il y a un problème de drogue ou de comportement violent, c'est ailleurs que dans la musique qu'il trouve sa source.

Je vous conseille

— La première chose à faire, c'est d'éviter de *juger* le goût de l'adolescent en musique. Rappelez-vous la passion que vous éprouviez, au même âge, pour la musique de votre époque. Les parents qui trouvent la musique de leur adolescent exaspérante sont tout le temps en conflit avec eux, pour un enjeu qui n'en vaut vraiment pas la peine.
— Si la musique qu'écoute votre adolescent est trop forte et dérange tout le monde, vous pouvez lui conseiller de mettre des écouteurs et le laisser libre de choisir ce qu'il a envie d'entendre.
— Au lieu de centrer vos angoisses sur le contenu des paroles, il faudrait plutôt vous inquiéter des problèmes d'audition qui menacent actuellement les adolescents. Les progrès technologiques permettent de dépasser les limites acceptables par l'oreille humaine, ce qui peut entraîner des troubles irréversibles de l'audition. C'est vrai pendant les concerts mais aussi dans les boîtes de nuit ou lorsqu'on écoute de la musique avec un *walk-man*. C'est pourquoi il est important de rester vigilant. Bien sûr, convaincre un adolescent d'écouter moins fort n'est pas toujours facile. Des avertissements comme : « Tu vas te crever le tympan » ne suffisent pas vraiment à le dissuader. Il faut alors étudier la question de plus près et en discuter afin de sensibiliser l'adolescent à ce problème, en lui montrant par exemple les articles écrits à ce sujet.

La télévision

Il n'existe pas de parents qui ne se soient un jour ou l'autre inquiétés de l'impact des images violentes montrées à la télévision sur le comportement de leurs enfants. Cette question hante les esprits des chercheurs psychologues et sociologues depuis fort longtemps, mais aucune étude rigoureuse, prenant en compte tous les biais possibles, n'a été réalisée qui puisse prouver que l'exposition à ce genre d'images entraîne des comportements violents chez les jeunes.

Cependant, il existe un danger incontestable sur lequel plusieurs spécialistes s'accordent : consommer chaque jour des images de violence peut « désensibiliser » l'adolescent qui finit par les trouver banales et, en quelque sorte, normales.

« Pourquoi les jeunes sont-ils tant attirés par la télévision ? »

La télévision, dans ses séries et dans ses films, propose des histoires extraordinaires, avec des personnages qui vivent des aventures hors du commun. Elle permet aux jeunes de transcender les banalités quotidiennes en s'identifiant aux héros dont ils suivent la destinée.

La violence, c'est-à-dire les histoires de crime, de vol, voire de viol, quant à elle, permet à l'adolescent de projeter sur l'écran sa propre agressivité envers les autres. C'est ce que l'on appelle la fonction cathartique : Aristote parlait déjà des effets purificateurs que la représentation d'une tragédie grecque pouvait avoir sur les spectateurs. On peut penser que dans une certaine mesure, la représentation télévisuelle de la violence peut agir comme une « purgation des passions » qui animent l'adolescent. Et ce n'est pas un hasard si la plupart des jeunes sont particulièrement attirés par le cinéma dit fantastique, qui fait intervenir des scènes d'horreur, souvent très sanguinolentes.

Cela ne signifie pas pour autant que de telles images sont recommandées pour aider l'adolescent à maîtriser son agressivité. Elles peuvent lui donner des idées et exacerber certains comportements latents.

Je vous conseille

— Il ne faut pas laisser la télévision dicter ses valeurs morales à un enfant. C'est à vous de les lui transmettre. Si, dans une famille, les choses importantes de la vie sont définies en référence à des valeurs stables et cohérentes, il y a peu de chance que l'enfant se laisse totalement influencer par les images qu'il voit.

— Vous devez également envisager de passer un peu plus de temps avec vos adolescents : si vous les négligez, si vous ne faites rien ensemble, si vous ne vous intéressez pas à eux, cela les pousse à regarder la télé faute de trouver quelque chose de mieux à faire. Si, comme de nombreux parents, vous vous plaignez du nombre d'heures que votre adolescent passe devant la télévision, le mieux est d'envisager de lui proposer des activités plus intéressantes, jeux de société, films, musées, matchs sportifs, etc.

— Si la violence à la télévision est pour vous une source d'inquiétude, il vaudrait mieux regarder le film avec l'adolescent afin de pouvoir en discuter après. Cette discussion peut être bénéfique car elle éclaircira l'avis de chacun sur les images présentées. Ainsi, les parents peuvent comprendre l'impact de ces images sur leurs adolescents et ces derniers ne sont pas laissés seuls à les juger.

Faut-il avoir peur de la télévision ?

Les rapports entre télévision et violence sont complexes et encore mal élucidés. Bénéfique pour ses effets cathartiques, dangereuse parce qu'elle banalise certains comportements, la télévision inquiète les parents autant qu'elle attire les jeunes.

Quoi qu'il en soit, le fait d'utiliser la télé comme seule explication de la violence chez les jeunes, même si son rôle est sérieusement à prendre en compte, risque de déresponsabiliser les parents et de garder leurs yeux fermés sur la cause véritable de cette violence qui peut parfois être un cri de protestation contre les défaillances des fonctions parentales.

Nous n'avons parlé que de la violence mais certains parents s'inquiètent aussi des feuilletons « à l'eau de rose » et autres sitcoms que les adolescents et en particulier les adolescentes regardent. L'inquiétude est ici plus intellectuelle. Elle peut être compensée en proposant à l'adolescent des intérêts culturels attirants : théâtre, cinéma, lecture, etc.

Les fréquentations

Le milieu que fréquente l'adolescent dicte très souvent ses comportements et participe à la structuration de sa personnalité. Il peut être enrichissant, aidant l'adolescent à développer ses potentialités, comme il peut être néfaste et menacer son avenir.

Nombreux sont les parents qui ont peur que leur enfant ne se laisse influencer par des amis peu recommandables. Ces mauvaises fréquentations sont possibles partout, même dans les milieux les plus favorisés.

Hautement influençable, poussé par le désir de grandir, de devenir autonome et de voler de ses propres ailes, le jeune adolescent renonce à l'idée que ses parents sont des êtres tout-puissants et cherche de nouvelles valeurs ailleurs. Cette mise en question des parents est une étape importante dans la vie de tout adolescent. C'est de cette façon-là qu'il se détache de sa dépendance morale vis-à-vis d'eux et se prépare pour sa vie adulte.

Pour un parent, cesser d'être une figure idéale aux yeux de son enfant et céder sa place à un copain ou à un autre adulte ou même à une star n'est pas toujours facile à assumer. L'essentiel, dans ce cas, est de se montrer compréhensif et de donner à son adolescent la liberté nécessaire, sans pour autant renoncer à son rôle de parent.

Ce sont les pairs qui exercent l'influence la plus importante pendant l'adolescence. Cette influence apparaît à tous les niveaux : tenue vestimentaire, attitude, goûts musicaux, littéraires, choix des sorties, etc. Mais le jeune adolescent peut payer cher le prix de son acceptation au sein d'un groupe. Il peut par exemple, négliger son travail scolaire pour ne pas être exclu d'une bande de jeunes à laquelle il tient à adhérer et dont les membres sont tous en situation d'échec scolaire. Cette influence peut aller encore beaucoup plus loin et pousser l'adolescent à la marginalisation et la drogue. Sur dix personnes interrogées à propos de leur première prise de drogue, plus de la moitié répondront sûrement qu'ils ont essayé parce que les autres le faisaient.

Face aux dangers potentiels de l'influence que d'autres adolescents peuvent exercer sur leurs enfants, certains parents se sentent désemparés et désarmés. Comment peuvent-ils réagir face à ces influences ? Peuvent-ils vraiment empêcher les mauvaises fréquentations de leurs enfants ?

Je vous conseille

Tout d'abord, il faut savoir que même si l'adolescent remet constamment votre avis en question, vous ne cessez jamais d'avoir de l'influence sur lui. D'ailleurs, de nombreuses enquêtes effectuées sur le terrain le prouvent : vous avez encore et toujours un rôle à jouer et vous devez l'assumer jusqu'à ce que vos enfants atteignent la majorité.

— *Connaître les amis :* de façon générale, il faut reconnaître que lorsqu'un adolescent présente son ami(e) à ses parents, c'est un signe de confiance à leur égard. Vous devez donc apprendre à encourager ce comportement. Quand les parents respectent le choix de leur adolescent, celui-ci aura l'impression qu'il est tout à fait capable de faire de bons choix tout seul. Il a besoin de le savoir pour grandir.

Si celui-ci se montre extrêmement discret ou refuse de parler de ses fréquentations, il faut suspecter que derrière cette discrétion, se cache une fréquentation problématique dont l'adolescent est conscient. Il peut également choisir de cacher ses amis parce qu'il a peur de votre jugement, même si les amis en question n'ont pas une mauvaise influence sur lui. Dans ce cas, vous devez constamment insister pour être présentés aux amis de votre adolescent. Cela vous donnera une idée sur ce que votre enfant fait avec ses amis pendant votre absence.

— *Quand il n'est pas en bonne compagnie :* malheureusement, il arrive que l'adolescent ne soit pas en bonne compagnie. Si certains de ses amis vous déplaisent, il ne faut pas hésiter à montrer vos sentiments à votre enfant. La conduite à adopter doit être efficace sinon le but ne sera jamais atteint : interdire sévèrement toute fréquentation douteuse ne fait généralement qu'aggraver les choses, par contre, montrer fermement et clairement votre inquiétude est utile. Il faut être souple et prendre son temps pour expliquer à l'adolescent les raisons de votre désapprobation. Si ces raisons sont bien fondées, l'adolescent prendra conscience, tôt ou tard, des risques d'une telle fréquentation, et y renoncera éventuellement.

En revanche, si vous sentez que la sécurité de votre adolescent est menacée, il faut intervenir rapidement et par tous les moyens pour le préserver, quitte à entrer en conflit avec lui.

— *Guider les adolescents :* les adolescents, surtout ceux qui ne sont encore qu'au début de leur adolescence, ne doivent jamais être considérés comme des adultes. Ils ont encore besoin que les parents les guident dans leurs pas, même s'ils revendiquent une certaine autonomie. Les parents ne peuvent pas choisir eux-mêmes les amis de leurs adolescents ; mais ils peuvent leur donner la possibilité de se faire des amis « recommandables » en les aidant à rencontrer des jeunes du même âge, actifs et dynamiques, en les inscrivant à des activités valorisantes (club sportif, activités artistiques, etc.) et en les incitant à inviter ces amis. Ils peuvent également leur transmettre leur savoir ainsi que leurs expériences concernant l'amitié. Les encourager par exemple à privilégier, chez un ami, les qualités humaines (comme la générosité, l'ouverture aux autres, la modestie, etc.) plutôt que sa façon de s'habiller ou son succès auprès des autres. Enfin guider un adolescent, c'est aussi formuler des interdits.

— *Imposer des règles strictes :* il faut savoir que ces règles ne servent à rien si vous êtes incapables de les justifier ou de les faire respecter. D'autre part, avec ces règles, vous permettez à l'adolescent de connaître les limites de sa

nouvelle indépendance : s'il transgresse ces règles, vous devez envisager une punition adéquate, sinon il risque de ne pas vous prendre au sérieux. Paradoxalement, la présence de règles sécurise les adolescents car ils savent ainsi que quoi qu'ils fassent et où qu'ils soient, il y a toujours quelqu'un qui veille sur eux et attend leur retour.
— *Laisser à l'adolescent du temps libre :* certains parents se donnent beaucoup de mal pour choisir des activités culturelles et sportives intéressantes pour leur adolescent. Ces activités sont certes très bénéfiques et contribuent à la formation de sa personnalité, l'aident à vaincre sa peur, sa timidité et lui donnent confiance en lui. Mais vous devez également respecter le désir de l'adolescent de passer parfois des heures avec ses amis. Ce temps n'est pas du temps perdu, comme certains parents le pensent, mais participe à une étape importante dans le processus de l'adolescence.

Je vous déconseille

— Il est vivement déconseillé d'aboutir à des conclusions hâtives à propos des amis de votre adolescent. Le jugement des parents peut parfois être biaisé par les apparences ou par des critères sociaux. Cette attitude peut diminuer votre crédibilité auprès de l'adolescent qui ne comprendra pas et surtout n'acceptera pas les attitudes de rejet que vous avez envers son (ou ses) ami (s). Il s'agit d'essayer d'accepter la différence des amis et de ne pas les dévaloriser, sinon, c'est votre adolescent lui-même qui se sentira dévalorisé.
— Il ne faut pas trop envahir l'espace psychique de l'adolescent en l'obligeant à tout vous raconter. Il faut que l'adolescent possède un minimum d'espace intime avec ses amis afin de pouvoir se construire une vie sociale.
— Le recours à des mauvaises fréquentations doit être également une occasion pour les parents de jeter un regard sur eux-mêmes, sur leur relation avec leur enfant. Après tout, le comportement de leur enfant peut être un appel au secours !

L'argent

À l'adolescence, l'apprentissage de la gestion de l'argent et de l'épargne commence véritablement. Les jeunes, face à ces questions, ont déjà des attitudes très différentes selon les individus : l'un sera économe, l'autre dépensera tout ce qui passe entre ses mains.

Laisser un collégien s'acheter lui-même un vêtement qui n'est pas indispensable ou un objet superflu, éventuellement en participant à son achat, est de bonne guerre.

Une somme différente doit être donnée selon l'âge en sachant argumenter cette différence (degré de responsabilité par rapport à certains achats, égalité des sexes au même âge, etc.). En revanche, une parfaite égalité entre les enfants au même âge est à respecter.

La récompense par rapport au travail scolaire est logique mais les résultats scolaires doivent avant tout être l'origine d'un sentiment de réussite et de valeur personnelle (« tu dois être content ! ») plus que l'objet d'un marchandage affectif.

Accorder un budget fixe évite une source inépuisable de conflits et apprend à l'adolescent à distinguer deux modes d'action : satisfaire immédiatement ses désirs et épargner pour programmer la réalisation de ses envies à plus long terme. À mesure que l'adolescent grandit, les parents doivent l'accompagner vers l'indépendance financière.

Les « petits boulots » n'ont jamais fait de mal à personne : ils procurent un sentiment d'autonomie, représentent une valeur objective de l'effort fourni et aident l'adolescent à s'assumer. Évidemment au moment du collège, cela peut se faire en famille ou avec des amis des parents.

Le milieu adolescent est devenu aujourd'hui un milieu de forte consommation. Le choix énorme de disques, de jeux vidéos, de lieux de divertissement, de vêtements pousse l'adolescent à avoir des exigences financières que les parents trouvent parfois difficiles à comprendre et à gérer.

➤ *L'argent de poche, comment faire ?*

Beaucoup d'adolescents ont de l'argent de poche. L'enquête de l'INSERM[1] révélait qu'ils disposaient en moyenne (11-19 ans) de 194 F par mois. Ce n'est qu'un repère moyen. L'argent dépend des ressources de chaque famille. Par contre, il faut en parler, ce sujet reste encore trop en France un tabou. N'oublions pas que les jeunes d'aujourd'hui sont beaucoup mieux informés de ce qui se passe dans le monde – des inégalités, de la misère, de la réussite financière – que par le passé.

1. M. Choquet et S. Ledoux, 1994, INSERM.

L'attribution de l'argent de poche

L'argent de poche permet non seulement à l'adolescent de répondre à certaines exigences de son milieu, mais aussi de sortir d'une situation de dépendance totale vis-à-vis de ses parents. Ainsi, il y aura moins de confrontations avec ceux-ci car l'adolescent aura son propre territoire.

L'attribution de l'argent de poche n'est pas simple. Elle doit être bien adaptée à l'âge de l'adolescent, à ses centres d'intérêt, à ses besoins, aux prix actuels mais aussi et surtout à la situation financière des parents. Si la famille traverse une période difficile, il est important que l'adolescent soit mis au courant. Très souvent, les parents sous-estiment la capacité des adolescents à comprendre les difficultés financières de la famille. En réalité, ceux-ci sont non seulement capables de comprendre la situation beaucoup mieux que les parents ne le pensent, mais le fait d'être mis au courant peut les rendre plus responsables et renforcer leur solidarité envers la famille.

Les règles d'attribution de l'argent de poche doivent donc être fixées après un échange entre les parents et l'adolescent. Une fois les règles établies, aucune modification ne doit être possible sans une révision sérieuse de la situation.

La gestion de l'argent de poche

Aucun parent ne doit intervenir dans la gestion de l'argent de poche. L'adolescent doit être libre de dépenser comme il l'entend. C'est une bonne façon de lui montrer qu'on le considère comme une personne responsable et qu'on lui fait confiance.

Mais la gestion de l'argent n'est pas un don naturel, propre à chaque adolescent. Il arrive souvent que la somme soit rapidement épuisée. Là, les parents doivent être « éducatifs » : l'argent est une réalité qui ne se confond ni avec la réalisation systématique de ses désirs, ni avec le mépris des autres. C'est ainsi que l'adolescent apprendra à gérer son argent correctement dans l'avenir. Redonner plus d'argent avant la date prévue donne à l'adolescent l'impression que ses désirs peuvent être satisfaits à tout moment et que les règles que les parents ont établies ne sont pas sérieuses. En résumé, il est vivement conseillé aux parents d'être rigoureux, même s'ils n'ont aucun problème financier.

➤ *Les grands achats*

Bien sûr, tout ne peut pas être réglé par l'argent de poche. Certains achats dépassent le budget de l'adolescent et le conduisent à avoir encore une fois recours à ses parents. C'est le cas s'il souhaite s'acheter une « mob » ou un scooter par exemple. Là encore, il ne faut pas que l'adolescent ait le sentiment qu'il peut obtenir tout ce qu'il désire, simplement en le demandant. Il est préférable de réserver les grands achats pour les grandes occasions (Noël, anniversaire...) afin que ceux-ci aient de la valeur aux yeux de l'adolescent.

Il est également conseillé aux parents d'apprendre à l'adolescent à hiérarchiser ses besoins et à consentir à sacrifier une chose pour une autre. Si par exemple, il demande un ordinateur, il doit accepter, en contrepartie, de renoncer à un séjour à la neige, pour pouvoir l'obtenir.

Certains parents optent pour le prêt d'argent : ils avancent à leur enfant la somme nécessaire à l'acquisition de l'objet souhaité et demandent à être remboursés plus tard. Ce procédé n'est pas vraiment recommandable car il peut nuire à la relation parents-enfants : les parents ne sont pas des banquiers et doivent rester dans leur rôle de parents.

➤ *La rémunération*

Récompenser l'adolescent parce qu'il a bien travaillé à l'école ou parce qu'il a effectué des travaux à la maison ou même parce qu'il a aidé un cousin ou un oncle à déménager sont des procédés que l'on peut considérer comme des mauvaises idées. Pourquoi ?

Tout d'abord, l'adolescent doit pouvoir apprécier sa propre réussite. Si chaque bonne note est récompensée par les parents, pourra-t-il ensuite accepter de travailler sans récompense ?

Chez lui, l'adolescent doit savoir que donner un coup de main à un membre de la famille est un devoir et non un simple service. Il est responsable envers les autres comme les autres le sont envers lui. Par ailleurs, de façon générale, il doit aussi apprendre à être généreux envers les autres sans penser à être rémunéré.

Quoi qu'il en soit, les questions d'argent ne doivent jamais occuper le devant de la scène, même si la société d'aujourd'hui considère l'argent comme un critère de réussite. Un enfant ne doit pas grandir avec l'idée qu'il n'existe pas d'autres valeurs dans la vie. Comme je l'ai déjà dit, il ne faut pas non plus faire de l'argent un sujet tabou, comme l'a longtemps voulu la morale chrétienne, suspectant tout commerce et tout enrichissement d'immoralité. En somme, là aussi, tout se joue dans la mesure et l'équilibre, et l'adolescent doit apprendre à considérer l'argent comme un moyen de transaction dans notre société et non comme la fin de toute chose ou comme un objet honteux dont on ne doit pas parler.

Le collège

Nous sommes actuellement dans un contexte scolaire historique. Beaucoup d'adolescents obtiennent désormais le baccalauréat, et continuent au-delà leurs études. Il suffit d'interroger les grands-parents de ces adolescents pour se rendre compte du vaste phénomène de démocratisation qu'a connu l'enseignement secondaire. Mais contrairement à ce qu'on entend trop souvent, « l'horreur de l'école » n'est pas aussi évidente. Dans l'enquête déjà citée (INSERM 1994), près de la moitié des élèves avait déclaré aimer « beaucoup » ou « bien » l'école, un tiers disait l'aimer moyennement, et seulement 17,8 % l'aimer « peu » ou « pas du tout », expression dans mon expérience d'une « mauvaise rencontre » souvent depuis le CP entre la scolarité et son cadre et l'enfant.

D'après les sondages, parmi les préoccupations des jeunes adolescents, l'école viendrait en second après les relations avec les amis, et avant les loisirs, les relations amoureuses, et les relations avec les parents. C'est dire l'importance de l'école : si ce n'est pour les adolescents eux-mêmes, au moins pour la société française.

Après l'école primaire, l'enseignement secondaire commence par la sixième, avec l'entrée au collège. C'est pour les enfants un premier cap scolaire. C'est la première fois qu'ils sont confrontés à ce nouveau mode d'enseignement : un professeur pour chaque matière, des cours de cinquante-cinq minutes qui les obligent à changer de salle jusqu'à six fois dans une seule journée. Un temps d'adaptation leur sera nécessaire pour se repérer, aussi bien dans le temps que dans l'espace, au sein de ce nouveau monde scolaire, pour s'habituer aux différentes façons de travailler de leurs nombreux professeurs (jusqu'à huit !).

Les relations entre l'adolescent et ses parents s'expriment et s'organisent parfois de façon privilégiée à propos de la scolarité. La valeur accordée aux résultats, souvent très investis par les parents, représente en effet un terrain de choix où l'adolescent pourra exprimer son désir d'affirmation, son insatisfaction ou son mal-être. Les problèmes scolaires viennent augmenter les tensions et facilitent les décompensations d'équilibres fragiles. L'école devient assimilable à l'autorité parentale et inversement : de nombreux conflits à propos de l'école sont des « déplacements », c'est-à-dire des raisons apparentes cachant des raisons plus affectives profondes.

L'échec scolaire peut se manifester sous différentes formes allant du décrochage au désintérêt, en passant par le redoublement ou par une expression somatique variée : maux de tête permanents, troubles alimentaires, problèmes de sommeil, etc. Si les parents ont connu ou connaissent des difficultés professionnelles, ils seront enclins à « mettre la pression » sur leurs adolescents ; d'autres, pour éviter les conflits, auront tendance à ne pas se préoccuper de leur scolarité et même à excuser le jeune en difficulté scolaire. Ni l'une ni l'autre attitude ne permettent à l'enfant de trouver son chemin.

Les parents, de nos jours, sont loin d'être les seuls en cause. Le conservatisme des méthodes pédagogiques proposant parfois un enseignement non remis à jour et inadapté, le manque de passion ou la fatigue des enseignants pour transmettre un savoir contemporain dans des classes difficiles ou très hétérogènes, le poids des intérêts extrascolaires (télé, jeux vidéo), le manque de perspectives professionnelles (la lancinante peur du chômage) jouent un rôle grandissant dans le nombre des difficultés scolaires actuelles.

L'échec en sixième

L'adaptation demandée aux enfants par le système scolaire de niveau secondaire ne semble pas en elle-même problématique. Nous savons que les adolescents sont, à cet âge-là, en plein développement intellectuel et à la recherche d'autres relations sociales, nous savons qu'ils acquièrent de nouvelles capacités mentales, leur permettant d'intégrer de multiples connaissances à court terme : un mois leur suffit généralement pour s'adapter à ces changements.

Le travail à effectuer au collège ou à la maison (voir page 190), à partir de la sixième, peut devenir un casse-tête pour les élèves. L'apparition d'un emploi du temps, avec changement de professeur toutes les heures et tous les jours, nécessite que les enfants de sixième apprennent à se servir d'un cahier de textes. Cela va causer bien des sueurs froides à ces jeunes adolescents pendant le premier mois, mais très vite, ils vont apprendre à s'organiser, à faire leur travail à l'avance, et non pas forcément le jour même pour le lendemain.

Il ne faut cependant pas perdre de vue que ce changement n'est pas le seul. C'est en effet souvent au niveau de la sixième ou de la cinquième que les transformations pubertaires commencent. Elles occasionnent parfois des temps de crise, plus ou moins importants, mettant le jeune adolescent dans une incapacité momentanée d'assumer tous ces changements et l'obligeant à les intérioriser. Les enfants ne sont bien sûr pas identiques face à l'école : ils ont des rythmes, des besoins affectifs et sociaux différents.

Ainsi, il peut arriver, sans que cela ne présume véritablement de la suite de sa scolarité, qu'un jeune adolescent soit en échec scolaire en sixième, n'arrivant pas à intégrer en même temps tous ces changements, à les mener de front.

Je vous conseille

— Il faut pouvoir laisser au jeune collégien un trimestre d'adaptation.
— Si, au-delà de ce temps, les difficultés persistent, il faut s'en préoccuper en cherchant à comprendre le pourquoi de cet échec, avec le jeune adolescent, mais aussi avec ses professeurs.
— Le professeur principal est tout particulièrement chargé, en sixième, de veiller à la bonne adaptation des jeunes adolescents et de trouver le mode de soutien à apporter aux élèves en difficultés. L'intervention d'un psychologue ou d'un psychiatre, c'est-à-dire d'une tierce personne peut aussi aider à comprendre et à dénouer la crise. Je peux dire que j'ai le sentiment d'avoir changé le destin scolaire et donc le destin personnel de certains jeunes adolescents (et par la même occasion celui de leurs parents) en les aidant à exprimer leurs angoisses concernant ce début d'études secondaires, et ainsi, en leur permettant de se rétablir dans un équilibre et une estime d'eux-mêmes que cet échec mettait incontestablement en péril. Je l'ai fait avec d'autant plus de conviction que j'ai moi-même le souvenir d'avoir difficilement vécu cette passe.

La question des résultats scolaires

La pression sociale est forte quant aux questions de scolarité, et ce peut être parfois, pour un enfant et ses parents, un moyen de valorisation sociale. Mais il est aussi évident qu'en tout état de cause, un enfant a intérêt à réussir sa scolarité.

La réalité scolaire n'est pas aussi simple qu'elle en a l'air. Il est nécessaire de pouvoir considérer les résultats au collège, en tenant compte des résultats obtenus précédemment par l'enfant à l'école primaire. Les uns et les autres sont souvent en continuité, mais pas forcément. D'autre part, les résultats au collège peuvent aussi être moyens, irréguliers ou médiocres : à l'origine de ces résultats, on rencontre fréquemment les mêmes causes (voir section suivante pages 182 à 190), mais elles n'en restent pas moins uniques pour chaque collégien. La constatation des difficultés scolaires d'un adolescent est nécessaire, mais pas suffisante : il faut essayer de trouver la ou les causes de ses difficultés.

Parmi les causes les plus fréquemment rencontrées, il faut savoir reconnaître :

➤ *La répugnance à lire*

Au collège, les jeunes adolescents travaillent désormais avec des livres. Pour toutes les matières, y compris pour l'éducation musicale, il est nécessaire que les collégiens sachent lire, pour suivre non seulement le déroulement du cours et la succession des leçons, mais aussi pour apprendre les leçons et faire les devoirs à la maison.

Les enfants ont normalement appris à lire à l'école primaire. Si un jeune adolescent a pu parfois, jusqu'en sixième, cacher sa difficulté ou sa répugnance à lire, en développant des stratégies de compréhension différentes, le niveau scolaire et le type de travail demandés en sixième ne le lui permettent plus. Toute difficulté de lecture est alors un handicap très important pour un collégien, qui n'arrivera plus à suivre les cours et se retrouvera inévitablement en difficulté scolaire.

« Comment savoir qu'un adolescent a des difficultés de lecture ? »
Saisir que l'échec scolaire est dû à des difficultés de lecture, si le jeune adolescent ne le dit pas lui-même, n'est pas aisé, y compris pour un enseignant qui, aussi soucieux soit-il de comprendre, peut confondre ces difficultés avec un manque de motivation ou d'attention de l'élève.
Quelques signes pourtant peuvent nous mettre la « puce à l'oreille ». Par exemple, le jeune adolescent a des difficultés à lire une recette de cuisine, une notice d'utilisation d'un appareil audio, ou plus nettement encore, il ne lit jamais spontanément, ni par plaisir ni pour chercher une information. S'il lit quelque chose à voix haute, il va hésiter, avoir des difficultés à déchiffrer une syllabe qu'il prononce pourtant souvent, employer un mot pour un autre, ou bien il va utiliser un mot proche de celui qui est écrit, mais dont le sens ne va pas avec la phrase lue (« contre les bou(ts)x » pour « contre les poux », par exemple).

« D'où viennent ces difficultés de lecture ? »

Les raisons de ces difficultés peuvent être multiples :

— Cela peut être d'abord lié à un problème cérébral, mais la plupart du temps cette raison, peu commune, est détectée au plus tard à l'école primaire.

— Autre raison possible : les difficultés rencontrées à l'école primaire dans l'apprentissage de la lecture ont poussé l'enfant à développer une aversion pour l'acte de lire qui a persisté et l'a empêché de résoudre ses problèmes. Ceux-ci perdurent alors au collège.

— Enfin, troisième possibilité, peut-être la plus commune : le jeune adolescent n'a pas entretenu son apprentissage, pourtant acquis, de la lecture. Il sait lire, mais ne pratiquant pas régulièrement une activité de lecture, il n'a pas développé son apprentissage. Les parents n'ont pas forcément beaucoup de livres à la maison ; ils ne fréquentent pas non plus de librairie ou de bibliothèque municipale. L'enfant a, dans ces cas-là, peut-être manqué d'un modèle parental.

Pour comprendre la ou les raisons des difficultés ou de la répugnance à lire de leur enfant, il est préférable que les parents se fassent aider : ils éviteront ainsi de s'isoler, parfois de culpabiliser, en consultant d'abord les professeurs qui côtoient très régulièrement l'enfant et auront certainement quelque chose à apporter pour la compréhension de cette difficulté. Ensuite, il sera parfois nécessaire d'en parler avec l'enseignant et de consulter un médecin généraliste ou un psychiatre pour préciser la nature de la difficulté avant d'être orienté vers un orthophoniste ou un psychologue.

« Comment donner le goût de la lecture à un jeune adolescent ? »

On peut conseiller, de manière générale, à tous les parents de favoriser la pratique de la lecture chez leur adolescent, tout en préservant une lecture ludique et non pas obligatoire. D'abord, vous devez vous assurer que votre enfant a la possibilité de lire dans le calme à la maison ou dans une bibliothèque. Vous pouvez alors l'encourager à se rendre à la bibliothèque de votre ville ou de votre quartier, en l'accompagnant par exemple. Vous pouvez aussi lui proposer d'aller dans une librairie, ou au rayon de votre supermarché, pour choisir un livre. Ces dix dernières années, les éditeurs de livres pour la jeunesse ont fait beaucoup d'efforts et l'offre est beaucoup plus riche et variée qu'elle ne l'était autrefois. Autre façon de le motiver, vous pouvez parler de ses lectures ou de vos propres lectures pour partager avec lui le plaisir de lire. Il est aussi

Dyslexie et dysorthographie

La dyslexie désigne un trouble de la capacité à lire alors que l'adolescent est intelligent, et ne souffre pas de troubles de l'audition ni de la vision. Elle se caractérise par des confusions (un son pour un autre, un mot pour un autre), des inversions, des additions (l'enfant lit un mot qui n'est pas dans le texte). Elle est souvent suivie ou associée à la dysorthographie, c'est-à-dire à une absence de maîtrise des règles de l'orthographe et de la grammaire.
Avec l'âge et avec la pression grandissante exercée par le système scolaire, ces troubles peuvent devenir très handicapants pour l'enfant qui se replie sur lui-même et se désinvestit de son travail. On considère qu'environ 10 % des enfants souffrent de dyslexie-dysorthographie. Je vois régulièrement des adolescents pour des problèmes scolaires qui ont en fait été malheureux au cours de leur scolarité primaire en raison de ces difficultés ; il faut donc leur redonner confiance en eux.

possible d'abonner un adolescent à une revue dont le sujet, quel qu'il soit, l'intéresse : sport, moto, musique, etc.
Dans tous les cas, lire quelque chose (y compris certains romans qui peuvent vous paraître futiles) vaut mieux que ne pas lire du tout.

➤ *L'angoisse des maths*

Le programme de mathématiques au collège en général, dès la sixième en particulier, constitue un changement significatif de niveau par rapport au programme de l'école primaire. Les difficultés que peuvent rencontrer de jeunes adolescents en mathématiques sont assez similaires aux difficultés de lecture, avec cependant des conséquences bien différentes. De jeunes adolescents peuvent, en effet, avoir des résultats mauvais en mathématiques, sans que cela les mette en échec scolaire : ils peuvent avoir de meilleurs résultats dans les autres matières.

Les mathématiques permettent d'acquérir des modes de raisonnement logique, nécessaires au développement intellectuel des jeunes adolescents. Ce n'est cependant pas la seule matière qui le permet : ainsi les langues anciennes telles que le grec ou le latin, hélas de moins en moins enseignées, offrent aussi à l'élève cette possibilité d'acquisition, par le système des déclinaisons, de la structuration grammaticale, etc.

Les parents ne prennent pas toujours au sérieux les difficultés de leur adolescent avec les mathématiques : « Ce n'est pas un matheux... il tient de moi... »

et peut-être avons-nous donné à penser que nous les approuvions en partie. Croire cela serait cependant une erreur. Il y a au moins deux raisons pour que les parents prennent au sérieux les difficultés en mathématiques des jeunes adolescents :

- La première raison concerne l'orientation des élèves : ne pas avoir des notes et un niveau corrects en mathématiques ferme automatiquement des portes à l'adolescent, quant aux études possibles. Sans parler d'études de médecine ni des classes préparatoires aux grandes écoles (math sup ou HEC), un adolescent qui n'a pas un niveau correct en mathématiques se retrouvera dans l'impossibilité de devenir professeur des écoles par exemple, ou kinésithérapeute, ou tout autre métier pour lequel il sera nécessaire de passer un concours comportant une épreuve de mathématiques. Il ne pourra pas non plus, cela va de soi, entrer dans une université de sciences. Les mathématiques sont actuellement un critère de sélection, dont nous pouvons, certes, discuter la pertinence, mais qui est bel et bien déterminant dans notre société.
- La deuxième raison, peut-être plus fondamentale encore, est en rapport avec le développement intellectuel de l'adolescent, qui, comme nous l'avons vu page 125, dans la section « L'esprit qui s'ouvre », prend une nouvelle dimension à cet âge de la vie. Faire des mathématiques est une façon d'éprouver ses changements de raisonnement, de les appliquer, de les « nourrir », et donc de les acquérir. Il ne faut cependant pas croire que le niveau de l'élève en mathématiques refléterait l'existence de ces changements, comme un miroir de leur acquisition. Mais les mathématiques participent à l'apprentissage de la pensée abstraite, même s'ils ne sont pas le seul moyen d'y parvenir. C'est, là encore, un phénomène qui a pris beaucoup d'importance dans le système scolaire de notre société.

« Comment savoir si un adolescent a des difficultés en maths ? »

Au-delà des notes obtenues, on peut se rendre compte des difficultés réelles d'un jeune adolescent avec les mathématiques, un peu comme avec la lecture. Ainsi, il va lui être difficile d'effectuer les calculs quotidiens auxquels nous sommes tous confrontés : comme par exemple compter sa monnaie après avoir effectué un achat. Encore plus délicat pour lui sera la conversion d'une monnaie en une autre.

Ou bien le jeune adolescent va se « braquer » et rejeter en bloc les mathématiques (« je hais les maths ! »), ou bien il va attribuer aux professeurs de maths ses échecs de manière répétitive : « le prof de maths ne m'aime pas... », ce qui était, hélas, déjà le cas l'année précédente.

La réaction parentale à ce constat doit être du même ordre que celle occasionnée par des difficultés de lecture : ne pas rester isolé, mais aller voir le professeur concerné, en discuter avec lui, et lui demander conseil.

Les difficultés en mathématiques résultent bien souvent d'un manque de travail de l'élève. Il apprend trop vite ses leçons, donc mal, voire pas du tout ; il ne fait pas consciencieusement ses exercices à la maison, dont la pratique lui permettrait pourtant d'intégrer, en tant que connaissances, les leçons apprises.

Les difficultés en maths ne sont jamais à la base une prédisposition de l'enfant alors que les dons exceptionnels le sont probablement. C'est d'abord une question de travail, de motivation, d'envie, de quantité et de qualité de travail fournies. C'est ensuite seulement que cela peut concerner, avec l'accumulation de retards dans les connaissances et l'accumulation de lacunes, les capacités de l'adolescent. C'est alors qu'apparaît la peur des maths, bien loin d'une prédisposition, mais comme conséquence d'un travail insuffisant les mois ou les années précédents. Cela n'est pas pour autant, au niveau du collège, quelque chose d'insurmontable : les programmes sont faits de telle manière que les élèves reviennent au cours des années collège, et en particulier au début de l'année scolaire, sur les points importants du programme, et sur les acquisitions nécessaires à la poursuite de celui-ci.

Les parents doivent veiller, en prenant au sérieux les difficultés de leurs enfants en mathématiques, à ce qu'ils ne restent pas « englués » dans la peur des mathématiques, et à ce qu'ils ne baissent pas les bras, de dépit.

➤ *Les problèmes psychologiques*

Les difficultés scolaires consécutives à des problèmes psychologiques peuvent être regroupées en deux types : soit elles trouvent leur origine dans l'enfance, soit elles naissent à l'adolescence. Elles peuvent être liées à trois groupes de facteurs : affectifs, intellectuels, familiaux.

Les problèmes psychologiques qui remontent à l'enfance

Les problèmes psychologiques, qui existent déjà pendant l'enfance et qui se perpétuent à l'adolescence, rendant difficile la scolarité au collège, après l'avoir déjà éprouvée au niveau de l'école primaire, ont des causes variables.

■ Il peut s'agir de troubles qui deviennent très limitants pour un jeune adolescent confronté aux nouveaux modes de raisonnement, habituellement appris au collège. Il est généralement bon pour ces adolescents de sortir du collège général et d'intégrer des filières d'apprentissage professionnel correspondant bien plus à leurs aptitudes et à leurs désirs de faire des choses concrètes. Nous savons combien être « compagnon » aujourd'hui est une arme antichômage.

Les parents voulant à ce niveau plus de renseignements peuvent s'adresser aux Associations de compagnons.

■ Les problèmes psychologiques peuvent aussi faire suite à des carences, des manques liés à la situation familiale : affectifs bien sûr, mais aussi éducatifs et culturels. Ces carences entraînent parfois ce que les psychanalystes appellent une « insuffisance des processus de symbolisation » et qui peut être comprise comme une non-pensée de certaines difficultés de la vie, de certaines situations émotionnelles et choquantes, non représentées clairement dans l'esprit du sujet et donc non résolues. Ces « manques à penser » ne structurent pas, par l'absence de repères, le fonctionnement psychique de ces enfants, et font défaut, de manière peut-être encore plus forte, à ces mêmes enfants devenus adolescents. Ces adolescents sont la plupart du temps en échec scolaire et ont de sévères difficultés d'insertion sociale et professionnelle. Leur placement en établissement spécialisé, nécessaire, peut être pour eux un moyen de se restructurer.

Les problèmes psychologiques apparaissant à l'adolescence

Les difficultés scolaires spécifiques à l'adolescence se présentent sous deux formes, transitoire ou durable :

■ Presque tous les adolescents connaissent, à un moment ou à un autre, un véritable fléchissement scolaire. S'il ne dure pas plus de trois mois, on considérera que c'est une difficulté transitoire, qui n'aura certainement que très peu de conséquences sur la suite de la scolarité. L'adolescence est le temps de « l'esprit qui s'ouvre ». Les adolescents vont élargir leurs centres d'intérêt : pour certains, ce sera un sport, pour d'autres la musique, ou les deux simultanément. Ils vont aussi développer le sens de l'appartenance à un groupe. Ils vont s'intéresser à l'amour et aux découvertes sexuelles. Leur amoureux (euse), le sport, la pratique de la musique, le groupe, vont accaparer, pour certains, tout leur temps et toute leur attention. Ces investissements deviendront des hyperinvestissements qui ne laisseront alors guère de place à l'école ! Les résultats s'en ressentiront inévitablement.

■ Au-delà de trois mois, ces difficultés peuvent s'installer de façon stable. Elles pourront alors prendre la forme d'un échec de la scolarité, allant parfois jusqu'à une rupture totale avec le système scolaire. Ces difficultés ont là encore des causes variables :

— la confrontation, à l'entrée au collège, à des matières nouvelles peut mettre en difficulté certains adolescents qui, au cours de l'enfance, ont eu déjà beaucoup de mal à s'intéresser à leur scolarité ;

— le type d'intelligence de l'adolescent, ses modes de raisonnement ne sont parfois pas adaptés à des changements marqués par l'augmentation de la quantité des connaissances à retenir et à la nécessité d'avoir de plus en plus recours à l'abstraction ;

— la troisième raison concerne des troubles affectifs, ayant eux aussi une incidence sur l'efficacité du travail scolaire. Le comportement de ces adolescents pourrait se résumer à l'absence d'envie : ils n'ont plus envie de grand-chose. Leur fonctionnement psychique est envahi par des sentiments dépressifs, des attitudes d'échec et des angoisses difficilement supportables. Il est difficile pour un adulte de comprendre ces difficultés et en particulier, la volonté exprimée par certains de rupture scolaire. Si cette volonté n'est pas exprimée en mots, elle peut l'être en actes : absentéisme, fugues, troubles du comportement à l'école sont autant de façons d'exprimer ce souhait de rupture avec la scolarité. Toute rupture n'est pas pathologique, mais sous-entend cependant l'existence d'un problème et d'un trouble psychologique.

Je vous conseille

Distinguons d'abord une difficulté scolaire d'un échec scolaire. Une difficulté scolaire, comme nous l'avons dit, est transitoire si elle dure moins de trois mois, et devient durable au-delà. On parle d'échec scolaire quand un élève a plus de deux ans de retard par rapport à l'âge dit « normal » de sa classe. Ni l'une ni l'autre ne doivent faire baisser les bras aux parents de ces adolescents, qui doivent au contraire effectuer un travail de reconnaissance, de prise de conscience des quantités et qualités des difficultés rencontrées par leur enfant. La durée des difficultés et leur provenance sont les deux notions permettant de les repérer.

Toute scolarité est soumise à trois facteurs : des facteurs affectifs, des facteurs liés à l'intelligence, des facteurs liés à la famille. Ils composent « ce à quoi il faut penser » face aux difficultés ou à l'échec scolaire des adolescents.

■ L'adolescence correspond à une transformation des possibilités affectives, et donc relationnelles, des individus. Les psychanalystes parlent de « nouveaux buts pulsionnels » à l'adolescence, c'est-à-dire d'une énergie à la fois psychique et somatique nouvelle devant trouver de nouveaux buts, autres que ceux de l'enfance qui pouvaient se rassembler alors sous l'étiquette « faire plaisir aux parents ». Cette énergie, au sens large du terme, suscite chez les adolescents des besoins d'indépendance, d'autonomie, et notamment par rapport à la scolarité. Un des chemins pris par cette énergie est la sublimation : l'énergie est déplacée sur le terrain intellectuel et culturel. Les adolescents se mettent petit à petit à explorer leurs champs d'intérêt personnel et différent selon chacun : artistique, littéraire, idéologique, etc. Ces transformations peuvent créer des conflits dans la psyché des adolescents, conflits qui vont parfois interférer avec l'investissement de la scolarité et amener l'adolescent vers des difficultés voire un échec scolaire.

Respectez et surtout accompagnez les intérêts de vos adolescents par des discussions approfondies, par des connaissances partagées, mais ne dites surtout pas : « C'est débile ta musique, ton romantisme ou tes idées politiques » ; discutez sans séduction, ne faites pas semblant d'adhérer à leurs goûts mais ne vous en désintéressez pas ou ne les méprisez pas.

■ L'intelligence peut être considérée comme la faculté d'adaptation à des situations nouvelles, la capacité à mémoriser des connaissances, les possibilités de pensée abstraite d'une personne. Au collège, pour suivre de manière satisfaisante la scolarité, le jeune adolescent doit développer sa capacité à travailler avec la pensée abstraite, alors que la pensée concrète suffisait à la scolarité primaire. Le passage d'un mode de pensée à l'autre constitue pour certains jeunes adolescents une difficulté, nécessitant du temps. La pensée concrète restant pour eux plus facile à manier, jouer à un jeu dans lequel il y a un minimum de stratégie nécessitant une anticipation ou une représentation d'alternatives et d'une certaine manière les habituer à résoudre des problèmes, à chercher des solutions, à faire des hypothèses avant de se lancer dans la réponse toute faite ou la première qui vient à l'esprit, cela au-delà des apparences leur permettra plus facilement à passer, en classe, de la rédaction à la dissertation.

■ Les facteurs familiaux sont importants aussi dans le déroulement de la scolarité et dans une éventuelle apparition de difficultés. C'est d'abord l'intérêt que porte la famille pour l'école : les rencontres qu'y effectue leur enfant, les matières qu'il y travaille, les relations qu'il entretient avec les professeurs, les surveillants, et les ami(e)s. C'est aussi les liens qui existent entre la « maison » et l'école, et notamment entre les parents et les professeurs. On peut penser que le regard des professeurs sur leur élève change quand ils connaissent les parents. Rencontrez régulièrement les enseignants. Les conditions de vie familiale influencent aussi beaucoup la qualité de la scolarité des enfants : les difficultés familiales se répercutent souvent sur les résultats scolaires. Épargnez le plus possible à vos enfants ces difficultés.

Je vous déconseille

Les parents font parfois une véritable « fixation » sur les résultats scolaires de leurs enfants. Il n'est pas forcément absurde de dire que des parents attentifs aux résultats scolaires de leurs enfants ne sont pas automatiquement attentifs aux difficultés de ceux-ci. Ces attentions procèdent de démarches, certes dans la continuité l'une de l'autre, mais différentes. Des parents qui constateraient les difficultés scolaires de leur adolescent, ne doivent pas rester isolés. La compréhension des difficultés est une chose difficile, qui s'enrichira d'autres points de vue, et en particulier de celui des professeurs de l'adolescent. Il ne faut pas non plus exclure l'adolescent de la considération de ces difficultés : vous devrez l'intégrer à la démarche de compréhension, non seulement parce que cela le concerne au premier chef, mais aussi parce que c'est une façon pour lui d'arriver à parler de ses difficultés, à en prendre conscience, ce qui est le premier pas pour en devenir acteur.

Si les difficultés persistent, ou qu'elles vous semblent trop difficiles, vous risquez de vous enfermer dans votre souffrance. Les parents ne doivent pas avoir peur ni honte de chercher à être aidé par une tierce personne, extérieure aux difficultés de leur adolescent, qui a une position neutre ou à distance dans le conflit éventuel : amis, enseignant, conseiller d'orientation, psychologue.

Le rôle des parents au collège

L'éducation d'un adolescent ne relève pas seulement de la responsabilité du collège ou plus généralement de l'Éducation nationale, mais est au moins à partager à parts égales entre les parents et les enseignants. Bien sûr, il ne leur échoit pas les mêmes domaines de compétence, et ils ne peuvent pas se substituer les uns aux autres. À chacun sa place. Si le rôle des enseignants est défini par l'Éducation nationale (pour certains de façon très discutable), le rôle des parents dans la scolarité de leurs adolescents mérite peut-être quelques précisions.

Le travail à la maison

Le travail à la maison est source d'inquiétude pour les parents. « As-tu fait tes devoirs ? » est la question sans cesse répétée. Il existe quelques règles qui permettent à des parents d'aider efficacement les adolescents pour leur travail à la maison.

La règle générale consiste à ne jamais faire le travail à la place des adolescents. La relation entre un adolescent et ses parents est basée sur l'affection. Corrections et critiques peuvent être comprises par les adolescents comme leur étant directement destinées, et remettant en cause l'amour des parents pour eux. Des tensions peuvent ainsi naître quand les parents se prennent pour les professeurs (surtout s'ils le sont réellement), parce que leurs connaissances peuvent être en partie erronées ou que des problèmes affectifs peuvent s'infiltrer. Par ailleurs, une aide trop importante crée une situation de dépendance : l'adolescent va désapprendre à faire ses devoirs tout seul. Surprotéger un adolescent, vouloir à tout prix lui éviter de faire des erreurs, c'est l'empêcher d'apprendre à se tromper, et donc d'apprendre à se corriger.

Cependant votre adolescent peut vous demander de l'aide plus ou moins explicitement. Il s'agit pour vous d'accueillir convenablement cette demande. Il vous interroge par exemple sur la signification d'un mot : la lui donner vous fera peut-être gagner du temps, mais ne lui apprendra pas à trouver par lui-même la bonne définition. Il semble plus adéquat de l'aider dans ses recherches en lui indiquant la marche à suivre ; ainsi dans notre exemple, vous pouvez lui demander d'apporter le dictionnaire, et vous chercherez avec lui la signification du mot. Lorsqu'il s'agit d'un exercice de mathématiques ou de français par exemple, c'est la même démarche qui doit orienter votre conduite : non pas faire l'exercice à sa place, mais chercher dans les cours que les professeurs ont donnés, ou dans les livres de classe, la leçon correspondant à l'exercice. Une lecture de cette leçon avec votre adolescent vous permettra de le guider pour faire l'exercice. En quelque sorte, les parents doivent précéder l'adolescent quant à l'organisation des idées permettant d'effectuer l'exercice : guider l'adolescent vers ces idées, mais lui laisser le soin de les trouver lui-même. Cela fait perdre sur le moment un peu de temps mais en fait gagner beaucoup pour l'avenir de l'esprit d'autonomie dans lequel votre enfant travaillera.

Quand il s'agit de travail oral, comme par exemple l'apprentissage d'une conjugaison de verbe en anglais, d'une liste de vocabulaire en espagnol, ou plus simplement d'une poésie en français, les parents doivent encourager leurs adolescents, les assister si ceux-ci le demandent en leur faisant réciter la leçon, mais laisser au professeur le soin de noter la qualité de l'apprentissage des leçons.

Ce sont bien souvent des difficultés d'organisation que rencontrent les adolescents : organisation du travail, des connaissances, du temps de travail, désir de se débarrasser trop vite de la tâche. Leurs professeurs les ont armés pour faire les exercices demandés, mais ils ne maîtrisent pas complètement la capacité d'organisation des adolescents, qui ont besoin parfois d'une aide parentale. Ceci est particulièrement important pour l'organisation du temps de travail : les parents doivent veiller à ce que l'adolescent ne passe pas des heures devant son travail sans avancer, ou, à l'inverse, à ce qu'il ne fasse pas trop vite ce même travail. Les parents doivent avoir un regard attentif sur le travail scolaire de leur adolescent, ni trop participatif ni trop lointain.

Si une difficulté apparaît dans l'exécution du travail à la maison, et que vous n'arrivez pas à la résoudre avec le temps, ou que vous ne vous sentez pas à même d'y remédier, vous pouvez demander conseil au professeur principal avec qui vous chercherez une solution. De même, si la solution vous paraît être l'aide par des cours particuliers, n'hésitez pas à demander conseil à un professeur de l'adolescent.

Comment les parents peuvent aider les adolescents pour le travail à la maison

— Ne faites jamais le travail à la place de l'adolescent.
— S'il vous pose une question, ne lui donnez pas la réponse mais montrez-lui comment il peut la trouver lui-même, en l'accompagnant dans cette démarche.
— Faites lui réciter ses leçons mais sachez que c'est au professeur et non à vous d'apprécier la qualité d'apprentissage de la leçon.
— Aidez-le surtout à organiser son travail : il ne doit pas rester des heures sans avancer, et à l'inverse, il ne doit pas travailler trop vite. Les enseignants considèrent trop souvent que cela va de soi.
— En cas de difficulté, n'hésitez pas à en parler au professeur concerné.

Les contacts avec l'école

Avant de prendre contact avec le collège, il faut savoir qui participe à son fonctionnement. Il y a évidemment les élèves. Les autres acteurs se répartissent en trois grands groupes : le personnel administratif, les agents de service, le personnel enseignant.

➤ *Qui participe au fonctionnement de l'école ?*

La communauté éducative

— Le personnel administratif est composé du chef d'établissement et de son adjoint, de l'intendant qui gère la comptabilité du collège, des secrétaires.

— Les agents de service s'occupent de l'entretien quotidien des locaux, des bâtiments et des espaces verts, des laboratoires de physique/chimie et de biologie, du réfectoire, et de la conciergerie de l'établissement.

— Le personnel enseignant est formé des enseignants, du (de la) documentaliste, du (de la) conseiller(e) d'orientation-psychologue, du ou des conseillers principaux d'éducation (vie scolaire), des surveillants qui sont le lien entre les élèves et la vie scolaire.

— Il faut encore ajouter à ces groupes un médecin, souvent surchargé en raison du nombre tout à fait insuffisant de recrutement et de reconnaissance des médecins scolaires, un(e) infirmier(e) (très importante pour les élèves) et un(e) assistant(e) social(e) qui s'occupent des services de santé et sociaux de l'établissement.

Les parents

Les parents d'élèves participent aussi à la vie de l'établissement. Il existe en France plusieurs fédérations nationales de parents d'élèves ; les plus importantes sont : l'UNAPEL (association des parents de l'enseignement libre), la FCPE (Fédération des conseils de parents d'élèves des écoles publiques), la PEEP (Fédération des parents d'élèves de l'enseignement public), et les Indépendants. Au niveau de chaque établissement, des parents d'élèves élus par l'ensemble des parents des élèves de l'établissement participent, entre autres, aux conseils de classe, aux conseils d'administration, aux conseils de discipline, et aux commissions d'appel, qui sont autant de rencontres, de réunions, qui rythment la vie de l'établissement et des élèves, et en orientent le fonctionnement.

Les autres acteurs

D'autres personnes participent au fonctionnement du collège, en siégeant au conseil d'administration : des représentants de la commune et un représentant de la collectivité de rattachement, c'est-à-dire, pour les collèges, un représentant du conseil général du département (et pour les lycées, un représentant du conseil régional).

➤ *Comment les parents entrent en contact avec l'école*

Participer à une élection en s'inscrivant sur une liste de parents d'élèves au niveau de la classe ou de l'établissement est une façon d'être en contact avec le collège et son fonctionnement.

Outre cette participation possible au fonctionnement général de la vie de l'établissement, les parents se doivent de ne pas manquer une occasion de rencontrer les professeurs. Les réunions parents-professeurs constituent le meilleur moyen pour rencontrer les professeurs de son adolescent. Ainsi, le chef d'établissement doit organiser au moins trois fois par an des réunions : la première étant réservée aux questions générales sur le déroulement de l'année, sur les exigences de telle ou telle matière, sur le travail que devra fournir l'élève. Les professeurs y interviennent tour à tour. Il n'est pas rare que la réunion avec les parents des élèves entrant en sixième se déroule le soir même de la rentrée. Les deux autres réunions annuelles sont généralement une rencontre particulière entre les parents et les professeurs, qui reçoivent tour à tour chaque parent. Ce sera pour vous, parents, l'occasion de recueillir l'avis des professeurs sur les capacités de votre jeune adolescent : peut-il faire mieux ? Doit-il travailler plus à la maison ? Doit-il travailler autrement ? Quels sont, selon l'enseignant, ses intérêts, ses difficultés ? Les professeurs pourront, éventuellement aussi vous parler de son comportement en classe avec les autres élèves, de sa participation, de son utilisation du temps à l'école.

Pour l'épineuse question de l'orientation, ne négligez pas de demander aux enseignants ce qu'ils en pensent : ils sont sans aucun doute les mieux placés, avec les conseillers d'orientation-psychologue, pour vous aider, votre adolescent et vous, à faire le bon choix d'orientation.

Pendant l'année scolaire, il est toujours possible pour les parents, de demander une rencontre avec le professeur principal de la classe, qui est le professeur de référence pour une classe donnée, ou avec un autre professeur. Ce contact est à provoquer lorsque l'enseignant ou les parents s'interrogent sur des problèmes scolaires spécifiques ou sur la régularité de la fréquentation scolaire de l'élève. Un tiers des 11-19 ans déclarent avoir séché au moins une fois un cours l'année qui a précédé, ceci s'accentuant évidemment avec l'âge. Ce n'est pas un drame, mais si ces absences se répètent (seulement 3,6 % déclarent sécher souvent les cours), il faut tout de suite intervenir.

Pour toutes les classes, le professeur principal fait la synthèse des notes obtenues dans chaque matière, et s'occupe de l'orientation des élèves de la classe dont il est responsable. Toutefois, il est possible de demander un rendez-vous avec tous les professeurs de votre adolescent.

Je vous conseille

— Le rôle des parents au collège, l'intérêt qu'ils portent, ainsi que l'entourage familial, à la vie scolaire de leur jeune adolescent ont une importance capitale dans le déroulement de sa scolarité. Les parents doivent être là quand le jeune adolescent est confronté à des difficultés scolaires, non pas pour régler ces difficultés, mais pour l'aider à les prendre en main, et à trouver des solutions. On ne peut qu'encourager les parents à s'intéresser à la scolarité de leur adolescent à condition qu'ils ne deviennent pas trop envahissants.
— N'attendez pas la réunion parents-professeurs pour parler des problèmes si vous sentez que les difficultés scolaires de votre adolescent sont trop importantes pour qu'il les résolve seul.
— Vous devez toujours redonner à l'école sa juste valeur et la place qui lui convient, afin qu'elle ne devienne pas un enjeu affectif qui mettrait en danger l'adolescent, et afin que l'éducation et l'apprentissage ne perdent pas la valeur d'épanouissement qu'ils peuvent avoir pour l'adolescent. Plus tard, lorsqu'il choisira un travail qui l'intéresse, ce sont les fruits productifs de son parcours scolaire qu'il récoltera et non pas les fruits amers de ses échecs.
— Pour aider l'adolescent dans sa scolarité, vous devez mettre en place un environnement constructif : c'est-à-dire à la fois entourer l'adolescent de chaleur, d'encouragement et de bienveillance, et exiger de lui un certain résultat. Ces exigences devront toujours rester proportionnelles aux capacités et aux possibilités de travail de l'adolescent.
— Votre rôle consiste enfin à penser à votre façon de faire et d'être avec l'adolescent et sa scolarité, pour réajuster vos exigences. Il ne faudrait pas oublier que ce sont les adolescents eux-mêmes qui doivent vivre leur scolarité avec bonheur et épanouissement, et qu'ils ne sont pas là uniquement pour vous contenter ou pour faire plaisir à leurs professeurs.

Je vous déconseille

— Vous ne pouvez pas demander l'impossible à votre adolescent. C'est pourtant ce qui se passe parfois quand les parents réagissent comme si l'adolescent travaillait pour eux, à leur place, faisant de la scolarité de leur enfant un enjeu personnel : les adolescents doivent alors faire mieux que les parents, comme s'ils avaient à réparer les déceptions personnelles de ceux-ci.

Cette attitude peut s'illustrer particulièrement dans certaines demandes excessives de bonnes notes, et ce sans que les parents prennent en considération d'une part les capacités de l'adolescent, et d'autre part la moyenne de la classe. Les réactions des adolescents, face à ces exigences qu'ils ne peuvent pas atteindre, se répercutent sur leur travail scolaire, à la maison comme au collège. Ils finissent par travailler moins qu'avant parce que rien ne sert de forcer : ils ont le sentiment que de toute façon, ils ne satisferont jamais les exigences parentales. Ou alors, ils changent leur méthode de travail : ils décident de tout apprendre par cœur, pensant que c'est la solution à leurs mauvaises notes, au détriment d'une compréhension de ce qu'ils apprennent. Cela se paiera plus tard au lycée où la seule mémoire ne suffit plus. Ou encore ils ne participent plus aux cours, préfèrent rester dans leur coin, se considérant comme de mauvais élèves. Ils n'écoutent plus vraiment les enseignants. Ils ont honte de ne pas y arriver et n'osent plus demander de l'aide, ni aux enseignants ni à leurs camarades. Ils peuvent devenir ainsi des élèves qui ne sont plus motivés par le désir de réussir, mais par la peur de l'échec.

— Des parents qui veulent trop contrôler la scolarité de leur adolescent se comportent un peu de la même façon que ceux qui demandent l'impossible. Ce sont souvent des parents qui pensent savoir ce que le collège attend de l'adolescent. Ils sont alors rigides, plutôt punitifs, n'entendent pas les protestations de l'adolescent, n'ont pas de discussions avec lui. Face à cette attitude parentale, les adolescents développent une réaction passive puis souvent agressive. Ils oublient de noter un devoir à faire, se trompent d'exercice, ne lisent pas le bon chapitre de l'œuvre étudiée, rendent leur devoir en retard au professeur, comme pour marquer par un acte passif leur désir de ne pas accepter le comportement parental. Puis, souvent, ils expriment par des agressions verbales répétées, leur refus d'un tel comportement des parents à leur égard.

— Le chemin inverse du « trop contrôler » pris par certains parents est le « trop protéger ». Ces parents-là, qui d'ailleurs peuvent être les mêmes que les premiers, simplement à un autre moment, répondent sans attendre aux questions des adolescents, et vont jusqu'à faire les choses à leur place. Les adolescents ne développent pas leur curiosité, n'ont guère d'esprit d'initiative, n'ont que peu d'envie d'explorer le monde qui les entoure. Ils comprennent le comportement des parents comme reflétant leur incapacité à faire les choses par eux-mêmes. Ils ne cherchent pas à avoir l'opportunité de tester eux-mêmes leur capacité. Ils perdent petit à petit confiance en eux.

Les problèmes au collège

Il ne travaille pas

N'en restez pas à l'explication courante : « il est paresseux ». Elle ne résout rien. Généralement soit il est trop jeune « dans sa tête », soit il a nettement trop peu confiance en lui.

➤ *Un refus de grandir*

Ce refus remonte parfois loin. Mais à l'adolescence, l'ensemble des changements que connaissent les enfants autour de l'âge d'entrée au collège doit se doubler d'un changement de comportement face au travail. Il faut petit à petit qu'ils deviennent *acteurs* de leur scolarité et non plus qu'ils la subissent ou obéissent seulement à la demande des parents. Il est incontestable qu'un intérêt excessif et durable pour les activités ludiques ou les attitudes passives, « être là tout en étant ailleurs », constitue à terme un handicap pour ce qui attend l'adolescent après l'apprentissage scolaire ou professionnel. Ce sont les notions d'investissement dans le travail, d'intérêt à apprendre, et de responsabilité qui sont ici en jeu. Elles sont indispensables dès la vie scolaire du collège. Ces notions peuvent être considérées comme acquises quand l'adolescent ressent de la satisfaction dans le travail accompli.

Que se passe-t-il exactement et comment ce type de satisfaction peut-il se mettre en place ? À ce moment de la vie, l'adolescent, confrontant son désir à la réalité, découvre qu'il ne peut pas suivre indéfiniment le chemin du « tout plaisir ». Le prix à payer est celui de la perte de certains plaisirs d'enfants, l'enjeu étant de gagner de nouveaux plaisirs, ceux que les nouvelles potentialités affectives (curiosité) et intellectuelles (pensée abstraite) offrent.

Les adolescents qui ne travaillent pas refusent de renoncer à cette logique de l'enfance. Mais une majorité d'adolescents parcourt petit à petit ce chemin, en s'interrogeant par exemple sur les grandes découvertes, sur les nouveaux métiers ou sur les choix culturels et éthiques de leurs parents ou encore en passant par des réflexions intellectuelles sur la politique ; vous pouvez leur demander, par exemple, quel aurait été leur choix face à telle décision d'un homme politique, puis en discuter sans chercher d'emblée à avoir raison.

Ces changements sont liés au développement de la personnalité. Certains s'y refusent, en ont peur ou y voient un trop grand effort par rapport à des angoisses parfois profondes, angoisse de ne plus se sentir protégé, de ne plus être consolé, angoisse de se trouver seul devant l'effort et les responsabilités.

➤ *Un manque de confiance en soi*

Un adolescent peut également, en ne travaillant pas, exprimer un manque de confiance en lui qu'il ne peut dire autrement. Si toute discussion entre parents et adolescents est toujours souhaitable, il n'est pas sûr que l'adolescent arrive d'emblée à exprimer par des mots ce manque de confiance. Les principaux facteurs de la confiance en soi incluent les succès et les échecs antérieurs, les espoirs et les aspirations réussies des parents auxquels inconsciemment l'enfant s'identifie et le caractère plus ou moins optimiste de l'enfant. Favorisez le plus possible les deux premiers facteurs, le troisième étant beaucoup plus difficile à transformer.

Je vous conseille

— Il n'est pas souhaitable que vous renonciez à rechercher la ou les causes de son manque d'assiduité au travail, sous prétexte que cela fait souffrir l'adolescent. Cependant, cette démarche doit se doubler d'un soutien affectif, d'une attention toute particulière et néanmoins à bonne distance, c'est-à-dire sans faire les choses à la place de l'adolescent.
— Si l'adolescent arrive à exprimer les raisons de son manque de travail, il sera alors temps pour vous et votre enfant de trouver ensemble des solutions. Si, au contraire, il s'enferme un peu plus dans le silence, refusant toute discussion, il est vraisemblablement préférable de faire appel à un professionnel, enseignant, conseiller d'orientation, psychologue ou psychiatre, avec l'accord de l'adolescent.
— Dans tous les cas, il faudra éviter d'arriver au point de rupture du dialogue.

Il devient très indiscipliné

Le manque de discipline est à considérer d'abord dans la perspective de la durée. C'est-à-dire qu'il faut se poser la question suivante : l'indiscipline de l'adolescent est-elle ponctuelle ou constante ?

➤ *Il est ponctuellement indiscipliné*

S'il s'agit d'un manque de discipline ponctuel, c'est généralement l'enseignant qui en informe les parents sous la forme d'un mot dans le carnet de correspondance. Il est cependant rare qu'un professeur écrive ce mot sans avoir auparavant mis en garde l'élève. C'est donc en toute connaissance des conséquences que l'adolescent s'est laissé aller à un comportement déplacé dans le cadre du collège.

Lorsque le collège, par la voix de son conseiller principal d'éducation, informe les parents d'un manque de discipline de leur adolescent, c'est bien souvent qu'il y a une sanction à la clé : heure de colle, ou conseil de discipline.

L'indiscipline ponctuelle est souvent liée à des circonstances particulières : l'enfant est assis à côté de tel(le) camarade, il est énervé pour une raison ou une autre, certains professeurs « fonctionnent » de telle ou telle façon. Ces circonstances, les enseignants savent bien souvent les canaliser. Et si un mot est envoyé aux parents, c'est peut-être tout simplement pour qu'ils aient une discussion avec leur adolescent, afin que soit éclaircie la situation.

➤ *Il est constamment indiscipliné*

L'indiscipline répétée, qui s'installe petit à petit, sans que les parents s'en aperçoivent toujours, dans la durée et la répétition, n'est pas aussi banale et suppose que l'on prenne certaines dispositions pour aider l'adolescent. Être indiscipliné est une façon de dire quelque chose sur le mal-être qu'il vit. Un trouble affectif est bien souvent à l'origine de son fonctionnement dans la provocation.

Le collège est plutôt désarmé face à une telle situation. Il réagit avec ses moyens : humains d'abord – mais sans l'intervention d'un professionnel des problèmes psychologiques –, puis par la sanction disciplinaire : heures de colle, renvois de l'établissement pour trois jours, huit jours, définitivement. C'est aux parents de prendre en main la situation, pour aider l'adolescent à exprimer ses difficultés, l'aider à les prendre en charge, en lui permettant de consulter un psychiatre ou un psychologue, comme nous avons déjà eu l'occasion de l'indiquer dans ce livre (voir pages 559 à 566 pour les renseignements pratiques concernant ce point).

Citons enfin le cas des jeunes collégiens indisciplinés qui, en fait, ont déjà eu de constants problèmes de discipline au cours de leur enfance. On doit rechercher systématiquement un trouble neuropsychologique maintenant mieux connu : le trouble d'« hyperactivité avec déficit de l'attention ». Il convient d'établir beaucoup plus sérieusement que ne le font actuellement les Américains qui généralisent ce diagnostic, un diagnostic différentiel entre un enfant normalement remuant et celui atteint du syndrome d'« hyperactivité-déficit de l'attention » (les garçons sont six à neuf fois plus concernés que les filles).

« Comment savoir si le problème d'indiscipline de mon fils vient de ce qu'il est hyperactif ? »

Six questions peuvent contribuer au diagnostic :
— Enfant, passait-il *constamment* d'une activité à une autre ?
— A-t-il du mal à terminer une activité même si elle lui plaît ?
— Avez-vous l'impression d'avoir tout à lui répéter, de ne pas être entendu ?
— Écoute-t-il les histoires jusqu'à la fin ?
— Ses cahiers sont-ils « cochonnés », mal tenus, et les exercices sont-ils inachevés ?
— Les enseignants se plaignent-ils d'une année sur l'autre de son instabilité ?
Si les questions à ces réponses sont positives, une consultation médicale s'impose.

« S'il s'agit effectivement d'un enfant hyperactif, que faut-il faire ? »

La mise en œuvre de certaines consignes peut améliorer la situation face à un enfant instable ou hyperactif :
— Exigez de lui qu'il finisse l'activité en cours calmement mais fermement.
— Aidez-le à faire ses devoirs.
— Faites-lui pratiquer des activités physiques.
— Aidez-le à établir une hiérarchie entre ce qui est important et ce qui l'est moins, avec des exigences différentes.
— Ne fléchissez pas sur les exigences énoncées clairement et sur lesquelles vous attachez le plus d'importance, en revanche, soyez souples sur les autres.

Il « bloque » sur une matière

Il s'agit là aussi de considérer la durée du « blocage ». Est-ce quelque chose de nouveau ? Cela se répète-t-il année après année ?

Il faut savoir qu'il y a, de toute façon, des matières dans lesquelles les adolescents s'investissent moins, soit parce que leur intelligence ne s'est pas adaptée aux raisonnements que nécessite la matière en question, soit parce que le peu d'intérêt qu'ils éprouvent pour cette matière ne les pousse pas à travailler suffisamment.

Les raisons du blocage peuvent être aussi affectives : plusieurs mauvaises notes à la suite et les déceptions qui s'ensuivent, tout cela fait qu'un jour, ils décrètent que cette matière ne les intéresse pas. Dès lors, sans l'intervention des parents, ils ne travailleront plus suffisamment, et deviendront inévitablement mauvais dans cette matière. Lorsque cette situation est installée depuis plusieurs années, il est difficile de faire chemin arrière.

Si « bloquer » sur une matière peut devenir handicapant pour les choix d'orientation qui vont se restreindre, cela ne constitue pas pour autant un échec scolaire programmé. Sachez notamment que plus le blocage apparaît tardivement dans la scolarité, moins il a de conséquence.

Des blocages de type affectif peuvent aussi naître de la relation avec l'enseignant. Nous allons voir cette question plus en détail.

Il « bloque » avec un professeur

Cette situation obéit un peu à la même logique que celle qui consiste à « bloquer » sur une matière. Un professeur est parfois confondu avec la matière qu'il enseigne, et inversement.

C'est pourquoi la logique affective du blocage s'applique aussi à cette situation. La relation entre un professeur et un adolescent devient parfois forte au point qu'elle ressemble momentanément à celle d'un adolescent avec l'un de ses parents. Beaucoup d'enseignantes, pour ne pas dire toutes, ont entendu un jour ou l'autre un élève les appeler par erreur « maman » au lieu de « madame ». Ce lapsus est-il seulement le fait de la proximité phonétique des deux mots ?

Parce qu'il ne réussit pas, dans une matière, à avoir de bonnes notes, parce que l'enseignant lui a fait une remarque un peu rude alors qu'il souhaite, par-delà tout, consciemment ou inconsciemment, faire plaisir à celui-ci, l'adolescent peut décider qu'il n'aime plus cet enseignant. Cela n'est évidemment pas une situation irréversible.

Il existe, outre cette situation, des incompatibilités humaines, et ce d'autant plus que les adolescents deviennent adultes. Ainsi, on peut rencontrer, comme chez les adultes, des cas de relations difficiles où un élève ne s'entend pas avec un enseignant.

« Bloquer » avec un professeur peut enfin être un prétexte pour ne pas travailler la matière qu'il enseigne : ainsi l'adolescent projette sur l'enseignant son manque de volonté ou, plus généralement son désintérêt scolaire.

Je vous conseille

— En aucun cas, vous ne pouvez juger d'une situation uniquement d'après ce que dit l'adolescent : non pas parce qu'il mentirait, mais simplement parce que ce qu'il dit correspond à son vécu propre.
— Rencontrer le professeur peut s'avérer très utile pour l'adolescent, y compris quand il « bloque » sur une matière, pour justement « débloquer » la situation. Cela lui permettra de réviser son point de vue et lui ouvrira d'autres perspectives que le blocage. Cela peut être vrai aussi pour l'enseignant. Les enseignants sont humains : un dialogue, un questionnement peuvent les aider à remettre les choses en place ou à dénouer les éventuels problèmes.

Il redouble

Le redoublement est souvent vécu par les adolescents comme une punition infligée par les professeurs pour leur manque de travail, voire parfois pour ce qu'ils sont ; c'est donc une remise en cause de leur identité. Si on leur explique que c'est pour leur permettre de véritablement asseoir leurs connaissances, qui sont pour l'instant insuffisantes, pour qu'ils puissent réapprendre ces connaissances avec plus de maturité, ils traduisent bien souvent ces explications par : « C'est un échec scolaire, voire *je* suis un échec. »

Il est impossible de nier que pour eux, redoubler constitue en effet un échec, la preuve qu'ils ne sont pas forts partout. Pour un adolescent, constater une faille est une rude épreuve, parce que celle-ci est immédiatement ressentie comme une faille en lui-même, de lui-même. C'est l'individu qui est atteint, dans son essence pourrait-on dire. Il est difficile pour les adultes de faire comprendre à un adolescent que ce n'est pas lui qui est en jeu, mais le travail qu'il a insuffisamment fourni, son immaturité ou sa situation familiale difficile.

Le redoublement est souvent un temps de souffrance pour l'adolescent, tant qu'il n'a pas compris l'intérêt qu'il pouvait en tirer.

C'est aussi parfois un temps de souffrance pour les parents, qui, un peu à l'instar des adolescents, se sentent atteints dans leur capacité parentale, et jugés par les enseignants et le collège.

Le travail que les parents ont à effectuer sur eux-mêmes, pour le bien de l'adolescent, est primordial. Il leur faut admettre que redoubler est important et utile pour l'adolescent. Il leur faut admettre que les professeurs ne cherchent pas à sanctionner leur enfant ni eux-mêmes, mais qu'ils pensent d'abord à l'adolescent et à son avenir. Il leur faut encore parfois faire fi du regard trop souvent dédaigneux, peu franc ou apitoyé de l'entourage social et familial. Alors seulement, ils pourront apporter à l'adolescent ce dont il a besoin pour accomplir un chemin tout compte fait assez identique à celui qu'ils viennent de parcourir.

L'adolescent pourra faire une partie du chemin pendant les vacances scolaires, ce qui lui permettra de se préparer à recommencer la même année scolaire, à l'accepter. Mais c'est au début de celle-ci qu'il va vraiment être confronté à la réalité du redoublement, à ce qu'il signifie concrètement. Il va devoir se repositionner face aux enseignements, trouver une autre méthode de travail, augmenter sa capacité de travail. Il aura aussi à trouver sa place dans une classe où la majorité des élèves seront plus jeunes que lui. Les professeurs auront des exigences différentes pour lui que pour les autres. Il risque alors de revivre une situation difficile pendant quelques semaines.

C'est encore en ce début d'année scolaire que beaucoup de choses vont se jouer psychiquement.

- Soit il comprend la nécessité de ce redoublement, et se produit quelque chose comme un « déclic » : il mesure les éléments qui lui manquaient pour faire une bonne année scolaire, et se met à travailler avec énergie ;
- soit aucun déclic n'a lieu pendant l'année : l'adolescent reste atteint narcissiquement par cette décision du conseil de classe, ne fournit aucun travail supplémentaire, obtient les mêmes mauvaises notes que l'année précédente.

Le rôle des parents autour de ce « déclic » est essentiel : le soutien affectif, le regard qu'ils posent sur l'adolescent participent à la prise de conscience de celui-ci. Restaurer narcissiquement l'adolescent peut lui permettre de franchir le pas du « subir » au « volontariat », dans le travail scolaire. Ce n'est que lorsque l'adolescent a donné un sens à son redoublement qu'il peut devenir actif de son redoublement et ainsi, le mettre à profit.

« Si nous ne sommes pas d'accord pour que notre enfant redouble, que pouvons-nous faire ? »

Les parents peuvent, à certains niveaux du collège, faire appel de la décision du conseil de classe quant au redoublement de leur enfant. C'est une décision qui doit être prise non seulement avec l'adolescent, mais aussi de manière éclairée : c'est-à-dire après avoir réfléchi aux conséquences (bonnes et mauvaises) pour l'adolescent, après avoir déterminé la raison profonde qui motive cet appel, et si possible après avoir consulté d'autres adultes : amis de la famille, professeurs de l'adolescent. Ce travail de réflexion des parents impulsera parfois chez l'adolescent le même travail de réflexion, d'autant plus qu'il y sera associé.

Le refus scolaire

Le refus scolaire se manifeste par des comportements d'opposition active ou passive, des difficultés d'apprentissage, une anxiété concernant la scolarité, des problèmes relationnels avec les parents.

Il peut être associé à des troubles anxieux voire même à des idées dépressives. Le refus scolaire peut en effet être la conséquence d'une peur importante, irrationnelle ou inconsciente de se retrouver loin de chez soi, du lieu de protection et des personnes qui représentent la sécurité, en particulier la mère. Il s'agit alors d'un adolescent qui présente ce qu'on appelle « un trouble anxieux de séparation », véritable angoisse de séparation que l'on retrouve tout à fait normalement chez le jeune enfant entre un an et demi et trois ans, mais qui ne doit plus être forte et handicapante au-delà de cet âge. Certains enfants et adolescents conservent hélas de façon tout à fait excessive cette très forte angoisse ; on peut alors réellement parler d'un véritable trouble. Souvent un événement de vie stressant est un facteur déclenchant. Un traitement psychologique est alors fortement recommandé.

Ce refus scolaire peut être aussi la conséquence d'une dépression sous-jacente qu'il révèle alors.

La phobie scolaire

Mais surtout, ce refus de la scolarité peut s'organiser en un véritable trouble psychopathologique appelé « phobie scolaire ». Ce trouble est en augmentation, probablement en raison de la pression scolaire sur les adolescents mais aussi sur les parents. On estime qu'il touche 1 % de la population d'âge scolaire.

➤ *Comment se manifeste la phobie scolaire ?*

L'adolescent phobique scolaire présente une réaction d'angoisse intense et refuse d'aller au collège. Il pleure, supplie ses parents, promet qu'il ira à l'école le lendemain. Si on le force, la crise prend une tournure dramatique : il s'enferme dans sa chambre, se sauve en pleurant. Il est alors inaccessible à tout raisonnement. Dans quelques cas, la contrainte semble le calmer, il se laisse conduire passivement à l'école, mais très vite il quitte sa classe, s'enfuit irrésistiblement pour rentrer chez lui ou errer, malheureux, si la porte du domicile est close. On peut avoir de sa part des conduites agressives (bousculade, agitation) qui sont en fait le témoin des réactions de détresse et d'angoisse devant la contrainte.

En dehors des moments phobiques, dès que l'enfant n'est plus confronté au départ à l'école, il se calme, promet d'y aller sans difficultés « plus tard ». C'est alors, dans tous les autres domaines, un enfant facile, coopérant. Il avance des rationalisations conscientes à sa phobie : l'enseignant est sévère, les copains de classe sont méchants ou se moquent de lui, il rend responsable le changement d'école récent, ou la dernière absence à cause de sa maladie. Par la suite, la phobie se justifie elle-même puisque l'enfant a peur d'être en retard par rapport aux autres, de ne plus connaître le programme. En revanche, son refus du travail scolaire à la maison est variable : il peut accepter de faire ses devoirs, tenter de rattraper son retard, parfois même on note un hyperinvestissement – il passe toutes ses journées à faire son travail si bien que malgré une absence prolongée de fréquentation scolaire, le niveau pédagogique peut rester excellent. Il n'est pas rare de noter d'autres phobies (peur du noir, agoraphobie) concomitantes ou anciennes. Des rituels, des éléments de la série obsessionnelle ont pu précéder la phobie scolaire, centrés en particulier sur l'école : rangement du cartable, méticulosité du travail.

On note souvent une relation sadomasochique avec un membre de la famille, surtout avec la mère. Mais la mère est une personnalité souvent anxieuse, phobique même. Elle est surprotectrice, en identification constante et envahissante avec son enfant qu'elle maintient dans une relation de dépendance étroite, encore renforcée par le rôle contraphobique qu'il lui fait jouer. Le père est volontiers peu sécurisant, faible, voire absent (travail excessif, divorce ou décès).

L'évolution dépend à l'évidence de la structure psychopathologique sous-jacente de l'adolescent et de la dynamique conflictuelle familiale. Très schématiquement on peut dire que :

— 30 à 50 % des cas ont une évolution favorable tant sur le plan de la réinsertion scolaire que de la vie extrascolaire ;

— 30 % environ ont une évolution marquée par la persistance de difficultés névrotiques avec parfois le maintien d'une phobie scolaire plus ou moins importante, mais l'insertion sociale est satisfaisante ;

— 20 à 30 % enfin ont une évolution défavorable marquée par la persistance de la phobie scolaire, mais surtout par l'existence de symptômes divers entraînant des difficultés considérables d'adaptation sociale.

➤ Comment peut-on la soigner ?

L'abord thérapeutique doit commencer par des consultations ambulatoires d'abord avec le médecin de famille ou le pédiatre. Si le trouble ne disparaît pas après quelques entretiens, on préconise souvent le changement d'école, mais ce n'est pas une bonne solution. Il faut impérativement recourir au pédopsychiatre. L'enseignement à domicile est fortement déconseillé, parce qu'il conforte le patient dans son symptôme et rend le retour à l'école plus problématique en accentuant l'angoisse.

L'hospitalisation doit être préparée avec la famille. Les parents, la mère en particulier, sont très ambivalents face à cette séparation d'avec l'adolescent. C'est là que la notion d'alliance thérapeutique prend toute son importance et que le médecin généraliste ou le pédiatre intervient en tant que tiers qui peut rassurer la famille. Les enseignants doivent aussi être impliqués. En particulier lorsque l'adolescent sort de l'hôpital, il faut absolument établir un lien entre les pédagogues de l'enseignement spécialisé en milieu hospitalier et les enseignants habituels. Si l'adolescent ne retourne pas à l'école, il faut l'hospitaliser assez longtemps, plusieurs semaines, voire plusieurs mois, de préférence dans un service de psychiatrie d'adolescents. Il faut pouvoir le scolariser sur place au début, puis aménager progressivement son retour à l'école. Si ce n'est pas possible, on peut envisager un internat thérapeutique.

Les techniques d'aides et de traitements sont diverses :

— *La psychothérapie d'inspiration analytique :* c'est l'abord le plus intéressant car il permet une réorganisation du fonctionnement psychique. Il n'est pas toujours facile de l'instaurer d'emblée, compte tenu de l'organisation défensive de l'adolescent, marquée par l'évitement et le refus. Il est parfois plus facile de commencer par des séances de psychodrame analytique. Dans le psychodrame analytique, le patient exprime ses conflits sur un mode dramatique, avec l'aide des thérapeutes qui jouent le rôle « d'auxiliaires ». Cette technique met en évidence les systèmes défensifs du patient en utilisant le thème de l'identification.

— *La psychothérapie familiale :* elle est importante, car elle vise à faire évoluer les interactions familiales. Elle permet d'aborder et de régler les relations de dépendance non résolues dans la famille et encourage l'autonomie de l'adolescent.

— *Les thérapies cognitivo-comportementales* ont aussi été proposées : exposition graduelle aux stimuli anxiogènes par exemple, ou restructuration cognitive et autocontrôle.

— *La chimiothérapie :* ce n'est pas un traitement de première intention. Pour les cas les plus sévères, on pourra prescrire une dose de 1,5 à 2,5 mg/kg d'antidépresseurs pendant un temps suffisamment long (six mois).

Tous ces moyens et ces commentaires peuvent paraître excessifs, mais tout parent qui a été confronté à un adolescent présentant ce trouble confirmera ces aspects.

La question de l'internat

Il est rare aujourd'hui que des élèves du niveau collège aillent en internat pour des raisons géographiques. Cela arrive plus souvent pour des adolescents qui vont au lycée. Mais d'autres raisons peuvent pousser des parents à choisir de mettre leur jeune adolescent en internat : ils peuvent souhaiter éloigner leur enfant à cause d'un conflit familial tel qu'une séparation ou un divorce, ou bien considérer l'internat comme une sanction (une punition) pour son indiscipline ou son manque de travail.

Il nous semble important, quelle qu'en soit la raison, d'associer l'adolescent à cette décision. C'est un événement suffisamment important dans la vie d'une famille et de l'adolescent, pour que celui-ci soit pleinement informé de ce qui va lui arriver. Les parents qui penseraient pouvoir cacher la vraie raison de cette décision à l'adolescent se tromperaient. Les adolescents, comme les enfants, comprennent, parfois sans pouvoir le mettre en mots ni sans jamais y faire allusion, la véritable raison de leur éloignement du cercle familial, en particulier quand il s'agit d'une séparation des parents. Le risque que prennent alors les parents est de voir l'adolescent culpabiliser : il pourra penser qu'il est la raison de la séparation, puisque c'est lui qui est éloigné de la famille.

Monsieur D. a perdu sa femme, décédée suite à une longue maladie. Ils ont eu un enfant, Jacques, qui n'avait que 6 ans au moment du décès de sa mère. Depuis, monsieur D. s'est remarié et a eu un enfant de ce deuxième mariage.

Jacques a 14 ans aujourd'hui. Il entre en quatrième, dans un collège à 30 km de la maison familiale. Son père et sa belle-mère ont décidé qu'il irait en internat. Il n'a pas bien compris cette décision. Il est mal à l'aise dans ce dortoir pendant toute la semaine.

Il se sent mal aimé par son père. Ne parlons pas de sa belle mère qui prend toujours la défense de son frère quand ils se disputent ou se battent. Il existe un train qui relie, plusieurs fois par jour, la ville où ses parents habitent à la ville où il est scolarisé. Non, décidément il ne comprend pas la décision de le mettre en internat. Il n'a pas osé dire qu'il ne le voulait pas. Il se demande parfois ce que penserait sa mère de tout ça.
De toute façon, il n'est pas question d'accepter cette décision. Mais il n'arrive pas à le dire. Alors il « le fait » : il s'est déjà fait expulser une fois de l'internat, pour trois jours, parce qu'il fumait dans sa chambre. Aujourd'hui, la conseillère principale d'éducation vient de le renvoyer une semaine de l'internat : il s'est fait prendre en train de boire de la bière, avant de se coucher. Son père va l'« engueuler », pense-t-il. Il s'en moque. Pendant toute la semaine, il prendra le train.

Je vous conseille

L'éloignement du cercle familial, y compris lorsqu'ils ont participé à la décision, et quoi qu'ils en disent, constitue une difficulté pour les adolescents. Ils ne sont pas encore indépendants, affectivement, de leurs parents, même s'ils le revendiquent.
Il est important que vous puissiez accompagner cette nouvelle autonomie, en encourageant l'adolescent à raconter ce qui se passe à l'internat, quand vient la fin de semaine. Il n'est pas question de vous livrer à un interrogatoire pour savoir et maîtriser ce qu'il fait en dehors de la maison familiale. Il s'agit simplement de l'aider à donner du sens à ce qu'il a vécu, à intégrer ce vécu dans l'histoire familiale.
La fabrication de ce lien permet à l'adolescent interne de se structurer psychiquement, en valorisant son vécu extrafamilial : vous encouragez son autonomisation, vous reconnaissez sa maturité. L'autonomie affective et l'adulte en lui se construisent ainsi, petit à petit.

Les loisirs

Les loisirs des adolescents évoluent avec chaque génération ; les jeux vidéo, même si les parents (surtout les pères) s'y mettent, sont des loisirs nouveaux, qui n'attirent pas toujours les adultes. En même temps, certains loisirs permettent au contraire aux générations de partager – et en particulier les adolescents et leurs parents – des intérêts, des expériences et des joies communes ; les sports, quels qu'ils soient – basket, foot, rugby, tennis ou golf – en sont le meilleur exemple. Mais commençons par le loisir préféré des adolescents d'aujourd'hui, le plus controversé mais aussi la plus importante source de conflits : la télévision.

La télévision

95 % des foyers français possèdent au moins un appareil de télévision, 50 % disposent de deux, voire trois postes dont un se trouve dans la chambre des enfants ou des adolescents, hors de tout contrôle parental. Cette dernière solution est clairement à déconseiller.

Les enfants âgés de 4 à 10 ans regardent la télévision 102 minutes (une heure et quarante-deux minutes) par jour en moyenne, ceux de 15 ans, 192 minutes (trois heures et douze minutes !). C'est évidemment beaucoup trop. Si la télévision peut ouvrir l'esprit à la culture, si elle peut satisfaire une passion comme le sport ou le cinéma, on peut lui reprocher la passivité qu'elle entraîne. Si le jugement des parents est le plus souvent négatif, celui des adolescents est favorable et les émissions regardées alimentent les conversations entre adolescents alors que les interdits sont vécus comme particulièrement frustrants.

Télévision et violence

Un des problèmes les plus souvent évoqués est celui de la violence, problème que l'on peut maintenant généraliser aux films et aux jeux vidéo. S'il n'est pas question d'imputer à la seule télévision les brutalités sociales si préoccupantes aujourd'hui (voir page 170), beaucoup s'accordent à lui faire jouer un rôle aggravant. Quatre facteurs aggravants dus à la télévision sont retenus par certains spécialistes :

— un effet de passivité caractérisé par une indifférence, une insensibilité anormales vis-à-vis de violences effectives ;

— un effet d'agressivité caractérisé par la tendance qu'ont les personnes assidues de la télévision à se comporter de façon violente ;

— un effet de peur excessive d'être victime de violence ;

— un effet de cercle vicieux caractérisé par la tendance, pour des enfants qui regardent des émissions violentes, à s'identifier aux personnages agressifs, à agir comme eux et à rechercher des émissions toujours plus brutales. Car l'enfant n'est pas à même de prendre de la distance par rapport à ces images de violence.

Un chercheur a montré – certes chez l'enfant, mais serait-ce si différent chez l'adolescent ? – combien les films et les émissions de télé servaient de modèle d'identification. L'expérience est la suivante : on fait voir à trois groupes d'enfants un film montrant un acteur qui frappe une poupée désobéissante d'abord avec ses poings, puis avec un maillet et enfin avec des balles de caoutchouc. Le film se termine différemment selon les groupes : pour le premier par des félicitations à l'acteur, pour le deuxième sans compliment ni critique et le troisième par des réprimandes. On constate alors que les enfants ayant vu soit le film où l'acteur avait été récompensé soit celui où il n'avait pas été réprimandé, se comportent ensuite de façon plus agressive que les enfants du troisième groupe.

Beaucoup d'autres études ont confirmé cette induction ou ce renforcement de comportements agressifs chez les enfants ayant regardé des émissions violentes. Plus graves encore, les comportements agressifs et violents peuvent être parfois tournés contre soi, en particulier à l'adolescence. Des chercheurs ont repéré que le taux de suicide augmentait nettement dans les quinze jours suivant des émissions de télévision qui comportent des scènes de suicide.

Les effets de la télévision sur la santé de l'adolescent

La télévision a d'autres effets négatifs possibles sur l'adolescent : raccourcissement du temps de sommeil nocturne pouvant entraîner fatigue, troubles de la vigilance, baisse de forme et des performances physiques pouvant être la source d'un cercle vicieux. Céphalées, fatigue visuelle ont également été rapportées.

Bien que cette pathologie reste exceptionnelle, il importe de rappeler la possibilité de crises d'épilepsie déclenchées chez certains enfants par la télévision, les jeux vidéo et de formuler à cet égard les conseils de prudence suivants : éloignement suffisant de l'écran, ambiance lumineuse maintenue dans la pièce, limitation de la durée d'exposition. Des crises de panique ou d'anxiété aiguë ont été récemment rapportées à l'occasion de la projection d'une bande dessinée au Japon et avaient déjà été observées lors de projections de bandes dessinées ou du film *L'exorciste*, il y a une vingtaine d'années ou encore d'autres films d'horreur.

Plus important en raison de la dimension croissante et préoccupante que prend cette pathologie actuellement est le rôle joué par la télévision dans le développement et l'aggravation de l'obésité chez l'enfant et l'adolescent. Par la place qu'elle occupe, autrefois consacrée à des activités intellectuelles, ludiques et sportives plus consommatrices d'énergie, par les messages qu'elle transmet encourageant à ingurgiter sucreries, confiseries ou d'autres aliments à forte densité calorique, mais sans intérêt nutritionnel, la télévision apparaît comme un des facteurs en partie responsables de cette augmentation des boulimies et des obésités et des menaces qu'elle fait peser sur l'avenir de ces adolescents à l'âge adulte.

Les sports

Le sport est à mon avis l'une des meilleures écoles de la vie : on y apprend à reconnaître l'autre, à juger de ses forces et ses faiblesses, à respecter les règles de la vie collective, à surmonter l'échec et à être fier de se dépasser. On a même montré récemment qu'il améliorait la mémoire. Tout adolescent devrait pratiquer un sport. Le principal risque est l'engagement total de certains adolescents dans leur activité sportive. Les études risquent alors d'en pâtir. Au lieu d'être un bonheur pour tous, cela peut tourner au conflit familial.

Doit-on conseiller un sport plutôt qu'un autre ?

Les sports collectifs

Leur avantage est évident : se dépenser physiquement, apprendre la vie ensemble, respecter les règles communes, éprouver le plaisir d'appartenir à une collectivité humaine qui recherche un but commun. Leur inconvénient réside justement dans cette nécessité d'être reconnu par les autres et donc de risquer de ne pas l'être en cas de difficultés – qui à ce niveau n'ont objectivement aucune importance.

Si c'était le cas de votre enfant, n'hésitez pas à lui proposer de changer d'activité : un sport plus adapté à ses capacités individuelles lui conviendra sûrement mieux.

Les sports individuels

Leur intérêt est également majeur à l'adolescence, période pendant laquelle l'affirmation de soi, la préservation de son espace et par là même de son identité sont si sensibles.

N'hésitez pas à laisser votre enfant s'orienter vers un sport dit « violent » : c'est un lieu et une façon idéale pour à la fois exprimer son agressivité et la canaliser. Parmi les choix possibles : le judo, le karaté ou même des sports de combat moins connus (boxe française). À ce propos, soulignons qu'il n'y a plus aujourd'hui de sport de « fille » ni de sport de « garçon ». Ces clichés sont dépassés.

Sport à l'école, sport en dehors de l'école

Ne comptez pas trop sur le sport à l'école. Quel que soit le mérite des enseignants de cette discipline (ils peuvent en particulier susciter des vocations), leur activité s'inscrit dans un cadre scolaire. Le sport à l'école n'a jamais autant de valeur d'engagement personnel que lorsque l'on s'inscrit dant un club : on y rencontre d'autres jeunes que ceux que l'on croise plusieurs heures par jour dans l'établissement scolaire. Les jeunes ne s'y trompent pas puisque 60,3 % déclarent pratiquer un sport en dehors de l'école.

Le sport de compétition

Le seul conseil que l'on puisse donner est le suivant : il s'agit de la compétition de votre enfant et non pas de la vôtre.

Les activités culturelles

Le cinéma, la lecture, les jeux vidéo, la pratique de la musique sont le quarté gagnant des adolescents d'aujourd'hui . Respectivement 44,5 % déclarent aller souvent au cinéma, 44,1 % lisent fréquemment des livres (les filles restent les plus grandes lectrices), 42,7 % jouent à des jeux vidéo (plus fréquemment pour le moment les garçons) et 21,2 % font de la musique.

Le cinéma

Le cinéma, surtout depuis la deuxième moitié de notre siècle, fait partie de la vie des adolescents. Selon les époques, on aime une ou plusieurs stars qui ne sont pas forcément les mêmes que celles des adultes. On retrouve à ce niveau dans le choix des adolescents, celui ou celle qui représente le mieux les aspirations, les désirs ou les forces de cet âge : Gary Cooper ou James Dean dans les années 1950, Leonardo di Caprio ou Arnold Schwartzenegger aujourd'hui, Marilyn Monroe ou Brigitte Bardot autrefois, Carole Bouquet ou Julia Roberts aujourd'hui.

Le cinéma à cet âge n'est pas qu'un loisir, c'est aussi le moyen de se sentir libre, de « sortir » sans ses parents, de flirter. C'est parfois une passion. Le cinéma favorise l'imagination et permet, à travers un héros, d'exprimer ses émotions les plus fortes. Le problème comme pour la télévision est actuellement le côté stéréotypé des films notamment américains dans lesquels la « négativité » de la vie ou la violence sont valorisées.

La lecture

➤ *Les livres*

Une étude sociologique sur la lecture des jeunes d'aujourd'hui[1] remet en cause un certain nombre de préjugés, notamment celui qui voudrait que « les jeunes ne lisent plus ». À cela s'ajoute l'idée, que conforteraient les statistiques, qu'un nombre de plus en plus grand d'enfants entrent en sixième sans maîtriser

1. Christine Baudelot, Marie Cartier et Christine Detrez, *Et pourtant ils lisent*, Seuil, 1999.

les apprentissages fondamentaux, et que le livre disparaît de l'univers quotidien des adolescents.

La situation décrite par les auteurs de cette étude est beaucoup plus nuancée :

- Tout d'abord, il y a autant de très faibles et non-lecteurs (22 %) que de lecteurs assidus et réguliers (23 %).
- Ensuite, cette configuration est très stable depuis dix ans.
- Enfin, lire est devenu un acte ordinaire mais en contrepartie, son attrait a perdu de son pouvoir : lire n'est plus « l'activité préférée d'aucune catégorie d'élèves » et ne constitue plus le passage obligé de la réussite scolaire.

Conclusion : notre époque ne marque pas la fin de la lecture mais « la fin de la lecture comme fait culturel total », c'est-à-dire que le livre n'incarne plus « la source de toutes les connaissances, de toutes les expériences et de tous les divertissements[2] ».

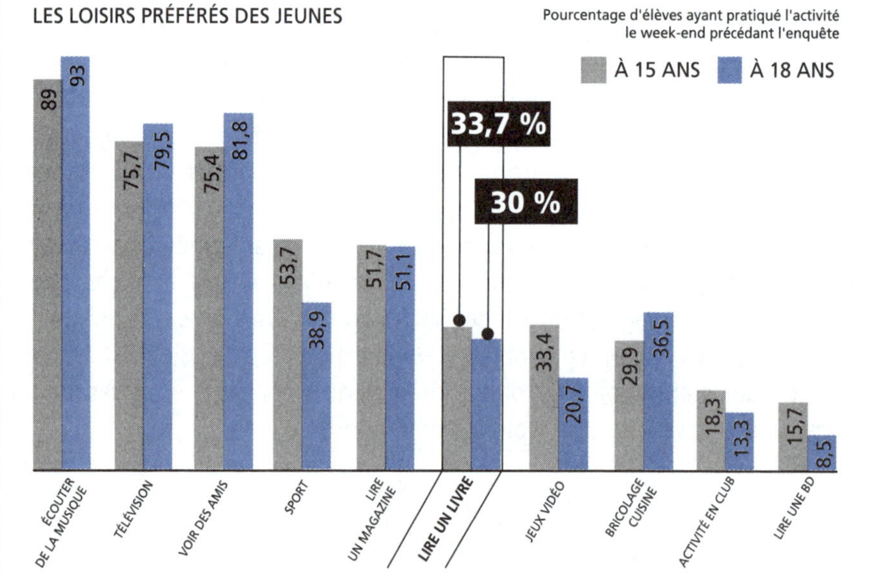

Les loisirs préférés des jeunes

➤ *Les journaux*

Les adolescents ont maintenant leur propre presse. Celle-ci a pour objectif de répondre à leurs intérêts. Il n'est sans doute pas inutile de s'y intéresser afin qu'en retour, ils puissent parcourir celle des parents.

2. *Ibid.*

LES LECTURES LES PLUS CITÉES

À 15 ans	À 16 ans
Christie Zola Maupassant Pagnol Molière King Verne Balzac Steinbeck Mahmoody	Zola King Maupassant Christie Molière Balzac Camus Flaubert Vian Stendhal
À 17 ans	**À 18 ans**
King Zola Maupassant Camus Balzac Voltaire Flaubert Molière Stendhal Christie	King Higgins Clark Maupassant Voltaire Zola Balzac Christie Camus Sartre Molière

Les jeux vidéo et Internet

Les adolescents sont les premiers utilisateurs des nouvelles technologies. Leur passion est telle que parfois ils en deviennent dépendants, y consacrant une grande part de leur temps.

Cet attrait pour les nouvelles technologies ne résulte pas seulement d'une curiosité ou d'une recherche d'originalité caractéristique de cet âge. Il existe une véritable correspondance entre ce que représente l'accès aux rencontres, aux échanges ou aux jeux virtuels et les traits psychologiques spécifiques de cette période.

La communication virtuelle permet de croire que toutes les limites sont franchissables, sans l'aide ou l'autorisation des parents, sans la nécessaire réciprocité d'une relation à deux, en dehors du principe de réalité et des contraintes que celui-ci suppose.

Grâce aux nouvelles technologies, l'adolescent peut communiquer avec qui il souhaite, quand il le veut et sur le sujet qu'il désire sans contrôle ni conseils parentaux. Les parents sont donc obligés de mettre des limites dans l'accès aux outils utilisés : téléphone portable, ordinateur et Internet.

Par ailleurs, grâce à ces technologies, l'adolescent peut aussi se rapprocher des autres jeunes de son âge et en particulier de l'autre sexe, sans avoir à se confronter aux craintes qu'une rencontre directe contient souvent. Il peut se montrer sous un jour favorable, s'exprimer sans retenue, sans avoir peur d'être regardé, sans rougir, sans craindre de ne pas être à la hauteur.

Les espaces virtuels lui offrent toutes sortes de possibilités et de qualités. Il peut encore s'identifier à un personnage de séducteur, de héros, d'agresseur ou de maître de l'univers. Alors qu'il s'inquiète de son avenir, il a le sentiment de pouvoir le maîtriser et même le programmer. Alors qu'il sait que dans la réalité, il faut du temps et des efforts pour accéder à des connaissances ou des loisirs, il lui suffit d'appuyer sur une touche et d'un « clic » il est en contact immédiat avec ce qu'il désire. Monde virtuel et monde réel sont bien différents !

Les parents doivent ainsi comprendre ce que ces technologies représentent pour l'adolescent d'aujourd'hui. De même que l'enfant aime avant tout jouer, les parents ne doivent pas interdire ce plaisir à l'adolescent. Cependant ils doivent lui en expliquer l'intérêt et les dangers, négocier avec lui un temps raisonnable à consacrer à l'ordinateur ou au portable, et ne pas en ignorer les aspects positifs : être rassuré lors d'une sortie tardive ou d'une absence des parents, ou faire un travail de recherche sur Internet pour un dossier scolaire.

La musique

Le débat a été largement entretenu sur ce sujet : chaque génération a son style de musique qui déplaît généralement à la génération précédente. Le meilleur moyen de ne pas se sentir trop agacé ou trop vieux jeu est de se rappeler sa propre adolescence.

Les questions concernant la place de la musique dans la vie des adolescents sont traitées pages 168 à 169.

Le théâtre

Les adolescents aiment souvent plus faire du théâtre que d'y aller avec leurs parents. Les nombreux « clubs théâtre » qui ont vu le jour dans les collèges et les lycées leur permettent de vivre leur passion en travaillant des textes du répertoire et en préparant des représentations publiques dans lesquelles ils peuvent se produire en fin d'année.

Comme pour la musique, il y a des adolescents qui partagent les goûts de leurs parents. Ces loisirs deviennent alors de véritables intérêts en commun.

Le jeu de rôles

Compte tenu de l'intérêt du jeu de rôles pour de nombreux adolescents, nous évoquerons plus longuement ce sujet.

➤ *En quoi consiste le jeu de rôles ?*

Le déroulement du jeu est basé sur le seul dialogue entre les joueurs et le meneur de jeu appelé aussi maître du jeu ; les parties se déroulent en alternant les narrations du maître du jeu et les improvisations des joueurs. Ce jeu est ainsi une sorte de théâtre spontané.

■ Le maître du jeu élabore un scénario précis et complexe définissant ainsi un cadre, une époque (Moyen Âge, futur,...) et un thème (science fiction, épouvante, médiéval onirique, super héros,...), lui seul connaît les méandres du scénario. C'est lui qui organise la partie, son rôle se situe entre l'arbitrage et la mise en scène, c'est sur lui que repose toute la partie et il doit veiller au bon équilibre du jeu.

■ Concrètement, le maître du jeu, dans le cadre du scénario qu'il a choisi, va faire vivre une aventure aux joueurs. Il définit une situation de départ. Les joueurs réagissent, par l'intermédiaire de leur personnage et le maître du jeu improvise la conséquence de cette action à partir des règles du jeu, d'une part, et des données du scénario, d'autre part. Ainsi la partie avance, les joueurs découvrant progressivement l'histoire par le biais des actions de leur personnage. L'intrigue est ainsi peu à peu révélée.

■ Les joueurs ne jouent pas les uns contre les autres : un problème leur est posé et ils vont avoir pour tâche de le résoudre ensemble. Par l'intermédiaire de leur personnage, ils devront apporter des idées, prendre des initiatives, expérimenter des solutions, et mener à bien la mission qui leur a été confiée.

Un personnage peut participer à plusieurs aventures. Un joueur peut incarner par exemple un vampire, commencer avec lui au XIIe siècle comme guerrier musulman des armées de Saladin en croisade contre Byzance, puis devenir un poète athée qui vit aux États-Unis dans les années 1920. Un tel personnage acquiert ainsi une largesse d'esprit et une culture qui seront autant d'atouts au cours des parties ultérieures de jeu de rôles. La partie peut alors durer plusieurs années avec un même personnage ou alors s'arrêter pour laisser place à une autre aventure.

Le *role playing* est un terme qui sert à évaluer la façon dont le joueur « joue » son personnage, au sens théâtral du terme, et qui tient compte de sa capacité d'élocution, sa capacité d'interagir avec ses camarades de jeu, sa capacité à faire progresser la partie, son charisme.

Ainsi, être identifié comme un bon joueur apporte des avantages : le maître du jeu peut accorder des mesures exceptionnelles permettant à un personnage de revenir à la vie, cela autorise également à devenir maître du jeu ou à réaliser un scénario de jeu de rôles.

➤ *À quoi sert le jeu de rôles à l'adolescence ?*

Le jeu de rôles offre à l'adolescent une autre scène, un ailleurs où l'entraîne son imagination, où il va pouvoir expérimenter ses potentialités. Le joueur conscient de sa projection dans le personnage choisira d'incarner des protagonistes qui peuvent revêtir de multiples facettes et devenir ainsi un champ d'expérimentation. Le personnage incarné supporte les identifications imaginaires du sujet et cristallise ainsi les idéaux du joueur : ce qu'il veut être, ce qu'il ne veut pas être, ce qu'il pense être ou ce qu'il pense ne pas être. Le joueur se vit ainsi, au gré de ses personnages et cherche la vérité sur soi dans les images virtuelles que lui offrent les personnages auxquels il va s'identifier tour à tour.

Le jeu de rôles est un lieu de projection de fantasmes et particulièrement des fantasmes originaires. L'adolescence est un temps d'appropriation où la question des origines – origine de soi, origine (émergence) de la sexualité et origine de la différenciation sexuelle – se pose de façon aiguë. À défaut de pouvoir s'approcher de cette vérité des origines, l'adolescent s'invente des histoires, crée des histoires que l'univers du jeu de rôles fondé sur les mythes permet de mettre en mots. Les fantasmes projetés dans les jeux de rôles peuvent permettre de mettre en scène, de manière inconsciente, des conflits internes, scène à partir de laquelle le joueur essaiera d'en prendre conscience et de les régler, partiellement tout au moins.

Enfin, en regard des problèmes de socialisation que rencontrent les jeunes aujourd'hui, les jeux de rôles proposent une socialisation dans un microsystème régi par des règles, et la progression du personnage-joueur au sein des parties peut compenser symboliquement les difficultés que le jeune rencontre dans la vie réelle.

« Y a-t-il des risques liés à la pratique du jeu de rôles ? »
La plupart des adolescents cités dans la presse pour leurs « dérapages » lors de jeux de rôles étaient des joueurs acharnés qui jouaient à des « grandeurs nature ». Le plus souvent leurs problèmes personnels précédaient les difficultés attribuées aux jeux. Une raison des « dérapages » est également la prise de drogue associée.

Les sorties

Les sorties sont l'occasion pour l'adolescent d'effectuer des choix personnels : lieux, personnes avec lesquelles il va pouvoir se livrer à de nouvelles activités. À cette période de la vie, les sorties répondent à une nécessité : celle de quitter l'univers familial. Elles permettent à l'adolescent de satisfaire ses besoins de découverte, de savoir et d'autonomie en choisissant les centres d'intérêts vers lesquels il souhaite s'orienter. Ses sorties sont l'occasion pour lui de trouver sa place par rapport aux autres et d'avoir des relations sociales qui lui sont propres. Cependant, la fréquence de ces sorties peut paraître excessive à l'entourage.

La fréquence des sorties

➤ *« Il sort tout le temps »*

Certains adolescents présentent une nature sociable et ouverte au monde extérieur. Ils ont de nombreux amis et passent la plupart de leur temps hors du foyer familial.

Cette attitude peut être le reflet d'une curiosité, naturelle à cet âge, envers le monde extérieur et les autres. En effet, l'une des étapes de l'adolescence consiste à confronter le modèle des parents à d'autres modèles afin de pouvoir construire sa personnalité. Les désirs de sorties correspondent donc à un besoin caractéristique des préoccupations d'un adolescent. S'il passe beaucoup de temps hors de chez lui, pour se livrer à diverses activités et rencontrer d'autres gens, c'est afin de découvrir qui il est ; il façonne ainsi son identité et peut assouvir un besoin de savoir et de curiosité propre à cette période de la vie.

Cependant, un adolescent peut n'être jamais chez lui pour échapper à des problèmes familiaux. Cette attitude de fuite cache parfois un sentiment de mal-être au sein de la famille. On l'a déjà vu, l'adolescence est une période où les conflits entre les parents et l'adolescent sont fréquents. Si ce dernier sort souvent, c'est aussi pour éviter de laisser éclore le conflit. Ce peut donc être une manière détournée d'affirmer son opposition.

Autre cas de figure, lorsqu'un adolescent se sent trop protégé dans sa famille, il peut chercher à la fuir afin d'assouvir son besoin d'autonomie. On l'a déjà dit, l'adolescent n'a pas les moyens de réagir de façon modérée et il préfère s'absenter ostensiblement du foyer familial.

Il peut aussi aimer passer beaucoup de temps dans la famille d'un ami parce qu'il y trouve un nouveau modèle familial qu'il juge plus profitable que celui qu'il connaît. Il essaie par là de définir ses propres repères en se confrontant à diverses références.

Enfin, il arrive que l'adolescent passe beaucoup de temps avec d'autres amis de son âge. Cela lui permet, là encore, de comparer son expérience avec celle des autres. Ses pairs le comprennent et vivent en général les mêmes difficultés que lui. Ils peuvent en parler et ainsi, se sentir moins seuls pour traverser cette étape délicate de leur vie.

➤ « *Il ne sort jamais* »

Certains adolescents ne sortent jamais, ils ne quittent pas le foyer familial pour des activités de loisirs : « ils n'ont pas d'amis », disent leurs parents.

Cette attitude peut être passagère, elle peut correspondre à un moment difficile dans les relations de l'adolescent avec les autres. Cependant, si ce repli s'avère durable, il peut révéler une peur de se confronter au monde extérieur, peur qui peut être interprétée comme une impossibilité à quitter la protection parentale. En refusant de rencontrer de nouvelles personnes, l'adolescent reste confiné dans le milieu parental, évacuant ainsi toute possibilité de s'émanciper. Il ne peut affronter le monde extérieur car il craint de se perdre, c'est-à-dire qu'il n'a pas les ressources suffisantes pour abolir une partie de ses repères ; il a peur de perdre son identité.

Cette attitude peut être le reflet d'un refuge dans un monde personnel. L'adolescent se protège ainsi des réalités extérieures qui le déstabilisent. Il peut même, parfois, s'enfermer dans un univers inaccessible aux autres. Ce comportement excessif est très inquiétant à cet âge.

Je vous conseille

— Il faut laisser à un adolescent le choix de son univers, sans toutefois qu'il puisse avoir le sentiment que cela ne vous intéresse pas. Lorsque ses relations sociales vous apparaissent insuffisantes et que votre enfant présente une réticence à sortir du foyer familial, il faut déterminer si cela est passager ou non, et vous interroger sur vos éventuelles peurs de le voir grandir et s'éloigner de vous. Vous pouvez aussi l'inscrire à des activités extérieures (sportives, artistiques, etc.) afin de l'aider à s'extraire du milieu familial.

— À l'inverse, lorsque votre enfant présente un besoin excessif de s'éloigner de chez lui, il faut essayer de comprendre pourquoi. Dans les deux cas, il est important de tenter d'expliciter son attitude, de parler avec lui pour comprendre ses motivations qui le poussent à adopter tel ou tel comportement. Encore une fois, si ces comportements sont à l'origine de troubles relationnels importants et que les causes inconscientes sont trop présentes, vous pouvez vous faire aider d'un thérapeute pour aborder le problème (voir page 559).

Je vous déconseille

— Il ne faut pas laisser à votre enfant l'impression que son emploi du temps et le monde qui l'entoure vous sont indifférents, car alors, il se sentirait abandonné ou aurait l'impression d'être dénué d'intérêt. Ce sentiment favoriserait ou renforcerait sa dépendance vis-à-vis du groupe.

— Il ne faut pas non plus qu'il ait l'impression que vous empiétez sur son univers personnel. Dans ce cas, il pourrait éprouver un besoin de se séparer de vous de plus en plus important, sans avoir encore les moyens de le faire de manière constructive.

La place des amis

Les amis occupent une place primordiale à cette période de la vie. C'est grâce à eux qu'un adolescent façonne un environnement qui lui est propre. C'est avec eux qu'il découvre et partage les difficultés de la vie. C'est par rapport à eux qu'il apprend à se définir.

➤ Le besoin de liberté

Le besoin de liberté correspond à une nécessité de vivre ses propres expériences. C'est l'une des caractéristiques de l'adolescence qui rend compte de plusieurs nécessités qui s'imposent.

■ L 'adolescent a besoin de chercher et d'acquérir un modèle de vie qui lui est propre. Pour cela, il lui faut se séparer de la référence parentale qui ne peut plus le satisfaire pleinement. Il quitte le monde de l'enfance parce que ses parents ne peuvent plus combler, comme avant, toutes ses attentes.

■ On remarque que l'adolescent demande d'autant plus de liberté qu'il se sent dépendant de ce modèle. Nous l'avons vu plus haut, certains adolescents se sentent très protégés par leurs parents et, pour affirmer leur indépendance, passent la plupart de leur temps hors du foyer familial. C'est une façon pour eux d'oblitérer temporairement le modèle parental afin de construire leur personnalité.

■ Le besoin de liberté répond à la curiosité qui pousse l'adolescent vers le monde extérieur. Ses nouvelles expériences lui permettent d'acquérir un jugement personnel sur ce qu'il aime et sur les choix qu'il aura à faire (en termes d'intérêts ou de relations sociales). La période de l'adolescence représente le moment où l'enfant ne peut plus être comblé par ses seuls parents ; il a d'autres besoins qu'il ne pourra satisfaire qu'à l'extérieur. C'est une période de découverte et d'appropriation du savoir.

➤ L'ami(e) de cœur

Cet(te) ami(e) a une place très privilégiée dans le monde de l'adolescent : c'est la nouvelle personne avec laquelle il va partager ses secrets. C'est une autre personne, mais une personne « comme lui », qui le comprend à un moment de sa vie où il se sent souvent incompris. C'est quelqu'un qui rencontre les mêmes difficultés, les mêmes doutes, et avec qui il peut tenter de trouver des réponses. C'est avec cette personne, et non plus tout seul, qu'il va pouvoir faire l'expérience de nouvelles situations et découvrir de nouveaux centres d'intérêts.

Souvent, c'est un(e) ami(e) parfait(e) qui n'a pas de défaut et à qui il peut ressembler, s'identifier afin de tendre vers son idéal. La relation avec le ou la « meilleur(e) » ami(e) est très intense, personne ne peut interférer dans cette amitié. Les deux adolescents se comprennent entièrement et partagent tout.

➤ *La constitution du groupe*

Le groupe est un phénomène fréquent et particulier à l'adolescence. En effet, le groupe est un lieu d'échanges privilégié où se retrouvent des membres d'une même classe d'âge, et à l'intérieur duquel chaque membre peut se reconnaître. Nous avons vu à quel point l'adolescent était à la recherche de nouveaux modèles et de nouvelles expériences pour définir sa propre personnalité. Chaque membre du groupe y apporte son expérience personnelle et ses propres intérêts, ce qui permet à chacun d'apprendre grâce à cette confrontation.

Par ailleurs, le groupe peut avoir une activité privilégiée à laquelle chaque membre peut participer avec plaisir. On sait que certaines activités sont propres au monde des jeunes, comme la musique ou la mode. Ces expériences de partage, de plaisir, de découvertes sont capitales pour aider l'adolescent dans les difficultés qu'il doit résoudre. On peut dire que l'adolescent passe d'un système d'aide, que lui apportent ses parents, à un système d'entraide au sein d'un groupe.

Certains groupes ont un leader : il définit « l'esprit du groupe », instaure les règles et représente l'autorité. C'est aussi celui à qui chacun tente de ressembler : chacun veut plaire au leader, et l'on peut voir là un déplacement de l'autorité parentale vers une autre autorité. La fin de cette appartenance à un groupe se constate le plus souvent lorsque chacun trouve un partenaire avec lequel il mène une vie de couple.

Je vous conseille

— Nous avons vu que la période de l'adolescence se caractérise par une émancipation de l'enfant par rapport à ses parents. Il faut que les deux parties s'entendent : vous pouvez aider votre enfant en l'incitant à recevoir ses amis chez vous, en parlant avec lui des sujets qui l'intéressent afin de ne pas l'obliger à n'en parler qu'au dehors. Il faut que votre enfant se sente respecté dans ses choix afin de pouvoir faire lui-même le tri entre ce qu'il aime vraiment et ce qu'il aime moins. Un adolescent doit se sentir libre dans ses relations aux autres sans toutefois se sentir seul.

— Cependant, il est important que votre enfant perçoive les limites au-delà desquelles il ne peut aller : il ne faut pas qu'il se sente responsable de son éducation à votre place. Vous devez, avant tout, maintenir votre place de parents en exerçant un rôle de guide et d'autorité morale.

Je vous déconseille

— Il ne faut pas renforcer chez votre enfant le sentiment qu'il y a d'un côté le monde des adultes et de l'autre, celui des jeunes. C'est pourquoi vous ne devez pas porter un regard trop critique sur ses goûts, ses activités ou encore ses amis. Ainsi, l'adolescent ne se sentira pas incompris.
— Il ne faut pas non plus qu'il ait l'impression qu'il est seul et que ses problèmes ne concernent que lui. Le rôle d'un leader peut, au-delà des propos apparents de l'adolescent, l'inquiéter.
— Vous ne devez pas laisser votre enfant faire tout ce qu'il veut. Il est important de lui fixer des limites à ne pas dépasser et de veiller au respect de ces limites.

Damien, un garçon de 15 ans demande à son père la permission de jouer de la guitare dans un local que ses parents possèdent, en bas de l'immeuble où ils habitent. Le père donne l'autorisation, à condition que cette activité n'ait lieu que le vendredi ou le samedi soir et qu'elle ne gêne pas les voisins.
Au début, tout se passe bien, Damien respecte le contrat. Mais peu à peu, ses parents constatent qu'il amène plusieurs de ses amis, que ceux-ci font pas mal de bruit (justifié, selon leur fils, par le fait qu'ils essaient de monter un orchestre), et surtout que le contrat n'est plus respecté : leur fils va maintenant dans le local plusieurs soirs par semaine, et une odeur bizarre les inquiète ; ils se demandent s'il n'y a pas de la drogue qui circule.
Que faire dans ce cas ? Mon conseil est le suivant : reprendre très rapidement et clairement les choses en mains, rappeler les règles du contrat initial et s'il est à nouveau rompu, ne plus laisser ce local à la disposition de leur fils et de ses amis.

Les risques de déviances et de marginalisation

Les phénomènes de groupes peuvent influencer certains adolescents et les inciter à adopter des comportements qu'ils n'auraient pas s'ils étaient seuls.

Il semble que le risque le plus important soit représenté par l'identification de l'adolescent à son groupe. Cela signifie que ce dernier n'utilise pas le groupe pour construire un nouveau modèle qui lui serait propre mais qu'il suit le modèle du groupe de la même manière qu'enfant, il obéissait au modèle de ses parents. Dans cette situation, l'adolescent perd son identité propre au profit d'une identité « groupale ». Ainsi, on peut dire que cette impossibilité de se libérer de son besoin de dépendance va se traduire par un nouveau lien de dépendance au groupe.

Il y a également un risque lorsque l'adolescent se laisse séduire par certains groupes qui fournissent de fausses réponses toutes faites à ses questionnements. Citons le danger des sectes, des fanatismes religieux ou idéologiques qui permettent à l'adolescent de se séparer en apparence de ses parents (sans qu'il y soit prêt), dans la mesure où ils apportent des réponses prédéfinies sur son axe de vie mais qui substituent en fait une dépendance à une autre.

On sait aussi que les groupes de jeunes peuvent avoir des comportements addictifs. La consommation d'alcool, par exemple, montre que le besoin de dépendance s'est déplacé vers une substance. Ces attitudes permettent à l'adolescent de ne pas se sentir seul et révèlent une grande difficulté à accéder pleinement à l'autonomie.

Il faut en fait ici distinguer deux modes de marginalisation ou de conduites déviantes : la marginalité par engagement et la marginalité par résignation. Nous évoquerons ultérieurement le problème des adolescents marginaux en raison de troubles menant à la délinquance ou de problèmes de drogue.

- La marginalité par engagement se traduit en général par l'adhésion à un groupe ou à un mouvement dont l'unité et l'identité sont vigoureusement et hautement proclamées. L'adolescent s'établit et se définit comme porteur d'une idéologie de marginalité. Cette marginalité par engagement a sans doute été plus active en France au moment du mouvement hippie ou après mai 1968 qu'actuellement. Le groupe offre alors à l'adolescent une possibilité d'exprimer son originalité et des sources identificatoires, des modèles d'existence. La marginalité devient en elle-même le fondement de son identité. Cette adhésion aux valeurs d'un groupe, en contradiction avec celles de son environnement social ou familial, donne à l'individu un sentiment de puissance et représente parfois l'étape nécessaire à une éventuelle intégration sociale ultérieure. Les attitudes de l'adolescent sont cependant souvent difficiles à supporter pour l'entourage. De plus, cette marginalité par engagement risque d'en devenir une par résignation ou une marginalisation liée directement à des difficultés psychologiques individuelles.
- La marginalité par résignation peut concerner l'adolescent en tant qu'individu, mais on doit surtout évoquer ici l'immense problème des familles marginalisées auxquelles un adolescent peut appartenir. Nous pensons plus particulièrement aux familles du quart monde pour lesquelles l'environnement n'est pas choisi mais imposé par des contraintes économiques ; discrédité par

les multiples défaillances que les interventions institutionnelles lui signifient, le cadre familial peut être désinvesti de son rôle protecteur fiable, garant de la sécurité et de l'identité. Les services sociaux ont désormais appris à ne pas vouloir systématiquement réintégrer dans le système social majoritaire les adolescents de ces familles et de ces groupes sociaux. Nous traiterons plus en détails ce qui concerne les conduites à risque pages 268 à 278.

Je vous conseille

Lorsqu'une attitude s'avère déviante et qu'un risque de marginalisation se profile à l'horizon, il faut que vous tâchiez de maintenir le dialogue. Si votre enfant peut parler de cette conduite, cela lui permettra de ne pas s'isoler et d'envisager des solutions.
Cependant, vous devrez juger cette conduite pour ce qu'elle est et ne pas la rendre licite si elle ne l'est pas. Cela permettra à votre enfant de ne pas perdre ses repères. Il faut qu'il sente que vous constituez un appui sur lequel il peut compter.
Ce type de conduite peut s'avérer très difficile à gérer en famille. En conséquence, il est important de consulter rapidement un spécialiste afin de ne pas augmenter les facteurs de risque (voir page 559).

Je vous déconseille

Il ne faut pas que votre enfant se sente réduit à l'image de son acte ou du groupe dont il devient dépendant. Vous risqueriez de lui faire perdre sa confiance en lui.
Il ne faut ni banaliser sa conduite en la rendant « normale » ou inexistante, ni la dramatiser en focalisant toute votre attention sur elle. Cela signifie qu'il ne faut pas réduire la personne de votre enfant à la conduite déviante qu'il adopte mais continuer à le considérer pour ce qu'il est, « en entier », en lui montrant surtout en quoi il est plus riche d'intérêt et de potentialités que ses comportements marginaux ou déviants pourraient le laisser croire.

Le mirage des sectes

Face aux diverses « menaces » qui le guettent, l'adolescent peut croire trouver une solution en adhérant à une secte. Les médias ont récemment attiré l'attention sur ce risque et ses dérives, qu'il s'agisse de dérive morale (aliénation de toute autonomie individuelle), financière ou des deux.

La « menace des sectes » représente d'une certaine manière une illustration condensée des deux types de menace énoncés ci-dessus. Plus le malaise de l'adolescent est intense, plus le risque est grand. Le piège d'une secte peut d'autant plus facilement se refermer sur lui qu'il traverse une période de fragilité et de vulnérabilité.

En effet, la secte et son habituel gourou offrent des réponses simples aux inquiétudes, aux angoisses et aux difficultés relationnelles que l'adolescent peut rencontrer. La secte attribue généralement l'angoisse à un danger extérieur (l'étranger, le diable, le maléfique, etc.). Elle donne à l'individu un code de vie, des stratégies comportementales précises, voire des modèles de pensée auxquels il suffit d'adhérer. Elle accompagne la personne isolée par un encadrement et un étayage réalisés par certains de ses membres : ainsi le sujet ne se sent-il jamais abandonné, perdu ou déprimé. Elle « prescrit » une rupture avec le cadre et le mode de vie antérieurs : de cette façon se trouve satisfait le besoin de changement de l'individu qui peut attribuer son malaise au cadre de vie qu'il vient de quitter.

En rompant avec ses objets anciens de dépendance, et croyant choisir une liberté qui n'est qu'illusoire, le sujet plonge dans une autre dépendance. Dans un premier temps, il la préfère à sa vie antérieure, dont il avait l'impression qu'elle lui était imposée et dont il cherchait vainement à se dégager. Mais très vite, la vie dans la secte va installer l'individu dans une dépendance bien plus grande.

Face aux douloureuses questions que se posent souvent les adolescents, le système dogmatique de la secte leur donne les clés d'un monde fait de certitudes illusoires, auxquelles ils sont particulièrement vulnérables.

Je vous conseille

Un seul conseil : informez le plus tôt possible vos enfants sur ce danger des sectes, en regardant par exemple avec eux les émissions régulièrement consacrées à ce sujet.

La question des véhicules motorisés

Pour la plupart des adolescents, conduire un véhicule motorisé va souvent bien au-delà des simples possibilités pratiques que l'apprentissage d'une telle conduite représente. Il s'agit de nos jours d'un des seuls rites de passage qui survit dans nos sociétés industrialisées. Le véhicule motorisé (mobylette, scooter, moto, etc.) a une valeur emblématique : c'est le symbole de l'acquisition d'un pouvoir et d'une indépendance, l'opportunité d'avoir une vie privée, de susciter l'admiration de la petite amie ou du petit ami, d'être différent des amis ou des autres membres de la fratrie qui n'ont pas encore ce symbole de maturité. Hélas, cette maturité n'est pas toujours à la hauteur des dangers auxquels l'adolescent s'expose sans toujours le vouloir clairement.

Tandis qu'à l'école, à la maison, les adolescents sont traités différemment des adultes, derrière leur guidon, puis leur volant (d'où le grand intérêt de la conduite accompagnée), ils ont les mêmes droits et les mêmes responsabilités que leurs parents.

Ces derniers sont généralement beaucoup moins enthousiastes que leurs enfants quand ceux-ci leur réclament de façon de plus en plus insistante un véhicule de ce type ou l'autorisation de monter sur celui d'un de leurs amis, ou quand ils l'apprennent, par hasard et bien après que la transgression a été accomplie.

Les parents ont-ils raison d'avoir peur des véhicules à moteur ?

Les accidents par véhicule motorisé sont la première cause de traumatismes physiques importants (pour les traumatismes physiques plus légers, ce sont les accidents de sport qui sont les premiers en cause) et pire encore de mort à l'adolescence. Il faut dire que l'alcool joue un rôle important dans ces accidents et que la conduite la nuit est la plus dangereuse. On pourrait dire qu'à l'adolescence, il en est des comportements de conduite de véhicule motorisé comme ceux de la vie sexuelle : les capacités physiques précédent les capacités émotionnelles. Les adolescents se sentent facilement et habituellement invulnérables. Ils pensent que les accidents n'arrivent qu'aux autres. Ils ont enfin tendance à ne pas prendre suffisamment en compte les conséquences de leurs comportements.

Évidemment, tous les adolescents ne sont pas de mauvais conducteurs ou des sujets prenant des risques excessifs. Et il est vrai que la conduite d'un véhicule motorisé, outre le bénéfice personnel qu'elle apporte à l'adolescent, peut être indispensable pour se rendre au collège ou surtout au lycée.

« Qu'est-ce qui peut nous permettre d'avoir confiance en notre fils quant aux dangers que représente la conduite d'un véhicule à moteur ? »

Certaines indications permettent aux parents de faire confiance à leur enfant. Vous devez vous poser les questions suivantes :

— Maîtrise-t-il généralement son impulsivité ?

— Est-il capable de planifier à l'avance les conséquences de ses décisions ?

— Comment gère-t-il par exemple son argent personnel ?

— Quelle est son attitude vis-à-vis des règles familiales ou plus généralement des interdits dans la vie quotidienne ?

— Met-il sa ceinture de sécurité dans le véhicule familial ?

Les adolescents conduisent comme ils vivent. S'ils se montrent responsables et s'ils sont matures dans leur vie, ils le seront généralement dans leur comportement avec un véhicule motorisé. Sinon, ils doivent prouver leur capacité d'être responsables d'eux-mêmes avant d'avoir l'autorisation de conduire un engin motorisé.

Les vacances

L'adolescence pourrait se définir par une nouvelle logique dans laquelle les vacances seraient le repère clé : « Le temps des vacances, c'est le temps de la liberté. » Qu'ils participent ou non à des séjours organisés, à des vacances familiales ou à des vacances initiatrices entre jeunes du même âge, les attentes des adolescents relatives à leurs vacances se résumeraient volontiers à cette exigence : « de la liberté, mais sans être largué dans la nature ». La définition de vacances réussies, à cet âge, passe par l'appropriation partielle par le jeune lui-même du projet de ses vacances, par la possibilité qu'il se représente d'organiser pour une part ses vacances ou du moins une partie de l'emploi du temps de ses vacances. Des vacances en famille... mais sans les parents, c'est le rêve de bien des adolescents à mesure qu'ils avancent dans l'adolescence. Difficile mais pas impossible !

Les vacances sans les parents

Les centres de vacances, les stages dévolus à une activité, les camps (camps scouts ou *summer camps américains*), les gîtes d'enfants, toutes les formules peuvent être envisagées pour une partie des vacances ; il existe des centaines de séjours différents (vous trouverez la liste dans les mairies, par l'intermédiaire du collège, dans les journaux pour les parents ou les adolescents) mais à certaines conditions :

— vérifiez l'agrément jeunesse et sport, cautionnant le sérieux et la compétence d'encadrement de l'association ;

— l'agrément tourisme est obligatoire pour les organismes proposant des voyages à l'étranger ;

— vérifiez si le taux d'encadrement est au minimum conforme à la loi ;

— renseignez-vous sur la formation des animateurs ;

— lisez attentivement le descriptif du contenu des activités ;

— faites confiance aux parents qui ont déjà eu une expérience équivalente avec l'organisme.

« Que faire si notre enfant s'adapte mal ? »

Vous pouvez toujours munir votre adolescent d'une carte de téléphone ou d'un portable afin qu'il puisse vous parler s'il en ressent le besoin. Mais en cas de vrai problème, sachez que les directeurs des organismes sérieux vous préviennent. Au pire, vous pouvez toujours aller le rechercher.

Une autre possibilité est celle des vacances studieuses. L'idéal est le séjour associant une activité scolaire (langues étrangères ou autre) et une activité ludique (sport, multimédia, musique, etc).

Les vacances en famille

Sachez que si vous passez vos vacances en famille, la présence d'un ou de plusieurs autres enfants du même âge devient de plus en plus utile pour au moins une partie des vacances.

Enfin pourquoi ne pas décider d'un grand voyage tous ensemble, si vous ne risquez pas de mettre en péril votre budget « vacances ». Votre enfant y sera peut-être initialement réticent, mais le plus souvent au fil du voyage, surtout si vous lui laissez un certain pouvoir de décision, il se souviendra de ce séjour comme d'une aventure humaine ou une initiation.

Les problèmes

Quand devez-vous vous alarmer ?

La réponse peut paraître simple, trop simple... Pourtant, elle est souvent insuffisamment prise en compte : les parents doivent s'alarmer quand il y a cumul et/ou répétition des comportements à problème ou des plaintes physiques ou de mal-être de l'adolescent. Un adolescent qui a fumé un joint n'est pas un adolescent à problème, celui qui fume du hasch chaque fois qu'il en a l'occasion ou bien qui fume du hasch, boit de l'alcool et refuse de parler à ses parents doit attirer l'attention.

L'adolescent et sa santé au quotidien

Tout adolescent présente à un moment ou à un autre des petits problèmes médicaux.

L'examen médical de l'adolescent

Le corps est chez l'adolescent ce par quoi le changement advient. C'est un corps en pleine transformation qui vit la métamorphose pubertaire sous tous ses aspects.

La consultation est un lieu privilégié de rencontre avec le jeune mais également un moment d'échange avec lui : une consultation pour adolescent, ce n'est pas uniquement examiner une gorge, ausculter un poumon, donner une lotion pour l'acné ou conseiller une gélule pour le mal de ventre, c'est, si possible et si besoin est, se replacer dans un contexte d'approche globale de l'adolescent.

« À l'adolescence, pourquoi consulter ? »

L'adolescent a du mal à évaluer ses besoins. Il peut également avoir du mal à les exprimer et présenter des réactions trompeuses. La demande peut être exprimée mais également se faire attendre ou être complètement absente. La place des parents est importante dans cette démarche. Sur le plan physique, c'est une période extraordinaire de croissance et de changement qui nécessite une surveillance médicale. Parallèlement, sur le plan psychologique, se met en route un processus d'identification à la fois corporelle et sexuelle qu'il est bon aussi d'évaluer. La qualité de l'examen clinique et la bonne qualité relationnelle avec le jeune sont toujours des médiateurs importants.

« Qu'est-ce qu'une consultation pour adolescent ? »

L'examen médical a pour but de répondre à ce qui préoccupe l'adolescent. Il permet également de noter un certain nombre de paramètres : poids, taille, que l'on comparera aux courbes de référence pour son âge, développement pubertaire (volume testiculaire, développement de la pilosité pubienne et axillaire pour les garçons, développement mammaire, pilosité pubienne et axillaire pour les filles). On appréciera la qualité de la statique vertébrale, la présence d'éventuelles anomalies cutanées (marques anormales, cicatrices, vergetures, acné). On contrôlera les vaccinations notifiées dans le carnet de santé.

Cet examen est l'occasion pour l'adolescent de poser des questions sur le fonctionnement de son corps et pour le somaticien, c'est le moment de se situer comme médecin du corps : palper un ventre, ausculter un cœur ou apprécier un développement pubertaire n'est pas un geste banal. Il s'agit d'un examen clinique attentif, complet et méthodique, dans lequel le médecin observe l'adolescent, en dialoguant avec lui afin de créer une relation thérapeutique harmonieuse.

L'entretien a pour but de « décoder » la demande, de retracer la trajectoire de son histoire personnelle, de prendre en compte certains éléments plus importants (séparation, deuil, déménagement...), d'apprécier comment il se situe dans sa famille, de savoir s'il a présenté certaines maladies ou certaines hospitalisations. Cet interrogatoire permettra de déterminer s'il présente des plaintes fonctionnelles (maux de tête, nausées, mauvais sommeil), des troubles de l'humeur (impression de nervosité, envie de pleurer...). L'adolescent peut également présenter un certain nombre de symptômes très souvent au premier plan de la scène clinique (malaises, vomissements...) qui sont manifestement le mode d'expression d'une souffrance.

On en profitera pour évaluer les habitudes de l'adolescent (alimentation, prise de médicament, mode de vie, rythmes de sommeil, niveau scolaire et relations avec l'entourage), pour lui demander s'il pratique un sport, une activité artistique ou ludique. Un adolescent qui se porte bien est un adolescent qui est à l'aise dans sa peau, qui s'intègre bien dans la société, qui sait créer en dehors de l'école et qui a des projets.

« Les parents doivent-ils assister à cet examen ? Y a-t-il des règles à respecter ? »

Il est préférable que cet examen se réalise en tête-à-tête, ce qui permet un certain climat d'intimité, de confiance et de disponibilité ; ainsi, on respecte le droit de l'adolescent au secret médical et à la confidentialité. Cette approche comporte également un certain nombre de difficultés, fausses urgences, déni ou banalisation, trouble émotionnel, l'adolescent refusant certains examens ou présentant des signes fonctionnels qui embrouillent tout. Mais les parents sont les partenaires privilégiés de l'adolescent. Il ne faut pas les exclure de cette relation de soins.

En résumé

L'examen médical a pour but de rassurer l'adolescent sur sa normalité dans le cadre d'un examen de routine ou de faire le point sur un état pathologique dans le cas d'un épisode aigu ou d'une maladie chronique.

La douleur : « j'ai mal au dos »

La douleur, à tout âge, est avant tout un phénomène subjectif, ce qui ne veut pas dire qu'il ne faille pas le prendre en compte. La pratique sportive, particulièrement développée à l'adolescence, expose aux risques d'accidents musculaires et articulaires (contractures, crampes, claquages, entorses, luxations...) à l'origine de fréquentes manifestations douloureuses. Les dents de sagesse provoquent également des épisodes douloureux, particulièrement violents.

Les douleurs essentiellement digestives et les dorsalgies (ou mal au dos) font partie des plaintes somatiques les plus fréquemment évoquées par les adolescents : environ un adolescent sur cinq, et en particulier les adolescentes. Les douleurs dorsales sont causées par les déformations cérébrales liées à la croissance.

Plusieurs menaces pèsent sur la colonne vertébrale (rachis) de l'adolescent et risquent de la rendre douloureuse. Les enquêtes montrent que 75 % des enfants entre 5 et 20 ans font l'expérience de ce qu'on appelle des rachialgies. Les rachialgies de l'adolescent sont, classiquement, favorisées par :

— les anomalies de courbure,

— les altérations vertébrales,

— la spondylolyse,

— les anomalies transitionnelles.

➤ *Les anomalies de courbure*

Sur un rachis sain, toutes les vertèbres sont alignées, de face, sur une droite verticale. De profil, on note que le rachis cervical et le rachis lombaire, concaves en arrière (lordose) et le rachis dorsal, concave en avant (cyphose) dessinent trois arcs de cercles superposés dont les sommets respectifs doivent, dans les conditions normales, être situés dans une certaine fourchette d'éloignement de la verticale théorique considérée :

— si cette distance est excessive, on parle d'hyperlordose ou d'hypercyphose ;

— dans le cas contraire, on parle de dos plat.

Toutes ces anomalies provoquent des douleurs, car elles s'accompagnent d'une mauvaise répartition des forces de pesanteur, de traction, de cisaillement et aboutissent peu à peu à des lésions, tout d'abord ligamentaires, puis, le cas échéant, cartilagineuses (discales).

➤ *La scoliose*

La scoliose idiopathique des adolescents touche le plus souvent les jeunes filles entre 10 et 15 ans. Elle est le plus souvent thoraco-lombaire et doit être surveillée pendant toute la période de croissance pendant laquelle elle risque d'évoluer rapidement, avant de se ralentir au terme de celle-ci.

C'est une anomalie des courbures visibles – entre autres – dans le plan frontal. Vue de dos, la colonne vertébrale, et plus précisément la ligne dessinée par la superposition des apophyses épineuses, apparaît sinueuse, la courbure réalisée pouvant être unique, double ou triple, siéger en n'importe quel point du rachis et être plus ou moins prononcée. La scoliose résulte d'une déformation des vertèbres et également d'une rotation de celles-ci autour de leur axe vertical. Ainsi s'explique que lorsque le jeune patient se penche en avant jambes tendues, non seulement la courbure ne disparaisse pas, mais encore qu'il apparaisse une dénivellation entre la moitié gauche et la moitié droite de la paroi postérieure du tronc.

« Quels sont les risques de la scoliose ? »
Elle expose au risque plus ou moins tardif de douleurs rachidiennes et de douleurs irradiées ; encore que les études statistiques, tant chez l'adolescent que chez l'adulte, ne semblent pas montrer de fréquence plus grande de la lombalgie chez les scoliotiques, mais seulement une intensité plus forte des épisodes douloureux.

« Comment peut-on la traiter ? »
La rééducation gymnique s'efforce de développer la musculature mais ne peut réduire la scoliose.
Les corsets orthopédiques peuvent freiner sa progression.
Les interventions chirurgicales de réduction et de fixation par synthèse métallique, associées à une greffe osseuse, sont indiquées dans les cas graves.

Ailleurs, la scoliose peut être secondaire à un défaut de développement embryonnaire, à une poliomyélite (devenue rare) ou à une affection neurologique.

On ne la confondra pas avec l'attitude scoliotique posturale que le sujet peut corriger en affermissant son attitude, ni avec l'inclinaison due à une asymétrie de longueur des membres inférieurs.

➤ *L'hypercyphose dorsale*

Ce dos rond, avec convexité excessive du rachis, parfois liée à une hypotonie musculaire, est, en règle générale, chez l'adolescent, secondaire à une épiphysose de croissance (maladie de Scheuermann).

➤ *L'hyperlordose lombaire*

Cette cambrure excessive peut devenir douloureuse. Elle peut résulter d'une inclinaison excessive du bassin mais peut également être la courbure de compensation d'une hypercyphose dorsale.

➤ Les altérations de la maladie de Scheuermann

Tout se passe comme si, au moment de la poussée de croissance pubertaire, le plateau (face supérieure ou inférieure) de la vertèbre était plus fragile que le disque avoisinant et se laissait abîmer par celui-ci.

Ainsi, aboutit-on à des lésions des vertèbres prédominant à l'étage thoracique où les vertèbres du sommet de la courbure deviennent cunéiformes. Ces lésions peuvent engendrer des douleurs par étirement de structures ligamentaires et, à l'âge adulte, provoquer des altérations des disques intervertébraux. Elles peuvent parfois s'étendre au rachis lombaire.

Le traitement repose sur l'éviction des efforts importants pendant la période douloureuse, l'usage d'un matelas ferme, sans traversin, voire d'un corset jusqu'à la fin de la croissance, si la cyphose progresse.

➤ La spondylolyse

Elle consiste en une solution de continuité qui se situe au niveau de l'isthme vertébral entre le corps et l'arc postérieur des vertèbres, plus précisément des deux ou trois dernières vertèbres lombaires. Cette solution de continuité apparaît à la suite des pressions et tractions locales liées aux efforts de la vie quotidienne ou du sport chez certains sujets prédisposés (5 % environ) entre 6 et 13 ans. Elle est un peu plus fréquente chez le garçon.

Elle peut laisser se produire un glissement en avant de la partie antérieure de la vertèbre et de tout le rachis sous-jacent (spondylolisthésis). Souvent, cela engendre des douleurs lombaires, sciatiques, par lésions discales et par usure locale de l'os et du tissu fibreux.

La spondylolyse, le spondylolisthésis constituent, en principe, une contre-indication à l'orientation vers une carrière sportive et cela, compte tenu des risques de décompensation inhérents à la pratique de certains sports. Toutefois, comme pour la scoliose, les études statistiques ne permettent pas de retrouver une plus grande fréquence, mais seulement une plus forte intensité douloureuse, de la lombalgie chez les adolescents présentant une lyse isthmique.

« Comment peut-on traiter les douleurs ? »

Le traitement des douleurs, une fois celles-ci apparues, est plus ou moins facile chez l'adolescent : en cas de lombalgie pure, on prescrit la rééducation associée au ménagement du rachis et, si nécessaire, au port momentané d'un lombostat (c'est-à-dire d'un corset) ; dans quelques cas (s'il y a des douleurs importantes, un refus de la rééducation, une instabilité rachidienne traduite par des douleurs en éclairs), on fixe, par vissage, la vertèbre mobile. On voit ici combien la part psychologique entre en ligne de compte dans ces difficultés vertébrales.

➤ *Les anomalies transitionnelles*

Elles sont génératrices de lombalgies par excès de sollicitation du dernier disque fonctionnel. Elles ne sont visibles que sur les radiographies. Elles consistent soit en une articulation de la cinquième vertèbre lombaire avec l'os iliaque (sacralisation), qui peut être asymétrique ou symétrique, soit en une lombalisation de la première pièce sacrée, qui ne s'articule plus avec l'os iliaque de façon asymétrique, ou symétrique s'assimilant alors à une sixième vertèbre lombaire. Leur fréquence est de 7 %.

Attention !

On n'oubliera cependant pas que l'adolescent peut souffrir également de pathologies moins spécifiques à son âge : hernie discale, infection, tumeur...
C'est dire qu'une douleur rachidienne persistante chez l'adolescent, mais aussi la constatation d'une anomalie de courbure ou de forme du rachis doivent conduire :
— à une consultation médicale qui s'appuiera le plus souvent sur les examens radiographiques,
— à se méfier de l'explication simpliste de troubles passagers dus à la croissance.

Les malaises et les crises paroxystiques

Il n'est pas rare qu'un adolescent présente des malaises ou des crises paroxystiques dont il est important de déterminer la nature.

➤ *Les syncopes*

Plus fréquentes chez les jeunes filles, elles constituent souvent un élément impressionnant pour l'entourage et les témoins, souvent précédées d'un état de malaise, parfois suivies de perte de connaissance et survenant souvent après un même facteur déclenchant (peur, émotion, douleur, station debout

Ce qu'il faut faire en cas de malaise

Vous devez bien observer ce qui se passe et transmettre le maximum d'informations au médecin pour que celui-ci puisse déterminer les examens à faire et la conduite thérapeutique la mieux adaptée dans un contexte déterminé.

prolongée, chaleur, fatigue, jeûne). L'adolescent ressent une sensation de vertige avec parfois nausées, pâleur, sueurs froides, tête vide et troubles visuels. Ces signes permettent le plus souvent de prévenir une chute car la perte du tonus est progressive mais parfois elle peut être brutale. Le jeune reste inerte pendant un temps court avec quelques secousses, pâleur, sueur. La reprise de conscience est très rapide. L'examen clinique est normal. L'analyse de ce qui se passe permet en général de faire le diagnostic. Il n'y a pas d'autre traitement que celui d'éviter le facteur déclenchant.

Plus rarement, les syncopes peuvent être d'origine cardiaque. Les signes sont beaucoup plus brutaux, à l'emporte-pièce, parfois déclenchés par un exercice physique plus intense (match, course). Ces syncopes comportent un risque de mort subite et doivent être reconnues et traitées par un examen cardiaque et électrocardiographique, à la recherche entre autres, de troubles du rythme. Elles nécessitent un traitement urgent et une surveillance minutieuse.

➤ *Les crises de spasmophilie*

Elles débutent en général par des troubles sensitifs, une sensation de picotement, de fourmillement des membres, et se poursuivent avec des troubles moteurs aboutissant à un véritable spasme au niveau des mains et des pieds, associés à une sensation d'oppression thoracique sans perte de connaissance. Les signes survenant aux extrémités des pieds et des mains ayant une progression ascendante peuvent entraîner, par la suite, la chute du sujet. Ces crises sont parfois moins caractéristiques, se manifestant simplement par des crampes ou des spasmes. La bonne analyse de ce qui se passe permet d'envisager le diagnostic.

Les examens complémentaires apportent en général peu d'éléments pathologiques (dosage du calcium, du magnésium). Ces éléments à la fois sensitifs et moteurs surviennent dans un contexte psychologique assez particulier et nécessitent une prise en charge globale au-delà du symptôme. Ces crises sont plus fréquentes chez la jeune fille et peuvent avoir tendance à récidiver. Telle

Johanna dont la mère déclarait, devant ses crises spasmophiliques à répétition : « J'ai l'impression qu'elle a quelque chose à dire avec son corps, quelque chose qu'elle ne peut pas dire. »

➤ *Les crises d'épilepsie*

Elles présentent des particularités cliniques, électro-encéphalographiques et évolutives très spécifiques. Elles se manifestent par des crises paroxystiques généralisées ou partielles pouvant s'accompagner de pertes de connaissance, caractérisées par des anomalies électro-encéphalographiques qui leur sont spécifiques, certaines formes étant plus bénignes que d'autres et dont il n'est pas toujours facile de retrouver une cause. On distingue des formes généralisées et partielles.

La forme généralisée classique se caractérise par une crise tonique associée à des secousses musculaires de type clonique, généralisées d'emblée, de début brutal, sans signe précurseur, pouvant entraîner une chute, les secousses musculaires étant rythmiques, bilatérales. Cette crise s'accompagne d'une perte de connaissance, souvent d'une morsure de langue et d'une perte d'urine. Elle survient parfois au réveil, peut être favorisée par l'absorption d'alcool, la privation de sommeil ou la stimulation lumineuse intermittente (télévision, jeux vidéo, écran d'ordinateur). Ces crises peuvent, chez la jeune fille, être rythmées par le cycle menstruel apparaissant quelques jours avant les règles. L'électro-encéphalogramme montre des anomalies caractéristiques.

Les formes partielles représentent un groupe assez hétérogène. Ce sont des formes assez fréquentes chez l'adolescent. Leur évolution peut être plutôt favorable en particulier dans la forme paroxystique dite « rolandique » : ces crises partielles, de durée brève, peuvent atteindre la face, le membre supérieur, l'hémicorps. La conscience est respectée, survenant la plupart du temps pendant le sommeil avec une fréquence variable en général faible. En dehors des crises, l'état clinique, neurologique et psychologique, est tout à fait normal. L'enregistrement électro-encéphalographique est tout à fait caractéristique montrant des anomalies au niveau d'une zone particulière du cerveau : la région rolandique. Le traitement est relativement simple et le pronostic bon. Dans 98 % des cas, ces crises disparaissent après l'âge de 15-16 ans.

Mais il y a de nombreuses formes d'épilepsie. Il importe de déterminer si ces manifestations surviennent chez un sujet normal qui présente un seuil épileptogène bas ou s'il s'agit d'une épilepsie dite symptomatique liée à des lésions cérébrales ou à des anomalies métaboliques.

Il importe donc, pour le médecin, d'envisager un certain nombre d'examens complémentaires : électro-encéphalogramme et éventuellement un examen scannographique ou IRM cérébrale afin d'en déterminer l'origine. Il pourra ainsi se référer aux classifications internationales en cours et proposer un traitement adapté.

« Quel est le traitement pour un adolescent épileptique ? »
Nous disposons actuellement de médicaments anti épileptiques à large spectre d'activité, efficaces dans la grande majorité des cas. De nouvelles molécules sont également en cours d'évaluation. Les traitements médicaux classiques ont permis d'améliorer considérablement le pronostic de la majorité des épilepsies. Chez le jeune, il y a nécessité de suivre de façon régulière le traitement médicamenteux (intérêt des formes chrono à libération prolongée qui réduisent le nombre de prises par jour) et de trouver un équilibre qui permette d'avoir une vie la plus normale possible.
En effet, chez les adolescents épileptiques, le mode de vie doit être adapté : il faut éviter les excès (consommation d'alcool, coucher tardif, mode de vie trépidant), tout en pratiquant un certain nombre de sports, à l'exclusion cependant de l'escalade, de la plongée sous-marine, de la baignade ou des sports aquatiques pratiqués seuls, la noyade restant la cause principale des décès accidentels des épileptiques. Tout se décide cas par cas. L'avis du neurologue est déterminant.

Les problèmes allergiques

Les phénomènes allergiques sont chez le jeune relativement fréquents et peuvent se manifester de façon variée, soit au niveau cutané soit au niveau de la sphère ORL et pulmonaire.

➤ *L'asthme*

L'asthme est devenu une des maladies chroniques les plus fréquentes de l'enfant (sa fréquence a doublé depuis les vingt dernières années). L'asthme se manifeste par des crises de dyspnée sifflante audibles à distance. Elles sont liées à une obstruction bronchique diffuse induite par l'exposition à certains allergènes, à des infections virales ou virobactériennes ou à l'inhalation de substances irritantes. C'est en réalité une maladie inflammatoire qui est actuellement en augmentation, en particulier chez l'enfant et l'adolescent, même si le nombre absolu de décès est faible.

Les crises sont stéréotypées, parfois précédées par certains signes : démangeaison nasale, accès de toux surtout le soir ou la nuit avec apparition d'une difficulté expiratoire. Ces crises peuvent être isolées ou se répéter, réalisant un véritable état de mal asthmatique qui peut entraîner une détresse respiratoire et des soins de réanimation. À côté de crises caractéristiques, il peut exister des équivalents asthmatiques : toux spasmodique, toux apparaissant à l'effort physique au cours d'une course d'endurance par exemple.

« Que faut-il faire ? »

Il faut consulter un médecin au moindre doute, de préférence en cas de crise. En dehors des crises, il faut signaler les éventuels signes respiratoires ; les symptômes doivent être décrits avec le plus grand soin car le diagnostic peut être trompeur.

Un bilan s'impose pour savoir ce qui déclenche ces crises d'asthme : affection des voies respiratoires, allergènes. Certains sont présents dans l'environnement quotidien toute l'année (acariens, blattes, animaux domestiques), d'autres allergènes sont saisonniers tels que les pollens. Il existe également des allergènes alimentaires. Des facteurs irritants se surajoutent : tabagisme passif, pollution atmosphérique, brouillard ou certaines substances chimiques. L'effort, l'émotion ou le stress peuvent également être favorisants. Un bilan médical sera fait dans ce sens à la recherche de l'allergie, en évaluant le retentissement par des explorations fonctionnelles respiratoires.

« Comment soigne-t-on l'asthme ? »

Il faut distinguer le traitement de crise et le traitement de fond. Le traitement de la crise nécessite la prise de médicaments (Bêta 2 stimulants et éventuellement corticoïdes le plus souvent donnés par voie respiratoire à l'aide d'une chambre d'inhalation qui agit directement au niveau des bronches). Il faut contrôler l'efficacité du traitement. Si cette crise résiste au traitement initial, il faut adapter la thérapeutique et utiliser d'autres moyens, sans hésiter à hospitaliser le jeune.

Le traitement de fond peut parfois être envisagé pour lutter contre l'inflammation, favoriser le drainage bronchique et tenir compte du contexte psychologique. Le traitement bien prescrit et bien suivi permet d'améliorer les symptômes, de telle sorte que les asthmatiques peuvent mener une vie normale.

« L'asthme est-il grave à l'adolescence ? »

L'asthme de l'adolescent a des particularités. Il peut être une simple étape mais peut aussi paraître comme un virage dangereux. La très grande majorité des adolescents ont vu leur asthme débuter dans l'enfance ; parfois, il s'agit d'asthme infantile méconnu ou refusé. Le pronostic à long terme de l'asthme de l'enfant constitue une des préoccupations essentielles. Car si la mortalité de l'asthme du sujet jeune reste relativement faible, elle frappe cependant spécialement les adolescents, surtout quand l'observance de leur traitement est médiocre et qu'il y a des difficultés avec l'entourage familial et le corps médical, une négation de la maladie, une mauvaise perception de l'état clinique, un recours aux soins défectueux. Cet asthme peut entrer dans le cadre d'une maladie chronique avec automédication facile, l'adolescent cherchant à prendre son indépendance. Il y a donc nécessité d'instaurer un rapport de confiance, un réseau cohérent et coopérant en expliquant au jeune la maladie et les objectifs du traitement.

« Peut-on vivre normalement quand on a de l'asthme ? »

Cela est tout à fait possible, pourvu que le traitement soit bien suivi et bien contrôlé. La prise de médicaments, en particulier à l'école, ne devrait pas poser de problème. La pratique sportive est plutôt conseillée, afin de développer une bonne fonction respiratoire. L'adolescent doit avoir avec lui son médicament pour pouvoir l'utiliser avant certains efforts et bien réguler l'intensité de son effort physique. De très nombreux sports peuvent être pratiqués à l'exception de la plongée sous-marine avec bouteille.

Il faut bien sûr réduire les facteurs responsables d'une éventuelle allergie, traiter toutes les infections respiratoires, suivre régulièrement et correctement son traitement qui doit être adapté en fonction de l'évolution, en sachant cependant que certaines crises peuvent devenir des urgences médicales, en particulier chez l'adolescent.

➤ *L'urticaire*

L'urticaire est une éruption brutale faite de plaques œdémateuses un peu rouges en périphérie, mobiles et fugaces, associées à une sensation de brûlure ou de démangeaison. Ces plaques apparaissent et disparaissent en quelques heures. Les lésions peuvent gonfler, décrire des anneaux extensifs. Ceci évolue par poussées en quelques jours. L'urticaire s'accompagne volontiers d'œdème, plus rarement peut s'associer à des troubles de la déglutition, à une détresse respiratoire par extension d'œdème de la muqueuse pharyngo-laryngée.

« Que faut-il faire ? »

La plupart du temps, l'interrogatoire permet de suspecter la cause de cette éruption :
— urticaire de contact (plante, poil de chenille),
— urticaire allergique à la suite d'une prise médicamenteuse,
— urticaire alimentaire (poisson, crustacé),
— urticaire cholinergique (chaleur, émotion, effort),
— urticaire physique (froid, pression).
Il y a parfois des signes associés, digestifs et respiratoires. Les douleurs articulaires et la fièvre sont des signes d'accompagnement non spécifiques.
Le traitement consiste bien sûr en l'éviction de l'agent causal et à l'administration par voie générale d'un antihistaminique ou de cortisone dans les formes graves.

« Existe-t-il des formes d'urticaire graves ? »

Les formes associées à des troubles de la déglutition et surtout à des difficultés respiratoires représentent une urgence thérapeutique. La prescription d'adrénaline sous-cutanée, de ventoline ou de corticoïdes intraveineux ne doit pas retarder le transfert de l'enfant en milieu spécialisé.

Les brûlures

Les brûlures sont la conséquence d'une agression thermique, électrique ou chimique.

« Que faut-il faire en cas de brûlure ? »

Si une brûlure se produit devant vous, il faut refroidir immédiatement avec de l'eau (pour essayer de diminuer la température, donc la profondeur de la brûlure) : mettez la partie brûlée sous l'eau froide du robinet 5 minutes montre en main. Déshabillez l'enfant, sauf si les vêtements adhèrent à la peau.
Le traitement local en urgence consiste à laver la brûlure pour diminuer le temps de contact avec l'agent vulnérant, pour mieux en apprécier la gravité. Il faut désinfecter avec une solution antiseptique incolore, appli-

quer un pansement gras, conserver les phlyctènes (ou cloques) qui forment un excellent pansement biologique. Il est alors prudent de consulter un médecin afin qu'il essaie de faire, de prime abord, une évaluation de la gravité : l'âge et l'étendue (règle de Wallace) conditionnent le pronostic, quelle que soit la profondeur. L'évaluation de la profondeur se fait entre autres sur l'aspect de la brûlure, de la plus superficielle à la plus profonde : rouge vif, rose pâle, blanc piqueté de rouge, chamois ou noir. Si les phlyctènes sont intactes, il s'agit d'une brûlure du deuxième degré. Si elles sont rompues, il existe un doute sur une brûlure plus profonde. C'est surtout la présence ou l'absence de douleur qui permet de classer les brûlures superficielles ou profondes.

Comment apprécier la profondeur d'une brûlure

— Une brûlure du premier degré correspond à un coup de soleil avec un érythème douloureux.
— Une brûlure du deuxième degré superficielle se caractérise par la présence de phlyctènes (ou cloques) remplies de sérum.
— Une brûlure du deuxième degré profonde est caractérisée par des phlyctènes inconstantes. La lésion apparaît rouge ou brunâtre suintante.
— Une brûlure du troisième degré : la lésion apparaît comme blanchâtre, cartonnée, indolore.

Le siège de la brûlure a également une importance : elle est particulièrement grave si elle touche les voies aériennes ou un orifice naturel. On déterminera également l'agent causal, qu'il soit thermique (et cela dépend du débit de la chaleur), qu'il soit électrique (il s'agit en général d'une brûlure du troisième degré avec risque d'atteinte cardiaque), qu'il soit chimique. En tout état de cause, il faut laver à grande eau pendant 10 à 20 minutes car la brûlure continue à s'approfondir.

Enfin, on précisera les antécédents du jeune. On vérifiera si les vaccinations sont à jour. On précisera bien les horaires, l'agent causal et le contexte social.

« Faut-il hospitaliser l'adolescent ? »

On peut en fin de compte séparer les jeunes atteints de brûlure en trois groupes :

— les petits brûlés non hospitalisés, sans lésion associée. Les lésions paraissent superficielles et le contexte social satisfaisant ;

— les petits brûlés hospitalisés : lorsqu'une brûlure correspond à 10 ou 20 % de la surface corporelle. Il n'y a pas d'atteinte grave de la face, des mains ou du périnée. Il n'y a pas de problème respiratoire. Le transfert peut être fait dans un service spécialisé ;
— le brûlé grave qui nécessite un transfert rapide, médicalisé dans une unité de soins intensifs d'un centre de traitement de brûlés le plus proche.

Je vous conseille

— Refroidissez la lésion si vous en êtes le témoin avec de l'eau car elle va continuer à évoluer.
— N'appliquez pas d'éosine ou un colorant qui gêne la surveillance de la brûlure. Le mercurochrome provoque des intoxications mercuriennes chez les sujets qui ont des brûlures de grande surface. En outre, il n'est pas souhaitable d'utiliser de la Betadine.
— Il faut proscrire bien entendu tous les traitements dits folkloriques : application de légume (pomme de terre, concombre), de beurre ou d'huile et ne pas utiliser d'antibiotique de façon systématique.

La prévention des brûlures

Comme tous les accidents domestiques, le traitement préventif est toujours le meilleur.
— L'information des adolescents est capitale.
— Vous devez bien connaître les endroits dangereux.
— Il faut régler les appareils de production d'eau chaude sur des températures modérées.
— Les produits chimiques doivent être mis en lieu sûr.
En cas de brûlure, la prévention des complications est fonction de l'application des conseils pratiques qui sont relativement simples en sachant qu'au moindre doute, s'il y a une difficulté à évaluer la gravité de la situation, il faut demander conseil à son médecin ou appeler un centre de brûlés.

Les entorses bénignes

Les bienfaits du sport chez l'enfant sont reconnus mais la pratique sportive ne met pas à l'abri d'un certain nombre d'accidents responsables de lésions traumatiques. Il est important chez l'enfant qui pratique une activité sportive de dépister celles-ci, si possible de les prévenir.

Parmi les blessures fréquentes, l'entorse de la cheville est l'une des plus courantes. La cheville est une articulation qui permet d'effectuer des mouvements de flexion, d'extension, des légers mouvements latéraux : c'est une articulation fragile en particulier dans un organisme en pleine croissance.

L'entorse bénigne de la cheville (secondaire à une torsion en varus de l'arrière-pied) entraîne une douleur externe, cédant en quelques minutes avec une impotence fonctionnelle modérée, c'est-à-dire une difficulté modérée à la marche, un gonflement et une ecchymose minime en avant de la malléole sur la partie extérieure du pied. Il existe une douleur lorsque l'on met le pied en tension en varus (c'est-à-dire en rotation vers l'intérieur). Il n'y a pas de laxité de la cheville, c'est-à-dire de trop grande perte de rigidité et la douleur est très localisée à la partie externe du pied.

Le bilan clinique peut s'accompagner d'un bilan radiologique afin d'éliminer des complications associées.

« Comment soigne-t-on une entorse ? »

Le traitement ne doit pas être négligé car l'entorse peut être la source d'aggravation des lésions et surtout de récidive. Il doit comporter impérativement une compression en regard de l'œdème (partie enflée), une courte immobilisation par *strapping*, c'est-à-dire de maintien par des bandes d'élastoplast correctement posées d'environ dix jours et une rééducation précoce. Exceptionnellement, un massage transverse profond est nécessaire et parfois une infiltration locale de corticoïdes.

Seuls les adolescents proches de la fin de croissance, ayant des cartilages de croissance en partie soudés pourraient être victimes de lésions ligamentaires telles qu'elles sont observées chez l'adulte.

« Pourquoi parle-t-on d'entorse bénigne ? »

Cette entorse de gravité moyenne s'oppose à l'entorse grave qui s'associe à une rupture complète, nécessitant une intervention chirurgicale liée à un mécanisme plus violent, se manifestant par une douleur syncopale, une sensation de déchirure avec craquement et un gonflement immédiat.

« Quel est le pronostic de ces entorses ? »

Le pronostic de l'entorse bénigne bien traitée est en général bon mais chez certains sujets fragiles, ces entorses peuvent cependant récidiver.

Quand le corps parle

Le corps se trouve être l'objet de préoccupations, d'inquiétudes, d'angoisses, que la transition pubertaire augmente. Ainsi se développent des craintes de maladies, de malformations diverses, d'aspect inesthétique (ce qu'on appelle la dysmorphophobie).

Le corps est également un objet de transaction avec l'environnement. Au début de l'adolescence en particulier, le jeune peut vivre son corps comme un objet qui ne lui appartient pas vraiment, mais qui reste la possession de ses parents, surtout de sa mère. C'est pourquoi le besoin de détachement et d'éloignement des parents prend souvent le corps comme objet de médiation. L'adolescent va se choisir un style d'habillement, de coiffure, de maquillage et même une allure, une façon de marcher, de se déplacer, qui peut d'abord témoigner du besoin de se rebeller, ou de se distancer par rapport aux exigences parentales et/ou aux habitudes éducatives. À l'opposé, dans d'autres cas, lorsque la rébellion est impossible ou vécue comme trop dangereuse, le corps peut être l'objet privilégié d'une régression : l'adolescent se fait « soigner » par l'un de ses parents, là encore la mère de façon privilégiée.

Le corps et tout ce qui s'y rapporte sont également un objet de reconnaissance sociale parmi les autres adolescents. Chaque mère sait combien il est difficile d'habiller un adolescent (notamment une adolescente) qui court les magasins pour trouver le dernier vêtement à la mode, capable alors d'une énergie, d'une patience, que dans bien d'autres secteurs il (elle) ne montre pas. Être à la mode est le paradigme du paradoxe de l'adolescence : vouloir être original tout en faisant comme les autres (paradoxe de toute mode porté à son paroxysme par les adolescents).

Il n'est donc pas étonnant qu'à cet âge, de nombreuses conduites pathologiques s'organisent autour du corps ou prennent celui-ci comme objet.

➤ *Céphalée et migraine*

Les maux de tête sont l'un des problèmes les plus fréquents à l'adolescence. Pour autant, les maux de tête ne sont pas insignifiants. Dans 90 % des cas, il s'agit soit d'une migraine, soit d'une céphalée de tension. Aucun de ces deux troubles n'est susceptible de dégénérer de quelque manière que ce soit.

■ Les causes de la migraine (douleur de la moitié du crâne) sont multiples : les nerfs, et notamment le nerf trijumeau, les hormones (syndrome prémenstruel), le stress (la migraine de fin de week-end !), les agressions sensorielles (bruit, lumière violente, etc.), voire les modifications du temps. La plupart des adolescents migraineux vivent avec leur mal, ont essayé tous les antalgiques, antimigraineux et antidépresseurs possibles et ont fait leur propre posologie. Il faut distinguer les sujets qui peuvent être soulagés par un analgésique simple (aspirine ou équivalents) de ceux qui présentent une migraine associant généralement maux de tête, nausées, crainte du bruit et de la lumière. Pour ces derniers, de nouveaux produits sont maintenant plus efficaces : les triptans.

■ Les adolescents peuvent aussi avoir des maux de tête diffus ou généralement derrière la tête : ils souffrent de ce que l'on appelle une céphalée de tension. La cause en est le plus souvent psychologique : une angoisse, une tension nerveuse, se manifestant par une contraction musculaire. Outre les antalgiques, la relaxation, la kinésithérapie et les médicaments myorelaxants (qui détendent les muscles) donnent de très bons résultats. Évidemment, si ces céphalées sont fréquentes, une approche des problèmes affectifs ou relationnels doit être envisagée.

Dans les 10 % de cas restants :

■ 5 % des douleurs de la tête seraient dues à des causes extrêmement diverses pouvant aller de l'infection dentaire aux affections ORL (sinusite, otite...), en passant par les troubles ophtalmologiques ou surtout une vraie dépression. Dans ces cas-là, le mal de tête est un excellent indicateur d'une autre affection. Une fois ladite affection traitée, il disparaît comme par enchantement.

■ Quant aux derniers 5 %, il s'agit de maux de tête dont la cause est grave et qui doivent être pris en charge. En général, ces maux de tête se reconnaissent assez facilement. D'abord parce que la douleur est extrêmement intense (certains adolescents disent que c'est « à s'en couper la tête »). Ensuite, parce qu'elle surgit de façon inattendue et se manifeste par des sensations différentes. Même les migraineux ou ceux qui souffrent de céphalées chroniques ne peuvent se tromper et confondre ces maux-là avec leurs douleurs habituelles. D'ailleurs, ils constatent rapidement que les médicaments efficaces sur leurs migraines ne le sont pas dans ce cas. Enfin parce que de nombreux symptômes leur sont associés : fièvre, vomissements, troubles visuels, engourdissement, raideur de la nuque (méningite), symptômes neurologiques (une main ou un pied qui tremble, qui faiblit ou qu'on ne peut plus maîtriser).

Je vous conseille

S'il s'agit d'un banal mal de tête, conseillez d'appliquer une petite recette personnelle, celle qui soulage le mieux, l'aspirine ou ses équivalents ne sont pas ici dangereux.
Mais si la douleur est inhabituelle, ne faites aucune automédication et ne lui donnez surtout pas d'aspirine. Cela pourrait aggraver les choses. Même si votre enfant souffre fréquemment de maux de tête, dans le cas où la douleur diffère dans son intensité, dans sa localisation, dans sa façon de se manifester (douleur en coup de poignard, douleur croissante malgré le médicament...), consultez immédiatement un médecin.

➤ *Angoisse hypochondriaque et dysmorphophobie*

La crainte d'être atteint d'une maladie

Nous savons que l'angoisse épargne rarement l'adolescent. Le corps est, on l'a vu, l'objet privilégié sur lequel cette angoisse peut se fixer. La plainte somatique peut en effet être l'occasion d'un rapport régressif où la « maman » va pouvoir donner ses soins à son enfant, comme elle le faisait avec dévouement quand il était petit.

Mal au dos, mal aux genoux, mal au ventre, mais aussi mal à la tête, etc., tous ces maux, s'ils peuvent parfois être attribués « aux douleurs de croissance », répondent aussi bien souvent à des moments d'inquiétude de l'adolescent où il est « mal dans sa peau ». Ils sont en quelque sorte une demande déguisée d'être soigné, d'être l'objet d'attention de la part d'un adulte. Cela explique aussi la fréquence des angoisses hypocondriaques à cet âge.

On appelle hypocondrie la crainte, ou à un degré supplémentaire, la certitude d'être atteint d'une maladie, éventuellement d'en ressentir les symptômes, sans qu'aucune anomalie ne soit repérable. Les angoisses hypocondriaques des adolescents se distinguent de celles des adultes en ce sens qu'elles se rapportent en général aux organes immédiatement impliqués dans la survie. Ainsi, certains adolescents ont peur d'être atteints d'une maladie cardiaque, d'autres d'une maladie de sang (leucémie). En revanche, les inquiétudes centrées sur l'appareil digestif (cancer de la sphère digestive, plaintes concernant le transit intestinal), plus fréquentes chez l'adulte, s'observent plus rarement à l'adolescence.

Je vous conseille

Ces problèmes relèvent d'une consultation spécialisée psychiatrique et non pas de consultations médicales à répétition. Cette démarche permettra d'éviter les conséquences à l'âge adulte de ces troubles apparaissant à l'adolescence.

La crainte d'être difforme

À côté de ces angoisses hypocondriaques, il faut évoquer les craintes dysmorphophobiques. Il s'agit de craintes ou plus encore d'un vécu de honte, concernant un élément du corps. L'adolescent a le sentiment que cet élément du corps n'est pas beau, n'est pas conforme, parfois même que tout le monde le regarde, se moque de lui. Il peut s'agir d'un élément du visage, de la forme des seins, de celle des cuisses, de l'allure générale du corps, de la musculature (en particulier chez le garçon), d'un sentiment d'être trop gros ou trop maigre, d'être trop petit ou trop grand. L'existence d'une acné importante, ou même parfois d'une acné imaginaire peut focaliser ces craintes.

Ces craintes dysmorphophobiques concrétisent les doutes sur le corps, focalisent l'angoisse et peuvent entraver le rapport de l'adolescent avec les autres. Ainsi certains jeunes refusent de sortir, éprouvent des sentiments de honte en restant confinés dans leur chambre. De telles craintes sont banales au moment de la transformation pubertaire, surtout si elles concernent les organes qui se modifient pendant la puberté, par exemple l'aspect de la poitrine chez les filles, la taille de la verge chez les garçons, les inquiétudes sur la pilosité, une honte à cause des « boutons ». Ces craintes ont une dimension plus pathologique lorsqu'elles concernent des organes qui ne sont pas directement impliqués dans le processus pubertaire, par exemple craintes concernant le nez, les oreilles, les yeux, etc.

Je vous conseille

D'une manière générale, l'adolescent exprime rarement ses préoccupations, les gardant secrètes : les parents peuvent ne pas comprendre pourquoi l'adolescent refuse de sortir, de rencontrer ses amis(es). Banales lorsqu'elles sont transitoires et qu'elles n'entravent pas la vie sociale de l'adolescent, ces « dysmorphophobies » doivent être prises en considération lorsqu'elles durent et retentissent de façon importante sur les capacités d'adaptation sociale de la personne.

➤ *L'énurésie et le bégaiement*

L'énurésie et le bégaiement sont des difficultés apparaissant dans l'enfance qui peuvent pour un petit nombre de sujets se poursuivre à l'adolescence (15 % des enfants de 5 ans présentent une énurésie nocturne, 1 % à 18 ans). Ils sont soit culpabilisés, soit honteux de leur handicap qu'ils cachent ou compensent le mieux possible. L'avis d'un spécialiste est nécessaire. La question de la motivation de l'adolescent pour se faire aider est ici essentielle.

Les vaccinations

Les progrès récents en vaccinologie doivent pouvoir profiter aux adolescents et permettre une couverture vaccinale de meilleure qualité. Les pratiques évoluent et s'adaptent en fonction des données épidémiologiques actuelles et de la possibilité de réaliser de nouveaux vaccins mieux adaptés.

« Pourquoi vacciner les adolescents ? »

Si c'est pendant l'enfance que l'on effectue la plupart des vaccinations, la période du collège sera celle des contrôles, des rappels et éventuellement des rattrapages de certaines d'entre elles. Il faut rester vigilant car la pratique quotidienne montre qu'il suffit de relâcher la discipline vaccinale pour que des maladies resurgissent. Il semble donc opportun de se tenir au courant des nouvelles recommandations, des nouvelles exigences concernant les pratiques vaccinales. Cela sans se baser uniquement sur l'aspect purement individuel mais en tenant compte des données de santé publique, et de l'impact de ces pratiques sur la diminution, voire l'éradication de certaines maladies.

En outre, tout contact avec des adolescents ou pré-adolescents est, on l'a déjà vu, un moment privilégié pour apprécier leur état de santé, faire de la prévention et évaluer si le calendrier vaccinal est à jour.

Il est indispensable de noter correctement les vaccins qui sont effectués dans le carnet de santé, document qui servira de repère pour les contrôles ultérieurs.

Calendrier des vaccinations

11-13 ans

— Diphtérie, Tétanos, Polio (DTP).

— Troisième rappel coqueluche : un rappel tardif coqueluche est recommandé chez tous les enfants, l'injection devant être effectuée en même temps que le troisième rappel diphtérie, tétanos, polio avec le vaccin coquelucheux acellulaire.

— Rougeole, Oreillons, Rubéole (ROR) : une vaccination associée rougeole-oreillons-rubéole est recommandée pour tous les enfants n'en ayant pas bénéficié, quels que soient leurs antécédents vis-à-vis des trois maladies.

— Hépatite B : voir recommandations ci-après.

— Épreuve tuberculinique : les sujets aux tests tuberculiniques négatifs, vérifiés par IDR, seront vaccinés ou revaccinés.

16-18 ans

— Diphtérie, Tétanos, rappels ultérieurs TP tous les dix ans, Polio quatrième rappel.

— Rubéole : pour les jeunes femmes non vaccinées.

— Épreuve tuberculinique : les sujets aux tests tuberculiniques négatifs, vérifiés par IDR, seront vaccinés ou revaccinés.

« Quelles sont les recommandations proposées ? »

Les données épidémiologiques, la résurgence de certaines affections ont permis en effet de proposer certaines recommandations :

— La vaccination rougeole-oreillons-rubéole (ROR) : les résultats de ces travaux montrent le risque important de survenue d'épidémie de rougeole dans les années à venir, particulièrement chez les adolescents. La vaccination associée contre la rougeole, la rubéole et les oreillons est recommandée à partir de 12 mois, pour la première dose, et entre 3 et 6 ans pour la seconde. Pour les enfants âgés de plus de 6 ans, il convient de s'assurer qu'ils ont été vaccinés au moins une fois contre les oreillons, la rougeole et la rubéole. Dans le cas contraire, une seule vaccination avec le vaccin triple associé est recommandée. Elle peut être administrée entre 11 et 13 ans (rattrapage) mais peut être proposée plus tôt.

— La vaccination contre la coqueluche : compte tenu de la recrudescence de cas de coqueluche chez de très jeunes nourrissons contaminés par des adolescents ou des jeunes adultes, un rappel tardif a été introduit. Il est recommandé entre 11 et 13 ans et doit être pratiqué avec un vaccin

coquelucheux acellulaire en même temps que le troisième rappel diphtérie-tétanos-polio.
— La vaccination contre l'hépatite B : le Conseil supérieur d'hygiène publique a préconisé en 1998 d'adopter un schéma unique en trois doses (du type 0-1-6 mois) qui respecte un intervalle d'au moins un mois entre la première et la deuxième dose, la troisième dose pouvant être en pratique réalisée entre 5 et 12 mois après la seconde dose. Il est proposé de ne plus recommander de rappel systématique de vaccin contre l'hépatite B, au-delà des trois injections du schéma initial de vaccination sauf cas particuliers de sujets à risque ou exposés professionnellement (élève infirmier par exemple, stage en hôpitaux, etc.). Ce sont les recommandations actuellement (1999) en vigueur.
— La vaccination par le BCG est obligatoire chez les enfants accueillis en collectivité. Un certain nombre de pays continuent à vacciner dès la naissance et effectuent des contrôles tuberculiniques post-vaccinaux réguliers avec revaccination des sujets négatifs. Ces contrôles et revaccinations peuvent intervenir à l'adolescence.

« Y a-t-il des contre-indications ? »

Quand on vaccine un adolescent, il y a des contre-indications à respecter et des précautions à prendre. Cependant, la crainte de réaction vaccinale ne doit pas entraîner une attitude d'abstention qui ne semble pas toujours justifiée. Les contre-indications des vaccinations sont de mieux en mieux codifiées à partir de données expérimentales précises et relativement nombreuses. La purification de plus en plus poussée des vaccins ainsi que leur concentration diminuent considérablement les risques vaccinaux.
Il importe néanmoins de respecter un certain nombre de contre-indications et de prendre les précautions qui s'imposent en cas d'allergies, de maladie neurologique, de déficit immunitaire congénital ou acquis, de maladie infectieuse aiguë ou subaiguë évolutive, d'une hyperthermie en cours, et cela en fonction du type de vaccin. La décision de procéder à toute vaccination sera donc prise après avoir recueilli les informations nécessaires relatives à d'éventuelles contre-indications, le médecin vaccinateur se référant à la réglementation en vigueur, selon la législation en cours.

Quelques recommandations particulières

— Pour les adolescents qui voyagent, les vaccinations sont exigées par la réglementation internationale (fièvre jaune, hépatite A, méningite cérébro-spinale A et C, typhoïde) correspondant à des risques particuliers dans certains pays de destination. Les vaccinations courantes devront bien sûr être à jour.

— Dans le cas de pathologie spécifique, certaines vaccinations seront pratiquées :

• vaccination antigrippale annuelle chez les adolescents souffrant d'insuffisance cardiovasculaire ou respiratoire ou atteints de drépanocytose ;

• vaccination pneumococcique chez les jeunes ayant subi une splénectomie, le drépanocytaire, les patients atteints de syndrome néphrotique ;

• hépatite A chez les jeunes vivant en internat ou dans des établissements et services pour handicapés ;

• enfin, les sujets présentant des troubles de l'immunité ou porteurs du virus VIH ou souffrant d'hémopathie maligne bénéficieront de protocoles particuliers.

— Dans tous les cas, la stratégie vaccinale doit être ciblée selon des modalités propices à une bonne appréciation du risque individuel à l'égard de la maladie comme de l'éventuel risque vaccinal.

« Que faut-il éviter ? »

Il faut bien sûr éviter de ne pas se conformer aux recommandations et stratégies vaccinales en minorant leur importance, sans respecter certaines contre-indications, somme toute assez limitées.

Il faut éviter de perdre ou de ne pas tenir à jour son carnet de santé. Il faut le vérifier régulièrement afin de se souvenir des rappels à entreprendre, d'autant que les certificats de vaccination sont demandés par les médecins scolaires de façon très régulière.

Il ne semble pas souhaitable non plus de majorer un risque vaccinal par rapport au risque de la maladie en confondant ce qui relève de la tolérance d'un vaccin et de son efficacité. Il ne faut pas méconnaître des complications graves d'affections pour lesquelles un vaccin existe.

À retenir

On connaît le sentiment d'invulnérabilité de certains adolescents et les difficultés pour les convaincre de la nécessité d'une certaine prévention. À cet âge, l'opinion des parents, le comportement des amis et des pairs sont des facteurs qui influencent la décision pour se faire vacciner, plus que la crainte des injections qui intervient peu lorsque l'information est bien menée auprès d'eux.

Quoi qu'il en soit, de nombreux exemples nous incitent à la prudence. La réapparition de la diphtérie dans certains pays de l'Europe de l'Est, la résurgence de la coqueluche en France comme aux États-Unis montrent que la surveillance vaccinale reste insuffisante, que la couverture vaccinale est parfois médiocre et que les calendriers vaccinaux doivent être harmonisés. Le domaine de la vaccination est en constante évolution. La prévention demeure la meilleure forme de traitement que l'on puisse offrir à nos adolescents.

L'éducation sanitaire à l'adolescence

Le Haut Comité français de la santé publique « demande que des mesures soient prises d'urgence pour améliorer » la santé des jeunes. Il « proclame l'urgence de la mise en œuvre d'une politique globale en faveur de la santé des enfants et des jeunes ». Les indicateurs relevés par les experts sont alarmants puisque, rappelons-le chez les garçons de cet âge, note le rapport, « les accidents sont à l'origine de plus de 70 % des décès, les suicides de 15 % et les maladies de 12 % ». La France est le pays de l'Union européenne où la mortalité due aux accidents et aux suicides est la plus élevée, « presque le double de certains pays comme la Grande-Bretagne ».

Si l'on ajoute à ces chiffres ceux qui décrivent « les conduites violentes, la violence subie, les tentatives de suicide, les conduites de consommation de substances licites [...] ou illicites », on ne peut que juger la situation « très sérieuse ».

Le Haut Comité, qui demande dans ses conclusions que soient constitués des « réseaux de prise en charge globale du développement de l'enfant et de l'adolescent » accorde une égale importance au rôle que doivent jouer sur cette question parents, enseignants et médecins. Le développement des Unités Pédagogiques d'Intégration (UPI) au sein des collèges et lycées pour les adolescents handicapés s'inscrit dans cet esprit.

Concernant les parents, invités à jouer à plein leur rôle d'« éducateur », le Haut Comité propose, entre autres, d'intégrer à la politique familiale des formes d'« aide à l'éducation parentale » permettant aux parents de mieux connaître « les besoins physiques, psychologiques et affectifs » de l'enfant. Ce guide est l'une des manières de répondre, du moins nous l'espérons, à ce besoin.

Le Haut Comité suggère en outre qu'entre 4 et 12 ans, les écoliers suivent en classe des leçons (institutionnalisées dans les programmes) d'« éducation pour la santé à l'école ». Cet enseignement se poursuivrait dans les lycées où « plusieurs heures trimestrielles » devraient lui être consacrées.

Et les médecins, dont le rapport du Haut Comité écrit qu'ils sont « les conseillers naturels de la famille » ? Il faut absolument qu'« ils soient bien avertis » des questions liées à la santé des jeunes « et capables de différencier les perturbations anodines du comportement de phénomènes pathologiques ». Le Haut Comité préconise une meilleure répartition des rôles respectifs du pédiatre et du généraliste. Il recommande également que ces praticiens, ainsi que les médecins scolaires, reçoivent « une formation approfondie sur la construction de la personnalité de l'enfant et les troubles mentaux associés au développement somatique et psychique, sur les troubles médico-sociaux et psychoaffectifs des adolescents et sur les facteurs qui les favorisent ».

Les problèmes médicaux graves

Handicaps ou maladies graves de l'enfance à l'adolescence

La majorité des adolescents sont heureusement en bonne santé. Cependant, un certain nombre présente des déficiences sensorielles ou motrices ou des troubles physiques ou psychiques qui relèvent d'une prise en charge particulière. Ces affections existent parfois depuis l'enfance : en effet, les maladies chroniques débutent souvent à l'enfance, sont parfois présentes dès la naissance, en général sans perspective de guérison dans l'état actuel des connaissances, bien que dans certains domaines, des progrès importants soient réalisés.

L'adolescent atteint de maladie chronique se trouve ainsi confronté aux problèmes cumulés de sa maladie et de son adolescence, sans nécessaire équivalence entre le vécu de la maladie et sa gravité objective. Il va être soumis à un certain nombre de contraintes l'obligeant à des stratégies adaptatives. Il doit apprendre souvent tôt à vivre dans la différence, chaque maladie portant ses propres marques, visibles ou non, invalidantes ou non, retentissant ou non sur sa scolarité, pouvant freiner la croissance et la puberté.

Ce qu'il faut savoir

Certaines infirmités ou maladies chroniques sont stables. D'autres sont évolutives mais cette relative stabilité risque d'être mise en cause à l'adolescence. Ces handicaps entraînent souvent des restrictions qui s'expriment sous forme de contraintes.
Par exemple, un jeune diabétique doit respecter un régime alimentaire précis ou se soumettre tous les jours à des analyses et à des injections d'insuline, qu'il soit chez lui, au lycée ou en vacances.
De même, l'adolescent porteur d'une insuffisance rénale chronique doit se faire dialyser trois fois par semaine et si un jour il est transplanté, il devra prendre tous les jours des médicaments immunodépresseurs.
L'adolescent atteint de mucoviscidose réalise quotidiennement des séances de kinésithérapie respiratoire quelles que soient les circonstances de sa vie.

En plus de ce lot d'obligations, la maladie en ajoutera de nouvelles concernant la vie scolaire, la vie familiale, les loisirs, les activités sportives. Il conviendra cependant de ne pas majorer inutilement ces contraintes (la pratique du sport par exemple chez l'épileptique est parfois limitée de façon excessive. Le régime alimentaire est peut-être aussi trop strict chez certains diabétiques...).

On peut s'interroger sur le sens des conduites de tricherie chez certains adolescents par rapport à leur traitement, ce qu'on appelle la compliance thérapeutique, c'est-à-dire le degré de concordance entre le comportement d'un individu et la prescription médicale : 30 à 50 % d'adolescents ne sont pas compliants. Une compliance aléatoire peut passer inaperçue mais dans certains cas peut avoir des conséquences très graves et mettre en jeu le pronostic vital.

Cependant, ces conduites ne doivent pas être considérées comme systématiquement négatives. Elles peuvent correspondre à des conduites d'essai. Elles peuvent constituer un mode d'adaptation transitoire entre l'adolescent et la maladie chronique, dans laquelle le jeune tente de conquérir un espace d'autonomie. Mais une meilleure compliance c'est une meilleure estime de soi et un meilleur sentiment d'autonomie en prenant le sens des responsabilités de sa maladie. Elle est également liée à la qualité de la relation de soins. Il faut passer du temps à expliquer, en choisissant des traitements simples, en associant l'adolescent comme un partenaire actif. L'attitude des parents comme celle du monde médical sont déterminantes.

➤ *Faire accepter à l'adolescent de vivre dans la différence*

Un adolescent malade partage les mêmes émotions, les mêmes envies et les mêmes intérêts que ses pairs bien portants. Cela est particulièrement sensible pour ce qui touche au domaine de la sexualisation et à son nouveau mode relationnel. Certains adolescents sont capables de vivre avec leur maladie et de s'adapter alors que d'autres vont avoir du mal à supporter ce qui pour eux sera une source de douleur, d'agression, de frustration, d'angoisse. Pour certains, cet état sera ressenti comme une forme de violence sociale, parfois familiale, voire médicale.

➤ *L'accompagner dans la recherche d'un certain bien-être*

Les adolescents souhaitent avoir des interlocuteurs capables de les comprendre. La recherche du dialogue, la manifestation d'une certaine empathie sont importantes dans l'accompagnement et la guidance des adolescents porteurs de maladie chronique. Il n'y a pas de parallélisme entre la capacité de l'adolescent à s'autonomiser et la gravité de son handicap. Votre attitude à faire face à cette situation et les motivations de l'adolescent à devenir un adulte indépendant sont des facteurs essentiels. Il semble souhaitable que ces jeunes handicapés puissent s'associer à leurs pairs, dans des activités leur permettant de développer leur potentialité physique et intellectuelle, en conservant si cela est possible, des activités ludiques. La recherche d'un certain bien-être est fondamentale. D'autant que certains espoirs sont permis pour des maladies considérées jusque-là comme non guérissables, du fait de nouvelles technologies, en particulier les transplantations d'organe (par exemple dans la mucoviscidose). Il faut informer le jeune de sa situation, et s'assurer que ce qui a été dit a été bien perçu par lui-même, être à l'écoute de sa souffrance et essayer d'apprécier la qualité de son bien-être en évaluant à la fois les bénéfices et les effets adverses du traitement.

On sait en effet que l'entrée dans l'adolescence représente des risques de déstabilisation se traduisant par un refus de traitement, des actes suicidaires. Les comportements les plus dangereux n'étant pas l'apanage de ceux dont les maladies sont les plus menaçantes. Cette recherche du bien-être peut être accompagnée d'un certain déni, de volonté d'émancipation le poussant à prendre des risques, tel l'adolescent atteint d'asthme sévère qui partira sans précaution faire de la haute montagne, tel le diabétique qui négligera de faire ses analyses.

➤ *Être à l'écoute de la souffrance des parents avec le jeune*

La maladie est entrée un jour dans la famille. On sait ce que peut être la souffrance des parents. Il faut apprendre à vivre dans la différence, surmonter parfois un sentiment de culpabilité, les inquiétudes, les risques évolutifs, les contraintes médicales scolaires, réorganiser la vie familiale. Les cartes sont redistribuées. L'adolescent ne doit jamais être exclu des décisions qui concernent l'acquisition de son autonomie.

➤ *Trouver une juste place de la maladie*

Certains parents développent des comportements de surprotection à l'égard de leur enfant. D'autres peuvent avoir tendance à banaliser les choses, surtout si le handicap n'est pas visible ; ils présentent une attitude de déni. Parfois, ils voueront un véritable culte à l'égard de la maladie, risquant de concentrer la vie familiale autour de ses contraintes. Il n'est pas toujours facile de trouver la bonne mesure. Être parent d'un adolescent malade relève d'une situation complexe qui se situe à la charnière entre trois interlocuteurs : l'adolescent, le milieu scolaire et le milieu médical.

Les maladies graves spécifiques à l'adolescence

Nous disposons en France de données épidémiologiques relativement dispersées, précises pour certaines affections, beaucoup moins pour d'autres. Nos impressions cliniques dans la pratique quotidienne, corrélées aux données statistiques dont nous disposons permettent de constater que si certaines maladies sont relativement fréquentes à l'adolescence comme l'asthme, l'arthrite chronique ou les problèmes orthopédiques, d'autres affections parmi les plus sévères sont heureusement beaucoup plus rares : cancer, mucoviscidose, insuffisance rénale chronique.

Il existe également une différence selon le sexe en particulier celle qui implique les organes génitaux et reproducteurs (syndrome de Turner chez les filles et syndrome de Klinefelter chez les garçons).

Certaines maladies génétiques liées au chromosome X ne concernent par définition que les garçons. Ce sont principalement l'hémophilie, la dystrophie musculaire de Duchêne et certains déficits immunitaires constitutionnels.

D'autres maladies auto-immunes connaissent une prédominance plutôt féminine, comme la sclérodermie, la dermatomyosite, le lupus, maladies rares mais particulièrement graves, nécessitant des traitements immunosuppresseurs non dénués d'effets secondaires. Il en est de même de la polyarthrite chronique juvénile commune et des affections thyroïdiennes auto-immunes plus fréquentes chez les filles.

L'hospitalisation

L'hospitalisation peut être une alternative dans la prise en charge des adolescents, malades ou en difficultés.

➤ *Pourquoi hospitaliser ?*

Les enquêtes récentes montrent qu'un adolescent sur dix est hospitalisé dans l'année et, pour 2 % d'entre eux, au moins trois fois. Les adolescents sont susceptibles d'être hospitalisés dans des services à vocation très différente. Les motifs d'hospitalisation s'avérant très variés :

— Les urgences mises à part, les traumatismes, les affections chirurgicales et les maladies somatiques chroniques (mucoviscidose, asthme, maladie de Crohn, diabète...) représentent plus de la moitié des motifs d'hospitalisation.

— Pour les jeunes filles, la moitié d'entre elles consultent à l'hôpital pour des motifs gynécologiques.

— Pour certains autres motifs en particulier les tentatives de suicide, les troubles du comportement alimentaire (anorexie mentale, boulimie), les symptômes somatiques (mal au ventre, mal à la tête), les malaises ou les violences subies en particulier sexuelles ou les problèmes psychosociaux, une prise en charge particulière s'impose en fonction des nouveaux enjeux et des nouvelles exigences de l'adolescent.

➤ *Où hospitaliser ?*

Cette hospitalisation nécessite un cadre spécifique, évitant la dispersion des adolescents à travers les services, pratiquant une médecine pour adolescents, c'est-à-dire une approche globale et intégrée correspondant aux besoins de santé et plaçant l'adolescent dans une position d'interlocuteur à part entière et privilégié. Ce cadre est adapté à cette tranche d'âge, trouvant un aménagement qui garantisse le respect de l'intimité et de la confidentialité.

D'où l'intérêt d'un « espace adolescent », correspondant à un espace thérapeutique adapté, comportant des lieux spécifiques, des activités appropriées, ce lieu étant un lien très investi entre l'adolescent et l'équipe médicale. Cet « espace » est organisé et bénéficie d'un règlement intérieur partagé avec les adolescents eux-mêmes.

➤ *Y a-t-il des particularités spécifiques à l'adolescent ?*

Cette prise en charge au cours de l'hospitalisation nécessite des soins personnalisés avec un personnel formé qui réponde à la spécificité de la clinique adolescente. Les soins s'exercent dans le cadre d'une pluridisciplinarité nécessitant une alliance thérapeutique entre l'adolescent et l'équipe soignante. C'est une équipe pluridisciplinaire et motivée de professionnels ayant des pratiques différentes mais complémentaires. Chacun est compétent dans sa discipline proposant aux adolescents des approches différenciées et diversifiées. Cette approche de l'adolescent conduit les équipes à travailler selon un système de référents, qu'ils soient somaticiens ou si besoin psychiatres. Un soignant est plus spécifiquement chargé de s'occuper du patient. Cela permet d'apporter des réponses thérapeutiques plus souples, plus modulables et de faciliter l'accès aux soins pour le jeune.

Bien sûr toute cette organisation, destinée à l'adolescent, reste ouverte sur l'extérieur. Une place particulière est réservée à l'accueil des familles et aux échanges avec elles. Si besoin est, des contacts sont pris avec des partenaires extérieurs scolaires, juridiques, ou travailleurs sociaux. Ce travail en réseau permet d'articuler de façon synergique les différents intervenants appelés à aider ou à prendre en charge les adolescents à la fois au cours de leur hospitalisation et ensuite après leur sortie, dans le cadre d'un suivi organisé.

Cette approche spécifique nécessite une équipe formée, aguerrie aux soins pour adolescents, présentant des compétences techniques (savoir-faire et connaissances cliniques) et un « savoir être ».

Le but de l'hospitalisation est de répondre au besoin spécifique de l'adolescent et de réaliser une approche la plus globale possible de celui-ci, afin de lui proposer des soins adaptés différenciés et diversifiés.

Par exemple, lorsqu'un jeune est hospitalisé pour une tentative de suicide, il est capital que son passage à l'acte soit reconnu, que son appel soit entendu. Il est donc souhaitable qu'il y ait une réponse à cet appel. Le temps de l'hospitalisation permet de mieux analyser les choses, de cerner le jeune et son mode de fonctionnement, de rencontrer les parents et l'entourage afin de faire le point et d'instaurer un suivi qui permette de prévenir les récidives.

De même par exemple chez un adolescent atteint de mucoviscidose, la période d'hospitalisation permet de faire le point sur sa maladie, en réalisant des bilans appropriés, de voir comment il se situe par rapport à lui-même, à son entourage, à son milieu scolaire, à sa vie affective et professionnelle.

Les problèmes de caractère

L'adolescence est une période que l'on peut caractériser par l'émergence des émotions. Celles-ci peuvent être envahissantes, parfois difficiles à canaliser : c'est pourquoi il n'est pas rare qu'elles soient à l'origine de problèmes de caractère ou de fluctuations d'humeur. Parallèlement, la construction de l'identité peut conduire l'adolescent à avoir des comportements jugés difficiles à vivre par l'entourage.

Quand Vincent affirme qu'il compte partir « s'occuper de chevaux » au cours de son année scolaire, ses parents le trouvent incontestablement sensible mais ils s'inquiètent sur le réalisme de ce projet. Il est en quatrième, n'a-t-il pas d'abord à poursuivre sa scolarité ?

Il est trop extraverti

L'adolescent apprécie particulièrement les situations où les émotions et les sentiments sont présents. Il les recherche et s'en sert pour se stimuler. Son rapport au monde est caractérisé par l'imbrication des sentiments et de la pensée. Comme on l'a vu (page 31), son mode de fonctionnement se fait par l'expérimentation : il sait tirer la leçon de ses erreurs.

L'adolescent extraverti a une personnalité enjouée. Il a souvent beaucoup d'amis, il parle aisément de lui et dialogue facilement avec les autres. Il est de nature sociable et ouverte au monde extérieur.

Vanessa a beaucoup d'amis, garçons et filles ; sa mère le confirme : « Elle a toujours été très sociable... comme son père. » Mais actuellement (elle a 15 ans), elle passe une grande partie de son temps à sortir, voir des amis, rentrer tardivement du collège, déjeuner au café à midi plutôt que de rester à la cantine.

L'adolescent peut aussi devenir exubérant dans son comportement. Par exemple, certains accès de colère peuvent être très démonstratifs à cet âge. Cette colère peut exprimer une difficulté de l'adolescent à accepter un refus par rapport à ses attentes : il ne peut pas supporter la frustration que génère ce refus, et réagit en protestant, comme un enfant. L'adolescent cherche la satisfaction de son désir dans l'immédiat et ne peut envisager de la repousser dans le temps.

Il peut avoir des périodes d'humeur très changeante. En effet, il peut passer facilement du rire aux larmes, ou se fâcher et se réconcilier fréquemment avec ses amis. Dans ses activités, il est aussi très changeant : il commence une activité puis l'arrête rapidement, n'y trouvant plus de satisfaction. Cette attitude d'« éternel insatisfait » le pousse à changer souvent, pour tenter de trouver un plaisir plein et entier.

Quand faut-il s'inquiéter ?

Un adolescent peut paraître très extraverti, souvent de façon récente, pour masquer ses angoisses. En effet, une apparente sûreté et une joie permanente peuvent cacher des sentiments de déprime voire de dépression : l'adolescent ne peut pas dévoiler sa tristesse ou son sentiment de solitude.

François fait le pitre en classe. Il n'était pas comme cela avant ; ses enseignants se plaignent de son comportement, ses notes s'en ressentent.
Dans un long entretien avec moi, seul sans ses parents, il me parle de sa souffrance de se sentir isolé en classe. Il s'est séparé d'un groupe d'amis qu'il fréquentait l'année précédente, pour une histoire compliquée de jeu électronique qu'il n'a pas voulu prêter, se faisant une réputation d'égoïste et de profiteur.

Il est introverti

L'adolescent introverti présente une nature timide, le plus souvent depuis la petite enfance, avec des difficultés dans ses relations aux autres. Il éprouve un certain malaise en société, qui pourra déboucher à l'âge adulte sur une « phobie sociale », car il a du mal à exprimer et à partager ses sentiments et ses émotions. Cette difficulté à communiquer peut parfois l'amener à avoir des accès de colère ou des comportements très inhibés. L'adolescent se trouve pris au piège ne sachant pas comment ajuster son attitude à ses propos et à ceux des autres. Il voudrait exprimer quelque chose mais ne peut pas trouver les mots justes ; il peut alors adopter un comportement de repli sur soi. Cette attitude trop timide ou au contraire, par décharge, hostile à l'égard des autres est le reflet d'une détresse plus que d'une rébellion.

L'adolescent introverti a besoin de réfléchir, de considérer toutes les caractéristiques d'une situation, ce qui le conduit à différer ses décisions. Il ne se lance pas dans une action sans l'évaluer auparavant. Il met à distance ses sentiments : c'est une façon pour lui de se protéger de ce qu'il ressent. Il est fragilisé par ses erreurs qui le déstabilisent.

Karine est gênée par sa timidité ; elle en souffre depuis l'enfance, mais devenant jeune fille elle sent bien que cela va l'handicaper pour sortir avec ses amies ou pour rencontrer des garçons. Ce dernier point l'inquiète beaucoup plus qu'elle ne le dit à ses parents.

Elle cherche des conseils qui la rendraient plus sociable, des « trucs ». Elle sait en fait très bien qu'il n'en existe pas. Elle cherche à se forcer à participer à des sorties entre amies, mais elle reste toujours en retrait : elle s'assied en bout de table au café où elles se retrouvent, elle ne prend que rarement la parole. Paradoxalement, elle a peur de se montrer trop séductrice, de montrer qu'elle cherche trop à plaire quand elle danse dans des soirées où elle va par ailleurs à reculons. Par moments, mais uniquement à la maison, elle explose, rentre dans des colères noires contre sa sœur qui la « cherche », mais le regrette immédiatement.

Il faut proposer à Karine de choisir des situations précises, une rencontre au café, un cours en classe, un repas familial, où elle se fixera comme objectif de s'exprimer. Elle devra commencer par la situation qui lui paraît la plus facile, pour peu à peu s'affronter à plus difficile pour elle.

Quand faut-il s'inquiéter ?

Si cette introversion est trop forte, une aide psychologique (voir page 559) est utile. L'introversion excessive à l'adolescence peut être le signe d'une névrose et déboucher sur un handicap à l'âge adulte.

Il est toujours en retard

Le retard peut être dû à la distraction et à l'impossibilité de considérer l'exactitude comme quelque chose de plus important que les activités en cours.

Cette attitude peut aussi être le reflet d'un désaccord, une manière de résister à l'autorité en ne répondant pas aux attentes imposées.

Patrick joue tous les matins avec les nerfs de sa mère. Il est systématiquement en retard. Sa mère doit le réveiller. Pourtant, à 15 ans, il pourrait le faire lui-même ! Elle doit même parfois aller vérifier après l'avoir réveillé qu'il ne s'est pas rendormi.
Mais ce qui se passe le matin se poursuit tout au long de sa journée : il est en retard si sa mère ne l'accompagne pas pour arriver à l'école, il est en retard pour rendre ses devoirs en classe, il est parfois même en retard pour aller rejoindre des camarades pour s'amuser.
En fait lorsqu'on connaît mieux Patrick, on s'aperçoit que ce garçon est au fond un grand rebelle. Il s'oppose à tout ce qu'on lui propose. Il va même sans s'en rendre compte, dire le contraire de ce qu'il défendait précédemment si on lui donne le sentiment qu'on est d'accord avec lui.

Cette attitude peut encore trouver son origine dans l'ennui et l'absence de motivation à se rendre sur le lieu où l'adolescent est attendu. Il ne s'agit pas là vraiment d'un retard, mais plus d'un désintérêt.

Il dit non à tout

Cette attitude d'opposition systématique, sans qu'elle se manifeste par un retard, peut mettre en exergue une volonté de se différencier en tant que personne. En effet, la construction de sa propre identité peut passer par ce moyen, dans la mesure où l'adolescent n'en a pas encore trouvé un autre : en affichant son désaccord et en refusant les propositions de l'autre, il se donne un sentiment d'indépendance par rapport à l'autre. Il peut s'agir d'un conflit quasi systématique avec l'un des parents, celui généralement auquel l'adolescent ressemble et qui a été lui-même parfois difficile quand il avait le même âge.

Par ailleurs, on peut remarquer que plus l'adolescent se sent dépendant du modèle de ses parents, plus il le ressent comme envahissant ou plus il se sent dépendant, et plus il affiche une conduite d'opposition afin de se distinguer. J'ai assez souvent rencontré cette situation avec des adolescents, enfants uniques, vivant avec un seul des parents.

Il n'a pas envie de rire

Le jeune peut être préoccupé par des problèmes personnels qui lui font perdre l'envie de partager avec les autres les moments amusants de la vie. Cette attitude montre que l'adolescent n'arrive plus à mettre de distance entre ses problèmes et le monde extérieur.

Ce peut être le reflet d'un moment de déprime passagère dû à une insatisfaction, une frustration, ou simplement à de la tristesse. Lorsque l'angoisse prend une place trop importante, elle peut l'empêcher d'éprouver du plaisir à certaines occasions.

Quand faut-il s'inquiéter ?

Tout adolescent a le droit d'avoir des soucis, et par moments, même, d'« avoir le cafard ».

— Il faut s'inquiéter quand cette tristesse dure quasiment tous les jours pendant au moins deux à trois semaines. Le propre de l'adolescent est d'avoir des variations d'humeur : quand une humeur négative se prolonge, ce n'est plus une crise normale de l'adolescence.

— Il faut aussi s'inquiéter quand votre adolescent vous parle de cafard ou de déprime. Les adolescents n'aiment pas, habituellement, parler de leurs sentiments, surtout s'ils sont désagréables. S'ils en parlent à leurs parents, c'est que vraiment ils en souffrent.

Il (elle) pleure pour un rien

Comme nous l'avons dit, les émotions sont difficiles à canaliser pour un adolescent. D'où une grande sensibilité voire une grande susceptibilité qui peut être également le reflet d'un manque de confiance en soi.

Par ailleurs, on remarque que le sentiment de déprime momentanée s'exprime plus fréquemment chez les filles et que la fragilité émotionnelle qui en résulte peut être à l'origine de ces pleurs.

Cette attitude peut aussi dénoter un comportement propre à l'enfance et par là même une difficulté à accéder au monde des adultes.

Quand faut-il s'inquiéter ?

Ce que nous venons de dire pour les adolescents « qui n'ont pas envie de rire » est ici tout à fait applicable.

Il ment

Entre 3 et 6 ans, les enfants ont besoin de se construire des scénarios et rapportent volontiers des faits qui n'existent pas : il s'agit de mensonges par imagination. À partir de 7 ans, l'enfant « oublie » de montrer ses notes à ses parents : il s'agit de mensonges par omission. À 9 ans, l'enfant se plaint de maux imaginaires le matin avant de partir à l'école ou pour éviter un contrôle mal préparé : il s'agit de mensonges utilitaires. Ce type de mensonge peut être beaucoup plus précoce mais alors moins consciemment préparé. Et à l'âge de 13 ans, le jeune adolescent explique à ses amis que son père est parti travailler pour une longue durée aux États-Unis afin de cacher que ses parents vivent un grave conflit. Brodant sur ce sujet, il arrive à un stade où il lui est impossible de revenir en arrière sans décevoir ses amis. Il s'agit d'un mensonge par « obligation ».

Mentir occasionnellement fait donc partie du développement normal de l'enfance. À l'adolescence, ces différents types de mensonge peuvent se rencontrer, résumant en cela les étapes antérieures. Le plus souvent le mensonge peut être, pour l'adolescent, un moyen de préserver un univers intime. Il peut ainsi tenir à l'écart ses parents des activités ou des relations qu'il juge personnelles.

Il peut aussi chercher à éviter les sanctions ou les réprimandes lorsqu'il sait qu'il a mal agi.

Quand faut-il s'inquiéter ?

Le problème surgit quand les mensonges sont systématiques ou quand l'adolescent finit par croire à ses propres allégations. Il devient un mythomane.
Seule alors une prise en charge psychothérapique (voir page 559) peut l'aider à sortir de sa névrose.

Je vous conseille

En face de ces comportements souvent difficiles à vivre, il faut tâcher de mettre des mots. Cela signifie que vous devez faire l'effort de dialoguer avec votre enfant et de comprendre pourquoi il adopte tel ou tel comportement. Il faut que l'adolescent se sente aimé, même si son attitude n'est pas « aimable ». Il faut qu'il se sente guidé dans ses difficultés sans toutefois se sentir porté ni pris en charge comme un enfant. Il faut que votre enfant se sente digne de votre confiance.
Il arrive que le dialogue soit impossible et, dans ce cas, il faut accepter de consulter un thérapeute afin de mettre un terme à cette impasse relationnelle.

Je vous déconseille

Les problèmes de caractère entraînent de nombreuses difficultés au sein des relations familiales. Il ne faut pas céder à l'agressivité qui peut être ressentie au travers de certains comportements. Vous ne devez pas vous positionner sur le même plan que votre enfant et répondre à l'agressivité par l'agressivité. Il ne faut pas considérer le comportement indépendamment de sa signification. En qualifiant votre enfant d'« indigne de confiance » ou de « bébé », vous ne feriez que renforcer cette attitude et vous l'empêcheriez de croire qu'il peut adopter un comportement différent.

Les conduites à risque

Qu'appelle-t-on « conduites à risque » ? On désigne par cette appellation la prise d'alcool ou de toxiques, les fugues, les vols et les accidents à répétition. Le risque touche à la fois la santé si ce n'est la vie du sujet mais aussi son avenir physique, psychologique et social. L'adolescence est un terrain particulièrement propice à l'émergence de ce type de comportement.

Les actions qui consistent à pousser son corps aux limites du danger, à se complaire dans des situations extrêmes, sont des composantes primordiales du processus de changement que vit l'adolescent. C'est par ce type de conduite qu'il fait l'expérience de son propre corps en pleine mutation ou déjà transformé. C'est également par ce type de comportement qu'il expérimente une certaine autonomie et par conséquent un sentiment d'individualité et d'identité.

La prise de risque s'oppose, par définition, au fait de se donner du temps pour rechercher des informations, choisir l'action la plus sûre, s'aider de l'expérience des autres ou de leurs conseils. Autant de précautions que l'adolescent refuse de prendre pour se démarquer des adultes, pour prouver sa capacité, à lui-même ainsi qu'à son entourage, ou pour faire sa propre expérience.

De plus, le tournant qui se joue à l'adolescence est aussi le moment où l'individu prend conscience d'un certain nombre de réalités du monde des adultes : l'incertitude face à l'avenir, les interrogations sur le futur sont de ces réalités qui conduisent l'adolescent à envisager sa vie même comme un risque : « Si l'avenir est si incertain, c'est que la vie n'est qu'un risque. » En ce sens, on pourrait dire que l'adolescence, en général, constitue un risque.

Mais si prendre des risques est habituel à cet âge, cela peut aussi revêtir une forme ou une intensité particulière qui représente un danger. C'est le cas lorsque la conduite à risque menace la santé physique et psychique de l'individu, quand elle entrave son évolution sociale, sa maturation, ou encore lorsqu'elle détruit l'équilibre familial.

Par ailleurs, les conduites à risque, pour transitoires qu'elles puissent être à l'adolescence, se posent cependant parfois comme le signe d'un trait de caractère, et ainsi, révèlent une tendance impulsive, instable ou opposante (voir page 265).

Il commence à fumer

Cette question sera traitée dans « Les années lycée ». J'invite donc le lecteur à consulter les pages 428 à 436.

Il s'habitue à boire

La consommation d'alcool des adolescents de 15 ans n'a cessé d'augmenter en Europe depuis 1995. L'alcoolisme serait la première cause de mortalité chez les 15-25 ans en Europe. Dans la majorité des cas, il s'agit d'alcoolisation en bande : le café, la salle de jeu, la « boum » ou la soirée sont les lieux où se réalise cette conduite. La prise d'alcool en solitaire est beaucoup plus rare et passe souvent inaperçue.

■ Chez le sujet jeune, l'alcoolisme est au départ festif : il a lieu en groupe et l'effet recherché est l'ivresse. Cependant, les dérapages vers une dépendance au produit ne sont pas à écarter. Cela est d'autant plus vrai chez les adolescents mal dans leur peau, à qui l'alcool offre une véritable désinhibition et une levée de la timidité et du retrait social.

■ L'alcoolisation chez les jeunes peut également être appréhendée comme un mode d'intégration au monde des adultes. Cette volonté de rejoindre le monde des grands s'observe particulièrement dans les familles où l'habitude de boire semble naturelle.

■ La consommation d'alcool peut aussi prendre l'allure d'une automédication : certains adolescents consomment de l'alcool comme des tranquillisants ou des calmants, ce qui a pour but d'apaiser leurs angoisses ou de leur faire oublier leurs problèmes.

Je vous conseille

Face à une éventuelle consommation d'alcool chez votre enfant, l'attitude que vous adopterez joue un rôle déterminant.

— Tout d'abord dans la prévention, il est préférable qu'au sein de la famille, la consommation de boissons alcoolisées ne soit pas banalisée, qu'elle reste quelque chose d'exceptionnel ; il ne faut pas non plus trop insister sur les dangers qui en résultent ni en faire un interdit.

— Ensuite, si vous vous apercevez que votre enfant s'alcoolise, il faut dans un premier temps juger de la fréquence et du type de circonstances où il boit.

— Ouvrez le dialogue. Interrogez-le sur ce qui, d'après lui, le pousse à boire, sur les problèmes qu'il peut avoir, ou les crises qu'il a le sentiment de traverser. Encore une fois, le phénomène de groupe joue un rôle important. Interrogez-le sur la gêne éventuelle qu'il ressentirait à ne pas boire en cas de suralcoolisation collective. Se sent-il capable de dire non ?

Il ne s'agit pas d'imaginer le pire ni de le percevoir comme un toxicomane, mais ne laissez pas passer ce genre d'événement. Essayez, dans la mesure du possible d'avoir une conversation, père et mère réunis, et n'hésitez pas à réitérer vos approches.

— Si toutefois il vous semble que le problème est plus profond et qu'il nécessite l'intervention d'un spécialiste, adressez-vous à un médecin psychiatre.

Cyril est en troisième. Lors d'une de ses premières soirées, il rentre soûl chez lui après avoir été malade. Ses parents ne s'aperçoivent de rien. Quelques semaines plus tard, lors d'une occasion similaire, le même scénario se reproduit et d'autres fois encore. Sa mère s'en rend alors compte et vient avec son fils consulter dans un CMP (centre médico-psychologique). Pendant le premier entretien avec le psychiatre, Cyril insistera sur « cette première fois », sur la sensation de bonheur qu'il a alors ressentie : c'était comme « la fin des problèmes ». « Je pouvais aller parler aux filles sans me sentir con » ajoutera-t-il.

Ce cas illustre l'importance de la rencontre avec le produit ainsi que le rôle que prend pour l'adolescent ce type de conduite. Pour Cyril, boire de l'alcool, c'est mettre de côté ce que la vie peut représenter de désagréable. C'est court-circuiter la sensation de déplaisir en se créant, par le biais de l'alcool, un univers différent, mais aussi le sentiment, faux bien sûr, d'être quelqu'un d'autre.

Pour Cyril, la prise en charge psychothérapeutique donna de bons résultats : elle lui permit de se percevoir autrement, d'avoir davantage confiance en lui, et ainsi de ne plus avoir besoin de l'ivresse.

Il se drogue

Le problème de la drogue est traité plus loin, dans « Les années lycée ». Vous trouverez les informations sur ce sujet pages 415 à 427.

Il a des accidents à répétition

On peut mettre sur le compte du hasard les accidents survenus pendant la période de l'adolescence, accidents de la route, de ski, de plongée ou autre sport. Il s'agit en fait, dans de nombreux cas – et surtout si ces conduites se répètent – du résultat d'une prise de risque. Comme nous l'avons signalé, l'adolescent éprouve le besoin de pousser son corps jusque dans ses limites ; en cela, ces comportements peuvent avoir la même signification que des rites de passage institutionnalisés.

Cependant, le risque pris consciemment ou non implique une notion de danger qu'il ne faut pas négliger. En effet, tout un chacun a pour préoccupation de prendre soin de lui-même et d'éviter la souffrance. Si l'adolescent se met systématiquement en danger, c'est que cette préoccupation vitale n'est pas suffisamment effective en lui. Dans ce cas, la conduite de prise de risque aboutissant à des accidents peut être interprétée comme le signe d'un mal-être, voire d'un équivalent suicidaire.

Je vous conseille

— Il est important que vous mainteniez une attitude à la fois d'écoute et de fermeté. D'écoute, car ce type de comportement peut être la conséquence d'une souffrance que votre enfant ne parvient pas à exprimer ; de fermeté, parce qu'il est capital de confronter votre fils ou votre fille à la loi et à la notion d'interdit.
— Il ne faut pas hésiter à lui signifier combien vous avez eu peur, et à quel point son comportement est inacceptable. Votre enfant a, dans ces moments, besoin de sentir qu'il a en face de lui un mur solide qui l'aide à l'arrêter. C'est parfois précisément ce qu'il cherche : rencontrer un interdit et une limite. Parfois au contraire, il cherche un réconfort ou un signe qui lui indique que vous vous intéressez à lui.

Jean a 12 ans : il est le cadet d'une fratrie de deux enfants. Sa sœur aînée, qui a 15 ans, fait depuis trois ans beaucoup parler d'elle dans la famille : elle est très « opposante », agressive dans ses propos, dans ses conduites et dans sa manière de s'habiller. Jean au contraire se présente comme un enfant sage, du moins à la maison. En effet, durant cette année de cinquième, il s'est cassé le pied en escaladant un mur, s'est fait renverser par une voiture en sortant du collège alors qu'il traversait sans regarder. Il s'est aussi foulé le poignet pendant le cours de gym en montant à la corde, alors que ses camarades se changeaient dans les vestiaires et que le professeur n'était pas là.
Toutes ses conduites ne sont pas dues au hasard : Jean souffre de la place qu'il occupe dans sa famille ou plutôt du manque de place. Sa sœur occupe une trop grande partie de l'attention familiale. Ces accidents à répétition sont pour lui le moyen de signifier que lui aussi peut causer du souci, et donc qu'il existe.

Il a fugué

L'adolescence est une période durant laquelle on découvre que l'on est capable de faire ce qu'on n'imaginait pas oser pouvoir faire auparavant. Dans ce contexte et dans une dimension d'opposition et/ou d'indépendance excessive, certains adolescents quittent le domicile familial sans prévenir : ils disparaissent pendant plusieurs heures ou plusieurs jours, sans donner immédiatement de leurs nouvelles.

Ce phénomène concerne les individus de tous les milieux sociaux. Il est en général compulsif (non préparé) et solitaire. Il correspond à un double désir : d'une part, celui de découvrir le monde, de partir à l'aventure, et d'autre part, celui de fuir et ainsi d'échapper à certains problèmes (conflits familiaux, difficultés scolaires, mal-être...).

La fugue est une forme d'appel au secours et un moyen de solliciter l'intérêt de l'entourage, ce qui ne signifie pas que l'adolescent ne souffre pas. Outre sa dimension agressive et provocante, la fugue est réellement attachée à un conflit interne et à une angoisse difficiles à résoudre autrement que par la fuite.

Je vous conseille

— Au moment même de la fugue ou de son constat, vous devez commencer par contacter les camarades de votre enfant, le collège et tous ceux ou celles qui sont susceptibles de l'avoir croisé. Si votre enfant ne s'est pas manifesté au bout de trois heures, n'hésitez pas à alerter le commissariat de votre quartier, sans imaginer le pire : 80 % des fugueurs rejoignent leur domicile dans les 48 heures.

— Le retour à la maison est très important. Accueillez-le gentiment, sans dramatiser, mais sans non plus banaliser son acte. Tentez de comprendre, en lui posant des questions, ce qui a pu déclencher son acte : pression familiale trop forte, culpabilité après une mauvaise note...

— Il est très souhaitable que cette discussion se déroule « à chaud », en présence des deux parents si possible. Si cette première tentative se solde par un échec, n'hésitez pas à relancer le débat. Expliquez-lui qu'il ou elle peut toujours se confier à vous, pour éviter que la situation ne se reproduise. Si c'est le cas, c'est-à-dire, s'il fugue à nouveau, consultez un spécialiste (voir page 559).

Je vous déconseille

— Évitez de verser dans un excès ou dans l'autre. Ne jouez pas trop la carte de la culpabilité : vous renforceriez un sentiment désagréable qu'il éprouve déjà, car il n'est pas fier de son acte.
— Ne soyez pas non plus trop « laxiste », il est important de signifier à votre enfant que vous avez été inquiet et qu'il y a toujours moyen de s'exprimer autrement que par la fugue.

Coralie a 14 ans, elle est en troisième. Un soir, elle n'est pas rentrée après les cours ; sa mère l'a attendue jusqu'à 20 heures, heure à laquelle le père de Coralie est habituellement de retour de son travail. Ils ont, ensemble, téléphoné à ses camarades : personne n'était au courant de quoi que ce fût.
La jeune fille a appelé ses parents le lendemain pour leur dire de ne pas s'inquiéter, mais en ajoutant qu'elle ne rentrerait jamais, sans donner de raison. Après une longue discussion avec son père, Coralie a fini par être convaincue et est rentrée au foyer le lendemain soir. Immédiatement, ses parents ont entamé le dialogue, et les raisons de cette fugue se sont rapidement révélées : Coralie souhaitait ne pas continuer le lycée afin de présenter le concours d'une école de théâtre. Il lui semblait impossible de convaincre ses parents, le sujet était trop épineux. Pour elle, seule la fuite pouvait offrir une solution.
Ce cas souligne le processus d'individualisation que vivent les adolescents. Il s'agit pour eux de trouver un compromis entre leurs désirs, leurs idéaux et ceux de leurs parents.
Pour Coralie, le dialogue a débouché sur une solution : continuer jusqu'au bac, pour ensuite présenter les concours d'entrée dans les écoles de théâtre, comme elle le souhaite.

Il vole

Le vol constitue la forme de conduite illégale la plus fréquente à l'adolescence. Il a, suivant le lieu, le contexte, le type d'objet volé, la violence qui y est associée ou non, des significations psychologiques différentes.

Le vol dans les grandes surfaces, serait commis par 70 à 90 % des adolescents, mais seulement un faible pourcentage d'entre eux est pris en flagrant délit. Ce type de vol concerne les garçons comme les filles. Il n'est pas grave en soi mais il peut être alarmant et revêtir une dimension pathologique lorsque les objets sont dérobés de manière fréquente et compulsive, puis accumulés et non consommés. On peut alors parler de kleptomanie.

Le vol de véhicule motorisé est nettement plus engagé sur le chemin de la délinquance. Il représente un quart de tous les délits. Il est souvent vécu comme un « emprunt », et le véhicule est parfois même remis à proximité du lieu du vol. Les accidents qui ponctuent ce genre de conduite ont une valeur autopunitive et signent l'ambivalence de la démarche. S'il s'agit du premier vol, le jugement rendu et la réponse donnée par l'entourage joueront un rôle important dans l'évolution de ce type de délinquance. Il s'agit alors de punir tout en ne renvoyant pas à l'adolescent une image de lui-même qu'il n'a généralement pas encore, celle d'un véritable voleur.

Le vol de lieux habités est toujours commis par des garçons en groupe ou de manière isolée. Il reste un délit mineur lorsqu'il se limite à la visite des caves d'un grand ensemble mais peut être plus grave, notamment quand il y a préméditation, effraction de nuit et parfois port d'arme ou agression sur les personnes. Il s'agit alors de conduites antisociales assez graves, caractéristiques des grands adolescents qui signent hélas l'engagement dans la délinquance.

Je vous conseille

— Face à un adolescent dont on découvre qu'il a commis un vol, il faut absolument reprendre ce qui vient d'être constaté ou découvert. Le vol est non seulement interdit mais il est punissable. Réparer le délit en faisant rendre à l'adolescent ce qu'il a volé en une ou plusieurs fois, avertir l'autre parent même si la famille est dissociée, marquer une totale fermeté dès la première « incartade » est le meilleur moyen qu'il ne recommence pas. La police de New York a appliqué la méthode à grande échelle, et on connaît maintenant le résultat positif de cette méthode, ici généralisée à tous les délits urbains quel que soit l'âge des contrevenants.

— Lorsqu'il s'agit de vols répétés, la fermeté est encore plus indispensable, si besoin avec l'aide d'un juge des enfants qui est là pour aider les parents en difficulté, beaucoup plus que pour punir d'emblée, comme beaucoup le croient.

Je vous déconseille

Vous seriez dans l'erreur si vous pensez qu'il vaut mieux ne pas dramatiser un vol sous prétexte que cela risque de lui donner de l'importance et de faire alors que l'adolescent, se trouvant intéressant, recommence.

Les chemins de la délinquance

La délinquance infantile, y compris dans sa forme la plus grave, la criminalité infantile, est un phénomène qui se développe depuis le début des années 1990. Elle plonge les autorités, les parents, les enseignants dans un désarroi dont chacun cherche à s'affranchir en rejetant la faute sur l'autre. Les uns appellent au psychiatre – ou du moins au psychologue –, dont ils souhaiteraient qu'il soit présent derrière chaque adolescent violent. Les autres plaident pour la réouverture de centres éducatifs fermés. Tout se passe comme si les adultes découvraient soudain que les enfants ont de tout temps aimé la bagarre et que sans interdit et sans repère, ils risquent de devenir des sauvages. Les enfants et les adolescents ont besoin de morale et de valeurs pour se protéger d'eux-mêmes.

Souvent, les adolescents perçoivent le monde extérieur comme hostile et chargé d'animosité. Pour certains, il s'agit d'un environnement face auquel on ne peut s'exprimer que par la violence. Celle-ci peut se manifester au sein de la famille ou à l'extérieur.

- Les violences intrafamiliales sont caractérisées par des gestes d'agressivité allant des objets cassés aux agressions physiques. Elles surviennent en général dans un contexte familial détérioré et s'observent surtout chez les garçons. Ces comportements peuvent révéler une véritable psychopathie traduisant une carence ou une conflictualité psychique chez l'adolescent, notamment quant aux difficultés de séparation et d'autonomisation. Ainsi, ils traduisent souvent une souffrance, une recherche d'affirmation de son existence et une vengeance justifiée ou pas.
- Les violences extrafamiliales représentent 10 % des délits. Il s'agit de bagarres, seul ou en bande, de menaces ou d'intimidations, de racket auprès des plus jeunes. Suivant le degré de violence et la nature de celle-ci, ces conduites traduisent différents problèmes allant du simple passage à l'acte isolé à de plus profonds troubles de la personnalité.

Le problème de la violence des adolescents prend actuellement l'allure d'un véritable phénomène de société, notamment dans les banlieues, où les cités voient se regrouper des bandes de jeunes gens désabusés qui se vivent comme sans avenir. La délinquance apparaît comme une solution pour lutter contre ces difficultés dont la menace du chômage fait partie. La démission des parents et ainsi la défaillance des modèles qu'ils peuvent proposer aux enfants occupent une place centrale dans l'évolution de ce phénomène. C'est dans la majorité des cas le groupe qui fait office à la fois d'idéal et de contenant. La bande offre un statut, une identité de rôle et une protection. Mais les relations de dépendance y sont à la fois contraignantes et fragiles ; l'intégration proposée par le groupe n'est que relative. Les conflits familiaux, l'influence du groupe, la prise d'alcool ou de drogue sont à prendre en compte. Les études montrent que la violence est plus fréquente dans les milieux sociaux défavorisés et dans les familles dissociées.

Actuellement, un parallèle est établi entre l'hyperactivité de l'enfant et les conduites antisociales de l'adolescent ou de l'adulte jeune. En effet, une étude américaine récente montre qu'environ 30 % des enfants atteints d'hyperactivité développent à 18 ans des conduites antisociales et agressives. Il est donc important que dès l'enfance, vous soyez vigilant aux comportements de votre enfant.

Je vous conseille

Prévenir est la seule solution. Comment ? Par la politique dite « du carreau cassé » évoquée déjà ci-dessus (voir page 275) pour des conduites moins graves : tout acte antisocial doit être sanctionné. Il s'agit de la politique menée à un niveau municipal, mais pas de n'importe quelle municipalité puisque c'est en l'occurrence la ville de New York ; le résultat est spectaculaire. Devant un enfant qui fait craindre une évolution vers des conduites délinquantielles, une seule attitude, dès la plus petite incartade : une sanction. Ce point de vue n'est sûrement pas partagé par tout le monde. Il est évident que face à des attitudes de violence à l'intérieur ou à l'extérieur de la famille, vous pouvez être désemparé. Encore une fois, il est important de ne pas démissionner, de ne pas baisser les bras. Cette attitude équivaut à cautionner et par conséquent à renforcer la violence. Il faut sûrement néanmoins, dans la mesure du possible, que vous compreniez les raisons de cette violence au sein de l'univers familial. On peut tout à fait à la fois fixer des limites et chercher à comprendre : les deux ne s'excluent pas. Et en tout état de cause, une aide par un tiers est recommandée : école des parents, centre médico-psychologique, juge des enfants (voir pages 573 à 575).

Face à des attitudes de violence à l'extérieur de la famille, la démarche que vous devez adopter est complexe et dépend de chaque cas. Interdire les sorties ou la fréquentation de bandes n'est pas une bonne solution car vous risquez d'être bafoué dans votre autorité, mais vous devez poser des jalons, afin que votre enfant trouve des repères et des limites à cette violence qui le dépasse.
Si toutefois le chemin de la délinquance vous semble déjà emprunté, il ne faut pas hésiter d'une part à entreprendre des démarches auprès de spécialistes, et d'autre part à faire confiance à la justice qui fait figure d'autorité.

La violence comme haut-parleur de la dépression

Il faut savoir que la violence, surtout lorsqu'elle « tranche » avec le comportement habituel de votre enfant, peut être le signe d'une dépression cachée. Soyez vigilants et attentifs aux changements d'attitude et ouvrez le dialogue, posez des questions, si vous jugez que c'est possible. Quand un adolescent est violent ce sont souvent les mots qui lui manquent.

Les problèmes psychologiques sévères

La dépression

En premier lieu, il n'est pas inutile d'insister sur la différence entre tristesse (ou « cafard ») et ce qu'on appelle une véritable dépression. Tout un chacun connaît, à un moment ou à un autre de sa vie, des phases où il se sent moins bien que d'habitude, où il a moins de volonté, où il est triste et émotif, mais on ne peut pas parler pour autant de dépression. On évoquera plus volontiers la notion de déprime.

Nous l'avons vu, les adolescents sont particulièrement sensibles et les moments de « spleen » peuvent se manifester plus souvent que chez l'adulte. On pourrait dire que tous les adolescents sont potentiellement « déprimables », mais qu'ils ne sont pas nécessairement déprimés.

L'adolescence est avant tout une période de changement et de transition, au cours de laquelle le jeune homme et la jeune fille sont confrontés à plusieurs difficultés. Difficultés situées dans l'avenir, dans les idéaux qu'ils ont pu se fixer et qui sont parfois si durs à atteindre. Mais aussi, difficultés à quitter le passé, à renoncer à la douceur et la facilité de l'enfance, à l'environnement familial, scolaire et amical sécurisant, à cet âge où l'on décidait à leur place.

C'est souvent sur ces difficultés que vient se greffer la déprime car l'adolescent doit faire plusieurs deuils :

- Avant tout, le deuil de son corps d'enfant : les transformations corporelles, bien que progressives, imposent à l'adolescent une nouvelle image et l'obligent à changer ses modèles et ses idéaux. De plus, ce corps le pousse à de nouvelles aspirations sexuelles qui peuvent se révéler effrayantes.
- Le deuil du groupe de ses amis d'enfance. Même s'il conserve certains de ses camarades, le jeune adolescent, lorsqu'il entre au collège, perd ses repères amicaux. Du plus grand de l'école primaire, il devient le plus petit du collège. Il doit faire le deuil d'une place mais aussi d'une manière d'être au sein de sa scolarité. Les professeurs sont nombreux, les cours changent, les jeux aussi, et ils ne se font pas nécessairement avec les mêmes amis.
- Le deuil des liens avec les parents. À l'adolescence, nous l'avons dit, les idéaux changent, et les parents perdent en quelque sorte leur place de choix. Ils étaient protecteurs, ils deviennent contredits. La construction de l'identité passe aussi par là ; mais ce changement n'est pas sans douleur ni sans contradiction. Parfois, la séparation et l'autonomie peuvent faire peur, même si elles sont désirées.

Tous ces « deuils » sont non voulus mais imposés, plus ou moins bien vécus par l'adolescent : ils peuvent ouvrir la porte à une certaine souffrance qui peut aller jusqu'à la dépression.

Toutefois, un tableau aussi typique est assez rare à l'adolescence, et plus fréquemment, les signes rencontrés dans les consultations sont ceux de « menace dépressive ».

Comment reconnaître une véritable dépression chez l'adolescent

La véritable dépression touche 5 à 10 % des adolescents. Elle est plus fréquente chez la fille que chez le garçon. On parlera de dépression si la majorité des signes suivants durent quasiment toute la journée, pendant plus de quinze jours, l'un des deux premiers étant toujours présent :
— Une tristesse apparente qui contraste avec l'état antérieur.
— Une perte du plaisir, même pour les choses que l'adolescent aimait auparavant.
— Un repli, un isolement et des difficultés à communiquer.
— Une fatigue inhabituelle et un sentiment de lassitude.
— Un ralentissement, dans les actions, les initiatives et parfois dans le cours de la pensée et le flux du discours ou au contraire une agitation stérile qui, elle aussi, contraste avec l'état antérieur.
— Un sentiment de culpabilité et/ou une perte d'estime de soi.
— Des idées noires ou suicidaires.
— Des troubles du sommeil : en général des insomnies, mais il peut s'agir dans certains types de dépression d'hypersomnies.
— Une perte d'appétit ou une hyperphagie.

Plus fréquemment, une « menace dépressive »

Ce qu'on appelle la « menace dépressive » correspond à un tableau qui se situe entre la déprime et la véritable dépression. C'est à la fois un chemin vers la dépression que l'adolescent tente de ne pas parcourir trop rapidement – donc une lutte contre celle-ci –, et un état que traverse l'adolescent de manière transitoire, eu égard aux changements dans sa vie affective ou scolaire. La peur de ressentir de la tristesse peut paradoxalement aboutir à un état d'anxiété ou d'angoisse qui correspond aux premiers signes de la menace dépressive.

Les nouveaux intérêts et investissements sans cesse découverts à cet âge permettent en général de « passer le cap » et de faire en sorte que cette menace, si elle reste une difficulté, n'en devienne pas pour autant une véritable dépression.

« Comment peut-on expliquer cette menace dépressive ? »

Le syndrome de menace dépressive s'installe sur une situation particulière de changement ou de séparation (deuil, divorce...), situation qui accentue la crainte de l'avenir. La difficulté, voire l'incapacité de changer d'objet d'amour (de passer des parents aux petits copains et petites copines) ainsi que le sentiment de non-reconnaissance, que ce soit en temps qu'adulte ou en tant qu'enfant, constituent souvent les points de départ de cette menace dépressive.

La dépression est souvent masquée

Les professionnels parlent souvent de « dépression masquée ». Qu'entendent-ils par là ? Il s'agit d'une dépression qui se déclare à bas bruit et qui ne répond pas au tableau typique que nous avons mentionné précédemment.

Elle peut se traduire par un échec scolaire, par des conduites à risque, des passages à l'acte violents comme on en voit chez le garçon. Les filles manifesteront plus volontiers des plaintes corporelles, des douleurs, des préoccupations hypocondriaques ou des troubles du comportement alimentaire.

Ces signes doivent, s'ils sont inhabituels, alerter les parents et faire rechercher, par un dialogue attentif et affectueux, les manifestations du tableau typique que l'adolescent ne dévoile pas spontanément.

La dépression d'infériorité

Une forme particulière de dépression à l'adolescence est la dépression dite « d'infériorité ». La baisse de l'estime de soi et le sentiment d'infériorité sont communs à toutes les dépressions, ceci quel que soit l'âge. Mais les difficultés rencontrées par les adolescents quant aux idéaux qu'ils se fixent et qu'ils ne peuvent atteindre les rendent vulnérables à ce type de trouble.

Au sentiment d'infériorité, d'être « nul », est souvent associé celui de pas être aimé et de ce fait d'être rejeté. D'où le repli ou à l'inverse, la nécessité de chercher dans le monde extérieur, parfois en prenant des risques, la preuve de sa propre valeur.

Ce type de dépression est bien le résultat d'un conflit. Sorte de dépit, elle résulte de la confrontation entre des idéaux inaccessibles et l'amère constatation de l'incapacité à les atteindre.

La dépression d'abandon

Ce type de dépression est caractérisé par un sentiment d'abandon, justifié ou non, et par un vécu de vide et d'ennui. Il est à rapprocher de ce dont nous avons parlé dans le chapitre précédent, c'est-à-dire des conduites à risque et des passages à l'acte.

Ces derniers peuvent être de diverse nature : boulimie, consommation de drogue, et ont pour but de masquer le vide.

Je vous conseille

— Vous devez, bien évidemment être vigilant quant aux changements récents et marqués chez votre enfant. Comme on vient de le voir, la dépression peut se manifester par une réelle tristesse, mais ce n'est pas toujours le cas. Aussi, soyez attentif à ses propos (parle-t-il de mort, d'échec, d'impuissance ou d'inutilité ?) mais également aux modifications de son comportement : l'agitation ou l'agressivité, si elles sont inhabituelles, peuvent masquer une dépression.

— Dans les moments dépressifs, le soutien des autres, surtout des personnes de l'entourage, est fondamental. L'adolescent, sans le formuler, peut avoir besoin de vous ; aussi, il est nécessaire de lui montrer que vous êtes présent et que s'il le souhaite, il peut se livrer à vous. Ouvrir le dialogue soulage toujours, surtout lorsque cela vient de la part des parents, dans la mesure où l'adolescent a souvent le sentiment de s'éloigner d'eux.

— Si votre enfant est installé dans une tristesse profonde depuis plus de quinze jours, s'il est ralenti, inhibé, s'il n'a plus goût à rien, il faut consulter un médecin. Voyez de préférence un psychiatre, il proposera une psychothérapie ou un traitement médicamenteux (antidépresseurs) ou même les deux.

Je vous déconseille

— Il ne faut pas s'alarmer au moindre signe de « cafard » ni poser trop de questions ou être intrusif : l'adolescent a aussi des choses qu'il ne veut pas dire, un jardin secret qui est à respecter.

— À l'inverse, il ne s'agit pas de traiter un état dépressif par le mépris, en bousculant votre fils ou votre fille, en lui lançant des invectives telles que : « Il faut te secouer, tu dois prendre sur toi ! » La dépression, c'est précisément le moment où on ne peut plus prendre sur soi.

— Évitez les *a priori* sur les psychothérapies, les antidépresseurs et autres traitements. Si le médecin juge qu'un ou plusieurs types de traitements sont utiles, c'est sans doute que cela est nécessaire. Si vous en doutez, n'hésitez pas à prendre l'avis d'un second médecin.

Delphine est en troisième lorsqu'elle rencontre un garçon dont elle tombe très amoureuse. L'histoire, au départ, l'enchante puis elle tourne court et le garçon la quitte. Pendant plusieurs semaines, elle est très triste mais continue à aller en cours, à voir ses amies avec lesquelles elle s'amuse ou refait le monde. Tout ce qui est nouveau l'intéresse et elle fait des projets pour les vacances : partir dans un camp de canyoning.

C'est au retour des vacances que les choses se gâtent, après avoir revu son ex-ami. La tristesse s'installe : elle vit au ralenti, dort mal, n'a goût à rien, mange peu, et se plaint de ne plus pouvoir se concentrer, de n'être plus comme avant.

Voici l'exemple type du dérapage de la déprime à la dépression : au départ, Delphine vit mal sa rupture, mais ce sentiment n'envahit pas sa vie tout entière, elle peut faire face. Le deuxième « traumatisme » rend les choses plus difficiles et vient certainement faire écho à une problématique plus ancienne. La baisse notable de ses activités, de sa capacité à investir le travail et le plaisir, et ce pendant plusieurs semaines signe la dépression. Il sera utile pour Delphine de consulter un spécialiste afin de tenter de comprendre pourquoi elle n'a pu se relever d'un échec sentimental.

Tentative de suicide et suicide

8 % des filles et 5 % des garçons ont fait au moins une tentative de suicide à l'adolescence[1]. 30 à 50 % après une première tentative récidivent généralement dans l'année qui suit. L'acte suicidaire comporte une évidente dimension de violence, pour l'adolescent lui-même mais aussi pour l'entourage. L'adolescent attaque son corps qui devient source de vie au moment de la puberté ; il attaque, à travers son corps, la société et les proches pour lesquels il est un être en devenir.

1. Étude INSERM, *op. cit.*

À l'adolescence, dès qu'il s'agit du suicide, la menace de mort est réelle. À cet âge, la personne a besoin d'être protégée d'elle-même car la détresse peut conduire à des solutions extrêmes malgré elle.

« Faut-il prendre au sérieux un adolescent qui parle de suicide ? »

Interrogés en 1993, 22 % des filles et 12 % des garçons disent avoir pensé au suicide, 9 et 7 % souvent. L'adolescent traverse un certain mal-être propice à trouver refuge dans le monde de la pensée, d'où peuvent surgir des « idées noires ». Cependant, penser au suicide ou en parler de façon très directe, ou même indirecte, témoigne d'une souffrance (78 % des filles et 88 % des garçons déclarent ne pas y penser). Il ne s'agit pas de réagir en se disant que ce n'est qu'une « comédie ».

Quel que soit le contexte, l'évocation de la mort concernant la personne de l'adolescent constitue une alerte. Les risques sont à prendre au sérieux, indépendamment du caractère que vous lui connaissez.

Tout adolescent qui exprime, plus ou moins explicitement, l'idée de mettre fin à sa vie, doit être entendu et aidé. Il faut prendre le temps de discuter avec lui, de l'écouter sans immédiatement lui dire qu'il a tout pour être heureux ou que d'autres ont plus de problèmes que lui. Il faut partager ce qu'il ressent sans trop le plaindre mais surtout sans lui dire qu'il pourrait « se secouer ». Cela peut demander du temps, de la patience, mais en vaut vraiment la peine.

« Y a-t-il certaines tentatives de suicide (par médicaments par exemple) qui peuvent être considérées comme “moins graves” ? »

Ce n'est pas le mode de suicide (médicaments ou autre) qui indique la plus ou moins grande gravité psychique de ce que vit la personne : tout type d'acte suicidaire témoigne d'une grande souffrance.

Attention !

Une situation bien spécifique est à considérer : quand il y a un suicide dans l'entourage de l'adolescent, il est important de veiller à ses réactions, à ce qu'il exprime. La construction de la personnalité à cet âge se fait par des mécanismes d'identification : à un moment donné, le risque d'imitation existe, même s'il est rare.

« Quand un adolescent porte atteinte à son corps, quel est le sens de son geste ? »

Les motivations ne sont pas toujours celles qui sont perçues ou connues de l'entourage et de l'adolescent lui-même. Le contexte est peut-être particulier avec des événements difficiles. Cependant, le lien entre un événement et le geste suicidaire n'est pas si simple, en tout cas, il n'explique pas tout.

D'ailleurs, le retentissement des événements est très relatif et propre à chacun : cela dépend de l'histoire de chaque personne. Un adolescent peut réellement souffrir d'une situation qui serait tout à fait anodine ou « banale » pour quelqu'un d'autre. Cette souffrance peut également exister sans que l'adolescent la reconnaisse comme telle ou la relie à cet événement.

Comprendre ce qui s'est produit quand un adolescent est passé à l'acte constitue un travail nécessaire pour écarter les risques de récidive qui sont très nombreux. C'est un travail qui prend du temps et qui concerne l'adolescent lui-même, mais aussi ses proches, son entourage familial.

L'adolescence est une période du développement où la dimension relationnelle est déterminante dans l'évolution de la personnalité. Le lien à l'entourage est un facteur prépondérant de bien-être ou de mal-être. Bien que le geste soit le fait d'un individu, cet individu se situe dans une famille : c'est avec la famille, ou du moins avec les parents, qu'il s'agit d'appréhender la situation de l'adolescent.

À l'adolescence, l'identité se construit autour des changements corporels : l'adolescent n'est plus un enfant et pas encore un adulte. La personnalité est malléable et perméable, ce qui génère un certain état de tension qui se manifeste de façon différente selon le caractère de chacun : certains sont déprimés dans le sens où des sentiments de tristesse apparaissent (voir page 280), tandis que d'autres passent à l'acte.

« Le suicide concerne-t-il autant les garçons que les filles ? »

L'expression par l'agi est davantage le fait des garçons que des filles. En France aujourd'hui, 800 jeunes entre 15 et 24 ans décèdent chaque année de suicide, cela représente la deuxième cause de mortalité après les accidents de la route. Les garçons « réussissent » trois fois plus souvent leur suicide que les filles.

« L'adolescent qui passe à l'acte cherche-t-il à mourir ? »

Le geste suicidaire est une façon d'« en finir » avec ses soucis. C'est comme une « fugue psychique » : une fuite par rapport à un état de tension qui pèse lourd et mène à une impasse. L'adolescent souffre et crée une rupture : il recherche une frontière pour mettre fin à sa souffrance.

En faisant cela, il provoque un changement. Quoi qu'il arrive après son geste (la mort ou non), l'adolescent se dit que la situation ne sera plus la même : soit il dormira à jamais dans un sommeil éternel, soit le message sera « décodé » ou en tout cas reçu.

Le geste suicidaire est le plus souvent un appel, un moyen pour attirer l'attention : c'est la seule façon pour l'adolescent de communiquer un peu de sa douleur. Il nous dit quelque chose : il n'est pas disponible à la parole pour exprimer son mal-être, alors c'est le geste qui parle.

Par ailleurs, l'adolescent qui passe à l'acte se sent seul : même au sein d'un groupe, il est isolé, dans le sens où il perçoit un décalage par rapport aux autres. Il n'a de solution que de se retourner contre lui-même.

Prévention : je vous conseille

En ce qui concerne le suicide et l'adolescent, il n'existe pas de réponse unique, valable pour toutes les personnes et toutes les situations.

Nous pouvons simplement esquisser quelques pistes.

Soyez attentif à ce qui fait qu'un adolescent commence à donner des signes de repli, de cassure des moyens d'épanouissement qu'il avait à sa disposition et surtout s'il exprime une intentionnalité suicidaire.

Il est nécessaire d'interroger aussi bien l'adolescent lui-même, que son entourage, ses amis, l'autre parent , un adulte proche de lui, ses enseignants éventuellement (à condition qu'il soit informé de votre démarche) :

a-t-il ou ont-ils constaté eux aussi qu'il avait changé ? Leur a-t-il parlé aussi de ses idées noires ? Y pense-t-il souvent ? Se sent-il déprimé ? Pense-t-il que le monde est pourri ou foutu ?... A-t-il déjà eu un geste suicidaire ?

Il ne faut pas laisser passer vos doutes, vos craintes quant à l'éventualité d'un geste de ce type ; ils ne sont certainement pas là par hasard et il est important de pouvoir en parler avec un spécialiste.

Être en relation avec l'adolescent, chacun à sa façon, est également important : l'adolescent peut sortir de l'isolement dans lequel l'acte sera ou a été possible.

Après une tentative de suicide : je vous conseille

Quand un acte a eu lieu – ou même une parole allant dans le sens de cet acte –, considérez qu'il s'agit d'un moment particulier qui peut devenir propice à la construction. C'est une occasion unique pour lancer un pont entre le monde intérieur de l'adolescent et lui-même ainsi qu'avec son entourage.

L'adolescent a dit quelque chose à travers son acte : il est important qu'il soit écouté et qu'une parole vienne répondre à cet appel. Le geste lui-même peut être l'amorce de la conversation, mais au-delà de la ponctualité de l'acte, c'est parler, dialoguer, ouvrir un espace d'échanges qui permet de tisser une relation de confiance avec l'adolescent.

En parler, cela peut être lui dire les répercussions de son geste sur vous-même : c'est l'occasion de lui exprimer l'amour que vous avez pour lui, de lui dire que vous avez besoin de lui, même si sa réaction ne laisse pas apparaître qu'il cherche à entendre cela. Une « mise en mots » de ce qui est vécu ne sera que bénéfique à la compréhension de l'événement. Il faut qu'il puisse entendre, et peut-être ensuite pourra-t-il ouvrir son jardin secret.

L'aide d'un spécialiste est fortement conseillée pour l'adolescent lui-même puisqu'il a témoigné, par son geste, de son besoin d'un lieu à lui pour être reçu. Mais l'aide du spécialiste est tout aussi nécessaire pour ceux qui l'entourent et qui ont subi la violence de ce geste.

Il s'agit que, de ce moment de rupture, émerge quelque chose de différent où chacun trouve sa place. Faire que le message dont personne ne connaît la réelle signification puisse être mis à jour, mis en paroles.

Je vous déconseille

Le geste suicidaire est un comportement excessif auquel il ne convient pas de répondre en adoptant soi-même un comportement excessif, de quelque manière que ce soit.

— *Les dangers du secret :* la violence du geste suicidaire d'un adolescent est difficile à affronter, et cela davantage encore pour les personnes « responsables » de lui. La réaction de ne pas vouloir/pouvoir en parler apparaît naturelle dans ce contexte : étouffer l'affaire, refermer pour se protéger. Le suicide devient alors un tabou qui rend encore plus difficile son appréhension, son approche. Cependant, cette façon de masquer la réalité des souffrances est préjudiciable à chaque membre de la famille et peut conduire à d'autres situations dramatiques.

Un immense effort doit être entrepris pour que la famille se mobilise, à la suite du geste suicidaire de l'adolescent. Toute la famille est concernée par la vie de ses membres : cacher ce qui s'est passé n'est pas une façon de protéger quelqu'un, bien au contraire. Se constitue alors un secret, dont l'effet est très néfaste par le caractère insidieux, sous-jacent et jamais effacé propre au non-dit. C'est un danger potentiel permanent, car les relations se vivent dans un système clos. L'isolement de l'adolescent est alors maintenu et peut s'en trouver renforcé.

— *Le mensonge de la banalisation :* banaliser la situation est un autre comportement inadéquat qui vise à rassurer tout le monde et soi-même avant tout. Mais une telle attitude fausse la gravité de la situation et peut même avoir un effet d'« annulation » du problème qui ne sera pas résolu. Vis-à-vis de l'entourage social, il y a un juste milieu à trouver : ne pas cacher l'acte mais ne pas non plus le divulguer comme s'il s'agissait d'une information banale.

— *Ne pas oublier mais ne pas ressasser :* en parler trop souvent n'est pas non plus bénéfique : la destinée de l'adolescent ne se résume pas à ce geste. La vie doit reprendre pour continuer. De nouvelles perspectives permettront l'élaboration de projets. Il ne s'agit pas d'accepter ce qu'il a fait mais de l'accepter avec ce qu'il a fait pour qu'il ne recommence pas.

Seul un spécialiste peut constituer cet espace nécessaire : un lieu bien spécifique où l'on parle.

Maltraitance et inceste

« Certains adolescents, de par leur potentiel, leurs expériences, leur lieu d'existence ou leur mode de vie, courent plus de risques qu'un adolescent lambda. Ce sont notamment ceux qui ont côtoyé la violence durant leur enfance, ceux qui habitent dans des quartiers moins sûrs, ceux qui sont impliqués dans des bandes ou qui fuguent, et ceux qui évoluent dans des milieux où l'on consomme de l'alcool et des drogues[2]. »

2. *La Santé des adolescents, op. cit.*

➤ *Les maltraitances dont souffrent certains adolescents*

On peut distinguer deux modes de violence :

- « La violence intrafamiliale : certains adolescents – il s'agit surtout de filles – sont abusés émotivement, physiquement ou sexuellement par des membres de leur famille : père, beau-père, frère ou demi-frère, oncle, etc. Certains états de négligence grave sont encore dépistés durant l'adolescence.
- La violence extrafamiliale : en général, les adolescents sont victimes d'une connaissance récente, d'un jeune de l'école, d'un adulte du voisinage en position d'autorité, d'adolescents ou de jeunes adultes au cours d'une réunion entre amis.

Un nombre non négligeable de jeunes, des filles surtout, vivent des situations d'abus émotifs, physiques ou sexuels dans le cadre de leurs fréquentations amoureuses. Les jeunes filles, encore plus que les garçons, partagent difficilement ces faits : elles sont attachées à leur copain, ne reconnaissent pas toujours que leur partenaire abuse d'elles et confondent parfois jalousie et amour. Ce problème est d'autant plus important qu'il évolue, dans un certain nombre de cas, vers la violence conjugale.

Enfin, des bandes de délinquants exercent une autre forme de violence. Des jeunes sont ainsi harcelés et agressés. Les adolescents qui font volontairement partie de ces bandes risquent d'être malmenés lorsqu'ils veulent s'en distancier ; ceux qui vivent en périphérie de ces groupes, sans prendre part aux activités déviantes, et qui désirent plutôt aider un ami en difficulté, courent les mêmes risques[3]. »

Il s'avère souvent pénible pour la victime d'identifier les abus qu'elle a subis, surtout s'il y a des liens affectifs avec l'agresseur. Il demeure que le phénomène de la violence à l'intérieur de la famille, à l'école, entre amis ou connaissances, de la part d'étrangers ou de bandes, est bien présent, encore méconnu et sous-estimé, particulièrement chez les garçons.

Dans une étude menée auprès d'un échantillon représentatif d'enfants américains, 25 % des jeunes de 16 ans, trois fois plus de garçons que de filles, disent avoir été victimes d'une forme quelconque de harcèlement ou de violence physique ou sexuelle dans la dernière année. Dans l'enquête nationale française, 17 % des adolescents disent avoir été victimes de violence, deux fois plus de garçons que de filles. Mais 9 % des filles âgées de 18 ans disent avoir été victimes de violences sexuelles excluant le viol.

3. *Ibid.*

➤ *Le dépistage des situations de violence*

La réaction de l'adolescent à l'agression est souvent peu visible, surtout s'il s'agit de violences sexuelles, dont il ne parle pas à son entourage. L'adolescent n'est pas aussi en colère que le souhaiteraient les adultes. Sa détresse est enfouie. « On dirait que ça ne lui fait rien. » Il garde le contrôle, demeure fonctionnel. Parfois, des problèmes de comportement peuvent s'aggraver après la déclaration, ce qui laisse à penser que tout cela pourrait être louche.

« La façon dont les adolescents s'y prennent pour faire savoir aux adultes qu'ils sont victimes de violences physiques ou sexuelles est particulière et, plus que dans d'autres domaines, les adolescents parlent de la violence par le biais de ses conséquences et laissent à l'adulte le soin de faire le diagnostic ou d'appeler les choses par leur nom[4] ».

Les indices d'abus sexuels[5]

Il existe quatre catégories d'indices non étanches et hélas non univoques pour ce type de problèmes :
— Les indices reliés au comportement général et sexuel : fugue, dépression, comportements agressifs, délinquance, adolescent auteur d'abus sexuel ; abus de drogue ou d'alcool.
— Les indices reliés à la dynamique familiale ou aux caractéristiques des parents : rôles et frontières mal définis, rôle mère-fille inversé, père jaloux des amis de sa fille, antécédents de violence familiale.
— Les indices reliés au comportement scolaire : baisse du rendement, agressivité envers les professeurs, isolement, réaction à un cours sur les abus ou la sexualité.
— Les indices reliés à des symptômes ou signes médicaux. Une série de manifestations qui touchent au corps, à la pudeur, à l'image de ce corps, particulièrement sur le plan sexuel, justifie une attention particulière. On note ici entre autres : des craintes inexpliquées ou injustifiées de grossesse ou de MST ; une peur exagérée de subir un examen des organes génitaux, ou au contraire, un sans-gêne excessif ; une pudeur anormale dans le quotidien ; une demande de contraceptifs oraux « au cas où » ; la crainte de contacts physiques ; l'automutilation, la tentative de suicide, l'anorexie mentale.

4. *Ibid.*
5. Source : *Ibid.*

Au moindre doute, une discussion avec l'adolescent avec tout le tact nécessaire s'impose. Un examen médical en cas de situation de ce type est indispensable.

Une agression et ses suites

Ce que les spécialistes appellent « le stress post-traumatique » se développe à la suite de l'exposition à un facteur extrême de stress, qui implique un vécu direct et personnel de menace de mort ou d'atteinte corporelle :

— soit l'adolescent a physiquement et explicitement été atteint : c'est le cas dans les agressions sexuelles, le racket, les accidents, les attentats, etc ;

— soit il a été témoin d'un événement qui peut entraîner la mort par blessures, ou à la suite de menaces pour l'intégrité physique d'une autre personne que soi ;

— soit, encore, le stress peut être dû à l'annonce d'une mort ou d'une mauvaise nouvelle inattendue, à l'annonce d'un diagnostic médical grave, par exemple, ou encore d'un décès.

Dans tous les cas, au moment de l'événement, le sujet se trouve dans un état d'impréparation tel qu'il ne peut pas faire face. Ça vient « comme un coup de massue », et le sujet se trouve ensuite dans un état second, sans pouvoir mettre des mots sur son vécu et sur ce qu'il ressent.

En effet, cet événement a l'effet d'une déchirure qui vient trouer une partie de son unité. Cela s'exprime parfois ainsi : « J'étais là et c'est comme si je n'étais pas là. »

Ces traumatismes peuvent être insupportables, les exemples, hélas, ne manquent pas, comme ce témoignage d'une mère : « Il y a trois mois, ma fille est revenue un soir en larmes à la maison : elle m'a dit qu'un type l'avait poursuivie. Après, elle a fait des tas de cauchemars et aujourd'hui, je me demande dans quelle mesure cet événement l'a traumatisée. Est-ce qu'elle s'en est réellement remise ? »

Je vous conseille

— Soyez à l'écoute de ce que l'adolescent(e) dit, y compris à travers ses gestes et comportements, posez-lui des questions pour l'aider à parler non pas tant des circonstances que de ce qu'il a ressenti, ce à quoi il a alors pensé.

— Protégez-le dans une ambiance sécurisante, marquée par la continuité et l'affection.
— Ne le laissez pas s'isoler ou se replier sur lui-même, stimulez-le, soyez présent et favorisez les contacts.
— Aidez-le dans les démarches juridiques éventuellement nécessaires qui sont souvent douloureuses *s'il veut porter plainte*.

Je vous déconseille

— Ne surajoutez pas, quelle qu'elle soit, votre propre angoisse bien compréhensible de parent à celle de l'adolescent.
— Ne le culpabilisez pas (« Voilà ce que c'est que de traîner à cette heure tardive le soir, tu vois, on avait raison... »).
— Ne banalisez pas (par exemple quand le jeune a assisté à un accident), mais soyez bien à l'écoute de ce que manifeste le sujet. Il n'invente pas ce qu'il exprime, et le déni serait dévastateur pour l'enfant qui s'isolerait dans sa souffrance culpabilisée.

Dans certains cas, il est nécessaire que les parents eux-mêmes soient suivis. Il ne s'agit pas d'une véritable thérapie, mais plutôt d'une guidance qui permettra :

— la compréhension de la souffrance de l'enfant pour savoir l'entendre, et pas seulement l'écouter la manifester,

— la reconnaissance de la souffrance et de l'inquiétude des parents qui peuvent développer des sentiments de culpabilité ou d'impuissance, se dévalorisant alors dans leurs qualités de parents.

Une autre situation : un changement inexpliqué
« Je ne comprends pas, depuis quelque temps mon fils a un comportement bizarre. Il est tantôt absent, tantôt agressif. Il semble fatigué, n'a pas l'air bien et je ne sais pas ce que c'est. On dirait qu'une mouche l'a piqué. Pourtant, il me dit que ça va, qu'il est juste un peu en froid avec son meilleur ami. Je ne comprends pas, c'est si brutal et inattendu. Parfois, je sens qu'il a besoin d'affection, mais ce n'est pas dans ses habitudes, je ne sais pas comment réagir. »

Il arrive que l'adolescent, à la suite de ces événements traumatisants, reste silencieux. Il faut pouvoir reconnaître les signes de stress extrême car l'adolescent ne va pas nécessairement en parler délibérément : cela peut être dû à une certaine sidération, mais il arrive aussi que l'adolescent culpabilise de ne pas avoir été « à la hauteur ».

« Comment reconnaître la souffrance de votre enfant ? »

Les signes observables sont les suivants :
— On voit l'apparition « sans raison » de craintes jusqu'alors inexistantes (prendre le bus...).
— Peut même naître une peur intense avec un sentiment de désespoir, associée parfois à un état d'agitation et de désorganisation.
— Une curieuse indifférence qui commence un peu après l'événement, pas beaucoup d'intérêt pour ce qui se passe à l'extérieur.
— Un sentiment plus ou moins marqué d'être différent des autres, comme détaché de ce qu'ils étaient avant.
— Des troubles du sommeil : des difficultés d'endormissement liées principalement à une hypervigilance, comme s'il fallait rester alerte, « au cas où » ; des cauchemars dans lesquels le sujet revit la scène en partie sans pouvoir la maîtriser, ni même par l'imaginaire du rêve.
— Une instabilité de l'humeur, avec parfois des moments d'euphorie bizarre qui sont en fait une lutte contre l'effondrement.
— Des difficultés de concentration : des images hantent le sujet qui a du mal à investir d'autres tâches. Sa pensée est parasitée.
— Un certain repli social, des difficultés scolaires d'apparition brusque.

« Comment aider votre enfant à dépasser ce problème ? »

Que peut faire l'entourage familial quand il ressent un changement brutal inexpliqué chez le jeune, comme on vient de le voir ?
Avant tout, l'intervention de spécialistes, psychologues ou psychiatres, doit être systématique afin que la détresse puisse être identifiée, exprimée, puis normalisée. Car elle est normale, c'est l'événement qui est anormal et non pas l'inverse. Parfois, un suivi thérapeutique un peu plus long peut être nécessaire. Quoi qu'il en soit, le pronostic pourra être largement favorisé par la qualité de l'environnement familial.

« Pourquoi est-il important de consulter un spécialiste ? »

Ces troubles doivent être traités de sorte qu'ils ne viennent pas gêner l'adolescent dans son développement. Le recours rapide à un psychologue permettra la mise en mots, essentielle, du vécu traumatisant, et évitera que ces troubles de stress post-traumatique ne se cristallisent.
Les sentiments et les émotions les plus fréquemment retrouvés sont : la peur, la colère, l'impuissance, l'anéantissement, la solitude, la honte, la

culpabilité, la dévalorisation. Ils doivent être verbalisés pour ne pas se fixer et pour que l'enfant puisse peu à peu en comprendre le sens et retrouver ainsi la maîtrise de ses émotions.
Par ailleurs, dans les cas aigus, des médicaments prescrits momentanément par un psychiatre pourront soulager le jeune et lui permettre ainsi de mieux faire face.

« Que faut-il faire en cas de viol ? »

Dans le cas dramatique d'un viol, il faut consulter un médecin, le plus rapidement possible. Le médecin doit remettre une attestation officielle relatant les faits tels qu'ils lui ont été présentés et une description soigneuse des lésions découvertes à l'examen. Il doit prescrire un dosage de la bêta HCG pour détecter une grossesse éventuelle et une contraception (pilule du lendemain si la consultation a lieu juste après le viol et en l'absence de contraception). Il doit aussi prescrire d'autres ordonnances pour prévenir ou détecter une maladie sexuellement transmissible avec des antibiotiques pendant huit jours environ, des analyses à la recherche de spermatozoïdes et de germes divers dans la région génitale, des sérologies concernant la syphilis, la chlamydiase et le sida (ce risque est cependant très faible après un rapport sexuel unique). Ces différentes analyses devront être répétées à plusieurs mois d'intervalle, car la réaction ne se positive qu'après un certain temps de latence.
Il faut ensuite s'adresser dans les plus brefs délais à la police ou à la gendarmerie pour porter plainte et pour faire rechercher l'agresseur. Il est également possible d'adresser une plainte au procureur de la République avec l'attestation du médecin.
Le délai maximal pour déclarer un viol est de 10 ans, car c'est un crime ; il est de 3 ans pour un attentat à la pudeur, qui est un délit.
Si l'agresseur n'est pas retrouvé, la victime peut demander réparation d'un préjudice grave à la Commission d'indemnisation des victimes d'infractions, qui siège dans tout tribunal de grande instance. Elle peut même, en cas de nécessité, bénéficier de l'aide judiciaire avec l'assistance d'un avocat. Dans ce cas, les frais de justice seront à la charge de l'État.
Par la suite, il est préférable de se faire prendre en charge sur le plan psychologique par le médecin ou un de ses correspondants spécialistes ou une association agréée.

Le trouble obsessionnel et les compulsions

Le besoin excessif de vérification, de symétrie, les rituels de lavement, de rangement sont quelques exemples de ce qu'on nomme les troubles obsessionnels compulsifs ou TOC. Ils ne sont pas vraiment spécifiques à l'adolescence : le début des troubles remonte souvent à l'enfance. Néanmoins, face aux « chamboulements » liés à l'adolescence, notamment l'éveil de la sexualité et l'identité en crise, ce type de trouble peut apparaître comme une tentative de l'adolescent de maîtriser ces changements. Ou encore les troubles pouvaient être bien acceptés dans l'enfance et devenir source d'angoisse à l'adolescence.

Notons aussi que les personnes qui souffrent de ces conduites ont tendance à les garder longtemps secrètes.

➤ *Qu'est-ce que les troubles obsessionnels compulsifs ou TOC ?*

On dit de quelqu'un qu'il est « obsédé » par une fille quand il ne pense plus qu'à elle, qu'il en est très amoureux. Ou encore, à une personne qui parle sans arrêt d'une chose qui la préoccupe on dira : « Mais c'est une obsession chez toi ! »

Mais lorsque l'on parle de troubles obsessionnels compulsifs, il s'agit de bien autre chose. Ces troubles bien particuliers se manifestent par des obsessions et/ou des compulsions.

- L'obsession se définit comme une idée qui fait irruption dans la pensée et s'impose de façon tenace : la personne a beau la ressentir comme absurde, insensée, elle ne parvient pas à la chasser en dépit d'une lutte anxieuse.
- L'angoisse suscitée par l'idée devient telle que la personne se trouve souvent contrainte à effectuer une action visant à la soulager (compulsion).

> *« Alan avait bu par erreur dans le thermos de Bill. Soudain, il avait eu peur que Bill ait le sida. Il avait essayé de chasser cette idée (obsession). Il n'était pas idiot. Il savait qu'elle risquait de lui causer des ennuis. Mais cette pensée bloquait toutes les autres. "Bill, avait-il lâché, il faut que tu ailles faire un test pour savoir si tu as le sida" (compulsion). Bill ne trouva pas cela drôle… »*
>
> *Bill a bien conscience de l'absurdité de son idée, mais celle-ci l'assiège littéralement, il ne parvient pas à s'en débarrasser. Pris*

par le doute, ne pouvant plus se fier à son bon sens, l'angoisse devient telle qu'il lui faut demander à Alan de faire le test ; et pourtant il a conscience du ridicule de sa demande[6]. »

Autre exemple : dans le cas de la compulsion à vérifier, l'obsession s'infiltre dans la pensée sous forme d'un doute : « Ai-je bien fermé la porte ? (ou le gaz, ou la lumière...) ». La personne a déjà vérifié, sait qu'elle l'a déjà fait, et pourtant le doute persiste, la tension monte et finalement la seule façon de la diminuer est de retourner vérifier, et ainsi de suite x fois.

Selon un schéma similaire, on peut citer la crainte obsessionnelle d'être amené de façon irrésistible à commettre un acte agressif (la personne ne passe jamais à l'acte), la crainte d'avoir commis un meurtre (la personne ne peut savoir si oui ou non elle n'est pas responsable de la mort de quelqu'un), le besoin d'ordre, le besoin de symétrie parfaite de détails insignifiants, comme les lacets ou les cheveux, qui peut conduire la personne à passer des heures à s'en préoccuper, la crainte des contaminations, des microbes...

Pour lutter contre les images, les idées qui assiègent sa pensée, la personne peut inventer des gestes ou des formules magiques auxquels elle doit s'adonner pour neutraliser l'obsession. On parle alors de rituels à valeur conjuratoire. Il peut s'agir de compter jusqu'à 20 avant de traverser la rue, de ne marcher que sur les pavés pairs, de devoir se laver d'une façon bien précise, de répéter ses actions tant de fois, de faire certains gestes avant d'entrer dans une pièce, taper 10 fois sur les murs... Les rituels évoluent au cours du temps et peuvent devenir de plus en plus complexes. Ils rythment alors l'activité du sujet, envahissent son quotidien.

➤ Les troubles obsessionnels compulsifs à l'adolescence

À l'adolescence, parmi les divers thèmes des troubles obsessionnels compulsifs pouvant être observés, deux semblent plus fréquents :

— les thèmes d'ordre et de symétrie (comme les rituels de rangement du cartable, la nécessité de réécrire à la perfection les leçons et devoirs, les rituels de rangement de la chambre, ou encore les rituels portant sur l'habillage...) ;

— les thèmes de pureté et de protection corporelle (craintes obsédantes des contaminations, des microbes, des souillures pouvant donner lieu à des lavages répétitifs, des rituels conjuratoires – tels l'annulation par le toucher – ou encore des mesures de protection diverses comme le port de gants...).

6. Judith Rapoport, *Le Garçon qui n'arrêtait pas de se laver*, Odile Jacob, 1991.

Je vous conseille

Il faut consulter votre médecin qui vous conseillera un spécialiste psychologue ou psychiatre. Votre attitude en tant que parent est de ne pas dénier la difficulté de votre enfant mais aussi de ne pas la renforcer. Il faut aider l'adolescent à lutter contre ses troubles quand il cherche à y échapper ou à les contrôler. Par exemple, aidez-le à diminuer son nombre de lavages des mains qu'il cherche progressivement à réduire, félicitez-le de ses progrès toujours faits pas à pas et avec effort.

L'entrée dans la psychose

Certains événements à valeur traumatique (échec, deuil, rupture, prise de toxiques, agression...) produisent chez certains sujets un véritable accident dans la structure psychique et le comportement. Toutefois, ni les manifestations ni même les facteurs déclenchants ne sont toujours caractéristiques d'un trouble sévère, en particulier dans le cadre de l'adolescence, âge de « tous les possibles ».

Parfois cependant, le sujet perd ses repères. On appelle cela une psychose. Il faut en connaître les différentes émergences pour pouvoir être le plus précocement utile. Schématiquement, l'entrée dans la psychose peut être brutale, lente ou insidieuse.

➤ *Un début brutal, total et soudain*

Il s'agit d'un bouleversement brutal ressenti par le sujet. Il est frappé d'une sorte de confusion passagère qui vient brouiller sa vision habituelle du monde. Ce bouleversement peut le conduire à des passages à l'acte (scandale sur la voie publique, agression...) ou à des sortes d'absences dont le vécu est tout à fait incompréhensible et opaque pour quelqu'un d'extérieur. Cette forme brutale d'entrée dans la psychose peut être un délire, un état confusionnel, ou un état de brusque retournement de l'humeur (à coloration dépressive : état mélancolique, ou à type d'hyperexcitation : état maniaque).

L'état délirant, caractérisé par le fait qu'il ne repose sur aucune réalité, peut comprendre différents thèmes : persécutif (« on me veut du mal »), mystique, mégalomaniaque (sentiment de grandeur et de toute-puissance), corporel (impression de transformation inquiétante, vécus étranges).

Il est parfois accompagné de signes physiques liés à cette agitation : insomnie, dénutrition... La note confusionnelle qui y est parfois associée se constitue de désorientation temporospatiale, de troubles de la mémoire et de l'attention. Le sujet paraît absent : regard vide ou discordant, comportement bizarre pouvant aller d'une stupeur à une agitation incohérente.

Le sujet est sous l'emprise d'une expérience vécue, ses troubles de la croyance et du contact avec la réalité s'imposent à lui comme le rêve s'impose au rêveur. Il vit un délire, mais sa personnalité n'est pas nécessairement modifiée. D'ailleurs, si le caractère brusque de ce symptôme est source d'angoisse, la conscience n'est pas fondamentalement atteinte.

Catherine, brusquement, n'arrive plus à dormir : elle passe toutes ses nuits à réfléchir sur sa vie, dit-elle. Un matin elle est tout excitée, elle dit qu'elle est devenue chanteuse de rock au cours de la nuit, elle a eu une révélation et a même entendu la voix qu'elle pense être celle d'un imprésario célèbre qui lui a demandé d'annoncer cette nouvelle à tout le monde.
À midi elle veut absolument aller à la télévision pour chanter. Elle sait qu'on l'attend. Une amie contactée par ses parents ne peut pas la raisonner. Elle refuse d'aller consulter, disant qu'elle n'est pas folle. Un médecin est appelé alors en urgence qui demande qu'elle soit immédiatement hospitalisée. Elle s'y refuse toujours. Seuls la contrainte et un traitement sédatif donné par ce médecin permettent qu'elle soit emmenée en ambulance à l'hôpital.

Je vous conseille

Le comportement brutal et bizarre qui résulte de la psychose impressionne l'entourage. Il est alors important de consulter un médecin psychiatre qui pourra prescrire des médicaments ayant pour effet de calmer cette agitation bien particulière.
Parfois, au moment de l'accès, on peut recourir aux spécialistes de l'urgence soit au sein d'un centre hospitalier, soit en faisant appel à des médecins qui se déplacent à domicile. Ou encore, il est intéressant de savoir que les pompiers se déplacent également pour emmener le jeune dans un centre de soins.
Il faut, dans la mesure du possible, préserver une ambiance sécurisante pour l'adolescent, comme pour embrasser sa détresse, la contenir.

Je vous déconseille

Il ne faut pas réagir violemment à son égard ni l'abandonner à lui-même, ce qui aurait pour effet de le désorganiser davantage.
Il ne s'agit pas non plus bien sûr de rentrer dans son délire, mais d'écouter ses paroles comme une réalité, puisque c'est la sienne, et de le rassurer par rapport à ça. Ce qu'il exprime est réellement la réalité de son vécu : il faut pouvoir le respecter et non pas l'ignorer en pensant : « Il ne fait pas attention, il ira mieux demain. »

➤ *Un début progressif*

Petit à petit, une partie de sa pensée échappe au sujet lui-même : il n'est pas conscient de la production de ses pensées. Pour lui, les idées qu'il a dans la tête lui ont été suggérées ou imposées de l'extérieur, il se sent constamment influencé. Quelqu'un ou quelque chose contrôle sa pensée, on la lui vole, on la devine, on la commente à son insu. Le sujet est en prise avec des modifications progressives de ses expériences vécues mais aussi de ses repères, de l'environnement qui semble menacer sa singularité et son autonomie propre.

Pour se protéger, il va alors s'isoler : on peut parler parfois de retrait autistique. Il s'agit d'un retrait réel et/ou d'un retrait dans un monde imaginaire, et c'est la raison pour laquelle l'entourage ne s'en rend compte qu'une fois le délire déjà bien installé.

Adrien se replie de plus en plus sur lui. Il ne veut plus aller à l'école. Il s'enferme toute la journée dans sa chambre dans le noir et se refuse à tout contact. Il a l'impression qu'il ne sait plus rien et doit tout essayer de comprendre : une chaise l'oblige à penser point par point les caractéristiques de cet objet, sa taille, sa couleur, son poids, etc., sinon il n'est pas sûr qu'il s'agit d'une chaise. Son esprit, dit-il, est par moment vide, par moment tout brouillé. Cela s'accentue depuis deux mois.
Déjà, depuis six mois, ses performances scolaires avaient sérieusement chuté, il s'était refermé sur lui-même comme le constatent rétrospectivement ses enseignants interrogés par les parents. Un médecin consulté ne peut le rencontrer, il s'y refuse. Le problème le plus difficile à résoudre concrètement est de savoir comment l'aider. Seule une tante peut lui parler et le convaincre de rencontrer un de ses amis psychologue. Après de multiples échecs, cette rencontre a lieu et c'est le début de l'aide spécialisée nécessaire.

Je vous conseille

Il est important de pouvoir alors saisir ce qui habite le sujet, de l'inciter à parler de son monde en ayant une attitude distante mais en étant à l'écoute. Ce doit être une profonde écoute qui ne juge pas, en particulier de la véracité des propos.

Sachez que cette situation est aussi une source d'angoisse massive pour les parents. Il faut savoir se protéger soi-même, en tant que parents, et se faire aider, nécessairement, d'un médecin dans cette tâche difficile d'acceptation de la singularité de son enfant. Peut-être alors sera-t-il plus rassuré : il pourra sortir doucement de sa coquille s'il sent que le milieu est sécurisant.

Je vous déconseille

Il ne faut pas banaliser ni tourner en dérision le comportement ou la parole de l'adolescent.

➤ *Un début très insidieux*

L'installation progressive est plus ou moins longue et ne peut se caractériser par un délire mais plutôt par des conduites bizarres et des dysfonctionnements non systématiques. On peut observer ainsi des troubles touchant au caractère et à la sphère émotionnelle qui ne sont pas caractéristiques. Ce qui est caractéristique, c'est la différence avant/après le passage au bizarre, à l'incompréhensible.

Certaines préoccupations d'allure trompeuse évoquent difficilement l'émergence de symptômes psychotiques. Par exemple, des douleurs corporelles non expliquées médicalement, avec thème morbide de destruction, transformation ou désintégration de l'unité corporelle (le corps devient anormalement préoccupant).

Un autre mode insidieux : l'idéalisme passionné. Le sujet se jette entièrement dans la défense d'une idée, mais son comportement est pulsionnel et irraisonné (appartenance à des sectes, participation à certains jeux de rôles...) parfois au prix de l'abandon d'activités qui lui faisaient du bien auparavant, et qui étaient pour lui source de découvertes personnelles et sociales.

Une soudaine baisse du rendement scolaire constitue également un mode de révélation à l'extérieur d'une psychose. S'y associe alors un certain apragmatisme, c'est-à-dire une apparente incapacité à accomplir des actions élémentaires, ou à des prises de toxiques pour juguler l'angoisse (de nature psychotique). Il peut être alors utile de rencontrer ses professeurs afin de réfléchir avec eux sur ce soudain fléchissement, non seulement en termes quantitatifs, mais aussi en termes qualitatifs. Autres questions : comment se situe-t-il par rapport au groupe de sa classe ? Est-il chahuteur, anxieux, inhibé, isolé ? La mise en évidence d'un intérêt non marqué pour les autres est souvent un mode d'entrée dans un trouble sévère.

L'angoisse, toujours présente, est diffuse, envahissante. Elle n'est pas stimulante, tel un stress, mais désorganisante, et le sujet semble être en proie à une profonde détresse. Comme s'il se trouvait dans un vide sans point d'accroche possible.

Des éléments de bizarrerie dans les contacts, une certaine agressivité mal contrôlée et déplacée, une froideur affective éveillent l'inquiétude chez l'entourage qui se trouve désappointé : pas ou peu d'amis du même âge, aucun intérêt pour les loisirs, les camarades, les sports en commun. Les jeux sont solitaires : il n'en retire pas de plaisir, cherche même à les éviter et se contente de son univers interne. L'adolescent commence alors à se construire une nouvelle réalité, un monde qui ne laisse pas de place à autrui et aux changements. Ces bizarreries ne tiennent pas seulement aux discours ou aux comportements de l'adolescent. En effet, ce sont les éléments de discordances qui attirent l'attention : inadéquation entre ce qui est dit et les mimiques du visage par exemple. Si cela persiste, la communication avec l'entourage s'en trouve très largement perturbée, ce qui contribue et entretient la dynamique de renfermement, d'isolement. Certains auteurs parlent de « coquille ».

> *Maxime exige le divorce de ses parents afin de pouvoir vivre « sa relation amoureuse avec sa mère ». Il est évident que dans un cas comme celui-ci, l'intervention d'une tierce personne, étrangère à la famille, s'impose. Quel avenir pour cet adolescent ?*

« Délire » ne signifie pas « folie irréversible », les deux tiers des adolescents qui ont eu un accès délirant aigu n'évoluent pas vers la psychose chronique, la schizophrénie. En fait, tous ces signes ne permettent en aucun cas de poser un diagnostic de schizophrénie chez l'adolescent, et c'est dans l'après-coup que ces états prennent le sens d'une entrée dans la maladie schizophrénique. En effet, la crise que représente l'adolescence chez le sujet contient en elle-même ces éléments de fragilité et de souffrance. En fait, il faut s'intéresser à l'évolution des éléments de bizarrerie, de retrait social, d'angoisse par rapport au corps, voire de propos incohérents. Il s'agit avant tout de pouvoir les observer dans le temps pour se faire une idée de l'organisation psychique personnelle du jeune. Par ailleurs, le médecin s'intéressera également à la capacité qu'a le sujet à faire face, à se rétablir suite à une crise.

À retenir

Dans tous ces cas, il est à noter que cette bizarrerie du comportement nécessite de faire appel à un médecin psychiatre, voire à une hospitalisation, l'adolescent pouvant alors être pris en charge par des professionnels divers travaillant en réseau. En effet, compte tenu de la gravité du trouble éventuel, les parents ne peuvent aider l'enfant seuls, au risque de l'aider mal, de s'épuiser eux-mêmes et de rompre leur équilibre au sein du couple, de la famille.

Les années
lycée

Les années
lycée

Les années
lycée

Les années lycée

Les années lycée

Les années lycée

Les années lycée

À la recherche de son identité

■

La vie amoureuse et sexuelle

■

Les études

■

L'adolescent dans sa famille

■

L'importance des amis

■

Les problèmes

À la recherche de son identité

« Il est mal dans sa peau », « il est en pleine crise d'adolescence », diront les parents ou les adultes les plus proches. « Je ne sais plus ce que je veux », « je ne sais plus où j'en suis », se dira secrètement l'adolescent.

La crise « normale » d'identité

Tout adolescent se pose la question d'Hamlet, le jeune héros mélancolique et contemplatif de Shakespeare : « Être ou ne pas être ? » Symbole du doute intellectuel face aux choix de la vie, il incarne aussi la quête identitaire fondamentale et le désir de pureté qui caractérisent l'adolescence. Cette question débute au cours des années collège mais ce n'est généralement que lors des années lycée que l'adolescent en comprend vraiment le sens.

En reconnaître les multiples facettes

Malgré certaines crises d'identité qui peuvent être plus préoccupantes et dont on parlera plus loin, la formation de l'identité chez l'adolescent se fait généralement de manière graduelle. Les manifestations de cette maturation varieront selon le vécu du moment et la personnalité de chacun :

- Certains redouteront un engagement à la légère ou feront preuve d'une méfiance excessive. Ils seront vécus par leur entourage ou par eux-mêmes comme trop inhibés, trop passifs ou immatures. Pour s'engager, il faut pouvoir anticiper en quelque sorte l'avenir. Et la perception par l'adolescent de son avenir dépend, entre autres, de son sens de la compétition, de la confiance qu'il a en lui, de l'appréciation que les autres porteront sur lui mais aussi de sa capacité d'illusion créatrice.
- D'autres seront effrayés par toute contrainte, ce qui les conduira à des excès et les entraînera parfois même à faire n'importe quoi, à la seule condition que

ce soit de leur libre choix. C'est souvent une autre façon d'essayer d'affirmer leur recherche d'indépendance par rapport aux choix parentaux et leur propre difficulté à y accéder.

- Beaucoup d'adolescents ont une imagination illimitée quant à ce qu'ils pourraient devenir, ce qui fournit, à bon nombre d'entre eux, un champ d'action imaginaire, sinon enfantine. On peut aussi comprendre cette attitude comme une solution à l'angoisse par rapport à leur devenir.
- D'autres ou les mêmes à d'autres moments, chercheront leurs satisfactions et leurs plaisirs dans une activité ou une profession où toutes les questions matérielles de statut, de rémunération passeront au second plan par rapport à la valeur ou à l'enjeu qu'elles représentent.
- Les décisions pour certains peuvent paraître impossibles, le doute semble leur seconde nature : avec qui sortir, rompre ou ne pas rompre, étudier ou s'amuser, faut-il aller au lycée ou travailler, quel lycée ? Mais chacune de ces décisions est impliquée dans la formation de l'identité personnelle.
- Chez d'autres adolescents, la soif de vivre est telle qu'elle les entraîne à aller dans toutes les directions : chaque fois qu'ils découvrent un nouveau pays, une nouvelle activité, un domaine nouveau ou un nouvel ami, ils décident, toujours avec le même enthousiasme, que c'est là qu'ils veulent habiter, que c'est cette carrière-là qu'ils veulent embrasser ou que c'est cet ami qui est le meilleur. Ils n'arrivent pas à renoncer à la multiplicité des destins possibles, ils ne peuvent se décider à en choisir un.

En comprendre le sens

Définir qui l'on est ou qui l'on veut être constitue l'une des tâches centrales de cette période de la vie. La question de l'identité sociale, sexuée, personnelle est au cœur de la problématique de l'adolescence. Cette question passe par le désir d'appropriation des qualités de ceux auxquels on souhaite, consciemment ou inconsciemment, ressembler, elle s'inscrit dans la dynamique des identifications, c'est-à-dire non pas imiter mais faire d'une des qualités de l'autre une partie de soi-même.

C'est la première fois que le développement physique, les capacités intellectuelles et les attentes sociales coïncident pour permettre aux adolescents de trier et de synthétiser les identifications de leur enfance et celles de leur jeunesse, pour construire une voie viable vers l'âge adulte.

L'adolescence est une période de la vie où, compte tenu de la puberté, les proportions corporelles et l'image de soi changent radicalement. L'adolescent se trouve confronté à une série d'expériences qui exigent un choix et un engagement : choix d'une personne avec laquelle partager une intimité physique et affective, choix scolaire décisif, engagement dans une compétition sociale énergique. Mais ces choix permettent en retour d'esquisser une définition de soi, une « identité finale ».

« Pourquoi la recherche de l'identité se vit-elle dans la crise ? »

L'identité se réfère à une prise de position existentielle, à une organisation intérieure des besoins, à une représentation globale de ses capacités et de ses valeurs. Mais l'identité est une structure dynamique conflictuelle, en perpétuelle évolution. La résolution de la question de l'identité ne se fait pas sans « crise », surtout au moment où le sujet est confronté aux demandes de son milieu social, tout en ayant à préserver son intégrité et à s'affirmer. Intégrité donc, dans le sens de la nécessité d'obtenir son indépendance et de la garder, d'atteindre certains buts dans sa vie et de préserver une continuité interne, tout cela au sein du milieu social. Par ailleurs, le besoin de s'engager, sous des formes très diverses, amicales, amoureuses, politiques, humanitaires, sociales, sportives, etc. est présent tout au long de l'adolescence. L'adolescent est partagé entre une impulsion interne qui le pousse à définir son propre avenir, et les agents et institutions sociaux qui, parallèlement, guident ou restreignent certaines de ses options. Voilà aussi pourquoi on parle de « crise » à l'adolescence.

Dans cette fameuse « crise d'adolescence », on peut remarquer que l'adolescent manifeste une propension à faire de lui quelqu'un d'exceptionnel, d'unique :

- Au niveau individuel, cela se marque par l'affirmation de soi, l'exaltation, la contemplation grandiose (ou au contraire totalement négative) de soi. Ceci peut se traduire par un goût pour la solitude, le secret, par des excentricités vestimentaires, comportementales, langagières ou épistolaires. La passion de bouleverser le monde est intense, accompagnée d'une émancipation de la pensée avec un goût pour l'abstraction et la rationalisation.
- Sur le plan social, on retrouve une révolte à l'égard des adultes, de leurs systèmes de valeurs et des idées reçues ; les adolescents reprochent aux adultes leur manque de reconnaissance et le fait qu'ils attentent à leur indépendance.

La « crise » d'adolescence en quelques mots

La « crise » d'adolescence est une phase *féconde* caractérisée par un remaniement spontané de l'adolescent.
C'est une phase *adaptative*, qui lui permet d'émerger du monde protégé de l'enfance, par le biais de conflits, de passages à l'acte, de conduites d'oppositions.
Cette nouvelle individualisation est ainsi vécue sous la double contrainte des tendances infantiles persistantes et des tendances adultes débutantes.

Je vous conseille

— Encouragez votre adolescent à exprimer ses émotions. Sur cette expression il est beaucoup plus retenu que vous ne l'imaginez, même si parfois il « éclate ».
— Essayez de respecter ses choix (scolaires, amis, hobbies...). Sauf si vous êtes vraiment en désaccord, ne vous opposez pas directement, mais discutez-en avec lui, en essayant de comprendre ses motivations. Une structure identitaire qui se construit est flexible. Elle est encore ouverte aux changements, ne la figez pas maladroitement en soulignant répétitivement l'identité négative apparente. Cette ouverture assure encore de nombreuses réorganisations des contenus.
— Il faut savoir se détacher et prendre de la distance par rapport à certaines réactions provocatrices de l'adolescent, sans réagir immédiatement. Mais aussi reconnaître la vraie souffrance lorsqu'elle émerge (voir page).
— Face à un adolescent un peu éparpillé dans ses projets, vous pouvez tenter de poser des limites et lui proposer certaines priorités, de manière à minimiser le plus possible les conséquences négatives de ses choix sur son avenir. Par exemple, pour ne pas entraver le désir de liberté et d'indépendance d'un adolescent, tout en ayant en tête son avenir, vous pouvez lui dire que pour lui, à son stade, l'essentiel est d'avoir une formation, quelle qu'elle soit. Ensuite, il pourra faire ce qu'il voudra et travailler où il voudra. Mais sans formation, c'est toujours plus difficile...
— Pour qu'un adolescent retrouve la confiance en lui, indiquez-lui, de la manière la plus objective possible, ses atouts et ses faiblesses. Vous devez surtout valoriser les domaines dans lesquels il réussit ou qu'il investit le plus.

Je vous déconseille

Il ne faut pas renforcer l'irritabilité du jeune, en le poursuivant avec des questions intrusives ou par une rigidité qu'il ressentira forcément. Par exemple, évitez les questions comme : « Qui as-tu vu aujourd'hui ? » « As-tu pris ta douche ? Tu dois te laver tous les soirs, je te l'ai déjà dit... » « As-tu préparé ton sac de voyage, nous partons dans trois jours ? » « Quels nouveaux amis as-tu au lycée ? » « Comment s'appellent-ils ? » La plupart de ces questions sont une marque d'attention de votre part mais leur formulation directe, répétée ou à un moment inapproprié seront source d'irritation chez votre adolescent. Laissez-le venir ou suscitez une discussion plus générale dans laquelle ces questions viendront plus naturellement. L'adolescent est toujours un peu « parano » quand il s'agit de ce qu'il considère dorénavant comme sa vie privée.

Sachez cependant que cette crise d'adolescence, sous ses différentes formes, débouchera sur la formation d'une identité stable qui ne s'affirmera que progressivement mais dont la sécurité dépendra, pour une grande part, de ce qui s'est passé au cours de ces années « collège » puis « lycée ».

Les troubles de l'identité

Les troubles de l'identité ne représentent en fait que l'aliénation, l'aggravation pathologique, la prolongation exagérée de la crise normale d'identité. Ils se présentent généralement avec les symptômes suivants :

- Une incapacité à s'engager de façon authentique avec les autres, qu'il s'agisse d'amitié, de flirt, d'amour. L'adolescent recherche alors systématiquement cette intimité avec les partenaires les plus invraisemblables ou les plus mal dans leur peau (ce qui entraîne un sentiment de honte), ou bien alors s'isole totalement, tout en affichant une façade froide et réservée.
- Une autre attitude est le désintérêt pour le facteur temps, le sujet pouvant se sentir à la fois très jeune et vieux ou au contraire sans passé et sans avenir. À ce désintérêt s'associe parfois un véritable désir de mourir, allant jusqu'à des gestes suicidaires.
- Des difficultés de penser librement sont aussi rencontrées, avec parfois la focalisation sur un intérêt particulier au détriment des autres. Les exemples vont de la lecture compulsive de textes littéraires à thèmes noirs, morbides ou

philosophiques, centrés par exemple sur la mort, à l'immersion dans les motivations d'un groupe « extrême », de type fasciste.

■ Enfin, ce tableau se complète par le choix d'une « identité négative » (voir plus haut), c'est-à-dire qui s'établit sur les identifications et les rôles jugés comme les plus indésirables et dangereux. Cette identité négative s'exprime souvent par une hostilité méprisante et prétentieuse à l'égard des rôles que la famille et l'entourage recommandent. Cela peut prendre la forme d'une opposition aux fonctions attribuées traditionnellement à chaque sexe (ne pas confondre avec un choix identitaire véritablement élaboré). Cela peut consister à s'engager dans les voies les plus originales quand on est issu d'une famille plutôt traditionnelle ou à vivre avec des personnes de race ou de religion opposée à celle de sa culture (ne pas confondre, là non plus, avec des filiations éthiques – comme l'adhésion à une philosophie religieuse ou historique personnelle comme l'enfance vécue à l'étranger). Ces choix peuvent en définitive s'avérer réussis pour le sujet. C'est parfois exact, mais les conseilleurs ne sont pas les payeurs, et l'on oublie trop souvent tous les cas de figure dans lesquels les uns et les autres ont connu une grande souffrance.

On peut comprendre ces choix comme une tentative pour maîtriser une situation qui dépasse voire submerge l'adolescent. C'est aussi une façon d'espérer se perdre dans un groupe qui ne correspond pas à soi, ou au contraire d'acclamer son identité par l'opposition et la différenciation. Ces réactions sont accompagnées par un sentiment d'autodénigrement, de disqualification et d'insécurité quant à son identité.

On peut prendre comme exemple ce jeune qui, faute d'avoir des notes suffisamment bonnes, ne peut pas passer en classe de première scientifique… Complètement découragé, il ne sort plus, n'est plus motivé par rien. Il dit qu'il vient de passer à côté d'une brillante carrière de pilote, que désormais, plus rien ne l'intéresse. Il désinvestit peu à peu ses études, se met à fumer quotidiennement du haschisch, passe ses journées à jouer de la guitare et finit par ne plus aller au lycée.

Thierry est le type même de garçon s'inscrivant dans une identité négative : ses parents sont juifs. Ils ont vécu en Tunisie avant qu'il naisse. Il le sait. À 16 ans, il leur annonce qu'il a un groupe d'amis, « que des intégristes » leur dit-il sur un mode provocateur, et il ajoute qu'il veut aller à la mosquée et se convertir à l'islam. Ses parents, qui sont d'un esprit plutôt ouvert, sont néanmoins très choqués. Il a réussi à les toucher profondément.

Mon rôle est de conseiller aux parents de Thierry de dire à leur fils qu'ils ne sont absolument pas d'accord avec son projet, qu'ils le lui interdisent même, au nom de leur histoire personnelle et familiale dont ils désirent profondément qu'il fasse partie.
Au fond, toute cette intervention parentale soulage Thierry ; et ce qu'il avait sans doute voulu leur dire, à travers ce geste, c'est aussi qu'ils lui avaient insuffisamment parlé de leur vie en Tunisie dont il sent qu'elle a été très importante pour eux.
Il s'agit de comprendre ce que cherche exactement Thierry, au-delà des apparences.

Je vous conseille

— Ici encore, ne vous opposez pas directement à votre adolescent sur le terrain où il cherche à vous engager, vous risquez de perdre le peu de contact que vous avez avec lui. Essayez au contraire de gagner sa confiance, en étant vrai, en étant ferme et en vous montrant à l'écoute (sans le juger ou le blâmer), compréhensif mais pas pour autant intrusif, c'est-à-dire qu'il vous faut écouter, interdire même, si besoin est, pour protéger mais ne pas manquer de respect même si cela ne correspond pas à votre souhait. Attention à la façon dont vous dites les choses à ces jeunes dont la sensibilité est à fleur de peau.
— Ne vous alarmez pas trop vite, car cette crise peut n'être qu'une période passagère et normale à l'adolescence. Mais si les symptômes s'aggravent au point de devenir handicapants, et s'ils se perpétuent dans le temps, il ne faut pas hésiter à demander un avis au moins une fois à un spécialiste (voir page 559). Même si votre enfant ne veut pas coopérer, vous pouvez y aller vous-même, afin de parler de lui.

Je vous déconseille

Ne pensez pas qu'une attitude uniquement autoritaire et directive peut sortir votre adolescent de son malaise : elle aura souvent pour seul effet d'accentuer son isolement et son sentiment d'être incompris.

Une identité claire et solide

Plus l'identité est développée et plus l'individu semble être conscient à la fois de son unicité et de ce en quoi il est similaire aux autres, de ses forces et de ses faiblesses, pour faire son chemin dans la vie. Moins son identité est développée, plus cet individu semble confus sur ce qui le distingue des autres, et plus il aura besoin de ses parents et sera dépendant d'eux, pour s'évaluer.

Comment les parents peuvent aider leur adolescent ?

Je me limiterai à quatre conseils, mais ils sont selon moi si essentiels qu'ils doivent rester en permanence dans un coin de votre mémoire. Vous devez les connaître par cœur, y croire fermement et les mettre en œuvre dès que l'occasion se présente.

Il vous faut donc toujours et sans relâche :

1. créer autour de l'adolescent un climat de sécurité affective ;
2. être attentif à découvrir sa personnalité en train de se constituer avec ses aptitudes et ses défaillances ;
3. faire en sorte qu'il se sente aimé et même admiré tel qu'il est ;
4. l'aider à développer ce qu'il a de meilleur en lui-même.

À l'inverse, vous devrez éviter quatre écueils :

1. exiger l'exclusivité de ses sentiments (comment sortirait-il de l'enfance ?) ;
2. vouloir qu'il soit surtout ce que vous auriez voulu être ;
3. attendre de lui régulièrement des preuves de « reconnaissance » ;
4. le surprotéger en lui évitant les moindres déceptions et moindres échecs.

La vie amoureuse et sexuelle

Les parents face à la sexualité des adolescents

Les parents éprouvent parfois des difficultés à parler de sexualité avec leur adolescent : c'est un domaine intime et c'est toujours un étonnement pour eux de découvrir que leur adolescent s'y confronte à son tour. Il est donc important de ne pas en faire un sujet tabou. Les adolescents pourraient alors vivre leur sexualité de façon cachée, honteuse, attitude qui ne prédispose pas à l'emploi de moyens de contraception ni de protection contre les maladies sexuellement transmissibles.
Le risque pour les parents est soit de devenir complices en s'impliquant dans la sexualité de leur adolescent, soit de devenir intrusifs en voulant la contrôler ou la maîtriser. Il s'agit plutôt d'être à leur écoute et de répondre à leurs questions ou bien de les orienter vers des interlocuteurs attentifs et spécialisés. Il ne s'agit en aucun cas de susciter leurs confidences.

Les décisions sexuelles

La sexualité est du côté du privé et de l'intime, et cette dimension est à respecter particulièrement chez les adolescents. Il leur faut en effet s'inscrire dans une identité sexuée masculine ou féminine et se déterminer sur leur choix sexuel masculin ou féminin. La sexualité est aussi pour eux une façon d'expérimenter les nouvelles possibilités de leur corps : pouvoir désirer et se poser comme objet de désir. Ces choix et ces découvertes, l'adolescent doit progressivement les intégrer à sa personnalité. Il lui faut changer tout en restant le même.

Il est important de comprendre que ce processus peut se révéler long, ponctué d'hésitations, voire douloureux et difficile. Certains mouvements d'hésitation, de retrait et de fuite en avant sont normaux, à l'adolescence, face à la découverte de la sexualité. Il ne faudrait pas cependant verser dans une compréhension réductrice telle que : « c'est la puberté qui le travaille, ça lui passera naturellement ». Il ne s'agit pas non plus pour les parents de devenir les premiers confidents de leurs adolescents, au risque de ralentir leur prise d'autonomie et de s'assurer une mainmise sur leur futur en étouffant leur personnalité.

La première relation

La première relation sexuelle est de plus en plus précoce, depuis la fin des années 1960, notamment pour les femmes. Les adolescents ont surtout tendance à vivre cette première expérience entre eux, ce qui se fait en général autour de 15 à 18 ans. À 19 ans, il est désormais probable qu'un adolescent ait connu une première expérience sexuelle.

Contrairement à ce que pensent les adultes, les adolescents sont loin d'être obsédés par le sexe. Celui-ci apparaît, dans leurs préoccupations, bien après les relations entre amis et leurs études. En effet, comptent avant tout, à cette période, les sentiments (de nos jours aussi bien pour les garçons que pour les filles, celles-ci se différenciant plus quant à la question de la fidélité), la part affective de la relation amoureuse et non le simple exercice de la sexualité. C'est d'ailleurs un reproche que font bien souvent les adolescents à leurs parents : ne considérer leur vie amoureuse que comme une recherche de relation sexuelle. Car en fait, avoir une relation sexuelle est rarement considéré comme une éventualité fortuite. La sexualité, pour la majorité des adolescents, n'a de sens que par rapport à une relation affective investie par eux comme telle. C'est bien souvent une conception morale qui leur est très personnelle, il ne faut compter sur aucun prosélytisme de leur part à cet égard. Mais ils s'attachent à la respecter pour la plupart.

Cependant, il ne s'agit plus d'entendre la relation sexuelle comme un engagement conduisant au mariage. Les adolescents sont de plus en plus conscients que l'engagement premier dans la sexualité au cours d'une relation amoureuse n'implique pas que celle-ci soit durable. Ils pressentent également que d'autres expériences viendront sans doute après cette première fois, sans pour autant que les suivantes les mènent à une débauche sexuelle caractérisée.

Néanmoins, la première relation sexuelle est souvent considérée comme une sorte de rite de passage à l'âge adulte. De même, beaucoup n'envisagent une relation amoureuse comme complète que si elle inclut la sexualité.

Je vous conseille

— Il est certes important de faire confiance à votre adolescent, mais ne pensez pas trop vite qu'il est à l'abri de tout mauvais pas. Il faudrait envisager avec lui les pressions externes – n'est-il pas influencé par un ou une amie –, et internes – croire que dans ce domaine toute nouvelle expérience est sans conséquence – qui pourraient l'engager à des relations sexuelles insatisfaisantes. Vous devez l'inciter à s'envisager comme responsable et vous assurer de ses connaissances dans le domaine des moyens contraceptifs et de la protection contre les MST, en particulier le sida. Ce dernier point étant essentiel, nous y reviendrons plus loin (voir page 345).

— Vous devez faire comprendre à votre adolescent que quoi qu'il puisse faire, il peut se confier à vous et que vous resterez un soutien pour lui. C'est, de façon générale, le principal « travail » des parents à l'adolescence.

— Vous devez lui accorder et lui reconnaître le droit de faire des expériences sexuelles mais aussi lui rappeler qu'il a toute la vie pour cela. Cependant, en cas d'expérience sexuelle très précoce (de 11 ans à 14 ans), sachez que ce comportement cache bien souvent un profond désarroi de l'adolescent : si vous n'arrivez pas à en parler ensemble, cherchez une personne tierce avec laquelle il pourra en parler sereinement. Assurez-lui avant que rien ne filtrera de cet entretien et que vous respecterez en tout son intimité.

Je vous déconseille

— Vous ne devez jamais porter un jugement moral ni poser une étiquette sur le comportement de votre adolescent. C'est l'une des pires choses qu'un parent puisse faire : fixer l'adolescent dans une image plaquée et négative, alors qu'il est justement en train de construire son identité de l'intérieur. Car dans ce processus de construction identitaire, malgré tout ce qu'il peut vous dire, l'image que vous lui renvoyez est déterminante.

— Il est également hors de question de vous montrer intrusif, de poser des questions sur son intimité, de demander des détails sur sa vie sexuelle ou encore de comparer et d'évoquer votre vie sexuelle présente ou passée. En revanche, souvenez-vous de vos premiers émois amoureux, cela peut vous permettre de mieux comprendre son attitude et de relativiser vos inquiétudes. Jeune fille, auriez-vous aimé que votre mère demande à votre frère tous les détails sur votre petit ami et sur vos relations sexuelles avec lui comme vous le faites avec votre fils ? Jeune homme, auriez-vous aimé que votre père regarde ostensiblement vos petites amies ?

Pour toutes les questions concernant la contraception, je vous renvoie aux pages 153 à 155.

➤ Quelques questions que se posent les filles

La première relation sexuelle reste toujours un moment symbolique, *un passage initiatique* très important dans l'accès à la vie d'adulte. Ce qui n'empêche pas les jeunes filles d'éprouver certaines craintes et en tout cas, de se poser des questions.

« Que signifie exactement être vierge pour une fille ? »

Est vierge la jeune fille qui n'a jamais eu de relation sexuelle avec pénétration. Pendant des siècles et encore aujourd'hui dans certaines civilisations, la virginité a eu une valeur symbolique et morale extrêmement forte. Aujourd'hui, la perte de la virginité reste un moment initiatique, mais elle n'a plus la connotation de péché ou de souillure qu'elle avait autrefois pour la femme, dans une société très marquée par la domination masculine.

« La première fois est-elle douloureuse ? »

Tout dépend de l'expérience du partenaire mais aussi de l'état de l'hymen. Plus le désir sensuel sera intense plus la sensation douloureuse sera légère.

« Saigne-t-on toujours lors du premier rapport et pourquoi ? »

Lorsque l'orifice vaginal est étroit, le pénis peut déchirer l'hymen, ce qui provoque une légère perte de sang. Mais si l'ouverture de l'hymen est assez large, il n'y a pas de saignement.

« Les filles peuvent-elles avoir un orgasme la première fois ? »

Oui, mais généralement elles l'obtiennent toujours moins facilement au début des relations sexuelles que le garçon.

➤ Quelques questions que se posent les garçons

Les garçons ne sont pas moins à l'abri d'éventuelles angoisses ou du moins de sujets de désarroi que les filles. Voici quelques-unes des questions qu'ils peuvent se poser.

« Est-ce que la taille de la verge est importante ? »

Non, il est rare que la jeune fille se préoccupe vraiment de l'anatomie de son compagnon.

« Est-ce qu'une fille peut toujours se rendre compte du moment où a lieu l'éjaculation ? »

Non, cela dépendra de ses propres sensations.

« Chez un garçon, l'échec du premier rapport est-il fréquent et comment se manifeste-t-il ? »[1]

Apparemment non, mais aucune statistique ne peut valablement répondre à cette question si personnelle et si intime pour lui. Pourtant, les raisons d'un tel échec sont nombreuses.

C'est d'abord le doute, source d'angoisse. Le jeune homme se demande s'il sera à la hauteur. Il s'est déjà masturbé de nombreuses fois, il connaît ses réactions, mais toutes ces séances se sont déroulées dans le secret. Cette inquiétude induit physiologiquement une sécrétion d'adrénaline qui peut avoir des effets très fâcheux, car l'adrénaline fait contracter les vaisseaux et elle empêche le sang de se déverser dans la verge. Plus le sujet doute de lui et moins l'érection sera puissante.

En outre, l'ignorance va jouer ici un rôle maléfique. Il est vrai que la pénétration de la verge dans le vagin ne va pas de soi. Le garçon peut donc être troublé parce qu'il a le sentiment de faire souffrir sa compagne, ce qui risque de le désarçonner complètement et de faire chuter son érection.

Catastrophes en série, pour peu qu'il soit trop excité, l'éjaculation peut survenir prématurément, conduisant elle aussi à la perte de son érection. Toutes ces petites inexpériences peuvent tourner à la tragédie, de sorte que le garçon se sentira humilié ou frustré dès son premier rapport.

Mais tout cela n'est pas a priori grave. Les relations sexuelles sont toujours plus ou moins réussies, même plus tard. Une jeune fille amoureuse est indulgente et elle fera tout pour lui redonner confiance. Si elle est inexpérimentée, elle ne se rendra compte de rien et se réjouira de toute façon de ce moment d'intimité. Si elle a, au contraire, beaucoup d'expérience, elle saura trouver l'attitude apaisante et efficace. Puis, grâce aux réserves de la jeunesse, l'érection reviendra vite et généralement le deuxième rapport reprendra dans une plus grande sérénité pour aboutir à une relation harmonieuse et plaisante entre les deux partenaires.

Il existe une autre cause caractéristique d'échec : la crainte du jeune homme de s'engager auprès d'une jeune fille de façon trop définitive. La jeune fille pense très souvent au lointain avenir alors que le jeune homme ne pense qu'au moment qui vient. Ce décalage peut entraîner chez lui un blocage.

1. Ce passage est extrait de l'ouvrage : *Questions d'hommes*, Dr J. Belaïsch, Dr A. de Kervasdoué, Odile Jacob, 1996.

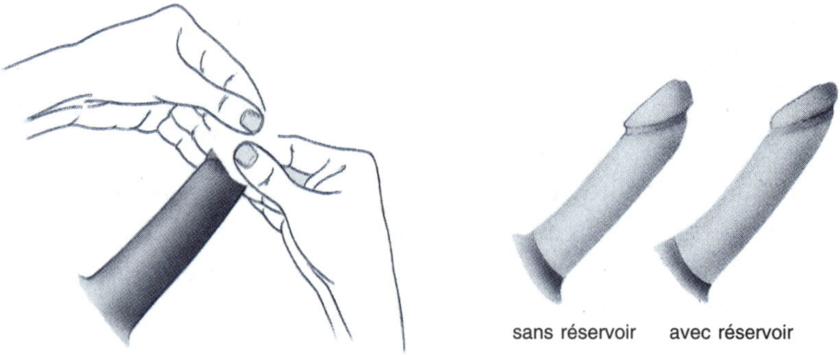

La mise en place d'un préservatif[2]

Ce que les adolescents doivent savoir avant la première fois

— Un rapport satisfaisant nécessite des préliminaires : caresses, baisers, etc. La jeune fille a besoin de temps et de sensation de tendresse y compris sexuelle avant d'être prête à la pénétration.
— Dans la grande majorité des cas, la première fois se passe bien. Inutile donc d'être inquiet, cela ne peut que risquer de provoquer des problèmes.
— Il faut se souvenir que tout rapport sexuel peut provoquer une grossesse : il faut donc s'assurer des moyens contraceptifs mis en œuvre.
— De la même façon et conjointement, il faut veiller à se protéger des MST qui peuvent être contractées en un rapport.
— En cas d'échec ou d'absence de la contraception, souvenez-vous qu'il existe la « pilule du lendemain » (voir page 155).

Changer de petit(e) ami(e)

L'adolescence est une période de découverte et en quelque sorte d'apprentissage de la vie adulte. Changer de petit(e) ami(e) peut être la preuve que l'adolescent se vit comme sujet désirant et aspire à une relation plus satisfaisante de son point de vue. Cela prouve aussi que l'adolescent supporte la séparation.

2. Ibid.

Comme on l'a déjà dit, il n'est pas juste de penser que les adolescents dissocient les sentiments et l'affectivité de la sexualité. Cette solution radicale s'avère même plutôt rare. Cependant, il existe des adolescents qui multiplient les partenaires sans manifester aucune attention à l'autre, qui prend alors le statut d'objet : seul l'acte sexuel est recherché sans que puisse se nouer une relation affective.

Cette conduite de multiplication des petits (es) amis (es) peut s'expliquer par des difficultés psychologiques : ou bien l'adolescent est pris dans une hésitation intense concernant son identité, ou bien il lui est impossible de renoncer à un attachement très profond souvent inconscient à l'un de ses parents. En tout état de cause, ce comportement cache toujours une intense souffrance psychique : il est donc important d'y être attentif et d'aller consulter un spécialiste.

À l'adolescence, prime surtout le sentiment amoureux envers celui ou celle qui l'inspire. Cet amour contribue en partie à asseoir la personnalité adulte de l'adolescent. Les émois amoureux permettent aux adolescents de se détacher de leur place d'enfant auprès de leurs parents.

Changer de petit ami est une étape importante et normale à l'adolescence : il importe que vous respectiez cet état de fait, quand ces changements restent dans les limites de ce que vous pouvez supporter. Aujourd'hui, les adolescents sont conscients que leurs premiers amours ne dureront pas toute leur vie, et vous devez vous aussi vous en persuader.

Je vous conseille

Si vous n'appréciez pas son (sa) nouvel(le) ami(e) et si vous aviez une préférence pour le (la) précédent(e), essayez d'en parler calmement avec lui. Même si vous n'arrivez pas à être calme, dicutez-en, cela vaut mieux que de laisser s'installer une animosité larvée envers son (sa) nouvel(le) ami(e), contre laquelle votre adolescent peut répondre par la provocation.

Je vous déconseille

Évitez les comparaisons même avantageuses entre les différent(e)s petit(e)s ami(e)s, cela ne peut qu'aviver des difficultés relationnelles.

M. et Mme V. aimaient beaucoup Isabelle, la première amie que leur fils leur avait présentée. Malgré toute leur adhésion à son choix, il leur annonce un jour que c'est fini entre Isabelle et lui et leur parle de Mélanie. Évidemment, elle est moins rayonnante et enjouée qu'Isabelle. Néanmoins, M. et Mme V. font des efforts pour la connaître ; ils l'accueillent et lui parlent, malgré leur déception et leurs préjugés. Ils laissent à leur adolescent la possibilité de gérer cette relation. Ce choix amoureux est celui de leur adolescent, non le leur. Ils se laissent surtout le temps de se faire une idée plus objective et non pas sous le coup de la déception. Leur avis ultérieur sera d'autant plus respecté.

La déception amoureuse

C'est une étape difficile à éviter. Elle peut se révéler constructive mais aussi mettre en exergue la fragilité d'un adolescent. Une déception amoureuse est toujours douloureuse, mais à l'adolescence c'est un véritable déchirement, dont les adolescents, en général, ressortent plus forts. Pour une minorité au contraire, c'est ce qui va exacerber leur fragilité et leur difficulté à s'engager pleinement dans les processus maturants de l'adolescence.

En effet, l'adolescence étant une période de construction psychique, les adolescents ont tendance à choisir un partenaire qui leur ressemble, qui se rapproche de leur idéal ou qui occupe un rôle parental à leur égard ou même encore, pour certains, à l'égard duquel ils jouent un rôle parental. Perdre ce partenaire c'est perdre beaucoup plus que la valeur de la personne en elle-même : ce qui se joue, c'est la perte d'une partie de soi et d'un idéal. Aussi, vous devez avoir conscience de la profondeur de l'enjeu et comprendre l'inutilité des paroles de réconfort comme le fameux proverbe : « Un de perdu, dix de retrouvés. »

Ce processus, qui s'apparente à la dépression, quand il est constructif en restant dans les limites de la normale, s'appelle le « travail de deuil ». Il consiste à s'enrichir de l'expérience de perte en l'acceptant. L'exemple le plus typique, c'est l'adolescent qui adopte un trait de la personne dont il est séparé : ce peut être des expressions de langage, le style vestimentaire ou encore une habitude, un goût particulier.

Mais ce travail psychique peut être trop douloureux, intolérable pour d'autres adolescents : la perte est alors masquée, non reconnue. Le travail de deuil est arrêté.

« Notre fils semble triste depuis quelque temps. Comment savoir s'il souffre trop d'une déception amoureuse ? »

L'humeur sombre, la perte d'intérêt plus ou moins générale, l'engagement pénible pour accomplir une action se traduisant aussi par une fatigue dès le réveil, des plaintes somatiques ou un caractère « pire que d'habitude » : si votre adolescent présente ces caractéristiques, ne cherchez plus, il pleure un amour perdu.

« Comment être certain qu'il vivra positivement cette déception ? »

Le « travail de deuil » se remarque en ce que l'adolescent connaît différentes phases. Après une courte phase de refus de la rupture, il se confronte à la réalité. Commence alors la période dépressive où l'estime de soi peut se dégrader. C'est durant celle-ci que les limites entre le normal et le pathologique sont assez ténues. La dépression peut être réelle sans être pathologique. Suit ensuite un travail de concentration sur ce que représentait pour elle ou pour lui son (sa) ancien (ne) ami(e). En effet, après une déception amoureuse, on éprouve rarement que des sentiments positifs, il s'agit désormais de maîtriser son ambivalence pour ne garder de la personne perdue que des aspects positifs ou acceptables. Sinon, toute l'amertume que l'on peut éprouver à son égard fait retour sur soi. Le lien amoureux entre adolescents est, nous l'avons vu, plutôt en miroir : l'adolescent s'appuyant sur ses pairs pour changer. C'est tout cet ensemble de réactions personnelles qui va permettre à l'adolescent d'accepter une déception amoureuse et de s'en enrichir.

Je vous conseille

Si vous ne voyez pas évoluer depuis plusieurs semaines l'humeur sombre et renfermée de votre adolescent, allez consulter sans tarder, surtout s'il reste isolé et si ses résultats scolaires se dégradent.
Au bout de combien de temps faut-il s'inquiéter ? La réponse n'est pas mathématique, mais si votre enfant reste dans un état qui vous inquiète au-delà de trois semaines, vous devez lui parler et approfondir avec lui les raisons de ce mal-être.

Je vous déconseille

— Évitez de trop banaliser en disant par exemple : « c'est pas grave » cela ne le fera pas rire.
— Évitez de dire trop de mal de l'autre : il n'aimera pas votre jugement , laissez plutôt votre adolescent se construire des raisons (les siennes) à cet échec mais écoutez ses raisons : il ne pourra se rendre compte de leurs excès qu'en en parlant.
— Évitez à tout prix de le faire agir très vite vers des dérivatifs : il faut que « deuil » se fasse.

La vie sexuelle à la maison

Une mutation sociale et culturelle s'opère actuellement : c'est la première fois que deux générations peuvent cohabiter longtemps sous le même toit en menant chacune sa propre vie sexuelle. Auparavant, l'exercice de la sexualité était plus tardif et son arrêt plus précoce qu'aujourd'hui : la génération des enfants y accédait quand celle de leurs parents devait s'en distancier ou l'abandonner en raison de la mortalité, de la ménopause ou pour d'autres motifs.

Il n'y a pas de norme sociale unanimement admise qui règle la présence ou non du petit ami ou de la petite amie de votre adolescent(e) sous votre toit. C'est donc à chaque famille d'en discuter et d'apporter sa propre solution. C'est pourquoi vous pouvez en parler avec votre adolescent ou l'informer clairement de votre décision, si vos principes sont déjà arrêtés.

Je vous conseille

Si vous avez décidé d'accepter que votre adolescent puisse vivre sa sexualité chez vous, vous devez contribuer à maintenir une barrière entre les deux intimités sexuelles : la vôtre et la sienne.

Certains adolescents adoptent cette distance d'emblée : ils développent une brusque pudeur, s'enfermant à clé dans la salle de bains, cachant leur nudité et montrant une certaine réserve pour ce qui a été utilisé par leurs parents (serviette, savon, etc.). Cette attitude est un besoin à l'adolescence.

Il convient, par conséquent que non seulement les parents la respectent, mais contribuent à l'entretenir.

D'autres adolescents semblent en revanche moins se conformer à ce changement. Mais il est tout aussi inévitable pour eux. C'est alors aux parents de veiller à ce que chaque génération préserve son intimité. Car il est nécessaire de respecter cette frontière pour la bonne santé mentale de l'adolescent. Votre enfant change, les relations avec lui doivent changer, elles aussi. Nous abordons ce point précis de façon plus détaillée page 387.

Certains parents ressentent un malaise devant l'accès de l'adolescent à la sexualité comme si la leur en devenait menacée. D'autres y réagissent en engageant la relation délibérément sous le sceau de la complicité.

Il est important que se construise une barrière intergénérationnelle qui préserve non seulement l'intimité mais aussi la complicité de chaque couple. Quand la vie du jeune couple devient le centre de la vie familiale, on observe fréquemment une ingérence du groupe familial. Cette promiscuité empêche alors les adolescents de faire leur propre apprentissage, leur propre découverte de la vie en couple. Cela supprime donc inévitablement certains bonheurs de cette période heureuse. Il est fondamental que les parents respectent ce plaisir de la conquête de la vie à deux. Rappelez-vous que l'intervention des parents au sein d'un jeune couple ne peut être vécue qu'avec un sentiment d'intrusion et de malaise, même avec les meilleures intentions. Vous avez fait l'apprentissage de la vie de couple, c'est désormais à votre enfant de le faire.

L'homosexualité

Sous ce terme sont regroupées des conduites très diverses dont les ressorts psychologiques peuvent être fort éloignés. On distingue ainsi classiquement : les fantasmes ou la crainte d'être homosexuel, assez fréquents pendant l'adolescence, les pratiques d'allure homosexuelle qui sont en général passagères, l'homosexualité comme pratique durable, les relations subies de la part d'un adulte demandeur et la prostitution vénale.

Intéressons-nous aux premières de ces conduites.

Comme nous l'avons dit (page 139), le terme d'homosexualité est polysémique. Les adolescents peuvent développer une certaine forme d'homosexualité sans que celle-ci détermine le modèle de leur sexualité adulte. En effet, on considère, à certains égards, que l'homosexualité est à l'adolescence une phase normale, constructive de la personnalité : il s'agit, à travers l'amour éprouvé pour une personne du même sexe, de se reconnaître. L'autre fille ou l'autre garçon devient alors attirant ou aimable. Il est question en fait d'attirance et d'amour de l'autre comme soi ou de soi comme l'autre. Ce contact paraît plus facile, plus abordable qu'avec un pair du sexe opposé.

Cette homosexualité psychique normale que tout le monde traverse durant cette période s'exprime sous différentes formes.

- Cela commence par la très grande amitié et la complicité entre adolescents du même sexe : ces « affinités électives », sans aucune conduite ayant trait à la sexualité, peuvent évoquer une psychosexualité hésitante qui se cherche encore. Il s'agit d'attitudes homophiliques rappelant des tendances « de type homosexuel ». C'est généralement une phase naturelle du développement de l'adolescent, plus courante qu'on ne le pense.
- Les pratiques homosexuelles passagères :

Lorsqu'ils se pratiquent entre adolescents du même sexe, les attouchements ont plus souvent comme rôle de susciter un certain éveil à la sensualité que celui de confirmer ou de provoquer le destin homosexuel de l'individu. Dans les internats accueillant des adolescents ou des adolescentes, ces jeux et moments de rapprochement corporel sont bien connus des pédagogues, des éducateurs. Ces moments suscitent à la fois une attirance inquiète, un rejet honteux et une dévalorisation méprisante. Les masturbations mutuelles, les jeux sexuels entre adolescents du même sexe traduisent en général la quête narcissique de l'individu et un mouvement de régression face à la crainte hétérosexuelle plutôt qu'un réel choix homosexuel.

La réaction des adultes peut être déterminante lorsqu'elle donne le sens d'un choix homosexuel délibéré à de telles conduites. L'adolescent peut se sentir identifié comme homosexuel par l'adulte et dans un second temps, utiliser agressivement cette identification contre son corps et son choix d'identité sexuée. Il faut savoir que de telles pratiques homosexuelles intermittentes n'inscrivent pas nécessairement l'adolescent dans un destin homosexuel durable et exclusif. Elles doivent d'abord être dédramatisées, de façon à ce que le vécu de honte, très fréquent, ne conduise pas l'adolescent à une répétition de ces comportements.

■ L'homosexualité installée :

D'autres adolescents vont se structurer dans une vie amoureuse homosexuelle, et ce, bien souvent de façon cachée. Ils en sont souvent au début extrêmement honteux. Parfois, aussi loin qu'ils se souviennent, ils ont toujours été attirés par des enfants de même sexe, et ils se sont toujours sentis différents. C'est encore un sentiment de honte voire de culpabilité qui les pousse à retarder leurs premières relations sexuelles jusqu'à leurs 16-17 ans. À partir de 17-18 ans, ils semblent s'organiser définitivement dans un choix homosexuel qui exclut toute relation hétérosexuelle. Ce choix traduit en général une orientation définitive dans l'identité sexuée. La pratique régulière de relations homosexuelles confirmera peu à peu l'adolescent, puis le jeune adulte dans cette identité sexuée.

Les parents doivent savoir que l'existence de fantasmes homosexuels ou même d'une relation homosexuelle intermittente en début d'adolescence n'inscrit pas nécessairement l'individu dans un choix homosexuel ultérieur. En revanche, ils doivent savoir que la répétition de ce type d'expérience, et surtout l'exclusivité de ce type de relation sexuelle, aboutiront sans doute à la constitution d'une identité durablement installée.

Je vous conseille

Pour les parents, c'est toujours une grande inquiétude de voir leur fils ou leur fille s'orienter vers un choix homosexuel – sauf si l'un d'eux est homosexuel. Ils se sentent profondément blessés et coupables, ils vivent l'homosexualité de leur enfant comme un échec, une anormalité et se

construisent d'emblée une représentation assez dramatique de l'avenir : « Mon enfant ne se mariera pas, il n'aura pas d'enfants... » Tout ce passage de la découverte de l'homosexualité est difficile à vivre dans la famille, sans doute parce qu'il y a un deuil à faire : le père et la mère attendaient que leur garçon ou leur fille devienne comme eux et se conduise comme un adolescent de son âge.
Aux parents qui s'inquiètent, une aide psychologique peut être utile. En règle générale, cela leur permet de faire un travail psychologique qui les amène à se dire : « Faisons que notre enfant soit d'abord et avant tout heureux. » C'est donc à vous d'accueillir ses choix et de renoncer aux vôtres (petits-enfants par exemple). Cela peut vous paraître trop douloureux ou impossible. Une démarche psychothérapeutique de type psychanalytique pourra vous accompagner dans ce travail de deuil de vos attentes vis-à-vis de votre enfant, si vous ressentez de la difficulté à concevoir sa façon de vivre sa sexualité.

Je vous déconseille

Même pour vous faire plaisir, votre enfant ne peut pas changer.
Le culpabiliser plus qu'il n'est ou n'a été sera tout aussi inefficace.
Quant au mépris et à la dévalorisation, c'est une bonne façon pour l'inciter à la provocation.

La grossesse

Entre 1980 et 1997, le nombre de grossesses d'adolescentes a chuté de 36 % (de 20 710 à 13 192 selon l'INED). La cause est toujours la même : les premières amours vécues sans précaution. Aussi, vous devez mettre en garde votre adolescente comme votre adolescent contre cette éventualité, notamment en insistant sur les moyens pour l'éviter. Même si ce n'est pas une menace imminente, il vaut mieux en parler pour prévenir.

En général, les adolescentes confrontées à une grossesse non désirée vivent cette situation comme une catastrophe, à tel point qu'elles préfèrent souvent l'ignorer et la cacher à leurs proches. Une grossesse à l'adolescence occasionne en effet une cascade de bouleversements, autant chez l'adolescente qu'au sein de la famille. Le film de Stephen Frears *The Snapper* montre avec beaucoup de justesse les sentiments exacerbés que chacun peut alors éprouver à l'annonce d'une telle nouvelle. Et encore, il s'agit d'un film, pas de la vie réelle : les implications psychologiques et affectives explorées dans ce film se placent délibérément dans le registre du happy end.

■ Tout d'abord, d'un point de vue médical, une telle grossesse présente de nombreux risques tant pour la future mère que pour l'enfant. Les médecins appréhendent ces grossesses, d'autant plus difficiles à aborder qu'elles sont mal acceptées par ces jeunes mères qui peuvent parfois les ignorer jusqu'au sixième ou septième mois. Les dangers gynécologiques et obstétricaux surviennent d'autant plus communément que la mère est jeune. Pour l'enfant, les risques de malformation augmentent également avec le jeune âge de la mère.

■ D'un point de vue social, les choses ont certes changé. Plus personne ne parle aujourd'hui d'enfant illégitime quand les parents ne sont pas mariés. De même, le terme de fille-mère n'est plus employé. Et surtout, ce statut a énormément perdu de sa connotation morale péjorative. Cependant, d'après les statistiques, il reste exact qu'une adolescente mère a peu d'espoir de passer son bac, d'entreprendre des études supérieures et de vivre heureuse avec le père de son enfant.

Les risques médicaux de la grossesse de l'adolescente

— Un risque de malformations congénitales deux fois plus élevé que chez la femme adulte.
— Un risque d'accouchement prématuré.
— Un risque de bébé de faible poids.
— Des risques de complications notamment la toxémie gravidique qui se manifeste par une hypertension artérielle, de l'œdème et de l'albumine dans les urines.
— Des risques d'accouchement difficile, notamment en raison de l'immaturité du bassin osseux.

Savoir si elle est enceinte est une question qui s'impose à toute adolescente, même parfois en l'absence de rapport sexuel, tant l'ignorance en ce domaine reste encore trop grande, laissant place aux théories les plus fantaisistes. Beaucoup d'adolescentes méconnaissent les irrégularités de leurs cycles menstruels des deux premières années. Elles s'imaginent enceintes alors qu'elles ne le sont pas. Autant sont persuadées qu'il leur est impossible de tomber enceintes : cette croyance n'a hélas pour elles aucune efficacité contraceptive... Enfin, la majorité des adolescentes ignorent tout des premiers symptômes de la grossesse, tels que l'envie fréquente d'uriner, les nausées ou la fatigue.

Or reconnaître ces premiers signes est primordial. Car d'une part, si l'adolescente décide de garder son enfant, se faire suivre médicalement le plus précocement possible réduit considérablement les risques pour elle-même et son bébé. D'autre part, si l'adolescente choisit d'avorter, la précocité de l'intervention est toujours préférable.

« Comment être sûre qu'on est enceinte ? »

Si une adolescente pense que ses règles ont quelques jours de retard et que ses relations sexuelles ont eu lieu après son dernier cycle, elle doit automatiquement s'en inquiéter. Dans ce cas, elle doit se rendre rapidement chez son gynécologue ou au centre de planning familial. Et cela, même si elle utilise des moyens contraceptifs, aucun n'étant sûr à 100 %. Une simple analyse d'urine ou de sang va permettre de révéler si elle est enceinte. Ces résultats resteront confidentiels, quels qu'ils soient, même si l'adolescente est mineure.

Concernant les tests de grossesse vendus en pharmacie, certains restent difficilement fiables, il est donc préférable de consulter directement un médecin.

La décision de l'adolescente

Il n'existe pas de réponse simple et toute faite en cas de grossesse d'une adolescente. À celle-ci se présentent trois choix possibles : garder son bébé, présenter son bébé à l'adoption, se faire avorter. Si l'adolescente et/ou la famille refusent cette grossesse, il y a la solution de l'avortement, solution légalisée mais qui reste toujours choquante sur le plan psychologique et parfois moral. Une autre possibilité est l'accouchement sous X qui permet à l'enfant d'être adopté peu après sa naissance mais qui est aussi, pour une adolescente, sans parler de l'enfant, une issue difficile à vivre (voir page 334).

Le seul choix réaliste pour certaines adolescentes sera l'avortement. Cette solution demeurera non envisageable pour d'autres. Cette décision est étroitement liée aux valeurs de chacun. Ce guide ne prétend aucunement indiquer le chemin à suivre pour *toutes* les adolescentes. Il n'existe pas de bon choix « en soi ». Dans le meilleur des cas, le père devrait jouer aussi un rôle dans cette décision. Aussi, nous aborderons ce point plus tard.

De toute évidence, la décision de devenir mère pour une adolescente a des conséquences à long terme, qu'elle ne se représente pas toujours vraiment. Ainsi, avoir un enfant implique un engagement parental d'au moins vingt ans.

Si une adolescente veut devenir mère, ses parents doivent l'encourager à réfléchir sérieusement aux raisons qui l'y poussent. Les adolescentes ont souvent des idées peu réalistes à propos de la maternité. Leur imaginaire ne regorge bien souvent que des images idylliques d'un bébé babillant et souriant à la ronde, qui leur permettra d'être enfin reconnues comme adultes par leurs parents, d'avoir leur propre logement et pourquoi pas de se marier avec le père de leur enfant ? En fait, très peu songent aux repas nocturnes, aux couches, aux pleurs des premiers mois, et très peu ont conscience de toute la solidité nerveuse et mentale que peut demander l'éducation d'un petit enfant, par exemple pendant la période du non, autour de 2 ans.

Les adolescentes ont tendance à associer maternité à indépendance et maturité et non à dépendance et immaturité de leur enfant. C'est pourquoi les parents doivent contribuer à aider leur fille à accéder à une vision réaliste de la vie de mère célibataire.

Les raisons qui poussent une adolescente enceinte à vouloir garder son enfant

Quand une jeune fille tient à avoir un enfant, c'est souvent pour les raisons suivantes :
— avoir quelqu'un à aimer et qui l'aime,
— être l'objet d'attention due à une mère et à son enfant,
— se détacher de sa famille,
— forcer l'engagement amoureux de son petit ami,
— réparer la culpabilité d'être enceinte en élevant l'enfant,
— pour certaines adolescentes, échapper à une solitude intense.
L'absence de moyens contraceptifs et le refus de l'avortement peuvent alors s'entendre comme l'ultime espoir que leur bébé leur apportera la relation profonde et intime dont elles ont tant besoin.

Si votre fille reconnaît certaines de ses motivations parmi celles-ci, demandez-lui et demandez-vous s'il n'existe pas un autre moyen de satisfaire ses revendications affectives.

Vous pouvez également lui suggérer de réfléchir à son futur proche avec un enfant et sans enfant. Au besoin, qu'elle écrive ces deux scénarios : comment se sentira-t-elle quand ses amies sortiront le soir comme d'habitude et qu'elle devra rester seule à s'occuper de son bébé ? Et quand elle quittera le lycée pour entrer dans la vie professionnelle ou poursuivre des études supérieures ?

Peut-être cette discussion sera plus sereine et constructive si elle a lieu avec une personne non impliquée affectivement : un ami de la famille, un psychologue, le médecin de famille, un conseiller familial.

Garder le bébé

Si après avoir mûrement réfléchi, votre fille décide de garder son bébé et de l'élever elle-même, il y a quelques points qui l'aideront dans sa tâche et qui lui permettront de faire face aux conséquences « perturbantes » d'une maternité précoce.

- Continuer ses études est la meilleure chose que puisse accomplir une mère adolescente, pour elle-même comme pour son bébé : ce qui signifie que la jeune fille doit terminer son parcours scolaire en cours et/ou obtenir son bac. Sans diplôme ou sans qualification, les chances d'établir une vie de famille correcte pour elle et son bébé sont très minces. L'abandon des études est la plupart du temps synonyme d'emplois à basse rémunération et de situation financière précaire. Enfin, les études sont un droit pour tous et conditionnent en grande partie la vie future.
- Habiter ou non avec ses parents ? S'il existe des centres et des foyers maternels où des éducateurs et des psychologues aident du mieux qu'ils le peuvent ces jeunes filles, des études statistiques montrent que les jeunes mères réussissent plus facilement leur future vie de femme lorsqu'elles continuent à habiter chez leurs parents, tant qu'elles restent dans le circuit scolaire ou universitaire ; dans ce cas précis, elles ne peuvent réussir leur diplôme sans soutien parental. Cependant, les conflits d'autorité sont alors fréquents. Se pose en effet la question de savoir à qui est ce bébé, ce qui ne se résout pas sans mal ni frictions. Dans certains cas, la jeune mère peut s'attendre à ce que ce soit sa mère qui prenne en charge son enfant, abdiquant de son propre rôle de mère. Dans d'autres familles, la mère ou la grand-mère prennent en charge l'enfant sans y être invitées par l'adolescente ; elles estiment qu'elles en savent plus. Toutefois, l'adolescente et la nouvelle grand-mère peuvent arriver à établir un compromis plutôt heureux : la première fait son apprentissage, conseillée par la seconde. Pour que cet arrangement puisse se mettre en place, il est nécessaire que chaque génération le reconnaisse comme provisoire et vise l'autonomie de la jeune mère. Ainsi, les adolescentes qui restent indéfiniment chez leurs parents ne prennent jamais leur autonomie, ne grandissent plus. Celles qui ont à se battre pour leur droit à être mère sont plus susceptibles de quitter leurs parents, mais avec le risque de ne pas y être prêtes.

■ Vivre avec le père de l'enfant ? En dépit des réserves exprimées précédemment, vivre pour un temps avec ses parents induit moins de problèmes que l'union avec le père. Les séparations, dans ce cas, sont considérablement élevées, d'autant plus assurées que le couple s'est marié en raison de la venue prochaine d'un enfant. La vie dans son ensemble s'inscrit alors dans l'ordre du devoir : gagner sa vie, assumer une vie de famille prennent le pas sur leurs études. Ces dures réalités semblent trop lourdes pour le jeune couple qui voit ses amis gagner progressivement en indépendance. Les familles adolescentes accroissent statistiquement leurs chances de stabilité si le père bénéficie d'un revenu confortable, ce qui s'observe rarement pour un adolescent. Enfin, l'un des plus grands risques pour un couple d'adolescents est la venue au monde d'un second enfant qui vient immanquablement clore pour les parents leurs possibilités de mener leur scolarité.

■ Employer des moyens de contraception efficaces. Car enfin, les mères adolescentes qui assument au mieux leur maternité sont celles qui n'ont pas d'autres enfants avant de terminer leurs études et de trouver un travail. La contraception joue donc un rôle aussi important, pour la réussite de leur futur, que la poursuite des études.

Proposer le bébé à l'adoption

Proposer son bébé à l'adoption est également une façon, pour une adolescente, d'assumer sa grossesse. Ainsi, si une adolescente s'oppose à l'avortement en raison de ses convictions, cela peut se révéler le meilleur choix à faire. Les couples désireux d'adopter sont beaucoup plus nombreux que les bébés adoptables. L'accouchement sous X permet à la mère de garder son anonymat si telle est sa volonté.

Cependant, étant donné la réprobation sociale que suscite parfois cette procédure d'abandon, les adolescentes y sont très souvent réticentes : elles oscillent souvent, au cours de leur grossesse, entre l'adoption et la garde de leur enfant, changeant d'avis le lendemain.

Certaines, fragilisées par leur grossesse et l'accouchement, renoncent à cette issue au dernier moment. Par la suite, elles délaissent fréquemment leur enfant. En effet, l'adolescente, qui a voulu vérifier sa capacité à être mère, entend réaliser une autonomie encore impossible. Elle est toujours bien trop proche de son enfance pour être en mesure d'assumer elle-même son enfant. Dans ces cas malheureux, les enfants sont ballottés au gré des conflits familiaux jusqu'à ce qu'ils soient placés vers 3-4 ans. Ces errements de la mère non seulement renforcent la mauvaise image qu'elle peut avoir d'elle-même mais peuvent se transmettre à son enfant qui se vit comme un boulet embarrassant.

Il faut savoir que ces souffrances auraient pu être évitées par une adoption peu de temps après la naissance.

L'avortement ou IVG

C'est la troisième option pour une adolescente enceinte : interrompre volontairement sa grossesse. L'interruption volontaire de grossesse ou IVG est un acte légalisé en France depuis 1975 mais qui, encore aujourd'hui, reste un sujet sensible.

➤ *L'IVG par aspiration*

C'est la méthode chirurgicale habituellement employée au cours du premier trimestre de la grossesse. Il s'agit d'une intervention qui se fait le plus souvent sous anesthésie locale et qui consiste à aspirer l'œuf et son placenta à l'aide d'une canule reliée à une pompe aspirante. Dans sa totalité, l'intervention dure entre dix et vingt minutes.

« Une IVG chirurgicale est-elle douloureuse ? »
Les douleurs provoquées par l'aspiration sont variables selon les personnes. Le plus douloureux, ce sont en fait les contractions qui se produisent une fois que l'utérus a été vidé. Cependant, elles ne durent en général pas plus d'une heure et sont soulagées par des analgésiques.

« Quelles sont les précautions à prendre après l'IVG ? »
Il est préférable de se reposer au moins dans les jours qui suivent l'intervention. Par ailleurs, il vaut mieux éviter les bains qui peuvent favoriser les risques d'infection utérine. Il ne faut pas être étonnée par les contractions et les saignements qui surviennent dans les semaines qui suivent. En revanche, s'ils se prolongent au-delà d'un mois ou s'ils s'intensifient, il faut appeler immédiatement le centre qui a pratiqué l'IVG. Même chose si vous avez plus de 38° de fièvre.

➤ *L'IVG médicale*

Cette méthode n'est possible qu'en tout début de grossesse, c'est-à-dire, au plus tard, après trois semaines de retard des règles.

Il s'agit d'une association de deux médicaments :

— la mifépristone (connue sous le nom de RU 486) qui bloque l'action de la progestérone,

— et le misoprostol qui permet, par contraction de l'utérus, de faciliter l'expulsion de l'embryon.

Après vérification de l'âge de la grossesse, de l'absence de contre-indication et signature du formulaire de consentement, la mifépristone est prise sur place, sous la forme de trois comprimés. L'adolescente quitte alors le centre et revient deux jours plus tard ; elle prend alors deux comprimés de misoprostol et reste quelques heures au centre, sous surveillance médicale, le temps que survienne l'expulsion. Les douleurs plus ou moins intenses liées aux contractions peuvent être calmées par la prise d'antalgiques.

Des saignements peuvent survenir pendant une à deux semaines, parfois accompagnés de nausées et de diarrhée. Une consultation de contrôle est prévue deux semaines après.

IVG : à retenir

Les suites médicales sont extrêmement minimes, surtout si l'avortement a lieu rapidement. Le principal risque est que le temps dépasse le délai légal (en France, douze semaines d'aménorrhée et pour les mineures le consentement d'une des personnes exerçant l'autorité parentale, au-delà il faut recourir par voie d'expertise à la procédure dite d'interruption thérapeutique de grossesse), que l'adolescente ne soit pas consciente d'être enceinte, ou qu'elle soit effrayée par la procédure médicale. Vous devez lui conseiller de se rendre à un centre de planning familial ou chez un médecin généraliste qui la rassureront. Une interruption de grossesse réalisée tôt et un respect des prescriptions médicales ne devraient augurer d'aucune complication immédiate et future. À condition toutefois, de ne pas répéter les procédures d'avortement qui augmentent les risques de fausses couches et nuisent à la santé physique et psychologique de la future mère.
La liste des institutions pratiquant l'IVG sera donnée par un médecin généraliste, un centre de planning ou de conseil familial.

« Quelles sont les conséquences psychologiques de l'avortement ? »
La plupart des adolescentes qui avortent ne ressentent ni intense culpabilité, ni deuil prolongé ni aucune autre blessure psychologique, à moins qu'elles n'y aient été poussées ou que leur entourage les ait moralement condamnées. Lorsque les parents, ne portant aucun jugement, les soutiennent efficacement et sincèrement, elles peuvent faire face à leurs émotions, à leur rythme, ce qui leur permettra de ne garder aucune rancœur vis-à-vis de cette décision, tant pour elles-mêmes que pour leur entourage.
À moins qu'une adolescente se refuse à l'avortement pour des questions psychologiques, morales ou religieuses, celui-ci s'avère souvent le bon choix pour chacun. Quand une jeune fille devient mère, c'est sa propre enfance qui est écourtée, ainsi que ses ambitions et ses espoirs, qui en sont tout aussi bouleversés. C'est une situation difficile à accepter et qui pèsera immanquablement sur son bébé. Il y a, bien sûr, des couples adolescents heureux, mais c'est une situation privilégiée rare.

Quelle que soit la décision de votre adolescente, sa première action sera d'adopter une méthode contraceptive efficace et de la suivre scrupuleusement.

L'adolescent père

L'adolescente enceinte n'est pas la seule qui ait besoin d'amour, de réassurance et de compréhension dans cette situation. Car souvent, le jeune père est tout aussi bouleversé que sa petite amie. Les parents de celle-ci peuvent lui en attribuer la faute et le déclarer désormais indésirable. Ses propres parents pourraient également lui faire le même reproche. Ses amis sont susceptibles de se montrer très ambivalents. Mais peu de personnes vont se pencher sur ce qu'il ressent intérieurement.

D'ailleurs, peu d'études s'intéressent aux adolescents pères. En outre, on parle des mères adolescentes célibataires comme s'il était évident que le père allait les laisser seules avec leur enfant. En fait, au contraire, un grand nombre d'adolescents souhaitent s'impliquer dans cette décision, alors que les adolescentes, souvent sous la pression de leurs parents s'y refusent.

Or, il y a à la fois des raisons légales et affectives qui poussent un père à avoir son mot à dire vis-à-vis de la grossesse. Un mineur, quel que soit son âge, peut reconnaître son enfant. La loi oblige les parents à subvenir aux besoins de leur enfant. Enfin, cet enfant est aussi le sien.

Un adolescent peut vouloir exercer ses responsabilités mais ne pas savoir comment. La grossesse de sa petite amie est susceptible de lui rappeler douloureusement son immaturité et surtout le fait qu'il ne peut pas assumer financièrement une famille de trois personnes. Il peut ressentir de la colère vis-à-vis de l'adolescente enceinte, même s'il convient qu'il en est tout aussi responsable ; il pourra donc s'en culpabiliser mais aussi se sentir jaloux des attentions dont est entourée la future mère. Il peut être surpris et blessé qu'elle ne veuille plus le revoir. Enfin, autre issue possible : le jeune homme demande à épouser la jeune fille. Et là, le conseil adressé aux filles tient aussi pour les garçons : les études d'abord. Cela veut dire : rester avec ses parents, en reportant à plus tard l'idée de mariage tout en continuant à voir la mère et son bébé. Envisager le mariage dès maintenant paraît risqué ; on ne se marie plus par devoir. Ce n'est plus un projet de vie à deux. Cependant, c'est une solution qui peut être viable si les grands-parents soutiennent le jeune couple financièrement, s'ils aident à la garde du bébé pendant la journée de cours des parents. Ces derniers devraient retarder la venue d'un second enfant jusqu'à ce qu'ils soient établis financièrement. Des moyens contraceptifs doivent alors être utilisés rigoureusement.

Je vous conseille

Quand les adolescentes apprennent qu'elles sont enceintes, leur première réaction est de se demander comment l'annoncer à leurs parents.
Elles se rendent bien compte en effet que leurs parents seront certainement bouleversés et en colère. En effet, la colère est une des principales émotions qui submergent les parents à l'annonce d'une telle nouvelle. D'autres réactions peuvent s'y joindre également :
— culpabilisante : « je t'avais bien prévenue... »,
— exprimant la trahison : « comment as-tu pu me faire ça ? », culpabilisant l'adolescente,
— ou sa propre culpabilité : « qu'avons-nous fait pour que ça nous arrive ? », mais discréditant l'adolescente dans sa position de sujet de sa vie,
— angoissée et dramatique : « que vas-tu devenir ? »
Certains parents retrouvent leurs esprits rapidement. D'autres ont besoin de temps pour accepter la nouvelle.
Essayez de qualifier votre réaction par une émotion, un sentiment, cela peut vous aider à vous remettre. Mais si vous êtes profondément atteint par cette nouvelle, attendez absolument d'avoir repris votre calme pour en discuter avec votre fille. Elle-même doit être aussi bouleversée alors qu'il lui faut prendre des décisions. C'est donc maintenant que vous avez à jouer un rôle

de soutien parental, car quel que soit son choix, votre fille en aura besoin. Gardez à l'esprit que les reproches ne servent absolument à rien, au contraire : ils n'aideront vraiment pas votre fille à gérer cette situation. Si vous vous sentez définitivement dépassé par la grossesse de votre fille, ce qui est compréhensible, si tout dialogue avec elle vous semble irréaliste ou si chaque réunion de famille tourne au pugilat, vous devez vous rendre chez un tiers : conseiller familial, psychiatre, psychologue, qui sera à même d'écouter sereinement chacun. C'est un excellent moyen pour que votre adolescente trouve la solution la plus juste pour elle.

Le principal rôle des parents quand leur fille est enceinte est le soutien. Vous pouvez avoir des idées bien arrêtées sur ce qu'elle devrait faire, mais cette décision, qui concerne son avenir, lui appartient et à elle seule. Vous devez donc bien comprendre que vous ne pouvez pas choisir à sa place. D'ailleurs enceinte, elle vous prouve manifestement qu'elle n'est plus tout à fait une enfant et qu'il faut désormais la traiter autrement. Si vous poussez votre adolescente à un choix, vos relations en seront durablement ternies. Enfin, les adolescentes qui ont fait l'objet de pressions psychologiques (sinon physiques) en faveur, soit de l'accouchement sous X, soit de l'avortement, retombent souvent enceintes juste après.

Il s'agit pour elles, de façon non consciente, de remplacer leur enfant et la décision qui a été prise pour elles.

C'est pourquoi votre rôle est d'accompagner votre fille dans sa prise de décision. Il s'agit de l'aider à envisager les différentes options qui s'offrent à elle et de la soutenir dans celle qui lui semble la plus juste pour elle-même.

Je vous déconseille

S'énerver, se plaindre de sa fille, la culpabiliser, faire du prosélytisme pour un choix, lui dénier toute capacité à être mère, tout cela va fragiliser votre adolescente dans ce qu'elle ressent intérieurement face à sa grossesse. Or, c'est en se référant à ses sentiments qu'elle va pouvoir prendre la meilleure décision pour elle. La fragiliser pendant cette période n'est pas l'encourager à assumer sa grossesse, mais la traiter comme une enfant à qui on dicte sa conduite, ou qu'on punit de façon détournée. D'autant que quelle que soit sa décision, elle va certainement connaître des moments de doute et elle aura besoin alors d'un interlocuteur rassurant et compréhensif. Il est hors de question toutefois pour des parents de s'incliner devant toutes les décisions de leur fille quand elles sont totalement irréalistes, comme par exemple, l'idée qu'elle pourra travailler à mi-temps à domicile en s'occupant

de son bébé après les cours de la journée, ce qui devrait lui permettre de s'assumer financièrement.
Il ne faut pas oublier de penser aussi si ce n'est avant tout au bébé : comment sera-t-il gardé, éduqué, par qui et comment ?

Les problèmes médicaux et psychologiques

Les troubles du cycle

➤ Les irrégularités cycliques

On peut observer ces troubles jusqu'à cinq ans après l'apparition des premières règles, sans que cela grève l'avenir. Plusieurs mois peuvent séparer les premières menstruations des deuxièmes. Comme on l'a déjà dit, il faut du temps pour que s'achève la maturation de l'axe hypothalamo-hypophyso-ovarien. Les cycles irréguliers ne nécessitent aucun traitement s'ils sont bien tolérés et ne s'accompagnent d'aucune anomalie à l'examen clinique qui doit néanmoins être pratiqué.

➤ L'absence de règles ou aménorrhée

L'aménorrhée primaire concerne les plus jeunes adolescentes (voir page 113). À l'âge du lycée, l'aménorrhée secondaire est la disparition des règles chez une jeune fille qui avait des cycles menstruels plutôt réguliers jusqu'ici. Elle évoque toujours, même si ce n'est pas d'emblée reconnu par l'adolescente, la grossesse. Il peut aussi s'agir d'un symptôme psychosomatique, témoin d'une difficulté momentanée. Elle peut se produire après un choc émotionnel assez important comme par exemple une déception sentimentale. Elle peut aussi révéler un état dépressif ou l'entrée dans un tableau plus ou moins complet d'anorexie mentale. Le poids, les conduites alimentaires, l'hyperactivité sportive ou le perfectionnisme scolaire doivent être explorés méticuleusement.

Les règles trop abondantes ou ménométrorragies

Les ménométrorragies sont des règles très abondantes, prolongées ou traînantes. Des saignements anarchiques peuvent survenir en dehors des périodes menstruelles, variables en abondance et en durée. Le plus souvent d'origine fonctionnelle, elles peuvent aussi répondre à une cause organique ou à une anomalie de l'hémostase, constitutionnelle ou acquise, que des premières règles très abondantes viennent révéler.

Selon l'âge et l'éventuelle activité sexuelle, on envisagera de principe toujours les complications d'une grossesse (extra ou intra-utérine) et une annexite, c'est-à-dire une infection. Les objectifs thérapeutiques sont au nombre de trois :

- « Arrêter le saignement. Les anti-inflammatoires non stéroïdiens (qui ont aussi une action antihémorragique) peuvent être employés, éventuellement associés à des coagulants (Exacyl) ou des utérotoniques (Méthergin). Mais les estroprogestatifs à forte dose les premiers jours (200 gamma d'éthynilestradiol) sont très efficaces. Une fois le saignement arrêté, on les baisse progressivement (sur quelques jours) pour arriver à une pilule par jour aussi longtemps que nécessaire afin de permettre à l'anémie de se corriger et à l'hyperplasie endométriale de s'amender (deux-trois mois). On recourt, bien sûr, à un tel traitement lorsqu'il s'agit d'une hémorragie importante.
- Pallier l'éventuelle spoliation en fer : un traitement substitutif est le plus souvent nécessaire.
- Rééquilibrer la situation hormonale : prescription de progestatifs en deuxième partie de cycle, ou dans les cas plus sévères, « blocage » du cycle par la prescription d'estroprogestatifs ou de progestatifs purs en continu ou en séquentiel. [3] »

Les dyspareunies

Les dyspareunies sont des douleurs vaginales lors de la pénétration. La découverte de la sexualité lors des premiers rapports peut susciter un peu d'inquiétude et de tension chez certaines adolescentes. Celles-ci peuvent se

3. *La santé des adolescents*, *op. cit.*

montrer anxieuses des réactions ou sensations de leur corps sexué. C'est peut-être une façon de faire face à leur culpabilité d'avoir des relations sexuelles. En éprouvant de la douleur au lieu du plaisir, elles se punissent d'une certaine façon sans en prendre conscience. Car ces douleurs peuvent, en effet, faire renoncer provisoirement aux relations sexuelles.

Je vous conseille

Toute douleur d'apparition récente pendant l'acte sexuel est anormale. Elle doit être signalée au médecin.

Les MST

On parle beaucoup des maladies sexuellement transmissibles, et il est indispensable que les adolescents en soient informés : c'est aussi important que la contraception. Il est primordial d'insister sur les moyens de protection qui peuvent différer des moyens de contraception. La pilule n'empêche pas la contamination par les MST et le sida par exemple.

➤ *Ce qu'il faut savoir*

Les adolescents doivent connaître certaines règles et c'est à vous de vous en assurer.

- Ainsi, chacun doit savoir que dès qu'on a une relation sexuelle, on peut contracter une MST. Personne n'en est à l'abri, quel que soit le comportement sexuel, s'il n'utilise aucune protection.
- Si la voie de transmission la plus commune des MST est la relation sexuelle, c'est parce qu'elle permet le passage de germes infectieux entre partenaires. Toutes les pratiques sexuelles semblent susceptibles de transmettre les germes d'un partenaire à l'autre.
- Certains symptômes doivent alerter les adolescents : des petites brûlures en urinant, des irritations dans la sphère génitale, des pertes de sang sporadiques depuis quelques jours motivent une consultation médicale.
- Les adolescents doivent savoir que la disparition de leurs symptômes ne signifie pas pour autant qu'ils sont guéris. Ces germes infectieux restent dans notre organisme alors même que nous n'en ressentons plus les effets. La seule façon de s'en débarrasser efficacement est de les traiter médicalement jusqu'à la fin de la prescription du médecin.

- Certaines MST ne déclenchent pas de symptôme particulier. Ceci a pour conséquence qu'un partenaire sexuel ne se sait pas porteur de ces germes alors qu'il poursuit des relations sexuelles. Dans ce domaine, la prévention et le dépistage s'imposent d'eux-mêmes. Mieux vaut prévenir que guérir.
- La meilleure protection contre les MST est le préservatif.

Ce que les adolescents doivent savoir sur les MST

Si vous avez une MST, vos partenaires sexuels peuvent également être infectés. Dans ces conditions, une MST ne peut être traitée que si chaque partenaire suit un traitement. Ce n'est pas seulement une lâcheté morale de ne pas avertir son partenaire de sa maladie, c'est aussi courir le risque d'une surinfection.
Le traitement des MST reste confidentiel, sans que le consentement parental soit requis.
Sachez cependant qu'une MST n'est pas une maladie honteuse et ne doit pas être considérée comme telle, ni par votre médecin, ni par votre partenaire.

« En quoi consiste le traitement des MST ? »

Toutes les MST peuvent être traitées aisément et sans douleur si le traitement commence à temps, c'est-à-dire dès le déclenchement des premiers symptômes, toutes sauf l'herpès et le sida. L'essentiel du traitement se fait par antibiotiques. Si vous respectez les prescriptions jusqu'au terme du traitement, il n'y aura aucun risque de complication. Par contre, les MST mal traitées ou insuffisamment demandent un temps de guérison plus long avec un traitement plus lourd à supporter.

« Quels sont les risques si on ne traite pas une MST ? »

Il existe à l'adolescence deux grands risques. Tout d'abord la contagion, car les MST sont très contagieuses. Mais surtout, il faut savoir que les MST peuvent être graves pour l'avenir : elles laissent des séquelles sur les organes génitaux menaçant la femme comme l'homme de stérilité.

Si votre adolescent ou son partenaire sexuel se plaint de douleurs particulières dans la sphère génitale, un médecin doit être consulté au plus vite.

Quand soupçonner une MST ?

Un adolescent qui souffre d'un des symptômes suivants doit interrompre toute relation sexuelle et se rendre immédiatement chez un médecin :
— des sensations douloureuses ou des brûlures en urinant, une urine sombre,
— des écoulements désagréables des organes génitaux,
— toute inflammation, rougeur, irritation permanente ou bouton de la sphère génitale,
— une inflammation persistante de la gorge à la suite de rapports buccaux.

➤ *Quelles sont les MST les plus courantes ?*

Elles sont nombreuses et peuvent avoir des conséquences plus ou moins graves pour la santé. Il peut s'agir :

— de champignons comme les candidoses,

— d'infections bactériennes comme la blennorragie (ou chaude-pisse), la syphilis (ou vérole), la chlamydiose...,

— de parasites : (gale, morpions),

— d'infections virales comme l'herpès, les hépatites virales, le sida.

■ *La blennorragie* est en pleine recrudescence. Elle se manifeste par un écoulement de pus et des brûlures en urinant, d'où le terme de « chaude-pisse » parfois utilisé pour désigner cette maladie. Ses complications entraînent souvent la stérilité, chez l'homme ou chez la femme.

■ *L'herpès* génital est une maladie de plus en plus fréquente, souvent associée à d'autres MST. La poussée d'herpès est douloureuse, surtout chez la femme, et peut entraîner l'augmentation du volume des ganglions de l'aine, qui deviennent douloureux. La guérison peut être définitive, mais il y a souvent récidive.

■ *La syphilis* existe toujours, plus fréquente chez les sujets plus âgés que chez les jeunes, chez les hommes que chez les femmes. Pour être efficace, le traitement aux antibiotiques doit être précoce. Le dépistage de la syphilis est obligatoire lors de l'examen prénuptial et chez la femme enceinte.

■ *La chlamydiose* est fréquente chez les adolescentes et chez les jeunes femmes. Ses complications infectieuses sont souvent la cause d'une stérilité. Si on n'a pas rapidement recours à un traitement par un antibiotique, le germe peut progresser et infecter d'autres organes (risques de douleurs articulaires, risques d'infections de l'œil).

Comment éviter les MST ?[4]

— Limiter le nombre de partenaires sexuels.
— Éviter les contacts sexuels : avec des inconnus, avec des personnes réputées avoir de nombreux autres partenaires, avec des personnes atteintes de MST même si elles sont en cours de traitement.
— Respecter les règles d'hygiène élémentaires : lavage à l'eau et au savon des régions génitales matin et soir et immédiatement après les rapports ; change fréquent des sous-vêtements qui doivent être de préférence lavés à plus de 60°.
— Éviter les jeans trop serrés.
— Uriner après les rapports.
— Se méfier de certaines pratiques sexuelles : celles qui lèsent les muqueuses fragiles (anale, rectale) et facilitent la propagation des germes.
— Employer un préservatif lors des rapports sexuels ou encore des spermicides (efficacité non véritablement prouvée).
— Se faire vacciner contre l'hépatite B (voir page 253).
— Consulter régulièrement un médecin *surtout si l'on change souvent de partenaires.*

Le sida

Si un nombre de cas limités de sida sont reportés chez les adolescents, ces derniers n'en sont pour autant pas à l'abri : en effet, les personnes qui meurent du sida avant la trentaine ont contracté le virus pendant leur adolescence.

Les cas de sida sont toujours en augmentation, notamment chez les hétérosexuels. C'est pourquoi les adolescents doivent savoir se protéger de ce virus mortel. Pour plus de détails sur cette maladie, vous pouvez consulter des ouvrages spécialisés. Notre propos est ici de rappeler quelques connaissances et règles fondamentales, dont vous devez vous assurer qu'elles sont connues de votre adolescent.

■ Le sida se transmet par le sang et par le sperme, notamment à l'occasion de relations sexuelles quelles qu'elles soient (orales, anales, génitales) et par l'emploi de seringues non stérilisées et déjà utilisées.

4. Source : *Questions de femmes, ibid.*

■ Il n'existe à ce jour aucun traitement susceptible de guérir définitivement du sida, d'autant que ce virus a une capacité déconcertante de muter très rapidement. Cependant, on peut penser que la combinaison de plusieurs médicaments bloque la progression du virus dans l'organisme. Celui-ci subvertit les défenses immunitaires de l'organisme, le laissant la proie de la moindre affection, qui peut causer la mort.

■ La seule protection efficace contre le sida est le préservatif, à condition que celui-ci soit utilisé avant tout contact sexuel.

■ Connaître son partenaire et avoir confiance en lui ne suffit pas : il faut utiliser un préservatif à chaque rapport sexuel.

« Comment se fait le dépistage du sida ? »

Les centres de dépistage sont gratuits et anonymes. Il faut cependant attendre trois mois après une relation sexuelle imprudente pour entreprendre un test. C'est le temps nécessaire pour que le virus soit en nombre suffisant pour être détecté dans une prise de sang.

Comportements sexuels et sida[5]

Tout à fait inoffensifs :

— masturbation,
— baisers,
— frottement des deux corps,
— massages,
— stimulation des mamelons,
— gadgets sexuels non partagés,
— cunnilingus protégé par une digue dentaire,
— anulingus protégé par une digue dentaire.

Risque faible :

— cunnilingus en dehors de la période menstruelle,
— fellation sans éjaculation et sans préservatif,
— fellation (le sperme étant avalé).

Le principe est d'éviter le risque de la rencontre d'une plaie, même minime, avec des sécrétions génitales ou du sang qui pourraient contenir du virus. D'où l'excès de risque apporté par d'autres maladies vénériennes qui irritent les muqueuses génitales. Il est conseillé d'utiliser un gel hydrosoluble en complément du préservatif de façon à éviter que celui-ci ne se déchire.

5. Source : *Questions d'hommes, ibid.*

Les conséquences des abus sexuels de l'enfance

Un abus sexuel, quel qu'il soit, consiste en un viol. Lorsqu'un enfant en a été victime, la meilleure solution pour certains parents est de vouloir oublier ce douloureux événement, en espérant que l'enfant le fera lui aussi. Cependant, cet enfant va éprouver les plus grandes difficultés psychologiques à l'adolescence et des problèmes de comportement qui se poursuivront toute sa vie.

À l'adolescence, on observe chez ces enfants des tentatives de suicide, des conduites sexuelles déviantes ou des grossesses précoces. Sans toujours aller jusqu'à cela, ces adolescents se révèlent profondément incapables de mener une vie amoureuse et sexuelle satisfaisante. Ces troubles s'étendent aussi aux sphères sociales et professionnelles, multipliant les ruptures de toutes sortes à l'âge adulte également.

Extrêmement blessés, ils ne peuvent établir de liens durables, la confiance réciproque ayant été brisée chez eux. Leurs difficultés sexuelles s'expriment aussi par la frigidité, les dyspareunies, les changements fréquents de partenaires qui montrent leur terreur à s'engager dans toute relation. Avoir des enfants peut leur sembler tout aussi insurmontable, avec le risque de répéter ce qu'eux-mêmes ont vécu.

Il est très important pour les parents d'inciter ces jeunes à s'engager dans un processus thérapeutique à l'adolescence, surtout s'ils n'ont bénéficié d'aucun soutien psychologique jusqu'ici. Le processus d'adolescence offre l'opportunité de travailler intérieurement cet événement traumatique. Si douloureux que cela puisse être pour votre adolescent (et pour vous), cela le sera moins qu'en le laissant toute sa vie dans un rôle de victime.

Les études

■

Selon les évaluations actuelles, près de 70 % des élèves de sixième iront jusqu'au bac, contre 30 % seulement vingt ans plus tôt. L'espérance de scolarisation est passée de 16,7 ans en 1982-1983 à 18-19 ans en 1994-1995. Comment, dans ce contexte d'intense croissance de la scolarisation, donner tort aux parents qui ont dans la tête un modèle unique et stéréotypé de réussite scolaire ? Sans doute la crispation sur les résultats est-elle parfois excessive, mais le plus souvent, l'intérêt de l'enfant est, malgré tout, de réussir à l'école. Dans l'idéal, chacun devrait pouvoir réussir au mieux de ses capacités et à son rythme. Mais les réalités scolaires et sociales n'en tiennent nul compte.

Le lycée : savoir, savoir faire, savoir être

Plusieurs enquêtes sociologiques montrent que dans l'ordre des préoccupations, l'école est en second après les relations avec les amis mais avant les loisirs, les conditions de vie, les relations amoureuses et les relations avec les parents. De même, les sujets de discussion entre adolescents, entre les adolescents et les parents, portent souvent de façon privilégiée sur les résultats scolaires. Il faut souligner à ce propos que les conflits entre les parents et les adolescents sont peut-être moins nombreux qu'on ne le pense, puisqu'en général 66 % des adolescents sont d'accord avec leurs parents sur l'importance des résultats scolaires alors que 31 % ne sont pas d'accord et que 1 % n'en discute pas. Mais les adolescents ne sont pas tous identiques face à la scolarité : ils obéissent à des rythmes différents, leurs besoins sociaux, leurs besoins affectifs et physiques ne sont pas les mêmes. On trouve des rêveurs, des timides, des bavards, des calmes, des agités, des acharnés aux études.

En tout état de cause, pour tous ceux qui suivent un cycle long, l'entrée en seconde marque un cap. Ce cap est d'autant plus important qu'il s'associe à une classe où l'orientation commence à se dessiner, déterminant le type d'enseignement futur, et par là même le type d'orientation professionnelle, même si des passerelles restent encore possibles. De la scolarité obligatoire, nous sommes passés à la scolarité volontaire, ce volontariat pouvant être celui des adolescents et/ou de leurs parents. Parfois ce volontariat est du seul fait des parents, ce qui est alors une source de conflits potentiels avec leur adolescent.

Les classes de première et terminale restent en France deux années de scolarité ponctuées par un examen dont l'importance soulève une angoisse d'autant plus vive qu'il survient à une période où le développement des potentialités affectives, relationnelles et sociales s'oppose à la nécessité de rétrécir son champ d'intérêt sur un apprentissage intellectuel intensif, dans le but d'être reçu en fin d'année. Ce but, bien des adolescents en soulignent l'aspect en apparence dérisoire mais obligatoire. « Passe ton bac d'abord » est le genre de litanies que les adolescents ont souvent du mal à accepter.

La place de la vie au lycée pour l'adolescent

Le lycée a peut-être « plus » d'importance qu'on ne l'imagine, car l'adolescent en attend non seulement une préparation à la vie professionnelle, un apprentissage personnel mais aussi une possibilité de développement pour l'ensemble de sa vie et de sa personnalité. Une définition de la scolarité, qui la réduirait à la simple activité d'enseignement et d'acquisition des connaissances, ne correspond pas aux vœux des jeunes eux-mêmes.

La preuve en est fournie par l'intérêt qu'ils prennent aux activités organisées dans le cadre scolaire comme le sport, les clubs, les ateliers. De même, le temps et l'espace qui se situent entre la maison et l'école, c'est-à-dire sur le chemin du collège et du lycée, sont remplis d'activités, de rencontres et d'échanges. Ceux-ci ont une grande importance et constituent une sorte d'ère de transition indispensable entre les deux modes de vie, celui du groupe scolaire et celui du groupe familial. Enfin, la participation à son développement personnel, que l'adolescent attend de l'école, questionne l'enseignant confronté lui aussi à un individu en plein développement et en crise et dont le rôle peut parfois dépasser la seule fonction d'enseignant : fonction d'éducateur, de conseiller et même de confident, fonctions vis-à-vis desquelles l'enseignant aura parfois des difficultés à se situer ou à se dégager.

Les valeurs humaines de travail et de responsabilité

L'adolescent déplacera de plus en plus son intérêt pour le jeu et l'apprentissage subis vers un intérêt pour les activités sociales, ludiques ou non, et le travail volontaire choisi. Incontestablement, un intérêt excessif et durable pour les activités ludiques, ou une attitude de passivité face à une tâche d'apprentissage sont des handicaps pour ce qui attend l'adolescent. Le travail, qu'il soit scolaire ou professionnel, devra être peu à peu investi et assumé comme tel. Quand l'adolescent acquiert la satisfaction du travail accompli, de la réussite de l'exercice d'une tâche, une étape importante de cette évolution est franchie.

De façon différente, mais complémentaire à la notion de travail, la notion de responsabilité s'acquiert également peu à peu au cours de l'adolescence. Certains jeunes ont des difficultés à intérioriser cette notion qui pourtant est indispensable à la vie personnelle et sociale ; néanmoins la majorité des adolescents accèdent peu à peu à ce sens de la responsabilité, souvent par le biais de réflexions intellectuelles ou politiques, ou par le biais de tâches concrètes qu'ils revendiquent eux-mêmes. Ces deux notions sont parfois confondues par l'adolescent. Il est vrai que ces deux registres ont d'étroites relations en ce qui concerne le développement personnel de l'individu.

Les conditions d'une bonne scolarité

Sans négliger ce qui s'est passé au cours de l'enfance, nous pouvons repérer deux séries de facteurs auxquels toute scolarité est soumise au cours du collège puis du lycée : ceux liés au développement affectif et ceux liés à l'intelligence.

Le développement affectif et ses conséquences sur la scolarité

La transformation des possibilités affectives et relationnelles au cours de l'adolescence retentit sur la scolarité par les intérêts nouveaux qu'elle suscite et par le souhait d'autonomie et d'indépendance qui y est lié. Les intérêts nouveaux provoqués par le processus d'adolescence, par l'émergence de nouveaux buts pulsionnels sexuels permettent que se développe le mécanisme de sublimation, c'est-à-dire le déplacement sur le terrain culturel et intellectuel de cette énergie pulsionnelle.

Cette « dérivation » d'énergie est tout à fait positive, et permet à l'adolescent de trouver un champ d'investissement pour sa curiosité, l'exercice de sa maîtrise et le développement de ses idéaux. De même, le souhait d'autonomie et d'indépendance facilite l'exploration de champs d'intérêt personnel, la recherche d'identification à un auteur, à une idéologie, à une matière par l'intermédiaire d'un professeur.

À l'inverse, des conflits affectifs ou relationnels trop intenses interfèrent dans l'investissement scolaire, lequel pourrait même devenir le lieu de condensation et le thème central de l'opposition au milieu familial. Le problème souvent rencontré est celui de la continuité de l'effort, qui a souvent pour origine une instabilité affective repérée déjà au cours de l'enfance et qui idéalement aurait dû être la source d'un avis psychologique et éventuellement d'une aide précoce.

Le développement de l'intelligence

Une deuxième série de facteurs joue un rôle important pour une bonne scolarité au niveau du lycée. Il s'agit de la faculté d'adaptation à des situations nouvelles, la faculté de stocker et de mémoriser des formes de connaissances, ainsi que la faculté d'abstraction qui représente dans cette dernière partie de la scolarité secondaire, telle qu'elle est généralement valorisée à cette période de la vie, une capacité indispensable à la bonne réussite. En effet, l'accès à la pensée formelle permet de déduire des conclusions à partir de plusieurs hypothèses, sans recours à une observation réelle ; cet accès rend possible la transposition des opérations logiques de la manipulation concrète aux idées seules ; il permet à partir de l'étude de différentes hypothèses la résolution de problème complexe.

Tous ces changements caractérisent le développement intellectuel de l'adolescent et son accession au stade de la pensée abstraite. Ce type de pensée est une condition nécessaire pour la poursuite d'une scolarité satisfaisante quand les études se prolongent. Cet aspect privilégié de la pensée abstraite dans les études et l'enseignement, tel qu'il est réalisé actuellement, peut mettre en difficulté certains adolescents pour lesquels la pensée concrète reste beaucoup plus familière et de maniement aisé. Il est important de savoir dans quel style de pensée et d'intelligence l'adolescent s'organise, afin de choisir des orientations qui correspondent au mieux à son style d'intelligence. Il existe en effet diverses formes d'intelligence et il est tout à fait capital de ne pas créer un écart excessif entre le style personnel de l'intelligence de l'enfant et le type d'études suivies.

Le rôle des parents

Enfin, une dernière série de facteurs joue un rôle important dans les conditions d'une bonne scolarité : il s'agit de l'attitude des parents.

L'intérêt des parents pour la scolarité – les rencontres qui s'y font, les matières étudiées, les relations avec les enseignants – joue pour l'adolescent un rôle fondamental dans la réussite d'une bonne scolarité. Trop souvent, les parents pensent que le lycée se chargera de chercher les meilleurs intérêts de leur adolescent. Ce n'est pas le cas. Le lycée est un lieu de formation qui assume l'enseignement d'un groupe et ne peut pas prendre en compte les questions individuelles que chaque élève peut poser. À l'inverse, certains parents ont peur d'être trop insistants. Or, vous avez un droit légitime de demander aux enseignants et aux conseillers des informations sur les programmes scolaires et des suggestions sur l'orientation de votre adolescent. Le lycée est un cas typique où la passivité des uns et des autres peut être nuisible pour l'avenir de votre adolescent.

Pourquoi votre engagement en tant que parent est important

Il y a trois raisons principales qui font que les parents ont besoin d'être impliqués dans la planification et la surveillance de la scolarité au lycée de leur adolescent :

— Les exigences d'un diplôme sont à ce stade normales.

— Les enseignants sont surchargés : le rapport de l'étudiant moyen avec ses enseignants peut être anonyme.

— Les adolescents eux-mêmes ne savent pas toujours où ils veulent aller et comment y arriver. De plus, ils ont des *a priori* assez subjectifs ; par exemple : ils ont reçu des informations de leurs aînés, de leurs amis ou d'autres étudiants que tel cours est « nul », que tel enseignant est manipulable ou que l'orientation qu'ils ont choisie est très difficile ou au contraire facile, etc.

Ce que vous pouvez et devez faire

Voici maintenant un certain nombre de recommandations et de conseils sur ce que vous pouvez et devez faire.

- Prévoyez une réunion pour vous et votre adolescent avec le lycée. Il est important que vous rencontriez les enseignants régulièrement : un professeur qui connaît la famille ne regardera pas l'enfant de la même façon, et le jeune qui sent des liens entre sa famille et le lycée sera sécurisé.
- Interrogez le ou les enseignants sur les matières et les domaines dans lesquels votre adolescent pourrait être intéressé. Quels sont les notes ou les diplômes exigés à l'entrée pour les universités ou les classes préparatoires ? Une langue étrangère est-elle imposée ? Quel style d'étude le lycée recommande-t-il à votre enfant en particulier ? Assurez-vous que vous comprenez ce que les enseignants vous disent, n'hésitez pas à leur poser des questions, prenez des notes.
- Donnez suite : la meilleure façon d'empêcher votre adolescent de devenir invisible est d'être visible vous-même. Ce qui ne signifie pas que vous devez appeler le lycée chaque fois que votre adolescent obtient un mauvais résultat, mais en revanche, si un problème apparaît, vous devez demander de l'aide afin de le résoudre. En général, les lycées ne prennent pas l'initiative d'appeler les parents, mais ils répondent aux parents qui les appellent.

■ Si votre adolescent est félicité sous une forme ou sous une autre par ses enseignants, insistez pour qu'il accepte cet encouragement, sans honte ou gêne par rapport à ses camarades.

■ Si votre adolescent n'a pas droit aux félicitations ou aux orientations « nobles », insistez toujours pour qu'il choisisse un programme adapté à ses compétences. Seulement un petit pourcentage d'adolescents peut toujours obtenir les meilleurs résultats dans toutes les matières.

■ Incitez-le vivement à suivre les cours supplémentaires que vous pouvez lui offrir et d'en profiter autant qu'il peut. Quelques adolescents ne veulent pas se forcer, mais beaucoup sont simplement mal informés.

■ Discutez avec lui des matières optionnelles. Recommandez-lui de choisir les cours qui sont passionnants. La scolarité française n'est pas très inventive à ce niveau. Si l'adolescent a un intérêt brûlant pour la photographie, c'est excellent, mais cela ne constitue pas en France à ce jour une matière optionnelle, hélas ! On doit choisir les options possibles parce qu'elles sont intéressantes et non parce qu'elles sont faciles.

■ Si l'adolescent ne projette pas d'entrer à l'université, des règles semblables s'appliquent. Ce n'est pas une raison de traiter le lycée comme un endroit sans intérêt. Ces adolescents doivent être encouragés à prendre au sérieux leur travail quotidien. Le lycée peut être leur dernière chance de se former aux lettres, aux sciences ou aux matières technologiques. D'autre part, ils peuvent plus tard changer d'avis.

■ La réussite d'un enfant se joue autant à la maison que sur les bancs de l'école ; on ne peut pas lui demander d'avoir des résultats scolaires tout à fait brillants si les difficultés familiales sont trop importantes, si les rythmes naturels ne sont pas respectés ou s'il existe une coupure complète entre ce qui se passe à la maison et ce qui se passe au lycée.

■ Enfin il est également important de choisir un bon établissement. Certains adolescents supportent mal l'ambiance impersonnelle des grands collèges ou lycées et sont plus à l'aise dans un petit groupe scolaire. D'autres se sentent mieux dans une structure souple où les contraintes ne sont pas trop continuellement présentes. Certains, au contraire, ont besoin d'un cadre relativement rigoureux, avec une discipline stricte, pour se sentir mieux contenus. Il faut trouver une harmonie entre la personnalité du jeune et le style de scolarité.

■ Il faut bien évidemment associer le jeune à ces choix.

Je vous déconseille

L'échec de l'adolescent est difficile à vivre pour les parents, car il les atteint personnellement, et eux aussi peuvent présenter des réactions plus vives et moins contrôlées qu'ils ne le souhaiteraient. Là encore, plus qu'ailleurs, il est nécessaire que les adultes se montrent particulièrement présents dans leur fonction de guide et d'accompagnateur, qu'ils aident l'adolescent à vivre ce moment difficile, et surtout à se dégager de sa réaction première lorsqu'elle risque de compromettre son adaptation ultérieure.

Comment aider les lycéens qui n'ont pas de vocation

Nombreux sont les parents angoissés par l'avenir de leurs enfants. Soit les adolescents ne savent pas du tout quel métier les intéresse, soit ils le savent trop bien et cela inquiète tout autant leur père que leur mère. Que faire pour aider un lycéen à trouver sa voie ?

La plupart des enfants ont un niveau scolaire moyen, qui les renforce dans l'idée qu'ils ne sont doués pour rien de précis. Aussi, ils ont peur de se projeter dans l'avenir et tentent de se maintenir dans l'enfance le plus longtemps possible.

« Comment faire pour aider notre enfant à trouver sa vocation ? »

Faites en sorte qu'il vive le plus d'expériences possibles en dehors de la famille et de l'école, en l'envoyant par exemple en camp de vacances, en France ou à l'étranger, en lui faisant faire des stages dans une entreprise. Plus leur ouverture sur le monde est grande, plus les adolescents deviennent autonomes, et mieux ils savent ce qu'ils veulent faire.

Par ailleurs, les parents ne devraient pas accorder de valeur qu'au livret scolaire, mais percevoir les aptitudes pratiques de leur enfant, son potentiel en dehors du système scolaire. Par exemple, si votre enfant est nul en maths et très bon aux échecs, cela prouve qu'il a un potentiel scientifique qu'il n'arrive pas à exprimer en classe. Tout enfant a des potentialités, il s'agit de les déceler. Il faut aider votre enfant à se connaître, par tous les moyens.

« Quels moyens employer ? »

En cas de doute important, les bilans psychologiques sont d'une grande aide. Grâce à des tests d'aptitude, de raisonnement, de créativité, des questionnaires d'intérêt, on arrive à bien cerner les potentialités de l'adolescent, souvent cachées, lui en faire prendre conscience et l'amener ainsi sur la bonne voie. Pour cela, il faut vous adresser au Centre d'information et d'orientation (CIO) correspondant à l'établissement ou à un psychologue en libéral.

Je vous conseille

— Demandez aux parents d'élèves d'organiser une visite de l'entreprise dans laquelle ils travaillent ou de venir en classe parler de leur profession.
— Ne projetez pas sur votre enfant vos propres envies.
— Ne tenez pas toujours compte des débouchés, d'autant que les prévisions sur les métiers phares des années à venir sont très aléatoires.
— Laissez à votre enfant le temps d'exprimer des projets différents et d'en changer.
— S'il est attiré par un domaine précis, montrez toutes les possibilités de ce secteur d'activité. Abonnez-le à différents journaux (*Phosphore magazine*, *Sciences et Vie avenir*, etc.).
— Prenez un rendez-vous dans un CIO pour un entretien personnalisé avec un conseiller d'orientation et psychologue (gratuit).
— Commencez à lister avec lui ses centres d'intérêt, ses priorités. Cela peut démarrer par une matière scolaire favorite ou par le cadre dans lequel il aimerait travailler – la mer, la forêt, l'industrie, etc. À moins qu'il n'ait une attirance particulière pour un milieu : travailler avec les animaux, dans les métiers de la santé, dans le monde du livre. Mais sa priorité peut aussi être de gagner beaucoup d'argent, de voyager, ou encore la sécurité de l'emploi.
— Aidez-le à mieux se connaître. Est-il imaginatif, manuel, convaincant ? Que sait-il bien faire : diriger, s'occuper des autres, créer ? Ce travail d'introspection va lui permettre d'affirmer ses qualités, mais aussi de connaître ses limites. Cette réflexion vous mettra sur la piste de quelques métiers qu'il faudra essayer de mieux connaître. C'est le moment de vous renseigner sur les formations menant aux métiers retenus, ainsi que sur les perspectives d'embauche – oui, quand même !
— Reste ensuite à confronter les rêves et la réalité. Les résultats scolaires sont souvent un couperet, mais aussi les moyens financiers, la proximité géographique de la formation souhaitée, les débouchés. Pour devenir vétérinaire, les études sont longues (bac + 6), alors que l'on peut devenir

auxiliaire vétérinaire avec une courte formation après un BEP, ou palefrenier avec un CAP. On ne peut vouloir voyager sans aimer les langues étrangères, ni devenir médecin si on est nul en maths.

« Quand commencer ce travail de recherche d'orientation ? »
Sûrement avant le lycée. Dès la sixième en ce qui concerne la sensibilisation au monde du travail, tout au long des années de collège pour affiner le projet personnel. En fin de troisième, des décisions importantes devront être prises. On ne demande pas à un élève qui entre au lycée d'avoir choisi un métier de manière définitive. Il devra quand même avoir une idée de la branche vers laquelle il souhaite s'orienter. Mieux vaut construire que subir au moment de l'entrée en seconde ou en première.

L'entrée en seconde

L'entrée en seconde succède à une nouvelle orientation. Certes, concernant un nombre plus limité d'adolescents, le pourcentage d'élèves admis au lycée croît rapidement (augmentation de 40 % en 5 ans) du fait de l'ouverture des séries technologiques et professionnelles. En 1995, il y a eu 491 000 bacheliers et en 1996, 470 000. Pour 1996, 61,3 % des 770 000 candidats ont obtenu le baccalauréat dans le cycle général, 17,5 % le bac technologique et 9,4 % le bac professionnel. Ces deux dernières orientations sont pour certains une continuité dans la scolarité qu'ils ont connue antérieurement ; pour d'autres, il s'agit d'une première transition vers leur vie professionnelle plus proche. Ces orientations sont vécues par certains comme un soulagement par rapport à l'aspect abstrait de l'enseignement, pour d'autres, elles apparaissent comme un échec.

Le taux de réussite au baccalauréat, qui était de 30 % en 1975, a atteint 61 % en 1996 ; il a augmenté de 33 % entre 1975 et 1995[1].

L'entrée en seconde pose aussi pour certains le problème de changement d 'établissement. Comme pour l'entrée en sixième, une période d'adaptation avec un fléchissement scolaire momentané n'est pas tragique. Il faut dédramatiser et accompagner.

1. *Géographie de l'école,* Ministère de l'Éducation nationale, mars 1997, n° 5 et *État de l'école*, ONISEP, novembre 1996, n° 6.

Les difficultés à travailler toute l'année

Il faut distinguer les difficultés scolaires transitoires, fléchissements provisoires que connaît tout adolescent à un ou plusieurs moments de sa scolarité, et les difficultés scolaires durables, qui s'organisent en un système stable sous la forme d'un désinvestissement de la scolarité, pouvant aller jusqu'à la rupture.

Une fois de plus, comme pour beaucoup de problèmes de l'adolescence, la durée de la difficulté est une notion importante : quelques jours, quelques semaines de fléchissement ne doivent pas constituer pour l'adolescent et pour son entourage une inquiétude excessive. En revanche, lorsque cette baisse d'intérêt dépasse trois mois, il faut s'interroger sur ses origines.

Pourquoi un adolescent se désintéresse soudain et durablement de la scolarité

Les origines du désinvestissement scolaire durable sont triples.

- Il peut être difficile pour l'adolescent de s'intéresser, à partir de la seconde, à des matières nouvelles, nécessitant plus d'abstraction, et auxquelles son type d'intelligence n'est pas adapté. Le problème de l'orientation se pose alors (voir page 370).
- Une autre origine de ce fléchissement réside dans l'investissement de plus en plus important, allant jusqu'à un hyper-investissement massif, vers une autre « activité » que l'activité scolaire. Une relation amoureuse ou l'« adhésion » à un groupe d'amis conduisent l'adolescent à multiplier les sorties et les loisirs. D'autres adolescents développent un intérêt excessif et exclusif pour un sport ou une activité quelconque (musique, cinéma, etc.) qui entraîne un désinvestissement en retour de l'activité scolaire.
- Enfin les troubles affectifs graves interagissent, nous l'avons vu, dans le rendement scolaire. Assez brusquement, les parents ont le sentiment que leur fils ou leur fille n'a plus envie d'apprendre, et parfois même n'a plus envie de grand-chose, car le désinvestissement touche les différents domaines de la vie de l'adolescent. Nous pensons ici à ces adolescents dont les attitudes d'échec, les sentiments dépressifs ou les difficultés importantes à supporter les différentes angoisses propres à cet âge et à leurs relations avec leur entourage envahissent

le fonctionnement psychique. Cela peut aller jusqu'à la rupture scolaire. L'adolescent semble tenir fermement à interrompre ses études. Il exprime toute une série de raisons dont la logique est parfois difficile à entamer. Cette volonté d'interrompre la scolarité peut commencer sous la forme d'absentéisme, de fugue, ou de troubles du comportement à l'école qui rendent la situation de moins en moins tolérable. Il est nécessaire, dans ces cas, d'avoir l'avis d'un spécialiste qui pourra apprécier les différents facteurs entrant en jeu dans cette rupture ou cette ébauche de rupture. Cela ne veut pas dire que toute interruption de la scolarité soit pathologique, mais que si elle est sous-tendue par un trouble psychologique, elle doit être prise en compte, et si nécessaire traitée. En effet, il est toujours dommage de voir un adolescent interrompre sa scolarité pour un état dépressif, interruption qu'il regrettera ensuite, d'autant plus que cet état dépressif aurait pu faire l'objet d'un traitement approprié.

Les difficultés scolaires en continuité avec celles de l'enfance

Les difficultés scolaires de l'enfance entraînent à l'adolescence de sévères problèmes dans l'insertion sociale et professionnelle. Elles peuvent être à l'origine de sentiments profonds de dévalorisation, mais plus gravement encore, d'angoisses insupportables. Les difficultés scolaires de l'enfance qui se perpétuent à l'adolescence s'intègrent dans ce qu'on appelle l'échec scolaire, terme réservé aux retards supérieurs à deux années.

Les causes peuvent en être variables : il peut s'agir d'un trouble intellectuel correspondant à une maladie de l'enfance, ou bien d'une dysharmonie qui est constituée par des insuffisances graves dans le processus de symbolisation survenant chez des enfants dits caractériels ayant connu des carences socioculturelles ou des troubles familiaux et éducatifs précoces.

Les activités extrascolaires

Le terme d'« extrascolaire » induit quelque peu en erreur et génère un malentendu. Les enseignants, les parents et les adolescents voient les activités sportives ou artistiques (constitution d'un orchestre, d'un groupe théâtral ou d'un ciné-club) comme idéalement nécessaires mais en compétition avec le « scolaire » proprement dit. Pourtant ces activités sont porteuses d'enseignements précieux et fondamentaux sur la vie, enseignements que les programmes strictement scolaires ne sont pas en mesure d'apporter. C'est pourquoi il ne faut pas les concevoir comme des rivales du travail scolaire, mais comme un complément.

Du reste, les lycées publics et privés d'aujourd'hui offrent de plus en plus une gamme de possibilités périscolaires incluant des activités artistiques (théâtre, orchestre, chœur), des clubs d'intérêts variés : échecs, débats, photographie, journalisme, etc. Les lycéens doivent être encouragés à participer à au moins l'une de ces activités.

Les bénéfices

La participation à ces activités extrascolaires peut ajouter des dimensions importantes au développement social et psychologique de l'adolescent.

➤ *Un élargissement de ses horizons et un renforcement de la confiance en soi*

La plupart de ces activités cultivent des intérêts et des habiletés que l'on développe rarement dans les cours plus classiques du cadre lycéen. Elles fournissent des occasions de s'affirmer, de prendre des décisions, de s'engager, ce qui manque souvent dans l'éducation fortement structurée dispensée dans la salle de classe. Pour le lycéen moyen, elles offrent la possibilité de se sentir réussir et même d'exceller dans un domaine donné. Les acclamations et les applaudissements font toujours plaisir, ils sont la récompense concrète d'un effort personnel souvent important. Tout cela contribue fortement à construire l'estime de soi trop souvent mise à mal par un enseignement exigeant.

➤ *Un encouragement de l'effort collectif et de l'intérêt de la coopération à plusieurs*

Les activités de groupe exigeant la coopération ne sont pas mises en avant dans la plupart des classes. L'enseignement contemporain pousse plus à l'individualisme et à la compétition. Dans la classe, les élèves réussissent pour obtenir plus de succès que leurs pairs. Dans les activités extrascolaires, les adolescents réussissent en travaillant avec leurs pairs, qu'il s'agisse de la préparation d'une pièce de théâtre ou d'un match de basket contre l'équipe d'une autre ville ou d'un autre lycée.

➤ *Le développement d'un intérêt pour le lycée*

Chez les lycéens qui vont au lycée « à reculons », des activités périscolaires pratiquées dans le cadre de l'établissement peuvent permettre de tracer un pont entre l'école et l'adolescent. La participation et l'engagement dans le lycée à une activité périscolaire peuvent renverser le point de vue négatif du jeune sur son établissement.

➤ *Une amélioration des rapports avec les adultes*

Les activités extrascolaires peuvent favoriser le développement de relations positives, de relations d'admiration et de confiance avec des adultes. Quand un lycéen a un problème à la maison ou avec ses enseignants, il peut trouver dans l'entraîneur sportif ou l'animateur de l'activité culturelle un adulte de confiance.

➤ *L'ouverture vers la vie sociale*

Les activités extrascolaires permettent aux adolescents de rencontrer les camarades de la classe qui ne sont pas les camarades habituels ou des camarades d'autres classes. C'est en particulier utile pour l'adolescent timide ou pour l'adolescent qui a fortement tendance à s'ennuyer.

Les risques

Comme toute bonne chose, les activités extrascolaires peuvent comporter des dangers.

➤ *Trop de temps et d'énergie*

Le danger principal se situe dans le temps et l'énergie qu'un adolescent consacre à ses activités extrascolaires, lorsque celles-ci compromettent sa disponibilité dans le travail scolaire. Les activités sportives peuvent exiger beaucoup de temps et d'énergie, avec des entraînements fréquents et des rencontres loin de l'école. Les bons clubs et les bons entraîneurs connaissent ce conflit potentiel et sont attentifs à ne pas mettre l'adolescent en difficulté. Mais certains ne le font pas. Si c'est le cas, les parents doivent prendre conscience de ce problème. La participation à ces activités ne doit pas excéder cinq à dix heures par semaine. Pour éviter tout problème :

— Parlez à l'adolescent de ce type de conflit potentiel à l'avance.
— Précisez que le travail scolaire vient d'abord.

➤ *L'échec*

C'est un deuxième risque. Quand un étudiant laisse tomber son devoir de biologie, c'est une question d'ordre privé. Quand un adolescent ne réussit pas dans son équipe ou quand il n'arrive pas à interpréter le rôle qu'il doit jouer dans une pièce de théâtre, l'échec est public. À ce sujet, les autobiographies d'athlètes et d'artistes qui ne manquent jamais de parler de leurs échecs passagers seront un bon complément à votre bibliothèque.

Sachez que les étudiants qui pratiquent des activités extrascolaires ont tendance à avoir des ambitions professionnelles plus hautes et à mieux réussir que ceux qui n'en pratiquent pas. L'engagement et le succès dans ce type d'activités sont donc associés au succès scolaire.

École publique, école privée

Une alternative au lycée public est le lycée privé. Si vous avez le sentiment que votre enfant a besoin d'une attention spéciale ou que les établissements publics dans votre secteur n'offrent pas l'éducation que vous souhaitez, l'école privée est une possibilité que vous devez considérer.

Si vous croyez que l'école privée peut être un meilleur choix, envisagez soigneusement ce qui convient le mieux à votre adolescent. Discutez-en ensemble, cette décision est importante. Ne prenez pas comme seul critère le nom de l'école, sa réputation, ou ne choisissez pas tout simplement la plus prestigieuse. Pensez à votre adolescent en particulier. Par exemple, certains établissements indiquent qu'ils s'attachent surtout à la discipline, d'autres exigent un gros travail, d'autres encore permettent un enseignement presque à la carte. Pour un élève travailleur, réussissant bien, le lycée qui lui est accessible et qui doit assumer l'enseignement pour tous, n'est pas forcément celui que vous souhaitez ; un établissement privé de qualité peut l'être plus facilement. Pour un élève indiscipliné ou peu motivé par les études, certaines écoles privées peuvent fournir la structure dont il a besoin.

Pour un adolescent créatif, à l'esprit indépendant, original, d'autres établissements peuvent être plus appropriés : il pourra mieux réussir dans des écoles privées, qui préfèrent l'expression à la discipline.

Les différents types d'établissements et leurs qualités propres sont généralement connus des professionnels, des centres d'orientation publique et privée et des « Écoles des parents ».

Je vous conseille

— Un des intérêts des établissements privés est généralement la possibilité de poser des questions, même les plus délicates. Lors de l'entrevue avec le responsable d'un établissement privé, demandez la « philosophie » éducative de l'école et le programme d'études. Comment serait géré un hypothétique problème scolaire ou de discipline ? Quel est le style d'études proposé aux élèves vifs mais indisciplinés ou aux élèves studieux mais lents ? Quelles sont, selon son responsable, les qualités de l'établissement ? Quels sont ses points faibles ? Qu'est-ce qui est prévu en cas de problème ?

— Soyez attentif aux intérêts spéciaux de votre adolescent et à ses besoins. Si vous avez un « scientifique », par exemple, examinez les équipements de laboratoire de l'école éventuelle. Si votre enfant est « musical », l'école offre-t-elle dans cette voie des possibilités « scolaires » aussi bien qu'extrascolaires, orchestre, chœur, etc. ?

— Vous devez aussi demander des informations de base sur les performances passées et présentes du lycée. Cela ne vous dira rien des méthodes pédagogiques, mais vous donnera une idée du niveau de l'école. Cependant, il faut savoir que l'école avec les scores les plus hauts n'est pas nécessairement la meilleure pour votre enfant : s'il est un étudiant moyen, cette école pourrait être trop compétitive.

— Finalement, prenez des dispositions, pour vous et votre adolescent, afin de visiter l'école. Les étudiants vous ont-ils paru engagés ou éteints ? Le plus important est d'essayer d'imaginer la façon dont votre enfant évoluerait dans ce nouvel environnement d'étude.

Travailler pendant les vacances ?

Être fin prêt pour aborder la rentrée scolaire n'est pas seulement une question de fournitures, cela signifie aussi être au point sur le plan pédagogique : l'élève doit se sentir à l'aise avec les connaissances acquises l'année précédente, avoir une idée précise des programmes qui l'attendent en classe supérieure et avoir confiance dans ses méthodes de travail.

En cas de difficultés, il existe des organismes spécialisés proposant une révision des programmes et des stages de méthode. L'expérience montre que ces enseignements sont particulièrement profitables, en particulier pour les élèves médiocres ou moyens dont beaucoup échappent ainsi à l'effondrement des notes fréquemment observé au cours du premier trimestre de l'année scolaire. L'adresse de ces organismes est facilement accessible au Centre d'information et d'orientation (CIO) dont dépend l'établissement que fréquente votre enfant.

Il est par ailleurs recommandé que la semaine précédant la rentrée, les jeunes acceptent de retrouver une hygiène de vie – horaires, sommeil, alimentation –, souvent oubliée pendant les vacances.

« Pour les élèves qui n'ont aucune difficulté scolaire, mais aussi pour les autres, est-il conseillé d'avoir un “job” d'étudiant dès le lycée, pendant les vacances ? »

Ma réponse est : oui. Un travail d'été est un moyen pour des adolescents de gagner de l'argent sans mettre en cause le travail scolaire. Il n'y a aucune raison pour que les adolescents ne travaillent pas pendant l'été, comme cela se fait dans de nombreux pays étrangers.

Vous pouvez les aider dans cette voie :

— Cherchez avec eux un emploi ou un stage qui leur permettra d'acquérir les connaissances et des expériences qui auront de la valeur dans l'avenir et qui pourront leur apporter des contacts avec des adultes susceptibles de leur servir de modèle professionnel positif.

— Insistez pour que vos adolescents aient une idée de la façon dont ils vont utiliser l'argent qu'ils vont gagner.

— Trouver un travail intéressant exigera plus d'initiative, plus de recherche, qu'un petit boulot dans un restaurant de restauration rapide ou dans un grand magasin : c'est un domaine où les adolescents acceptent volontiers le conseil ou l'aide de leurs parents. Cependant, l'adolescent doit être responsable de son choix.

— Aidez-le à rechercher un travail dans un domaine qui pourra l'intéresser un jour (par exemple, la médecine, la justice, le journalisme, la publicité, si ce sont les carrières qui l'attirent). S'il ne sait pas ce qu'il veut faire, il doit déterminer ses intérêts favoris, c'est le moment de l'aider à s'orienter.

Les six commandements d'une bonne rentrée

Se préparer avant le jour J de la rentrée est chaque année indispensable. Il y a six commandements pour effectuer une bonne rentrée :

- Vérifier son niveau. Les sportifs se préparent mentalement avant une compétition dont la dimension physique n'échappe à personne. Lorsqu'il s'agit de compétition mentale, il serait encore plus absurde de croire que l'esprit n'a pas besoin d'échauffement. Revoir quelques points fondamentaux des programmes de l'année précédente, ouvrir les ouvrages de l'année à venir pour en parcourir les principaux aspects ou même éventuellement s'inscrire à un stage de prérentrée pour les élèves les plus faibles : ces quelques recommandations doivent s'appuyer, pour être acceptées, sur l'exemple des sportifs cité ci-dessus.
- Réaménager son cadre de travail. Sans être trop strict, l'aménagement de la chambre ou du coin travail doit être pratique et inciter à l'étude : l'accès facile aux feuilles de papier, au dictionnaire ou éventuellement à l'ordinateur est plus positif que l'interdiction de la chaîne hi-fi ou de l'étagère de bandes dessinées.
- Soutenir l'adolescent par des encouragements, par un échange pas trop inquisiteur le premier jour, en un mot par la marque d'un véritable intérêt est plus utile que les parents, trop souvent, ne le croient.
- Faciliter les déplacements du domicile au lycée en les préparant par une discussion commune. Parfois les essais de trajet ou de moyens de transport effectués au cours de la prérentrée évitent les conflits ultérieurs auxquels peut se mêler l'angoisse de la rentrée proprement dite.
- Régler les problèmes de dernière minute avant la dernière minute : inscriptions à la cantine, budget personnel, habillement, achat des livres.
- Souscrire une assurance spéciale dès les premiers jours de la rentrée si votre police multirisques-habitation ne couvre pas les risques liés à la scolarité. Les associations de parents d'élèves proposent des formules à leurs adhérents.

La préparation aux examens

Les examens jalonnent avec régularité et rigueur la vie scolaire. Ils sont toujours source d'inquiétude, d'autant qu'ils retentissent sur l'avenir du sujet. Le baccalauréat reste en France l'exemple type de cette situation. Là aussi, il existe de grandes différences, selon les adolescents, dans les moyens de préparer un examen, les attitudes psychologiques face à l'épreuve elle-même et les réactions face à l'éventuel échec.

L'adolescent face aux examens

La préparation des examens est une période importante au cours de laquelle les comportements habituellement manifestés en cas d'anxiété se révèlent. Il peut s'agir d'attitude de fuite devant l'examen dans laquelle l'élève fait comme si cette échéance n'existait pas : il ne travaille pas et cherche un refuge dans tout ce qui peut lui permettre d'éviter de penser à cette épreuve. Autre comportement : l'adolescent travaille de façon extrêmement intensive mais sur un mode obsessionnel : il a le sentiment de ne jamais en savoir assez, de devoir toujours répéter les mêmes apprentissages mais sans acquisition vraie ; il a l'impression d'une activité extrêmement pénible et improductive qui l'épuise physiquement et moralement. Dans d'autres cas encore, l'adolescent peut se réfugier dans une attitude de désintérêt apparent : ce n'est qu'une façon de lutter contre l'angoisse en mettant à distance ce problème qui le concerne personnellement. Enfin – c'est heureusement le cas le plus favorable – il peut utiliser son anxiété et son appréhension comme moteur pour travailler à la réalisation d'une tâche qui représente pour lui un souhait de réussite.

Les attitudes face à l'examen lui-même sont également variées. Elles peuvent être compliquées par les risques d'inhibition et d'émotivité que l'épreuve suscite chez le sujet. Lorsque cette émotivité est importante et qu'elle fait perdre au candidat une grande partie de ses moyens, il existe, en dehors de tous les conseils éducatifs et psychologiques, des médicaments qui ont une action sur l'émotivité du sujet en situation d'examen et qui peuvent être alors, uniquement momentanément, utilisés.

Enfin, face à l'échec, la réaction sera variable. Réaction dépressive sous la forme d'un effondrement qui, comme tout état dépressif, s'il dure, doit être sérieusement pris en compte et traité. Réaction de colère, de dépit et d'agressivité, qui n'est que la réaction inverse et défensive de la précédente, mais qui nécessite des attitudes de compréhension, d'accompagnement et de soutien, parfois plus difficiles à exercer ou à réaliser. Réaction de prestance, l'échec pouvant susciter chez l'adolescent un réflexe de fierté et développer ou créer un sentiment de lutte qui lui permettra de repartir sur une voie plus favorable et parfois même plus profitable que celle qu'il avait jusque-là choisie.

Sandrine rentre à la maison à reculons tous les soirs. En effet, elle sait que, comme d'habitude, sa mère exigera qu'elle se mette à sa table de travail tout de suite après le quart d'heure de détente autorisé. En chemin, heureusement, il y a un magasin de journaux, et elle a l'idée, ayant un peu d'argent en poche d'acheter la dernière revue « Podium ». Ainsi, ce soir, elle est tout excitée à l'idée de se lancer dans des lectures interdites en se cachant, plutôt que d'étudier. Si quelqu'un rentre dans sa chambre, elle aura tout le temps de glisser la revue sous son cahier de cours.
Mais Sandrine culpabilise, elle n'est pas heureuse de mentir, de cacher. Par ailleurs, compte tenu de son état d'esprit, son travail avance mal, elle le survole comme pour se donner bonne conscience.

Bien se préparer aux examens

L'apprentissage est une initiation à une technique ou à des connaissances que l'enfant n'acquiert pas spontanément. Il suppose un certain effort, voire une contrainte. Normalement, cet effort est bien intégré par le sujet qui peut se projeter dans l'avenir.

Le rôle des parents

Les parents peuvent aider l'adolescent à prendre en main sa préparation, qui en elle-même est un travail :

- Un bon aménagement du temps et de l'espace : le jeune peut se constituer un programme de révisions. Cela lui permettra de tenir les délais et de ne pas se trouver débordé par l'échéance. De plus, il aura ainsi clairement à l'esprit une vue d'ensemble, nécessaire pour donner un cadre à l'intégration mnésique.
- Les conditions matérielles et quotidiennes de la vie influencent également la préparation. Toutefois, notons que si la logique voudrait que le silence et le

calme soient de rigueur pour de bonnes révisions, certains sujets ont besoin, par exemple, de musique. Si tel est le cas, alors des interdictions trop obsédantes de la part des parents risquent en fait de gêner la concentration en augmentant la pression sur le jeune.

- Il faut mener une vie équilibrée, c'est-à-dire ne pas la limiter à ces examens : faire du sport, rencontrer des amis pour prendre « un bol d'air » et se remettre alors ensuite au travail en toute disponibilité.
- L'initiation à la recherche documentaire permet aussi de mémoriser de manière plus intéressante et active. Les parents doivent aider leurs enfants à s'initier à cette recherche dans des revues, des livres, des bibliothèques, des musées, etc.
- Respecter ses rythmes biologiques : l'adolescent doit avoir un sommeil suffisant et une alimentation saine.
- Il faut que l'adolescent se préserve la veille des examens afin de ne pas « user » au préalable ses capacités de réflexion, d'analyse et de remémoration des données apprises dans l'année.

➤ *L'influence des facteurs extérieurs sur la préparation des examens*

En dehors des facteurs propres à l'organisation et aux besoins de l'adolescent, des données extérieures vont conditionner la bonne préparation aux examens :

- Le climat familial doit être normal, comme d'habitude, sans excitation ni manifestations de tension que les examens de leur enfant peuvent susciter chez certains parents. Il ne doit pas gêner la concentration en ne respectant pas le rythme du sujet, par des veillées trop tardives, des voyages importuns, des déjeuners se prolongeant le dimanche à l'occasion de la venue des grands-parents. L'équilibre doit être satisfaisant pour que l'adolescent fasse abstraction des influences extérieures.
- La préparation aux examens ne doit pas non plus être surinvestie par les parents en référence à leur propre expérience. Certains en effet accordent beaucoup d'importance à la réussite intellectuelle, ou encore peuvent souhaiter réussir à travers leur enfant. La préparation se fait alors dans une ambiance très tendue, d'où une pression affective sur le jeune qui ne pourra pas avoir l'esprit disponible à son travail.
- Le sujet adolescent qui a du mal à trouver son calme et qui est parfois fragilisé par des problèmes affectifs n'affrontera pas toujours les examens de manière sereine. Ceci notamment dans la mesure où tout examen comporte en lui-même un facteur normal de stress. Faut-il alors utiliser un médicament ? Ma

réponse est : le moins possible. Mais ne tombons pas dans un fanatisme « anti-médicament ». À condition d'avoir un avis médical, de faire un essai un ou deux mois avant dans des conditions sans conséquences d'épreuves scolaires, un médicament peut ponctuellement être utilisé.

Les parents face aux examens de leur adolescent

Le lycéen sera tout particulièrement sensible à et influencé par :
— l'intérêt que vous porterez aux résultats de ses examens : il a besoin d'un certain soutien affectif pour utiliser avec assurance ses compétences ;
— l'autonomie que vous lui accorderez. Il faut pouvoir responsabiliser l'adolescent car la préparation aux examens doit avoir pour enjeux la réussite et le développement des potentialités de l'adolescent, donc son autonomisation : le but n'est pas de faire plaisir aux parents.
Sachez en outre que l'adolescent est également influencé par ses relations avec les enseignants et le groupe de sa classe qui représente pour lui une référence.

L'orientation

Comment procéder à l'orientation

L'orientation se fait toujours en trois temps :

— Construire ou reconstruire un projet en commun (cela peut demander du temps et peut être source de conflit ou de crise). Trois clés : pas de précipitation, pas de mensonge, une concertation totale.

— Tracer un chemin : les fameuses filières.

— Choisir un bon établissement.

Qui est concerné ?

— chacun des parents et l'adolescent bien sûr,

— les enseignants,

— mais aussi selon les circonstances : les frères ou les sœurs, les oncles ou les tantes, les grands-parents, un ami exerçant dans l'orientation choisie, un professionnel de l'orientation, le conseiller d'orientation.

Qu'est-ce qu'un projet ?

Nous pourrions, pour répondre à cette question, reprendre les définitions successives que le mot « projet » a pu revêtir au cours des siècles. Par souci de concision, nous retiendrons quatre grandes phases dans son évolution.

- Le projet apparaît d'abord sous la forme d'un projet architectural. Il correspond alors à un aspect technique de la construction et de la planification de travaux. Définir un projet, c'est se donner des étapes, des paliers allant de la construction de bases solides jusqu'à la pose du toit.
- Le projet devient ensuite sociétal. Il répond à la question : quels sont mes désirs pour la société dans laquelle je vis ? Et ce, grâce à la réflexion sur l'organisation sociale, sur la pédagogie, sur ce qui lie les hommes entre eux. Jean-Jacques Rousseau en donnera un exemple avec son *Contrat social*.
- Puis c'est avec l'approche existentielle que la notion de projet se renouvelle. Il devient ainsi le maintien d'une tension continuelle entre la situation vécue au présent et un idéal libérateur entrevu.
- Enfin le projet s'est démocratisé pour ne pas seulement toucher une élite mais bien chaque individu qui peut dans sa vie réfléchir et organiser ses actions.

Pour un adolescent d'aujourd'hui, un projet est toujours infiltré d'idéalisme et répond plus à notre définition « existentielle » qu'aux autres approches.

Je vous conseille

Savoir où l'on va est sans doute aussi important que savoir comment et par où. Nous soulignerons ici le travail de certains parents qui, au-delà des études et des résultats obtenus, accompagnent leur adolescent vers une réflexion sur son projet professionnel. Une réflexion qui ne se base plus sur la stricte qualité du parcours mais bien sur la construction d'un projet en plusieurs étapes visant à la réalisation d'une finalité. C'est au travers des questions suivantes que vous aiderez votre enfant à éclaircir son projet :

— Quelles connaissances as-tu des métiers ?

— Quel(s) métier(s) veux-tu exercer ?

— Quelles sont les étapes qui t'y mèneront ?

Ajoutons que cette réflexion peut conjointement être menée en famille ainsi qu'avec le soutien d'un psychologue ou d'un conseiller d'orientation qui, par ses connaissances des questions de l'adolescence et des filières scolaires accessibles, peut apporter un éclairage précieux.

L'orientation interviendrait donc en second lieu, quand le projet est décidé ou dessiné. Cependant le travail proposé par les conseillers d'orientation intègre bien souvent une phase de réflexion sur le(s) projet(s) de l'adolescent. Ce n'est qu'à la suite de cette période que peut être proposé un trajet passant souvent par le choix d'un établissement scolaire.

Je vous déconseille

— Ne laissez pas l'adolescent décider seul, même s'il le revendique.

— Ne le laisser pas non plus croire qu'il ne pourra pas remettre en cause son projet, ce serait la meilleure façon de lui faire fuir ce travail de réflexion.

L'orientation de votre adolescent

Votre adolescent ne peut pas choisir son orientation s'il n'a pas au préalable défini de projet. Il est donc important de prendre le temps d'en parler avec lui et de l'aider à y voir plus clair.

Vous devez lui faire comprendre qu'une discussion n'est pas une décision.

N'oubliez pas qu'il faut prendre du temps pour dépasser les conflits et les *a priori*.

Le choix de la filière

La question qui se pose souvent pour les adolescents et leurs parents est la suivante : filière générale ou filière professionnelle ? Les filières générales sont souvent perçues comme préférables dans la mesure où elles conservent une ouverture, une pluridisciplinarité qui constitue pour l'adolescent la garantie de pouvoir faire un choix ultérieur plus éclairé.

Quelques éléments de réflexion sur ces deux filières et leurs implications peuvent être utiles :

— La filière générale sous-entend un goût de l'adolescent pour la culture et une approche avant tout intellectuelle et souvent abstraite. L'intérêt que présentent les filières générales n'est plus à démontrer dès lors qu'elles permettent un accès aux universités et plus généralement aux études secondaires longues.

— Les filières professionnelles sont quant à elles orientées vers la pratique d'un métier. Elles peuvent donc convenir à un adolescent qui préfère une approche concrète, grâce à des stages qui lui permettront d'entrevoir immédiatement la finalité de ce qu'il apprend. Cependant, une orientation vers un cursus professionnel implique qu'un choix de métier a déjà été effectué. Notons néanmoins que choisir de s'orienter vers un parcours professionnel ne préjuge en rien d'un avenir restreint ou limité. Il m'a souvent été donné de rencontrer des jeunes adultes au parcours débutant par exemple avec un CAP/BEP comptabilité pour aboutir à une MSTCF (niveau Bac + 4).

De nombreux ponts sont aujourd'hui possibles dans le secteur scolaire. Plutôt que le choisir systématiquement les « autoroutes », il est parfois souhaitable de personnaliser son parcours afin de trouver sur son chemin les paysages aimés et motivants.

Choisir sa route, c'est réfléchir et c'est désirer. C'est aller jusqu'au bout de son désir en assumant les plaisirs et déplaisirs que ce dernier occasionne, en acceptant de différer le plaisir au moment de la réalisation du projet.

Je vous conseille

Le souci de garantie, le désir de conserver des portes ouvertes ne doivent donc pas correspondre à un pis-aller repoussant sans cesse l'instant du choix. En effet, ce sont les choix qui construisent l'individu, lui permettant de se définir à ses yeux, comme au regard du monde extérieur. L'action même de choisir, avec ce que cela implique comme recherche d'information mais également comme obligation d'assumer le choix effectué, est l'une des phases prépondérantes de l'acquisition d'autonomie. Il convient donc de ne pas négliger l'un de ces deux aspects.

Je vous déconseille

Ainsi, n'attendez pas que la motivation de votre enfant disparaisse, faute de but réel, pour l'inviter à réfléchir à la question de son projet professionnel.

Inversement avoir un « but dans la vie » n'est un atout que si l'on se donne les moyens d'y accéder et ce grâce à un parcours approprié.

Comment choisir un bon établissement ?

Peut-on parler comme nous l'entendons souvent de bons ou de mauvais établissements ? Il semble plus approprié de parler d'établissements adaptés ou non au désir et au projet de l'adolescent.

L'établissement est un lieu de vie pour l'adolescent. S'il peut être choisi en fonction des pourcentages de réussite de ses élèves, il constitue également un espace de rencontre avec d'autres adolescents.

➤ *Des motivations différentes*

Il est à noter que si les parents ont une approche plus rationnelle et attachent davantage d'importance aux garanties que propose le lycée qui accueille leur adolescent, ce dernier envisagera souvent son choix sous un angle plus affectif. Des amis qu'il retrouvera, qu'il ne veut pas quitter, de tel ou tel aspect qui le séduira ou suscitera un rejet, va dépendre sa décision. Cette rencontre entre raison et passion ne se fait pas sans quelques heurts.

C'est pourquoi l'avis d'un tiers ne prenant pas parti permettra une meilleure médiation et une conjugaison des deux approches souvent des plus satisfaisantes et des plus bénéfiques.

➤ *Les informations utiles*

De même, il est utile de savoir que des effectifs importants impliquent de la part du professeur un travail difficile pour mobiliser son auditoire et de la part des élèves une bonne faculté de concentration.

Les lycées affichent parfois un projet pédagogique qui présente une certaine idée de l'enseignement. Ce sujet doit pouvoir, dans une certaine mesure, être abordé avec un représentant de l'établissement et/ou avec des parents d'élèves. Il est également possible de se renseigner sur les services proposés par le lycée : présence d'un service d'orientation, de clubs de sport ou de loisirs, d'un soutien psychologique, d'une infirmerie, d'une assistance sociale... Ainsi la connaissance des services et des objectifs de l'établissement peut accompagner les parents et l'adolescent dans leurs réflexions et leur choix.

Enfin si vous souhaitez plus de précisions, sachez que très souvent, les conseillers d'orientation, les psychologues, qu'ils interviennent en tant que service public ou privé, en raison des contacts qu'ils entretiennent avec les lycées mais également avec les lycéens qui y effectuent leur scolarité, sont une source précieuse de témoignages et d'informations.

La question de l'apprentissage

Le nombre des jeunes en formation augmente régulièrement. Les adolescents et leurs parents confirment ainsi leur intérêt pour les formules d'apprentissage. Les chambres de commerce et d'industrie se sont engagées fortement dans ce sens. Plus des deux tiers des jeunes formés par ces chambres sont de niveau CAP-CEP et n'ont pas subi de sélection pour accéder aux centres de formation en apprentissage. Il ne faut donc pas désespérer si votre enfant ne s'adapte pas au système scolaire français, si abstrait dans sa formation.

Les problèmes du lycéen

Il veut changer d'orientation

Changer d'orientation implique un changement plus général. C'est le projet de vie, le projet professionnel, le projet parents-adolescent, qui est remis en cause. C'est parfois aussi un changement d'établissement, de réseau relationnel qui est à l'adolescence souvent chargé affectivement.

Le changement est donc un moment important et parfois même inquiétant pour vous, parents, mais également pour votre adolescent. C'est pourquoi il convient de s'y arrêter et de comprendre la situation dans sa globalité. C'est en premier lieu, le contexte de la décision qui est à interroger.

➤ *Le changement intervient brusquement*

L'opposition chez l'adolescent est, comme nous l'avons vu, une phase de construction normale. Tester les règles, c'est vérifier leur réalité. Il convient donc de vérifier que ce changement, surtout quand il ne s'annonçait pas, n'est pas un moyen pour votre enfant d'exprimer son opposition.

Les indicateurs d'une telle attitude sont donc la soudaineté, l'absence d'un autre projet construit, l'attitude de fuite de votre adolescent quand vous souhaitez aborder le sujet, ainsi qu'une trop grande confiance en soi accompagnée de remarques comme « Je suis adulte. Je ne suis plus un enfant. Je veux faire ce que je veux. Je m'en sortirai toujours. »

Il s'agit alors de calmer les esprits et de prendre du recul, afin de mieux comprendre comment est survenu ce changement. Il est par exemple intéressant de savoir si d'autres événements extérieurs ont une place dans cette décision. Cela peut être le cas d'une séparation, d'un deuil, d'une perte de motivation, de désir, d'envie.

Toutes ces informations seront donc l'objet d'une discussion posée. Cependant, rappelons que la période de l'adolescence n'est pas toujours propice à l'échange parents-enfant. C'est pourquoi, il ne faut pas hésiter à solliciter les services d'un médiateur, ami, psychologue ou conseiller d'orientation.

➤ *Le changement correspond à une baisse générale de motivation*

L'adolescent n'a pas d'idées précises de ce qu'il veut faire, mais il ne se plaît plus là où il est. Il ne ressent plus le désir qui l'animait auparavant. Il subit ses études, sans y croire, trouvant même qu'il n'a aucun don pour produire ce qui lui est demandé. Cette attitude qui évoque un vague à l'âme, comme un vide, se retrouve aussi dans d'autres domaines que celui purement scolaire.

La meilleure chose à faire dans ces circonstances, et compte tenu de l'extension que prend cette perte de désir, de vitalité, est de consulter un spécialiste des questions de l'adolescence, psychologue ou psychiatre, afin de recueillir son avis (voir page 559).

➤ *Le changement était attendu*

L'adolescent peut avoir envie de suivre plusieurs voies. Il peut avoir montré une hésitation entre deux orientations pour lesquelles il avait de bonnes dispositions, avoir effectué un choix et revenir sur sa décision. Ce changement peut signifier que le moment n'est pas venu d'effectuer un choix réel.

Il peut alors être intéressant de réfléchir à un aménagement lui permettant de répondre à cette double aspiration, réfléchir ensemble à la viabilité de son projet, et pourquoi pas à l'apport que peut présenter cette double compétence.

En tout état de cause, il convient de ne pas demander à votre enfant un choix trop rapide, ou d'opposer les deux orientations comme nécessairement incompatibles.

Il ne veut pas, ou plus, aller au lycée

Plusieurs hypothèses sont ici concevables. Mais très souvent, lorsque nous recueillons le propos des parents, ce désir de quitter le lycée intervient comme une menace, comme si l'adolescent sortait un joker en cas de conflits.

➤ *Il manifeste une opposition quasi systématique*

Dans ce contexte, ce qui s'exprime, bien plus qu'un désir d'arrêter les études, traduit un désir de s'opposer, de se révolter. Ce mouvement affectif correspond à la désormais célèbre « crise d'adolescence ». Dès que cela lui est possible, votre enfant prend le contre-pied de ce que vous, ses parents, souhaitez pour lui. C'est le cas, en particulier, de tout ce qui concerne sa scolarité et son avenir. Il sait bien à quel point ses résultats dans ce domaine peuvent être source d'inquiétude pour vous.

En fait, pour de multiples raisons liées à la période qu'il traverse, l'adolescent est souvent fragile et c'est pour s'en défendre qu'il adopte ces comportements de prestance ou qu'il exprime son agressivité vis-à-vis de ceux qui lui sont proches.

Face à une telle situation, les parents doivent rester fermes sur leurs positions, sans pour autant déclencher une provocation permanente de leur adolescent. Un moyen efficace de sortir de ce rapport tendu est de faire intervenir une tierce personne. Qu'elle soit membre de la famille, frère ou sœur aîné, avertie des questions de scolarité, conseiller d'orientation psychologue, conseiller d'éducation de l'établissement, elle sera un médiateur précieux et efficace entre parents et enfant.

➤ *Il manifeste un désir d'ouverture*

Autre hypothèse : l'adolescent souhaite simplement faire autre chose. Il est très sollicité, stimulé par de nombreux centres d'intérêt ; il lui arrive souvent de passer de l'un à l'autre, jusqu'à souhaiter que telle ou telle activité, sportive ou artistique, prenne une place plus importante dans sa vie. Il peut également exprimer le désir de bénéficier d'une approche plus concrète dans ses études, grâce à des stages par exemple, afin de mieux entrevoir la finalité de son travail d'apprentissage.

Ces mouvements passionnés et/ou ce désir « d'apprendre utile » sont d'excellentes choses, car votre adolescent fait ici preuve d'une énergie qu'il veut investir. Cette énergie correspond à un désir important chez lui. C'est un atout que vous pouvez l'aider à cultiver. Je reprendrai ici les propos d'une mère qui m'ont paru des plus constructifs : « Laissons-le faire, dit-elle, à condition qu'il continue à assurer un minimum dans ses études. »

François est parti faire un voyage en Afrique au cours de ses grandes vacances, entre sa première et sa terminale, avec son meilleur ami qu'un oncle et une tante avaient invité. Il en est revenu avec une fascination qui inquiète ses parents. Il veut y retourner et compte faire de la coopération pour aider les communautés rurales africaines à construire les chemins, les routes et les adductions d'eau dont ils ont besoin. Jusque-là, François n'était pas un élève très motivé par les études mais se maintenait, comme ses parents le disent, dans une honnête moyenne. Il voulait faire des études de commerce comme son frère aîné. Ses parents sont contents de le voir se passionner, mais craignent qu'il ne perçoive pas les difficultés qu'un tel projet représente, trop pris par sa passion du moment. Toute une série d'échanges, de discussions contradictoires mais sans position trop tranchée sont nécessaires pour faire prendre conscience à François la mesure de ce projet.

➤ Il est particulièrement anxieux à l'idée d'aller à l'école

L'adolescent, pour des raisons irrationnelles, peut refuser d'aller à l'école et résister avec des réactions d'anxiété ou de panique très vives quand on essaie de l'y forcer.

Cette situation apparaît parfois à la suite d'un changement d'établissement, d'un changement de cycle, d'une maladie ayant entraîné une interruption de la scolarité, d'une altercation avec un enseignant ou un camarade de classe...

Il demeure que cette anxiété qui en elle-même nuit à l'évolution de votre enfant, peut également s'étendre à d'autres domaines que celui de la scolarité. C'est pourquoi il convient dans ce cas de consulter un psychologue ou un médecin psychiatre afin de recueillir son avis sur la situation. Il peut s'agir de ce que les spécialistes désignent sous le terme diagnostique de « phobie scolaire » dont les conséquences sont particulièrement résistantes à l'aide thérapeutique, pouvant aller jusqu'à nécessiter une hospitalisation.

Il redouble

La fin de l'année est là, on savait les résultats moyens, les conseils de classe sont passés et la décision tombe : le redoublement est préconisé par les professeurs et le responsable de l'établissement.

À cette nouvelle succède la déception, comme si l'effort n'avait servi à rien, qu'il fallait tout recommencer. Et c'est la plupart du temps un sentiment de culpabilité ou même de honte qui est ressenti pour ce qui n'est perçu, malheureusement trop souvent que comme un échec.

À cela s'ajoute la tristesse de la séparation d'avec les camarades qui eux ont réussi leur année. Et même quand la nouvelle semble prise avec détachement, elle constitue une blessure pour l'adolescent, une faille dans l'image qu'il souhaite donner aux autres et à lui-même.

Mais cette nouvelle doit-elle être considérée comme un échec ? Notre expérience auprès des adolescents montre qu'elle peut être l'occasion d'une remise en cause constructive.

Je vous conseille

— En premier lieu, il faut laisser se dérouler le temps de la déception. C'est en effet ce temps qui permet de prendre conscience de ce qui a été négatif.

— Il est important ensuite de pouvoir discuter de ce qui n'a pas marché. Est-ce une question de concentration, de manque de travail ?... Le travail est-il la seule cause du redoublement ? D'autres éléments ou événements plus affectifs peuvent-ils être envisagés ?

— Il faut inviter l'adolescent à réfléchir aux solutions qu'il peut mettre en place.

— Pour tous ces points, il est possible de demander l'avis d'un tiers spécialiste des questions de l'adolescence.

Je vous déconseille

— Ce qu'il convient d'éviter en premier lieu, c'est de dramatiser la situation et d'accentuer le sentiment d'échec.

— Ensuite, évitez les décisions d'action trop rapides. L'agitation n'est pas l'action.

— Enfin, de par le recul dont ils peuvent faire preuve, les parents sont parfois tentés de prendre les choses en mains. L'expérience est là pour nous rappeler que le redoublement n'est un échec transformable que s'il est le résultat d'une action, d'une stratégie mise en place, par ou tout au moins avec, l'adolescent.

Il travaille beaucoup mais il échoue

« Il est sérieux à l'école », « elle passe ses soirées devant ses livres, et pourtant les résultats ne suivent pas ». Ou encore, « il a arrêté toutes ses activités extrascolaires pour se consacrer aux études et cela ne paraît pas encore suffisant », « nous finissons par nous demander ce qu'il faut faire », « elle est persuadée qu'elle n'est pas intelligente » : autant de remarques qui montrent combien les parents sont préoccupés par la réussite scolaire de leurs enfants et combien ils peuvent être perplexes quand ils ne comprennent pas.

Dans une telle situation, il est fort probable que le sérieux avec lequel votre adolescent s'installe à sa table de travail chaque soir, vient pallier les difficultés qu'il rencontre à se concentrer. Il sent qu'il n'est pas à son efficacité maximale et il cherche dans un premier temps à remplacer qualité par quantité. Alors, il travaille longtemps, mais quasi à vide. Il a l'impression de ne rien retenir de ce qu'il doit apprendre. Au fond de lui, quelque chose l'empêche de se concentrer comme il le voudrait.

L'abandon des activités extrascolaires, au lieu de lui permettre de mieux travailler, entraîne un renfermement, une lassitude, comme un mal-être au quotidien.

Je vous conseille

— Soutenez votre adolescent dans ses efforts et chercher avec lui ce qui peut être la cause de cette situation. L'adolescence est une période au cours de laquelle apparaissent de nombreuses questions. Des réflexions dont il est parfois difficile de faire part à ses parents.

— Réfléchissez avec votre enfant aux objectifs qu'il se donne. Quels sont-ils ? Quels sont les moyens qu'il met à sa disposition ? En effet, il arrive souvent aux adolescents d'envisager les études en termes de contraintes mais sans réfléchir aux marches qu'ils peuvent ainsi franchir, ou inversement, d'avoir une approche en termes de moyens (« je dois déjà réussir cette année »), mais sans objectif professionnel pour les guider. Ce devrait être notamment le travail des enseignants (les bons y sont attentifs) que d'accompagner le jeune vers une définition de ses objectifs et des moyens à mettre en œuvre.

— Enfin, le maintien d'un minimum d'activités de loisir paraît nécessaire à la détente, ainsi qu'à l'ouverture. On ne peut se concentrer et travailler que lorsque l'on sait aussi se détendre et se ressourcer. Or se détendre ne signifie pas nécessairement rester passif. Ainsi, la pratique d'un sport ou d'une activité créatrice comme la musique, la danse ou encore la peinture, permet de penser à autre chose tout en maintenant une certaine tonicité.

Virginie est une adolescente timide, qui réussit moyennement au lycée alors qu'elle passe son temps à travailler. Ses parents sentent qu'elle est mal dans sa peau mais n'en comprennent pas les raisons. Ils essaient de lui apporter tout le confort et le réconfort possibles. Virginie est en effet mal dans sa peau, mais au sens strict du terme. Elle m'avoue qu'elle a un complexe physique alors qu'elle n'a aucun défaut majeur ; elle n'ose pas se maquiller, arranger ses cheveux ni s'acheter des vêtements qui la rendraient sûrement plus séduisante. Son travail est une sorte de refuge : elle ne l'investit pas comme un travail scolaire.
La possibilité d'exprimer ses désirs, pas si profonds que cela, la soulage énormément et lui permet de se montrer plus adolescente à ses parents qu'elle n'osait jusque-là le faire. Elle consacre moins de temps à son travail scolaire et paradoxalement, elle a de meilleurs résultats.
Il ne faut parfois pas grand-chose pour « débloquer » la situation…

Il veut progresser en langues étrangères

➤ *Il désire évoluer vers plus d'autonomie*

Il apprend une ou deux langue(s) vivante(s) dans son établissement scolaire, mais il reste insatisfait : il souhaiterait progresser davantage soit parce que ses notes sont insuffisantes, soit parce qu'il désire être capable de s'exprimer couramment sans le recours systématique au dictionnaire ou à un tiers. Autrement dit, il veut acquérir de l'autonomie, et l'apprentissage sérieux d'une langue représente pour lui un bon moyen d'atteindre cet objectif.

➤ Son désir s'inscrit dans une recherche identitaire

Il est également possible, étant donné les rapports que la période d'adolescence entretient avec la construction et la recherche de son identité, que votre enfant ait pris conscience ou simplement connaissance de telle ou telle origine : un grand-père venant du Maghreb, une grand-mère polonaise, une branche de la famille résidant en Angleterre... Une information qu'il s'approprie, une culture qu'il souhaite mieux connaître et qui représente pour lui sa spécificité. Il peut donc décider d'apprendre la langue de ses aïeux pour vivre pleinement son appartenance familiale.

➤ Il affiche son désir de communiquer

Enfin, choisir de se perfectionner en langues étrangères peut traduire un désir de communiquer. L'adolescent, de cette manière, manifeste qu'il a des choses à dire, qu'il ne sait pas forcément les exprimer correctement, mais qu'il souhaite trouver un moyen de le faire. Ce désir de communiquer, de s'ouvrir sur les autres, permet donc un enrichissement culturel et humain.

Je vous conseille

Sachez donc qu'il existe plusieurs moyens de progresser dans ce domaine. Cela peut aller de la possibilité d'un stage à l'étranger en séjour linguistique à des cours particuliers jusqu'aux écoles proposant des sections internationales ou permettant d'y effectuer un cursus scolaire plus conséquent.

Ces différentes hypothèses seront à approfondir avec votre adolescent. Quoi qu'il en soit, l'expérience montre qu'il est préférable d'aller dans le sens d'un tel désir, surtout quand il est porteur d'une recherche d'autonomie.

L'adolescent dans sa famille

■

Vous avez maintenant devant vous un adolescent, et il est essentiel que vous preniez conscience qu'il est sorti de l'enfance. Vous avez certainement beaucoup apprécié cette période, mais voici maintenant qu'elle prend fin. Être parent, c'est aussi accepter que ses enfants grandissent pour suivre leur propre chemin, différent de celui qu'on a pu imaginer. Ce projet formé par vous pour eux les a soutenus jusque-là ; maintenant, c'est à eux de trouver le leur.

Vous n'êtes plus indispensable à vos enfants, même si vous êtes encore responsable d'eux. Il s'agit désormais d'apprendre à les laisser agir seuls, certes avec des conseils. Mais il est temps qu'ils prennent des initiatives : ils se sentiront ainsi progressivement responsables de leurs actes et d'eux-mêmes. Il n'est cependant pas question de les lancer dans le vide en leur disant : « Tu es grand, maintenant, débrouille-toi ! » Même, si c'est exactement ce qu'ils semblent vous réclamer, ils vous en voudraient beaucoup : l'adolescence est l'âge des paradoxes, et votre adolescent en souffre autant que vous.

Il ne s'agit pas non plus de les écraser sous le poids d'une image idéalisée d'adultes ou de parents. D'une part, la perfection n'existe pas, d'autre part, ils vont tout de même se sentir floués. Bien au contraire, ce sont vos limites, vos insuffisances voire vos défauts qui vont aiguiser leur désir de grandir et d'achever la construction de leur personnalité. Se poser en modèle parfait de l'adulte reviendrait à les priver de toute velléité d'autonomisation et d'indépendance. Enfin, l'adolescent est à la recherche de vérité : d'abord la sienne (qui il est), mais aussi celle des autres, et à commencer par ses parents. Être au plus proche de vous-même et de ce que vous ressentez ne peut que les encourager dans cette démarche.

Il n'est plus question de les aider, mais juste de les accompagner à trouver l'adulte qu'ils vont être, qu'ils sont en puissance. Aider et accompagner sont deux actions tout à fait distinctes, et face à un adolescent, leurs différences deviennent flagrantes. Les connaître peut vous permettre de mieux comprendre votre adolescent.

■ Aider une personne, c'est l'assister, entreprendre quelque chose pour elle qu'elle ne peut pas faire seule. C'est le rôle des parents avec un petit enfant, quand par exemple, il faut lui acheter un vêtement. Or avec un adolescent, cela devient un geste inutile et même pernicieux. Vous ne pourrez jamais savoir ce que désire votre adolescent à sa place. C'est à lui de décider de sa vie future, de ce qu'il veut et de ce qu'il ne veut pas pour lui.

■ Accompagner est le contraire d'aider. C'est accepter de se laisser guider par une personne, qui s'appuie sur vous, le long du chemin qu'elle a choisi. Il s'agit ici de laisser l'adolescent faire ses choix et non d'en décider pour lui, fût-ce pour son bien. Accompagner demande plus de tact qu'aider, mais aussi plus d'attention et de rigueur : tout chemin n'est pas non plus bon à prendre.

En résumé

Être parent d'adolescent, c'est renoncer à l'enfance éternelle de son enfant. Cela ne s'improvise pas. Cela demande un certain effort. Peut-être a-t-il déjà essayé de vous le faire comprendre (si vous avez le sentiment de ne plus le reconnaître, c'est bien qu'il a changé). La réussite de votre adolescent ne dépendra plus de votre seule capacité à l'aider, mais aussi du tact avec lequel vous saurez l'accompagner dans sa voie personnelle.

Vivre ensemble

La bonne distance

Votre adolescent, en ayant atteint la puberté, nous l'avons dit pour le collégien (voir page 93) est devenu un acteur sexuel potentiel. C'est pourquoi, une plus grande distance physique d'avec vous lui est désormais nécessaire. Il peut l'instaurer de lui-même et se soustraire aux câlins et aux embrassades que vous partagiez ensemble jusqu'ici. Vous n'avez pas à vous sentir délaissé pour autant. C'est une façon pour lui de quitter le giron familial. Il vous garde tout son amour et attend des preuves du vôtre. Celles-ci vont passer simplement par d'autres formes : des conversations sur les sujets qui le passionnent, une demande d'écoute plus attentive, un intérêt réel pour ce qu'il réalise.

Cette prise de distance avec vous va s'opérer aussi dans d'autres domaines : intellectuel, amical, amoureux, toutes les activités que peuvent développer les adolescents. Là aussi peut-être, vous allez sentir que votre adolescent a tendance à s'éloigner, à ne plus penser comme vous ou à cultiver une aire de mystère. Il vous fait moins de confidences. C'est un passage nécessaire pour trouver et affirmer sa personnalité. S'opposer ou rester volontairement évasif lui permet de cultiver son jardin secret, d'affirmer sa différence par rapport à vous.

Vous comprenez donc combien il est important de respecter son éloignement. Si vous résistez, l'adolescent le ressent comme une volonté de mainmise sur sa vie, sur ce qu'il est. Il peut penser que vous vous opposez à ce qu'il grandisse et s'autonomise. Cela peut le conduire, soit à se rebeller, attitude conduisant à des affrontements, soit à la soumission, mais alors, il ne deviendra jamais vraiment adulte.

En même temps, votre tâche de parent est compliquée par le fait que si vous-même installez ou maintenez trop ouvertement cette distance, votre adolescent va l'entendre comme de l'indifférence à son égard. Il en souffrira beaucoup. Il peut vous rejeter ; il est en effet plus facile de rejeter que de se sentir rejeté. Il peut aussi renoncer à devenir adulte et s'engager dans certains comportements qui ne pourront qu'attirer votre attention. Enfin, il faut savoir que plus un adolescent est renfermé, secret, voire rejetant, plus il éprouve le besoin que ses parents s'intéressent à lui.

De l'affrontement au dialogue

L'adolescent est pris entre deux désirs contradictoires qu'il ne peut encore assumer pleinement l'un comme l'autre : être différent et autonome de ses parents et se sentir néanmoins compris par eux. Cette contradiction conduit fréquemment les adolescents à se dire incompris de leurs parents.

La communication avec l'adolescent illustre clairement ce paradoxe de la distance à prendre pour se construire. Une façon imparable de se différencier de vous est le rejet ou l'affrontement. C'est une voie possible pour un adolescent, mais très dommageable pour lui. Il risque de perdre votre amour. Et malgré tout ce qu'il peut vous en dire, il a grand besoin de vous. Mais s'il reste trop proche de vous, comment pourra-t-il naître à sa propre personnalité ? Comment pourra-t-il exister par lui-même et pour lui-même ?

C'est grâce au dialogue parents-adolescent que ce paradoxe pourra être dépassé.

« En quoi consiste ce dialogue parents-adolescent ? »

Ce dialogue ne se décide pas brusquement à l'adolescence de votre enfant ; il va donc dépendre du type de relations que vous avez eu jusque-là avec lui. Vont peser aussi les relations pendant son enfance ainsi que votre vos propres rapports avec vos parents. C'est la qualité du dialogue qui permettra d'instaurer une nécessaire distance entre vous et votre adolescent sans passer systématiquement par l'affrontement.

Chercher une position symétrique entre vous et votre adolescent doit être compris comme une tentative de gommer cette distance. Or, l'adolescent a besoin de limites, d'une certaine autorité. Sinon cette liberté prend la figure d'une errance. Livré à lui-même, l'adolescent se sent abandonné, voire démoralisé. Il ne s'agit donc pour vous ni de redevenir adolescent pour mieux vous comprendre mutuellement, ni de tomber dans la complicité avec lui. Dans ce dernier cas, vous l'empêcheriez de se différencier, sinon par des conduites négatives pour lui-même. Ne reproduisez pas le malaise du monde enseignant qui souffre de la perte de l'autorité des maîtres et d'une crise de confiance de l'institution lorsque, en cas de conflit, celle-ci lâche parfois l'enseignant. Il n'y a pas plus d'égalité de savoirs, de devoirs, ni de droits entre un enseignant et un élève qu'entre vous et votre fils ou votre fille. Ce point de vue n'exclut nullement l'amour, l'attention et le respect.

« Quels sont les risques si ce dialogue n'existe pas ? »

Rigidifier ses principes éducatifs pour les imposer systématiquement sans discussion possible supprime évidemment toute éventualité de dialogue. Car alors, deux choix se présentent à votre adolescent, aussi douloureux l'un que l'autre : quitter le domicile familial ou ranger sa personnalité sous votre autorité et rester votre petit enfant.

« Qu'est-ce qu'un bon dialogue parents-adolescent ? »

Un dialogue satisfaisant devrait savoir éviter ces extrêmes. Vous devez comprendre que toute satisfaisante qu'elle sera pour votre adolescent, votre relation avec lui vous semblera souvent frustrante ou incomplète par rapport à ce qu'elle a pu être pendant son enfance. Loin de vous décourager, vous avez à tenter de poursuivre ce dialogue, quoi qu'en dise votre adolescent. Il a besoin de vous sur ce point précis.

Le contrat

La permissivité ou la rigidité ne se révélant pas opérantes à l'adolescence, le dialogue doit permettre un autre mode de relation qui satisfasse à la fois l'adolescent et ses parents. Il peut s'agir d'instaurer, sous forme de compromis, un contrat. Celui-ci permettra d'instituer des règles. On l'a déjà vu à de nombreuses reprises, les adolescents ont encore besoin de repères, de cadres de références. La loi leur permet de se construire. Mais toutes nécessaires que soient pour eux ces règles, ils ont besoin de les remettre en question, voire de les transgresser.

Le dialogue avec votre adolescent sera l'occasion de discuter de ce contrat. Vivre ensemble suppose qu'on se mette d'accord, certes sur ses devoirs, mais aussi sur ses droits. Assumer ce consensus va permettre à votre adolescent de gagner progressivement son autonomie. Ainsi, en laissant un espace de liberté à votre adolescent, vous allez pouvoir vous aussi, de votre côté, acquérir le vôtre, et c'est cette indépendance de part et d'autre qui aidera votre adolecent à devenir autonome.

Exercer l'autorité parentale à l'adolescence prend donc la forme d'un contrat que chaque partie doit s'engager à respecter. Il est important que les parents se montrent solidaires par rapport aux choix éducatifs. Il serait en effet néfaste de montrer à un adolescent que la loi change suivant qu'il s'adresse à son père ou à sa mère. Critiquer la personnalité ou les décisions de son conjoint est tout autant à proscrire. Cependant, il est tout à fait enrichissant pour un adolescent que ses parents aient des rôles distincts.

Luc est en pleine révolte contre son père. Il l'accuse de ne rien comprendre aux jeunes d'aujourd'hui. Le père de Luc, que je demande à rencontrer, est en fait un homme très attentif à ses enfants ; il en a trois, mais il s'exprime peu, ce que sa femme lui reproche. Il entend le message et je vois régulièrement Luc qui me dit qu'il a en effet des échanges bien meilleurs avec son père mais qu'il lui reproche maintenant d'être trop « cool » avec sa sœur cadette qui est insolente ; il dit que s'il était son père, « il l'aurait mise à la porte de la maison ».

Luc exprime en fait combien il a besoin de sentir son père « présent », dans un rôle d'autorité. Ses propos, avant l'éclaircissement des raisons de la crise, prenaient une forme complètement paradoxale.

On a besoin les uns des autres

Votre adolescent a besoin de vous comme garant et comme protecteur. Et pour cela, vous devez résister à son agressivité éventuelle sans y céder à votre tour. Vous pouvez vous aider de ce que vous ressentez intérieurement, et de la façon dont vous vous souvenez avoir vécu votre adolescence.

Votre adolescent traverse une période où il se prépare à quitter le domicile familial pour fonder sa vie ailleurs. Vous devez y réfléchir. Vous vous êtes peut-être beaucoup investi dans votre rôle de parent, vous avez peut-être consacré beaucoup de temps à votre enfant. Il faut désormais à votre adolescent tout autant d'amour mais peut-être moins d'actions concrètes en sa faveur. Quittez votre statut de parent de jeune enfant pour celui de partenaire dans un couple – quand vos enfants partiront –, ou pour celui de grand-parent potentiel – quand ils auront à leur tour des enfants. Ce temps qui passe fait partie de toute une série de sentiments et de phases évolutives qu'il est important de considérer. Y réfléchir sereinement permet de ne pas se faire rattraper brusquement par les événements, mais de les accepter comme faisant partie de l'ordre des choses.

Je vous conseille

Vous devez vous rendre compte que plus un enfant abordera son adolescence dans une relation de profonde dépendance affective à ses parents, plus il aura besoin de se dégager fortement de l'emprise de ceux-ci, et plus l'affrontement et l'agressivité lui seront alors nécessaires.
Vos relations avec votre adolescent seront peut-être difficiles et douloureuses dans les premiers temps, mais sachez que l'absence du processus de l'adolescence est pathologique.

Je vous déconseille

— Évitez de réduire la distance nouvelle entre vous et votre adolescent. S'il a moins besoin de votre présence, vous pouvez vous-même, à l'inverse, être tenté de rechercher ce contact comme une nécessité, mais ce faisant, vous risquez d'entraver son développement personnel. L'émancipation de votre adolescent peut vous déprimer, vous donnant l'illusion que vous êtes maintenant inutile. Lui aussi va sentir que sa prise d'autonomie vous « mine ». Il est très utile, dans ce genre de situation, que vous alliez consulter pour vous. Un spécialiste peut vous accompagner dans ce travail nécessaire pour vous et votre adolescent.

— Il est inutile de consulter votre adolescent sur toutes les décisions que vous avez à prendre. De même qu'il doit apprendre à gérer seul sa vie et ses choix, vous devez lui donner l'exemple dans ce domaine. Sinon, ce serait risquer de faire basculer la relation dans le copinage ou la complicité. Votre adolescent a besoin de règles et d'attention affectueuse, non d'un parent-copain.

Les sujets dont ils souhaitent vous parler

Les origines et les secrets de la famille

L'adolescent doit prendre sa place parmi les adultes et en premier lieu dans sa famille. Il va pour cela se questionner et vous questionner aussi, de façon directe ou indirecte, sur son histoire. Comment avez-vous rencontré son père (sa mère) ? Vous aimiez son père (sa mère) et maintenant ? Étiez-vous heureux à sa naissance ou déçu ? Auriez-vous préféré qu'il soit de l'autre sexe ?

De cette manière, votre adolescent va poser la question de votre désir d'enfant, de sa naissance jusqu'à aujourd'hui. Sa question fondamentale est : le désirez-vous toujours aujourd'hui comme enfant ? L'aimez-vous toujours et désirez-vous encore sa naissance sachant ce qu'il est en train de devenir maintenant ? En clair, lui en voulez-vous de grandir et de se construire une personnalité propre ?

À cette quête de son histoire s'adjoint une recherche sur ses origines, vos parents, les relations que vous avez pu avoir avec eux pendant votre enfance et votre adolescence, leur histoire personnelle, leur enfance, leur adolescence. L'adolescent va fouiller dans les histoires de famille, débusquant parfois des zones floues qui vont aiguiser sa curiosité et parfois son imagination.

Face à son besoin de savoir, il est inutile de cacher plus longtemps les secrets de famille. Il est prêt à les découvrir, à tout prix parfois. Autant les lui annoncer sereinement : c'est l'accueillir et lui montrer qu'il a sa place dans la lignée familiale. Il n'aura pas ainsi à la conquérir par l'affrontement. Les modèles comme les contre-modèles aident à se construire, vous devez lui accorder votre confiance. L'adolescence est le moment où les secrets doivent être levés, même les plus sensibles.

« Comment révéler à un adolescent un “secret de famille” ? »

Il faut évidemment choisir les moments opportuns de complicité et d'affection qui ne sont pas si exceptionnels que cela à cette période de l'existence. Vous pouvez alors présenter ce secret comme étant révélé au nom d'une confiance et d'un sentiment de maturité que votre enfant (vous pouvez le lui dire exactement de cette façon) n'avait pas jusque-là. Votre gêne est compréhensible, il n'a pas de raison de ne pas l'accepter. Il pourra vous reprocher de ne pas lui en avoir parlé plus tôt. Mais ne culpabilisez pas, dites que c'était trop douloureux pour vous, faites-le lui comprendre. À partir de cette révélation, laissez-le venir à vous avant d'en reparler, et s'il revient sur le sujet, n'hésitez pas alors à lui consacrer à nouveau du temps pour reprendre ces confidences.

L'amour, la sexualité

Votre adolescent peut également vous questionner sur des domaines qu'il expérimente maintenant : l'amour, la sexualité.

Il est important pour les parents de ne pas se sentir gênés et de ne pas en faire des sujets tabous : si un adolescent vous en parle, il s'agit au contraire d'une marque de confiance et d'intérêt dans la parole parentale.

Sans entrer dans les détails de votre vie personnelle, il est souhaitable, surtout si vous vous sentez gêné, de rester le plus près possible de ce que vous ressentez ou avez pu ressentir à son âge. Il ne s'agit pas de lui raconter votre vie, mais de lui répondre en tenant en compte de ses attentes, et surtout en respectant ce qu'il lui reste à découvrir et conquérir par lui-même.

Pour plus de détails sur ces questions, reportez-vous aux pages 317 à 347.

Les questions politiques et sociales

L'adolescence est une période où les intérêts de votre enfant s'élargissent. Votre adolescent peut vous questionner également sur la société dans laquelle nous vivons, sur vos idées politiques. Il peut adopter à ce propos des conceptions extrêmes ou extrêmement fluctuantes, voire contradictoires d'une discussion à une autre.

Ces discussions sont importantes dans votre recherche de dialogue, même si votre adolescent semble pour l'instant fermé à ce type d'échange. C'est la meilleure façon pour qu'il parvienne à s'intéresser au monde qui l'entoure. Par le biais de réflexions sociales et politiques ou d'activités concrètes, votre adolescent va aiguiser son sens des responsabilités.

Je vous conseille

Vous devez encourager votre adolescent à vous parler. Peu importe le sujet, si mineur qu'il puisse vous paraître. Votre adolescent doit avoir le sentiment que ce qui l'intéresse ne vous indiffère pas. Il s'agit moins de lui donner des conseils, des avis, des informations, que de l'accompagner à développer sa propre pensée. Cette attitude permettra aussi de développer une bonne qualité de dialogue entre vous.

Je vous déconseille

Il ne faut pas dire à un adolescent que ces préoccupations ne sont pas de son âge (infantiles ou trop adultes), ou ne pas y répondre parce que le sujet vous gêne. Vous avez tout à fait le droit de ne pas tout savoir. Essayez de l'expliquer à votre adolescent. Dans le même temps, vous avez aussi à lui montrer que sa question est pertinente. Envoyez-le à un interlocuteur qui pourra prendre en charge sa question. Refuser de répondre, c'est refuser de traiter l'adolescent comme un adulte potentiel : il risque de vous en vouloir, le dialogue deviendra plus difficile. Il faut éviter que votre adolescent perde sa confiance en vous. Essayez, autant que possible, de lui parler franchement comme à un adulte, sans le brusquer.

Mère et fille, mère et fils

Le rôle de la mère

L'attachement à la mère est le premier lien de l'enfant au monde. Il définit en quelque sorte l'archétype de toutes les relations psychologiques. C'est pourquoi la mère assume un rôle affectif particulièrement fort à l'égard de ses enfants. Non que le père en soit exclu ou incapable, mais dans la mesure où ce lien prend son origine avant la naissance, quand la mère et son bébé ne font encore qu'un physiquement, il se joue avec une intensité particulière. C'est à partir et en même temps que ce lien physique que se fonde le soutien affectif de la mère. Le père peut tout autant apporter à son adolescent un soutien affectif, mais il le fera d'une façon différente, complémentaire. C'est la richesse de ces interactions solidaires des parents qui subviendra aux besoins fondamentaux de l'adolescent.

Cette affectivité et cette proximité partagées depuis la naissance doivent perdurer à l'adolescence. L'adolescent, engagé dans sa quête d'autonomie, redoute beaucoup que le prix à payer pour celle-ci soit la perte de l'amour de ses parents. Ainsi, peut-il s'engager dans des conduites qui vont lui servir à tester votre amour et votre confiance en lui. Des excentricités vestimentaires ou un changement radical dans ce domaine peuvent mobiliser cette question à un certain niveau. Aimerez-vous autant votre fille habillée tout en noir ou portant une jupe beaucoup trop courte ou encore votre fils s'il a les cheveux décolorés ? Chacun a sa réponse ; elle vous semble évidente, elle ne l'est peut-être pas pour eux.

L'adolescent vit une période de changement. Peu sûr encore de ce qu'il sent, de ce qu'il est, il demeure important de le guider et de le rassurer sur ce point. En même temps, comme nous l'avons déjà vu, il reste primordial pour l'adolescent de rester incompris de ses parents : c'est l'embryon de son indépendance future, il se constitue un espace intellectuel et personnel propre.

Les mères et leurs filles

Les confidences à cette période prennent un aspect tout aussi complexe. Si votre fille vous dit tout, à vous, sa mère, cela va-t-il lui permettre de prendre de la distance comme cela lui est nécessaire ? Il ne s'agit pas de vous culpabiliser, mais vous devez comprendre ce que ressent toute adolescente vis-à-vis de sa mère : ici se joue le processus de sa différenciation d'avec vous, qui êtes son premier modèle féminin.

> *« Ma mère me gâche la vie », m'affirme d'entrée de jeu Lara, une lycéenne qui se sent mal dans sa peau. « Elle contrôle tout ce que je fais, mes amies, mes habits, mes sorties » poursuit-elle. Je demande alors à cette adolescente si elle a discuté calmement de tout cela avec sa mère. Je lui dis : « Vous (je la vouvoie) avez un besoin urgent d'être écoutée mais vous ne pouvez l'être que si vous n'êtes pas d'emblée agressive. » Une mère voit que sa fille grandit mais elle ne peut pas pour autant laisser tomber son rôle de parent. J'ajoute : « Demandez-lui comment s'est passée son adolescence de*

jeune fille. » Dans mon esprit, par cette question, les identifications se dévoileront à l'une et à l'autre dans leurs similitudes et leurs différences, c'est-à-dire dans la bonne distance à trouver entre elles deux.

Une fille devenant jeune femme n'est jamais uniquement la fille de sa mère ; si tel était le cas, la symbiose serait excessive et néfaste. Comme tout sujet humain, quel que soit le sexe, la jeune fille constitue son identité, sa personnalité à partir d'identifications multiples, c'est-à-dire en s'appropriant des attitudes, des caractéristiques qu'elle trouve consciemment et inconsciemment chez ceux qui l'entourent : sa mère, mais aussi son père, ses grands-parents, d'autres membres de sa famille, en particulier ses sœurs ou ses frères, et surtout à partir de l'adolescence, ses ami(e)s.

Souvent, je demande aux adolescents et aux adolescentes qui viennent me voir : « À qui ressembles-tu ? » Généralement leur première réaction est de répondre : « Du point de vue physique ? » J'ajoute alors : « Et du point de vue du caractère ? » Ces adolescent ont alors une idée que j'essaie de complexifier, ce qui les soulage. Car ils pensent plutôt à désigner un seul parent qui n'est pas forcément un portrait flatteur ni surtout exact (c'est souvent celui avec lequel ils sont en conflit).

Il est néanmoins exact que l'identité réussie, c'est-à-dire celle qui donne la meilleure image de soi, est l'identité dans laquelle prédomine une bonne identification à la mère pour la fille, et au père pour le fils.

Les mères et leurs fils

Cette question est moins aiguë pour les garçons qui dans l'ensemble se confient moins. Elle peut néanmoins se poser aussi dans des termes un peu différents dans le sens où le risque de séduction réciproque prend ici toute son importance. Cette séduction n'est généralement pas, loin de là, voulue et consciente. Elle est « naturelle », un fils est séduit par sa mère, dès l'enfance, c'est le fameux stade œdipien du garçon.

Le problème est qu'à l'adolescence, cette séduction inscrite profondément chez le sujet est réactivée par les émois sentimentaux et sexuels de cet âge qui se portent sur l'autre sexe et que la mère est impliquée dans cette affaire. La mère et le fils « s'en défendent », mais ils le savent l'un et l'autre.

Attention à ne pas favoriser par un comportement ambigu ce qui est naturel mais doit rester enfoui et peut être ainsi dépassé.

Je vous conseille

— Gardez absolument des relations de tendresse et de proximité ; même si votre adolescent(e) refuse désormais vos câlins, trouvez un autre moyen de lui exprimer votre amour et votre attention. Il (elle) peut « râler », mais n'attend en fait que votre réassurance.
— Appuyez les démarches d'autonomie de votre adolescent, même si cela passe par un éloignement de sa part. Quand il vous annonce qu'il part pour deux mois faire du camping avec des amis, ne dites pas sèchement sur le quai de la gare alors qu'il ne manifeste aucune émotion (sinon une légère exaspération due à votre présence) : « Au revoir et n'oublie pas de mettre ton pull ! », mais glissez-lui qu'il va vous manquer et que ces vacances séparées signent le fait qu'il n'est plus un enfant. Il s'agit moins de le culpabiliser que de remarquer son autonomie nouvelle. Il lui sera peut-être difficile de vous quitter. Mais si vous l'exprimez de votre côté, cela lui permettra peut-être de le reconnaître pour lui-même et de partir sans culpabiliser.

Je vous déconseille

Ne prenez pas sa distance pour un reniement ou comme un signe de rupture. Les relations avec votre fille notamment peuvent s'avérer très difficiles. Les penser comme une phase nécessaire peut vous aider à traverser cette période. Malgré toute l'agressivité de cette relation, vous devez montrer à votre adolescent qu'il peut toujours faire appel à vous.

Père et fille, père et fils

Le rôle du père

Il y a autant de façons d'être père que de pères et de couples. Être père dépend aussi bien de l'entourage familial que du contexte culturel. Or de nos jours, il n'existe plus de modèle éducatif univoque. Ce rôle, bien qu'étant de moins en moins défini, garde sa valeur unique et fondatrice pour tout adolescent.

Être père n'est pas réductible à la paternité biologique : le beau-père, le concubin de la mère, un homme de la famille ou encore extérieur à elle peut tout aussi bien exercer ce rôle face à un adolescent. Ce dernier est pris entre deux désirs contradictoires : un désir de changement et à l'opposé une angoisse de changement, accompagnés d'un besoin intense d'affection et d'amour.

Le père est encore de nos jours le support de l'autorité au sein de la famille, de la loi au plan social. Il est ainsi porteur des deux aspects de la loi.

- D'un côté, il fixe des barrières protectrices à l'adolescent. C'est l'autorité formelle : « Tu ne feras pas ceci », « Je t'interdis de faire cela » (voir aussi page 46). Cette autorité peut avoir un caractère arbitraire contre lequel ne manque pas de s'insurger l'adolescent : « Moi je n'ai pas le droit de faire ça et untel, ses parents l'y autorisent. »
- De l'autre côté, le père est dépositaire de l'autorité morale (voir page 46). Celle-ci est fondée sur la relation d'amour qui unit l'enfant à ses parents : « Fais-moi plaisir veux-tu, ce serait bien si tu faisais telle ou telle chose. » Cette autorité affective peut apparemment insupporter l'adolescent. Elle met en exergue sa dépendance affective vis-à-vis de ses parents et vient bafouer son désir de vivre pour lui-même. Cependant, cette autorité repose sur tout ce qui lui a permis de se construire jusqu'ici : l'amour et l'idéalisation de ses parents. Elle va permettre de définir ses possibilités, ses capacités et ses droits actuels jusqu'à ce qu'il devienne un adulte à part entière.

Le rôle du père peut donc se définir comme étant un support vers l'autonomie et l'indépendance, passant nécessairement par l'affrontement.

Être un père sensible, exerçant une autorité mais pas un juge

L'adolescent manque encore de confiance en lui. Pour l'aider, il peut être important que vous vous montriez sensible à sa détresse, devant lui. Le dialogue a alors pour objectif non pas simplement de faire passer les règles qu'il doit respecter, mais aussi les sentiments que vous pouvez éprouver devant ses éventuelles difficultés. Si votre adolescent vous sent touché, ému de ce qu'il vit et éprouve, la relation que vous avez avec lui gagnera en profondeur et en vérité.

Cela l'aidera beaucoup de constater que vous n'êtes pas un juge, une muraille, que ce qu'il peut ressentir ou vivre ne vous est pas étranger et vous affecte, vous aussi. Vous montrer à lui dans votre force et votre sensibilité va lui permettre de prendre appui sur votre personnalité pour édifier la sienne.

Cela contribuera aussi à ce que les difficultés, parfois transitoires, de votre adolescent ne s'enkystent pas et décrispera les tensions dues à son processus d'évolution.

Ce besoin de filiation est ressenti de façon très intense par les adolescents. Les filles peuvent ainsi par exemple emprunter les pulls de leur père. Elles traduisent ainsi leur attachement et leur besoin de s'approprier quelque chose de leur père qui dépasse de beaucoup le simple objet vestimentaire.

Ces composantes de la relation s'adressent aussi bien aux filles qu'aux fils. Il est cependant intéressant de comprendre que les relations des adolescents avec le père s'exprimeront de façon différente, et qu'elles n'éveilleront pas les mêmes sentiments chez lui.

Les pères et leurs filles

Pères, vous ne pouvez pas ne pas remarquer que votre fille devient une femme. Et ce faisant, elle vous échappe progressivement : elle a des petits amis, elle vous les présente, puis un beau jour, elle quittera votre domicile pour fonder le sien seule ou non. C'est un moment qui peut se révéler délicat pour vous. Vous pouvez penser que vous la perdez comme enfant et comme femme : sa vie est ailleurs en dehors de la vôtre, elle aussi fondera une famille. Face à cela, vous pouvez éprouver, tout naturellement, différents sentiments : déception, tristesse, jalousie voire colère. Ce sont des émotions tout à fait admissibles à condition qu'elles ne viennent pas entraver votre adolescente dans sa volonté de s'émanciper. Ce que j'ai évoqué précédemment pour les relations mères-fils, conséquence de l'œdipe infantile est tout aussi vrai pour les relations pères-filles.

Les pères et leurs fils

Avec un fils, les données de votre relation seront différentes encore. Premier modèle masculin, vous pouvez jouer le rôle d'un idéal mais aussi du premier rival pour lui. Mais cette rivalité, qui a débuté dès son enfance, est à envisager dans une dimension plus constructive que réellement agressive : elle va permettre à votre adolescent d'accéder à une position d'homme adulte. Dans ce rapport de forces, il s'agit de vous dépasser et de se différencier de vous. Pour cela, votre adolescent va s'approprier des traits spécifiques de votre personnalité sans même s'en apercevoir parfois.

Pour un fils, le père a une fonction attractive et « différenciatrice ». Il doit savoir par exemple faire du sport avec son fils, mais accepter que celui-ci ne joue pas exactement comme lui ou comme il voudrait le voir jouer. Il ne doit pas non plus vouloir à tout prix gagner (j'en ai rencontré !), mais il ne faut pas pour autant, dans une activité ludique, le laisser ostensiblement être le vainqueur.

Quelle que soit votre relation à votre fille ou votre fils, vous avez une fonction fondatrice pour sa personnalité future, c'est-à-dire contenante, attractrice et « différenciatrice » : ce rôle est indispensable au bon déroulement de son adolescence.

Je vous conseille

En tant que père, biologique ou non, vous devez parvenir à tolérer suffisamment le désir d'autonomisation de votre adolescent. C'est-à-dire que vous devez accepter qu'il puisse entreprendre une autre voie que celle que vous aviez espérée pour lui. C'est toujours douloureux pour un parent. Vous pouvez vous reprocher de n'avoir pas fait ce qu'il aurait fallu. Or, il incombe désormais à votre enfant de choisir et de vivre sa propre vie. L'accepter, sans vous culpabiliser ni le culpabiliser, c'est peut-être ce qui fera que votre enfant deviendra adulte. C'est une réflexion qui va nécessiter du temps et des renoncements certains, mais à son terme, vous aurez l'occasion d'aimer votre enfant tel qu'il est.
En tant que père, il faut rester très prudent quant aux interprétations que l'on peut faire sur le comportement et les attitudes de son adolescent. Celles-ci ne sont jamais aussi simples qu'elles peuvent vous apparaître. L'adolescent peut les ressentir comme une volonté de contrôle à tout prix.

Je vous déconseille

Imposer des limites est absolument nécessaire à votre adolescent. Il ne faudrait cependant pas tomber dans la dérive de vouloir maîtriser l'ensemble des aspects de sa vie.
Les parents ont souvent des attentes vis-à-vis de leur adolescent : réussite scolaire, choix professionnel, futur(e) petit(e) ami(e). Il faut considérer que si ces attentes peuvent le stimuler, en revanche, les lui imposer comme un pré-requis, une dette envers vous pour l'éducation que vous lui avez donnée, pèsera durablement sur vos relations. La seule façon pour lui d'imposer ses propres choix sera de s'opposer systématiquement aux vôtres en appliquant scrupuleusement leurs contraires, parfois même sans s'en rendre réellement compte.

Frères et sœurs

La présence de plusieurs enfants facilite les relations familiales à l'adolescence.

- Premièrement, parce que c'est une alternative intéressante à un affrontement bilatéral parent-adolescent. L'attention et les exigences des parents ne se focalisent pas sur un seul enfant et inversement.
- En second lieu, la présence d'un aîné permet à toute la famille d'assister à son accès (conflictuel) à l'autonomie. Ce doit être une expérience utile pour vos autres enfants. Comme vous, ils doivent en tirer certains enseignements. Les problèmes non suffisamment résolus avec un aîné risquent de retentir sur les suivants. Le caractère de chacun intervient néanmoins beaucoup.

Les relations entre frères et sœurs se modifient sensiblement à l'adolescence. Pendant l'enfance, on peut observer tous les registres allant de la complicité à l'agressivité en passant par le maternage et la rivalité, d'un couple à l'autre de frères et de sœurs. À l'adolescence, à cette relation première s'ajoute le mode de relation de chaque enfant à ses parents. Ce dernier peut changer la tonalité affective de la relation. On peut assister ainsi à des basculements dans les relations, en sachant aussi que les puînés peuvent définir leur place et leur relation suivant celles occupées par l'aîné. Ainsi, après un aîné très rebelle, il est plus facile d'exprimer sa différence en étant particulièrement soumis aux désirs de ses parents. Et vice versa. S'affranchir et accentuer ses différences par rapport à ses frères et sœurs est une autre façon pour un adolescent de s'affranchir et de se différencier de vous.

Les relations avec les frères et sœurs peuvent de fait prendre une tonalité agressive. Il est important de s'en rendre compte ; les ruptures entre vos enfants peuvent intervenir à ce moment de leur vie. Mais à l'inverse, de bien meilleures relations entre l'un ou l'autre peuvent alors apparaître avec une connivence entre eux qu'ils n'avaient pas manifestée de cette façon au cours de l'enfance.

L'aîné occupe parfois une place particulière. Tout en critiquant fortement les exigences parentales le concernant, il en intègre implicitement les aspects maturatifs : il peut alors veiller de son propre chef, plus scrupuleusement et rigidement encore qu'il ne lui a été imposé, à ce que ses cadets suivent des préceptes parentaux en fait dictés par lui. C'est à vous, dans tous les cas d'exercer l'autorité parentale ; vous ne devez pas la déléguer à l'un de vos enfants. Elle n'en sera que plus juste. Ces attitudes sont d'autant plus sujettes à se manifester que cet aîné est dans une famille monoparentale.

Je vous conseille

Vous devez respecter la singularité de la personnalité et la vitesse de développement de chacun de vos enfants. À l'adolescence, les tensions familiales s'exacerbant, il est conseillé de ne pas prendre ouvertement parti dans les conflits pouvant exister entre vos enfants. Il suffit d'essayer d'être juste, c'est-à-dire, de trouver ensemble des compromis, un contrat. Mieux, vous pouvez enjoindre vos enfants de trouver ensemble un arrangement, avant que vous en trouviez un pour eux.

Je vous déconseille

Il est essentiel de ne pas faire de comparaison entre vos enfants, gardez-les pour vous. Apprenez à raisonner autrement :
vos enfants sont différents, les uns par rapport aux autres mais aussi par rapport à vous. Ils sont incomparables, et chacun doit avoir une place particulière auprès de vous.
Il faut éviter toute relation de rivalité ou de maternage entre eux. Ne leur répétez pas continuellement que vous ne faites aucune différence entre eux et que ce que vous donnez à l'un, vous l'accordez également à l'autre. Tant d'insistance sonnerait faux et vos enfants le percevraient très rapidement : vos gestes perdraient toute valeur et vos enfants ne sauraient plus s'ils leur sont vraiment adressés ou si c'est seulement pour compenser ce que vous avez accordé à l'un en particulier. Au lieu de vous le reprocher, c'est à leurs frères et sœurs qu'ils en voudraient. Montrez-leur concrètement et non par des mots ce souci d'égalité : cela aura un poids beaucoup plus important.

Quand ils sortent

Votre fille organise avec ses amies une sortie « entre filles » en boîte. Votre fils doit partir dans la maison de campagne d'un de ses amis, alors que ses parents seront absents tout le week-end. Votre fille veut absolument aller dormir chez sa meilleure amie. On propose à votre fils une place pour un concert dont vous percevez à son enthousiasme qu'il s'agit du groupe à la mode, véritable « must » du moment.

Dans ces différents cas, l'essentiel pour un parent d'adolescent est de savoir où et avec qui il doit sortir, ce qu'il compte faire et bien sûr, de fixer avec lui l'heure à laquelle il doit rentrer. C'est une base fondamentale. Même si votre adolescent est autonome pour le transport, même s'il possède le permis de conduire ou sa propre voiture, même s'il paie sa soirée avec l'argent qu'il gagne lui-même, tout cela ne vous déresponsabilise pas en tant que parent et devant la loi, cela ne constitue aucunement des limites à celles que vous devez fixer à votre adolescent.

Sorties : le contrat parents-adolescents

Vous devez toujours savoir où se trouve votre adolescent et à quelle heure il doit rentrer. Ses plans peuvent être modifiés, mais vous devez convenir qu'il vous prévienne alors s'il change de lieu, d'idée de sortie, d'heure de rentrée. Ce doit être un contrat clair et incontournable et que votre adolescent respecte. C'est une question de confiance réciproque.

La rupture de ce contrat signe à l'évidence des activités ou des fréquentations qui sont susceptibles de se révéler problématiques. Plus votre adolescent va vous laisser des indices grossiers de dissimulation ou de mensonge, plus c'est un appel de sa part pour que vous manifester de l'inquiétude et de l'intérêt pour ce qui lui arrive et ce qu'il ressent. Ceci même si chaque fois que vous tentez de communiquer avec lui, il refuse le dialogue ou vous répète que vous ne le comprenez pas.

Essayer de reprendre un dialogue ou de communiquer avec lui dans ce cas est illusoire. Fermer les yeux en espérant que ça se passe, l'est tout autant. C'est en effet laisser votre adolescent s'enferrer dans des conduites qui peuvent devenir « à risque » (voir page 268). Les adolescents peuvent ressentir une trop grande marge d'autonomie ou une trop grande restriction d'autonomie comme de l'indifférence ou du désintérêt à leur égard. Moins vous interviendrez, plus il devra redoubler d'efforts et d'effets pour obtenir une réaction de votre part, à moins que la loi n'intervienne avant vous. Ou alors sans que sa conduite soit vraiment répréhensible, il se détournera de vous, cherchant une nouvelle famille, devenant parent lui-même ou s'en cherchant de nouveaux.

« Comment faire quand le dialogue est impossible ? »

Sortir de cette impasse, qui est une véritable gageure à l'adolescence, est possible par le recours à un tiers. Celui-ci pourra être un adulte qui possède toute la confiance de votre adolescent et la vôtre, un spécialiste de l'adolescence devant lequel vous pourrez exprimer ensemble votre

malaise. Avec lui, vous pourrez trouver la solution qui permettra à chacun de vivre ensemble sans en souffrir. Peut-être faudra-t-il poser à votre adolescent plus de limites pour lui montrer combien vous tenez à lui ? Ou lui accorder plus de liberté et donc lui donner des preuves de votre confiance en lui ?
Vous l'aurez compris : il s'agit d'instaurer un nouveau contrat, des possibilités de négociation au cas par cas. Il n'est certainement pas question de revenir constamment sur vos décisions lorsqu'il développe un argument contre celles-ci, mais vous devez lui poser clairement des limites, en le laissant les négocier. Les règles seront assez rigides, mais négociables lors d'événements exceptionnels, car elles ont tiré leurs origines de tractations intenses et passionnées avec votre adolescent.

Ce contrat est à renouveler progressivement à mesure que votre adolescent grandit. Il n'est pas un contrôle systématique heure par heure de sa vie sociale et peut-être amoureuse. Il est au contraire, comme tout contrat, basé sur la confiance réciproque, c'est-à-dire, le respect des engagements pris l'un envers l'autre.

Le respect du contrat ou l'accès à l'autonomie

Que votre adolescent vous dise où il est et que vous l'acceptiez est une façon de montrer que vous êtes d'accord pour qu'il grandisse, qu'il s'autonomise : vous reconnaissez qu'il peut mener sa propre vie sociale, sans que vous vous désintéressiez de lui, sans qu'il perde pour cela votre amour.
De même, pour votre adolescent, respecter ce contrat, c'est aussi vous montrer que sa vie sociale et son autonomie naissante en ce domaine ne sont pas dirigées contre vous en tant que personne, mais contre la dépendance qu'il peut éprouver envers vous. Même si cette vie sociale se fait en dehors de vous, vous avez un rôle à jouer. Ainsi, votre adolescent vous demandera peut-être de l'accompagner en voiture ou de venir le chercher. C'est une façon de tester votre accord concernant sa prise d'autonomie et en même temps une façon de rester dépendant de vous. L'adolescent est engagé dans une situation paradoxale, pour ses sorties comme pour le reste. C'est pourquoi, il attend que vous lui posiez des questions les concernant, et en même temps, il se montrera réticent et avare de précisions sur sa vie sociale : en effet pour lui, celle-ci se confond avec sa vie intime.

Je vous conseille

— Il ne faut surtout pas se laisser décourager par les rebuffades de votre adolescent, lorsque vous lui posez des questions sur sa sortie de la veille, sur les amis qu'il a pu rencontrer, sur ce qu'ils ont fait. Encore une fois, l'important n'est pas tant d'apprendre ce qui s'est passé que de lui montrer l'attention que vous accordez à sa soirée et donc à lui. Il en a besoin pour devenir un adulte, pour se différencier de vous.

— Il s'agit également de rester discret s'il n'a pas envie de vous narrer sa soirée par le détail. Sinon, il risque de prendre votre intérêt pour un interrogatoire. Il ne manquera d'ailleurs pas de vous en faire la remarque. Le contraire signifierait que votre adolescent n'est pas encore pleinement engagé dans le processus de son adolescence. L'adulte, qui sommeille en lui, ne s'est pas encore éveillé.

Je vous déconseille

Interdire toute sortie ou ne lui laisser aucune possibilité de négocier équivaudrait à poser des entraves à son autonomisation. Votre adolescent les prendrait comme telles.

1. Il ne lui restera plus qu'à se révolter, à la mesure de la volonté de contrôle qu'il peut ressentir de votre part. La fugue, la fuite, les excès de toutes sortes seront alors ses seuls moyens pour établir une certaine autonomie. Celle-ci étant gagnée contre votre volonté, les relations avec votre adolescent en seront durablement perturbées. Il se sentira coupable, parce qu'il vous aime, d'avoir dû vous arracher ce qui lui revenait de droit. Il aura raison de se sentir en colère, mais sa culpabilité s'opposera à son désir de rétablir des relations sereines. Il aura trop peur de se sentir trahi encore une fois dans son envie de grandir ou il prendra votre rigidité comme un désaveu de votre amour.

2. Une seconde solution s'offrira aussi à votre adolescent, qui si elle s'éternise, constituera une impasse. Il se soumettra, mais restera votre petit enfant sans jamais vraiment s'autonomiser. Il faut en effet beaucoup de courage et de force à un enfant pour braver les interdits parentaux, quels qu'ils soient. Cependant, à l'adolescence, cela devient une nécessité. Aussi, il faut vous attendre à ce qu'il transgresse en partie les limites que vous allez lui fixer. Pour donner un exemple concret, abstenez-vous d'aller le chercher à minuit dix en pleine soirée devant tous ses amis, s'il n'a que la permission de minuit. L'adolescence est une longue suite de négociations, de transgressions acceptables et de limites toujours à discuter. Vos nerfs seront mis à rude épreuve, mais il faut qu'ils tiennent.

La place des amis dans la vie familiale

Les amis comptent beaucoup pour votre adolescent. Un adolescent sans réel ami, sans même un confident de son âge doit être un motif d'alerte pour son entourage : il forge sa personnalité également au travers de ses relations amicales. Celles-ci renferment en partie quelque chose de son intimité. C'est pourquoi, au premier abord, il ou elle ne vous présentera pas tous ses amis.

« Que faut-il penser du choix des amis d'un adolescent ? »

Comme on l'a vu, l'adolescent change en raison de ses multiples transformations physiques et psychiques. Il lui faut également fondre ses nouvelles particularités dans sa personnalité pour se construire en tant qu'adulte. En cela, l'adolescent est pris dans un paradoxe : changer tout en restant le même. Il se peut qu'il ne sache plus comment se comporter ni que penser pendant un certain temps. Il peut être pris dans un mouvement où il rejette ce qui lui a été inculqué pour le reconstruire comme venant de lui-même, le trouvant en lui. En cela, grandir peut être considéré comme un mouvement agressif.

Cette logique se joue aussi dans les relations amicales. Un adolescent qui a du mal à trouver sa place d'adulte aura tendance à se démarquer de son groupe, c'est-à-dire de tous les groupes qu'il fréquente ; il exprimera ainsi sa différence d'avec ses parents et son entourage. Il peut également souffrir de cette tendance à se sentir différent, qu'il ne maîtrise pas ; celle-ci peut d'ailleurs s'exacerber au point que l'adolescent ne trouve qu'une place de bouc émissaire. Un autre adolescent réagira en se conformant à son entourage amical : il adoptera sans discuter les us et coutumes, les goûts de celui-ci. Ce sera sa façon de trouver une nouvelle place.

Ce ne sont en fait que des places provisoires : l'adolescent est en changement, en partance pour d'autres places. Aussi, il est important de ne pas « étiqueter » d'emblée l'adolescent, et ce quels que soient son comportement et ses fréquentations actuels.

« Pourquoi un adolescent présente-t-il certains de ses amis et pas d'autres ? »

L'intimité profonde de votre fils ou de votre fille, qui s'incarne dans une relation amicale, peut contribuer à expliquer pourquoi il ou elle ne vous présentera que certains de ses amis et non d'autres.

D'une part, votre enfant préservera quelque chose de son intimité en ne vous présentant que certains de ses amis ; il entretiendra ainsi un espace de liberté et d'autonomie. Respecter ce dernier, c'est permettre à votre adolescent de se construire avec d'autres références familiales et culturelles. Au moyen de cette ébauche de séparation d'avec vous, votre adolescent va poser les bases de son réseau social et amical. Cela va lui permettre de vivre seul.

D'autre part, par ce biais, votre adolescent se préserve de votre jugement. Non que des amis non présentés soient forcément synonyme de mauvaises fréquentations, mais ce qu'il redoute, ce n'est pas tant votre opinion sur ses amis que sur lui-même. De quoi aurait-il l'air, si vous connaissiez ses amis avec lesquels il débat en adoptant vos opinions, qu'il reprend à son compte, alors que dans les discussions en famille, il s'y oppose passionnellement ? Même si votre adolescent revendique fortement son indépendance, il reste néanmoins profondément dépendant de vous et a peur de perdre votre amour en s'autonomisant. Peut-être sent-il que la place qu'il occupe vis-à-vis de certains de ses amis pourrait vous déplaire. En effet, si vous louez sa force de caractère, alors qu'il ressent actuellement une furieuse envie de suivre ses amis dans leurs opinions plutôt que d'échanger avec eux, il hésitera sans doute à vous les présenter.

Il ne faut donc pas vous attendre à connaître tous les amis de votre fille ou de votre fils. Cependant, vous devez vous rendre compte que chaque ami présenté est une marque de confiance de votre adolescent à votre égard. De façon réciproque, vous pouvez faire confiance à votre adolescent pour le choix de ses amis, s'il vous en a déjà présenté quelques-uns. Souvenez-vous que, en général, de même que vous devez renoncer à un idéal pour le devenir de votre adolescent, vous devez renoncer à l'ami idéal pour votre adolescent.

De son côté, votre adolescent va aussi se confronter, par le biais de ses amis, à d'autres modèles parentaux, à d'autres façons de vivre en famille. S'il peut découvrir des systèmes qui, de son point de vue, lui conviendraient mieux, il va aussi s'apercevoir des qualités de sa propre vie familiale ; ses amis peuvent aussi lui en faire la remarque. Il ne s'agit pas de leur demander leur avis : tel ami est susceptible de glisser incidemment à votre adolescent que vous êtes décidément « cool » par rapport à ses parents. Votre adolescent ne se vantera pas d'une telle appréciation, mais elle peut faire avancer sa propre réflexion. Aussi, il est important que vous restiez dans un rôle de parent, tant auprès de votre adolescent que de ses amis.

« Nous ne connaissons aucun des amis de notre fils, nous ne savons rien d'eux. Que faut-il en penser ? »
Ne rien connaître des amis de son enfant doit être alarmant pour les parents. Cela met en exergue un problème de confiance réciproque sur lequel il faut se questionner sérieusement.

Je vous conseille

— Il est important de respecter l'espace d'intimité qu'entretient son adolescent avec ses amis, sans non plus montrer une totale indifférence : s'intéresser à ses amis revient à manifester de l'intérêt pour lui, ce qui, répétons-le, est essentiel pour l'adolescent, malgré ce qu'il peut laisser à penser.
— Si vous estimez qu'un des amis de votre adolescent ne mérite pas son amitié, incitez-le à s'interroger : demandez-lui ce qui lui plaît dans cette amitié. Car dévaloriser ses amis, c'est aussi dévaloriser votre adolescent.

Je vous déconseille

— Ne soyez pas intolérant. Essayez autant que possible d'accueillir la différence des amis de votre fille ou de votre fils. Il est assez blessant pour un adolescent de voir ses parents dévaloriser ses amis sur des critères sociaux, culturels ou personnels. Vous devez être, en tant que parents, suffisamment solides
et prévenants pour tolérer la différence. De même, interdire à votre adolescent de se confronter à une opinion autre, c'est risquer de le perdre.
— Si votre adolescent ne vous présente aucun ami, cela ne veut pas dire qu'il n'en a effectivement aucun. En rébellion contre vous, il ne veut peut-être pas montrer combien il tient à sa famille. Or cette période de rébellion s'avère constructive si la famille peut « survivre » au comportement opposant de l'adolescent.
— Évitez autant que vous le pouvez d'accabler les amis de votre adolescent par des questions personnelles sur la profession de leurs parents, leur situation familiale, etc. Rappelez-vous, quand vous étiez adolescent, combien ces « examens de passage » vous semblaient pénibles !

La famille élargie

La famille élargie comprend les membres de la famille autres que ceux qui constituent la cellule familiale première : ce sont les grands-parents, les tantes et les oncles, les cousins et toutes les personnes avec lesquelles sans lien familial réel, nous entretenons des rapports affectifs profonds.

Toutes ces personnes sont susceptibles d'engager un dialogue avec votre adolescent. Elles sont capables d'assurer un rôle de relais quand la communication familiale devient plus difficile et permettent à l'adolescent d'utiliser d'autres registres de relations, d'aptitudes ou de présence. C'est l'occasion pour ce dernier de montrer un autre aspect de sa personnalité et de se découvrir.

Les grands-parents

Les grands-parents sont particulièrement importants pour les adolescents : ils représentent la mémoire familiale en ce qu'ils rassemblent les différentes connaissances concernant la lignée familiale – ce sont des éléments qui intéressent beaucoup les adolescents et dont ils ont besoin pour se repérer et prendre leur place dans la famille. Tout se passe comme si les grands-parents étaient « parents », tout en n'étant pas en première ligne dans les petits conflits quotidiens. Ils doivent surtout conserver cette position inestimable quand les conflits deviennent plus importants.

L'adolescence de votre fils ou de votre fille, que vous en preniez conscience ou non, va réveiller les émotions liées à votre propre relation à vos parents durant votre adolescence. Sont alors réactivées les difficultés mais aussi les complicités, tout ce qui a été inhérent à cette relation. L'adolescent, dans ce sens, constitue un facteur de communication entre vous et vos parents ou encore de non-communication, selon la qualité de la relation que vous avez gardée ensemble.

Dans ces conditions, tout ce qui permettra d'apurer les relations avec vos propres parents vous aidera à assumer au mieux votre position de parent auprès de votre fils ou de votre fille. C'est bien sûr un travail qui ne s'improvise pas. Plus il a été retardé, plus il sera difficile. Cependant, il vaut cette peine, car il permet un enrichissement réel des relations transgénérationnelles. Vos parents, spectateurs (et auteurs en partie) de votre adolescence, vont transmettre cette histoire à votre fille ou à votre fils. Par l'intermédiaire de leurs grands-parents, ceux-ci vont pouvoir mieux vous connaître. Ils acquièrent ainsi de vous une image moins lisse, plus vivante. Vos réussites, vos déconvenues, vos plaisirs ou déplaisirs, de petits événements ou anecdotes que vous avez oubliés vont les intéresser, même – ou surtout – romancés par vos parents. Cela va permettre à votre adolescent de prendre conscience que vous êtes aussi passé par l'adolescence et que devenir adulte demande un cheminement propre.

Il est tout à fait constructif et naturel que votre adolescent s'entende avec ses grands-parents alors même qu'il entretiendra des rapports plus difficiles avec vous.

« Comment les grands-parents doivent-ils se comporter ? »

Il est important de prendre la mesure de ce que les grands-parents transmettent à leurs petits-enfants sur leurs parents : les petits-enfants veulent avant tout entendre des anecdotes amusantes, significatives et enrichissantes. Est-il besoin d'ajouter qu'il faut s'abstenir et se censurer en cas de désaccord de fond, même si c'est un profond désaccord ? Seules des situations de grande défaillance parentale autorisent les grands-parents à se substituer à leurs enfants vis-à-vis de leurs petits-enfants.

Delphine prépare son bac. Les relations avec ses parents sont très tendues. Elle demande d'aller chez ses grands-parents qui sont prêts à la recevoir. Le problème, c'est que ses parents craignent, avec raison, qu'elle en profite pour encore moins travailler, sortir le soir et penser plus à s'amuser avec ses amis qu'à sa scolarité. La question de la possibilité d'exercer une autorité est posée. Les grands-parents de Delphine sont heureusement clairs avec ce problème. Un contrat est passé : ils acceptent avec beaucoup de plaisir de la recevoir à condition qu'elle se comporte comme une personne responsable, c'est-à-dire qu'elle ne prenne pas cette possibilité comme une échappatoire mais comme une chance et un plaisir partagé. Les limites concrètes des temps de travail et de loisir sont initialement fixées.

Les tantes et les oncles

Les tantes et les oncles permettent également aux adolescents de développer d'autres modes de relations familiales. Ils ont un rôle parental, en tant qu'adultes, sans mobiliser les rapports conflictuels attachés à la situation parentale.

Cette position particulière leur donne la possibilité de faire le lien entre votre adolescent et vous. Ainsi, certaines familles, quand le dialogue devient impossible ou trop difficile, décident d'envoyer l'adolescent chez un oncle ou une tante. C'est d'ailleurs une pratique institutionnalisée à d'autres époques ou dans d'autres cultures : ce sont les oncles et les tantes qui ont la charge d'élever plus ou moins momentanément les adolescents, les risques de conflits exacerbés sont ainsi évités.

Les relations de votre adolescent avec vos frères et sœurs, comme avec vos parents l'aident à s'intégrer, à trouver sa place dans la famille et son histoire. Il est donc de votre intérêt de l'encourager dans cette démarche.

Les parents des amis

Les parents de ses amis représentent pour votre adolescent un autre type de modèle parental.

La diversité est positive comme la différence. Elle peut éventuellement amener des comparaisons, parfois fatigantes à supporter : « Avec eux au moins !... » Ce contact avec d'autres parents et d'autres cultures familiales, outre le fait qu'il peut leur révéler, d'après eux, vos mauvais côtés, est aussi une occasion de mettre en lumière vos qualités de parent. De façon générale, ces différences permettent surtout aux adolescents de nuancer leurs relations avec des adultes. C'est une découverte importante pour eux et rassurante pour vous.

Je vous conseille

Vous devez encourager votre adolescent à entretenir des relations avec les différents membres de sa famille, à rendre visite à ses grands-parents, à vos frères et vos sœurs, à sortir entre cousins, et ne pas vous opposer systématiquement au fait qu'il puisse passer quelques jours dans la famille d'un ami. Toutes ces relations sont au service d'une bonne communication entre lui et vous. D'une part, cela va permettre d'apaiser momentanément les tensions éventuelles et d'y réfléchir séparément et calmement.

D'autre part, les parents qui sont en conflit ouvert ou en rupture avec leurs propres parents risqueront de voir leurs enfants répéter ce même mode de relation avec eux.

Il faut comprendre et accepter, quelle que soit la difficulté de vos relations avec votre fils ou votre fille, qu'il ou elle puisse entretenir des relations de proximité affective avec d'autres adultes. Non seulement cela ne vous enlève rien, mais cette ouverture sera bénéfique pour les futures relations avec votre adolescent.

Je vous déconseille

Refuser ou s'opposer au fait que votre adolescent fréquente son entourage familial risque d'accentuer les tensions. Votre adolescent a en effet besoin de ces relations pour connaître sa famille et y trouver sa place. Vous devez laisser de côté votre amour propre si vous êtes pris dans des querelles familiales, et songer au désir de votre adolescent de connaître tous les membres de sa famille.

J'ai même rencontré des adolescents qui demandaient activement d'aller vivre un moment chez les parents de leur meilleur ami. Cela est momentanément possible à une seule condition, qu'il s'agisse d'un contrat passé clairement entre les différents partenaires qui doivent pour cela se rencontrer : les parents de l'adolescent , les parents de l'ami, l'ami et bien sûr l'adolescent lui-même.

L'importance des amis

■

L'adolescence est pour le sujet une période difficile de transition entre le monde de l'enfant et celui de l'adulte. C'est un passage obligé et naturel qui tend vers plus d'autonomie, de réalisation personnelle et vers une intégration sociale. Cette intégration constitue pour le jeune un souci et il a besoin d'avoir confiance en ses capacités d'agent et d'acteur social. C'est pourquoi l'amitié est essentielle : l'adolescent se cherche un double pour se sentir compris, plus fort et avancer dans la vie.

C'est grâce aux autres qu'on devient soi-même et qu'on apprend à se connaître. En effet, l'autre joue le rôle d'une sorte de miroir. Dans ce cadre, l'amitié et les échanges riches d'affection et de complicités ont beaucoup d'importance pour l'adolescent qui souhaite avant tout tenir une place, en particulier une place sociale.

Les amis accompagnent les changements dans la vie sociale

Pour se construire une identité et une place dans la vie sociale, l'adolescent a besoin avant tout de développer ce sentiment d'identité à l'intérieur même du groupe d'amis, groupe constitué de ses égaux en quelque sorte. En effet, là, il ne sera pas éduqué ni contrôlé ; il découvre une identité autre que celle d'enfant, d'écolier. Il devient l'ami, et il se fait des amis. Ceci est primordial dans la mesure où il choisit ses amis, et où lui-même a été choisi. Avec lui, l'autre veut partager, vivre des expériences et des émotions intenses, et, de même, l'adolescent pourra se confier à son ami qui le comprendra. Avec cet ami, le jeune pourra développer des centres d'intérêt nouveaux, avoir son monde à lui en dehors des habitudes familiales. Car si l'adolescent a besoin de sa famille pour grandir, il est important également qu'il se sente un peu différent de ses frères et sœurs par exemple, ou encore qu'il fasse l'expérience d'une première autonomie par rapport à ses parents.

Les copains sont ceux avec qui on partage ses humeurs et ses histoires ; ils peuvent devenir de proches confidents. L'adolescent apprend alors les bienfaits mais aussi certaines déceptions liées aux valeurs essentielles telles que la fidélité, la confiance, le respect de la différence.

Les amis sont très investis par l'adolescent, on est loin d'une superficialité que certains parents dénoncent. En effet, l'amitié consiste en un véritable investissement dans le temps et mobilise une grande partie de la vie affective de l'adolescent. D'ailleurs, celui-ci doute parfois de ses relations amicales, ou encore a le sentiment d'avoir été trahi ou mal compris. Ces moments, tout comme ceux de joies et d'expériences partagées, sont également constructeurs ; l'adolescent apprend ainsi que les relations entre êtres humains ne sont pas si faciles ni évidentes – rien n'est acquis (à la différence du lien parent/enfant) –, et qu'il faut savoir accepter l'autre dans sa différence voire se remettre en cause pour faire durer et grandir le lien.

À partir des années collège mais encore davantage au lycée, l'adolescent rencontre l'autre et se rencontre alors lui-même. Cette découverte, c'est aussi celle du sexe opposé.

Quand l'adolescent est trop influençable

La plupart des adolescents sont influençables. Ceux qui exercent avant tout cette influence décisive, ce sont leurs amis. Compte tenu de la valeur de l'amitié, la pression est forte. Oui, les amis influencent, mais on n'obtient rien en essayant de séparer des adolescents liés par une solide amitié. On risque juste de compromettre la relation parent/enfant.

Il arrive que les parents se méfient ou s'opposent à une amitié qui s'installe, de peur que leur adolescent soit influencé par un individu « de mauvaise famille », une bande « débauchée », ou encore par un groupe d'amis qui le distrairait de ses préoccupations scolaires. C'est hors de la famille que l'adolescent a besoin de vivre des relations fortes, il est donc primordial qu'il choisisse lui-même ses amis, amis qui correspondent, comme nous l'avons vu, à des motivations importantes pour lui, et qu'il faut respecter.

Si les fréquentations de l'adolescent le conduisent à ne plus aller au lycée à avoir des conduites prédélinquantes, une mauvaise hygiène de vie, il est important qu'un temps puisse être préservé pour que la situation soit réellement reconnue comme « prenant un mauvais pas ». Par ailleurs, vous pouvez vous poser la question : pourquoi mon enfant a-t-il choisi cet ami ?

« Faut-il avoir peur des bandes d'adolescents ? »

Souvent, le phénomène de la bande inquiète les parents qui y voient une errance sans mobile, un égarement, une oisiveté. Certes, tout ceci existe, mais les bandes se réunissent ou se forment également à partir d'un intérêt commun, d'une idéologie. À l'intérieur de la bande, on peut observer une véritable organisation qui laisse une place particulière à chacun des membres, leur conférant alors une identité qui les mobilisera dans des projets. L'amitié est également le fruit d'un groupe tout entier, pas seulement de deux ou trois personnes réunies.

Bien entendu, il appartiendra aux parents de rester à l'écoute des activités de l'enfant sans pour autant proscrire ce qui aurait pour effet d'installer le silence, chacun vivant sous le même toit sans avoir rien à raconter.

Par ailleurs, il n'est pas normal que l'adolescent ne veuille pas faire venir ses amis à la maison (voir aussi page 403). Le dialogue, répétons-le, est essentiel, il faut le préserver. Il est certes difficile pour un parent d'accepter chez son enfant des fréquentations différentes de celles qu'il avait imaginées pour lui, mais il s'agit toutefois de porter autant de considération aux sentiments du jeune qu'aux appréhensions parentales. Ainsi, il ne faut pas critiquer de manière quasi rituelle les amis de l'adolescent, mais tenter de faire appel plutôt à sa conduite et son sens des responsabilités. D'ailleurs, si certains élans amicaux inquiètent les parents, il faut également qu'ils gardent présent à l'esprit que, quoi qu'il en soit, leur enfant restera souvent en profondeur attaché aux valeurs qu'ils lui ont enseignées, et dans lesquelles il a baigné pendant son enfance.

Je vous conseille

S'intéresser aux amis de l'adolescent n'est pas une atteinte à sa vie privée, mais un intérêt porté à son enfant. N'oublions pas que les copains participent largement à l'estime que peut avoir le sujet de lui-même. Avec ses copains il est bien, il se sent compris. Les copains constituent une sorte de repère indispensable.

Je vous déconseille

— Certes, il est important que les parents se sentent concernés par les intérêts affectifs de leur enfant, mais plutôt que de remettre en cause ces liens d'amitié, il vaut mieux se préoccuper de ses conduites et de ses actes.
— Même si la vigilance est nécessaire, il ne s'agit pas non plus de craindre le pire ou encore d'imposer à l'enfant des règles excessives qui devraient dicter des relations conformes à l'esprit familial. Ce genre de situation est souvent conflictuel. En effet, de son côté, l'enfant entend le discours des parents comme une entrave à sa liberté et son autonomie. Ceci est d'autant plus vrai que la relation amicale a souvent un caractère fort et sacré que le jeune ne veut pas sacrifier.

Attention néanmoins aux groupes à risque !

Nicolas est de moins en moins souvent à la maison. Dès qu'il le peut, il retrouve des amis que ses parents ne connaissent pas, sauf un qui est un ami d'enfance. Nicolas s'appuie sur cet ami pour dire à ses parents qu'il n'y a aucune raison qu'ils connaissent les autres. Le problème est que ses parents se sont renseignés à l'école et que le responsable scolaire qu'ils ont rencontré les a inquiétés ou plutôt a confirmé leur inquiétude : le groupe que Nicolas fréquente pose des problèmes au lycée.
Les choses doivent alors être clairement abordées, au prix sûrement d'un conflit. Je conseille aux parents de Nicolas de dire explicitement qu'ils sont inquiets, qu'ils ne veulent pas que leur fils fréquente n'importe qui sans qu'il y ait une confiance réciproque. Ils doivent tenir fermement cette position, ce qui n'est pas facile.
Mon expérience m'a appris que beaucoup d'adolescents sont en fait soulagés de l'action protectrice et contenante de leurs parents, action qu'ils ne peuvent pas par eux-mêmes entreprendre. Quelques mois plus tard, Nicolas reconnaîtra que ses parents avaient raison : « J'aurais pu mal tourner… »

Les problèmes

La drogue

Le problème de la drogue chez les jeunes est devenu un véritable fléau, aucun parent ne peut l'ignorer. C'est même aujourd'hui le principal souci des parents. Une enquête auprès des adolescents de 11 à 19 ans révélait en 1994 qu'en France, 5,4 % d'entre eux consommaient régulièrement de la drogue, 12,4 % de l'alcool et 14,5 % du tabac.

CONSOMMATION D'ALCOOL, DE TABAC ET DE DROGUE
CHEZ LES JEUNES DE 11 À 19 ANS EN % (INSERM, 1994)

	Ne consomme jamais	**Consommation occasionnelle**	**Consommation régulière**
Alcool	47,8	39,8	12,4
Tabac	77,8	7,8	14,5
Drogue	85,3	9,3	5,4

Il est important de ne pas banaliser ce problème ni de le dramatiser. Les spécialistes sont tous d'accord pour reconnaître que la consommation de drogues chez les jeunes n'est pas un phénomène homogène, que ce soit d'un point de vue qualitatif ou quantitatif. 100 % des toxicomanes ont commencé à consommer dès l'adolescence. Mais cela ne veut pas dire, loin s'en faut, que 100 % des adolescents consommateurs de drogue deviendront des toxicomanes. Fumer une fois un « joint » n'a aucun rapport avec une consommation régulière de haschisch, même si l'on sait que la très grande majorité (92 %) de ceux qui ont expérimenté, même une seule fois, une drogue illicite prennent aussi de l'alcool et du tabac de façon régulière. Il est indispensable de différencier les « usagers de produits actifs sur le psychisme », consommateurs dans une société donnée, et les sujets « dépendants de drogues » qui présentent un trouble du fonctionnement psychique.

« Quelle est la différence entre drogue dure et drogue douce ? »

Cette distinction est sujette à de nombreuses controverses.

Si le produit en lui-même entraîne des effets de dépendance physique et psychique qui lui sont propres – beaucoup plus importants par exemple pour l'héroïne que pour le haschisch –, le mode de consommation – très régulière ou pas – peut tout autant définir une consommation « douce » ou « dure ».

« Comment savoir si un adolescent se drogue ? »

La difficulté pour les parents est de repérer les signes qui peuvent indiquer que leur enfant se drogue car généralement, celui-ci le dissimule ou oppose un silence total et résiste sur ce sujet aux tentatives de dialogue. Un changement de comportement, un air de plus en plus renfermé, bizarre ou absent, une demande pressante et régulière d'argent sans raison plausible et sans achats observables sont des indices. À ce dernier niveau, le montant des sommes demandées est essentiel : en effet, une dose de drogue dure coûte de 250 à 400 F, ce qui représente une dépense mensuelle évidente. Ailleurs, il s'agira de troubles affectifs d'apparition récente (turbulence, excitation, tristesse, angoisse, peurs excessives, isolement, autodévalorisation), de troubles du sommeil avec un endormissement systématique en milieu de nuit et surtout des difficultés scolaires d'apparition récente, associant un fléchissement des résultats et un absentéisme. Face à ces différents indices, l'emploi du temps et les fréquentations sont à surveiller. Les signes tardifs à type de délinquance ou de tentative de suicide surviennent généralement chez un sujet dont les parents ont déjà découvert le comportement toxicomaniaque.

« Que faire si on découvre qu'il se drogue ? »

Chaque parent, en cas de découverte de consommation d'une drogue, quelle qu'elle soit (on peut y inclure l'alcool, le tabac et les produits psychotropes tranquillisants sans prescription médicale), doit chercher à déterminer quatre repères, ceux que les spécialistes recherchent eux-mêmes systématiquement :

— le type de drogue (haschisch, cocaïne, amphétamine, héroïne, etc.) ;

— ses effets « addictifs » (c'est le terme utilisé maintenant et qui désigne le degré de dépendance physique et psychique et de tolérance) ;

— sa fonction pour le cas particulier de son enfant (essai « pour voir » et « pour faire comme les autres », fuite de l'ennui ou de la déprime, autotraitement d'un mal-être profond) ;

— évaluer le retentissement sur la vie familiale (isolement, refus, fuite), sur la vie scolaire (fléchissement, échec, rupture), sur la vie sociale (maintien des relations avec ses amis n'utilisant pas de drogue ou au contraire relations de plus en plus exclusives avec des toxicomanes).

Il est en effet nécessaire, parmi les adolescents qui utilisent des drogues illicites mais aussi licites, de distinguer d'un côté les utilisateurs occasionnels, de l'autre les utilisateurs plus réguliers dont quelques-uns risquent de devenir des toxicomanes proprement dits.

« Qu'entend-on exactement par "addiction" et "conduites addictives" ? »

On appelle « addiction » la répétition d'actes susceptibles de provoquer du plaisir et de soulager un malaise intérieur, mais marqués par la dépendance à un objet matériel ou à une situation, recherchés et consommés avec avidité [1].

Comme le terme « dépendance », le mot « addiction » appartenait au vocabulaire juridique médiéval et désignait la relation entre fief vassal et fief dominant. Cette étymologie donne une idée assez juste de la domination qu'exerce une drogue sur le sujet. Devenu un terme anglo-saxon, il réapparaît dans le vocabulaire usuel français dans le milieu des années 1980 pour remplacer la notion de toxicomanie et désigner une conduite commune non seulement à l'ensemble des consommations de stupéfiants mais aussi à tous les comportements auxquels un sujet se livre de manière répétitive et incontrôlée vis-à-vis d'un objet extérieur : aliment, alcool, drogue, jeu et même sexe.

Les conduites addictives apparaissent avec prédilection à l'adolescence : alcoolisme, tabagisme, toxicomanie, troubles des conduites alimentaires, etc. On peut les comprendre, en partie, comme un aménagement de la dépendance psychique qu'éprouve l'adolescent, dont les grandes lignes de vie et de personnalité sont en chantier.

1. J.-L. Pédinielli, *Psychopathologie des addictions*, PUF, 1997.

Les différents types de drogues et leurs pouvoirs addictifs

Nous proposons ici un panorama des drogues utilisées et de leurs effets.

➤ *Le cannabis*

L'usage du cannabis est en constante progression en particulier chez les jeunes. Sa consommation commence à l'adolescence. Il peut être fumé, mangé et, plus rarement, injecté. Il est vendu sous trois formes :

— en feuilles, c'est « l'herbe », la marijuana ou le kif (4 à 10 % de principe actif, le tétra-hydro-cannabinol) ;

— en plaques de résine, c'est le haschisch ou shit (10 à 40 %) ;

— ce peut être aussi une huile : herbes ou huiles sont mélangées à du tabac pour faire un « joint ».

« Quels sont les effets du cannabis ? »

À court terme, il provoque la détente, la désinhibition, l'altération des perceptions, l'euphorie, l'ouverture de l'appétit.
Le surdosage peut entraîner des états de panique et d'hallucinations.

« Y a-t-il une dépendance au cannabis ? »

Les cannabinoïdes semblent induire une dépendance. Le principal danger, en cas de consommation chronique, est une perte importante d'énergie : à long terme, on ne connaît pas vraiment les effets, mais le développement d'un syndrome que l'on a appelé « amotivationnel » est incontestable. Il consiste en une difficulté de plus en plus grande à se concentrer, surtout à mémoriser et à s'intéresser aux différents aspects de la vie relationnelle et intellectuelle. Son principal risque est la dégradation de plus en plus importante des résultats scolaires et des intérêts en général.
Même en cas d'intoxication chronique, la dépendance physique est mineure. Le sevrage est peu marqué : il se traduit par de l'irritabilité, de l'anxiété, une dysphorie, des tremblements légers et une hypersudation. Il dure environ quatre jours et ne nécessite aucun traitement spécifique – et encore moins une hospitalisation. Certains travaux vont néanmoins dans le sens d'un autre type de risque : la prise chronique de marijuana pourrait sensibiliser le cerveau à la dépendance à d'autres drogues, et en particulier à l'héroïne.

Un diagnostic biologique est possible par dosage urinaire du delta 9 THC positif au-delà de 100 ng/ml. Il ne fait pas la distinction entre un usage occasionnel et un usage répété. Un test nouveau de dépistage pour chacune des quatre principales catégories de drogue (cannabis, opiacés, cocaïne, amphétamines : ecstasy) est disponible en France en pharmacie : le Drugwipe.

Le débat sur la dépénalisation du cannabis est régulièrement relancé en France. À ce jour, les médecins y sont majoritairement opposés.

➤ *L'ecstasy*

Il s'agit d'une drogue de synthèse dont le principe actif est un dérivé de l'amphétamine (le MDMA) mais dont les effets se rapprochent des hallucinogènes, type LSD. Elle est apparue à la fin des années 1980 et arrive à la deuxième place, après le cannabis, dans de nombreux pays occidentaux.

« Quels sont les effets de l'ecstasy ? »

La prise occasionnelle supprime la fatigue, provoque une certaine excitation intellectuelle et sexuelle, mais n'entraîne pas de dépendance psychique ou physique. Associé à d'autres stupéfiants ou à l'alcool, cet euphorisant souvent employé comme « pilule à danser », peut causer des problèmes cardiaques, de l'hypertension ou de l'hyperthermie, qui, en cas de déshydratation majeure peut aller jusqu'au décès. Sa toxicité est donc indépendante de tout abus.

La prise régulière d'ecstasy peut avoir de graves conséquences sur la concentration mentale, favoriser une tendance dépressive, des attitudes paranoïaques et aboutir à une dépendance.

À titre préventif, les responsables de certaines structures organisent des stands d'information sur les lieux de « raves » et proposent aux jeunes une analyse scientifique de l'ecstasy consommée.

➤ *Les solvants organiques*

Éther, colle, bombe pour nettoyage, « poppers » sont utilisés par certains adolescents dans un but de recherche d'ivresse. Ces solvants provoquent en effet un comportement rappelant celui de l'alcoolique avec des vertiges, une démarche titubante, des hallucinations visuelles ou auditives.

La présence d'irritation des conjonctives de l'épithélium nasal ainsi que des écoulements du nez sans explications classiques (rhume, rhynopharyngite) en sont des signes caractéristiques.

Le risque de mort subite et de troubles cardiaques à type d'extrasystoles ventriculaires polymorphes est réel.

➤ *Les calmants (hypnotiques, tranquillisants, analgésiques)*

Ils sont administrés essentiellement par voie orale, associés assez souvent avec de l'alcool.

Les effets à court terme sont le soulagement de l'anxiété et de la tension, l'euphorie, la diminution de l'attention, des gestes non coordonnés, la baisse de vigilance, et selon la dose, le sommeil (4 à 8 heures). Ces effets sont amplifiés avec l'alcool.

Le surdosage peut engendrer des vertiges, un flou de la vision, de la stupeur. Le surdosage plus important peut provoquer un état comateux. La combinaison d'anxiolytiques à hautes doses et d'alcool peut entraîner le coma et la mort.

À long terme, on aperçoit de l'irritabilité dans l'humeur, de la confusion.

Le risque de dépendance à la fois physique et psychique est le plus fréquent, puis celui de tolérance.

➤ *Les opiacés (opium, morphine, codéine, héroïne, méthadone)*

Ils peuvent s'administrer par voie orale, nasale, ou être injectés.

Les effets à court terme sont l'euphorie, le bien-être (« je plane »), le « flash », sensation violente de chaleur et de plaisir quand le produit est injecté. Ensuite, surgit un état d'abattement, une apathie.

Le surdosage peut entraîner la stupeur et la mort.

À long terme, les effets sont la léthargie, la perte de poids, la constipation, la stérilité et l'impuissance.

Les risques de dépendance physique et de dépendance psychique sont très élevés, la tolérance est forte. Du fait de leur pratique d'injection intraveineuse, dans des conditions d'hygiène précaires, la population des toxicomanes est en outre exposée aux risques infectieux majeurs : sida, hépatites B et C, septicémie microbienne.

Un syndrome de sevrage survient dans les 6 à 8 heures qui suivent la dernière prise d'héroïne chez un toxicomane dépendant.

➤ *Les hallucinogènes (LSD, mescaline, psylocibine)*

Il peut s'agir de plantes, de champignons « exotiques » ou de produits de synthèse, type LSD Ils sont administrés par voie orale, par injection ou fumés comme la belladone ou la datura. Le LSD se présente sous forme de pilule ou de soluté, employé par imprégnation d'un buvard ou d'un morceau de sucre.

À court terme, les hallucinogènes provoquent un changement des perceptions, surtout au niveau visuel, et l'accroissement de l'énergie. L'intoxication aiguë est à l'origine d'une expérience appelée « voyage » où coexistent une intensification subjective des perceptions, des illusions perceptives voire de véritables hallucinations.

Le surdosage peut provoquer surtout une confusion mentale mais aussi de l'anxiété, des hallucinations, des psychoses, l'épuisement, des vomissements.

À long terme, les illusions, les hallucinations et la panique augmentent, il y a un risque de psychose délirante.

Ces produits n'engendrent ni dépendance physique ni tolérance. Il n'y a pas de syndrome de sevrage aux hallucinogènes. La dépendance psychique est en fait modérée.

➤ *Les amphétamines (benzedrine, dexedrine, methadrine)*

Les amphétamines sont administrées par voie orale ou injectées.

À court terme, elles accroissent fortement l'attention, engendrent de l'excitation, de l'euphorie, et une diminution de l'appétit.

Le surdosage peut entraîner une accélération du discours, de l'irritabilité, de l'insomnie, des désordres à l'estomac, des convulsions.

À long terme, des insomnies surviennent et des effets comme de l'excitation, des problèmes dermatologiques, de la malnutrition, des illusions, des hallucinations, une psychose peuvent apparaître.

Elles donnent lieu à une dépendance plus psychique que physique, mais le phénomène de tolérance est quasiment constant amenant à augmenter les doses.

➤ *La cocaïne (la « coke », le crack)*

Elle se présente sous forme d'une poudre blanche souvent mélangée à des sucres, à des anesthésiques locaux ou à des amphétamines. Elle est administrée par voie nasale, fumée ou injectée.

À court terme, le sujet se sent confiant et puissant avec une intense joie de vivre et une sensibilité accrue aux stimuli extérieurs, mais fait suite à cet état la « descente » accompagnée d'anxiété, de dépression, d'irritabilité.

Un surdosage peut provoquer des faiblesses cardiaques, des problèmes respiratoires, de la fièvre et même la mort.

À long terme, on observe une destruction des muqueuses nasales. Une impuissance, de l'anxiété, une dépression ou une psychose peuvent surgir.

Comme pour les amphétamines, la dépendance est plus psychique que physique ; il y a un phénomène de tolérance.

Trois types d'adolescents sur le chemin de l'addiction

De même qu'il y a plusieurs types de drogues et d'effets recherchés, il y a plusieurs contextes familiaux ou sociaux à l'origine de la conduite toxicomaniaque. Les motivations qui amènent un adolescent à se droguer sont diverses.

- Les plus fréquemment évoquées sont la fuite de la réalité, l'angoisse du lendemain, le rejet des valeurs traditionnelles.
- Autres motifs ensuite cités : « faire comme les autres », c'est-à-dire suivre « la mode » et la pression du groupe, ce qui montre le remarquable pouvoir des adolescents à s'identifier à d'autres jeunes comme eux, et en particulier à ceux qui prennent des risques puis la curiosité qui incite souvent à essayer la drogue, le plaisir et enfin l'attrait de l'interdit et la fascination du tabou.
- La fameuse recherche de transgression n'est peut-être pas aussi fréquente qu'on le disait par le passé. Les temps ont changé.

Répétons-le, il ne faut pas assimiler tout consommateur de drogue ayant un effet sur le comportement et le psychisme à un toxicomane. Toutes les études montrent qu'à l'adolescence, près de la moitié de ceux qui ont commencé à consommer l'un ou plusieurs de ces produits arrêtent dans les deux ans. « La consommation juvénile est un processus discontinu ; le fait de commencer à prendre une drogue n'est pas nécessairement le début d'une escalade vers la toxicomanie[2]. »

En pratique, on peut envisager trois chemins différents vers l'addiction :

- Le premier chemin correspond aux jeunes, consommateurs épisodiques mais excessifs d'alcool, de drogue ou même d'aliments généralement sucrés ou exci-

2. M. Choquet, S. Ledoux et C. Maréchal, *Drogues illicites parmi les 11-20 ans et attitudes face au sida*, La Documentation française, 1997.

tants (caféine, Coca-Cola, etc.). Leurs conduites ne les excluent pas du groupe des pairs, bien au contraire, même de ceux qui ne manifestent pas de comportements de ce type. Ils se comportent ainsi soit par curiosité, soit pour trouver un moyen d'évasion. En tant que parents, vous ne prêtez pas une attention particulière à leur dépendance ou et ne vous inquiétez pas de difficultés autres, en particulier d'un fléchissement ou d'une rupture scolaire récente.

■ Le deuxième chemin correspond aux années où les jeunes du groupe gardent un contact parfois à peu près régulier, souvent désorganisé, avec leur lycée. La dépendance est cependant déjà manifeste et se traduit par un hyperinvestissement de toute une série de comportements marqués par leur caractère répétitif et sans retenue possible : sorties nocturnes, musique hard, etc. Leur vie sociale est souvent centrée autour de cet hyperinvestissement, les amenant peu à peu à ne plus rencontrer que des jeunes dans la même situation. L'échange avec votre adolescent est difficile, celui-ci se montrant opposant, parfois violent dès qu'on remet en cause ses conduites. Vos relations sont répétitivement au bord de la rupture.

■ Le troisième chemin est tout à fait différent, et correspond aux toxicomanes avérés. Il concerne les adolescents qui s'engagent franchement dans une marginalité où le poids de la dépendance psychique à l'égard de leur addiction est massif et quotidien. Ils centrent leur vie sur la recherche du toxique, de son utilisation, de ses effets, avec toutes les conséquences personnelles et sociales que cela implique. Ils ne fréquentent plus que des jeunes inscrits dans la même trajectoire. Vous êtes dépassés, en tant que parents, par ce qui arrive et ne savez plus comment faire.

Je vous conseille

Préventivement :

— Marquez des limites et n'hésitez pas à interdire quand il y a lieu de le faire. Ces interdits sont parfois mal vécus, parfois rassurants, parfois, ils passent « comme une lettre à la poste », mais ils sont toujours intériorisés par votre enfant comme des frontières internes qu'il se constitue peu à peu, grâce à vous, vis-à-vis de ses désirs ou de ses pulsions dont il peut ainsi se sentir maître.

— Ne reculez pas devant le conflit, tout en gardant votre calme. Même si cela occasionne des séances pénibles, à la longue, cela aide beaucoup votre enfant à reconnaître le territoire de chacun, y compris, ce qui est capital pour lui, le sien.

— Faites un bilan pour mieux comprendre ce que votre enfant est en train de vivre ou essayez d'évaluer une éventuelle fragilité. Faites-vous aider par votre conjoint, recueillez l'opinion de ses enseignants ou de ses amis, ici avec tact.

En cas d'addiction confirmée :

La première chose à faire pour aider votre enfant, c'est de *reconnaître* qu'il a un problème, dont l'addiction n'est souvent que l'apparence extérieure. Car un jeune qui a recours à l'addiction est un jeune qui souffre. En effet, quand on est confronté, en tant que parents, à un problème d'addiction, la réaction la plus commune est le déni : vous ignorez les changements d'attitudes les plus évidents chez votre enfant, en prétextant « qu'il passe par une mauvaise phase », vous acceptez les excuses les plus lamentables, du genre : « Mes professeurs ne m'aiment pas » ou « Je gardais juste de la drogue pour mes amis ». Vous vous indignez quand des personnes extérieures vous suggèrent que votre enfant a peut-être un problème... Bref, vous préféreriez croire n'importe quoi plutôt que d'admettre que votre adolescent a un problème d'addiction.

Je vous déconseille

— Il ne faut pas assimiler tout comportement suspect de votre jeune à une preuve qu'il est toxicomane. Il ne suffit pas de fumer un joint de haschisch occasionnellement, pour être considéré comme un toxicomane.

— Ne soyez pas inquisiteur sous prétexte d'être absolument sûr que votre adolescent n'a pas recours à des comportements addictifs... Vous adopteriez le rôle du policier et passeriez à côté du vrai problème qui consiste, en l'occurrence, à savoir pourquoi vous soupçonnez votre jeune et quelle souffrance le pousserait à avoir recours à la drogue.

— Il ne faut pas commencer par vous culpabiliser. En effet, reconnaître le problème vous renvoie l'image de parents coupables, ayant échoué dans leur éducation. Or, sachez que ce n'est pas vous qui avez incité votre enfant à se droguer ou à se saouler : c'est lui, sachant qu'il bravait un interdit et que cela pouvait être dangereux.

Actuellement âgé de 18 ans, Julien est suivi en psychothérapie. Il a commencé à fumer du haschisch vers l'âge de 15 ans et est devenu polytoxicomane un an plus tard avec de l'héroïne. La toxicomanie se modifia peu à peu et Julien se marginalisa progressivement. Un an plus tard, il fit une overdose d'éther qui l'amena à l'hôpital psychiatrique. À la suite de celle-ci, la toxicomanie diminua mais quelques mois plus tard, il fit une tentative de suicide que l'on peut

interpréter comme une demande d'hospitalisation devant le risque de rechute de sa toxicomanie.
Julien appartient à une famille de trois enfants, deux sœurs aînées ni toxicomanes ni suicidaires ; son père a une tendance à boire un peu trop. Sa mère est en conflit très net avec ce dernier, visiblement c'est elle qui « porte la culotte ; elle est très inquiète pour son fils. La difficulté d'identification paternelle est importante malgré une sexualité apparemment satisfaisante, le sentiment de « non-virilité » est à retenir chez ce sujet.
Ce qui est révélateur, chez Julien, c'est le début de la symptomatologie avec la recherche d'un groupe d'accueil : tout ceci apparaît comme la manifestation d'une crise d'adolescence dans un climat de réactivation des conflits familiaux. Mais la psychothérapie montre une désorganisation personnelle engendrée par une dépression plus profonde. La reconnaître suffisamment tôt aurait été sûrement préventif vis-à-vis de la suite.

Le toxicomane dépendant physiquement et psychiquement : sa prise en charge

Aujourd'hui, les moyens thérapeutiques à la disposition du toxicomane dépendant physiquement et psychiquement sont la cure de sevrage et les protocoles de substitution. Ces deux procédés sont l'objet d'une longue préparation entre le thérapeute (médecin) et le sujet. Il s'agit d'évaluer la demande du patient pour optimiser les chances de réussite du sevrage ou de la substitution. La cure de sevrage n'a un sens qu'en tant qu'élément d'un programme global d'un traitement devant s'inscrire le plus souvent dans le long terme.

■ Le sevrage consiste généralement à hospitaliser le sujet pendant une semaine ou plus (le sevrage en ambulatoire nécessite des conditions de vie et d'environnement permettant une observation régulière du sujet : consultation tous les jours ou tous les deux jours). Il peut se décrire en trois temps différenciés :

1. la prise de contact dans laquelle il est nécessaire de nouer avant tout une relation de confiance, le volontariat est un des éléments majeurs de la démarche de sevrage,
2. l'évaluation de la dépendance, de l'opportunité du sevrage, du contexte social, de l'état somatique,
3. enfin le plus important, la négociation du contrat de soin, nous disons bien : contrat.

Le but du sevrage est d'arrêter toute consommation de drogue ; les symptômes du manque surviennent et sont atténués par des médicaments. Par ailleurs, l'équipe médicale représente un soutien psychologique considérable.

■ Le protocole de substitution consiste à substituer temporairement aux toxiques et sous contrôle médical des médicaments comme la Méthadone ou le Subutex (attention aux dangers de l'association entre les benzodiazépines, l'alcool et ces produits de substitution, en particulier le Subutex). À ces produits s'ajoute la Naltrexone, très peu utilisée en France. La Méthadone n'est distribuée que dans des centres spécialisés, et de façon quotidienne. C'est-à-dire que le sujet doit aller tous les jours prendre son flacon de Méthadone liquide. Alors que le Subutex est prescrit par les médecins de ville, sous forme de comprimés en plaquettes. La substitution est un outil de régulation de l'addiction mais en rien un sevrage.

Ces traitements sont généralement inscrits dans une prise en charge polymorphe, basée sur des moyens thérapeutiques à moyen ou long terme. Il peut s'agir de psychothérapies, de thérapies cognitivo-comportementales ou d'approches psychosociales en foyer, centre de post-cure ou communauté thérapeutique. Les jeunes usagers légers ou leurs parents tentés par ces cures adressent un appel, expriment leur difficulté à vivre. Pour eux, il faut favoriser l'accès à des lieux d'écoute, spécialisés ou non.

À retenir

Il faut savoir que la prise en charge des toxicomanes avérés est un procédé qui prend du temps et qui donne rarement des résultats immédiats. L'acte du toxicomane ne se réduit pas à une prise de produit, mais implique toute une organisation psychique et relationnelle avec autrui. Et c'est cette organisation qu'il s'agit d'aborder et de faire évoluer.

L'aide aux familles est un point important que vous êtes en droit de réclamer.

Je vous conseille

— Vous devez être conscient que si votre adolescent n'est pas prêt à arrêter la drogue ou s'il ne le veut pas, malgré toutes les cures de sevrage que vous lui imposerez, il rechutera. La demande d'aide doit venir de lui et non de vous. En attendant, vous pouvez essayer d'établir ou de rétablir une relation de confiance avec lui, ou du moins essayer de garder le contact, tout en étant franc avec lui : vous êtes contre la dépendance à la drogue.

— Faites attention, si votre adolescent fait un sevrage en hôpital, le moment de sa sortie est un moment très délicat à gérer, où votre jeune est particulièrement vulnérable. La drogue, si elle ne lui manque plus physiquement, reste très présente psychiquement. Pour essayer d'éloigner votre jeune patient de toute tentation, il faut l'éloigner de son milieu d'amis habituel, des quartiers où il s'approvisionnait. L'idéal, c'est qu'il parte en post-cure ou loin de son cadre habituel.

— Enfin un dernier point, sachez que la substitution (par Méthadone ou Subutex) est un moyen d'éviter en partie les effets négatifs de la drogue (désocialisation, marginalisation, risque de contamination par le sida, délinquance...), mais ce n'est certainement pas une solution à long terme pour soigner l'addiction, puisque le phénomène ne change pas : il n'y a que le produit qui soit substitué.

Je vous déconseille

— Il faut essayer de ne pas tomber dans l'excès contraire qui consisterait à établir une relation de dépendance entre votre enfant et vous, sous prétexte que c'est la seule façon pour vous de garder le contact avec lui ; ce serait lui donner de l'argent dès qu'il en a besoin, ne jamais lui dire non ni lui poser de limites.

Noémie est une jeune fille âgée actuellement de 19 ans. Sa symptomatologie apparente a débuté par une tentative de suicide à l'âge de 14 ans, réactionnelle à la séparation de ses parents. Vivant avec sa mère, elle fit des fugues mais continua ses études jusqu'au baccalauréat : les difficultés devant cet examen de sa classe de première furent, selon cette jeune fille, l'origine de la seconde tentative de suicide. Ce deuxième geste suicidaire l'angoissa fortement et un désinvestissement de ses amis se manifesta vivement. C'est dans ces circonstances qu'elle rencontra la drogue. Elle prit rapidement du crack et de la cocaïne, vivant intensément le « flash » qu'elle ressentait à chaque prise. Elle entreprit sous la pression d'un de ses meilleurs amis une cure de sevrage et se fit suivre par son médecin généraliste qui lui prescrit un produit de substitution, le Subutex. Sa mère très éprouvée par la « dégringolade » de sa fille a commencé une psychothérapie qui l'aide pour supporter les difficultés de sa fille et à trouver la bonne distance avec elle.

Le tabac

Entre 11 et 13 ans, 6 % des garçons et 5 % des filles ont déjà fumé, 2 % des garçons et 1 % des filles fument régulièrement. À 14-15 ans, 17 % des garçons et 23 % des filles ont goûté à la cigarette, 9 % des garçons et 13 % des filles fument régulièrement. Enfin à 18-19 ans, 43 % des garçons et 41 % des filles ont fumé une cigarette, 34 % des garçons et 31 % des filles fument quotidiennement. La consommation de tabac croît donc nettement au cours de l'adolescence.

Pourquoi les adolescents fument

Fumer, chez les adolescents, est souvent associé aux rencontres avec les amis : le tabac réduit l'anxiété liée à la situation de groupe, à la posture, fumer donne une prestance. C'est une sorte de rituel lié à des circonstances particulières, comme les sorties, le sentiment d'ennui, l'ambiance musicale, l'excitation, la consommation d'alcool. Quand on sort de cours, il faut « griller une clope » pour marquer le moment.

Mais l'utilisation du tabac permet aussi de s'affirmer par rapport aux parents, tout en s'identifiant au modèle adulte (qui est souvent celui de parents qui fument...). Cela procure un sentiment de libération par la transgression, un sentiment de prise de risques, surtout quand fumer est formellement interdit par les parents.

La dépendance tabagique

Entre 13 et 18 ans, le tabagisme s'accroît donc très sensiblement par rapport à la période précédente (11-13 ans). Parmi ces jeunes, la plupart fument irrégulièrement, ou bien régulièrement mais moins de dix cigarettes par jour. On ne peut pas parler pour ces deux types de comportement d'addiction.

On réserve ce terme à ceux qui fument au moins deux paquets par jour. Le tabagisme tient néanmoins une place à part dans les addictions. La consommation élevée de cigarettes entraîne une dépendance à la nicotine, qui en cas d'arrêt peut présenter un syndrome de manque. Mais cette activité ne recoupe pas exactement les critères de l'addiction. On ne pourrait évoquer l'addiction que pour les situations, rares chez les adolescents, dans lesquelles le grand fumeur dépendant utilise le fait de fumer pour se soulager d'un malaise intérieur important et constant, et perturbe ainsi sa vie sociale. En revanche, le tabac précède et accompagne souvent d'autres comportements susceptibles d'être addictifs (toxicomanie, alcoolisme). Notons cependant qu'il possède des effets psychoactifs comme l'augmentation des capacités de concentration, voire des performances cognitives.

Comme nous l'avons déjà mentionné, le sevrage chez les fumeurs dépendants se caractérise par des sensations désagréables (irritabilité, besoin de nicotine, anxiété, agitation, colère, augmentation de l'appétit...). Un certain nombre des effets de l'arrêt du tabac interviennent d'ailleurs dans les difficultés à abandonner le comportement : la prise de poids, les troubles de la mémoire et de la concentration, l'irritabilité, voire la réapparition d'éléments dépressifs sont parfois mal supportés, ainsi que l'abandon du plaisir tiré de la consommation de certaines cigarettes particulières (pendant le petit déjeuner, après le café...). Mais ces facteurs n'impliquent pas, une fois de plus, que toute consommation de tabac soit une addiction.

Je vous conseille

— Prévenez sérieusement votre enfant sur les risques que peut entraîner la cigarette, en insistant bien sur le fait qu'il est très difficile d'arrêter de fumer, issue à laquelle les jeunes pensent rarement à l'adolescence.
— Vous pouvez aussi interdire la cigarette et refuser que votre adolescent fume, du moins devant vous et/ou chez vous. C'est une façon de poser une limite et de marquer votre désaccord. Cela évite parfois l'entrée dans l'habitude de fumer au quotidien.

Je vous déconseille

Il ne faut pas focaliser toute votre attention sur la cigarette : le tabac ne doit pas devenir un enjeu entre votre enfant et vous. Évitez les chantages du type : « Si tu arrêtes de fumer, je t'offre un ordinateur. » Cela ne ferait qu'encourager votre enfant à continuer de fumer.

Mathieu s'est mis à fumer en cachette de ses parents à 13 ans... Puis vers 14 ans, il a commencé à provoquer sa mère en fumant devant elle, mais pas devant son père. Elle a réagi dès le début, en le répréhendant et en lui disant qu'elle n'était pas d'accord pour qu'il fume. Habilement, ses parents se sont mis d'accord pour mettre en valeur ses qualités sportives de footballeur, lui faisant remarquer une ou deux fois que les amis de son équipe ne fumaient pas, en tout cas les meilleurs. Rapidement, le fait que Mathieu fume ou ne fume pas n'était plus mis en avant. Ainsi, la meilleure façon pour lui d'attirer l'attention a été d'arrêter de fumer ! Il avait 16 ans.

L'alcool

La consommation d'alcool chez l'adolescent

Entre 11 et 19 ans, la proportion moyenne d'adolescents qui boit régulièrement, au moins deux fois par semaine, n'est pas si grande que cela (environ 12 %), alors que presque la moitié des jeunes a connu ponctuellement l'ivresse. La consommation d'alcool croît néanmoins nettement au cours de l'adolescence. L'augmentation de cette consommation d'alcool concerne surtout la consommation d'alcool fort et de bière, surtout chez les garçons mais aussi pour l'alcool fort chez les filles.

Comme pour la cigarette, les occasions les plus propices pour boire sont les réunions en groupe ou en bande. Le café, la boîte de nuit ou la « party » sont les lieux où se réalise cette conduite. Quant à l'alcoolisation solitaire caractéristique de l'adulte, elle semble moins fréquente chez le jeune.

L'alcoolisme de l'adolescent

L'alcoolisme proprement dit est l'addiction la plus ancienne, la consommation de breuvage alcoolisé étant presque aussi vieille que l'histoire des civilisations sédentarisées. Pour définir l'alcoolisme proprement dit, on peut retenir la définition d'un célèbre alcoologue français Fouquet (1955) : selon lui, est alcoolique « toute personne ayant perdu la liberté de s'abstenir de consommer de l'alcool ». Donc, comme pour les autres cas, toutes les consommations d'alcool, même excessives, ne sont pas forcément des addictions.

« Quels sont les risques de l'alcoolisation chez l'adolescent ? »

L'alcoolisation de l'adolescent connaît les mêmes complications que l'alcoolisme de l'adulte : modification du caractère et de l'affectivité, états dépressifs et même délires (rares néanmoins dès l'adolescence). En revanche, le risque d'évolution vers une polytoxicomanie, associant à l'alcool les drogues illégales et les médicaments est spécifique de l'alcoolisation actuelle de l'adolescent. En effet, les passages entre ces deux conduites – l'alcoolisation excessive et la polytoxicomanie – sont de plus en plus fréquents.

L'existence de mort directement liée à l'abus massif d'alcool est moins fréquente chez l'adolescent que chez l'adulte.

En revanche, des accidents graves de la circulation, sources de mort ou d'invalidité, sont hélas trop souvent directement liés à l'alcoolisation de sujets jeunes.

« En quoi consiste le sevrage alcoolique ? »

Comme pour la toxicomanie, le traitement de l'alcoolisme des jeunes consiste idéalement en une prise en charge polymorphe, associant un accompagnement psychologique (psychothérapie de soutien ou à orientation psychodynamique) et un sevrage physique.

Il existe aussi des associations d'alcooliques (Alcooliques anonymes par exemple) qui peuvent être d'une grande aide pour certains.

L'alcoolisme chez l'adolescent

Par rapport à l'alcoolisme de l'adulte, cette conduite prend plus volontiers un aspect toxicomaniaque chez l'adolescent : la recherche délibérée de l'ivresse, de la « défonce », de la rapidité, de l'intensité des effets est caractéristique.

De plus en plus souvent, la consommation d'alcool est associée à la consommation de psychotropes, dont l'effet est ainsi amplifié.

Je vous conseille

— Si votre enfant est alcoolique, vous le remarquerez assez rapidement par son état d'ébriété fréquente, son haleine souvent caractéristique... Avant de réagir brutalement, essayez d'établir un dialogue avec lui (attendez qu'il soit sobre pour le faire, sinon il pourrait être assez agressif et peu coopératif).

— Essayez dans un premier temps d'évaluer avec lui son degré d'alcoolisme. Un questionnaire, le questionnaire DETA peut vous y aider ensemble. Quatre questions doivent être abordées :

1. As-tu déjà ressenti le besoin de diminuer ta consommation ?
2. Tes amis t'ont-ils conseillé de modérer ta consommation ?
3. As-tu déjà eu l'impression que tu buvais trop ?
4. As-tu déjà ressenti le besoin de boire de l'alcool le matin ?

— Il faut ensuite essayer de comprendre ce qui pousse ou a poussé votre enfant à devenir dépendant de l'alcool : une dépression non reconnue comme telle, des angoisses relationnelles pour lesquelles l'alcool apporte une compensation efficace (l'alcool peut être une aide contre la timidité ou le manque de confiance en soi) ; est-ce un ou des amis alcooliques qui l'ont entraîné ?

— Vous pouvez dans un troisième temps proposer de l'aider. Il est essentiel qu'il le veuille, avant que vous n'entamiez des procédures par vous-même, sinon vous êtes quasiment assuré de leur échec. Vous avez alors le choix entre deux méthodes :

1. Vous sevrez votre adolescent à domicile, en établissant avec lui un contrat avec des buts bien précis, sur une courte échéance (« Pendant une semaine tu ne bois plus d'alcool, tu ne vois plus les amis avec qui tu buvais et tu ne sors plus dans les endroits que tu fréquentais... ») Cette méthode nécessite une grande motivation et beaucoup de volonté. Elle peut être efficace si votre adolescent n'est pas un grand alcoolique.
2. Pour des cas plus graves, il vaut mieux consulter un spécialiste, et éventuellement faire un sevrage en hôpital.

Il faut être vigilant, car souvent le problème de l'alcoolisme est mis en avant par l'adolescent lui-même et par son entourage, au détriment de problèmes psychopathologiques sous-jacents. Si vous avez des doutes sur ce point, ayez recours à une aide psychiatrique et psychothérapeutique.

Je vous déconseille

— Ne considérez pas l'alcoolisme de votre adolescent, quand il y a véritablement alcoolisme tel qu'il a été défini ci-dessus, comme une passade : « À son âge, qui n'a pas pris une cuite ! »

— Ne croyez pas que l'alcoolisme est un vice ou un manque de volonté. Le véritable alcoolisme est un démon qui habite celui qui en est atteint ; il faut l'aider fermement à lutter contre ce démon.

Les troubles alimentaires graves

Les troubles du comportement alimentaire apparaissent généralement à l'adolescence. Ils prennent l'aspect de préoccupations diététiques excessives soit dans le trop – boulimie –, soit dans le pas assez – anorexie –, liées souvent à une faible estime de soi, à des difficultés d'expression émotionnelle et à une centration des préoccupations sur l'apparence corporelle.

On distingue donc deux formes de troubles alimentaires graves : la boulimie et l'anorexie mentale.

La boulimie

La boulimie nerveuse se caractérise par des épisodes récurrents où le sujet se gave littéralement, accompagnés d'un comportement extrême de contrôle du poids, se manifestant par des vomissements provoqués, une diète stricte ou l'usage inapproprié de laxatifs. Le Binge Eating Disorder (BED) de meilleur pronostic est également marqué par des crises de boulimie mais n'est pas ou peu accompagné de contrôle du poids. Une seule crise peut apporter plus de 10 000 calories et associer des aliments aussi divers que deux baguettes, une plaquette de beurre, un paquet de riz, un tube de mayonnaise, deux tablettes de chocolat, une boîte de raviolis...[3] »

Ces accès surviennent en général à l'abri du regard des autres. Leur caractère secret, lié au sentiment de honte, explique que souvent, l'entourage n'en prend conscience que tardivement. Du reste, à la crise succède un sentiment de dégoût de soi et de malaise.

La crise de boulimie nerveuse est donc suivie de vomissements dans près de la moitié des cas. En général, l'adolescente se fait vomir pour ne pas grossir. Il faut savoir que ces vomissements peuvent être néfastes pour la santé : ils risquent d'entraîner une perte de sels minéraux, des lésions de l'œsophage, une atteinte des reins voire une dilatation de l'estomac.

3. In *Guide de l'alimentation de l'enfant*, Dr J. Fricker, A.-M. Dartois, M. du Fraysseix, Paris, Odile Jacob, 1998.

La boulimie évolue souvent de manière chronique, et dans la moitié des cas se complique par des troubles dépressifs.

« En quoi la boulimie est-elle différente des fringales ou du grignotage ? »

La boulimie est différente de la fringale qui elle, consiste simplement à manger beaucoup, souvent après une période de restriction alimentaire (au cours d'un régime amaigrissant par exemple) ou si l'adolescent saute un repas. C'est à la suite d'une baisse du taux de glycémie, et parce que le cerveau est en état de manque, que survient la fringale. Ces états sont favorisés par certains aliments, notamment par les boissons sucrées et les sucreries qui déclenchent une sécrétion excessive d'insuline responsable de la baisse de la glycémie.

Quant au grignotage, il est souvent une façon de remplir un vide affectif ou de venir à bout de l'ennui. Le « spleen », le « blues », un coup de cafard sont des états propices à ces épisodes. Ce peut être aussi une réponse à un stress.

Les conséquences des fringales et des grignotages, limités dans le temps et en quantité, sont bien souvent négligeables. Au pire, l'adolescent risque de déstabiliser son équilibre nutritionnel.

L'anorexie

Quant à l'anorexie mentale, on peut la considérer sous deux formes.

La première forme est l'anorexie mentale vraie, avec une recherche de silhouette amincie, quels qu'en soient les motifs.

Dans la deuxième forme, c'est la fonction alimentaire elle-même qui est perturbée ; l'absorption de nourriture prenant une fonction dangereuse : elle pourrait empoisonner ou étrangler. Dans l'anorexie mentale vraie, l'amaigrissement est secondaire ; un corps sans relief, décharné, que l'adolescente cache sous des vêtements amples ou exhibe fièrement, en est la conséquence. L'intensité des activités sportives et physiques et l'absence de fatigue coexistent avec l'amaigrissement et les troubles somatiques, dans une mise à l'épreuve permanente du corps, non dépourvue de risques. L'anorexique a des problèmes de nourriture, mais surtout des problèmes avec son corps : la méconnaissance de la maigreur (elle se trouve toujours grosse, alors qu'elle n'a que la peau sur les os), le désir éperdu de minceur, la peur de grossir, l'obsession de l'image de son corps (dont la perception est déformée) et le déni des besoins physiologiques en sont les témoins. À l'anorexie et à l'amaigrissement s'associe une aménorrhée, c'est-à-dire un arrêt des règles, conséquence de l'amaigrissement qui signe la triade caractéristique de l'anorexie mentale vraie.

Il n'est pas rare d'observer l'alternance de phases de boulimie et d'anorexie chez un même sujet, mais pas toujours avec des modifications pondérales.

Ce sont des troubles que l'on retrouve le plus souvent chez les jeunes filles, neuf fois sur dix, mais qui peuvent néanmoins se rencontrer chez les garçons.

« Peut-on guérir de l'anorexie ? »

Les formes mineures disparaissent en quelques mois. Dans les formes graves, nécessitant une ou plusieurs hospitalisations, seulement 50 % des anorexiques sont considérées comme guéries, avec un seuil moyen de 11 ans de traitement, 16 % malheureusement décèdent sur un suivi de 21 ans après la première hospitalisation.

Que signifient ces comportements ?

La boulimie comme l'anorexie surviennent habituellement à l'adolescence, et ce n'est pas par hasard, car c'est durant cette période que se cristallisent les problèmes affectifs liés aux modifications corporelles, aux relations avec la famille, à la psychologie individuelle et à la pression de la société. De l'interaction entre ces divers éléments va émerger le trouble du comportement alimentaire, mais aucun ne peut, à lui seul, l'expliquer ou le prédire.

La boulimie et l'anorexie sont des troubles complexes liés aux exigences d'ajustement et d'adaptation aux effets de la puberté et de la sexualisation du corps. Il existe souvent en parallèle des tensions et des conflits familiaux, en particulier avec l'un des parents, sous des apparences de « bonne entente ». Les préoccupations familiales sont souvent focalisées autour de la prise de nourriture : menace et séduction, prière et chantage, sollicitude et indifférence, alternent dans le temps et d'un parent à l'autre. La dépendance entre les membres de la famille peut devenir extrême, ainsi qu'avec l'un des parents accompagnant presque en permanence son enfant.

La boulimie et l'anorexie sont les deux faces d'une même problématique. Pour l'anorexique, l'abandon dans l'accès boulimique est à la fois une tentation permanente et l'objet de crainte et de dégoût ; par l'autocontrôle qu'elle implique, l'anorexie est un moyen de défense ascétique contre la boulimie.

Ces deux troubles ont en commun la difficulté de l'adolescente à résoudre mentalement les conflits personnels qu'elle peut avoir vis-à-vis d'elle-même : sa représentation exigeante et idéalisée d'elle-même à tous les niveaux.

Mais cette analogie ne doit pas occulter la diversité des personnalités et des situations : chaque jeune fille anorexique, chaque jeune fille boulimique est une avec sa problématique, ses conflits et ses espoirs personnels. C'est en tenant compte de ces éléments que la dynamique relationnelle entre la jeune fille, ses proches et le thérapeute aura une chance d'aboutir à une guérison.

Je vous conseille

— Dans le cas d'une boulimie avec prise de poids, il faut essayer de ne pas vous focaliser sur cette prise de poids. Souvent, le seul effet de cet excès d'attention est que l'adolescente (il s'agit le plus souvent d'une fille) se sent encore plus mal dans sa peau, de telle sorte qu'elle se met à manger encore plus, avec une culpabilité encore plus grande. Elle sait qu'elle est trop grosse : son entourage et son miroir lui renvoient cette image qu'elle refuse. Essayez au contraire de l'accepter comme elle est, sans la culpabiliser, en instituant en commun un régime.

— Si votre fille est boulimique ou anorexique, la grande difficulté est d'essayer de trouver la bonne distance par rapport à son problème. D'un côté, il ne faut pas faire « comme si de rien n'était », parce qu'il y a effectivement un problème et que ces comportements sont souvent des messages que vous lance votre fille et qu'il vous faut essayer d'entendre. Mais d'un autre côté, il ne faut pas rentrer dans le jeu du chantage et de la dépendance, ce qui ne fait qu'aggraver les choses.

— Si votre adolescente, surtout anorexique, va mal physiquement ou psychiquement, c'est-à-dire si vous voyez qu'elle s'affaiblit ou si vous la sentez très déprimée, il ne faut pas hésiter à consulter et si besoin à l'hospitaliser : il existe des services spécialisés pour ces troubles. L'hospitalisation est toujours nécessaire lorsque la vie est en danger. L'anorexique hospitalisée est prise en charge tant sur le plan nutritionnel que sur le plan psychique. La réalimentation est progressive, en tenant compte des goûts de la jeune fille, sans chercher à faire du « gavage ». La prise en charge psychologique se fait par le médecin psychiatre ou un psychologue. La psychothérapie devra durer plusieurs années pour être efficace sur le long terme. La confiance mutuelle entre le médecin et l'anorexique, mais également entre le médecin et la famille, est indispensable à la réussite de l'entreprise. Celle-ci aura d'autant plus de succès que la relation entre le médecin et l'anorexique est durable ; sauf incompatibilité d'humeur, il n'est pas souhaitable pour l'anorexique de changer souvent de médecin.

Souvent, le médecin s'adresse également aux parents, tout en gardant confidentiel le dialogue qu'il a instauré avec la patiente, en leur proposant – avec un autre spécialiste que celui qui a instauré une psychothérapie avec l'adolescente – une aide personnelle individuelle ou en groupe pour les aider à vivre ce problème.

Je vous déconseille

— Il ne faut pas, d'emblée, obliger votre adolescente à se soigner (sauf en cas d'urgence) mais l'amener à se soigner. Vous pouvez essayer d'en parler, ce qui est souvent difficile, et aussi lui conseiller de consulter un psychologue ou un psychiatre, mais la demande doit venir d'elle.
Quand vous consulterez un professionnel, il vous suggérera certainement quelques consultations familiales, ce qui est souvent très porteur dans ces cas-là.
— L'excès d'insistance appelle l'excès de résistance. Toute la famille risque alors d'être prise dans un réseau relationnel tournant autour de l'anorexie et des quantités de nourriture absorbées par l'adolescente ; c'est une manière de faire perdurer le conflit familial, tout en maintenant la dépendance de chacun des membres de la famille les uns vis-à-vis des autres.

Les problèmes somatiques

Les hépatites virales

L'hépatite est une affection inflammatoire du foie, survenant souvent pour la première fois au moment de l'adolescence. L'hépatite B est devenue une des premières maladies sexuellement transmissibles. Toutes les hépatites se traduisent par une modification des cellules hépatiques qui, dès lors, ne peuvent plus assurer correctement leurs fonctions.

Jusqu'à présent, on a déterminé six familles de virus : A, B, C, D, E, et G. Ils sont distincts par leurs caractéristiques, leurs modes de contamination, leur fréquence, leur durée d'incubation, leur possibilité de diagnostic biologique et leur évolution – certaines hépatites passent à la chronicité (hépatites chroniques).

➤ L'hépatite A

L'hépatite A est la plus répandue. Dans la très grande majorité des cas, elle est bénigne et ne révèle aucun symptôme. Dans une faible proportion, on observe une « jaunisse » et une fatigue pouvant conduire à un arrêt des activités.

Cette forme d'hépatite se transmet le plus souvent par les aliments et les eaux souillés. Attention aux voyages de vacances dans des conditions ou des pays où l'hygiène n'est pas celle que l'on connaît habituellement. Son incubation est de deux à six semaines. On la rencontre essentiellement dans les pays en voie de développement. Dans les pays industrialisés, il ne s'agit que de cas sporadiques ; c'est ainsi qu'en France, si on compte environ 30 millions de porteurs d'anticorps, on estime à moins de 30 000 les cas d'hépatite A aiguë, dont la guérison définitive est systématique.

Pour nous protéger de cette hépatite, nous disposons actuellement d'un vaccin efficace (*Havrix*) et sans effets secondaires. Il est essentiellement réservé à des adolescents qui vont voyager dans des pays à risque.

➤ L'hépatite B

Il s'agit d'une affection fréquente et grave. On estime que 350 millions de personnes sont porteuses du virus B et qu'en France 150 000 personnes sont contaminées.

L'hépatite B est très fortement transmissible par voie sexuelle, par injection de sang contaminé chez les toxicomanes (aujourd'hui, la transfusion sanguine dispose de dépistages d'une parfaite efficacité) et, lors de l'accouchement, par contamination de la mère à l'enfant. L'origine peut également être nosocomiale (lors d'une hospitalisation).

5 à 10 % des porteurs vont devenir des malades chroniques. Parmi eux, 30 % vont développer une cirrhose. Un cancer du foie se déclarera pour 30 à 50 % des personnes atteintes de cirrhose.

« Les vaccins contre l'hépatite B sont-ils efficaces ? »

Oui, ils sont très efficaces.

Les données que nous venons de voir soulignent l'importance de la prévention, en particulier, de la vaccination contre l'hépatite B. La vaccination contre l'hépatite B a été lancée en France avec deux populations prioritaires : les adolescents et les nourrissons.

C'est une arme particulièrement efficace remboursée à 65 % par la Sécurité sociale. Il n'y a pas de contre-indication y compris pour la jeune fille enceinte ; au contraire, si on estime que pendant sa grossesse, une maman est exposée au risque (mère toxicomane), il faut la vacciner pour éviter la contamination de la mère et de l'enfant.

Malgré les craintes qui ont récemment amené les autorités à des recommandations de prudence, on préconise de vacciner l'adolescent vers 10-15 ans, c'est-à-dire avant les premières relations sexuelles. Cette indication est utile pour deux raisons :

— c'est l'âge où le vaccin est le plus efficace – dès que la population est plus âgée, la réponse au vaccin est moins bonne –,

— c'est à l'adolescence que se situe, en France, la période aiguë de contamination.

« Comment soigne-t-on les malades chroniques ? »

Quant aux malades chroniques, on leur propose un traitement antiviral préparé par recombinaison génétique : l'interféron alpha. Administré à des doses élevées pendant une durée courte, ce traitement connaît environ 35 % de réussite.

Il existe également un autre médicament : la Vidarabine, molécule antivirale proposée sous forme de perfusions intraveineuses (un dérivé est administré en injections intramusculaires) pendant une période d'une année.

➤ *L'hépatite C*

Le virus C a été découvert à la fin des années 1980, mais ce n'est qu'en 1995 qu'il a été vu pour la première fois. L'hépatite C se transmet essentiellement par voie sanguine : 40 % des contaminations ont eu lieu lors de transfusions sanguines, avant 1989, époque à laquelle les premiers dépistages ont pu être mis en place :

— 25 % sont liées à la toxicomanie par voie intraveineuse,

— 17 % à une exposition nosocomiale (lors d'une hospitalisation),

— le reste des sources de contamination (moins de 20 %) demeure inexpliqué.

La transmission sexuelle du virus C semble très exceptionnelle. La France compte environ 600 000 cas d'hépatite C. La moitié des toxicomanes utilisant la voie veineuse seraient contaminés.

« Comment évolue l'hépatite C ? »

La première étape est celle de l'hépatite aiguë ; elle passe inaperçue, est récente et ne dure pas. Dans 30 à 40 % des cas, on constate une guérison mais 60 à 70 % des porteurs vont évoluer vers la chronicité ; 20 % des

formes chroniques vont se traduire par une cirrhose. Un cancer du foie se déclarera dans 30 à 50 % des cas de cirrhose, après une dizaine d'années.
Aujourd'hui, il n'existe pas de vaccin contre l'hépatite C. La seule ressource disponible est thérapeutique : comme pour l'hépatite B, on a recours à l'interféron alpha administré à des doses moins élevées et pendant plus longtemps.
Les autres types d'hépatites sont à ce jour beaucoup plus rares.

La peau et ses problèmes : grain de beauté ou grain de danger ?

Les nævus (ou grains de beauté) se modifient parfois. Certains critères doivent vous conduire à consulter rapidement un dermatologue sans pour autant vous affoler. En cas de doute, mieux vaut consulter plutôt que de laisser un mélanome progresser.

S'il y a une incertitude, l'excision chirurgicale est pratiquée. Elle est toujours précédée d'un examen histologique (des tissus de la peau) afin de vérifier la nature du nævus (cancéreux ou pas).

- A comme asymétrie : un grain de beauté est la plupart du temps symétrique, autrement dit sa forme est régulière, ce qui n'est en général pas le cas pour un mélanome.
- B comme bordure : un grain de beauté a un contour plutôt régulier, alors qu'un mélanome a une bordure plutôt déchiquetée avec des excroissances.
- C comme couleur : un grain de beauté est d'une seule couleur. Plus il y a de couleurs différentes, plus le risque de mélanome est grand.
- D comme diamètre : le diamètre des grains de beauté est en moyenne plus petit que celui du mélanome.
- E comme évolution : un grain de beauté apparaît en général pendant l'enfance et la jeunesse. Après cette période, tout grain de beauté qui survient ou tend à se modifier est suspect.

> **Attention !**
>
> **Le mélanome peut aussi apparaître ailleurs que sur un grain de beauté. C'est donc toute la surface de la peau qu'il faut surveiller. Une croûte qui ne guérit pas, des saignements locaux, une sensation de fourmillements et toute tache nouvelle présentant un de ces caractères doivent être considérés comme suspects.**

Les cystites

Toutes les filles qui ont fait un jour l'expérience d'une cystite savent à quel point elle fait souffrir et épuise, physiquement et nerveusement. Ces crises, quand elles se répètent, peuvent à la longue être franchement démoralisantes. Cette affection douloureuse, due en général à l'infection des urines par des bactéries, peut avoir bien d'autres causes. Il existe des cystites sans infection urinaire et des infections urinaires sans cystite. Normalement stériles, les urines sont dépourvues de mécanismes de défense propres et constituent un excellent milieu de culture pour les germes qui s'y développent très vite.

La fille présente par rapport à l'homme un désavantage anatomique qui la rend plus souvent sujette que lui aux infections urinaires : son urètre – le canal qui relie la vessie à l'orifice externe (méat) – est beaucoup plus court (4 cm pour 20 cm chez l'homme), et sa vessie est plus facilement contaminée par les moindres microbes en provenance de l'anus ou du vagin.

➤ *Les premiers signes*

Il faut agir dès l'apparition des premiers signes, souvent modérés au départ, « avant que ne s'installent la véritable infection et son cortège bruyant de manifestations :

- un besoin très fréquent et impérieux d'uriner, même pour quelques gouttes, de jour comme de nuit ;
- une douleur du type brûlure en urinant, soit en début de miction soit pendant toute sa durée, soit encore seulement à la fin ;
- une sensation douloureuse quasi permanente dans le bas-ventre, même en dehors des mictions ;

- la présence de sang dans les urines qui apparaissent colorées en rose plus ou moins striées de filets rouges[4]. »

Si les douleurs sont ressenties au niveau de la région lombaire ou s'accompagnent de fièvre et de nausées, il faut craindre que l'infection ait gagné les reins et la faire traiter immédiatement.

Je vous conseille

— Boire abondamment, surtout en été et dès les premiers symptômes, boire en grande quantité et à intervalles réguliers dans la journée, et uriner souvent pour éliminer les germes présents dans l'urine.
— Ne pas avoir de mauvaises habitudes d'hygiène, et notamment une manière incorrecte de s'essuyer d'arrière en avant après être allée à la selle.
— Éviter le port continuel de jeans serrés.
— Préférer les tampons aux serviettes hygiéniques.
— Éviter un épisode de rapports sexuels très rapprochés (c'est la fameuse « cystite de la lune de miel ») ou encore la pratique de la pénétration anale (avec les doigts ou le pénis).
— Soigner les infections génitales quelles qu'elles soient, toutes les pertes vaginales.
— Prendre rendez-vous avec un médecin.
— En cas « d'urgence » et avant de prendre le moindre comprimé d'antibiotique ou de Rufol, faites faire un examen cytobactériologique des urines (ECBU) au laboratoire. Il est également possible de recueillir les urines dans un récipient stérile et de le conserver quelque temps au réfrigérateur à 4 °C avant d'aller le porter au laboratoire.

Je vous déconseille

— N'attendez pas que cela s'arrange tout seul... il y a toutes les chances que les signes s'aggravent.
— Ne prenez pas les premiers antibiotiques qui tombent sous la main.
— Ne vous précipitez pas dans une pharmacie pour acheter du Rufol : il soulage souvent, mais sans forcément guérir, et il décapite les germes qui ensuite ne seront plus identifiables à l'examen des urines.

4. *Questions de femmes, op. cit.*

Les accidents

Tous les parents partagent la même crainte dès que leur enfant conduit ou est conduit par un ami : l'accident. Combien de mères ou de pères ont eu du mal à trouver le sommeil lorsque leur enfant doit rentrer d'une soirée où il est parti en voiture ou, encore plus, en scooter ou en moto.

Ils n'ont pas tort : 28 % des morts sur la route ont moins de 25 ans. Les 18-24 ans encourent trois fois plus de risques d'accidents. Les motards et cyclomotoristes (qui ne sont pas tous des adolescents) payent un lourd tribut à la route : 1 302 morts en 1997 et 9 383 blessés graves.

Cependant, les chiffres sont formels : il faut savoir que la formule préparatoire au permis de conduire, dite « conduite accompagnée » dès l'âge de 16 ans diminue le nombre d'accidentés chez ceux qui s'y sont prêtés.

La méningite

En France, chaque année, 1 000 cas de méningite sont diagnostiqués, dont 10 % environ sont mortels.

« Quand faut-il penser qu'il peut s'agir d'une méningite ? »

On en parle régulièrement dans les journaux, tant mieux. Cela permet aux parents de connaître les quatre signes qui doivent les mettre en garde : fièvre, maux de tête, vomissements, devant lesquels s'ils sont associés, il faut systématiquement rechercher le quatrième significatif, la raideur de la nuque.

L'infection peut hélas être parfois fulgurante, car en se détruisant, le germe de la méningite libère des toxines. Une septicémie alors se produit, parfois mortelle et annoncée par l'apparition de petites taches hémorragiques sur tout le corps, appelées « purpuras ».

« Quel est le traitement ? »

Le traitement doit être effectué en urgence. Il est simple et efficace. Il repose sur l'administration pendant dix jours, de pénicilline. Toutes les personnes qui ont pu approcher le malade doivent être retrouvées. Un traitement préventif est alors entrepris : deux jours d'antibiotiques. Éventuellement, il peut être accompagné d'un vaccin, efficace au bout de huit jours et pour une durée de trois ans.

« Pourquoi ne pas vacciner systématiquement toute la population ? »
Deux raisons : le vaccin est inutile contre la méningite B, la plus fréquente en France et la probabilité de rencontrer la bactérie au cours de sa vie est trop faible pour qu'une telle campagne se justifie, aucune vaccination n'étant totalement sans risque.

Les problèmes de caractère

L'adolescence est une période cruciale pour la formation du caractère.

Celle-ci s'accomplit dans un double mouvement : d'identification aux parents et aux amis d'une part, et de différenciation par rapport aux mêmes parents et aux mêmes amis d'autre part.

Qu'est-ce que le caractère ?

Chacun connaît les remarques du genre : « Il a le caractère de son père... Il ressemble à sa tante... C'est tout le portrait de son grand-père, de sa grand-mère... » En général, par ces propos l'adulte – souvent l'un des parents – identifie l'adolescent à lui-même ou à l'un de ses ascendants.

En fait, le caractère peut être défini comme l'ensemble des dispositions congénitales (tempérament) ou acquises (personnalité), qui forme l'ossature psychologique d'une personne. Le caractère est un élément de la reconnaissance de soi-même et permet de se différencier des autres.

Très souvent, lorsqu'on évoque le caractère, on prend en considération un comportement qui émerge de l'ensemble de la personnalité, comportement qui est pénible à supporter pour l'entourage, voire qui le fait souffrir et l'on aura tendance à dire : il ou elle est trop influencé(e) par tel ou tel ami. À ce trait de caractère est souvent attribuée une valeur négative, ou à tout le moins discrètement gênante par rapport au reste de la personnalité.

Nombre de conflits de famille ou de discussions entre parents ont pour objet le caractère de leur enfant et la différence des caractères entre les uns et les autres.

D'un autre côté, l'adolescent peut lui-même se complaire à identifier certains de ses comportements comme étant des caractéristiques qui lui sont propres : « C'est mon caractère... », propos qui peuvent constituer une affirmation de soi mais aussi autant d'excuses à des conduites plus ou moins déviantes. Ainsi, le caractère participe-t-il de la définition et de l'identification de la personne, mais il ne doit pas pour autant justifier des comportements déviants sous prétexte qu'ils appartiennent à l'histoire familiale, ayant déjà été portés par l'un ou l'autre membre de la famille.

Le caractère à l'adolescence

Il est tout à fait exact que les différences constitutionnelles sont très importantes et que certains adolescents seront plutôt rêveurs, d'autres plutôt impulsifs, ou encore plutôt idéalistes, mais ce n'est pas une raison pour laisser l'adolescent s'enfermer de plus en plus dans des conduites répétitives et caricaturales, car c'est dans cette deuxième partie de l'adolescence, à l'âge du lycée, que se construit définitivement la personnalité.

De ce point de vue, cette période risque d'être une période d'enkystement des comportements les plus « caractériels ». Si cet aménagement permet à l'adolescent d'éviter la confrontation à une certaine angoisse, cet évitement risque d'entraver de manière durable son adaptation et son insertion aussi bien sociale qu'affective.

Lorsque l'adolescent bénéficie d'un don particulier, quel qu'il soit (intelligence, beauté, don artistique), ses traits de caractère sont souvent tolérés parce que mis au second plan derrière ce don. L'âge venant, les traits de caractère risquent de devenir de plus en plus envahissants, en même temps que le don, s'il n'est pas intensément cultivé, risque de perdre ses vertus protectrices pour l'individu.

De plus en plus souvent, les psychologues, les psychiatres, les psychanalystes d'adultes sont confrontés à des sujets ressentant un mal-être incertain, aux limites symptomatiques imprécises, mais qui se caractérise par la souffrance profonde de la personne, mal dans sa peau, déçue par la vie, profondément insatisfaite... Ces pathologies qu'on appelle « limites » et/ou « narcissiques », véritables pathologies du caractère, proviennent directement de ces perturbations, souvent mises en place au moment de l'adolescence.

Abordons maintenant quelques caractères particuliers, en raison de leurs traits les plus saillants qu'on observe généralement à l'adolescence. Il s'agit en effet de traits de comportement fréquents chez les adolescents, mais qui, chez certains, deviennent tellement systématiques et envahissants qu'ils en arrivent à définir, par eux-mêmes, l'ensemble de la personnalité. Bien entendu, nous ne décrirons pas ici la totalité des différents caractères : nous ne prétendons pas rédiger un traité de psychologie...

L'adolescent intransigeant

Cette disposition est assez fréquente à l'adolescence et s'oppose à une nécessité que la vie se charge fréquemment d'apprendre : la nécessité du compromis. Comme chacun sait, l'adolescence n'est pas l'âge des compromis et certains adolescents s'organisent autour de ce trait de caractère qu'on pourrait définir comme l'exigence du « tout ou rien ». L'adolescent intransigeant veut obtenir la totalité de ce qu'il exige sans aucun compromis, aucune limitation et, à défaut de l'obtenir, préfère n'avoir strictement rien. Ceci est différent de l'impulsivité et de l'instabilité dont je vais parler plus loin, car l'adolescent accepte d'une certaine manière la non-satisfaction. Quand il ne peut obtenir intégralement ce qu'il exigeait, il y renonce totalement parce qu'il dévalorise ou désinvestit son propre désir insatisfait.

Pour l'adolescent intransigeant, la seule possibilité reconnue est que la réalité extérieure se plie à l'impérialisme de ses exigences propres : si cela ne peut être obtenu, mieux vaut pour lui faire comme si ces exigences n'avaient jamais existé.

L'intransigeance peut concerner des domaines très différents. Il peut s'agir des loisirs, des sorties ou des fréquentations, l'adolescent voulant obtenir de ses parents leur assentiment total, sans limitation. Quand il ne l'obtient pas, il préfère renoncer complètement. L'intransigeance peut s'exercer également dans les relations affectives ou encore dans le domaine de la scolarité. Elle peut être une caractéristique qui prélude à certains états plus pathologiques. On observe par exemple fréquemment ce comportement intransigeant chez les patientes futures anorexiques mentales. Ainsi, dans des domaines comme les vêtements, l'alimentation, le sommeil, certains adolescents ont des positions particulièrement rigides. En général, cette attitude a pour rôle de contrôler, de canaliser une vie pulsionnelle ressentie comme dangereuse par son intensité. On pourrait dire que l'adolescent élève un mur d'intransigeance d'autant plus haut qu'il ressent un besoin pulsionnel plus grand.

Ces adolescents sont souvent très idéalistes. Ils se construisent des systèmes idéaux auxquels ils adhèrent de manière intense qui peuvent être de nature philosophique, morale, esthétique, professionnelle, etc. L'adolescent idéaliste réclame un monde d'où la violence est exclue, où la justice est équitable et universelle. Il est vrai que cet idéalisme est souvent bénéfique, l'adolescent s'engageant au service des autres, de la communauté. Mais parfois le système idéal devient tellement excessif, qu'il crée ce qu'il dénonce ou empêche l'adolescent d'investir la réalité environnante (qui n'est jamais à la hauteur de son idéal), ce qui aboutit à une dévalorisation, un sentiment de vide, un état dépressif.

Je vous conseille

Vous ne devez pas vous plier ni accepter sans réserve cette intransigeance, mais comprendre et parler de la passion qui souvent sous-tend cette attitude apparente.

L'adolescent opposant

Là aussi ce mouvement, naturel à l'adolescence, peut, chez certains individus, prendre une importance excessive. Chez certains adolescents, tout n'est qu'opposition, l'essentiel étant de s'inscrire en faux par rapport à ce qui est énoncé.

L'adolescent opposant dira toujours « non » aux propositions qui lui sont faites, qu'elles soient présentées sous forme d'une injonction, d'un ordre, d'une invite, etc. Pour se sentir exister, il aura besoin, obstinément, d'être en opposition. Cela s'observe en particulier chez les adolescents qui ont un lien extrêmement fort à leurs parents, non pas leurs parents réels, mais les représentations affectives profondes de leurs parents, ce que les psychanalystes appellent les « images parentales intériorisées ». Pour se définir eux-mêmes, ils ont besoin de s'opposer à ce lien qu'ils ressentent comme envahissant. Il est évident que la vie de famille risque d'être particulièrement difficile dans de telles conditions.

Je vous conseille

Les discussions prolongées sont souvent fatigantes si ce n'est épuisantes, mais sont le meilleur moyen de mettre en scène et en mots cette attitude oppositionnelle qui est souvent une recherche de bonne distance avec le ou les parents.

L'adolescent instable

Dans ce cas, à nouveau, la variabilité du comportement des adolescents, les changements fréquents d'un moment à l'autre sont une caractéristique normale de l'adolescence. Mais cette inconstance peut devenir un trait majeur du caractère. L'adolescent ne cesse de changer de sujet d'intérêt, d'occupation, de relation amicale, amoureuse. Sitôt une discussion finie ou un accord passé, l'adolescent change d'idée et prend le contre-pied de ce qui a été décidé. Il a un constant besoin de bouger, ne peut « rester en place ».

L'instabilité peut prédominer dans un secteur particulier : physique (instabilité motrice), affective (instabilité d'humeur), intellectuelle (instabilité d'attention et de concentration). Très souvent, chez ce type d'adolescent, un objet ou une activité est recherché comme étant ce qui enfin apportera la satisfaction et, dès que celle-ci est obtenue, l'objet ou l'activité en question n'a plus d'intérêt et est relativement dévalorisé ; la recherche est alors mise dans une autre activité ou un autre objet censé apporter enfin cette satisfaction.

Un trouble a été depuis quelques années décrit chez l'enfant et l'adolescent : « le trouble déficit de l'attention / hyperactivité » pour lequel un traitement médicamenteux a été recommandé : la Ritaline.

Je vous conseille

En cas de doute, consultez votre pédiatre ou le psychiatre.
Reportez-vous aussi aux pages 559 à 666.

L'adolescent impulsif

L'impulsivité est un trait de comportement fréquent à l'adolescence ; mais certains adolescents ne supportent aucune limite, aucune frustration, et, dès qu'ils éprouvent un certain désir ou besoin, ils doivent l'accomplir ou le satisfaire.

On considère souvent que l'impulsivité est une caractéristique héréditaire constitutionnelle fondamentale. Sans nous engager ici dans ce débat, il faut reconnaître qu'effectivement, l'impulsivité est très variable d'un individu à l'autre, dépendant de l'hérédité certes, mais qu'elle est aussi en grande partie réglée par les conditions d'éducation, surtout dans la petite enfance. L'impulsivité est traditionnellement reliée à la tolérance de la frustration d'une part, et à la force de la personnalité d'autre part, ce que les psychologues et psychanalystes appellent la force du Moi.

Les adolescents impulsifs se mettent violemment en colère, claquent les portes, sortent brutalement, « balancent » leurs cartables ou leurs objets personnels, parfois même cassent ces objets ou divers meubles, lorsqu'ils sont confrontés à des situations où ils ne peuvent obtenir dans l'instant ce qu'ils désirent.

L'impulsivité est parfois vantée par certains discours médiatiques, cinématographiques ou culturels comme étant une qualité qui permet la spontanéité, l'expression de ses émotions et la capacité de vivre celles-ci jusqu'à leur paroxysme. Ces affirmations sont peut-être vraies, mais elles ne tiennent aucun compte, d'une part de l'environnement, d'autre part de l'état de la personne après le passage à l'acte. Il est fréquent en effet qu'après la crise de colère, le moment de violence, le passage à l'acte, l'adolescent traverse un moment de culpabilité et parfois même un effondrement dépressif.

Je vous conseille

Souvent ce caractère s'est manifesté dès l'enfance ; il faut donc, le plus tôt possible, donner à ses enfants l'occasion d'exprimer utilement leur impulsivité par de nombreuses activités physiques.

Il est recommandé de les amener peu à peu à se contrôler eux-mêmes, à savoir un minimum attendre. Toutes les occasions pour les éduquer à ce niveau sont à utiliser.

Je vous déconseille

Il ne faut pas systématiquement les punir : leur tension ne fera que monter et un cercle vicieux s'installera.

L'adolescent timide

Il est évidemment l'inverse du précédent. Une timidité momentanée ou partielle est fréquemment rencontrée à l'adolescence. Elle ne constitue un trait « caractériel » que lorsqu'elle envahit de façon prévalente le fonctionnement du sujet dans ses différents aspects : dans sa vie relationnelle (« grande timidité »), dans sa vie psychique (inhibition à fantasmer), dans sa vie intellectuelle, provoquant alors des difficultés scolaires, sources d'inquiétudes des parents.

Dans la majorité des cas, les comportements d'inhibition à l'adolescence ne font que prolonger des conduites identiques dans l'enfance. Parfois ils peuvent apparaître à la préadolescence, vers 10-12 ans. Dans quelques cas, l'apparition de l'inhibition semble contemporaine de l'apparition des premiers signes pubertaires, vers 13-14 ans, manifestant alors le trouble que constitue pour l'adolescent concerné cette transformation en particulier physique. Lorsque l'inhibition est manifeste dès l'enfance, on observe en général son renforcement lors de l'adolescence.

Les trois secteurs évoqués ci-dessus (relationnel, psychique, intellectuel) s'associent généralement, mais il est possible de les observer séparément :

- La timidité devant les autres est la plus frappante : l'adolescent n'ose pas parler devant un groupe ni s'inscrire à une activité sportive ou culturelle pourtant désirée ou n'ose pas téléphoner, il a peur de s'adresser à un inconnu. À l'extrême, on parlera de véritable « phobie sociale » qui nécessite une aide psychologique et éventuellement médicamenteuse, tant la gêne sociale et scolaire est importante.
- Derrière cette timidité, il est habituel de découvrir l'existence d'une vie fantasmatique elle-même inhibée dans son expression mais profondément plutôt riche. La crainte fréquente de l'adolescent est que ses fantaisies et /ou fantasmes soient découverts ou devinés par l'autre, surtout lorsque cette autre personne est l'objet vers lequel tendent ces fantasmes. Cette timidité est fréquemment liée soit à la culpabilité, soit à la honte. La culpabilité renvoie généralement à des désirs sexuels ou agressifs dirigés vers une personne de l'entourage, la honte à des craintes portant sur la personne même de l'adolescent.
- En ce qui concerne les effets ou les interactions avec la vie intellectuelle, la timidité se traduit par la difficulté ressentie devant le travail scolaire ou universitaire ; elle entraîne parfois un échec relatif dans la poursuite des études, échec qui se marque essentiellement par l'incapacité de l'adolescent à poursuivre l'orientation qu'il avait préalablement choisie ou investie. Il est possible de voir à travers cette inhibition la difficulté qu'éprouvent certains jeunes à être en situation de rivalité, de compétition avec l'un ou les parents ou de dépasser le niveau scolaire qu'avaient atteint ces derniers. On doit distinguer l'inhibition intellectuelle du désinvestissement scolaire. En effet, l'inhibition dans sa forme la plus pure s'accompagne d'un désir persistant de poursuivre des études, d'effectuer le travail scolaire, mais l'adolescent s'en estime incapable. Dans certains cas, cela peut conduire à un travail acharné, sans résultat. Toutefois, l'inhibition persistante peut susciter des comportements de rejet ou d'évitement à l'égard des investissements intellectuels : l'adolescent affiche soudain un désinvestissement ou un mépris apparent pour ses études, conduite dont la fonction essentielle est de masquer l'inhibition sous-jacente. Les parents, les enseignants, les psychologues

ou les médecins devront veiller précisément à ne pas se laisser prendre au piège des premières affirmations de l'adolescent, car ce piège risque de l'enfermer dans des conduites d'échec répétitives allant dans le sens d'une interruption prématurée des études ou d'une orientation pédagogique vécue comme dévalorisante. Fréquemment quelques traits de caractère discrets accompagnent cette inhibition intellectuelle : méticulosité dans ce qui entoure le travail scolaire (temps excessif passé à recopier des leçons, à souligner, à présenter le travail, etc.), ou impression de blanc ou de vide dans la tête, surtout lors des examens (angoisse de la feuille blanche). Dans la majorité des cas, ces inhibitions intellectuelles avec échec relatif dans la scolarité s'observent chez des adolescents ayant des capacités intellectuelles élevées, voire même supérieures. L'échec n'en est que plus paradoxal.

Le plus souvent, cette timidité persiste pendant l'adolescence puis semble s'atténuer progressivement avec l'entrée dans la vie active, en particulier l'insertion professionnelle. Parfois de lui-même, plus souvent exhorté par son entourage, l'adolescent vient consulter quand la timidité est telle qu'elle constitue une entrave aux possibilités d'insertion amicale, scolaire ou sociale.

Nous venons de décrire brièvement ce que sont quelques-uns des caractères les plus saillants rencontrés à l'adolescence. Ceux-ci peuvent s'associer les uns avec les autres : par exemple, l'adolescent impulsif et opposant, ou impulsif et instable, ou encore l'adolescent idéaliste et intransigeant, omnipotent et impulsif, etc.

Que penser et que faire face à ces problèmes de caractère ?

La question est de savoir si ces traits de caractère restent dans le registre du normal ou s'ils risquent de devenir pathologiques. Certes, il n'y a pas de frontière précise entre le normal et le pathologique. Néanmoins, il est important que les parents évaluent le retentissement de ces traits de caractère sur l'ensemble de la vie de leur adolescent. Ils sont souvent majorés lorsque l'adolescent se trouve dans des situations où il est confronté avec les personnes mobilisant le plus ses affects et ses émotions, en premier lieu donc sa famille. C'est ainsi qu'un adolescent peut être impulsif en famille et tolérer la frustration à l'extérieur du cercle familial ou être intolérant et impulsif quels que soient les contextes. De même, un adolescent peut être opposant avec ses parents et accepter dans d'autres milieux, en particulier à l'école, des valeurs contraires aux siennes. L'instabilité peut être grande dans un certain domaine, mais ne pas en concerner d'autres.

Pour résumer, quand les traits de caractère restent localisés, en particulier à la vie familiale, et n'entravent pas le reste de la vie sociale, affective, scolaire de l'adolescent, il y a fort à penser que ces éléments du caractère participent précisément du travail d'identification nécessaire à cet âge de la vie et n'appartiennent pas à la pathologie.
En revanche, lorsque la vie entière de l'adolescent est prise dans ces modes de fonctionnement, il importe de ne pas les banaliser. Malgré l'absence apparente de souffrance ou d'angoisse, les parents ont à prendre et à donner à leur adolescent les moyens de s'interroger sur ces traits de caractère car ils iront nécessairement en s'amplifiant et, nécessairement entraîneront des limitations de plus en plus grandes dans le mouvement de développement et de maturation. Ainsi, un adolescent systématiquement opposant, aussi bien avec ses parents qu'avec les enseignants et son entourage, un adolescent impulsif à la maison, à l'école, avec le moniteur de sports ou un adolescent qui s'enferme dans une construction idéale dont il ne veut pas sortir et qui entrave l'ensemble de sa vie : tout cela doit inciter fortement les parents à ne pas laisser ces traits de caractère écraser l'ensemble de la personnalité de leur enfant et doit les amener à consulter un spécialiste.

Les problèmes psychologiques graves

En dehors de la véritable dépression (voir p. 278), il existe à l'adolescence deux problèmes psychologiques graves.

Les « états limites »

Qu'est-ce que les spécialistes appellent un trouble « limite » de la personnalité à l'adolescence ? Il s'agit d'adolescents qui ont une personnalité originale, trop « à côté de la plaque », et plutôt insaisissable. Ils sont souvent impulsifs, car ils dépendent beaucoup des réactions d'autrui et ont du mal à supporter les frustrations. Cet « agir » peut être une agressivité vers autrui, des conduites délinquantes, des prises de toxiques. Leurs relations sont instables, car autrui est tantôt idéalisé, tantôt dévalorisé.

Ces troubles s'observent chez des sujets qui ont du mal à trouver leur identité, et il est donc difficile, à première vue, de les distinguer du processus normal d'adolescence. Le processus normal d'adolescence et le fonctionnement pathologique que recouvre le terme « d'états limites » ont de nombreux points communs. D'ailleurs, on dit souvent de l'adulte « état limite » qu'il en est resté à l'adolescence, sans pouvoir dépasser cette phase d'autonomisation. L'adolescent qui a du mal à trouver sa place met fréquemment en acte ce qu'il n'arrive pas à exprimer.

L'adolescent dit « état limite » semble davantage marqué par cette difficulté à exprimer ses émotions de manière verbale, non agitée favorisant l'échange réel. Cette mise en acte lui permettrait en quelque sorte de combler un vide intolérable, là où la parole n'arrive pas à se dire. Ce vide est un vide existentiel qui prend des proportions trop importantes ou trop présentes chez l'état limite qui ne parvient pas à y faire face de manière « raisonnable ».

« Quels éléments apparents permettent-ils de craindre ce trouble chez un adolescent ? »

— « Je réfléchis tellement que j'ai mal à l'intérieur », « Qui suis-je ? », « Où vais-je ? » sont les questions qui préoccupent tout adolescent mais, quand l'adolescent « état limite » est trop vite confronté à lui-même, il ressent un profond sentiment de vide. Ces adolescents ont du mal à trouver leur identité, ils sont en quête *permanente*, ils tâtonnent en cherchant une image d'eux-mêmes dans le regard de l'autre. Cela peut aller jusqu'à une certaine confusion d'identité que l'on retrouverait par exemple dans le vêtement.

— Ces adolescents souffrent d'une angoisse diffuse, sourde, constante dont ils ne peuvent identifier l'objet. « Je me force à oublier. À des moments ça revient, sans raison aucune. Quelque chose me bloque et je ne sais pas quoi. Ça m'embête de penser à tout ça. »

— Ces adolescents ont une personnalité originale, parfois insaisissable.

— Une humeur souvent dépressive est liée à ce sentiment de vide. Cette manifestation dépressive peut apparaître sous la forme de rage d'impuissance, d'ennui... Dans les phases de dépression, l'adolescent peut tenter de mettre fin à sa vie, comme s'il était dans une impasse.

— Souvent, l'adolescent a une image de lui-même dévalorisée. Chez l'état limite, on pourra observer des changements brusques d'orientation allant d'une dévalorisation de soi-même à une surestimation. Toutefois, d'une manière générale, compte tenu de ce manque de repères et d'uniformité, l'adolescent état limite est particulièrement mal dans sa peau. « Je suis devenue ce que je voulais être... c'est mon aura que je n'aime pas. »

— La mise en acte va de pair avec une forte et constante intolérance à la frustration, au manque, au besoin. Ce sont des jeunes qui veulent tout et tout de suite, ou alors rien du tout. Il n'y a pas de demi-mesure.

— L'acte ou l'expression est souvent inefficace car impulsif : « Quand je suis en colère, il faut que ça sorte tout de suite. »

— L'agressivité est souvent présente. Elle est une réponse inadaptée à une frustration, une insatisfaction de l'adolescent.

— Souvent, des conduites dites « déviantes » ou antisociales accompagnent le quotidien de l'adolescent : conduites à risques, vols, prises répétées de toxiques, d'alcool.

— L'adolescent a donc un comportement général très instable, ce qu'on peut repérer également dans ses relations avec les autres. Ses investissements sociaux, occupationnels sont très changeants. Il a du mal à se fixer. « Aurélien est d'accord sur le fait qu'il doit faire des démarches pour trouver un stage, mais il ne les fait pas. Il a un peu honte de cette passivité, dit que ça le gêne sur le coup ; ça lui fait mal, mais il oublie vite. »

— Leurs relations sont instables car elles sont marquées par la dépendance : autrui est tantôt idéalisé, tantôt dévalorisé, non pas compte tenu de ses caractéristiques propres, mais plutôt relativement à la nature de la relation qui s'est soudainement avérée (in) satisfaisante. Bref, on est constamment dans l'excès ou le défaut, c'est-à-dire dans l'extrême.

— S'ajoutent à ce tableau des difficultés scolaires directement liées à cette instabilité émotionnelle, comportementale, relationnelle... Il est intéressant de remarquer que, souvent, si les résultats sont quantitativement médiocres, certaines matières sont parfois mieux investies par l'adolescent état limite. Ses résultats sont souvent « en dents de scie ».

Le comportement est pathologique quand il est systématique et finalement, contribue sur le long terme à fragiliser et marginaliser davantage l'adolescent en écrasant ses potentialités et ses ressources.

Je vous conseille

— La notion de cadre a une valeur essentielle dans la rencontre d'un adolescent « état limite ». Il faut maintenir ce cadre, le définir, le protéger. Il faut imposer des limites réelles à l'adolescent. Ces limites ne sont pas seulement interdictrices, mais avant tout contenantes, et donc protectrices.

— Les parents risquent d'être débordés, en particulier devant l'agressivité ou l'angoisse diffuse de l'adolescent. Ils doivent alors demander de l'aide. Cette aide permettra de donner un sens à cette agressivité et de la remplacer par un mode de communication plus normal et effectif.
Le dysfonctionnement « état limite » est avant tout un trouble de la relation, non pas un conflit interne et mentalisé, source d'ambivalence ou de culpabilité chez l'adolescent. En conséquence, la communication parents-enfant s'en trouve aliénée et aliénante. Il faut rétablir ou réinventer un autre mode de communication.
— Être vigilant : lorsque ces troubles, ces comportements sont systématiques, ils contribuent sur le long terme à fragiliser et marginaliser davantage l'adolescent en écrasant ses potentialités et ses ressources.
— Il faudra le rassurer par rapport à ses compétences, sa singularité. Cela sans pour autant renforcer la dépendance au parent car il doit se construire seul, voler de ses propres ailes, ce qu'il fera dans un climat rassurant et confiant qui lui laisse faire ses preuves.
— Si les parents ne sont pas d'accord avec l'adolescent, il est essentiel de ne pas bloquer la communication et d'écouter l'autre pour ce qu'il a à dire, tout en maintenant ses positions.
— Il faut avant tout responsabiliser l'adolescent qui a du mal à se trouver une identité. Ainsi, il apprendra par lui-même. Dans un second temps d'ailleurs, cela lui assurera une compétence, et pourra améliorer l'image qu'il a de lui même.
— Si l'adolescent a attenté à sa vie ou présente des comportements délinquants, il faut l'entendre comme un appel et lui proposer d'en parler avec un spécialiste.

Je vous déconseille

— Il ne faut pas porter de l'intérêt à votre enfant uniquement dans le cadre de ses actes mouvementés ou de sa vie turbulente.
— À l'inverse, il ne faut pas tout accepter de sa part mais lui poser des limites, car sa conduite va à l'encontre d'une vie sociale normale.
— Vous ne devez pas considérer l'adolescent comme quelqu'un qui ne saurait rien à rien et qui, par définition, serait incompétent compte tenu de sa jeune expérience.
— Vous ne devez pas non plus « parentifier » l'adolescent, c'est-à-dire l'imaginer plus adulte qu'il ne l'est : il est un jeune adulte, certes, mais en construction, avec tout ce que cela comporte de fragilités.

— Ne pas imposer à l'adolescent des turbulences familiales, sociales « inutiles ». En effet, il ne faut surtout pas nourrir la discontinuité, celle-ci étant déjà la réaction avec laquelle l'adolescent est en prise. Il s'y débat, ne pas lui en rajouter.
— « Mon enfant fugue pour la quatrième fois. Je ne comprends pas pourquoi il encourt ces risques : je ne lui ai jamais refusé de sortir et de rencontrer des amis. » Dans un cas comme celui-ci, le risque est que le parent culpabilise. En fait, le devoir de parent est peut-être d'essayer d'entendre autrement « l'agir » de l'adolescent. Sans doute, le comportement instable de l'adolescent est-il une recherche de limites, un appel à ce cadre ?

La schizophrénie ou la perte de contact global avec la réalité

Beaucoup connaissent la schizophrénie par le biais des films d'Hitchcock (on peut penser en particulier au célèbre *Psychose*). Mais il faut savoir qu'elle est avant tout une souffrance, beaucoup plus profonde et beaucoup plus réelle que toutes les fictions ne pourront jamais permettre de le mesurer.

Le diagnostic de schizophrénie se fait à partir de plusieurs entretiens cliniques avec un spécialiste. Il s'agit d'une maladie grave qui atteint l'ensemble de la personnalité et apparaît dans le développement de sujets fragiles, introvertis, au cours de la période d'autonomisation. C'est une maladie chronique qui s'exprime dans l'impossibilité qu'a le sujet de communiquer avec l'entourage familial et social, l'intégration sociale et scolaire étant largement perturbée. Ce développement n'est pas fréquent, et il ne doit pas faire l'obsession des parents. S'ils sont inquiets face à des problèmes, ceux-ci doivent avant tout faire appel à un spécialiste, dans le cadre d'une rencontre afin de considérer ces problèmes dans un ensemble, et dans leur singularité.

L'origine de ce trouble n'est pas certaine à l'heure actuelle, et les recherches sont nombreuses. Quoi qu'il en soit, le traitement psychiatrique est inévitable, ne serait-ce que pour calmer les symptômes de grande agitation physique et mentale liés à la désorganisation. Ce traitement peut par ailleurs être accompagné d'une prise en charge également psychologique et sociale afin d'éviter tout isolement du sujet qui serait certainement destructeur.

« Qu'est-ce qui se passe ? Notre enfant était normal avant, il n'avait jamais posé de problèmes. »

La schizophrénie survient généralement à l'adolescence, de manière brutale ou progressive, mais les facteurs déclenchants ne sont pas toujours évidents.

Il s'agit d'une fragilité qui préexistait chez le sujet et qui ne lui permet pas de faire face aux différents bouleversements que constitue l'adolescence. Ces bouleversements entraînent alors une désorganisation dans l'univers mental du sujet :

La question du corps à la puberté : le corps est vécu sous la forme d'une inquiétante étrangeté. Le jeune peut également avoir la sensation angoissante de ne pas reconnaître son corps. Il ne s'en plaint pas forcément, ou encore peut se plaindre par exemple de maux de tête qui en fait sont à mettre en relation avec des idées délirantes sous-jacentes (comme le vol de la pensée). Parfois aussi, il refuse son corps sexué, voudrait changer de sexe ou encore rester asexué comme peut l'être extérieurement le petit enfant.

La question de la recherche de l'identité : l'adolescent psychotique se questionne de manière anormale et omniprésente sur les fondements de son existence, de son être. Il s'observe en permanence, il est pour cela toujours dans des ruminations qui le coupent de la vie extérieure. Il s'interroge également beaucoup sur le pourquoi des choses, de la vie et de l'homme. Il se pose aussi la question de savoir quels peuvent être les points communs entre lui et les autres. « Qu'est-ce que je viens faire là, sur terre ? » est le genre d'interrogation existentielle qui s'impose à lui sans aucune possibilité de s'en détacher avec souplesse et adaptation.

« Qu'est-ce qui peut faire soupçonner une schizophrénie ? »

Les signes de schizophrénie sont divers, pouvant se caractériser davantage soit par le délire (on lui veut du mal, il a une mission à accomplir sur terre...), soit par des aspects déficitaires de fléchissement, de ralentissement de l'activité.

Quelle que soit la variabilité des tableaux possibles, on sera attiré par les troubles de la pensée (« il est fou ! »), la dissociation et la discordance.

La dissociation est précisément la désorganisation psychique du sujet. Lorsqu'elle est durable et se rapporte à des phénomènes sérieusement bizarres, elle est caractéristique de la schizophrénie.

Les repères sont confus dans l'esprit de l'adolescent, il a du mal à donner un cadre à son imaginaire très touffu et confus. Cette recherche d'une place à occuper de manière autonome est très angoissante pour lui, et la régression dans le monde solitaire et rêveur est la seule issue pour supporter les contradictions internes qui l'envahissent.

Parfois, ne pouvant contrôler ses pulsions, il aura des comportements impulsifs, des élans. Ces passages à l'acte « tombent du ciel », il n'existe pas de suite logique, ils ne sont pas non plus spécifiques d'une relation. Ils peuvent être agressifs envers l'extérieur ou autoagressifs. Cela doit faire appel à une intervention d'urgence.

La dissociation se remarque également dans un regard vide, des mouvements sans vie ou imprévisibles et des discours désaffectés. Elle témoigne de la rupture de l'unité psychique qui est désorganisée. Il n'y a plus alors intégration des différents éléments qui constituent l'harmonie chez le sujet normal : l'affect, la pensée et le comportement sont décousus et fonctionnent indépendamment. Par ailleurs, l'humeur est très changeante, imprévisible et brutalement renversée. En fait, ces dysfonctionnements liés à la dissociation interne dont souffre le sujet apparaîtront au parent à partir de leurs manifestations vers l'extérieur : les discordances qui touchent le langage et le comportement physique et émotionnel ne peuvent pas en effet passer inaperçues.

« Comment réagir et vivre avec ? »

Devant un enfant instable, en retrait, au contact incompréhensible et parfois impulsif, le parent réagit souvent de manière inadéquate, compte tenu de sa propre détresse.

Le risque est rarement la banalisation des troubles par les parents, mais plutôt la surprotection et la cristallisation sur la maladie au détriment des autres membres de la famille et des investissements extérieurs.

La souffrance des parents : ils se sentent désarmés, impuissants devant la souffrance et les comportements incompréhensibles de leur enfant. En même temps, ils voudraient avoir un enfant pareil aux enfants de leur entourage, tel qu'ils l'avaient imaginé depuis toujours dans leur tête, et sa maladie ouvre une blessure narcissique dans leur imaginaire. Par ailleurs, ils peuvent avoir un sentiment de culpabilité comme s'ils avaient mal éduqué le jeune, ou comme s'ils n'avaient pas été suffisamment aimants ou présents dans son enfance. La remise en cause est massive, et certains parents ne pouvant faire face à leurs angoisses dénieront le caractère pathologique des dysfonctionnements.

La schizophrénie est une maladie douloureuse pour le patient, mais elle est également une épreuve pour la famille. C'est la raison pour laquelle les parents peuvent eux-mêmes avoir besoin d'un soutien psychologique temporaire pour ne pas s'user, sinon ils ne pourront pas davantage aider leur adolescent et les problèmes seront entretenus dans un univers familial qui, devant la souffrance, risque de se renfermer de plus en plus et de se couper de l'extérieur. Ils risqueraient au contraire de surprotéger l'enfant dans un contexte d'angoisse, de pression et donc de communication inefficace et non sécurisante qui ne ferait qu'entretenir la maladie.

Une fois que l'entourage a pu être soutenu par des équipes médicales, il est important certes d'accepter de vivre avec la maladie schizophrénique de son enfant, mais aussi de considérer cet enfant comme un être humain à part entière dont la vie personnelle ne se résume pas uniquement à la maladie.

Michel a 17 ans, sa mère est très inquiète car il a de nombreux comportements étranges et il refuse aujourd'hui tout contact avec l'extérieur. Il reste enfermé chez lui, prostré, silencieux et sa mère ne sait plus quoi faire pour communiquer avec lui. Il a toujours été un enfant très facile et arrangeant selon ses dires. Par ailleurs, il a toujours été très apprécié par son entourage comme quelqu'un d'intelligent et sensible. Selon sa mère, les troubles de Michel datent de leur retour en métropole, après avoir vécu longtemps aux Antilles, compte tenu de la profession du compagnon de la mère. C'est la petite amie de Michel qui a d'abord remarqué un changement de comportement : il voulait être une fille. Puis Michel a eu quelques relations homosexuelles, mais non satisfaisantes. Aujourd'hui, il ne veut voir personne et se couvre le corps de feuilles d'aluminium pour se protéger. Sa mère d'ailleurs doit régulièrement faire son lit à base d'aluminium, sinon il est en proie à des angoisses qui le rendent agressif avec elle, dit-elle. Il lui dit également : « Maman tu es le véritable amour de ma vie, donne-moi la main », ce qu'elle s'empresse de faire pour le secourir, être « une bonne mère ». « Peut-être que je ne devrais pas être comme cela avec lui mais je veux l'aider car je l'aime » dit la mère pleine de bonne volonté.

Michel est manifestement schizophrène, et on voit bien comment, dans cette situation, l'attitude de la mère ne fait que contribuer à un renfermement de la famille sur elle-même, une vie qui tourne uniquement par et pour la maladie. Cet exemple permet également de mettre en relief les éléments de discordance. Ce sont de réelles bizarreries qui attirent tout de suite l'attention de par l'absence première de sens. Ce ne sont pas de simples originalités, et il serait risqué de craindre, derrière chaque fantaisie ou petit mystère, un trouble beaucoup plus sévère. Ces signes par ailleurs s'inscrivent dans la durée.

Les années
d'étudiant

Les années d'étudiant

Les années
d'étudiant

Les années d'étudiant

Les années d'étudiant

Les années d'étudiant

OXBOW

Les années d'étudiant

Comment comprendre
ce grand adolescent

■

Une nouvelle relation aux parents

■

Les études supérieures

■

Le premier emploi

■

Les vacances

La vie d'un jeune couple

L'arrivée d'un bébé

Comment comprendre ce grand adolescent

Votre enfant a maintenant 18 ou 19 ans. L'adolescence, avec les caractéristiques propres dont nous avons parlé au début de ce guide, est « socialement » terminée. En outre, il a en général achevé sa scolarité secondaire, et est considéré majeur par la société. Cela signifie donc qu'il est légalement responsable. Mais est-il autonome ? Est-il un adulte ?

En apparence, pour ceux qui ne sont pas directement concernés, l'image que renvoie un jeune homme ou une jeune femme de 18-19 ans est celle d'une certaine autonomie : dans les films, dans les livres, chez le voisin ou chez les amis, une fois que l'adolescent a atteint ce cap de la majorité, il donne souvent l'impression de quelqu'un d'indépendant, de responsable. Il travaille et étudie, il réussit dans le chemin qu'il s'est tracé, il vit souvent seul et en outre, il n'a apparemment plus de doute sur son identité, comme c'était le cas quand il était encore adolescent. La relation entre parents et adolescent s'est stabilisée. Bref, dans une vision en surface et de l'extérieur, tout semble s'être arrangé.

Mais par moments, la réalité est tout autre : effectivement, ce jeune peut se montrer parfois admirablement mûr ; il espère être considéré et traité comme un adulte et il se conduit de plus en plus comme tel. Mais à d'autres moments, il redevient très égoïste, impulsif, ou opposant ; parfois même, il ne réagit pas autrement que pendant son adolescence. D'ailleurs, ces changements, perceptibles par son entourage, ne sont que le reflet de ce qu'il ressent intérieurement.

La jeunesse comme une période de la vie

On peut situer cette jeunesse entre 18 et 25 ans, ce qui correspond à une population de plus de 7 millions d'individus, dont 1,5 million d'étudiants, le reste comportant une importante proportion d'inactifs (un tiers des chômeurs alors que les jeunes ne représentent que 15 % de la population globale).

18 ans correspond à l'entrée dans la majorité légale, ce qui est bien une manière de marquer la fin de l'adolescence, alors qu'en même temps se terminent les processus physiologiques de croissance.

25 ans, en revanche, n'est pas un âge butoir. C'est un âge qui correspond en moyenne aujourd'hui à l'entrée dans la vie adulte, laquelle peut s'effectuer plus tard ou plus tôt, selon les individus.

L'entrée dans la vie adulte apparaît comme une transition qu'on peut principalement repérer en fonction de certains seuils qui introduisent à des rôles sociaux : la fin des études, le départ de chez les parents, etc. Mais la jeunesse actuelle n'est plus celle des générations précédentes :

- Il y a d'abord les phénomènes d'allongement qui contribuent à maintenir de nombreux jeunes dans un statut de semi-dépendance. En raison d'au moins deux facteurs :

  — la durée et la complexité des études : en 1948, 5 % d'une classe d'âge obtenaient le baccalauréat, contre 78,8 % en 1998 où l'on a dénombré 1 million d'élèves de terminale, enseignements public et privé confondus,

  — les difficultés à trouver un emploi une fois les études terminées.

- Deuxième différence : les phénomènes de déconnexion :

  — Déconnexion des attributs sociaux de la maturité. De nos jours, le jeune est confronté à une multitude de situations plus ou moins définies. Il acquiert certains droits plus précocement qu'autrefois, mais d'autres deviennent plus tardifs.

  — Déconnexion entre la fin des études, l'apprentissage professionnel et l'accès à un emploi stable (4 ans en moyenne séparent actuellement ces deux étapes).

  — Déconnexion entre la fin des études, l'apprentissage professionnel et la constitution d'un couple.

Les jeunes, même actifs, ont tendance à repousser le moment de former un couple et de fonder une famille. Ces phénomènes sont sans doute amplifiés par les difficultés économiques, mais bon nombre de fois ils semblent correspondre à un choix, à un mode de vie délibéré.

■ Troisième point : l'évolution des mœurs et leur amplification médiatique :

— La sexualité est déconflictualisée (dans les journaux, pas dans les esprits).

— La famille a profondément changé, tant au niveau de l'équilibre des sexes – le père occupant désormais une place incertaine, tandis que la femme accède à une plus grande autonomie par son travail et la maîtrise de sa fécondité – qu'au niveau de l'univers familial souvent marqué par la précarité : 13 % des familles avec enfant sont monoparentales, 22 % des couples ne sont pas mariés, au moins un couple sur trois divorce et de nombreuses familles sont recomposées comportant des enfants issus de père et de mère différents. Les médias et notamment la télévision peuvent apparaître comme un facteur amplificateur et accélérateur de ces changements.

■ Les difficultés du passage à la vie adulte sont évidentes. Elles résultent bien sûr de ce qui vient d'être évoqué. Elles apparaissent particulièrement sensibles dans deux directions :

— *Les conditions socio urbaines de vie* ont tendance à rendre plus problématiques les processus d'intégration à la vie sociale et adulte, notamment parce que l'établissement de rapports personnels est plus difficile. Il faut y ajouter la ségrégation sociale. Pour certains enfants et pas seulement les immigrés, le milieu ségrégué dans lequel ils vivent signifie non seulement le manque de perspectives offertes, mais encore l'interdiction d'accéder à de plus larges et libres destinées sociales. Choisir, réussir, peut prendre ici valeur de transgression, capable d'actualiser et de dramatiser la culpabilité œdipienne inconsciente.

— *L'affaiblissement de transmission intergénérationnelle des valeurs est constaté par tous.* Cette transmission est très forte, et fortement collective dans les sociétés où le passage vers la vie adulte est marqué par des rites d'initiation. Ces rites établissent des points de repère clairs, mobilisent les forces pulsionnelles de l'adolescence et permettent aux adultes de jouer le rôle de passeurs. La violence qui pourrait résulter de l'abandon des points de repère antérieurs est canalisée à travers le traitement collectif d'une séparation dans le cadre de ces rituels. C'est après cette séparation que peut s'effectuer la réintégration dans la société. Notre monde occidental actuel estompe la dimension initiatique (il reste des survivances comme le permis de conduire ou le baccalauréat). L'individu doit, la plupart du temps, trouver lui-même son propre passage. Il doit devenir l'inventeur de sa vie future et se frayer un chemin dans ce qu'on peut désigner comme une lutte des places, tendant de nos jours à remplacer la lutte des classes.

Tous ces facteurs contribuent sans doute à l'établissement d'une phase d'expérimentation, autant sur l'axe scolaire-professionnel, que sur l'axe familial-matrimonial. Cette expérimentation pourra être vécue différemment, selon que l'individu reste au sein de la famille dans un rapport de dépendance prolongée aux parents, ou selon qu'il mène une vie solitaire hors de la famille. Mais de toute façon, le moment de former un couple a tendance à être retardé. Qu'il soit forcé ou voulu, ce report de l'entrée dans la maturité n'est pas à proprement parler une phase d'attente. On a évoqué un moratoire à propos de l'adolescence. Mais il s'agit plutôt ici d'une phase active d'expérimentation. Si l'adolescence était le temps de l'identification, on peut dire que la jeunesse est celui de l'expérimentation et d'abord d'une expérimentation des définitions de soi, selon un processus fait d'essais et d'erreurs, aboutissant finalement à la construction d'une identité démarquée des images parentales intériorisées et engagée dans des choix qui garantissent sa cohésion, principalement à travers les options professionnelles et à travers la constitution d'un couple stable. Ce dernier élément notamment marque la fin de la jeunesse dans la mesure où elle recentre la sociabilité sur le foyer et les échanges en son sein.

Quand les adultes évoquent la jeunesse actuelle, nombreux sont ceux qui ont tendance à en considérer les aspects négatifs et à fustiger une société qui n'a plus de valeurs. En réalité, il nous faut retenir que cette phase d'expérimentation qu'est la jeunesse permet aux jeunes de gagner en individualité, en autonomie et en possibilité créative. On peut se demander si le maintien prolongé du potentiel de changements répétés que comporte l'adolescence, ne constitue pas un comportement adaptatif de la part d'une société qui doit faire face à une complexité de plus en plus grande, à une rapidité des changements de plus en plus accélérée et où la socialisation se fonde moins sur l'acquisition de normes de comportement, et davantage sur l'intériorisation de codes psychologiques et culturels affinés, flexibles, personnalisés, en rupture totale avec les rôles sociaux traditionnels et leur caractère stable.

Les rites d'initiation, s'ils ont pour effet de rendre le passage clair, ont sans doute comme conséquence l'avènement d'une identité où le sujet ne se connaît que par les relations qu'il entretient avec les autres. Il est élément d'un ensemble, et c'est par rapport à cet ensemble qu'il est défini. Il est traversé par des forces qu'il ne maîtrise pas. Dans nos sociétés, le flou du passage est aussi ce qui permet d'accéder à la conscience réflexive, dans un rapport personnel clairement différencié du sujet avec lui-même, les autres et le monde. Ainsi ce qui est nécessité adaptative dans un monde complexe est aussi un luxe qui permet à l'individu une phase de recherche personnelle avant d'arriver en fin de compte à se conformer quand même à la vie sociale.

La jeunesse apparaît donc plus comme un état que comme un passage, permettant une nouvelle forme d'individualité centrée sur la réalisation émotionnelle de soi-même. Cela peut nous apparaître comme une évidence en Occident, mais cette évidence n'existe que depuis une époque récente et ne concerne que les sociétés dites avancées.

L'individu a sans doute acquis de nos jours la faculté d'une plus grande individualisation, de plus grandes possibilités à se différencier des autres et à utiliser ses moyens propres. Mais dès lors qu'il ne va plus vers un but prédéterminé, il est amené à de plus grands affrontements, à la crainte de certains risques.

Ainsi paradoxalement, plus est offerte à l'individu la possibilité de s'individualiser, plus il peut être tenté de rester fixé à l'univers protégé de son enfance, d'autant plus que cette dépendance est entretenue par le milieu familial.

Le temps des doutes n'est pas révolu

L'adolescent de 18-19 ans est plus stable qu'avant, c'est un fait, mais cela ne veut pas dire qu'il a surpassé toutes ses incertitudes, ni parfaitement défini qui il est, ce qu'il veut être et comment il peut y parvenir. C'est pour ces raisons que parfois, il est envahi de doutes, de craintes et de sentiments d'insécurité qu'il n'ose pas toujours exprimer, tout simplement parce que « maintenant, il n'est plus un enfant ».

D'ailleurs bien souvent, il ne sait pas bien comment réagir quand il se rend compte qu'il est maintenant perçu comme un jeune adulte et non plus comme un adolescent par son entourage : il commence à avoir des responsabilités, les gens lui parlent comme à « un adulte ». On peut citer l'exemple du tout jeune étudiant qui fait son premier stage en entreprise ; un jour, on lui demande son avis, comme à un véritable professionnel. Il est à la fois content de ce gage de confiance, il a envie de répondre et il sait qu'il doit se montrer sûr de lui, mais à l'intérieur de lui-même, il se sent bien peu sûr de lui. Il répond trop vite ou au contraire se montre timide. Le soir, en rentrant chez lui ou chez ses parents, il regrettera son attitude, en sera très angoissé ou culpabilisé.

Un passage progressif à l'âge adulte

Face à ce grand adolescent qui n'est pas toujours une personne aussi stable qu'on le voudrait, plusieurs questions surgissent chez les parents : « Comment dois-je le traiter ? », « Est-il normal qu'il habite toujours chez nous ? », « Dois-je continuer à le soutenir économiquement ou le laisser se débrouiller tout seul ? »

Premier élément important : n'oubliez pas que cette période de transition ne concerne pas uniquement votre enfant ; elle vous concerne aussi puisque la relation parents-enfant devra être modifiée et que vous devrez vous adapter à cette nouvelle donne.

Sachez ensuite que le développement d'un être ne s'accomplit évidemment pas en une journée et que votre adolescent ne devient pas adulte le jour de son dix-huitième anniversaire. Il n'est pas non plus censé devenir autonome le jour des résultats du bac ; ce qui veut dire que si votre enfant ne vit pas sa vie de façon indépendante dans les mois qui suivent, il n'y a pas pour autant un problème. Devenir adulte est un processus qui continue après l'adolescence et peut se prolonger jusqu'à 25-26 ans, parfois même beaucoup plus.

Des choix pour poser les fondations de l'avenir

Durant cette période, le jeune ne cherche plus à définir comme avant qui il est, mais ce qu'il est. Il tente d'identifier de façon plus réaliste ses attitudes, ses capacités, ses intérêts, ses valeurs et idéaux, ses croyances, dans le but de concrétiser ses projets et de réaliser ses désirs : il commence à cimenter les fondations de son avenir professionnel et personnel.

C'est à cet âge-là que l'individu doit choisir les études qu'il veut suivre, le mode de vie qu'il souhaite avoir, indépendamment de sa vie chez ses parents. Il pensera dans un premier temps à lui, puis, plus tard, à la nouvelle famille qu'il voudra former, si c'est le cas, puisque c'est aussi, aujourd'hui, entre 18 et 30 ans qu'il commence à s'intéresser à une relation amoureuse stable.

Vis-à-vis du travail, la mentalité des jeunes de moins de 25 ans évolue. Ils ne sont plus que 20 % à rechercher en priorité la sécurité. Ce qu'ils veulent avant tout, c'est s'épanouir. 60 % d'entre eux aspirent à être un jour leur propre patron. 12,9 % quittent néanmoins le système de formation secondaire quel qu'il soit (collège, enseignement professionnel, enseignement technologique) sans diplôme ou qualifications professionnelles.

Une nouvelle relation aux parents

■

À la fin de l'adolescence, comme on vient de le voir, l'autonomisation n'est pas encore totale, mais elle est bel et bien « en marche ». Le jeune adulte est théoriquement capable de gagner sa vie, d'avoir son propre appartement et d'être indépendant. Mais en réalité, très peu de « post-adolescents » peuvent se soutenir seuls, économiquement parlant.

Bien qu'ils ne soient pas encore tout à fait mûrs, ils sont prêts pour une vie plus indépendante et commencent à mener leur vie en dehors de leur famille. Cependant, cela ne veut pas dire que le lien avec les parents et le reste de la famille doit être coupé : il va changer (et il faudra se réadapter), mais il existera toujours.

Actuellement dans le monde, il existe de multiples formes et solutions envisageables pour un adolescent qui souhaite prendre son indépendance. Dans certains pays, le jeune adulte reste chez ses parents jusqu'à ce qu'il se marie ou bien jusqu'à ce qu'il parte faire ses études dans une autre ville. Dans d'autres contextes, il faut que le jeune adulte, dès la fin du lycée, s'installe en dehors de chez ses parents à tout prix parce que sinon, se pose un problème de cohabitation.

En fait, les deux situations existent aujourd'hui en France avec tous leurs intermédiaires. Il faut dire qu'elles ne dépendent pas uniquement de l'option désirée mais de multiples autres facteurs.

Rester chez ses parents

Souvent, le fait de garder un jeune à la maison peut provoquer, entre autres, des questionnements sur son bon développement ainsi que sur l'équilibre de la famille. Ceci est dû au fait que dans la société actuelle, se dessine une tendance de plus en plus importante à faire cohabiter deux générations « jeunes » de corps et d'esprit, tant les parents restent « jeunes » plus longtemps qu'avant. Autrefois, les enfants et les adolescents étaient curieux de savoir ce qui se passait dans la chambre des parents ; voilà que les parents sont amenés de nos jours à se demander ce qui se passe dans la chambre de leurs enfants.

Pourtant, il ne faut pas penser que cette cohabitation signifie qu'il y a un problème. Simplement, lorsque le jeune adulte reste chez ses parents, il est nécessaire qu'il continue à se développer et qu'il surmonte le stade de l'adolescence : il doit apprendre à devenir de plus en plus autonome et indépendant, bien qu'il ne quitte pas la maison parentale. Nous reverrons cette question plus loin.

Pourquoi les jeunes habitent encore chez leurs parents ?

Plusieurs situations peuvent motiver une prolongation de la cohabitation parents-enfants.

➤ *La situation économique*

Souvent, les jeunes adultes ne peuvent pas prendre leur indépendance physique à cause de leur situation économique. Actuellement, il n'est pas facile de faire des études, de plus en plus longues, et de travailler en même temps, en gagnant suffisamment d'argent pour pouvoir s'offrir un logement et couvrir tous ses besoins.

Par ailleurs, les parents n'ont pas toujours la possibilité de payer un loyer en plus du leur, ou bien ils ne sont simplement pas d'accord pour le faire.

➤ *Les préoccupations du côté des jeunes*

Dans le cas de parents très âgés, malades ou seuls – célibataires, veufs ou divorcés –, le jeune adulte peut décider, par culpabilité – il a le sentiment qu'il doit quelque chose à ses parents – ou préoccupation pour leur bien-être – il n'ose pas les laisser seuls –, de rester sous le toit parental.

D'un autre côté, il peut éprouver un grand sentiment de responsabilité et de devoir envers eux : il pense qu'ils ne pourraient pas vivre ni se débrouiller sans lui et sans ses soins. Ainsi, il prolonge inconsciemment la dépendance par rapport à eux.

Enfin, il ne faut pas oublier le facteur « facilité » que le fait de vivre chez ses parents représente pour beaucoup de jeunes.

➤ *Les préoccupations du côté des parents*

Parfois, les parents éprouvent des peurs et des angoisses en pensant que leur « ado » va quitter la maison et vivre seul. Celles-ci peuvent être de nature différente :

- Dans certains cas, les parents ont peur que leur jeune fille ou leur jeune fils ne sache pas se débrouiller tout seul : « Est-ce qu'il va pouvoir s'en sortir ? Est-ce que tout va bien se passer ? » Souci majeur de nos jours, le bien-être de l'enfant – qui est déjà un adulte – peut tracasser les parents à un point tel que cela entrave la séparation d'avec celui-ci.
- Ces angoisses peuvent aussi porter sur la peur des parents de se sentir seuls, tant ils ont investi dans leurs enfants. Dans ce cas, même s'il est vrai que les parents peuvent se sentir angoissés, ils doivent être capables de s'en sortir seuls et laisser leurs enfants grandir, prendre leur indépendance et faire leur vie.
- Dernier motif de préoccupation parentale : le sentiment d'être parfois même abandonné, non reconnu par le jeune adulte « ingrat », qui a tout pris et qui s'en va, peut entraver l'installation de ce dernier en dehors de la maison parentale. Le jeune risquera alors de se sentir coupable, indigne face à ses parents et n'osera pas partir.

Je vous conseille

— Si le jeune adulte reste sous le toit parental en raison de difficultés économiques, vous devez en parler avec lui, lui expliquer pourquoi il vous est impossible de l'aider à s'installer dans un autre appartement et lui faire voir clairement qu'il ne s'agit pas d'une punition ni d'un manque de confiance en lui. Cela ne veut pas dire que tous les privilèges de l'enfance sont maintenus. Ce nouvel âge s'accompagne de nouveaux droits mais aussi de nouveaux devoirs.

— Dans le cas où vous ne seriez pas d'accord pour que votre fils ou votre fille ait son propre appartement, bien que vous puissiez économiquement le faire, il est important de lui expliquer les raisons véritables. Il faut éviter de mentir, autant que possible, pour empêcher une rupture dans la relation parents-enfant et toute perte de confiance dans la famille.

— Si le jeune reste chez ses parents par sentiment de culpabilité ou bien parce qu'il pense qu'ils ne pourront pas se prendre en charge eux-mêmes, il est important que les parents lui fassent sentir qu'ils l'aiment et qu'ils lui sont reconnaissants de son soutien, mais qu'ils sont capables de prendre soins d'eux-mêmes : un jeune doit un jour ou l'autre faire sa vie de façon indépendante et en pensant d'abord à lui.

Comment se déroule la cohabitation parents-enfant ?

N'oubliez pas qu'il existe une pression sociale très importante pour que le jeune reste dépendant, et qu'il peut se sentir mal avec lui-même, incapable, immature surtout face à ses pairs. Il s'agit donc de le rassurer en lui expliquant la situation et en le responsabilisant plus qu'avant dans ses tâches à la maison et dans son organisation face à ses différentes activités.

➤ *Responsabiliser le jeune adulte*

Cette responsabilisation peut se faire de différentes façons : lui demander par exemple de payer une partie des dépenses, comme le téléphone ou l'électricité ou bien lui faire payer un loyer – même symbolique. Il peut aussi se charger d'aller faire les courses ou parfois de cuisiner. Le but de ces conduites est de faire en sorte qu'il se sente utile, qu'il soit rassuré et qu'il prenne un peu conscience des responsabilités de l'adulte ainsi que du coût de la vie.

De toute façon, quelles que soient la ou les raisons pour lesquelles le jeune adulte reste sous le toit parental, il est extrêmement important qu'il continue à se développer, à devenir indépendant et à travailler pour définir la voie qu'il va suivre dans sa vie d'adulte. Il est essentiel qu'il ne reste pas à un stade d'adolescent.

➤ *L'aider à achever son autonomisation*

Pour cela, vous devez respecter son espace, ses sorties et ses décisions. Mais sans pour autant vous laisser « marcher sur les pieds ». C'est-à-dire qu'il faut arriver à trouver un juste milieu : vivant sous le toit familial, il devra respecter les règles de la maison, assumer ses responsabilités et surtout apprendre à s'entendre avec ses parents. Il est donc recommandé que des règles soient clairement établies et qu'il soit possible de dialoguer et de discuter les points de vue. Mais il ne faut pas oublier qu'avant tout, c'est la maison parentale.

Par exemple, si votre jeune adulte veut sortir le soir, il pourra le faire autant qu'il voudra, mais devra dire s'il revient ou non coucher à la maison afin que vous ne vous inquiétiez pas. Les parents ne sont plus les garants de la sécurité de leur enfant, ceux qui éventuellement, punissaient l'adolescent s'il n'arrivait pas à l'heure accordée ; maintenant, le jeune adulte est responsable de ses actes, de ses décisions. Mais cela ne veut pas dire qu'il peut faire ce qu'il veut sans prendre en compte les autres.

Au contraire. Il est vrai que pour les jeunes, devenir adulte signifie souvent qu'ils pourront faire ce qu'ils veulent, que les parents leur feront confiance, qu'ils les laisseront seuls et ne leur demanderont plus de justifications pour quoi que ce soit. Mais pour les parents, devenir adulte ne veut pas dire la même chose : pour eux, cela signifie prendre davantage les autres en considération, être responsable et, dans l'exemple présent, dire où l'on va et quand on revient.

Cohabitation parents-jeune adulte : de l'équilibre avant toute chose

Il est positif que les parents croient en leur adolescent-jeune adulte : ils doivent donc lui laisser une marge importante de liberté, lui faire confiance et le responsabiliser. Une communication ouverte et sincère est idéale, gage d'une relation reposant sur le respect.
Mais il faut aussi que les parents soient capables de poser des limites si les conduites ou les attitudes de leur jeune adulte vont au-delà de leurs attentes, tout en sachant qu'en tout état de cause, ils doivent être disposés à négocier avec lui.

Je vous conseille

Vous devez instaurer la possibilité d'un dialogue et exposer les règles de la maison ainsi que les raisons de ces règles.
Il faut aussi que vous ayez conscience du changement qui devra avoir lieu dans votre relation avec ce jeune adulte qu'est devenu votre enfant.

Je vous déconseille

— Il ne faut pas être un hôtel-restaurant gratuit. La maison est avant tout le foyer des parents : le jeune adulte ne peut pas y faire tout et n'importe quoi. Vous ne devez pas vous sentir coupable parce que vous vous faites respecter et que vous posez des limites tout en respectant l'autre. Être adulte ne veut pas dire faire n'importe quoi, et en outre, si vous ne réagissez pas, le jeune pourrait avoir le sentiment que ce qu'il fait vous laisse indifférent.

— Il ne faut pas imposer les règles sans donner d'explications, mais ouvrir la possibilité de communiquer en exposant la règle et en expliquer les raisons.

— Il ne faut pas non plus étendre les règles au-delà de ce qui concerne la vie des parents. Par exemple, vous avez le droit de demander à votre enfant de ne pas avoir de relations sexuelles chez vous. Mais vous ne pourrez pas interdire à votre enfant d'en avoir. Si en raison du degré de maturité de votre enfant ou de la stabilité de la relation amoureuse, vous acceptez une vie sexuelle de votre enfant à la maison, de toute façon, le respect de l'intimité des uns et des autres est indispensable.

— Autre écueil : les parents ne sont pas des gendarmes qui cherchent à tout savoir, par exemple où est allé le jeune, avec qui, comment... Celui-ci racontera sans doute ce qu'il voudra que ses parents sachent. Mais il faut néanmoins porter un certain intérêt à ce qu'il fait. Vous pouvez demander par exemple, après une soirée : « C'était bien ? » Une question de ce genre montre que vous vous intéressez à lui mais que vous lui laissez le choix d'aller jusqu'où il veut dans ses confidences : il n'a plus 12 ans.

— Il ne faut pas faire sentir au jeune adulte qu'il est un poids à la maison – à moins qu'il fasse tout pour l'être –, car lui-même peut se percevoir comme tel. Il faut réussir, grâce au dialogue et aux attitudes quotidiennes, à le responsabiliser, à lui confier des tâches à la maison pour qu'il ait le sentiment de ne pas être inutile et de mériter d'y habiter. Mais attention, il ne faut pas non plus lui faire sentir qu'on dépend entièrement de lui et qu'on ne pourrait pas vivre sans lui.

— D'un autre côté, puisque les responsabilités sont distribuées, il ne faudrait surtout pas que celles-ci deviennent la façon de communiquer avec lui ni un moyen de manipulation. Par exemple, évitez d'entrer dans un jeu tel que : « Si tu fais ça, je fais telle autre chose ou vice versa. » Chacun a des responsabilités qu'il faut respecter pour avoir une meilleure convivialité. Ces responsabilités ne doivent pas devenir des matières à chantage.

Mme D. est très énervée parce qu'elle ne sait plus comment contrôler son fils, Pierre, âgé de 22 ans. Un jour, il avait décidé qu'il ferait une grande soirée chez ses parents. Ces derniers n'avaient pas approuvé l'idée et Pierre décida qu'il ne s'occuperait plus des petites réparations, responsabilité qui lui incombait à la maison. Pour ne pas avoir de discussion, les parents cédèrent à son caprice. Mais depuis, il essaie d'obtenir tout ce qu'il veut à partir de petits chantages comme celui-ci.

Avec le soutien de son mari, Mme D. a parlé avec Pierre de leur situation économique. Elle lui a expliqué qu'ils savaient bien combien il aimerait avoir son logement à lui tout seul, mais que comme ils n'en avaient pas les moyens, il fallait qu'il respecte les règles et les accords qu'ils avaient établis. Elle lui a rappelé qu'il n'était plus un enfant et qu'il valait mieux qu'il se comporte comme un adulte responsable jusqu'à ce qu'il puisse aller s'établir ailleurs.
Après cette conversation, Pierre, ayant pris conscience qu'il ne faisait aucune faveur à ses parents en contribuant à la vie collective, s'est beaucoup calmé.

Quitter la maison familiale

Quitter la maison familiale est pour le jeune adulte une façon de se séparer physiquement des parents. Il ne faut pas oublier qu'avoir son propre logement est un pas de géant vers l'indépendance et l'autonomie. Ce n'est pas facile, ni pour les parents ni pour les enfants, mais cela ne veut pas dire pour autant que la relation parents-enfants est rompue : elle devra simplement changer, dans sa forme comme dans son contenu. En général, c'est positif, pour les uns comme pour les autres ainsi que pour la relation.

Souvent, on pense que quitter le domicile parental est une démarche simple, évidente et qui s'effectuera sans problème. En général, partir ne pose en effet pas de grosses difficultés. C'est même quelque chose qui peut être vécu comme une étape, dans la joie et l'animation. Mais il est vrai que parfois, des difficultés peuvent apparaître. Des peurs existent et souvent, tant le jeune que ses parents sont nerveux : ils sont inquiets et craignent que les choses ne tournent pas tout à fait bien. Le déménagement et donc la séparation peuvent alors susciter des angoisses diverses en chacun.

Les préoccupations des parents

L'une des préoccupations majeures des parents consiste à se demander si leur enfant sera capable de se débrouiller seul et de se prendre en charge. Les angoisses peuvent se manifester ainsi : « Continuera-t-il à travailler ? », « Saurat-elle se faire à manger ? Pourra-t-il repasser ses chemises ? », « Fréquentera-t-il des gens "bien" et rentrera-t-il à des heures convenables ? »

Autre préoccupation, même s'ils aident souvent leur enfant sur un plan économique, les parents, du moins au début, se demandent s'il pourra payer son loyer et ses frais divers, s'il le fera à temps ou bien aura tendance à l'oublier.

Un autre type d'angoisse les renvoie plutôt à eux-mêmes : ils ont souvent peur de la solitude ou du manque qui peut se révéler après le départ de leur enfant. Ils peuvent éprouver un sentiment de vide et de tristesse.

« Nous nous réjouissons que notre fille s'installe dans un appartement indépendant, et bizarrement, nous sommes même soulagés. Est-ce normal ? »

Les parents sont souvent l'objet d'émotions ambivalentes. D'un côté, ils sont contents, fiers et parfois même soulagés que leur enfant quitte le domicile familial. Mais d'un autre côté, ils peuvent se sentir tristes, un peu abandonnés ou inquiets, et souvent coupables d'éprouver un soulagement. Pourtant, il n'y a aucune raison pour que vous vous sentiez coupables : vous avez élevé votre fille, vous l'avez guidée et en cela, vous avez accompli votre tâche parentale. Vous avez maintenant le droit de vous « reposer » et de retrouver vous aussi une certaine indépendance !

Il y a donc aussi des sentiments positifs (des sentiments de joie, de fierté pour l'éducation que vous avez réussie, des sentiments de soulagement, de liberté et d'autonomie vis-à-vis de vos enfants) qui peuvent émerger dans cette séparation et il ne faut pas en éprouver une quelconque culpabilité.

Ce que ressentent les jeunes

En général, le jeune adulte se sent tout à fait capable de se débrouiller seul. Il est heureux de pouvoir enfin avoir son « chez soi », il est fier de lui et très enthousiasmé par cette nouvelle vie qui commence. Souvent, il n'imagine pas ce que signifie concrètement se charger soi-même de sa lessive ou de ses repas, malgré les responsabilités qu'il avait chez ses parents. Mais la plupart du temps, il s'en sort très bien. Cela ne veut pas dire qu'il n'a pas lui aussi des doutes, des peurs, des préoccupations et des angoisses ; il peut lui aussi être triste de quitter la maison parentale et avoir « le cafard » d'être seul. Mais son problème est sa fierté.

Le fait de quitter le domicile parental ne veut pas toujours dire que le jeune adulte est complètement indépendant ni qu'il peut s'assumer totalement seul d'un point de vue économique. Il est vrai que souvent, au début, les parents doivent l'aider concrètement (alimentation, linge etc.) et un peu financièrement pour qu'il s'en sorte. Ce qui peut être vécu de façon assez stressante pour le jeune qui voudrait être complètement indépendant. Il essayera donc souvent de travailler et de se faire un peu d'argent de poche.

Mais il peut aussi se sentir très confortable dans cette situation et faire en sorte d'exiger de plus en plus de ses parents, sans chercher à travailler ni à se prendre entièrement en charge lui-même.

Je vous conseille

— Il faut essayer de rassurer le jeune adulte, malgré vos propres angoisses et préoccupations. Il faut surtout vous montrer honnête dans vos sentiments : il est tout à fait naturel que vous soyez heureux mais aussi un peu triste. Tant chez le jeune adulte que chez ses parents, il y a une sorte de mélange de sentiments, surtout quand c'est le premier enfant à quitter la maison.

— D'un autre côté, il faut laisser la porte de la maison ouverte : votre enfant doit savoir que même s'il ne vit plus chez vous, il est toujours le bienvenu à tout moment. D'ailleurs, souvent, après un certain temps de séparation, la relation parents-enfant tend à s'améliorer et les tensions à s'estomper : les jeunes se rapprochent de leurs parents, ils ont avec eux un rapport plus adulte, mais aussi plus respectueux, ils cherchent conseil auprès d'eux.

Je vous déconseille

— Parfois, les parents peuvent avoir l'impression – fausse – que si leur enfant part, c'est parce qu'« il ne les aime plus ». Mais il faut savoir que c'est un moment normal de la vie et que les enfants sont faits pour grandir. Il ne faut donc pas culpabiliser votre enfant parce qu'il part, ni lui faire croire qu'il abandonne ses « pauvres » parents. L'enfant qui a, comme on l'a vu, quelques doutes et incertitudes sur son départ a besoin de soutien et de réassurance.

— Si vous soutenez financièrement votre enfant, il ne faut pas faire en sorte qu'il considère comme normal de dépendre de vous, tout en vivant sous un autre toit. Mais il ne faut pas non plus que cette aide économique devienne une façon de contrôler le jeune adulte, de le manipuler ou de freiner son développement vers l'indépendance.

Clara, une jeune fille de 20 ans, première d'une fratrie de trois, vient de d'emménager dans un petit studio à Paris. Elle travaille un peu mais n'arrive pas encore à couvrir tous ses besoins. Le problème commence lorsqu'elle décide de ne plus aller déjeuner tous les dimanches chez ses parents et que, à plusieurs reprises, elle ne peut pas s'occuper de leur chien pendant les vacances. Ceux-ci décident alors de lui retirer une partie de l'argent qu'ils lui donnaient. De cette façon, Clara était toujours obligée de faire ce que ses parents lui demandaient sous peine d'être pénalisée par l'intermédiaire de l'argent.
Cela commença à entraver leurs relations : la colère et l'irritabilité l'emportaient souvent sur la bonne humeur lorsqu'ils se voyaient, de telle sorte que les visites devenaient de plus en plus pénibles. Clara réalisait qu'elle dépendait plus que jamais de ses parents mais en même temps, elle se sentait de plus en plus distante de ces derniers.
Après plusieurs échanges difficiles, cette situation a pu être verbalisée et est donc devenue consciente. Les parents de Clara purent lui dirent qu'ils avaient peur de la perdre et qu'ils se sentaient en grande partie abandonnés ; ils essayaient donc de se rapprocher d'elle à travers l'argent. Clara leur expliqua aussi ce qu'elle ressentait et comment, chaque fois qu'ils voulaient se rapprocher d'elle, elle avait le sentiment que cela l'éloignait de plus en plus.
De part et d'autre, il peut y avoir de bonnes intentions et des sentiments nobles, mais la peur et les angoisses n'ayant pas de place pour s'exprimer, le manque de communication et de liberté d'expression est tel que la famille se disloque peu à peu, sans que personne ne comprenne vraiment ce qui se passe.

Les études supérieures

Le moment est venu de commencer à concrétiser les désirs qui avaient toujours semblé lointains ou parfois même les rêves d'enfance – dans la tête de l'enfant ou de l'adolescent, il y a souvent cette idée : « je souhaiterais faire ceci ou cela ». Enfin, ce moment arrive : « Je suis grand et je veux être ceci ; et pour y parvenir, je dois faire telle démarche précise et concrète. » Mais cette démarche n'est pas toujours facile ni possible et, souvent, elle ne correspond plus aux attentes du nouvel étudiant ni aux attentes des parents pour leur enfant.

L'adolescent avait déjà fait ou avait été obligé de faire certains choix en optant pour le type de bac qu'il allait préparer. Mais c'est seulement maintenant qu'il va vraiment commencer à tracer le chemin qu'il veut suivre dans sa vie. Il s'agit d'un moment extrêmement important puisque c'est celui où le sujet met concrètement en place tout ce qui est nécessaire à l'accomplissement de ses rêves, de ses aspirations et modes de vie désirés durant l'enfance et l'adolescence. Il se peut aussi qu'il se rende compte que la voie qu'il a choisie est bien difficile.

L'orientation

Le choix des études supérieures et d'une profession ne dépend pas uniquement des capacités de l'individu. Beaucoup d'autres facteurs entrent en jeu dans cette décision. C'est un moment particulièrement important puisque c'est d'un choix de vie dont il s'agit.

Il faut donc que le jeune adulte et ses parents soient conscients de tout ce que ce choix implique. Ce n'est pas uniquement un dossier à remplir ou « pour faire comme les copains ». Ce n'est pas non plus une décision qui n'engagerait que ce qu'on va faire pendant les cinq ou six prochaines années. Il s'agit d'une responsabilité, d'un choix d'activité qui engage une grande partie voire tout l'avenir et qui détermine un mode de vie, un milieu social et un niveau économique et culturel. Lorsque les jeunes viennent consulter pour une orientation universitaire ou professionnelle, ils le font pour savoir dans quel domaine ils pourraient réussir, c'est-à-dire pour évaluer leurs capacités et ainsi voir à quelles professions ils peuvent aspirer.

Pour choisir, il faut avoir le choix

En général, les jeunes qui doivent choisir leur orientation connaissent une petite partie des professions qui existent. Les métiers pour lesquels ils disposent d'un peu d'informations sont ceux de leurs parents, des parents de leurs amis, des gens de leur entourage, de leurs amis. Mais en général, ces connaissances sont superficielles et restreintes. Pour pouvoir choisir, il faut, avant tout, connaître les différentes options possibles.

Il existe plus de deux cents options de professions de tous genres, et qui conduisent à des modes de vie très différents les uns des autres ; le quotidien d'un instructeur de plongée n'a sûrement rien à voir avec celui d'un avocat, pas plus que le vécu d'un mécanicien ne ressemble à celui d'un dessinateur de mode. Mais quel bonheur de bien faire son métier quel qu'il soit.

Chaque profession va ouvrir des portes et en fermer d'autres, ce dont il vaut mieux être conscient. Chacune d'elles va commencer à déterminer un milieu socio-économique différent dans lequel la personne évoluera plus tard. Par exemple, un instructeur de plongée sera en contact constant avec la nature, il fera des expéditions, devra prendre soin de son alimentation et vivra probablement dans un milieu de biologistes, de chercheurs... L'avocat en revanche, passera plus de temps dans un bureau et sera en contact avec d'autres avocats, des économistes, des hommes politiques... Leurs revenus seront différents ainsi que leurs logements, même si ces deux professions peuvent être chacune passionnante et tout autant source de plaisir.

Ce qui influence les choix

Les choix ne se font généralement pas sur un coup de tête. Ils ont une histoire et souvent, des attentes et pressions extérieures les influencent.

➤ *L'histoire personnelle*

L'enfant et l'adolescent ont eu, depuis toujours, des rêves, des idoles qu'ils voulaient suivre, ainsi qu'une idée de la vie qu'ils aimeraient avoir plus tard. Le choix du jeune adulte subira bien sûr l'influence de tous ces désirs, mais il se fera de façon plus réaliste et concrète : car le jeune adulte se rend compte qu'il ne peut pas tout être ou qu'il ne peut pas tout avoir en même temps.

➤ *Les influences externes*

Les parents

Le milieu et les parents ont aussi un poids important dans le choix du chemin à suivre. L'enfant sait que ses parents ont des espérances et des désirs précis à son sujet. Ces désirs peuvent être implicites ou ouverts dans la relation entre les parents et l'enfant. Mais ils existent. Les parents aimeraient que leur jeune adulte embrasse telle ou telle profession parce que ce serait la meilleure option pour lui.

Cependant, parfois, les parents oublient de prendre en compte ou de distinguer ce qu'eux-mêmes voudraient pour leur enfant et ce que leur enfant veut pour lui-même. Cette situation risque de provoquer des conflits importants et surtout de générer un mécontentement des deux parties. Plusieurs situations peuvent alors se produire si le conflit n'est pas résolu par un accord :

- Le jeune choisit pour faire plaisir à ses parents, en laissant tout à fait de côté son désir à lui. Bien qu'apparemment tout soit rentré dans l'ordre, il est très probable que ce choix se soldera par un échec scolaire ou bien que le post-adolescent deviendra apathique, qu'il perdra le goût des études, déprimera et arrêtera ses études. Mais il est aussi tout à fait possible qu'il s'adapte et réussisse. J'ai également rencontré des adultes qui avaient suivi cette piste, et qui, des années plus tard, faisaient une psychanalyse pour trouver leur vraie réalisation personnelle.
- Le jeune choisit une voie pour contrarier ses parents, de façon à s'affirmer. Dans cette situation, soit il se rend compte que ce n'est pas ce qu'il attendait et change d'attitude – après un temps variable –, soit il continue dans cette voie et s'y adapte. Cette option provoque chez les parents un mécontentement, probablement une déception et de la colère qui peuvent générer beaucoup de problèmes relationnels et des tensions à la maison. Les parents n'auront plus qu'à s'adapter à cette décision ou à faire comme si elle ne les intéressait plus.
- En cas de dialogue, d'ouverture d'esprit et d'accord mutuel, il y a une écoute réelle de l'autre et le choix peut satisfaire les deux parties.

Les amis

Souvent, le post-adolescent veut s'orienter vers ce qui, dans son groupe d'amis, est considéré comme le plus intéressant ou comme les études à la mode : il veut étudier ce que les autres veulent étudier. Quand le choix est basé sur de telles motivations, il ne peut pas s'agir d'une décision objective.

L'adolescent risque d'obéir plutôt à une peur de perdre les amis, à une crainte d'engagement personnel qui l'obligerait à affronter une situation nouvelle et différente.

Dans ces cas, le jeune a besoin d'être rassuré et surtout, il doit comprendre qu'il ne perdra pas ses amis s'il choisit quelque chose qui lui plaît, même s'il s'oriente dans une voie différente de la leur. Vous devez en outre le sensibiliser au fait que ce choix lui permettra de connaître d'autres amis, de s'ouvrir à des gens nouveaux et d'avoir de nouvelles expériences socioculturelles.

Je vous conseille

— Il est vivement recommandé que le post-adolescent se renseigne, soit au lycée, soit chez un professionnel, sur les différentes options qui existent. Il est également souhaitable qu'il puisse interroger divers professionnels sur ce qu'ils font ; aussi n'hésiter pas à mettre votre enfant en contact avec vos amis, de façon à ce qu'il puisse les questionner et envisager concrètement ce qu'ils ont fait de leur vie en choisissant tel ou tel métier.

— Il faut qu'un dialogue puisse s'établir à la maison sur ce sujet. Pour ce faire, vous devez être conscient de ce que vous attendez de votre enfant ; vous devez pouvoir l'exprimer de façon claire, honnête et fondée. Mais vous devez aussi être disposé à écouter votre enfant et à le comprendre. Avant tout, n'oubliez jamais qu'il s'agit de la vie de votre jeune adulte et non plus de la vôtre.

— Vous devez pouvoir soutenir le jeune dans sa décision, du moins si celle-ci est réaliste, bien fondée et tend vers le bien-être objectif de celui-ci. Mais il faut aussi le confronter à ce que ce choix implique et le faire raisonner si le choix est considéré comme ne lui convenant pas.

— Si vos opinions sont vraiment incompatibles avec celles de votre enfant, si les difficultés augmentent et que la communication tend à diminuer à la maison, il est recommandé de consulter un psychologue spécialisé en orientation professionnelle.

Je vous déconseille

— Même si vos désirs ou vos aspirations pour votre enfant peuvent vous sembler constituer le choix idéal, il ne faut surtout pas les lui imposer. Vous pouvez les lui exposer et lui expliquer votre position, mais il ne faut pas que votre choix devienne une obligation pour le jeune. Ceci provoquerait avant tout une fermeture de la communication à la maison : en effet, le jeune ne pourrait plus s'exprimer librement, dans la mesure où il n'aurait plus aucune raison de le faire – puisqu'il n'est plus écouté et n'a pas d'autres options. En outre, choisir à sa place risquerait d'entraver son développement professionnel, comme on l'a vu précédemment.

— Il ne faut pas non plus laisser le jeune choisir seul : il doit se sentir accompagné et soutenu par vous parce que pour lui, c'est très important. Il a besoin de savoir que son choix de vie vous intéresse et correspond (en différents points) à votre attente. Mais il a aussi besoin d'être guidé – et non pas contrôlé – par vous : c'est-à-dire que vous devez veiller à ce qu'il ne choisisse pas n'importe quelle profession, n'importe comment, sans considérer les aspects professionnels et socio-économiques de son choix. Vous pouvez l'aider à être clair dans sa décision à travers un dialogue ouvert et amical, afin qu'il choisisse en fonction de lui-même et non pas de vous, ni sous l'influence de ses professeurs ou de ses amis.

— Il ne faut pas pour autant redevenir le responsable des choix du jeune comme lorsqu'il fallait décider pour lui dans quelle école primaire il irait. N'oubliez pas qu'il s'agit de quelqu'un de responsable, capable de prendre des décisions.

Julien, un jeune homme de 19 ans, vient malheureusement d'échouer sa première année de droit. Il avait toujours été un bon élève, sans difficultés particulières au lycée, et c'est la première fois qu'il devait redoubler. Ses parents en étaient très surpris et surtout contrariés.

Julien avouait qu'il s'était ennuyé cette année, que les cours ne l'intéressaient pas vraiment, qu'il passait son temps avec ses camarades à bavarder et à inventer des jeux vidéo. Il assistait convenablement aux cours mais ne prenait presque pas de notes. Il disait à ses parents qu'il allait étudier chez ses amis, mais en réalité il n'étudiait pas et en général, il allait au cinéma avec eux.

Après quelques échanges, Julien parvint à confier qu'en fait, le droit ne l'intéressait pas. Il aurait aimé écrire des bandes dessinées, mais savait que ses parents s'opposeraient à ce choix. Il avait donc décidé de faire du droit pour ne pas entrer en conflit avec eux puisqu'il savait que c'était ce qu'ils espéraient pour lui. Ses parents attendaient en fait qu'il suive les pas de son père, qui lui-même était avocat. De cette façon, il pourrait prendre la suite du grand cabinet d'avocats qu'avait son père.

Après une série de discussions, Julien réalisa qu'écrire des bandes dessinées était son rêve d'enfant mais que ce métier ne lui apporterait pas le style de vie qu'il attendait. Il se rendit compte que ses parents voulaient son bien, mais que, inconsciemment, ils ne lui laissaient pas de choix possible parce qu'ils n'arrivaient pas à remettre en question le fait qu'il devienne avocat. Il s'aperçut qu'il s'intéressait à l'architecture, que celle-ci allait le satisfaire énormément et que probablement, ses parents seraient d'accord avec lui s'il faisait ce choix. Il en parla avec eux et après un long dialogue, ils furent d'accord.

Actuellement, Julien a son bureau d'architecture et peint des tableaux pendant ses temps libres. Ses parents sont très fiers de lui.

Le choix de l'université ou de l'école

Une fois que l'orientation est déterminée, le jeune adulte devra décider de l'endroit où il voudra étudier. Ce choix va dépendre de plusieurs facteurs.

Les études que les institutions proposent

Parfois, le jeune adulte désire étudier dans une institution particulière (une université, une école spécialisée, une classe préparatoire) soit parce que ses amis y vont, soit par goût maintenant affirmé, soit à cause du prestige qu'elle peut avoir. Mais il peut s'avérer que cette institution ne propose pas les études qu'il a choisies. C'est pourquoi il vaut mieux procéder différemment et ne pas inverser l'ordre des choses : il faut commencer par se renseigner sur les différentes écoles et /ou universités qui mènent à la carrière choisie. Cette information est maintenant accessible pour tous : CIO, salons de l'étudiant, réunions de parents en première et terminale, magazines, etc.

Puis on comparera les programmes de chaque institution de façon à voir celui qui convient le mieux. N'oublions pas que l'Université est plus adaptée aux étudiants qui ont besoin d'un certain temps entre leur baccalauréat et la fin de leurs études pour investir personnellement leur travail et les liens entre celui-ci et leurs études. Les classes préparatoires sont réservées aux élèves très travailleurs ou très doués dans un domaine. Cinq ans plus tard, les meilleurs seront toujours les meilleurs quelle que soit la filière qu'ils ont choisie pour y arriver. Une fois ces repères déterminés – aidé en cela éventuellement par un conseiller ou un ami –, on peut prendre en considération le prestige et la réputation de l'institution dans ce domaine.

Le milieu socio-économique

Cet aspect du choix des études est parfois oublié. Pourtant, il est très important. Si le jeune a toujours été dans un certain type d'école, s'il évolue dans un certain milieu social, quel qu'il soit, il devra savoir que choisir un établissement, c'est aussi s'identifier aux autres, pour pouvoir se sentir suffisamment à l'aise.

Bien sûr, il est toujours possible de s'adapter et de s'intégrer dans tous les contextes ; cela peut même être une expérience extrêmement enrichissante. Mais parfois, à ce moment-là de la vie, si le jeune adulte n'est pas suffisamment sûr de lui, un changement trop radical de milieu éducatif ou socioculturel peut poser quelques problèmes d'adaptation, d'interrelations susceptibles même d'affecter le rendement intellectuel : le jeune pourra prendre des attitudes de supériorité ou même se montrer méprisant vis-à-vis des autres, notamment dans le cas où il sentirait qu'il vient d'un contexte socioculturel plus favorisé que les autres. Mais le cas contraire peut aussi se poser et le jeune adulte ne se sentant pas à la hauteur des autres étudiants aura l'impression d'être relégué. Il pourra, pour soulager son malaise, se mettre à boire ou à prendre des drogues. J'ai même vu des jeunes aller jusqu'à la tentative de suicide pour appeler à l'aide.

Heureusement, la très grande majorité des jeunes étudiants savent garder une distance vis-à-vis des stéréotypes sociaux et culturels. Ils savent combien l'intelligence et le cœur sont indépendants du milieu social. Il n'en demeure pas moins que les parents doivent être attentifs à cet aspect, en particulier lors de la première année d'études supérieures. J'ai vu des étudiants, malheureux pour ces raisons – qu'ils trouvaient rationnellement stupides et dont ils n'osaient pas parler – à même alors de s'isoler et rater cette entrée dans leur nouvelle vie.

Les possibilités économiques

Ce sont souvent les parents qui prennent en charge les études de leur post-adolescent, du moins au début. Il arrive aussi que ce soit l'étudiant qui désire les payer tout seul. Quelle que soit la situation, il est important de considérer l'argent disponible pour les études, sans oublier la possibilité de bénéficier d'une bourse.

Parfois, le jeune adulte voudrait faire une classe préparatoire puis une grande école. Si la majorité des classes préparatoires se font en lycée et la plupart des grandes écoles d'ingénieurs, en particulier, ne coûtent rien en terme de scolarité, il faut cependant savoir que plusieurs classes préparatoires et grandes écoles, en particulier de commerce, sont des institutions privées qui coûtent cher. Si les parents ont les moyens d'en assumer la charge, cela ne pose pas de problème. Mais lorsque ce n'est pas le cas, il faut envisager soit la possibilité d'une bourse ou d'un prêt (il est possible d'obtenir une bourse ou de demander un prêt auprès de nombreux organismes bancaires pour réussir à réaliser l'option choisie) soit de faire des études équivalentes dans une autre institution plus économique, mais parfois hélas moins renommée dans ce domaine.

La situation géographique du lieu d'études

Souvent, l'école ou l'université qui a été choisie se trouve à proximité de l'endroit où habite le futur étudiant. Mais il se peut aussi qu'elle se trouve de l'autre côté de la ville et parfois même, dans une autre ville. Dans ces cas, il est important de savoir si c'est vraiment la meilleure option ou bien s'il vaut mieux trouver une autre institution plus près de chez soi. Il ne faut pas oublier le temps qui va être passé dans le transport et se demander si ces efforts en valent ou non la peine.

Parfois, il faut envisager un déménagement, dans une autre ville par exemple. Ce peut être un bon début pour vivre en dehors de la maison parentale. Mais cela ne veut pas dire qu'aller faire ses études dans une autre ville soit quelque chose de facile ni d'évident : non seulement il y a changement d'établissement scolaire, de camarades, de responsabilités, mais aussi, simultanément, prise en charge des obligations ménagères et acquisition de l'indépendance.

Plusieurs options sont envisageables dans ce cas : le jeune peut prendre un appartement, seul ou avec des amis ou encore chercher une résidence pour étudiants, ce qui peut faciliter, dans un premier temps, son adaptation en dehors du foyer parental et dans un deuxième temps, lui permettre de ne pas se sentir trop dépaysé ou seul. Il est donc important de considérer si les possibilités économiques permettent cette installation ou si l'obtention d'une bourse est envisageable. Toutes ces décisions doivent se prendre ensemble.

Je vous conseille

— Avant tout, il faut être conscient des différents aspects qui viennent d'être soulignés : laissez votre jeune étudiant faire son choix, mais parlez-en avec lui si vous considérez qu'il peut y avoir un problème sur l'un des points que nous venons d'évoquer.
— Si le jeune veut choisir l'institution en fonction de ses amis, il faut lui faire comprendre que la vie ne dépend pas des amis et que, s'il ne peut pas être avec eux, ils n'en resteront pas moins ses amis ; de plus, ce sera l'occasion pour lui de faire de nouvelles rencontres.
— S'il y a un problème de différence socio-économique entre le jeune et les gens qu'il sera amené à fréquenter dans l'institution, il faut avant tout le rassurer afin qu'il sache qu'il peut faire des rencontres intéressantes, qu'il ne se sente pas en position d'infériorité ou, à l'inverse, de supériorité par rapport aux autres et surtout, qu'il arrive à s'intégrer socialement.

Orientation : le double contrat

Dans tous les cas de figure, il faut faire comprendre au jeune adulte qu'un choix d'orientation est un contrat tant avec lui-même qu'avec ses parents : vous vous êtes occupé de lui, il a reçu une éducation de base, maintenant, il doit la faire fructifier.
Pour cela, il devra essayer, autant que possible, de s'investir dans ses choix et de réussir ses études.

Je vous déconseille

— Il ne faut pas imposer l'institution qui vous semblerait la plus adéquate si votre enfant n'est pas d'accord.
— Il ne faut pas vouloir absolument vous conformer à vos propres projections ; par exemple, si vous avez toujours imaginé que votre fils ou votre fille irait dans telle institution, soyez prêt à remettre vos désirs en

question : envisagez la réalité et les possibilités actuelles de votre enfant et vos propres possibilités pour décider.
— Il ne faut pas non plus accepter de payer des études qui dépassent vos possibilités financières et surtout, ne pas vous laisser manipuler pour que cette situation soit trop visible. Ceci pourrait générer des tensions importantes dans les relations familiales : le jeune adolescent aurait alors l'impression d'être un poids pour vous, et de votre côté, vous seriez très stressé parce que vous avez à débourser des sommes qui dépassent vos moyens. Heureusement en France, l'accès à l'enseignement supérieur est relativement indépendant des moyens financiers, mais hélas pas totalement.

Classes préparatoires et grandes écoles

Les élèves des classes préparatoires et des grandes écoles constituent dans la société française un monde assez individualisé. L'absence de réflexion globale et approfondie sur le fonctionnement personnel et psychologique des étudiants de cette filière contraste avec l'influence notoire et durable de cette formation sur le devenir de leur personnalité. Les souvenirs communs et les éternelles marques de reconnaissance témoignent en effet de la fidélité des « anciens » à une éducation acquise au mérite et incontestablement d'excellente qualité.

Les futurs étudiants de classe préparatoire sont souvent ces bons élèves des petites classes, curieux de tout, soigneusement élus par le système scolaire, chaleureusement soutenus par leur famille. La continuité de la course à l'excellence et l'écho qu'elle rencontre dans la généalogie familiale, se reproduisant souvent dans les mêmes écoles, donnent à l'anamnèse de ces élèves une allure brillante : absence de troubles manifestes, adaptation sociale et scolaire reconnue, très bon niveau intellectuel, milieu familial « bien portant ».

Mon expérience de rencontre avec ces élèves m'a conduit à constater que la réalité des problèmes qu'ils rencontrent paraît largement sous-estimée ou méconnue. À côté de problèmes très sérieux, rares mais remarquées par les ruptures scolaires et le gâchis spectaculaire qu'elles constituent, se cachent par ailleurs au sein de ce type de formation toute une gamme de difficultés moins graves qui témoignent néanmoins des failles du sujet et /ou des faiblesses du système. Le recours à une aide extérieure est souvent mal accepté chez des jeunes ayant prouvé la qualité de leur fonctionnement intellectuel et leur adaptation continue à un système éducatif très contraignant, adaptation qui n'est pas pour autant un indice infaillible de la force personnelle du sujet qui y est soumis.

Les classes préparatoires peuvent favoriser les « craquages » de tout ordre. L'importance de l'effort demandé, l'atmosphère de tension et de rivalité, l'angoisse du concours comme verdict final, la sollicitation permanente d'un fonctionnement intellectuel élevé sont autant d'éléments menaçant des étudiants encore jeunes affectivement. Le temps de l'élaboration des conflits internes y est parfois compromis à la fois par la pression scolaire et par l'idéologie du milieu.

Le concours et l'intégration agissent comme des ruptures, introduisant, en particulier lors de la première année, un tableau très différent des expressions manifestes de la personnalité. Les excès ou débordements comportementaux en tout genre (alcoolisme, toxicomanie, bizutages et sabotages, absentéisme ou désintérêt scolaire massif) frappent l'administration de ces écoles. Il est parfois difficile d'évaluer dans ces passages à l'acte la part de processus de maturation longtemps retardés de celle d'appels au secours encore déguisés. Passent plus inaperçus des malaises d'allure dépressive avec des sentiments de solitude, de désintérêt pour les études, d'absence de vocation ou de choix professionnel, d'incapacité de s'intégrer dans la vie en groupe et autres plaintes sur l'environnement scolaire, troubles mal acceptés après un parcours sans faille. Beaucoup d'élèves continuent néanmoins de faire preuve d'une adaptation parfaite aux études proposées. Leur surinvestissement dans le travail reste un mode d'alerte : le passage à la vie professionnelle tient alors lieu de dernière épreuve de vérité.

L'étudiant éternel

Il arrive que les études se prolongent de façon quasi infinie. Cette situation d'éternel étudiant peut être due à différents motifs.

Parfois, au long des études entreprises, le jeune adulte se rend compte que son choix ne lui convient pas. Ce sentiment peut apparaître à différents niveaux : l'étudiant peut ne pas être satisfait de l'institution où il étudie ou ne pas se sentir comblé par les études qu'il a décidé de faire. Changer d'orientation est quelque chose de possible, mais il s'agit d'essayer de faire cette fois-ci le bon choix.

Pour cela, il faut d'abord discerner où se trouve le problème (choix des études ou de l'institution) et à partir de là, refaire les démarches décrites au début de ce chapitre.

Je vous conseille

— Si ses études ne l'intéressent pas ou ne lui plaisent plus, il faut revoir la question de l'orientation. Souvent, une consultation en orientation professionnelle peut l'aider à trouver efficacement un chemin à suivre et à se stabiliser.

— Si le jeune adulte change constamment d'orientation, n'en finit pas avec ses études, il ne faut pas le laisser continuer éternellement. Faites-lui comprendre que d'une certaine façon, il y a un accord implicite entre vous et lui : vous le prenez en charge, mais à condition que lui réussisse et devienne un adulte capable de se prendre en charge seul. Cet éclaircissement peut se faire à travers le dialogue.

— Au cas où le dialogue ne suffirait pas à lui faire prendre au sérieux ce qu'il fait, une solution pourrait être que le jeune commence à travailler pour payer une partie de ses études ; vous verrez s'il peut alors se responsabiliser ou non. Dans un cas extrême, il faudrait arrêter de lui financer ses études.

Je vous déconseille

Il ne faut surtout pas que vous lui donniez l'impression qu'il n'est qu'un bon à rien ou un inutile, parce qu'il serait rapidement découragé, et probablement il n'oserait plus reprendre un nouveau départ par peur d'échouer et de vous décevoir encore une fois.

Jean-Philippe fait actuellement sa deuxième année d'école de commerce à Paris. Il est doué et réussit bien mais ne veut plus continuer car il dit que ça l'ennuie énormément. Il est venu consulter en orientation professionnelle parce que ses parents ne sont plus disposés à lui payer ses études.

En fait, Jean-Philippe avait commencé une fac de commerce international, puis au bout d'un an, il avait décidé qu'il souhaitait faire du droit. Il commença mais laissa tomber en cours d'année en disant que l'ambiance ne le satisfaisait pas et qu'il souhaitait entrer dans une grande école. Finalement, après un an de prépa, il entre en HEC qu'il désire abandonner parce que cela ne correspond pas à ce qu'il veut faire de sa vie.

Ses parents avaient été assez accessibles jusque là ; ils l'avaient laissé faire ce qu'il voulait et surtout, ne l'avaient jamais questionné sur ses décisions.

Dans ce cas précis, la famille a été vue en consultation familiale parce qu'en fait, ce qui se passait avec ce jeune homme n'était pas un problème réel de manque d'intérêt ou de capacités ; il ne sentait ni le soutien ni l'intérêt de ses parents pour lui et il était en train de saboter ses études pour voir si ses parents réagissaient.
Si les parents n'avaient plus financé les études de leur fils, celui-ci aurait continué à laisser tomber tout ce qu'il entreprenait. Il a donc été nécessaire de créer un dialogue entre Jean-Philippe et ses parents pour que les choses s'éclaircissent. Ses parents lui expliquèrent qu'ils ne l'avaient jamais questionné ni contrarié non par indifférence ou par manque d'intérêt mais parce qu'ils lui faisaient confiance ; lui-même leur confia qu'il se sentait abandonné et avait l'impression qu'on ne s'intéressait pas à lui.
Après cela, Jean-Philippe reprit les premières études qu'il avait commencées et se stabilisa. Cette histoire nous montre combien chaque cas est particulier et comment, bien souvent, consulter un professionnel ne fait pas de mal.

Le mal-être étudiant

Et si la prise en compte du mal-être des étudiants pouvait aider à lutter contre l'échec à l'Université ? Cette hypothèse est sous-tendue par de nombreuses enquêtes.

Des éléments aussi divers que le sentiment d'aisance dans le milieu universitaire, les pensées suicidaires ou la consommation de médicaments doivent être pris en compte.

Le premier constat est que le moral baisse à mesure que l'année avance. Si 80 % des étudiants s'estiment en début d'année en bonne ou en très bonne santé, à mesure que l'année universitaire se déroule, un tiers se plaint d'une baisse de moral. Curieusement, les inscrits en licence se découragent davantage que les étudiants de DEUG. Rien à voir par conséquent avec le choc de l'entrée en fac : on n'a plus le droit à l'erreur, la pression augmente, disent-ils. Plus alarmant : 16 % ont pensé à se suicider. Un certain nombre ont même fait une tentative pendant l'année d'études. Pour soigner leur mal-être, nombreux sont ceux qui ont recours aux médicaments. 36 % consomment des somnifères ou des tranquillisants.

En définitive, échecs à l'examen et difficultés psychologiques sont liés : ceux qui vont bien sont plus nombreux à réussir que les autres (74 % contre 61 %).

60 % des étudiants en droit et en psychologie, et même 40 % des inscrits de Sciences-Po, pourtant réputés brillants, se jugent mal préparés au travail à l'Université. Cette opinion qu'ils ont d'eux-mêmes a une nette incidence sur leur réussite. Les étudiants reçus par la suite aux examens avaient une meilleure appréciation de leur propre capacité.

Même lien entre succès et perception des enseignants : les étudiants qui échouent et ceux qui se montrent déçus de l'indifférence de leurs professeurs sont souvent les mêmes. Enfin, la solitude au travail semble être un autre obstacle à la réussite. Tous ces symptômes les conduisent vers une *perte de confiance, une dévalorisation d'eux-mêmes.*

Face à ces maux, la réponse doit être pédagogique et psychologique : rapprochement avec les enseignants par des séances en petits groupes, renforcement du travail à plusieurs comme dans les grandes écoles, réseau entre les professionnels de la psychologie et l'Université.

Le premier emploi

Tout au long de l'adolescence, même vers la fin de cette période, l'autonomisation n'est pas encore totale. Le jeune adulte a un désir d'indépendance très intense. Il considère qu'une des façons d'acquérir son autonomie consiste à ne plus dépendre économiquement de ses parents.

Aujourd'hui, c'est une évidence, la vie quotidienne demande des ressources financières conséquentes et le taux de chômage est considérablement élevé, de telle sorte que trouver un travail suffisamment rémunérateur n'est pas facile pour un étudiant. Même si psychologiquement, le jeune adulte est prêt à avoir son appartement, son argent, sa voiture et son indépendance parentale, dans la réalité, les choses ne sont pas si simples, et généralement, il dépendra de ses parents un peu plus longtemps qu'il ne le voudrait. Malgré cela, et de façon positive, il est tout à fait possible et envisageable qu'il commence à gagner de l'argent.

Commencer à travailler et à gagner son argent ne signifie pas que, même s'il acquiert une indépendance un peu plus importante, le jeune adulte ne veut plus être en relation avec ses parents ou bien qu'il ne les aime plus ou n'a plus besoin d'eux. C'est un processus normal dans le développement de l'adolescent que de vouloir grandir, devenir un adulte autonome, tout en restant en relation, d'une manière ou d'une autre, avec ses parents.

Souvent, les parents ont peur d'être abandonnés par leurs enfants considérant ceux-ci parfois même comme des ingrats : « Après tout ce que j'ai fait pour eux, ils s'en vont. » Mais ils ne s'en vont pas complètement : ils grandissent, se développent et prennent une distance qui est logique et normale dans le développement de l'être humain.

Le travail favorise de multiples et profonds changements, tant chez l'adolescent que dans sa famille. Nous présenterons ici les plus importants.

Gagner son argent de poche

Souvent, étant donné qu'il est étudiant, votre fils ou votre fille ne peut pas envisager un emploi à temps complet (encore qu'il y ait eu de tout temps des étudiants qui ont poursuivi leurs études tout en travaillant). Il n'a pas non plus la formation pour trouver un poste qui lui convienne totalement. Malgré ces contraintes, il aimerait pouvoir avoir de l'argent supplémentaire : « la vie d'étudiant, ça coûte cher ! ». Le fait de travailler et de gagner un peu d'argent, même si c'est une somme symbolique, minimale, apporte des satisfactions à plusieurs niveaux.

Gagner son argent rend plus indépendant

Avant tout, il se sent plus indépendant par rapport à ses parents puisqu'il n'a plus besoin de demander systématiquement de l'argent lorsqu'il sort avec ses amis, avec son (sa) petit(e) ami(e) ou qu'il doit acheter quelque chose. De ce fait, il est très possible qu'il ait un sentiment de vie indépendante plus important. De même, il lui semble plus facile de parler de ce qu'il fait à ses parents quand il en a envie. La relation aux parents est donc profondément modifiée et par conséquent, la communication à la maison aussi.

➤ *La communication parents-enfant est plus facile*

Une autonomie financière (partielle ou totale) est très positive parce que le jeune adulte sent qu'il est en train de réaliser son indépendance. D'où le fait que sa relation avec ses parents puisse continuer à évoluer de façon à ce qu'un autre type de rapprochement puisse s'instaurer : étant donné que le jeune sent qu'une distance et qu'une certaine vie privée différente de celle de ses parents se sont établies, il cherchera très probablement à se rapprocher d'eux, mais cette fois-ci sans avoir peur de redevenir totalement dépendant d'eux.

Cela peut être donc très positif pour la relation et favoriser un rapprochement et une ouverture de la communication dans la famille.

➤ *Le jeune refuse d'aborder ce qu'il fait*

Dans ce cas, gagner son argent de poche, au lieu de favoriser la communication familiale, pourrait y mettre un terme : au lieu que le jeune pense : « Je vais te raconter parce que je veux que tu saches », il préfère ne rien dire. Ainsi, il a le sentiment qu'il peut vivre des expériences sans que personne ne le sache. Ce désir peut exprimer une ou plusieurs des raisons suivantes :

— l'envie d'être tout à fait indépendant,

— le besoin d'espace de l'adolescent ou du jeune adulte vis-à-vis de sa famille,

— le besoin de se distancer plus fortement à ce moment-là pour pouvoir mettre en place sa personnalité en tant qu'être indépendant et différent de ses parents,

— le besoin de cacher ce qu'il fait soit par peur de déplaire aux parents, soit par culpabilité, parce qu'il sait que ce qu'il fait n'est pas correct voire dangereux (c'est le cas par exemple s'il achète de la drogue ou s'il va tous les jours boire avec ses amis, ce qui impliquerait non seulement de cacher, mais aussi parfois de mentir).

Gagner son argent de poche augmente l'estime de soi

Le fait de travailler et de gagner un peu d'argent est très positif pour l'adolescent ou le jeune adulte non seulement parce qu'il se sent plus indépendant, mais aussi parce qu'il a le sentiment d'être utile. Il comprend qu'il est capable de faire quelque chose qui est reconnu non seulement chez lui, mais dans la société en général. Il prend ainsi confiance en lui, se sent identifié au groupe des adultes et commence à entrer dans le jeu de la compétition avec ses camarades, dans un domaine autre que celui des études par exemple.

Par ailleurs, il peut se sentir soulagé, de même que ses parents, dans la mesure où il se rend compte qu'il est capable d'être indépendant et qu'il pourra se débrouiller seul plus tard. Mais il ne faut pas oublier qu'il devra toujours faire des efforts pour réussir.

Autre avantage de ce début d'indépendance financière, souvent, le jeune adulte sentira aussi qu'il n'est plus une charge trop importante pour ses parents, qu'il les aide à être moins stressés par la question économique. Cela pourra être très positif pour l'ouverture d'une nouvelle communication d'adulte à adulte à la maison.

Je vous conseille

Il est donc très important d'encourager l'adolescent à travailler, à se rendre utile, même symboliquement (baby-sitting, dépannage pour la maison etc.). Il faut qu'il se responsabilise non seulement pour ce qu'il fait à la maison, avec ses parents et sa fratrie, mais aussi par rapport aux autres, en dehors de ce milieu protégé qu'est la famille. Cela est très important du fait qu'il apprend à avoir et à faire des compromis, et dans le cadre de ses possibilités réelles. Il apprend aussi que lui-même doit pouvoir résoudre

ses problèmes seul, et que papa et maman ne seront pas toujours là, ou simplement, ne seront pas toujours capables de réparer ou d'arranger quelque chose qu'il n'a pas pu résoudre ou faire seul.
— Il faut laisser le jeune adulte se débrouiller seul et entreprendre des activités personnelles. Il faut donc être capable de le soutenir et de l'encourager tout en le laissant agir par lui-même, ce qui signifie qu'il vivra ses propres réussites tout autant que ses erreurs ou ses échecs – du moins, bien entendu, si ce sont des erreurs sans gravité car malgré son indépendance et bien qu'il ait l'air d'un « grand », il a encore besoin de ses parents, de leurs conseils et de leur soutien.
— Soutenir et encourager ne veut pas dire imposer : si l'adolescent choisit tel ou tel travail, il faut respecter son choix, bien entendu s'il s'agit d'un choix raisonnable qui ne le mette ni en danger ni dans des situations irrégulières.
— Si le jeune n'est pas content de ce qu'il fait, s'il a beaucoup d'ennuis avec son patron, il faut essayer d'en parler avec lui pour voir ce qui ne va pas, s'il est possible d'arranger la situation et s'il faut, dans le cas contraire, qu'il renonce. Le fait qu'il renonce n'est pas la fin du monde ; il trouvera un autre emploi. Toutefois, si le jeune adulte renonce systématiquement, il vaut mieux commencer à se poser des questions.

Il faut apprendre à écouter – pas seulement entendre – son adolescent, et il faut le croire, cela est très important. Prenons comme exemple le cas de Jeanne, une jeune fille de 19 ans qui faisait une licence d'anglais et pendant ses temps libres, travaillait comme vendeuse dans une boutique de parfums. Elle disait que c'était très agréable et qu'elle aimait bien ses camarades de travail. Un jour, Jeanne rentra chez elle après le travail de très mauvaise humeur, chose assez étrange chez elle. Ses parents lui demandèrent comment s'était passée sa journée et elle répondit uniquement : « Bien, rien de spécial. »

Les parents se rendirent compte que ce n'était pas une réaction normale chez leur fille, mais ils se dirent que la journée avait dû être assez lourde : ils la laissèrent donc tranquille. Cependant, cette situation se reproduisit toute la semaine. Jeanne ne disait rien de spécial à ses parents et même, commençait à prendre beaucoup de distance : elle leur parlait de moins en moins et s'en allait le plus vite possible dans sa chambre.

Elle finit par leur dire qu'elle allait renoncer à ce job. Ses parents lui demandèrent ce qui se passait et, après avoir invoqué toutes sortes de raisons telles que : « ça ne me plaît plus », « j'ai trop de travail », en fait, des raisons qui contredisaient ce qu'elle avait dit auparavant, elle finit par avouer à ses parents qu'un de ses amis de fac lui avait dit qu'elle était idiote d'accepter de travailler. Si Jeanne a réussi à parler à ses parents, ce qui lui a causé beaucoup de peine et peut-être de honte, c'est grâce à leur patience et au fait qu'ils ne l'avaient nullement forcée, mais avaient su l'écouter : ils lui avaient montré qu'ils la soutenaient et que tout ce qui lui arrivait était très important à leurs yeux.

Jobs d'étudiants : de la vigilance mais pas de pression

Vous devez être vigilant et savoir où votre enfant travaille, avec qui, ce qu'on lui demande de faire et quels sont ses horaires. Ceci dans un but de sécurité : il ne faudrait pas que son employeur abuse de lui, au niveau des exigences par exemple, ou que soudain il soit conduit à faire des choses dangereuses comme vendre de la drogue, ou simplement qu'il dise qu'il va travailler alors qu'en réalité, il sort avec ses amis.
Mais il ne faut pas non plus devenir inquisiteur, questionner constamment pour connaître les moindres détails, ce qui conduirait le jeune à se renfermer sur soi et à ne plus rien raconter du tout. Pour cela, vous devez montrer de l'intérêt, en posant des questions banales et quotidiennes, en observant les réactions de l'adolescent face à certaines questions (être attentif, par exemple, à ce qui l'énerve ou non).
Car cet énervement peut être dû au fait que vous devenez, sans le vouloir, intrusif. Il faut savoir quand s'arrêter. Et surtout, il faut réussir à instaurer un climat de confiance et de liberté à la maison. Ceci ne se fait pas du jour au lendemain mais tout au long de la vie, en étant honnête, accessible, compréhensif et surtout, en faisant confiance tant à votre couple qu'à vos enfants.

Je vous déconseille

— Il ne faut pas décourager le jeune de travailler, même si vous pensez qu'il risque de laisser ses études un peu de côté. (Ce conseil doit être plus nuancé pour les étudiants des classes préparatoires, ou même de première année de médecine, où les concours sont tels qu'on voit difficilement, en France, comment l'étudiant pourrait avoir un autre travail en même temps... ou alors pendant les vacances d'été). Il doit apprendre à gérer son temps. Mais

il faut malgré tout être vigilant : s'il prend comme prétexte le travail pour ne plus assister aux cours, s'il se déresponsabilise à la maison à cause de son emploi, il faut poser des limites et en parler : soit il grandit et travaille, soit il se déresponsabilise. Si ce comportement se confirme, il faudra qu'il arrête de travailler, bien entendu si vous et lui-même considérez que les études sont plus importantes pour l'instant : il pourra toujours travailler plus tard.
— Il ne faut pas que l'adolescent vous abandonne maintenant qu'il travaille. D'abord, parce qu'il n'a qu'un travail à temps partiel qui ne lui rapporte pas beaucoup d'argent, ce qui signifie qu'il est encore incapable de se soutenir seul, financièrement parlant, et encore moins à long terme. Ensuite parce que vous auriez l'impression que votre enfant est un ingrat qui vous laisse tomber. Souvent, ce sentiment peut apparaître par peur que le jeune adulte, comme il gagne son propre argent, change et soit ne voie plus ses parents, soit les traite avec hauteur et mépris. Mais cela, en général, n'a pas lieu d'être si la relation parents-enfant était une relation de respect, de soutien et d'affection.
— Il ne faut pas non plus que vous-même l'abandonniez en le traitant complètement comme un adulte. N'oubliez pas qu'il a encore besoin de soutien moral et affectif, même si c'est de façon différente.
— Il ne faut pas enfin forcer le jeune adulte à travailler. Vous pouvez le lui conseiller, le lui proposer et lui dire d'essayer. Mais ne l'obligez pas , ni directement, ni par des chantages en le menaçant par exemple d'arrêter de lui payer ses sorties ou de lui retirer sa voiture, son scooter. S'il ne travaille pas, c'est peut-être parce qu'il préfère se consacrer entièrement aux études.
— Cependant, si ce refus se prolonge au-delà de cette période de jeune étudiant, il faut commencer à se demander s'il n'y a pas un problème plus profond et s'il ne serait pas convenable d'aller consulter, soit un psychologue, soit un spécialiste du travail.

« Depuis qu'il travaille et qu'il s'est installé dans son appartement, notre fils ne vient plus nous voir et est assez désagréable avec nous. Que faire ? »

Si vous avez le sentiment que votre fils vous laisse tomber, il vaut mieux essayer de l'affronter. Première solution, vous en parlez avec lui, vous lui expliquez que cette situation vous affecte profondément, que vous ne vous sentez pas à l'aise, que vous ne savez pas quoi faire. Cela peut résoudre le problème, du moins en partie.

Autre solution, vous respectez la prise de distance, vous la laissez s'établir, mais sans y être indifférent. De cette façon, le jeune aura la possibilité de revenir de son plein gré vers vous car il voit que vous vous préoccupez de lui et que ce qu'il fait vous intéresse. Mais il pourra décider de s'éloigner radicalement. Dans ce cas, vous ne pouvez pas le forcer à revenir.

« Notre fille a pris beaucoup de distance par rapport à nous depuis qu'elle travaille, mais bizarrement, cela nous soulage plutôt. Que faut-il en penser ? »

Parfois, les parents se sentent déprimés quand leurs enfants s'éloignent. Mais dans d'autres cas, ils peuvent se sentir eux aussi soulagés, et en même temps un peu coupables, à cause de ce sentiment. Il est alors préférable d'en parler avec leur jeune adulte. Alors, la relation peut éventuellement se remettre en place, d'une autre manière et souvent de façon plus positive et agréable pour tous. Malheureusement, un tel « happy end » n'est pas toujours possible et parfois, l'avis d'un thérapeute est recommandé.

Attention !

Vous ne pouvez pas tout résoudre pour votre enfant. Par exemple, de façon un peu caricaturale, s'il est entré en conflit avec son patron ou avec un collègue, vous pouvez l'écouter, le conseiller, mais ne pas aller leur parler comme vous auriez éventuellement pu le faire avec ses professeurs quand il était à l'école.

Julien, un jeune homme de 21 ans, fait des études de droit à Paris. Il est issu d'une famille de commerçants. Ses parents voyagent beaucoup dans toute la France pour veiller à la bonne marche de leurs magasins. Julien prolonge de plus en plus ses études. Par ailleurs, il a commencé à travailler dans un restaurant comme serveur et ne l'a pas dit à ses parents.

Cette situation durait depuis quelques mois quand un jour, ses parents allèrent dîner dans le restaurant où il travaillait. Julien n'avait pas eu le temps de se cacher dans la cuisine en les voyant arriver : ils l'avaient aperçu par la fenêtre avant d'entrer. Ils étaient un peu étonnés, mais ne voulaient pas incommoder leur fils. Ils le saluèrent, firent leur commande, mangèrent rapidement puis s'en allèrent. Julien ne comprenait pas. Il finit sa journée et rentra chez lui.

Ses parents l'attendaient dans le salon. Julien était très nerveux, il avait peur qu'ils se fâchent ; il avait déjà préparé cinquante excuses et pensait déjà à ce qu'il ferait si ses parents le renvoyaient de la maison. Il ne savait pas par où commencer.

Ce fut son père qui parla le premier. Il lui demanda depuis quand il travaillait dans ce restaurant et pourquoi il ne leur avait rien dit. Julien, en voyant que ses parents n'avaient pas l'air fâchés mais disposés à l'écouter décida de répondre le plus sincèrement possible. Il leur expliqua qu'il ne leur avait rien dit de peur qu'ils ne financent plus sa scolarité et qu'ils le renvoient de la maison ; en effet, continua-t-il une fois, ils avaient dit que s'il voulait travailler, ce devrait être avec eux sinon, il ne devait pas travailler, sous peine d'aller vivre seul, puisqu'il était capable de gagner sa vie. Il avait eu très peur parce qu'il aurait bien voulu travailler avec eux, mais pour le moment, il ne voulait pas quitter Paris et prendre le risque d'échouer à ses examens. Mais d'un autre côté, il voulait commencer à gagner son argent de poche pour ne pas avoir à leur en demander tout le temps, parce qu'il se sentait une charge pour eux.

Ses parents étaient très surpris. Ils ne se souvenaient même pas avoir dit une chose pareille. Ils s'excusèrent quand même, assurèrent que s'ils avaient dit cela, c'était en blaguant et qu'ils étaient vraiment très contents qu'il travaille ; ils en étaient même fiers, et surtout, ils se sentaient un peu soulagés parce qu'ils commençaient à s'inquiéter de voir que leur fils n'avait apparemment pas l'intention de travailler. Par ailleurs, ils le rassurèrent sur le fait qu'il n'était aucunement une charge pour eux et que s'ils étaient d'accord pour qu'il travaille c'est parce que cela lui ferait du bien, parce qu'il se sentirait indépendant mais qu'il pouvait compter sur eux pour n'importe quoi et n'importe quand.

Julien était très heureux de les entendre parler comme ça. Il prit conscience que ses parents l'aimaient et voulaient le meilleur pour lui. Il se sentit compris, soutenu et recommença à leur faire confiance.

Cet exemple illustre à quel point un jeune adulte peut avoir envie de travailler ; parfois il le dira clairement, parfois il n'osera pas exprimer ce désir par peur que ses parents se sentent mal ou pour ne pas entrer en conflit avec eux (il arrive qu'il ne veuille vraiment pas travailler, il faut alors savoir pourquoi). Il montre aussi combien il a besoin du soutien, de la compréhension et de l'affection de ses parents. Il n'est plus un enfant, il peut cacher ce qu'il fait, il peut même mentir. Mais s'il le fait, il y a sûrement une raison, et il faut lui montrer qu'on est disposés à l'écouter et à dialoguer avec lui. Les sentiments ne se forcent pas ; la confiance se mérite et se gagne.

L'entrée dans la vie active

Il est très probable que le jeune aura travaillé, à un moment ou à un autre, au cours de son adolescence, comme on vient de le voir. Sans doute a-t-il eu des petits emplois ou des « jobs » d'été pour se faire un peu d'argent de poche. Mais cette fois-ci, c'est différent : c'est la première fois qu'il va avoir un poste dans une entreprise, une administration, à l'hôpital, dans une école ou toute autre institution. Il peut enfin exercer une activité professionnelle.

En général, tant les parents que le jeune adulte sont non seulement très contents mais en plus, très fiers. C'est maintenant un adulte qui entre dans la vie active, il est parvenu à son but : ses études sont terminées, et dorénavant, il est professionnel. Il est donc capable de gagner sa vie, de prendre réellement et totalement, s'il le désire, son indépendance financière.

Il faut cependant préciser qu'actuellement, le taux de chômage étant élevé, en particulier chez les jeunes, il n'est pas toujours facile d'entrer dans la vie active du moins de manière stable, alors que ce devrait être l'aboutissement naturel de ces années d'adolescence. L'âge moyen d'entrée au travail est actuellement de 24 ans.

Comment trouver un emploi

Il est vrai qu'il est difficile de trouver un emploi, et a fortiori, le poste de ses rêves. Mais il est vrai aussi que si l'on cherche, on trouve. Et même si l'on commence par un travail pas tout à fait aussi agréable qu'on le voudrait, moins intéressant ou moins bien payé, c'est néanmoins un début ; petit à petit, on peut gravir les échelons ou changer jusqu'à atteindre ce que l'on convoite. D'ailleurs, rien n'empêche, tout en ayant du travail, de chercher en même temps ailleurs !

Ainsi, l'idée selon laquelle « il n'y a pas du tout de travail » n'est pas une raison suffisante pour rester les bras croisés ; on peut juste la considérer comme un prétexte pour ne rien faire. Les études sont finies et il faut continuer, vers l'avant, et non pas repartir en arrière !

Il existe beaucoup d'organisations, de revues et d'endroits où l'on peut se renseigner pour chercher du travail et d'autres où l'on peut proposer un curriculum vitae. Certains organismes pour jeunes se présentent d'eux-mêmes dans les différentes universités il y a aussi les services sur le minitel ou sur le réseau Internet, et beaucoup d'autres systèmes qui ne seront pas cités ici, car ce n'est pas l'objet de ce guide. Il ne faut pas non plus oublier les contacts personnels pris à la faculté ou, en dernier recours, quand cela est possible, les contacts des parents qui peuvent mettre le jeune en relation avec un éventuel employeur. Il est donc excessif de prétexter l'existence du chômage pour ne rien faire et devenir inutile.

Gagner sa vie

Lorsque le jeune adulte commence à gagner son argent, il en tire des bénéfices de toutes sortes, tant pour lui-même qu'à la maison et dans sa relation avec ses parents. Pour en savoir plus, lisez la première partie de ce chapitre, pages 497 à 499.

La différence essentielle qui intervient entre la situation décrite antérieurement et celle d'un travail souvent à temps complet, c'est que le jeune adulte entre maintenant vraiment dans la vie active : il peut commencer à s'assumer seul financièrement et il est très probable qu'il décide de prendre son indépendance physique en louant une chambre, un studio ou un appartement, seul ou, parfois, avec un(e) camarade ou son (sa) petit(e) ami(e).

Je vous conseille

— Avant tout, les parents doivent être conscients que leur enfant a grandi, qu'il devient un adulte indépendant et que leur relation doit changer, devenir une relation d'adulte à adulte. Vous devez donc le laisser et l'encourager à travailler.

— Il faut aussi lui laisser prendre de la distance dans certains aspects de sa vie : il doit décider lui-même de ses activités, de ses voyages, de ses amis, mais en même temps, vous devez lui faire comprendre qu'il peut toujours compter sur vous, que vous l'aimez et le soutenez.

— Par ailleurs, il vous doit toujours un certain respect, même si maintenant, vous ne lui dites plus ce qu'il doit ou ne doit pas faire. Le jeune adulte doit savoir – et si c'est nécessaire, vous pouvez le lui dire – que ce n'est pas parce qu'il ne dépend plus de vous qu'il peut se permettre d'être insolent ou arrogant. S'il l'a toujours été, c'est une autre affaire...

Je vous déconseille

— *Si le jeune ne travaille pas.* Il est très important que le jeune travaille : vous ne devez pas tolérer et encore moins faire en sorte (plus ou moins consciemment) qu'il ne fasse rien et répète sans cesse qu'il n'y a pas de travail, passant ainsi ses journées devant la télévision ou avec ses copains. Il faut l'encourager à travailler, et si c'est nécessaire, l'obliger à le faire. Pour cela, discutez avec lui. Si ça ne marche pas, vous pouvez le menacer de supprimer certaines choses (comme la voiture par exemple) ou, si vraiment il affiche son intention de ne rien faire, le menacer de le renvoyer de la maison.
— *Si le jeune travaille.* Il ne faut pas non plus le laisser utiliser la maison comme un hôtel sous prétexte qu'il est très occupé, qu'il n'a plus besoin de ses parents... Si c'est vraiment le cas, il peut toujours partir. Les parents ont le droit de se faire respecter et de faire respecter ce qui leur appartient.
Mais il ne faut pas oublier que toutes ces mesures apparemment « sévères » doivent se faire dans un état d'esprit de disponibilité plein de bienveillance, en essayant de ne pas s'énerver afin d'encourager le dialogue et en même temps, d'ouvrir la possibilité de changer la situation.

Karine venait de finir ses études d'orthophoniste. Elle avait été l'une des premières de sa génération et en était très fière, de même que ses parents. Elle se sentait tellement bonne, qu'elle considérait qu'elle ne devait pas faire d'efforts pour trouver un emploi. Au début, ses parents étaient d'accord, mais après quelques mois, ils vinrent consulter.
Karine passait ses journées à téléphoner à ses amis ; elle allait se promener en ville, dépensait énormément d'argent et disait toujours, si on le lui faisait remarquer, qu'elle le méritait. Elle devenait très insolente et ne disait pas quand elle sortait ni où elle allait, avec qui ni à quelle heure elle serait de retour.
Karine commença une psychothérapie au cours de laquelle elle se rendit compte qu'elle avait beaucoup changé, qu'elle ne se reconnaissait plus et qu'elle se sentait mal en se comportant de la sorte.

Elle ne voulait pas décevoir ses parents et encore moins se fâcher avec eux.

En fait, elle avait très peur d'entrer dans la vie active, qui représentait pour elle l'entrée dans la vie adulte. Cette dernière était pour elle synonyme d'une perte du soutien et de l'amour de ses parents. Elle avait peur de les décevoir et de se décevoir aussi elle-même si elle n'arrivait pas à obtenir le poste qu'elle voulait. Elle voulait rester la première, la meilleure et aussi la petite fille de ses parents.

Après avoir « travaillé » toutes ses peurs, ses angoisses, après avoir compris que la vie ne s'arrêtait pas là, qu'il n'y avait pas de raison pour qu'elle échoue et déçoive ses parents, et que sa relation avec ses parents allait forcément changer sans que cela signifie qu'ils ne l'aimeraient plus, elle put chercher un emploi. Elle trouva assez vite un poste dans un hôpital et réussit plutôt bien sa nouvelle carrière.

L'histoire de Karine illustre à sa manière tout ce que l'entrée dans la vie active peut représenter chez le jeune adulte. C'est pourquoi il est très important qu'il se sente rassuré, approuvé et soutenu par ses parents. Mais cela ne justifie pas le fait qu'il puisse se laisser aller ou devienne un inutile comme commençait à le faire Karine. Par ailleurs, les parents doivent savoir jusqu'où ils peuvent aider leur enfant. Par exemple, les parents de Karine ont senti qu'ils ne pouvaient plus grand-chose pour elle, ils ont cherché un appui extérieur à la famille et ils ont pu l'aider d'avantage.

Les parents eux aussi sont humains ; ils peuvent s'angoisser, se désespérer et parfois, avoir envie de tout laisser tomber. Il ne faut pas oublier qu'ils ne sont pas parfaits et qu'ils ont, comme les adolescents, leurs limites. Mais ils ont aussi un objectif fondamental qui est, tout simplement, d'être heureux et d'essayer de donner à leurs enfants le plus d'outils possible pour faire face aux difficultés de la vie. Cette pensée doit leur donner la force de continuer quand ils se sentent faiblir. Il s'agit de ne pas lâcher, tant pour leurs enfants que pour eux-mêmes.

Les vacances

Lorsqu'on parle de vacances, cela évoque généralement des images de repos, de découvertes en famille ou avec des amis, de changements agréables de climat et d'environnement, d'amusement et /ou d'aventure. Les points de vue varient évidemment selon chacun.

Dans cette section, nous verrons ce que les vacances représentent pour les jeunes adultes et comment les parents doivent les comprendre. Nous envisagerons aussi ce qu'ils peuvent faire dans ces différentes situations.

Les vacances en famille

À partir d'un certain âge, notamment à l'adolescence, les vacances en famille sont de moins en moins courantes. Les jeunes commencent à vouloir partir avec leurs amis. C'est alors que les voyages en famille peuvent prendre divers sens faisant apparaître des situations variées.

Pour que tout se passe bien

Étant donné que les voyages en famille deviennent de plus en plus rares, ils peuvent être vécus, tant par le jeune adulte que par sa famille, comme un moment particulier de convivialité et parfois de retrouvailles. Souvent, c'est le seul moment dans l'année où tous les membres de la famille peuvent se réunir sans être pressés ni préoccupés par autre chose : en temps normal, ces moments d'interaction quotidienne ne sont guère possibles à cause des diverses activités et différents horaires des uns et des autres.

Autre facteur de succès, dans ces moments de réunion familiale, les jeunes adultes ont réussi à prendre une certaine indépendance, ils ont compris qu'ils étaient différents et autonomes et ils n'ont plus peur d'être à nouveau dépendants ni même de se confondre avec leurs parents. C'est pourquoi ils peuvent désormais se rapprocher d'eux, dans une relation différente, une relation d'adulte à adulte et même peut-être une relation d'amitié. Les jeunes acceptent donc de bien s'entendre avec leurs parents dans la mesure où ils n'ont plus peur de redevenir des enfants.

Par ailleurs, les parents peuvent se sentir soulagés de voir que leur enfant ne dépend plus totalement d'eux : ils se sentent plus libres et peut-être même plus indépendants aussi ce qui est tout à fait normal.

Leur enfant a grandi et leur relation doit changer : dans un sens, il faut qu'il y ait une plus grande distance, et dans un autre, un rapprochement. Ce dernier se fera de façon plus mûre, plus réciproque, d'adulte à adulte. De telle sorte que les parents puissent aussi recommencer à penser à eux avant de penser à leur jeune adulte. D'ailleurs, ceci ne doit pas leur inspirer de culpabilité. Mais cela ne veut évidemment pas dire que les parents ne doivent plus du tout se préoccuper de leur enfant – encore une fois, tout est affaire de mesure. Celui-ci a encore besoin d'eux, même si c'est de façon différente.

Les voyages en famille peuvent donc être un moment d'échanges, de convivialité et de mise à jour des relations familiales. Ils constituent des moments agréables, amusants, enrichissants. Savoir profiter de ces moments permet de créer de nouvelles expériences en commun et de réaffirmer les liens qui existent.

Je vous conseille

Passer des vacances ou faire un voyage avec ses enfants ne veut pas dire, surtout à cet âge, qu'il faut rester 24 heures sur 24 « collés » les uns aux autres, sans laisser un temps et un espace à chacun.

Diane, une jeune fille de 20 ans, était allée skier en Autriche avec ses parents et sa jeune sœur. Les premiers jours, ils skient tous ensemble. Mais au bout de trois jours, les parents préfèrent aller se promener au village pour se reposer. Diane et sa sœur décident de ne pas aller avec eux pour passer à nouveau la journée à skier.

Le jour suivant, les parents vont faire des courses et ne skient pas. Diane et sa sœur préfèrent aller skier. Le soir, tous se retrouvent pour dîner et se raconter leur journée.

L'histoire de Diane illustre comment il faut avant tout savoir respecter les envies et l'indépendance de chacun ; les membres d'une famille ont autant besoin d'être ensemble que de « respirer » et vivre aussi pour soi. Cette bonne gestion des moments de partage et des moments de distance ne devrait pas créer de problèmes, mais bien au contraire, réduire les tensions intrafamiliales.

Les vacances « cauchemar »

Parfois, les vacances ne se déroulent pas aussi bien qu'on le voudrait, et le moment de convivialité, d'échange, aussi positif que celui qui a été décrit ci-dessus, devient un moment de conflits, de tensions et de mauvaises humeurs.

Les vacances tendent à devenir un cauchemar, en particulier quand le jeune adulte n'avait pas envie de partir avec ses parents. Diverses raisons peuvent justifier ses réticences à accompagner ses parents ; par exemple, s'il avait prévu, au moment du voyage, de faire quelque chose de particulier avec ses amis, ou bien s'il préférait aller en vacances avec son groupe de camarades de la fac ou encore s'il avait tout simplement beaucoup de travail.

Dans ces différents cas, le jeune qui part avec ses parents se sent frustré ; souvent, il a l'impression qu'on l'a forcé à partir. Ce ne sera donc pas très difficile pour lui de faire la tête, au moins les premiers jours, et de se charger ainsi de saboter le voyage. Même s'il ne le fait pas exprès, il réussit néanmoins à tout gâcher.

Il peut aussi être désagréable, agressif même, et revendicatif. De telle sorte que les parents se sentent coupables, voire malheureux et se fâchent à leur tour.

C'est le cas de Gilles, jeune homme de 21 ans qui était parti en Bretagne avec ses parents alors qu'il voulait faire un voyage en Asie avec ses amis. C'était impressionnant de le voir au petit déjeuner avec ses parents. Personne ne parlait à table, le père s'emparait d'un journal pour se donner une contenance. Bref, c'était tout sauf un moment d'échange. Un soir, la crise éclata et risqua de déboucher sur le retour de tout le monde au domicile. Cette crise fut salutaire et permit de repartir d'un bon pied et de terminer ces vacances dont chacun assura que les suivantes seraient consensuelles.

Ce genre de voyage tend à avoir un effet négatif sur tous les membres de la famille. Au lieu de favoriser la communication dans une ambiance agréable, d'inciter chacun à être ensemble et à profiter les uns des autres, il donne envie de rentrer à la maison où l'on se voit à peine parce qu'on n'en a pas le temps.

« Une fois que les vacances tournent au cauchemar, comment réagir ? »

Si vous vous trouvez dans une situation pareille, il est préférable que chacun des membres de la famille puisse exprimer ce qu'il ressent, pourquoi il le ressent, et finalement ce qu'il aimerait faire ou voir faire pour le reste du voyage. Bien entendu ce n'est pas facile. Il faut essayer de ne pas agresser les autres, de ne pas s'énerver et naturellement d'être disposé à écouter l'avis des autres. L'idéal serait aussi de ne pas se sentir coupable de s'exprimer.

Cette mise au point pourra détendre l'atmosphère, soulager tant les parents que le jeune et surtout, permettre que le reste des vacances se passe bien.

S'il n'en est pas ainsi, le jeune adulte ainsi que ses parents sont suffisamment grands pour se débrouiller tout seuls. Ils peuvent donc décider d'avoir des activités chacun de leur côté, ce qui peut sembler un peu regrettable – puisque le voyage était une occasion d'être ensemble –, mais peut aussi avoir pour effet de mettre les choses en place et de calmer les désaccords.

Cependant, il ne faudrait pas que tout au long des vacances, chacun vive sa vie dans son coin. Pour que tout s'arrange, il faut aussi être attentif à l'autre et après une telle décision, essayer de rétablir la communication. Ceci peut se faire, par exemple, en demandant à votre enfant comment s'est passée sa journée ; vous pouvez alors proposer de planifier les activités du lendemain de telle sorte que vous soyez ensemble.

Il faut savoir que les vacances peuvent aussi se transformer en cauchemar lorsque le jeune adulte sent qu'il n'a pas assez de libertés, ni pour agir, ni pour décider. Il ne faut pas oublier que, bien qu'il s'agisse d'une relation entre adultes, les générations sont différentes et par conséquent, les intérêts et les activités ne sont pas forcément identiques.

Je vous conseille

— Pour éviter que les vacances ne deviennent des cauchemars, il est souhaitable que vous parliez de votre projet avec votre enfant un certain temps à l'avance, de façon à ce qu'il ne prévoie pas autre chose pendant cette période.

Une autre option est que certaines vacances soient réservées à la famille : le jeune adulte saura, par exemple que les vacances de Noël sont, traditionnellement, le moment des vacances familiales. De cette façon, tout le monde saura qu'il peut disposer de n'importe quelle autre époque de l'année pour voyager ou faire ce qu'il veut, mais réservera ces vacances à la famille. Souvent, avec ce système, tous les membres de la famille attendent avec enthousiasme ce temps privilégié ou, au pire, se préparent psychologiquement pour affronter ce moment le mieux possible.

— Si les relations familiales sont mauvaises, il vaut mieux éviter les voyages trop longs ou les vacances obligeant tous les membres de la famille à rester ensemble la plupart du temps sans la possibilité d'avoir des activités individuelles ou avec des gens en dehors de la famille. Par exemple, des vacances dans un chalet perdu dans la montagne avec le premier village à plusieurs kilomètres de là et des forêts où il vaut mieux ne pas aller se promener seul de peur de se faire agresser par un animal, ne sont peut-être pas le meilleur choix...

— Il est souhaitable que chacun ait la liberté de faire des activités qui l'intéressent même si les autres n'y participent pas. Vous et votre enfant êtes suffisamment grands pour comprendre que chacun a des goûts et des intérêts particuliers ou des activités propres à son âge et qu'ainsi, il y a des moments pour être ensemble et d'autres où chacun a envie de prendre un temps pour lui seul. Tant les parents que le jeune adulte doivent donc respecter les moments personnels et les envies des autres et se sentir libres de faire ce qu'ils désirent. Mais attention, il ne faut pas non plus que chacun vive sa vie de son côté tout le temps ; il s'agit de trouver un équilibre.

Par exemple, pendant la journée, vous pouvez faire des visites ensemble ou vous retrouver pour les repas et vous reposer ensemble puis, le soir, après le dîner, chacun fait ce qu'il veut. Ou bien après une promenade ensemble, certains peuvent aller skier ou nager, pendant que d'autres lisent, regardent la télévision ou bavardent.

— En cas de désaccord, il est important de soulever le problème le plus vite possible pour que toutes les vacances ne soient pas gâchées. Mais pour cela , il faut être disposé à parler calmement et surtout, à écouter l'autre sans s'énerver. Parfois, il vaut mieux attendre un moment que la phase

d'énervement soit passée avant d'en discuter. Parfois même, il est préférable que chacun ait une activité différente pendant un moment, pour ne pas devoir « supporter » l'autre qui « fait la tête ».
S'il n'est pas possible de prendre une certaine distance physique pendant quelques instants voire quelques heures, il vaut mieux ne pas entamer le dialogue immédiatement parce que les choses risquent d'empirer. Soit on essaie d'ignorer un moment l'autre jusqu'à ce qu'il se calme, soit on commence à blaguer sur la situation, par exemple en disant : « Oui, le comble serait qu'on se soit donné tant de mal pour ces vacances et qu'on ait dépensé tant d'argent pour finir par se fâcher » ; ou : « C'est incroyable, on arrive à se fâcher même dans un endroit si agréable. » Mais il faut absolument sentir qu'on pourra ensuite entamer un dialogue avec l'autre, sachant que s'il se fâche encore plus, il faudra trouver autre chose pour calmer la situation.

Je vous déconseille

— À moins que le voyage ne soit absolument exceptionnel, que l'endroit où vous allez ne soit l'endroit où vous avez toujours rêvé d'aller, à moins qu'il n'y ait une occasion incontournable, à laquelle toute la famille doive assister (par exemple le mariage d'un frère ou d'une sœur), il vaut mieux ne pas obliger un jeune adulte à partir en vacances s'il ne le veut pas. Il y a de fortes probabilités pour qu'il soit de mauvaise humeur le long du séjour, qu'il devienne absolument passif ou même agressif.
— Comme on vient de le voir, il vaut mieux ne pas essayer de tout faire tous ensemble tout le temps parce que vous finiriez par vous énerver les uns les autres, par devenir irritables et sûrement par vous fâcher.
— Il vaut mieux ne pas contredire le jeune adulte qui veut sortir le soir ou faire quelque chose de son côté, à moins qu'il ne le fasse constamment et ne reste plus du tout avec les autres ou qu'il ne se mette en danger : vous avez toujours votre mot à dire et vous êtes encore, d'une certaine façon, responsable de vos enfants : continuer à veiller sur eux, d'une façon ou d'une autre, est une attitude normale, surtout quand vous êtes tous ensemble. De ce fait, vous avez le droit d'exiger que les jeunes continuent à vous respecter et ne vous stressent pas : si le jeune veut sortir, qu'il le fasse mais qu'il ne vous réveille pas quand il rentre à quatre heures du matin ! (à moins que vous ne le souhaitiez). S'il a des activités personnelles c'est très bien, mais qu'il dise où il est et à quelle heure environ il rentre : qu'il ne fasse pas en sorte que les autres l'attendent pour déjeuner alors qu'il n'arrive qu'au dîner !

Carla, 19 ans, était partie en vacances au bord de la mer avec ses parents et son frère cadet. Un soir, après dîner, elle dit à ses parents qu'elle pensait aller danser en boîte de nuit. Son père lui répond qu'il n'en était pas question, qu'elle venait en famille et que ce n'était pas raisonnable d'aller dans un endroit aussi bruyant et où il y aurait autant de gens. Vous pouvez imaginer le reste de la discussion… et de la soirée.
Carla finit par aller danser, mais la fin de la semaine fut assez délicate. Les parents s'énervaient pour rien, ils n'arrêtaient pas de dire à leur fille qu'elle ne les respectait pas ; de son côté, Carla préférait ne plus exprimer ce qu'elle avait envie de faire : elle devint totalement passive et très peu loquace.
Ce qu'on observe ici, c'est que les parents de Carla ont du mal à voir que les intérêts de leur fille, pourtant en accord avec ceux des jeunes de son âge, sont différents des leurs, et qu'en plus, ils ne se rendent pas compte que leur fille a grandi et qu'elle est maintenant une femme, capable d'être autonome. Ce cas montre à quel point il est capital de laisser une certaine liberté aux jeunes adultes tant qu'il y a un respect entre eux et leurs parents. Cette histoire illustre aussi l'importance d'alterner activités en commun et activités individuelles. Tant les parents que les jeunes ont besoin de petites bulles d'autonomie quotidiennes.

Les vacances seul ou avec les amis

Contrairement aux vacances en famille qui deviennent de moins en moins longues, tout au long de l'adolescence, les vacances avec les amis et /ou avec le partenaire se font de plus en plus fréquentes. Il ne faut pas oublier que l'adolescent ainsi que le jeune adulte ont besoin de leurs pairs pour continuer à évoluer et à s'insérer dans la vie sociale.

Ces vacances peuvent être de durée variable et permettre au jeune adulte de se connaître comme être social indépendant de sa famille. Il apprend ainsi à vivre avec d'autres personnes en dehors de sa famille, à s'adapter à de nouvelles situations, d'autres points de vue, d'autres intérêts... Étant loin de chez lui, le jeune est obligé de se débrouiller seul, même s'il a la possibilité de prendre appui sur ses amis ou sur des gens avec lesquels il pourra faire connaissance, bien évidemment.

À travers ces voyages, il concrétise son autonomie (même si parfois, ce sont les parents qui payent), il apprend, d'une certaine façon à vivre seul, à se responsabiliser tant pour lui que pour le groupe, s'il est avec d'autres personnes. Il peut alors voir quels sont ses propres limites, ses désirs et sa façon de régler les problèmes.

> *Angélie, une jeune fille de 18 ans, était partie en voyage avec ses amies. Un soir, se sentant très fatiguée, elle décida de ne pas aller danser avec les autres. Elle ne pouvait pas dire que ses parents ne la laissaient pas sortir, elle devait prendre seule la décision de rester se reposer ou d'aller avec ses amies. Ainsi, elle put évaluer sa capacité à dire non, ses limites, ses envies et ses doutes. Elle comprit que parfois, les parents ont raison de dire : « Tu es fatiguée, il vaut mieux que tu ne sortes pas. »*

Les vacances et les voyages favorisent non seulement la découverte de soi, mais aussi, la découverte de ce qu'il y a chez soi, à la maison. Pendant les voyages, le jeune se sent indépendant, capable de se débrouiller seul ; parfois même, son estime de soi peut s'améliorer. Mais il parvient aussi à comprendre ses parents, et à s'identifier, lors de certaines occasions, à eux : il se rend compte que devoir décider pour soi, et parfois pour les autres, n'est pas une tâche facile et que cela implique une grande responsabilité. Cette prise de conscience est très formatrice et bénéfique, d'autant plus qu'elle ne dure que le temps du voyage ; en outre, quand il rentre ensuite chez lui, le jeune apprécie particulièrement de retrouver un milieu protégé.

Il pourra aussi vivre de nouvelles expériences, des aventures et faire des découvertes qu'avec ses parents, il n'aurait pas faites, ou du moins pas de la même manière. Ces expériences, ses parents les avaient peut-être déjà faites à son âge, mais maintenant, elles ne les intéressent plus.

Quant aux parents, les vacances ou les voyages que leurs enfants entreprennent avec leurs amis sont l'occasion de profiter d'« un temps pour eux ». Il est vrai, surtout lors des premiers voyages, que les parents ont tendance à se tracasser, tout au long du séjour, pour savoir si leur enfant va bien, s'il est bien arrivé, s'il mange correctement, s'il ne risque pas de tomber malade, s'il s'entend bien avec les autres, etc. Il y a toujours mille et une raisons de s'inquiéter. Mais il faut qu'ils soient conscients que leur enfant est suffisamment grand, qu'il saura se débrouiller et que si quelque chose arrive, il les contactera d'une manière ou d'une autre.

Petit à petit, après plusieurs voyages, ils commencent à s'habituer et à se décontracter. Ils sont malgré tout un peu inquiets et répondent toujours fébrilement au téléphone si c'est leur enfant qui appelle, mais en général, ils le vivent de façon plus détendue. Ils commencent même à réapprendre à penser à eux, sans le « petit ». Ils parviennent à profiter de ce « temps de vacances » pour eux, même s'ils ne partent pas en voyage.

De l'utilité des voyages

Les voyages permettent au jeune, confronté à des situations ou à des problèmes nouveaux, d'apprendre à réagir, à évaluer, à décider, et cela tout seul, sans ses parents. C'est pourquoi les voyages sont une école d'*initiation* et de responsabilisation, mais aussi, dans cette découverte, de la compréhension du point de vue des parents.
Les voyages constituent une période durant laquelle le jeune adulte quitte la maison ; ils peuvent ainsi créer un espace que le jeune comme ses parents peuvent mettre à profit pour « se reposer » les uns des autres.
C'est aussi un moment pendant lequel ils peuvent remettre en cause, de façon positive et négative, leur relation, leur mode de vie et réfléchir sur leurs attitudes envers l'autre. Ce qui peut favoriser une amélioration des relations entre eux et /ou permettre un dialogue plus ouvert si c'est nécessaire.

Il faut dire que tous ces effets et ces bénéfices dépendront en grande partie de la durée du voyage du jeune. Plus le voyage sera long, plus il y a de chances pour que les changements soient importants, tant pour le jeune que pour ses parents.

Je vous conseille

— Dans la mesure où les vacances ou les voyages qu'entreprennent les jeunes adultes avec leurs amis leur sont très bénéfiques, vous devez l es encourager à en faire et les soutenir quand ils décident de partir.
— Même s'ils sont capables de se responsabiliser et de faire attention, vous devez savoir où ils vont, avec qui et quand ils reviennent. Ceci non pas dans un but de surprotection, d'incapacité à laisser partir votre enfant ni par manque de confiance, mais par souci de sécurité : s'il arrivait quoi que ce soit, vous sauriez où il se trouve et donc pourriez intervenir. Par exemple,

il est souhaitable que les jeunes comprennent qu'ils doivent téléphoner quand ils arrivent à destination, de façon à ce que les parents puissent être rassurés. Même s'ils sont responsables, tout voyage implique un risque et qu'on le veuille ou non, une tension chez celui qui reste sur place. Un simple coup de fil suffit à calmer toute crainte.

— Il est nécessaire d'expliquer ce motif de sécurité aux jeunes pour qu'ils ne se sentent pas contrôlés ou qu'ils pensent que vous ne leur faites pas confiance. D'ailleurs, le fait de demander tous ces renseignements montre au jeune que vous vous souciez de ce qui lui arrive, qu'il est encore important pour vous et qu'il peut compter sur vous ; comme on l'a déjà dit à de nombreuses reprises, c'est très important pour lui, même si son attitude semble prouver le contraire.

— Cela dit, vous devez effectivement faire confiance à votre enfant. Il est capable de se débrouiller seul ; il ne faut pas douter de lui, surtout si vous êtes satisfait de l'éducation que vous lui avez donnée.

Je vous déconseille

— Étant donné que les vacances avec les amis ou seul impliquent une séparation de durée variable avec les parents, mais aussi un choix puisque le jeune adulte décide d'aller avec ses amis plutôt que de rester avec ses parents, il s'agit parfois de situations face auxquelles les sentiments sont mélangés : il y a du bonheur mais aussi de la tristesse, de la fierté mais aussi peut-être un peu de déception. Cependant, cela ne justifie pas les chantages affectifs pour que le jeune reste auprès de ses parents. Par exemple, certains parents qui ne veulent pas que leur adolescent parte leur font une véritable scène, prétendant qu'il va les abandonner, qu'il leur préfère ses amis, etc. Il ne faut pas que les parents soient jaloux des amis et entrent en rivalité ou en compétition avec eux. Les sentiments et le type de relation avec les uns et les autres sont différents. Les amis ne pourront jamais prendre la place des parents (et heureusement d'ailleurs) et vice versa.

— Il ne faut pas obliger le jeune adulte à partir s'il ne le désire pas, surtout si c'est pour l'éloigner, par exemple, de son (sa) petit(e) ami(e) « qui ne lui convient pas » ou pour qu'il aille étudier ou faire autre chose « pour son bien ». Le jeune adulte est suffisamment grand pour décider ce qu'il veut faire de sa vie, pour savoir ce qui lui convient. Vous pouvez lui proposer des alternatives, lui suggérer ce que vous pensez lui convenir le mieux et exprimer votre désaccord éventuel ; mais c'est le jeune adulte qui aura le dernier mot, c'est de sa vie dont il s'agit.

Les longs voyages

Parfois, le jeune adulte part en voyage après son bac pour connaître d'autres pays. Ces voyages peuvent durer d'un mois à un an ou plus. D'autres fois encore, il s'en va faire ses études ailleurs ou est muté par l'entreprise pour laquelle il travaille, ce qui implique souvent des voyages d'au moins un an. Mais il a toujours la possibilité de rentrer à la maison.

Durant ces voyages, tout ce qui a été dit plus haut est encore plus flagrant. À travers l'illustration suivante, vous pourrez avoir une idée de ce qui peut se passer lorsque le jeune adulte part longtemps loin de chez lui.

Susanne, une jeune fille parisienne de 18 ans, venait de réussir son bac. Depuis qu'elle était petite, elle rêvait d'aller faire ses études d'ingénieur aux États-Unis. Et le jour arriva où son rêve put se concrétiser. Elle était admise à Brown University et resterait donc là-bas au moins quatre ans. C'était la première fois qu'elle allait partir si longtemps de chez elle. D'un côté, elle était ravie, fière, très animée, mais de l'autre, elle avait un peu peur de ne pas avoir fait le bon choix, et se montrait un peu nerveuse.

Quant à ses parents, que dire ? Vous pouvez imaginer qu'ils étaient également très fiers, très contents, mais aussi très nerveux et quand même un peu tristes parce que « leur petite » allait les quitter. Ils se posaient des questions comme : pourra-t-elle se débrouiller seule ? Arrivera-t-elle à s'adapter, à se faire des amis ?… tout en sachant qu'il n'y avait pas de raison pour que les choses ne se passent pas bien, qu'elle était une grande jeune fille assez indépendante et qu'ils ne pouvaient plus faire grand-chose, à part l'encourager puisqu'ils l'avaient éduquée de leur mieux.

Au début, Susanne et ses parents se téléphonaient au moins une fois par semaine. Les parents, même s'ils la savaient bien installée et apparemment contente, se tracassaient un peu. Puis petit à petit, ils apprirent à vivre sans elle à la maison, à organiser leur temps par rapport à eux et à leur fille cadette. D'ailleurs, cette dernière s'adaptait aussi à ce départ. Sa sœur lui manquait un peu mais elle voyait plus ses amis, ce qui compensait d'une certaine façon son absence. Elle commençait même à changer les meubles de leur chambre et à arranger les affaires comme elle voulait, sans avoir besoin de demander à

Susanne si elle était d'accord ou pas... Mais la place de Susanne à table était mise et respectée, et ses affaires n'étaient pas utilisées par d'autres sans qu'elle soit consultée. Il ne faut pas oublier que même si le jeune s'en va, il n'est pas mort : il reviendra un jour, même si c'est juste pour rendre visite.

De son côté, Susanne avait eu un peu de mal à s'adapter au début, un peu de mal à se faire des amis aussi. Le premier mois fut parfois pénible, le temps de capter le fonctionnement des choses et les habitudes des gens. Elle avait souvent envie de rentrer et ses parents, en l'entendant ainsi, essayaient de l'encourager à rester : ils lui disaient que ce n'était pas facile mais qu'elle était capable de réussir. Bien entendu, ils lui faisaient comprendre aussi que de toute façon, si elle était vraiment malheureuse, elle pouvait toujours rentrer, que les portes lui étaient entièrement ouvertes et que ses études, elle pouvait aussi bien les faire en France.

Mais petit à petit, Suzanne commença à connaître ses camarades de classe et après deux ou trois semaines, elle se fit des amis. Ceux-ci la soutenaient et l'aidaient non seulement à ne plus se sentir seule, mais aussi à se sentir rassurée et à avoir envie de continuer ses études là-bas. Elle avait quelqu'un à qui parler, se confier, et des personnes dont elle pouvait s'occuper, d'une façon ou d'une autre. Elle commença à décorer son appartement, elle apprenait non seulement les enseignements de l'université, mais aussi les expériences et la vie. Elle était très fière de choisir seule ses couverts, d'acheter ses verres et son dessus-de-lit... Elle faisait sa lessive et son ménage sans que maman le lui demande ! Elle faisait ses courses au supermarché et cuisinait le soir. Ces choses simples lui permettaient de se sentir responsable, capable de se soutenir elle-même, d'être autonome : elles la faisaient grandir. Et il est très probable qu'elle n'aurait pas pu faire cela si ses parents avaient été avec elle (elle l'aurait découvert plus lentement ou plus tard peut-être).

Au bout d'un an, elle rentra chez elle pour les vacances. Il faut dire que même si elle était bien aux États-Unis, même si ses parents avaient réorganisé leurs activités et leur vie sans elle, cela faisait du bien à chacun de se retrouver. Susanne avait effectivement un peu changé, mais elle restait malgré tout la même ! Elle aimait toujours ses parents et sa sœur, et vice versa.

La réadaptation au retour fut rapide. Susanne repartit quelques semaines plus tard pour continuer ses études. Lors de son retour définitif, quatre ans plus tard, elle resta un moment à la maison puis décida d'aller s'installer vivre seule. Ceci ne veut pas dire qu'elle n'aimait plus ses parents ou qu'elle ne se sentait pas bien chez eux. Elle travaillait, gagnait bien sa vie ; elle avait vécu seule et voulait continuer à évoluer, à devenir autonome.

La vie d'un jeune couple

« Ils se marièrent et vécurent heureux… » Depuis leur plus jeune âge, cette vision idyllique fait rêver de nombreuses filles et de nombreux garçons. Sans vraiment le vouloir, sans en être véritablement conscients, ils pensent que lorsqu'ils seront grands, à leur tour, ils se marieront et vivront heureux pour toujours. Ce qu'ils ne savent pas, c'est que dans les contes, c'est la fin heureuse d'une histoire d'amour tandis que dans la vie, c'est le début de l'histoire !

Petit à petit, l'enfant mûrit, s'autonomise, « devient grand » et peut enfin réaliser ce rêve. C'est l'entrée dans l'âge adulte. Le désir d'établir une relation de couple stable se renforce et le projet de chercher et de trouver un partenaire peut se concrétiser.

Plus tôt dans son adolescence, le jeune avait très probablement déjà eu une ou plusieurs relations de couple. Mais certains changements d'attitude, de comportement apparaissent maintenant qu'il commence à être un adulte. Par exemple, auparavant, quand l'adolescent venait avec son (sa) petit(e) ami(e) à la maison, il faisait tout pour éviter d'être avec ses parents. Désormais, il ne rechigne pas à leur présenter la personne avec qui il sort, il l'invite à la maison quand ses parents sont là et l'inclut même parfois dans les activités familiales. D'une part, il souhaite prendre au sérieux sa relation et donc, voudrait que les autres en fassent de même ; d'autre part, il veut, même s'il ne le dit pas, que ses parents approuvent son choix, et qu'ils le conseillent, si nécessaire. En outre, il cherche à voir si son partenaire s'adapte ou non à son milieu familial.

Mais cela ne veut pas dire que ce jeune adulte cherche à se marier immédiatement ou souhaite forcément établir une relation durable avec la personne qu'il présente à ses parents ! Parfois, il n'a même pas pensé à formaliser la relation, bien qu'il amène son (sa) petit(e) ami(e) à la maison. D'autres fois, il aura de nombreux partenaires avant de trouver celui (celle) avec lequel (laquelle) il souhaitera construire un couple. En conclusion, pas la peine de paniquer !

Le jeune adulte, de même qu'il devient de plus en plus indépendant par rapport à ses parents, commence à sentir le besoin et l'envie de partager sa vie avec quelqu'un de son choix (et non plus uniquement sa famille). Il désire pouvoir continuer à grandir et à se développer avec quelqu'un qui mûrira aussi, en même temps que lui. Il voudrait pouvoir compter sur quelqu'un d'autre que ses parents, de façon aussi totale, mais en même temps, sentir que l'autre aussi a besoin de lui et qu'il peut répondre à ce besoin.

Mariage ou union libre ?

De nos jours, le mariage n'est plus une condition pour qu'un couple puisse vivre ensemble. D'ailleurs, beaucoup de gens préfèrent, pour diverses raisons, s'établir en union libre ou en concubinage. Il faut néanmoins remarquer un retour au désir de se marier et de formaliser la relation, bien entendu pour des raisons diverses selon les couples. Il faut savoir que les garçons ne peuvent pas se marier avant 18 ans et les filles avant 15 ans – avec le consentement parental pour les mineurs –, sauf dispense du procureur de la République.

Le mariage

De nos jours, le mariage est vécu de différentes façons. Certains pensent qu'il s'agit d'un engagement symbolique très beau et très fort, tandis que d'autres considèrent que c'est une formalité sociale inutile et que le couple, s'il est uni et heureux, n'a pas besoin de signer un papier qui les « autorise » à être ensemble. Pour certains, c'est une pratique démodée ou quelque chose qui ne sert qu'à avoir la paix avec les parents. Pour d'autres encore, c'est la réalisation d'un rêve d'enfant. Et en effet, le mariage peut représenter, dans chacun des cas, une réalité et un geste très différents.

Ce qu'il faut dire, c'est que le mariage est un engagement et un compromis qui s'acquiert à travers un accord social et souvent religieux avec l'autre personne, et ainsi, unit deux familles. C'est un rituel qui peut être plus important pour certaines personnes que pour d'autres, selon l'éducation qu'elles ont reçue et surtout, selon les croyances qu'elles ont à ce sujet.

Il est donc essentiel de respecter les différents points de vue à cet égard. Si on les ignorait ou si l'on se moquait d'un désir ou d'une pensée sur ce sujet, il est très probable que la personne en question se sentirait gênée, agressée et même parfois blessée. Ceci pourrait provoquer dans le couple des malaises importants ainsi que des rancunes qui seraient susceptibles de s'exprimer de façon indirecte et souvent agressive.

Julie, une jeune femme de 32 ans, était venue consulter parce que les conflits dans son couple se multipliaient. Son partenaire et elle étaient ensemble depuis plus de six ans. Ils ne s'étaient jamais mariés. Cela faisait quatre ans qu'ils essayaient d'avoir un enfant mais ils ne pouvaient pas. Médicalement, il n'y avait aucun problème et malgré toutes leurs tentatives, Julie n'arrivait pas à être enceinte.

Julie raconta comment elle avait connu Gilles, son compagnon et comment ils s'étaient installés ensemble. Lui n'avait jamais voulu se marier tandis qu'elle, depuis le début, le lui avait demandé. Elle avait toujours pensé que c'était quelque chose d'important pour elle, elle rêvait d'être bénie par un prêtre et d'avoir ses meilleures amies comme témoins de leur union. Pour Gilles, cela n'avait pas de sens. Après quelques consultations, Julie décida qu'il n'était pas trop tard et qu'elle désirait se marier. Gilles ne savait pas que penser, surtout après ces derniers temps difficiles pour le couple, mais il accepta.

Ils se marièrent, eurent leur cérémonie, une fête et même un voyage de noces. Quelques semaines plus tard, Julie était enceinte. Le fait de se marier avait probablement mobilisé quelque chose en elle qui la bloquait et ne l'autorisait pas à franchir le pas suivant, c'est-à-dire être maman : elle ne pouvait pas être maman avant d'être épouse.

Mais il est évident que ni la cérémonie du mariage ni la bénédiction religieuse ni le serment juridique ne garantissent hélas de nos jours la réussite de la vie en couple !

L'union libre

Il est de plus en plus commun qu'un couple de jeunes s'installe pour vivre ensemble sans être mariés. Pour beaucoup, spécialement pour les jeunes, c'est tout à fait normal. Certains considèrent que c'est une façon de voir si le couple « va bien ensemble », sans s'engager définitivement ; si ça ne marche pas, ils se séparent et rien n'est irréversible. Pour d'autres, c'est une façon d'éviter de s'engager. D'autres (ou les mêmes) pensent, que dans cette union, dans cette vie à deux, dans cette relation avec l'autre, il manque quelque chose.

Il ne faut pas oublier que même s'il n'y a pas de papier signé, de bénédiction religieuse ou de formalité sociale, il y a malgré tout un engagement avec le partenaire qui implique des responsabilités. Vivre ensemble est quand même une façon de partager avec l'autre sa vie, d'entrer dans la famille de l'autre et d'intégrer l'autre dans sa famille, comme dans le mariage. Attention aux égoïsmes quelquefois trop facilement rationalisés.

> *Un homme de 82 ans m'avait raconté qu'il ne s'était jamais marié : depuis plus de 55 ans, il avait vécu heureux avec la femme de sa vie. Aucun des deux n'avait voulu se marier parce qu'ils avaient préféré l'union libre pour penser, chaque jour, à chaque instant, qu'il fallait continuer à lutter pour séduire l'autre, pour maintenir une relation fraîche et vivante puisque rien d'autre ne les maintenait ensemble, à part eux-mêmes.*

Évidemment, cette histoire est très romanesque, dans ce contexte, mais lorsqu'on se marie, même si une formalité unit deux personnes, cela ne veut pas dire que quiconque « appartienne » à l'autre ou que l'on puisse délaisser la relation en pensant que l'autre ne pourra pas se lasser et partir.

Dans les deux cas de figure (mariage ou union libre), la relation est dynamique et il faut l'entretenir pour la préserver. Chacun des partenaires a une responsabilité et un rôle à assumer. Les deux situations impliquent un effort d'adaptation, une énergie et une recherche sans cesse renouvelée pour plaire et mériter d'être avec l'autre ; elles ne peuvent se vivre dans la durée que si chacun sait céder certaines choses, et ne pas avoir peur d'en demander d'autres. Il faudra de part et d'autre un savant mélange de patience, de respect, de tolérance, de communication, et l'envie d'être ensemble devra rester intacte pour que le projet de couple réussisse.

Ce qui ne veut pas dire que parfois, il n'y aura pas de conflits, de colères, de désaccords, ni même de retours à la maison parentale. Le sujet des conflits sera traité un peu plus loin dans le texte. Mais la question du couple et de sa longévité est une vaste question que nous ne pouvons ici qu'effleurer et qui fait l'objet de nombreuses réflexions, théories et témoignages ; il suffit de regarder l'abondante littérature à la fois vieille comme le monde et qui continue de paraître, de nos jours, chaque année, sur ce sujet.

Toutes ces facettes, les bonnes et les moins faciles de la vie de couple risquent parfois d'être occultées par les couples vivant sans contraintes matérielles chez les parents de l'un des deux partenaires.

Je vous conseille

— Avant tout, il ne faut pas oublier que vous avez déjà fait votre vie, choisi votre partenaire et votre façon de mener votre relation de couple, et que c'est maintenant au tour de votre fils (ou de votre fille) de faire la sienne. Parfois, les jeunes choisissent une autre façon de faire que leurs parents, parfois ils suivent le même chemin. Vous serez ou ne serez pas d'accord avec les choix de votre enfant ; vous pouvez penser que c'est immoral ou insécurisant de vivre en union libre. Mais c'est la vie de votre enfant ! Il a le droit de la mener comme il l'entend et vous devez respecter son choix.

— Ce qui ne veut pas dire que les parents ne peuvent pas donner leur avis, faire des suggestions à leur enfant pour qu'il choisisse la solution qui lui convient le mieux. Au contraire, le jeune a besoin de se sentir soutenu, guidé et identifié à ses géniteurs. Cela est possible à travers un dialogue ouvert, sans énervement si le jeune adulte choisit une option qui ne vous paraît pas la meilleure, et surtout, avec une disposition à parler un peu de vous pour expliquer vos points de vue.

— Les parents peuvent jouer un rôle de guides et d'amis car ils connaissent quelque chose qui pour le jeune est nouveau. Ils ont vécu une expérience, affronté des failles et des obstacles que le jeune n'a pas encore rencontrés. Ils ont aussi connu des émotions particulières, positives et négatives ; ils ont ressenti des craintes, des déceptions mais aussi des moments de jouissance, de bien-être et de bonheur. Et c'est en parlant de cela avec le jeune, s'il est disposé à écouter, que vous pouvez le préparer à affronter et à établir le mieux possible la relation de couple.

Je vous déconseille

— Il ne faut surtout pas faire de reproches si le choix de votre enfant n'est pas celui que vous attendiez. Il faut plutôt essayer de comprendre pourquoi il désire faire ce choix et être disposé à voir si pour lui (car c'est lui qui est concerné), c'est la meilleure option.

— Il ne faut pas choisir à sa place : les parents ont déjà fait leur vie. Même s'ils croient savoir ce qui serait le mieux pour leur enfant d'après leur propre expérience, il vaut mieux qu'ils se contentent d'exposer leur point de vue et qu'ensuite ils le laissent suivre son chemin.

— Il faut éviter d'imposer au jeune un choix de façon directe. Par exemple, en le menaçant de le déshériter s'il ne se marie pas et va vivre avec son ou sa partenaire.

— Mais il ne faut pas non plus laisser le jeune faire n'importe quoi. Les parents ont le droit de donner leur avis, bien entendu sans s'énerver, sans s'imposer et de préférence quand le jeune est disposé à écouter et /ou demande conseil.

Le choix du conjoint

Le jeune adulte doit savoir que le choix qu'il va faire est l'un des plus importants de sa vie (même si de nos jours il ne l'engage souvent plus pour la vie. Ce choix est aussi fondamental que celui de ses études et de sa vie professionnelle : en choisissant un partenaire, il choisit une forme de vie. Là où orientation universitaire ou professionnelle et choix de conjoint diffèrent, c'est que dans le premier cas, on sait très bien, dès le départ, qu'on changera de métier, autant de fois que cela sera opportun, alors qu'a priori, lorsqu'on se marie ou qu'on s'installe avec quelqu'un, on envisage cette relation dans la durée. De ce fait, souvent, le jeune adulte ne peut pas toujours imaginer ce que ce choix représente et implique.

Il s'agit pour le jeune de choisir un mode de vie qui sera sans doute différent de celui qu'il connaissait jusqu'à présent. Il s'agit aussi d'établir une relation sur laquelle reposeront non seulement son épanouissement et son bonheur, mais aussi le bien-être et le développement de l'autre – et peut-être de leurs enfants. C'est donc un choix qui implique une haute responsabilité, pas toujours facile à mesurer dans la reconnaissance des désirs et des difficultés de l'autre.

« Je veux choisir tout seul »

Il est assez récent, en termes de générations, que les jeunes couples choisissent eux-mêmes leurs partenaires. Auparavant, les mariages étaient arrangés par les parents des futurs époux. Ils se faisaient selon les intérêts familiaux ; ceux-ci pouvaient être patrimoniaux et /ou politiques ; ils pouvaient avoir des enjeux plus symboliques. Les questionnements sur l'entente du couple, l'amour que les futurs conjoints se portaient l'un pour l'autre et l'envie qu'ils avaient de vivre ensemble ne se posaient pas.

Ces mariages arrangés duraient en général « toute la vie ». Il faut dire que non seulement il n'y avait pas de divorces, mais qu'en outre, l'espérance de vie n'était pas aussi longue que de nos jours. La durée de la vie en couple était donc elle aussi beaucoup plus courte : les jeunes se mariaient, avaient des enfants, assuraient les intérêts de la famille et mouraient. Conclusion, on n'investissait pas le mariage des mêmes enjeux qu'aujourd'hui, et la vie commune ne durait que vingt à trente ans environ. Actuellement, l'espérance de vie a beaucoup augmenté grâce à la médecine moderne et aux conditions matérielles dont nous bénéficions. De telle sorte que la vie en couple est très longue et peut durer jusqu'à soixante ans voire plus.

Autre changement : autrefois, le temps que les époux passaient ensemble était assez « dilué », car en général, ils vivaient avec le reste de leur famille. Le modèle dominant était en effet celui de la famille élargie, c'est-à-dire que celle-ci comprenait, outre le jeune couple, les parents, les frères et les sœurs (qui en général étaient nombreux), les oncles et les tantes : tous vivaient souvent ensemble ou très proches les uns des autres. Les jeunes conjoints restaient donc très peu de temps seul à seul ou seuls avec leurs enfants. Aujourd'hui, le couple passe plus de temps dans sa structure réduite, isolé du reste de la famille, à cause du changement du modèle familial, mais aussi du changement de mentalités et du « besoin » d'indépendance du couple par rapport à la famille.

De ce fait, les mariages ou les unions libres ne visent plus uniquement un bien-être – économique et /ou social – ou une continuité dans la descendance : ils prétendent aussi au bien-être de chacun des membres du couple. La vie en couple est donc l'objet de beaucoup plus d'attentes qu'auparavant. En général, les jeunes veulent s'aimer, bien s'entendre intellectuellement, se soutenir mutuellement pour pouvoir continuer à se développer et réussir matériellement, même s'ils ne le disent pas. Ils cherchent aussi une entente sexuelle parfaite.

Ce sont toutes ces raisons historiques, sociales et culturelles qui font que les jeunes d'aujourd'hui veulent choisir et décider *seuls* de leur avenir en couple. Mais cela ne veut pas dire que les parents ne peuvent pas donner leur avis (le donner, pas l'imposer), les aider à choisir, tant avec le cœur qu'avec l'esprit.

Il y a beaucoup de raisons pour lesquelles les gens se marient ou vivent en couple aujourd'hui ; ce peut être beaucoup plus qu'avant par amour, ou bien parce que c'est une façon de faire soi-même « sa » vie, ou encore pour fuir de chez ses parents (ça existe), ou parce qu'il faut faire comme tout le monde et être en couple... Il y a beaucoup d'autres raisons, mais l'essentiel est d'être sûr que le jeune est convaincu de ce qu'il fait et surtout, qu'il ait l'air heureux.

Est-ce une bonne relation ?

Il est surprenant de voir comment, parfois, les parents trouvent que les amis de leurs enfants sont charmants, paraissent de bonnes fréquentations, sont des jeunes « bien » ; mais dès que l'un d'eux devient un(e) petit(e) ami(e), il a soudain presque tous les défauts de la terre ! Il n'est jamais ce que votre enfant mérite.

Attention tout de même ! Il y a différents niveaux d'imperfections : si votre enfant s'amourache d'une personne perverse ou violente ou se laisse manipuler par quelqu'un qui profite d'elle, vous avez de bonnes raisons de trouver cette fréquentation « pas assez bien » pour votre enfant.

Mais ce que les parents jugent parfois comme des « imperfections », ce peut être aussi un certain nombre de décalages ou de discordances qui sont quelquefois pour eux sources d'inquiétude : comme par exemple, une différence de culture, de religion, de niveau socio-économique, etc. D'après les jeunes gens, pour qui dans la vie tout est possible et surmontable, ces « petits détails » sont sans importance. Mais, s'il est déjà difficile de s'adapter aux contraintes du couple et de faire sa vie avec quelqu'un dont les repères socioculturels sont plus ou moins similaires, c'est de toute évidence encore plus difficile avec une personne originaire d'une autre culture, d'un autre univers. Toutefois, cela ne veut pas non plus dire que ce soit impossible et il y a bien des exemples de couples que tout semblait séparer et qui vivent très unis, longtemps.

➤ *Lorsque le contexte d'origine est similaire*

Les jeunes d'aujourd'hui sont ouverts au monde. Ils peuvent, encore plus qu'avant, rencontrer d'autres jeunes ayant été pour des raisons diverses élevés de manière assez différente. Le mot contexte a un champ sémantique très vaste. Ici, il renvoie à l'environnement dans lequel s'est développé un individu : beaucoup plus que sa nationalité, sa religion ou ses coutumes, la culture au sens large renvoie aux habitudes de sa famille, à son éducation et à son milieu social et économique. C'est « le bain » dans lequel il a vécu et c'est sa façon implicite et « évidente » de vivre. Ce milieu ambiant explique naturellement pourquoi, souvent, tout jeune, bien que très ouvert intellectuellement aux autres, considère, sans toujours en être conscient, que ce qu'il connaît, ce à quoi il est habitué, c'est aussi ce que tout le monde connaît : une référence individuelle devient ainsi la référence universelle. Même chose pour la vie à deux : cette même personne pense que ce qu'elle attend d'un couple et imagine qu'est un couple, c'est aussi ce que l'autre attend et imagine. Or, ce n'est pas toujours le cas ; il est même assez rare que ce soit ainsi. Mais ceci est difficile à comprendre pour un jeune.

D'autres aspects facilitent l'évolution positive d'une relation, par exemple le fait que les conjoints habitent près l'un de l'autre : la proximité géographique facilite les déplacements, évite que l'un d'eux passe plus de temps dans les transports qu'avec l'autre personne et permet une plus grande régularité de fréquentation. En ce qui concerne les amis, lorsque le milieu des deux personnes est plus ou moins similaire, cela facilite l'identification et l'intégration de chacun des partenaires dans le groupe d'amis de l'autre.

Lorsque les habitudes quotidiennes sont proches, cela favorise, de manière évidente, une meilleure adaptation à la vie en couple.

➤ *Le contexte est différent*

Il arrive souvent que le jeune adulte tombe amoureux de quelqu'un d'un autre contexte que le sien. Ce peut être très enrichissant et l'occasion d'une expérience merveilleuse pour lui et pour sa famille. Mais il est vrai aussi que cette union impliquera plus de patience, de disposition à connaître et à comprendre l'autre ainsi que de changements personnels, et de façon générale, plus d'« efforts » que lorsque les deux conjoints sont d'origine similaire. Il est nécessaire d'accepter l'autre comme il est et de ne pas vouloir le changer, précepte valable aussi pour toutes les relations de couple.

Dans le cas de jeunes dont l'éducation et les coutumes sont très différentes, il est fondamental de parler de toutes ces coutumes et traditions, de la signification de certains actes ou croyances, afin que l'autre puisse les comprendre, les respecter et sache les interpréter.

Un jeune couple avait failli rompre sur un malentendu, dû à la différence culturelle qui les séparait : le jeune homme, un Mexicain très agréable, avait fait un voyage dans son pays vers la fin du mois d'octobre, qui correspond au Mexique à la fête des morts. Il avait ramené à sa petite amie un crâne en sucre avec son nom gravé sur le front, coutume mexicaine qui flatte la personne à qui on offre cette sucrerie, parce qu'elle symbolise que la personne qui lui fait ce cadeau a de l'affection pour elle et qu'elle a pensé à elle. Évidemment, la jeune fille, qui était française, a très mal pris la chose, pensant que son ami voulait se moquer d'elle ou, au fond de lui, ne l'aimait pas.

Cet exemple, presque caricatural, illustre comment, souvent, des actes de bonne foi, qui sont naturels, dans une culture donnée, peuvent être perçus très différemment par l'autre. C'est pourquoi il est indispensable que les jeunes aient une confiance suffisante en l'autre pour dire ce qu'ils ressentent, pour qu'ils puissent parler de leurs similitudes et de leurs différences et surtout, pour qu'ils sachent, sans faire de suppositions mais en en discutant clairement, ce que chacun attend de l'autre. Dans tous les couples en général, c'est une des règles de la communication et de l'entente amoureuses, mais dans le cas de gens de contextes différents, c'est encore plus essentiel.

D'ailleurs, si c'est possible, il est utile que les jeunes partenaires puissent connaître la famille de l'autre avant de s'engager. De cette façon, ils pourront voir, chacun à leur tour, comment vivait l'autre, quelles sont l'ambiance et les habitudes familiales et surtout, savoir s'ils peuvent s'identifier avec la famille de l'autre, comprendre son mode de vie et s'y adapter. Il ne faut pas oublier, même si cela a l'air d'être un poncif, outrancier de surcroît, que la personne se marie non seulement avec son partenaire, mais aussi, dans une certaine mesure avec sa famille.

Les jeunes gens amoureux tendent à penser que l'argent n'est pas un problème, qu'ils pourront toujours s'en sortir... C'est effectivement tout à fait possible, mais ce n'est pas toujours le cas. Il est vrai que lorsque les jeunes commencent à gagner leur vie, il y a de fortes chances pour que leur situation s'améliore petit à petit. Mais il est vrai aussi que le milieu d'origine détermine fortement les habitudes, les besoins et les ambitions de chacun.

Dans l'organisation sociale et dans le système de représentations qui prévalent aujourd'hui, c'est autant à la jeune fille de s'adapter au milieu du jeune homme, qu'il soit supérieur ou inférieur au sien, que l'inverse. Dans le premier cas, il n'y a en général pas trop de problèmes si la jeune fille se sent à l'aise dans l'univers de son compagnon et si ce dernier se sent bien avec elle, fier d'elle, s'il a le sentiment qu'elle peut s'intégrer à son milieu.

Mais si la jeune fille est habituée à un niveau de vie supérieur à celui qu'elle a avec son partenaire, elle peut avoir progressivement tendance à faire pression sur lui pour qu'il s'élève socialement. Cette stimulation peut être positive pour lui et pour la relation mais elle peut aussi l'inhiber, le paralyser, ce qui finirait par condamner la relation.

De Cendrillon au Chat botté ou comment le couple peut-il vivre un décalage « culturel »

Lorsqu'un jeune homme et une jeune fille issus de contextes socioculturels différents décident de faire leur vie ensemble, il est indispensable au-delà de leur amour qu'ils considèrent sans faux-semblant s'ils seront vraiment capables de surmonter ce décalage, et il faut qu'ils puissent se mettre d'accord sur la répartition des rôles de chacun d'eux : vont-ils travailler tous les deux ou non ? Comment souhaitent-ils élever leurs enfants ? etc. Ces questions sont souvent dans l'esprit des parents, mais sont source de conflits avec les jeunes qui n'ont pas les mêmes préoccupations et aussi, il faut le dire, la même expérience de la vie.

Je vous conseille

— Vous devez faire en sorte que votre enfant comprenne tout ce que le choix d'un conjoint implique et prenne conscience des multiples facteurs qui entrent en jeu, au-delà de l'amour pour l'autre. Il faut donc réussir à favoriser une atmosphère de confiance pour qu'il puisse vous parler de ses expériences, de ses doutes et insécurités. Pour cela, vous devez essayer d'écouter ce que votre enfant dit, ne pas lui reprocher ses choix, ses idées ni vouloir le conseiller à tout moment et à tout prix. Il faut que le jeune adulte puisse se sentir compris et soutenu. Faites des suggestions, des commentaires, posez des questions, analysez les avantages et les risques de la situation mais n'imposez pas votre point de vue. Il ne faut pas oublier que les jeunes écoutent ce qu'on leur dit, même s'ils n'y repensent que longtemps après.

— Faites confiance à votre enfant et respectez ses choix : il a reçu ce que vous lui avez donné, assimilé ce que vous lui avez appris, et il agira en fonction de ce substrat éducatif et de son expérience personnelle. Tôt ou tard, il saura exactement ce qui lui convient et souvent, il réussira. Même si c'est parfois difficile à accepter, il faut respecter la personne qu'il a choisie. Cela implique de respecter sa culture, ses idées, ses croyances et ses coutumes, qu'elles soient ou non semblables aux vôtres. Comme avait dit une mère à une des petites amies de son fils qui s'étonnait qu'elle la traite comme si elle faisait partie de la famille : « Je te traite ainsi parce que tu rends heureux mon fils. » Cela favorisera non seulement une meilleure

relation avec elle mais aussi avec votre enfant : il sentira que vous lui portez un intérêt particulier, que vous voulez son bonheur et donc qu'il peut compter sur vous. Ainsi, il sera prêt à dialoguer avec vous au sujet du couple.
— Le plus important est d'agir de façon naturelle ; il ne faut pas oublier d'une part que l'autre est aussi une personne qui peut s'avérer très intéressante et de grande valeur et d'autre part, qu'elle ne sera pas forcément le partenaire du jeune adulte pour toute la vie. Celui-ci est à peine au début du chemin dans sa recherche d'un conjoint. Si vous êtes simple, ouvert au dialogue et sans angoisse, votre enfant sera prêt à intégrer son (sa) petit(e) ami(e) dans la famille, il sera fier de lui (d'elle) et vous en parlera ; il sera même prêt à vous demander conseil. Dans le cas contraire, il est très probable qu'il se sentirait honteux et aurait une relation en cachette.

Je vous déconseille

— Respecter le jeune et ses choix ne signifie pas être indifférent et ne jamais donner son avis : si votre enfant vous semble se tromper ou prendre des risques qu'il ne mesure pas, c'est votre rôle d'exprimer votre avis. Mais là, tout est affaire d'équilibre : si vous êtes trop intrusif, et a fortiori si on ne vous a rien demandé, vous risquez d'être rejeté de telle sorte que le jeune couple vous évite et s'éloigne de vous pour pouvoir avoir son espace. Il faut pouvoir dire ce que vous pensez mais de façon non agressive, et tout en respectant tant votre enfant que son partenaire.
— Si votre enfant tombe amoureux d'une personne d'un autre contexte que le vôtre, essayez de dépasser les préjugés qui peuvent vous aveugler. Il ne faut pas être injuste et irrespectueux avec qui que ce soit, encore moins avec le partenaire de votre fils (fille). Si vous acceptez sans idée préconçue de connaître cette personne, vous serez probablement surpris de constater que c'est quelqu'un d'intéressant et de convenable pour votre enfant. Ce sera peut-être le contraire, mais vous pourrez en juger par vous-même et non à partir d'idées toutes faites. En tout état de cause, n'en faites pas un sujet tabou.

Sarah, une jeune fille de 24 ans, venait d'une famille juive traditionnelle. Elle n'était pas encore mariée et ses parents s'inquiétaient pour elle, craignant qu'elle ne reste vieille fille. Ses frères la trouvaient un peu étrange et avaient même fini par penser qu'elle était lesbienne étant donné qu'elle ne voulait sortir avec aucun des garçons qu'ils lui présentaient.

Un jour, sa mère lui demanda si quelque chose n'allait pas, étant donné la situation et dans la mesure où elle remarquait que sa fille était en train de grossir. Sarah lui dit que tout allait bien, qu'elle ne devait pas s'inquiéter. Quelques semaines plus tard, elle déclara à sa mère qu'elle allait se marier dans deux mois, avec un jeune homme qu'elle fréquentait depuis maintenant quatre ans. Avant que sa mère ait eu le temps de dire quoi que ce soit, elle ajouta qu'elle était enceinte et qu'elle ne voulait pas se faire avorter.

Imaginez la catastrophe ! Non seulement la situation était particulièrement délicate, mais en plus, Sarah allait se marier avec un jeune homme qui n'était pas juif. Ce fut une révolution à la maison. Ses parents ne voulaient plus lui parler, l'envoyèrent voir un psychologue, parler avec le rabbin. Sarah savait très bien ce qui allait arriver : c'est pour cela qu'elle n'avait rien dit et qu'elle s'était renfermée sur elle-même, malgré la difficulté de mener une vie double. Mais sa décision était prise et ses parents n'eurent pas d'autre option que d'accepter et d'intégrer ce gendre à leur famille.

Au début, ce fut une relation très diplomatique. Mais quelques mois après le mariage, quand le bébé vint au monde, le changement fut impressionnant : l'ambiance à la maison se détendit et la communication fut rétablie. Les parents de Sarah s'intéressèrent à leur gendre, apprirent à le connaître et à leur grande surprise, ils s'entendirent très bien avec lui.

Cette histoire véridique ne signifie pas que, dans tous les cas, les choses se passent aussi bien ni que le fait de tomber enceinte pour se marier soit la solution à tous les problèmes (bien au contraire, dans la majorité des cas). Mais elle illustre comment les préjugés et les traditions trop rigidement ancrés peuvent être néfastes. Sarah a commencé à mentir et à s'éloigner de sa famille pour pouvoir réaliser son rêve amoureux. Probablement, si ses parents, pourtant intelligents et très attachés à leur fille, avaient été au départ plus à l'écoute, s'ils avaient accepté de s'ouvrir à une autre culture plus tôt, tout cela n'aurait pas eu lieu, la communication familiale n'aurait pas été brisée aussi brutalement et la relation (de couple et avec les parents) aurait été d'autant plus facile.

Ce cas illustre une situation où les religions et donc les cultures sont différentes, mais des situations similaires peuvent se retrouver dans des cas où les cultures sont les mêmes.

Ne pas vouloir connaître l'autre revient à s'enfermer, à se faire des idées sur cet autre qui ne sont pas toujours vraies. Se donner la possibilité de le connaître n'oblige à rien, ne fait pas perdre grand-chose et au contraire, peut permettre de s'enrichir et de gagner un ami. Cela est vrai dans toutes les circonstances de la vie.

L'adaptation à la vie en couple

Une nouvelle vie commence ! Il s'agit maintenant de s'adapter le mieux possible à ce changement. La vie de couple implique le bien-être de chacun, elle n'est possible que si chacun dispose de temps pour soi et de temps ensemble, si elle se fonde sur l'alternance d'activités communes et d'activités individuelles.

Voici un certain nombre d'observations et de recommandations à mettre, le cas échéant, entre les mains de vos enfants : elles leur permettront de prendre conscience de quelques-uns des éléments qui composent la vie d'un couple et participent à son harmonie.

Connaître l'autre

Il est vrai qu'en général, lorsque deux personnes décident de vivre ensemble (mariées ou pas), elles se connaissent déjà. Mais vivre à deux implique que l'on entreprenne une nouvelle connaissance de l'autre plus quotidienne, plus concrète et pas toujours aussi « poétique » qu'on le voudrait.

Vivre avec l'autre, c'est se connaître de mieux en mieux, au fur et à mesure que le temps passe ; il y a toujours des surprises, positives ou négatives, même après des années de vie commune. Le couple commence un chemin ensemble, les partenaires grandissent ensemble, changent et doivent se réadapter au couple constamment.

Connaître l'autre, cela commence par parler avec l'autre de choses et d'autres, du plus futile au plus essentiel et cela va jusqu'à le comprendre, être capable d'imaginer ce qu'il ressent, d'anticiper ses réactions dans telle ou telle situation. Plus quotidiennement, plus pragmatiquement, c'est savoir s'il dort bien ou pas, ce qu'il aime manger, s'il est ordonné ou pas. C'est connaître ses besoins et ses rythmes : chacun peut avoir des temps de sommeil différents ainsi que des horaires distincts. Au jour le jour, il s'agit de trouver un équilibre ou une solution qui convienne aux deux. Connaître l'autre, c'est savoir l'observer, l'écouter. Grâce à cet apprentissage mutuel, l'adaptation est possible et l'amour peut se perpétuer.

S'adapter à l'autre

C'est à partir de la connaissance de l'autre qu'il peut y avoir une acceptation de ce dernier et ainsi un respect pour lui. Le respect est essentiel pour que le couple soit durable et solide. Par respect, on comprend la capacité de prendre en compte l'autre tel qu'il est, avec ses désirs, ses besoins, ses qualités et ses défauts. À partir du moment où l'on accepte l'autre, on l'intègre à tout ce qu'on fait : il y a soi-même et il y a l'autre.

L'adaptation à la vie en couple implique une certaine flexibilité, une disposition à céder certaines choses, à faire des concessions ; mais à l'inverse, il faut savoir demander à l'autre qu'il respecte certains points. Cette adaptation se fait petit à petit, avec de la patience et beaucoup d'amour.

Il faut savoir que chacun aura besoin de temps pour lui, qu'il ne faudra pas toujours être ensemble, ni aller partout ensemble. Vivre à deux ne veut pas dire perdre son individualité. Il est indispensable de respecter le temps de l'autre ou bien d'essayer d'arriver à des accords, par exemple sur les heures de repas, de sommeil, de travail, d'utilisation du téléphone, etc. Il en est de même pour les sorties : parfois, l'un a envie de voir ses amis seul ou de sortir seul à une soirée, ou au cinéma... Cela ne doit pas être une source de culpabilité ni de conflit dans le couple. Au contraire, un minimum de distance procure un certain espace individuel nécessaire au bien-être de chacun des conjoints et du couple, bien entendu tant que cette distance ne devient pas excessive (c'est-à-dire qu'il ne faut évidemment pas que le jeune couple ne passe plus de temps ensemble, que ce soit à deux ou avec des amis).

L'organisation des travaux ménagers peut aussi se négocier de façon à ce que les deux partenaires y participent. Bien entendu, elle peut être flexible selon les envies, les situations particulières telles que des journées très chargées pour l'un ou une maladie de l'autre. Il faut savoir partager et faire en sorte que les deux soient satisfaits.

Le dialogue est fondamental : il permet une bonne adaptation, évite les malentendus et éclaire les situations. Il est par exemple important d'essayer de ne pas se coucher, la nuit venue, avant d'avoir réglé les problèmes en cas de conflit ; cela évitera des rancunes ou l'accumulation de tensions dans le couple. Il vaut mieux en parler au fur et à mesure plutôt que d'« exploser » un jour, en ayant toutes sortes de récriminations dont l'autre ne se souviendra même pas.

Dernier facteur qui permet de réaliser une bonne adaptation à la vie commune : il est vrai que le conjoint ne doit pas prendre la place des parents, mais il est vrai aussi que pour pouvoir vivre avec lui, il faut lui demander son avis, lui dire si on va arriver tard le soir, lui téléphoner pour ne pas le faire attendre ou qu'il ne s'inquiète pas. Autant de gestes, d'attentions et de petits moyens qui permettent au couple de trouver sa façon à lui de s'adapter. En précisant bien sûr qu'il est préférable d'éviter des commentaires du style : « Ça ne vaut pas la cuisine de ma mère ! » ou : « Mon père se serait débrouillé mieux que ça ! » Tout cela tend à créer un malaise, d'où un manque de confiance en l'autre et un risque de conflits qui souvent peuvent être évités.

La vie sexuelle

Après l'amour, la vie sexuelle est l'un des aspects les plus importants de la vie et de l'harmonie du couple.

Avant l'établissement de la vie en couple ou le mariage, les parents, en particulier les mères, peuvent être confrontés à des situations délicates, par exemple lorsque leur fille leur confie qu'elle ne s'entend pas très bien, sexuellement, avec son futur compagnon ou mari. Que faire et que dire ? Doit-elle malgré tout s'engager ou cela risque-t-il de compromettre leur vie de couple ?

Est-il nécessaire de rappeler que les attentes des jeunes femmes et des jeunes hommes ne sont pas exactement identiques ? Les jeunes femmes ont toujours, comme par le passé, besoin d'attention et de tendresse dans la relation sexuelle. Les jeunes hommes sont toujours relativement dépendants de la « performance » ou du moins de la séduction dynamique et entreprenante à l'égard de leur partenaire. Par ailleurs, il y a des gens qui n'ont pas de vie sexuelle très intense et dont le couple est équilibré ; à chacun de trouver le rythme qui lui convient, toujours en respectant soi-même et l'autre.

La satisfaction sexuelle pourra ne pas être immédiate. Le couple, comme pour d'autres domaines, aura besoin de s'adapter et de se connaître, ceci à travers le respect, la patience, l'affection et le dialogue. Il est important que chacun ait confiance pour pouvoir parler de ce sujet, qu'il puisse dire ce qui lui plaît et ce qui le gêne, qu'il sache dire quand il veut avoir des relations et quand il préfère les différer dans le temps, que ce soit par fatigue, à cause de soucis professionnels ou autres... Mais si les excuses se font de plus en plus nombreuses, les relations de plus en plus rares et que cela cause un malaise dans le couple, il est important de le dire ; parfois, pour sortir de l'impasse, le mieux est d'aller consulter un spécialiste.

Si le premier soir, après les fêtes du mariage ou à l'issue du déménagement, le jeune homme est impuissant ou si la jeune femme n'a pas envie ou ne peut pas faire l'amour, rien de forcément inquiétant. Il faut prendre en compte les changements et la nervosité qu'ils peuvent impliquer. En revanche, si ces problèmes se confirment et durent plusieurs jours voire plusieurs semaines, il faut s'en inquiéter.

Il est utile et important que le couple prenne les précautions suffisantes et fasse les examens nécessaires pour savoir s'il n'y a pas de risque de maladie telle que l'herpès ou le sida, car c'est la vie des partenaires qui peut être en jeu. Autre précaution à prendre au niveau de la contraception (voir pages 153 à 155) : il est important que le jeune couple puisse contrôler la grossesse. Ce point est approfondi pages 544 à 549.

La place des parents

Le rôle des parents est très important : ils peuvent aider le jeune couple à s'installer, le guider, lui donner des conseils. Mais attention, ceci ne veut pas dire en donner trop ou ne pas laisser suffisamment de liberté au jeune couple. Toute aide est la bienvenue tant qu'elle n'est pas envahissante et à partir du moment où elle a été sollicitée.

Un excès d'affection et de conseils de la part des parents pourrait expliquer que le jeune couple ne puisse soudain plus aller déjeuner chez eux aussi souvent qu'auparavant ou qu'il soit inaccessible lorsque les parents doivent le voir. Le couple a besoin d'intimité et d'une certaine distance par rapport aux parents. Il s'agit de trouver un équilibre qui permette au couple comme aux parents d'avoir chacun son territoire, mais aussi de vivre des moments de proximité et de partage.

Cet excès est souvent le fait des parents de l'un des deux conjoints. L'autre conjoint peut un temps le supporter sans rien dire. Mais les reproches s'accumulent et risquent d'éclater brusquement.

À ce niveau, vous devez faire preuve de beaucoup de tact et savoir conseiller votre enfant en prenant des précautions c'est-à-dire en vous demandant si vos recommandations ne risquent pas de choquer le conjoint de votre enfant. Ce qu'on appelle les « cultures familiales » sont plus importantes qu'on ne le croit.

Par ailleurs, dans les conflits de couple, il est fréquent que les parents de l'autre soient mis en cause, sous prétexte qu'ils n'auraient pas donné l'éducation ou le modèle qu'il faut à leur enfant. Là encore, de trop grands décalages dans les cultures familiales ne sont pas très propices à l'harmonie du couple. Parfois, les choses ne se passent pas si bien et la formation du couple peut être le moment propice pour que la relation entre les parents et leur enfant soit distendue, voire rompue. C'est souvent le cas lorsque le jeune adulte décide de vivre en couple pour quitter la maison familiale. Mais il est vrai aussi que dans certains cas, le fait que le jeune quitte la maison et donc prenne de la distance, peut arranger la situation.

Je vous conseille

— Vous devez écouter vos enfants et dialoguer avec eux. Vous pouvez les guider, leur donner des stratégies et des conseils pour les soutenir et les aider à mieux s'adapter à la vie en couple.

— Il faut être présent sans être envahissant, vous devez vous créer une place proche du couple tout en lui laissant son espace et son indépendance.

Je vous conseille

— Vous ne devez surtout pas essayer de régler les conflits du couple ni prendre parti dans ces conflits. Votre intervention empêcherait les jeunes d'apprendre à régler eux-mêmes leurs problèmes et pourrait aggraver la situation en générant des malentendus. Le couple doit apprendre à parler et les intermédiaires ne sont pas recommandés.

— Vous ne devez pas exiger que tout ce qui se passe dans le couple vous soit rapporté. Ce n'est ni votre rôle ni votre droit. Le couple a besoin de son intimité et de son autonomie. Les parents ont déjà eu leur chance de faire leur vie en couple et donc ne doivent pas essayer de la vivre ou de la revivre à travers le couple de leurs enfants.

— Il ne faut pas non plus entrer en compétition avec le conjoint de votre enfant : les places sont différentes, il faut s'y faire et les respecter. Il faut aussi s'habituer à l'idée que maintenant, le jeune adulte ne verra pas ses parents autant qu'avant et qu'il ne sera pas toujours disponible pour être avec eux. Il y aura aussi la famille de l'autre et les amis, avec lesquels le couple passera du temps.

Jean-Paul, un jeune homme de 25 ans, venait de se marier avec Claudine. Les fêtes de Noël et du Nouvel An approchaient et la famille, de l'un comme de l'autre, voulait que leurs enfants passent les fêtes avec eux. Claudine et son mari étaient convenus qu'ils passeraient le soir de Noël chez elle et le réveillon chez lui. Cette décision paraissait tout à fait convenable jusqu'au moment où ils reçurent deux billets d'avion pour les Antilles, où les parents de Claudine voulaient passer les fêtes : ils avaient décidé de leur en faire la surprise.

L'intention était très bonne, mais la nouvelle causa quelques conflits dans le couple. Claudine avait l'air au début très contente de cette nouvelle, mais Jean-Paul sentit qu'on n'avait pas pris en compte ce qu'il pensait et désirait, ni les souhaits de sa famille. Il sentait que Claudine et sa famille l'obligeaient à faire quelque chose d'incorrect vis-à-vis de sa famille à lui et avait l'impression qu'il ne comptait pas pour eux.

Il passa une semaine insupportable, dans le doute et la colère, sans oser dire quoi que ce soit pour ne pas se fâcher avec sa femme. Mais au bout de ce temps de réflexion, il dit qu'il ne voulait pas aller passer les fêtes aux Antilles. Il n'en dit pas plus. Pendant trois jours, l'ambiance dans le couple fut détestable et toutes les discussions se terminaient par des cris. Ce ne fut qu'après ces trois jours, quand Claudine menaça de rentrer chez ses parents, que Jean-Paul osa lui dire ce qu'il ressentait sur un mode plus tranquille.

Ils en parlèrent ensemble puis chacun à ses parents. Ceux de Claudine étaient désolés. Ils ne voulaient évidemment pas que leurs enfants se fâchent et avaient pris cette initiative de bon cœur. Les parents de Jean-Paul comprirent la situation. En parlant tous ensemble, les choses se résolurent : les parents du jeune homme lui dirent que ce n'était pas si grave et qu'ils ne leur en voudraient pas s'ils ne passaient pas Noël ensemble cette année, qu'ils passeraient les fêtes suivantes avec eux. Les choses n'étaient donc pas si graves.

C'est souvent ainsi : au lieu de parler avec les gens concernés, on se fait des histoires qui finissent par envenimer une situation et créer des conflits qui auraient pu se régler rapidement.

L'arrivée d'un bébé

Cela a l'air d'une banalité mais hélas, le temps passe vite, très vite. Tous les parents en font un jour ou l'autre la surprenante expérience : ils se souviennent encore, attendris, du temps où ils regardaient leurs enfants jouer au papa et à la maman, des jours heureux où ceux-ci s'amusaient avec leurs poupées et leurs ours en peluche. Maintenant, ces mêmes enfants ont grandi, tant et si bien qu'il est très probable qu'ils deviennent vraiment papa ou maman. Ce qui veut donc dire que les parents vont être grands-parents.

Avoir un bébé

Comme nous l'avons vu, la constitution d'un jeune couple n'a plus aujourd'hui pour seul but d'assurer les liens de filiation, même si, en tant que parents, on peut le regretter. C'est pour cela qu'il est préférable pour le couple de pouvoir décider du moment opportun de concevoir un bébé. Idéalement se donner un peu de temps permet aux partenaires de se connaître, de s'adapter à la vie en couple et de profiter de cette vie à deux ; en outre, ils peuvent déterminer avec sérénité s'ils désirent vraiment avoir des enfants avec leur conjoint.

C'est un moment de « réflexion » que le couple peut s'accorder pour savoir s'il peut « fonctionner » et si chacun des partenaires est vraiment disposé à passer le reste de sa vie avec son conjoint. Si les choses ne marchent pas bien, si la séparation est nécessaire, elle sera plus facile s'il n'y a pas encore d'enfant ; et s'il y a des problèmes dans le couple, il ne faut jamais oublier qu'avoir un bébé n'a jamais arrangé la situation.

Lorsque le couple s'entend bien, avoir un enfant est une façon de sceller encore plus intensément l'union. Mais si ce n'est pas le cas, un bébé risque de rendre la relation plus difficile. En effet, avoir un enfant implique des responsabilités importantes et durables ainsi que des changements de vie de couple et de vie individuelle considérables.

La première grossesse

La période de la première grossesse est un moment dans la vie du couple qui pourra être vécu de façons très différentes selon que le couple est uni ou non, et selon que la grossesse était ou non désirée… Mais dans la plupart des cas, la grossesse est un moment de bien-être et de bonheur total.

➤ *Chez la jeune femme*

Durant les trois premiers mois de grossesse, la future mère peut sentir des nausées, des vertiges. Il ne faut pas s'effrayer. Cet état est normal tant qu'il ne se prolonge pas et tant que la future mère ne perd pas de poids ou n'en prend pas trop. En tout état de cause, elle sera suivie médicalement, ce qui évitera tout problème grave.

Tout au long de cette période, la jeune femme, confrontée à sa première grossesse, peut se sentir bizarre dans son corps, avoir peur des déformations qu'il va subir et craindre de ne plus plaire à son conjoint. Elle peut aussi se remettre en question, se demander si elle sera capable d'être une bonne mère, si sa relation de couple va changer, autant d'interrogations et d'angoisses qui peuvent la perturber et retentir sur sa relation de couple.

Elle peut aussi remettre en question sa relation à sa propre mère, comprendre certaines attitudes ou certains comportements de sa mère vis-à-vis d'elle, qu'auparavant, elle n'avait jamais élucidés. Par exemple, un jeune couple qui attendait un bébé dit un jour : « C'est impressionnant à quel point tu mesures, dans cette situation, quelque chose à quoi tu n'aurais jamais pensé : tu dois tout à tes parents, une mère donne même son corps pour ta vie. » Cette phrase, même si elle semble un peu exagérée, illustre bien le genre de prise de conscience et de changements qui peuvent survenir.

➤ *Chez le jeune homme*

Le jeune homme se sent souvent très ému, très fier, mais aussi très inexpérimenté. Il peut lui aussi se poser des questions. D'abord, il est probable qu'il ne sache pas comment agir avec sa compagne. Certains sont avec leur femme comme ils l'ont toujours été puisqu'elle est en bonne santé et que tout est « normal ». D'autres la traitent comme quelqu'un de très délicat, de fragile, parfois jusqu'à l'extrême, ils ne lui laissent pas faire quoi que ce soit seule. Il faut bien sûr trouver un juste milieu entre l'indifférence et l'excès de précautions.

Il est important de savoir que même si la jeune femme doit faire attention à elle, il est possible de continuer à avoir des relations sexuelles au long de la grossesse, évidemment en prenant certaines précautions en fin de grossesse ou dans des cas particuliers. Pour plus de détails sur ce sujet, nous renvoyons aux guides de grossesse disponibles[1].

Le jeune homme peut lui aussi éprouver certaines inquiétudes, se demander si la relation va changer en positif ou pas, si sa femme va continuer à l'aimer et lui gardera la même place... Parfois, il a un sentiment de grande insécurité vis-à-vis de sa position de conjoint, mais aussi vis-à-vis de son avenir et de ses responsabilités. Il peut se demander s'il pourra être un père suffisamment bon, s'il aura les moyens financiers pour couvrir tous les besoins de sa famille.

➤ *La place qu'aura le bébé*

Le bébé a une place dans la famille dès sa conception. En général, les parents imaginent comment sera leur bébé, à qui il ressemblera et quels seront ses traits de caractère : ils ont des attentes, des expectatives sur le nouvel intégrant de la famille. Ils nourrissent toutes sortes de désirs pour lui, ils ont peut-être déjà projeté un certain nombre de rêves et de fantasmes : l'école où il ira, les études qu'il fera plus tard, alors même qu'il n'est pas encore né ! C'est ce qu'on appelle « l'enfant imaginaire ». Les projections imaginaires sur le futur bébé sont aujourd'hui d'autant plus grandes qu'on peut voir, grâce à l'échographie, le bébé dans l'utérus. La connaissance de son sexe doit être une décision partagée par le couple.

Il est important que les futurs parents apprennent que leur bébé ne vient pas satisfaire toutes leurs attentes. C'est un être qui aura des caractéristiques personnelles, des possibilités mais aussi des limites, des défauts. Le bébé ne vient pas remplir un vide ni réparer le couple. Le bébé a une place à lui dans la famille dans la mesure même où c'est lui qui transforme le couple en famille.

Il est possible que des sentiments contradictoires conscients ou plus souvent inconscients apparaissent envers le futur bébé. Certaines femmes à la fois aiment mais ont peur de l'enfant qu'elles portent. Il ne faut pas s'effrayer et il vaut mieux reconnaître ses appréhensions. En effet, il ne faudrait pas que la future mère se sente coupable de ses sentiments « négatifs » : il n'est pas rare qu'une femme enceinte se sente par moment malheureuse, qu'elle soit lasse de porter cet enfant qui la fatigue, qu'elle le perçoive comme un être envahissant qui va menacer son couple et l'empêcher de se réaliser. Même si elle craint de passer pour une « mauvaise mère », il faut qu'elle puisse exprimer, pendant

1. On lira notamment *Ma grossesse, mon enfant,* Pr Frydman, Dr Cohen-Solal, Odile Jacob, 1996.

la grossesse ses appréhensions pour que la relation avec le bébé, une fois qu'il sera né, soit harmonieuse. Les échanges avec sa propre mère sont sans doute souvent ici des moments privilégiés.

➤ *Les précautions à prendre*

Actuellement, toutes les femmes enceintes peuvent bénéficier d'un suivi médical le long de la grossesse. Celui-ci consiste à aller chaque mois chez le médecin, en général le gynécologue ou à l'hôpital dans les services de maternité, où la jeune mère vérifiera son état de santé ainsi que celui du futur bébé.

En général, les examens proposés ne sont ni très longs, ni douloureux. En plus, la jeune femme (et /ou son conjoint aussi) peut demander au médecin traitant de lui expliquer ce qu'il va faire et à quoi cela va servir. Elle peut toujours refuser si elle considère qu'il y a des risques ou si elle ne fait pas confiance au médecin. Dans ce cas, il vaut mieux qu'elle consulte dans un autre service. Dans le cas où aucun médecin ne lui conviendrait, il faut peut-être s'interroger et il vaudrait mieux qu'elle consulte aussi un psychologue pour qu'ils voient ensemble s'il y a des inquiétudes et angoisses importantes qui en général s'atténuent en parlant.

Aujourd'hui, des échographies sont proposées qui ne sont ni douloureuses ni nocives pour l'embryon. Les parents peuvent demander à connaître ou à maintenir secret le sexe du futur bébé. Il est important que le jeune homme accompagne autant que possible sa compagne dans ses visites médicales. Non seulement cela rassure la jeune femme, mais en plus, cela le fait participer au processus de grossesse, ce qui prépare sa place de père. En plus, ce simple geste tendra à resserrer l'union du couple.

Si la jeune femme le désire et si sa relation avec sa mère le permet, cette dernière peut aussi l'accompagner à l'hôpital. Ce n'est ni ridicule ni démodé ! La jeune femme sera rassurée et soutenue tandis que la mère pourra sentir qu'elle joue encore un rôle important pour sa fille.

Le premier accouchement

Lors de l'accouchement, il est courant que ce soit le jeune père qui se sente mal, ait des malaises et soit particulièrement nerveux. Quoi qu'il en soit, sa présence aux côtés de sa compagne est essentielle.

« Le futur père doit-il assister à l'accouchement ? »

Certains hommes, de plus en plus nombreux aujourd'hui, souhaitent entrer dans la salle d'accouchement avec leur compagne. Si c'est possible, il est le bienvenu, mais s'il préfère rester dehors, il en a aussi le droit : assister à l'accouchement n'est pas une obligation. Mais il est important qu'il soit présent à l'hôpital : le fait que la jeune femme le sache près d'elle (même si c'est dans le couloir ou la salle d'attente) la rassure, elle sait qu'elle peut compter sur lui et qu'ils sont ensemble.

Pour le jeune père, c'est aussi important parce qu'il sent qu'il participe lui aussi à ce qui se passe.

« Quel est le rôle des parents au moment du premier accouchement ? »

Les parents du jeune homme comme ceux de sa femme sont en général non seulement bienvenus mais attendus, le jour de l'accouchement ou les jours qui suivent. Les nouveaux parents ont besoin d'être accompagnés et soutenus par leurs propres parents. Ils se sentiront très proches d'eux et souvent, ils s'identifieront à eux. Les nouveaux grands-parents auront tendance à vouloir donner des conseils ou à essayer d'être le centre de l'attention, mais ce jour-là, il vaut mieux laisser la place aux jeunes parents, c'est leur tour.

Le plus souvent, les jeunes parents sont enthousiastes et trouvent que leur bébé est le plus beau du monde. Mais parfois, lorsque les nouveaux parents voient leur bébé, ils peuvent se sentir un peu déçus ou impressionnés par celui-ci. Il est tout petit, ridé et ne ressemble pas aux nouveau-nés des films. Il a l'air très fragile et souvent, les jeunes parents ont peur de le prendre dans leurs bras, de le casser ou de l'abîmer. Mais un bébé, bien que fragile, ne craint rien si on le traite avec précaution.

Il est possible que la mère se sente déprimée. C'est ce qu'on appelle le « baby blues », qui est une dépression biologique normale.

Autre source d'inquiétude, lorsque la mère a décidé d'allaiter son bébé : la montée de lait. Celle-ci ne se fait pas en même temps que la naissance du bébé ; elle survient quelques jours après l'accouchement. Si elle se fait attendre, cela ne veut pas dire que la jeune femme est une mauvaise mère. Si la jeune mère préfère donner le biberon à son enfant, cela ne veut pas non plus dire que la mère est une mauvaise mère. Tant que le biberon est préparé avec un lait spécial pour nourrissons, qu'il est à la bonne température et que la mère tient le bébé dans ses bras comme si elle l'allaitait, il est aussi bon que le lait de la mère. D'ailleurs, dans les deux cas de figure, il est possible qu'au début, elle ait du mal à allaiter son enfant ou à lui donner le biberon, qu'elle ne sache pas vraiment le tenir de façon confortable ou qu'elle se sente très tendue. Petit à petit, elle trouvera son rythme, son confort et deviendra plus sereine. Si elle ne se sent pas à l'aise après plusieurs semaines, il serait préférable de consulter un médecin.

Sa mère ou sa belle-mère peuvent lui venir en aide, lui apprendre à tenir et à nourrir son enfant, bien entendu sans faire en sorte qu'elle se sente inutile ou incapable de le faire. C'est avec de la patience et de l'affection que la mère apprendra petit à petit tous ces gestes.

Le jeune conjoint pourra se sentir déplacé, abandonné. Mais la jeune mère a besoin de lui, et peut-être plus que jamais, même si elle ne le lui dit pas directement. Il doit être présent, affectueux, attentif et très patient. De son côté, la mère doit essayer de lui faire une place dans sa vie et continuer à faire attention à lui, même si elle se sent confuse et étrange. Lui aussi peut éprouver des sentiments similaires.

De retour à la maison

Une fois à la maison, le jeune couple et leur enfant se retrouvent en face à face. Personne n'est plus là qui les aide avec l'enfant, qui se charge de l'endormir, de le couvrir correctement ou qui sache comment le calmer la nuit. Les jeunes parents sont, malgré le bonheur, la joie et le soulagement, fatigués, remués par tous les événements et émotions. Et il leur reste un long chemin de réadaptation à parcourir.

C'est petit à petit que les jeunes parents apprennent à préparer les biberons, à changer les couches et à s'occuper du bébé. Il est important que le travail et les soins au bébé soient effectués par le couple. Par exemple, préparer à deux les biberons ou baigner l'enfant une fois l'un et une fois l'autre. Le père doit participer à l'éducation et aux soins de l'enfant. Ainsi, il se sentira investi d'un rôle, il aura le sentiment d'être important, non exclu ni abandonné ; en outre, cela favorisera sa relation avec son enfant et aidera très probablement sa femme à se sentir soutenue.

D'ailleurs, des tensions apparaissent parfois dans le couple parce que l'un a l'impression qu'il a la charge de l'éducation du bébé à lui tout seul. Ce sentiment survient particulièrement dans les moments fatigants et parfois stressants comme par exemple à l'occasion des multiples réveils du bébé la nuit. C'est pourquoi il est important que le couple s'organise. Il y a différentes formules possibles : soit, une nuit sur deux, c'est le père qui nourrit l'enfant ; soit, s'il faut se lever plusieurs fois la nuit, c'est une fois l'un, une fois l'autre. Si la mère allaite, elle peut tirer son lait et le conserver dans un biberon placé au réfrigérateur afin que le père puisse nourrir le bébé.

« S'occuper du bébé mais… et le jeune couple ? »

Il est évidemment indispensable que les jeunes parents s'occupent du jeune enfant, mais il est aussi très important qu'ils ne laissent pas de côté leur vie de couple. Ils doivent continuer à se garder du temps pour eux comme conjoints, un temps d'amoureux. C'est vrai qu'il faut nourrir le bébé quand il a faim, le changer quand il est mouillé, mais il ne faut pas pour autant laisser tomber tous les anciens usages – si l'un avait l'habitude de préparer le café à l'autre, par exemple –, il faut essayer de préserver ces petits moments de bonheur « égoïstes » et faire patienter bébé.

Les sorties à deux ne font pas non plus de mal de temps en temps : une soirée chez des amis ou au cinéma. Il est possible de laisser l'enfant en garde chez ses grands-parents à condition bien sûr que les relations s'y prêtent, mais aussi de le faire garder par une personne de confiance. Il est certes très important de s'occuper de l'enfant mais il ne faut pas oublier que le couple existe aussi.

Devenir grands-parents

Devenir grands-parents, généralement jeunes grands-parents, n'est pas toujours facile à accepter. Parfois, lorsque la nouvelle arrive, les futurs grands-parents ont un choc. Cet événement, à la fois attendu, merveilleux mais parfois non espéré « aussi vite » peut générer des sentiments et émotions contradictoires. Toutefois, dans la grande majorité des cas, ce nouveau statut apporte énormément de satisfactions.

La remise en question de soi

Cet événement peut entraîner chez les futurs ou nouveaux grands-parents une remise en question : ils font alors un bilan de leur vie. Remontent des souvenirs de l'époque où eux-mêmes sont devenus parents, des souvenirs de leurs enfants au fur et à mesure qu'ils grandissaient, remémorations qui impliquent une évaluation de l'éducation qu'ils leur ont donnée.

Des sentiments de satisfaction et /ou de déception apparaissent alors. Les nouveaux grands-parents peuvent avoir la sensation qu'ils ont fait suffisamment pour leurs enfants ou qu'ils auraient pu leur apporter et donner beaucoup plus encore. Souvent, ils pensent que le temps a passé trop vite et qu'ils ont encore énormément de choses à faire, à finir. Mais parfois aussi, ces interrogations leur donnent la force de continuer avec plus d'enthousiasme qu'auparavant. Dans d'autres cas, ils peuvent se déprimer et avoir l'impression qu'ils ne peuvent plus continuer, que ce qu'ils ont fait et été n'a servi à rien. Il faut dire que tous ces sentiments sont très liés à une réalité qu'ils ont vécue mais aussi à la relation qu'ils ont eue et ont actuellement avec leurs enfants. En général, plus la relation et le développement de leurs enfants ont été harmonieux, plus ils se sentent satisfaits.

Le sentiment de vieillir

Lorsque l'on entend parler de grands-parents, on a encore inconsciemment l'image d'un vieil homme à la barbe blanche, voûté sur sa canne ou d'une vieille dame en train de tricoter dans son fauteuil. Ces représentations populaires sont des images d'Épinal qui sont loin de refléter toutes les réalités, mais elles sont si bien ancrées dans notre mémoire collective que pour beaucoup, lorsque l'on devient grand-père ou grand-mère, même si on est jeune, on peut se sentir « vieillir d'un coup ».

Ce sentiment met en jeu de multiples sentiments, dont le bonheur de la transmission mais aussi la remise en cause de soi-même, l'idée d'être inutile, le sentiment d'approcher la fin de la vie, etc. Il peut aussi provoquer des angoisses telles que la peur d'être abandonné par ses enfants, de devenir jaloux de leur jeunesse. Ces craintes seront d'autant plus fortes que la relation avec les enfants était distante ou conflictuelle.

Il faut dire que plus les grands-parents sont jeunes, plus ces craintes s'atténueront lorsqu'ils se rendront compte que la vie continue, qu'ils peuvent avoir une relation d'autant plus décontractée et agréable, avec leurs enfants comme avec leurs petits-enfants, qu'en même temps, ils poursuivent leurs activités et qu'ils sont encore capables de faire énormément de choses.

Quant aux grands-parents plus âgés, au lieu de sentir qu'ils ont beaucoup vieilli, ils verront dans leurs petits-enfants la continuation de la vie. En général, une naissance leur donne une forte envie de vivre ainsi qu'un désir d'entreprendre, elle stimule leur amour de la vie et regonfle leur énergie.

Mais pour atteindre cette acceptation et ce bien-être, il faut qu'ils comprennent que ce n'est pas parce qu'il y a un nouveau membre dans la famille qu'ils doivent se sentir exclus. Pour éviter que cela n'arrive, ils doivent être présents dans la famille, mais en faisant en sorte de ne pas être ressentis comme une charge. Pour cela, il faut absolument éviter des remarques telles que : « Moi à ta place... » ou « Comme tes enfants sont mal élevés !... » D'autant plus que souvent, on ne leur demande rien et que la plupart du temps, ces réflexions ne sont pas fondées.

Laisser les enfants devenir des parents

Souvent, lorsque les enfants deviennent eux-mêmes parents, il y a une espèce de compétition qui s'installe entre la jeune mère de l'enfant et sa propre mère ou entre la jeune mère et sa belle-mère. Chacune voudrait faire ce qu'elle croit être le mieux pour l'enfant. La nouvelle grand-mère voudrait montrer à sa fille ou à sa belle-fille ce qu'il faut faire puisqu'elle a déjà élevé ses enfants et qu'elle sait comment s'y prendre. En outre, la grand-mère peut avoir le sentiment que la nouvelle mère est trop jeune et ne sait pas comment faire. Ces intentions peuvent être très bonnes et très bien intentionnées, mais elles risquent de ne pas être bien accueillies car elles peuvent être perçues comme envahissantes et intrusives par la mère du bébé.

La place des grands-parents

Laisser à la mère le soin d'éduquer les enfants a aussi quelque chose de très positif pour les grands-parents. C'est seulement à partir de ce moment-là qu'ils peuvent prendre leur place de grands-parents, c'est-à-dire jouer le rôle que tout parent aimerait jouer, à savoir pouvoir être avec les enfants en leur laissant faire des choses que les parents ne laisseraient pas faire (pas dangereuses cela s'entend), leur offrir des cadeaux, les gâter... Car ce n'est pas aux grands-parents de poser des limites (il y a des cas où c'est bien sûr nécessaire), de donner des punitions... Être grand-parent, c'est devenir ce personnage plein de bienveillance, de générosité, de gentillesse, avec qui les enfants s'amusent mais qui le respectent toujours.

Il est possible que la nouvelle mère ait besoin d'aide, de conseils, mais cela ne veut pas dire qu'elle ait envie que quelqu'un fasse le travail à sa place et, qui plus est, prenne sa place. La nouvelle grand-mère doit comprendre que sa fille (ou belle-fille) peut se charger de son premier enfant et souhaite le faire. Il faut la laisser élever elle-même son enfant : d'abord parce que c'est le sien, ensuite parce que maintenant c'est à « son tour » d'être mère.

Parfois, mère et belle-mère sont au contraire absentes (géographiquement et relationnellement), il est alors souhaitable de faire le point franchement et si besoin, de demander le soutien de ses amies, ou même de son médecin ou de son pédiatre.

Si les grands-parents arrivent à se faire une place en tant que guides, soutiens des jeunes parents, mais sans les envahir (sans non plus se laisser envahir par eux), la relation entre eux et leurs enfants peut changer, se ressouder, devenir une relation d'amis ou du moins une relation dans laquelle la communication peut se faire plus facilement. Il peut y avoir une identification majeure des jeunes parents avec leurs propres parents, ce qui permet un échange et une convivialité renouvelés.

Je vous conseille

— Dans la mesure où vous bénéficiez d'une expérience que n'ont pas vos enfants, vous pouvez les rassurer, les conseiller quant à ce que représente et implique la naissance d'un bébé : vous savez les angoisses ou les tensions que ce bouleversement peut entraîner et il ne faut pas hésiter à en parler si vous sentez que c'est nécessaire. Vos enfants ont besoin de se sentir compris et soutenus par vous.

— Cependant, il faut maintenir une certaine distance avec le jeune couple, c'est-à-dire laisser suffisamment d'espace pour que vos enfants puissent devenir parent à leur tour. Il faut savoir jusqu'où vous pouvez conseiller ou agir sans que la jeune mère ait l'impression qu'elle est inutile ou incapable. C'est important de laisser le jeune couple faire quelques erreurs, qu'il vive ses réussites, qu'il ait tout seul son enfant. Ne pas l'envahir est une clé pour une meilleure entente entre eux.

— Il faut apprendre à vivre pour vous. Profitez de votre situation : vos responsabilités les plus grandes ont été accomplies et vous ne devez plus rien à personne. Il faut vous occuper d'autre chose que de vos enfants et petits-enfants, il faut réapprendre à vivre pour vous et pour personne d'autre.

Je vous déconseille

— S'il est donc important de ne pas être interventionniste dans l'éducation que donnent les jeunes parents à leurs enfants, il ne faut pas pour autant les laisser tout seuls : même s'ils ne le disent pas, ils ont besoin de vous, et avec un nouveau bébé peut-être plus que jamais. Mais il ne faut pas oublier que la relation a changé et qu'il faut les aider, les conseiller sans les étouffer.

— Il ne faut surtout pas entrer en compétition avec les jeunes parents dans l'éducation de leurs enfants : c'est leur tour de prendre en charge la situation. Ce qui ne veut pas dire que vous êtes inutile ou exclu. Il s'agit simplement de trouver une place dans la famille et d'accepter le rôle de grand-parent, différent de celui que vous aviez auparavant.

— Il ne faut pas oublier que les bases d'une bonne relation sont le respect, la confiance et la communication.

*Quand vous
ne pouvez plus
faire face tout seul*

Quand vous ne pouvez plus faire face tout seul

*Quand vous
ne pouvez plus
faire face tout seul*

Quand vous
ne pouvez plus
faire face
tout seul

Quand vous ne pouvez plus faire face tout seul

Quand vous
ne pouvez plus
faire face
tout seul

Quand vous ne pouvez plus faire face tout seul

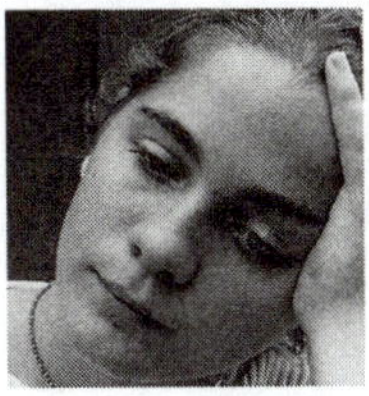

Du souci au soin

■

Droits et devoirs des adolescents

■

Du souci au soin

Pour les problèmes de santé physique, les adolescents peuvent consulter leur médecin généraliste, leur pédiatre, se rendre à une consultation hospitalière ou dans un centre de santé sur présentation de la carte de Sécurité sociale des parents. Une exception est faite pour les problèmes de sexualité. Dans les centres de planification familiale, les adolescents n'ont pas besoin de la carte de Sécurité sociale des parents, la gratuité est totale pour les mineurs et l'anonymat est garanti.

Pour les problèmes plus psychologiques, l'abord est souvent plus compliqué. « Notre adolescent nous donne bien du souci mais il n'a pas de problème au point d'aller voir un psychologue, d'abord il ne va pas vouloir », « Il n'est pas fou, pourquoi irait-il consulter un psychiatre ? », « Moi je n'y vois pas d'inconvénient mais jamais mon mari n'acceptera que notre fille aille chez un psy. »

Autant de remarques qui témoignent des réticences et des méconnaissances qui s'exprimaient, il y a encore quelques années à l'égard des professionnels de la psychologie humaine, psychologues diplômés ou psychiatres – dont la plus grande partie du travail, aujourd'hui, n'a plus rien à voir avec la folie mais avec les problèmes actuels de la vie.

Ces considérations s'expriment encore trop souvent de nos jours, de la part de l'un ou l'autre parent et, il faut bien le dire, plus souvent des pères ; c'est presque avec un sentiment de honte qu'on avoue avoir consulté ou souhaiter consulter un psychologue ou un psychiatre.

La situation a néanmoins évolué et de plus en plus, on reconnaît qu'il peut arriver, à un moment ou à un autre, qu'un adolescent puisse éprouver des problèmes d'ordre psychologique ou simplement souhaiter pouvoir s'ouvrir à quelqu'un de ses problèmes psychologiques.

Les raisons de consulter un « psy »

Comme nous l'avons vu tout au long de cet ouvrage, la deuxième décennie de la vie est ponctuée de changements, de moments houleux, de tumultes familiaux et il n'est pas facile de savoir ce qui est vraiment préoccupant. Quelques signaux doivent néanmoins inciter à demander un avis :

— un fléchissement inexplicable et soudain des résultats scolaires,

— un changement brusque de comportement : agressivité, mutisme, fatigue constante, pleurs quotidiens, angoisse diffuse incontrôlable,

— des troubles alimentaires installés : boulimie franche (à distinguer du grignotage), anorexie mentale, vomissements fréquents,

— des manifestations psychosomatiques répétées : maux de tête, douleurs abdominales, douleurs lombaires, pertes de connaissance, etc.

Si l'on ne peut définir de « bonnes » ou de « mauvaises » raisons de consulter, les motifs les plus souvent évoqués sont les suivants :

- La communication avec son adolescent est devenue difficile, parfois impossible, il se replie, il fuit toute possibilité de dialogue ou agresse et « ça devient épuisant ».
- L'adolescent semble traverser une période difficile. Il se sent mal dans sa peau, il est angoissé, déprimé, stressé. En somme, vous avez compris que quelque chose n'allait pas et vous souhaitez l'avis d'un professionnel.
- La famille a vécu une épreuve, suite à un événement douloureux (maladie, deuil, séparation...). Cet épisode risque d'avoir des répercussions sur la vie de votre enfant et vous souhaitez évaluer ces risques.
- Votre adolescent rencontre des difficultés dans ses relations avec les autres, il se sent seul, isolé, il se dévalorise... ou au contraire il ne choisit que des amis à gros problèmes.
- Votre enfant a des choix à faire, il doit prendre des décisions parce qu'il veut décider de son orientation. Où devrait-il investir ses énergies ? Vers quels objectifs diriger sa vie ? C'est lui qui exprime – et cela se rencontre de plus en plus – le souhait d'aller voir un psychologue.

Toutes ces raisons et d'autres encore sont nécessaires, suffisantes et légitimes pour demander, ne serait-ce qu'une fois, l'avis d'un tiers professionnel comme un psychologue ou un médecin psychiatre peut l'être. La plupart du temps, vous espérez pouvoir régler vous-même ces difficultés. Vous pensez aussi que le temps finira par arranger les choses. Malheureusement, il n'est pas toujours facile de trouver en soi ou dans son entourage les ressources nécessaires pour faire face aux questions que l'adolescent pose.

Un professionnel peut alors vous aider à déterminer et à affronter les problèmes pour les résoudre de façon plus satisfaisante. Il n'a pas pour autant de recettes miracle, sinon cela se saurait. Le risque est soit de ne rien attendre au fond du « psy », soit de lui déléguer un pouvoir qu'à lui tout seul il n'a pas.

Si l'expérience montre qu'une fois franchi le pas de la demande auprès d'un professionnel compétent, les parents et l'adolescent nous disent qu'ils auraient dû venir plus tôt, sachez qu'il n'est jamais trop tard et que l'important réside dans votre désir d'engager une telle démarche.

À qui s'adresser ? Auprès de qui chercher un soutien ?

En plus de l'aide et du soutien que vous, votre famille, vos amis et proches, pouvez apporter à votre adolescent – environnement « naturel » qu'il ne faut jamais oublier –, il peut donc être utile de consulter un professionnel. Alors, qui consulter ? Un psychiatre, un psychologue, un psychanalyste, un psychothérapeute ? Leurs activités se ressemblent sur plusieurs points, mais ces professionnels de la santé diffèrent les uns des autres tant par leur formation que, du moins pour une part, par leurs moyens d'intervention. Sachez néanmoins qu'un même professionnel peut posséder plusieurs de ces compétences.

Le psychiatre

Le psychiatre est d'abord un médecin spécialiste comme l'est un cardiologue ou un chirurgien. Il a fait le même nombre d'années d'études, a prononcé le même serment d'Hippocrate en passant sa thèse de médecine et doit répondre à la même déontologie (par exemple, secret médical) comme l'y oblige son inscription au conseil de l'ordre des médecins.

Lors de sa spécialité, il est formé au fonctionnement du psychisme normal, à son développement et aux difficultés personnelles et relationnelles des enfants, des adolescents et des adultes. Il connaît les différentes techniques d'entretien et pratique le plus souvent une ou plusieurs techniques psychothérapiques pour traiter ses patients. Il peut avoir complété sa formation par des études de psychologie. Il peut aussi être psychanalyste et exercer comme tel. Parce qu'il est médecin, le psychiatre peut, si besoin, prescrire des médicaments et ses interventions peuvent être prises en charge par la Sécurité sociale.

Le pédopsychiatre (forgé à partir du grec *paidos*, enfant) est un psychiatre qui oriente sa pratique vers les enfants et les adolescents ; ce n'est pas une spécialité proprement dite mais une option en cours de spécialisation.

Le psychologue

Le psychologue diplômé possède une importante formation universitaire spécialisée d'emblée en psychologie et se terminant par un diplôme supérieur d'études spécialisées (niveau bac +5). Le titre de psychologue est protégé, ce qui veut dire que tous les psychologues qui en ont le titre doivent avoir fait une licence et une maîtrise en psychologie, ainsi qu'un DESS ou un DEA avec un stage professionnel, toujours dans la filière psychologie.

Cette formation est centrée sur l'étude du comportement et du psychisme humain. Le psychologue peut pratiquer des tests psychologiques pour évaluer les capacités intellectuelles, les aptitudes ou différents aspects de la personnalité de son patient. Les psychologues cliniciens, qui ont suivi des stages supervisés au cours de leurs études, sont plus spécifiquement formés à la capacité à être attentifs aux difficultés et aux souffrances d'autrui, à les aborder dans un souci de soin et si possible de guérison.

Le psychanalyste

Il s'agit généralement mais pas toujours d'un psychologue diplômé ou d'un médecin psychiatre qui a suivi lui-même une psychanalyse puis une formation spécialisée en psychanalyse.

Le psychanalyste utilise une des approches en psychothérapie, la psychothérapie psychanalytique ou la psychanalyse proprement dite. L'une et l'autre reposent sur l'idée de l'existence de conflits inconscients ou préconscients qui entravent la liberté du sujet pour faire face aux situations qu'il rencontre. Par exemple, un échec scolaire chez l'adolescent peut tout à fait être la conséquence d'un désir inconscient pour qu'on s'occupe de lui.

Attention, ni le titre ni l'exercice de la psychanalyse ne sont contrôlés en France. Il faut donc être prudent sur les compétences de ce professionnel en interrogeant des amis qui le connaissent ou en demandant à son médecin généraliste ou son pédiatre une adresse. Sa formation professionnelle avant sa formation de psychanalyste, son appartenance à l'une des grandes associations de psychanalyse, peuvent ou même doivent lui être demandés.

Le psychothérapeute

Le psychothérapeute peut être défini comme celui ou celle qui offre des services de psychothérapie, c'est-à-dire de traitement psychologique. Le besoin grandissant d'être aidé et écouté par un tiers a fait naître de multiples formes de psychothérapie, de services en faveur de l'épanouissement personnel et de méthodes sérieuses ou farfelues. Devant cet état de fait, la prudence est ici aussi de mise.

Le titre de psychothérapeute peut certes être utilisé par des psychologues et des psychiatres qui offrent des services de psychothérapie, mais aussi par toute autre personne, qu'elle possède une formation adéquate ou non. Ce titre n'est pas non plus contrôlé en France ; il n'existe pas de réglementation précise quant à l'exercice de la psychothérapie, et aucun programme universitaire hélas ne mène à un diplôme de psychothérapeute.

Il est donc recommandé de s'assurer que la personne à laquelle on va s'adresser est un professionnel qui a reçu une formation adéquate et s'est engagé à respecter des règles d'éthique définies par le code de déontologie de sa profession. Ainsi vous serez assuré que votre confiance et vos efforts apporteront le bénéfice que vous en attendez.

Où consulter ?

Les professionnels en santé mentale qui offrent des services de consultation travaillent soit chez eux, en libéral, en cabinet privé, soit au sein du service public (centres de santé, centres médico-psychologiques ou CMP, consultations hospitalières, centres médico-psycho-pédagogiques ou CMPP), soit en secteur associatif (qui dans ce domaine est particulièrement utile).

En cabinet privé

De nombreux psychiatres, psychologues, psychothérapeutes, psychanalystes, proposent leurs services en cabinet privé. Pour obtenir les coordonnées de quelques-uns d'entre eux, proches de votre lieu de résidence, vous pouvez consulter votre médecin généraliste ou votre pédiatre.

Il existe également au moins deux annuaires connus de nombreux professionnels pour les aspects psychologiques :

- L'annuaire-guide de la psychologie, régulièrement remis à jour et complété. Vous l'obtiendrez en écrivant au :

  Journal des psychologues,
  51, rue de l'Échiquier,
  75010 Paris.

- L'annuaire national 98 des psychiatres, disponible à :

  Éditions Gilda,
  22 *ter*, rue des Arts,
  94170 Le Perreux-sur-Marne.
  Ou en appelant au 01 48 72 23 23.

En milieu public

Pour les problèmes psychologiques des collégiens, lycéens et étudiants, il est possible, la plupart du temps sur indication du médecin de famille, de l'école ou de l'université, ou par sa démarche propre, de consulter un pédopsychiatre, un psychiatre ou un psychologue à la consultation du secteur infanto-juvénile ou adulte (pour les adolescents plus âgés) de sa localité, à la consultation du centre hospitalier, au centre médico-psycho-pédagogique (CMPP) ou à un bureau d'aide psychologique universitaire. Dans le premier, les soins sont totalement gratuits, donnés par des professionnels généralement de qualité, mais il peut y avoir une liste d'attente. La première étape devrait néanmoins consister à parler du problème avec son médecin généraliste, son pédiatre ou les professionnels de l'établissement scolaire (médecin, infirmière).

Les personnes (adolescents ou parents) qui fréquentent un établissement scolaire peuvent rencontrer le médecin scolaire s'il n'est pas débordé, les psychologues du collège ou du lycée s'il y en a, en particulier quand il s'agit de difficultés dans le cadre scolaire. Vous pouvez obtenir de plus amples renseignements en vous adressant à la direction de l'école ou, dans l'enseignement supérieur, au service médical de l'université ou de l'école supérieure.

Le choix du professionnel dans le domaine psychologique

Il apparaît souvent difficile de choisir un professionnel dans ce domaine. Voici quelques éléments qui peuvent faciliter votre choix.

- Comme c'est le cas pour d'autres professionnels, vos amis et relations peuvent être utiles en vous recommandant un professionnel qu'ils connaissent. C'est probablement la meilleure source de référence. Assurez-vous cependant que la personne recommandée possède bien les titres souhaités.
- Votre médecin peut également vous indiquer un professionnel de la psychologie humaine. Les premiers interlocuteurs doivent être le médecin de famille ou le pédiatre. En dehors de confrères ayant eux-mêmes irrationnellement ou personnellement peur des « psy » (ils sont devenus rares avec les nouvelles générations de médecins mieux formés à ce niveau), ce sont les plus aptes à conseiller les parents et, si besoin, à les orienter vers le spécialiste approprié dont ils connaissent la compétence par rapport à leurs expériences avec d'autres jeunes patients qu'ils lui ont confié. Ils auront généralement un ou plusieurs professionnels à vous conseiller dans ce domaine qu'ils connaissent, avec lesquels ils ont l'habitude de travailler. C'est un gage de confiance car s'ils donnaient des adresses de personnes peu compétentes, ils en seraient par retour directement pénalisés.
- Parfois, un membre de la famille ou un couple ami peut jouer un rôle important à la fois pour mieux analyser la situation et pour conseiller un interlocuteur valable.

À partir de ces informations, prenez contact avec un ou plusieurs professionnels. Comme la relation « psy »-patient est importante, c'est vraiment lors de votre première rencontre que vous serez le plus en mesure de juger si votre fils ou votre fille est prêt à continuer les entretiens et même à entreprendre une thérapie avec ce professionnel. Sinon, il est toujours possible d'aller en consulter un autre. Dans ce domaine encore plus que dans d'autres et à compétences égales, tout le monde ne peut convenir à tout le monde.

Comment emmener un adolescent chez un « psy » ?

Malgré une dédramatisation du « psy », emmener son enfant chez un professionnel est loin d'être une démarche évidente. Déjà, il faut accepter que son fils ou sa fille a des problèmes et que l'on a besoin de l'aide d'un tiers. Ce n'est pas toujours facile pour l'ego parental, compte tenu de la culpabilité toujours alors ressentie. Il faut ensuite accepter de raconter l'histoire familiale à un « observateur » avec tout ce qu'elle recèle de non-dits ou de secrets. Pourtant, plus un problème est pris en compte précocement plus il a de chances de se régler facilement.

À ces difficultés liées à l'appréhension bien compréhensible des parents, se surajoute généralement (mais moins souvent qu'hier) l'appréhension ou le refus de l'adolescent.

On ne peut plus l'emmener comme un enfant. Doit-on le forcer ? Oui, si l'on craint un vrai problème affectif ou relationnel. Oui, mais en lui affirmant qu'aller voir un « psy » ne veut pas forcément dire y retourner ni entamer une psychothérapie : « on veut un avis, une fois » est la phrase qu'il faut savoir dire.

Plus encore, il faut dire que les sentiments de l'adolescent sont primordiaux et qu'il doit se sentir en confiance avec la personne qu'il va rencontrer. Si ce n'est pas le cas, on reparlera pour savoir s'il veut en rencontrer un autre. De spectateur ou d'opposant vous avez ainsi donné à votre adolescent la possibilité de devenir acteur de l'attention ou des soins qu'il peut recevoir.

Comment se déroule une thérapie ?

Il y a tout d'abord les premières rencontres. Le « psy » souhaite généralement rencontrer les deux parents, si cela est possible avec l'adolescent. Chacun exprime les raisons de cet échange, explique son point de vue, tente de cerner les problèmes et de reconstruire l'histoire du sujet et de l'ensemble de la famille. Le simple fait de parler à un tiers, à condition que celui-ci sache écouter sans a priori, qu'il soit bienveillant et sans parti pris ni attitude séductrice à l'égard de l'un ou de l'autre, permet non seulement à chacun de s'exprimer au-delà de ce qu'il osait mais aussi de dissiper des malentendus.

À la suite de ces premières rencontres, en général une ou deux, le thérapeute propose, si cela s'avère nécessaire, de commencer des entretiens réguliers avec l'adolescent seul. Un contrat clair doit être passé en ce qui concerne :

— les rencontres ultérieures avec les parents (à rythme régulier ou à la demande mais avec l'accord et la présence de l'adolescent), en respectant le secret professionnel,

— les horaires, la durée de chaque séance (une demi-heure à trois quarts d'heure),

— le rythme (en général hebdomadaire, parfois bi-hebdomadaire, sauf pour la véritable psychanalyse, trois à quatre fois par semaine),

— le financement, les tarifs, la prise en charge ou non par la Sécurité sociale.

Par contre, la durée de la thérapie, question fréquemment soulevée à ce stade, est honnêtement impossible à préciser.

« Que faire si l'adolescent ne veut pas voir le thérapeute avec ses parents ? »

L'adolescent peut d'emblée souhaiter que le thérapeute ne voie pas ses parents. Mon expérience dans ce genre de situation m'incite à penser qu'il faut tenter de le convaincre que cette rencontre est préférable au début, plutôt que brusquement en milieu de thérapie, même pour les adolescents les plus âgés ; en effet, s'ils ont des problèmes, c'est sans doute que les liens avec leurs parents sont encore trop compliqués et qu'il vaut mieux en prendre acte concrètement, en permettant au moins une fois que chacun donne son point de vue.

Droits et devoirs des adolescents

L'esprit et le fondement de la loi sont de constituer la référence sociale pour tout individu quel que soit son âge. Le législateur a prévu plus de situations que les parents ou les adolescents ne le pensent. La loi française s'est penchée sur des sujets comme l'autorité parentale, les études, la santé et même certains aspects de la vie privée. Nous retiendrons ici certaines questions que tout parent ou tout adolescent est censé se poser.

« Les parents sont-ils tenus de nourrir et d'héberger leur enfant ? »

Oui, jusqu'à la majorité ou l'émancipation qui peut être obtenue dans certaines conditions (consulter un juge) à partir de 16 ans. Sinon, l'adolescent peut faire appel à un juge aux affaires familiales.

« L'adolescent est-il obligé, si ses parents le veulent, d'habiter chez eux ? »

Oui. « L'enfant ne peut sans permission des père et mère quitter la maison familiale. »

« L'adolescent doit-il obéir à ses parents ? »

Oui, jusqu'à la majorité ou l'émancipation.

« Si les parents divorcent, l'adolescent peut-il donner son avis ? »

Oui. La Convention internationale des droits de l'enfant affirme que les enfants ont le droit de faire connaître leur avis dans toutes les affaires qui les concernent, soit directement, soit par l'intermédiaire d'un avocat.

« Les parents peuvent-ils contrôler les amis de leur enfant ? »

Oui, les seules personnes que les parents ne peuvent interdire à leurs enfants de voir sont les grands-parents. Plus étonnant encore, si le problème venait devant un juge, les parents peuvent ouvrir le courrier de leur enfant.

« L'adolescent peut-il consulter un médecin seul ? »

Oui, le médecin est tenu au secret professionnel, mais il fera une feuille de Sécurité sociale qu'il faudra donner aux parents. Le médecin aura le droit de prescrire un moyen de contraception sans l'autorisation parentale.

« L'école est-elle obligatoire ? »

Non, c'est l'instruction des enfants âgés de 6 à 16 ans qui est obligatoire. Les cours à domicile ou par correspondance sont possibles. Mais les parents sont obligés alors de signaler au maire que leur enfant ne va pas à l'école et d'en expliquer les raisons.

« Les parents ont-ils le droit de décider de la scolarité ? »

Oui, jusqu'à l'âge de 18 ans même si la scolarité n'est obligatoire que jusqu'à 16 ans.

« L'assurance scolaire est-elle obligatoire ? »

Non, mais il est évidemment préférable d'en souscrire une.

« À partir de quel âge peut-on faire des “petits boulots” ? »

À partir de 14 ans, à condition de faire un maximum de 8 heures par jour et sans dépasser quatre heures et demie consécutives.

Adresses utiles

Par définition, les adresses citées ci-dessous sont incomplètes et peuvent évoluer avec le temps. Nous espérons néanmoins avoir cité les plus utiles.

Associations de parents

• FCPE (Fédération des conseils des parents d'élèves des écoles publiques)
108-110, rue Ledru-Rollin,
75011 Paris
www.fcpe.asso.fr

• FNAPE
27, rue du Faubourg-Poissonnière,
75009 Paris
www.educationnationale.com

• PEEP (fédération des parents d'élèves de l'enseignement public)
89-91, boulevard Berthier,
75017 Paris
www.peep.asso.fr

• UNAAPE (Union nationale des associations autonomes de parents d'élèves)
42, rue Carres,
92120 Montrouge
www.unaape.asso.fr

• UNAPEL (Union nationale des associations de parents d'élèves de l'enseignement libre)
279, rue Saint-Jacques,
75005 Paris
www.apel.asso.fr

Approches générales

• CIDJ
10, quai Branly,
75740 Paris Cedex 15
www.cidj.com

• Fédération nationale des écoles des parents et des éducateurs
5, impasse Bon-Secours,
75543 Paris Cedex 11
www.ecoledesparents.org

• Fondation de France,
Programme « Santé des Jeunes »
40, avenue Hoche,
75008 Paris

• ONISEP
168, boulevard du Montparnasse,
75014 Paris
www.onisep.fr

• Secrétariat de la Jeunesse et des Sports
78, rue Olivier-de-Serres,
75739 Paris Cedex 15

Justice

• Délégation de la protection judiciaire de la jeunesse, ministère de la Justice,
13, place Vendôme,
75042 Paris Cedex 01

• Il existe un répertoire des services télématiques et téléphoniques des « droits et démarches », destiné au grand public que l'on peut commander ou se procurer à :
Documentation française
124, rue Henri-Barbusse,
93308 Aubervilliers Cedex

• Ados, vos droits au quotidien, Toulouse, Milan Presse, 1999

Parents séparés

• Il existe un guide des parents séparés, édité par :
Éditions Syros
9 *bis*, rue Abel-Hovelacque,
75013 Paris

Psychologie

Les centres médico-psychologiques et médico-psycho-pédagogiques (CMP et CMPP), sont présents dans toute la France. Les conseils, bilans et soins sont gratuits ou pris en charge par la Sécurité sociale. Renseignez-vous auprès de l'établissement scolaire ou de votre mairie.

Scolaire

• CFA (Centre de formation d'apprentis)
19, rue Lord-Byron,
75008 Paris

• CNED (Centre national d'enseignement à distance)
05 49 49 94 97
www.cned.fr

• Guide pratique des écoles privées
CIDE
6, rue Montsigny,
75002 Paris

• Le Fabert
Guide national de l'enseignement privé
85, rue Gabriel-Péri,
92120 Montrouge

• Guide des « écoles pas comme les autres »
Pierre Horay Éditeur
22 *bis*, passage Dauphine,
75006 Paris

• ONISEP Diffusion édite des mini-guides (après la 5e, la 3e, le bac, le CAP, le BEP) pour chaque académie présentant la liste des établissements publics dépendant de l'Éducation nationale. D'autres possibilités de formation sont également mentionnées : apprentissage, agriculture, Chambre de commerce et d'industrie.

Éducation pour la santé

• Comité français d'éducation
pour la santé,
2, rue Auguste-Comte,
BP 51,
92174 Vanves Cedex
www.cfessante.fr

• Adosen
Tour Maine-Montparnasse,
33, avenue du Maine,
75015 Paris
www.adosen-sante.com

Drogue

• Association nationale des
intervenants en toxicomanie
www.anit.asso.fr

• Grande Écoute
17, allée Louise-Labé,
75019 Paris

• Mission interministérielle de lutte
contre la drogue et la toxicomanie,
8, avenue de Ségur,
75350 Paris 07 CP
www.drogues.gouv.fr

• Toxibase
7, avenue Berthelot,
69007 Lyon
www.toxibase.org

Sida

• CRIPS
192, rue Lecourbe,
75015 Paris
www.lecrips.net

Renseignements et conseils télématiques ou par téléphone

• Allô Grands-parents
01 44 93 44 90

• CNIDF (Centre national
d'information et de documentation
des femmes et des familles)
01 43 31 77 00
www.infofemmes.com

• Drogues info service
0 800 23 13 13

• 3615 EDUTEL : informations
sur les études, les formations,
les diplômes

• 3615 ENSUP : direction
de l'enseignement supérieur

• Fil santé jeunes, anonyme
et gratuit
0 800 235 236

• Inter service parents,
L'École des parents
01 44 93 44 93

• Sida info services
0 800 840 800

- SOS Amitié
01 43 60 31 31

- SOS Dépression
01 42 22 44 44

- SOS Grossesse
01 45 82 13 14

- SOS Suicide
01 05 13 40 38

- SOS Suicide Phénix
01 40 44 46 45

- Suicide Écoute
01 45 39 40 00

- SOS violences scolaires
08 01 55 55 00

- www.tasante.com

Bibliographie

— Albert E., *Le Bac sans stress*, Paris, Bayard, 1998.

— Alvin P., Courtecuisse V., Pichot E., *Prendre en charge et traiter un enfant, un adolescent*, Éditions Medsi, 1990.

— Angel S., Angel P., *Comment bien choisir son psy*, Paris, Robert Laffont, 1999.

— Assailly J.-P., *Les Jeunes et le risque*, Vigot, 1992.

— Bailly D. (sous la direction de), *L'Angoisse de séparation*, Paris, Masson, 1995.

— Belaïsch J., Kervasdoué Anne de, *Questions d'hommes*, Paris, Odile Jacob, 1996.

— Birraux A., *L'adolescent face à son corps*, Paris, Éditions Universitaires, 1990.

— Braconnier A., en collaboration avec P. Mazet, *Le Sommeil de l'enfant et ses troubles*, Paris, PUF, 1986.

— Braconnier A., *Les Adieux à l'enfance*, Paris, Calmann-Lévy, 1989, Le livre de poche.

— Braconnier A., *Les Bleus de l'âme*, Paris, Calmann-Lévy, 1995, Le livre de poche.

— Braconnier A., Marcelli D., *L'Adolescence aux mille visages*, Paris, Odile Jacob, 1998.

— Braconnier A., Chiland C., Choquet M., Pommarède R. (sous la direction de), *Adolescentes, adolescents – Psychopathologie différentielle*, Paris, Bayard Éditions / Fondation de France, 1995.

— Braconnier A., Chiland C., Choquet M., Pommarède R. (sous la direction de), *Dépression – Adolescentes, adolescents*, Paris, Bayard Éditions / Fondation de France, 1996.

— Braconnier A., Chiland C., Choquet M., Pommarède R. (sous la direction de), *Du Souci au soin – Adolescentes, adolescents*, Paris, Bayard Éditions / Fondation de France, 1997.

— Cahn R., *Adolescence et folie. Les déliaisons dangereuses*, Paris, PUF, 1991.

— Chaby L., *L'Adolescent et son corps*, Paris, Flammarion, 1997.

— Chiland C., Young J., *Les Enfants et la violence*, Paris, PUF, 1997.

— Choquet M., Ledoux S., Menke H., *La Santé des adolescents*, Paris, INSERM-Documentation française, 1988.

— Choquet M., « Le phénomène suicide parmi les adolescents en France : approche épidémiologique », *Tentatives de suicide à l'adolescence*, Paris , CIE, 1989.

— Choquet M., Ledoux S., « Les troubles des pré-adolescents », in Soulé M. *et al.*, *L'Âge bête*, Paris, ESF, 1990.

— Choquet M., Ledoux S., *Les 11-20 ans face à leur santé*, Paris, INSERM-Analyses et prospectives, 3 tomes (1. *Comportements alimentaires et troubles des conduites alimentaires*, 1991 ; 2. avec la collaboration de Maréchal C., *La Drogue illicite et l'attitude face au sida*, 1992 ; 3. *Alcool, tabac, médicaments psychotropes*).

— Choquet M., Askevis M., Manfredi R., Ledoux S., Fraisse F., *Les Adolescents et le recours aux soins*, Paris, DGS-Inserm, 1992.

— Choquet M., Dressen C. (sous la direction de), *Adolescence plurielle*, Paris, CFES, 1993.

— Choquet M., Ledoux S., *Adolescents*, enquête nationale, Inserm, 1994.

— Choquet M., Ledoux S., Maréchal C., *Les Drogues illicites parmi les 11-20 ans et attitudes face au sida*, Paris, La Documentation française, 1997.

— Choquet M., Ledoux S., *Attitudes et comportements des adolescents*, Paris, Les Éditions INSERM, 1998.

— Courtecuisse V., *L'Adolescence, les années métamorphose*, Paris, Stock, 1992.

— Delage M., *La Nouvelle jeunesse*, Nervure, VIII, 4, 1995.

— Dolto E., Dolto-Tolitch C., *Paroles pour adolescents ou le complexe du homard*, Paris, Hatier, 1990.

— Dubet F., *La Galère, jeunes en survie*, Paris, Fayard, 1987.

— Dubet F., *Les Lycéens*, Paris, Seuil, 1991.

— Dubet F., *Écoles, familles, le malentendu*, Paris, Textuel, Paris, 1997.

— Erikson E., *Adolescence et crise*, Paris, Flammarion, 1972.

— Fize M., *Le Peuple adolescent*, Julliard, 1994.

— François-Poncet C.M., Braconnier A. (sous la direction de), Classes préparatoires, Paris, Bayard Éditions / Fondation de France, 1998.

— Galland O., *Sociologie de la jeunesse : l'entrée dans la vie active*, Paris, Armand Colin, 1991.

— Gutton P., *Le Pubertaire*, PUF, 1991.

— Gutton P., *Adolescents*, PUF, 1992.

— Huerre P., Biron A., Reymond M., Reymond J.H., *Drogues : toxicomanes et toxicomanie*, Paris, Hermann éditeur, 1979.

— Huerre P., Debré O., *Perocco le perroquet*, École des loisirs, 1989.

— Huerre P., *L'Adolescence en héritage*, Paris, Calmann-Lévy, 1996.

— Huerre P., Pagan-Reymond M., Reymond J.-M., *L'Adolescence n'existe pas : histoire des tribulations d'un artifice*, collection « Opus », Paris, Odile Jacob, 1997.

— Jacquet Y., « Le pédiatre généraliste et la consultation d'adolescents », *Médecine et enfance*, n° 11, 1991.

— Jacquet Y., « Adolescents : tout un langage », *École des parents*, n° 9/10, septembre 1995.

— Jazouli A., *Les Années banlieue*, Seuil, 1992.

— Jayle D., « Ça n'arrive qu'aux autres ? », *Science et Vie* (hors-série), 1992.

— Jeammet P., « L'adolescence comme conflit ou les troubles psychologiques à l'adolescence sont-ils une forme moderne des rites d'initiation ? » *La Vie de l'enfant. Le bien-être de l'enfant dans la famille*, ESF 1980.

— Jeammet P., « Les perspectives psychiatriques », *in* Foyer et Labrusse C., Economica, 1983.

— Jeammet P., « Addiction-dépendance-adolescent. Réflexions sur leurs liens. Conséquences sur nos attitudes thérapeutiques », *in* Venisse J.-L., *Les Nouvelles Addictions*, Masson, 1991.

— Jeammet P. (sous la direction de), *Adolescences*, Paris, La Fondation de France, 1993.

— Jeanneret O., Sand E.A., Deschamps J.-P., Manciaux M., *Les Adolescents et leur santé*, Presses de l'université de Montréal, Paris, Flammarion, 1983.

— Kervasdoué Anne de, *Questions de femmes*, Paris, Odile Jacob, 1996.

— Ladame F., Ottino J., Pawlack C. (sous la direction de), *Adolescence et suicide*, Paris, Masson, 1995.

— Laufer M. et M.E., *Adolescence et rupture du développement. Une perspective psychanalytique*, Paris, PUF, 1989.

— Lebovici S., Diatkine R ., Soulé M., *Traité de psychiatrie de l'enfant et de l'adolescent*, Paris, PUF, 1999.

— Lesourd S. (sous la direction de), *Adolescents dans la cité*, Paris, Erès, 1992.

— Marcelli D., Braconnier A., *Adolescence et Psychopathologie*, Paris, Masson, 5e éd., 1998.

— Marcelli D., *Adolescence et dépression*, Paris, Masson, 1990.

— Mauger G., *Les Jeunes en France, état des recherches*, Paris, La Documentation française, 1994.

— Michaud P.A., Alvin P. (sous la direction de), *La Santé des adolescents*, Paris, Doin, 1997.

— Mouren-Siméoni M.-C., Vila G., Tera L., *Troubles anxieux de l'enfant et de l'adolescent*, Paris, Maloine, 1993.

— Naudin O., *Adolescence : la santé au quotidien*, Paris, Éditions Universitaires, 1989.

— Olievenstein C., *La Vie du toxicomane, nodules*, Paris, PUF, 1983.

— Pommereau X., *L'Adolescent suicidaire*, Paris, Dunod, 1996.

— Pommereau X., *Quand l'adolescent va mal*, Paris, J.-C. Lattès, 1997.

— Rey C. (sous la direction de), *Les Adolescents face à la violence*, Paris, Syros, 1996.

— Ruffiot A. (sous la direction de), *Éducation sexuelle au temps du sida*, Privat, 1992.

— Tisseron S., Missonnier S., Stora M., *L'Enfant au risque du virtuel*, Paris, Dunod, 2006.

— Tursz A., *Adolescents, risques et accidents*, CIE-Doin éditeurs, 1987.

— Tursz A., Souteyrand Y., Salmi L.R., *Adolescence et risque*, Paris, Syros, 1993.

— Vaillant M., *L'Adolescence au quotidien – De quelques principes utiles à l'usage des parents*, Paris, Syros, 1997.

— Van Meerbeeck P., *Que jeunesse se passe. L'adolescent face au monde des adultes*, Éditions de Boeck & Belin, 1998.

De nombreux articles et références bibliographiques peuvent être consultés dans les revues spécialisées suivantes : *Les Annales de pédiatrie, Les Archives françaises de pédiatrie, Les Textes du Centre Alfred-Binet, Adolescence, Neuropsychiatrie de l'enfance et de l'adolescence, Psychiatrie de l'enfant, Sauvegarde de l'enfance.*

De nombreux documents plus généraux peuvent être également lus dans les journaux, hebdomadaires ou mensuels, suivants : *Okapi, Phosphore, L'Étudiant, Famille Magazine, Parents, L'école des parents et Le Groupe familial, Informations sociales, Adosen*, etc.

Index

DU MÊME AUTEUR

Le sexe des émotions, Odile Jacob, 1996, « Poches Odile Jacob », 2000.
L'adolescence aux mille visages, avec D. Marcelli, Odile Jacob, 1998.
Petit ou grand anxieux, Odile Jacob, 2002.
Mère et fils, Odile Jacob, 2005.
Sous la direction de Daniel Widlöcher, Michel Marie-Cardine, Alain Braconnier, Bertrand Hanin, *Choisir sa psychotérapie – Les écoles, les méthodes, les traitements*, Odile Jacob, 2006.

CHEZ D'AUTRES ÉDITEURS

Les adieux à l'enfance, Calmann Lévy, 1989.
Les bleus de l'âme : Angoisses d'enfance, angoisses d'adulte, Calmann Lévy, 1995.
Adolescence et psychopathologie, avec D. Marcell, Masson, 1999, 5e édition.
Abrégé de Psychologie dynamique et psychanalyse, Masson, 1988.

CRÉDITS PHOTOGRAPHIQUES

Modèles : Brice Acouetey, Marie Alricq, Pauline Adolphe, Justine Boursier, Arnaud Burstyn, Amaury Courard, Gabrielle Crochu, Sébastien Crochu, Thomas Fleuchot, Sébastien Loison, Édouard Mbadubukeye, Aurélia Picart, Éléonore Picart, Charlotte Traeger, Jérémie Traeger, Julien Traeger.

LES GUIDES PRATIQUES ODILE JACOB

Ma grossesse mon enfant
Pr René Frydman, Dr Julien Cohen-Solal

Questions de femmes
Dr Anne de Kervasdoué

Questions d'hommes
Dr Jean Belaïsch, Dr Anne de Kervasdoué

Le guide du bien maigrir
Dr Jacques Fricker

La cuisine du bien maigrir
Dr Jacques Fricker

Maigrir, c'est dans la tête
Dr Gérard Apfeldorfer

Le guide de l'alimentation de l'enfant
De la conception à l'adolescence
Dr Jacques Fricker, Anne-Marie Dartois, Marielle du Fraysseix

Le grand livre de la forme
Dominique Laty, Dr Jacques Fricker

Le guide santé et beauté de la peau
Dr Marie-Laure Fléchet, Dr Pierre André

Le guide de l'homéopathie
Dr Bernard Chemouny

Le guide de l'aide psychologique de l'enfant
Dr Michel David, Jocelyne Jérémie

Le guide de la contraception
Dr Beverly Winikoff, Suzanne Wymelenberg, Dr André Ulmann

Maquette – Mise en pages – Photogravure :
Nord Compo (Villeneuve-d'Ascq)
Reliure : Diguet Denis
(Breteuil-sur-Iton)

Achevé d'imprimer
en janvier 2007
sur les presses
de l'imprimerie Hérissey
à Évreux (Eure)

N° d'édition : 7381-1883-X
N° d'impression : 103662
Dépôt légal : janvier 2007